Michael Bitz · Jürgen Ewert · Udo Terstege

Investition

Multimediale Einführung
in finanzmathematische
Entscheidungskonzepte

2., aktualisierte und überarbeitete Auflage

Univ.-Prof. Dr. Michael Bitz
FernUniversität in Hagen
Hagen

Prof. Dr. Udo Terstege
Technische Fachhochschule Georg
Agricola zu Bochum
Bochum

Dr. Jürgen Ewert
FernUniversität in Hagen
Hagen

ISBN 978-3-8349-3402-4
DOI 10.1007/978-3-8349-7180-7

ISBN 978-3-8349-7180-7 (eBook)

Die Deutsche Nationalbibliothek verzeichnet diese Publikation in der Deutschen Nationalbibliografie; detaillierte bibliografische Daten sind im Internet über http://dnb.d-nb.de abrufbar.

Springer Gabler
© Springer Fachmedien Wiesbaden 2002, 2012
Das Werk einschließlich aller seiner Teile ist urheberrechtlich geschützt. Jede Verwertung, die nicht ausdrücklich vom Urheberrechtsgesetz zugelassen ist, bedarf der vorherigen Zustimmung des Verlags. Das gilt insbesondere für Vervielfältigungen, Bearbeitungen, Übersetzungen, Mikroverfilmungen und die Einspeicherung und Verarbeitung in elektronischen Systemen.

Die Wiedergabe von Gebrauchsnamen, Handelsnamen, Warenbezeichnungen usw. in diesem Werk berechtigt auch ohne besondere Kennzeichnung nicht zu der Annahme, dass solche Namen im Sinne der Warenzeichen- und Markenschutz-Gesetzgebung als frei zu betrachten wären und daher von jedermann benutzt werden dürften.

Lektorat: Susanne Kramer / Renate Schilling

Gedruckt auf säurefreiem und chlorfrei gebleichtem Papier

Springer Gabler ist eine Marke von Springer DE. Springer DE ist Teil der Fachverlagsgruppe Springer Science+Business Media.
www.springer-gabler.de

Vorwort zur zweiten Auflage

Die freundliche Aufnahme der ersten Auflage dieses Buches bei Studenten, Kollegen und Rezensenten hat uns zu dessen zweiter Auflage ermutigt. Wir bedanken uns dafür bei allen Leserinnen und Lesern. Die gewählte Vorgehensweise, Studenten durch die systematische Verknüpfung von theoretischen Ausführungen, verdeutlichenden Beispielen und unterstützenden Übungen einen möglichst anschaulichen und einfachen Zugang zu den Grundlagen der kennzahlenorientierten Investitionsrechnung zu ermöglichen, hat sich bewährt. Es besteht also kein Anlass, das Konzept des Buches grundsätzlich zu ändern.

Die zweite Auflage unterscheidet sich daher von der ersten Auflage aus dem Jahr 2002 im Kern nur durch inhaltliche Erweiterungen. Neben der Korrektur erkannter Fehler, der notwendigen technischen Anpassung unserer Übungs- und Testsoftware an den Windows-Standard des Jahres 2012 und einem neuen Layout haben wir ein zusätzliches, recht umfangreiches Kapitel 7 über „Theoretische Grundlagen isolierter Investitionsentscheidungen" eingefügt. Dort gehen wir, wiederum in möglichst anschaulicher Form, unter anderem auf die Relevanz individueller intertemporaler Präferenzen für Investitionsentscheidungen und auf die Grundlagen der ein- und mehrperiodigen simultanen Investitions- und Finanzplanung ein.

Für Unterstützung bei der Entwicklung und technischen Überarbeitung unserer Lernsoftware bedanken wir uns vor allem bei Frau Dipl.-Inform. Esther Berg. Unser Dank gilt ferner Frau Marlis Klewer sowie Frau Christina Martjan, die die Texte für die zweite Auflage teilweise neu erfasst und in Gänze neu gestaltet haben. Trotz umfangreicher Kontrollen und Softwaretests werden vermutlich einige Fehler unentdeckt überlebt haben. Für verbliebene Fehler übernehmen selbstverständlich allein wir die Verantwortung. Für Hinweise zur Ausrottung dieser bewundernswert robusten Fehlerspezies sind wir ebenso dankbar wie für sonstige Verbesserungsvorschläge (E-Mail: Investentscheid@fernuni-hagen.de). Wir wünschen Ihnen viel Freude und vor allem Lernerfolg mit Buch und CD-ROM.

Hagen, im April 2012　　　　Michael Bitz　　　　Jürgen Ewert　　　　Udo Terstege

Inhaltsverzeichnis

Vorwort zur zweiten Auflage V
Abkürzungs- und Symbolverzeichnis XI
Abbildungsverzeichnis XVII
Tabellenverzeichnis XIX
Verzeichnis der Beispiele XXIII
Verzeichnis der Übungsaufgaben XXVII

1	Einordnung und Aufbau des Buches 1	
2	Modelltheoretische und entscheidungslogische Grundlagen 3	
2.1	Vorbemerkung 3	
2.2	Darstellung von Investitionsprojekten 4	
2.2.1	Vermögensmaximierung als Zielsetzung 4	
2.2.2	Darstellung von Investitionsprojekten durch Zahlungsströme 7	
2.2.3	Zeitlich-horizontale Interdependenzen 11	
2.3	Indirekte Folgeeffekte von Investitionsprojekten 17	
2.3.1	Finanzwirtschaftliche Komplementärmaßnahmen und zeitlich-vertikale Interdependenzen 17	
2.3.2	Ansätze zur expliziten Erfassung indirekter Folgeeffekte 19	
2.3.3	Implizite Erfassung von Folgeeffekten in der klassischen Investitionstheorie 22	
2.4	Vorentscheidungen mittels Dominanzüberlegungen 28	
2.4.1	Investitionsentscheidungen ohne Kassenhaltung und Finanzmarkt 28	
2.4.2	Investitionsentscheidungen bei Kassenhaltungsmöglichkeit 32	
2.4.3	Investitionsentscheidungen mit Finanzmarkt 35	
3	Finanzmathematische Grundlagen der Investitionsrechnung 38	
3.1	Vorbemerkung 38	
3.2	Zins- und Zinseszinsrechnung 39	
3.2.1	Auf- und Abzinsung bei einheitlichem Periodenzins 39	
3.2.2	Auf- und Abzinsung bei wechselndem Periodenzins 43	
3.3	Rentenrechnung 45	
3.4	Annuitätenrechnung 55	
3.5	Zusammenfassung 58	
4	Investitionsentscheidungen auf der Basis finanzmathematischer Kennzahlen 61	
4.1	Problemstellung 61	
4.2	Endwert und Kapitalwert 62	
4.2.1	Definition und formale Analyse 62	
4.2.2	Ökonomische Interpretation 68	
4.2.3	Entscheidungsregeln 75	
4.2.4	Abhängigkeit der Investitionsentscheidung vom Kalkulationszins 79	

4.2.5	Differenzzahlungsreihe	81
4.3	Äquivalente Annuität	86
4.3.1	Definition und formale Analyse	86
4.3.2	Ökonomische Interpretation	88
4.3.3	Entscheidungsregeln	90
4.4	Amortisationsdauer	93
4.4.1	Definition und formale Analyse	93
4.4.2	Ökonomische Interpretation	95
4.4.3	Entscheidungsregeln	96
4.5	Interner Zinsfuß	99
4.5.1	Vorbemerkung	99
4.5.2	Definition und formale Analyse	100
4.5.3	Ökonomische Interpretation	109
4.5.4	Entscheidungsregeln	111
4.6	Berücksichtigung unterschiedlicher Kalkulationszinsfüße	115
4.6.1	Problemstellung	115
4.6.2	Wechselnde Periodenzinsfüße bei vollkommenem Finanzmarkt	117
4.6.3	Ermittlung von Marktzinssätzen und Kapitalwertberechnung	120
4.6.4	Entscheidungsrelevanz von Marktzinssätzen und individuellen Zinserwartungen – zugleich eine Einordnung der Marktzinsmethode	126
4.6.4.1	Verdeutlichung der Problemstellung	126
4.6.4.2	Szenario I: Alleinige Relevanz von Marktzinssätzen	131
4.6.4.3	Szenario II: Alleinige Relevanz der Zinserwartungen	134
4.6.4.4	Zusammenfassender Überblick	135
4.6.5	Wechselnde Periodenzinsfüße bei unvollkommenem Finanzmarkt	137
4.7	Projektbezogene Finanzierungsmaßnahmen	141
4.8	Beurteilung von Finanzierungsmaßnahmen mittels investitionstheoretischer Kennzahlen	144
4.8.1	Vorbemerkung	144
4.8.2	Kapitalwert und effektive Finanzierungskosten als Kriterien zur projektindividuellen Beurteilung	145
4.8.3	Kapitalwert und effektive Finanzierungskosten als Kriterien bei der Auswahl konkurrierender Finanzierungsprojekte	148
4.9	Zur praktischen Relevanz investitionstheoretischer Kennziffern	151
4.9.1	Rückblick und Problemstellung	151
4.9.2	Deskriptive und prognostische Relevanz	152
5	Investitionsrechnung unter Berücksichtigung von Steuern	156
5.1	Grundmodell	156
5.1.1	Problemstellung	156
5.1.2	Modifikation der relevanten Zahlungsreihe	156
5.1.3	Modifikation des Kalkulationszinsfußes	158
5.2	Steuerabhängigkeit von Investitionsentscheidungen im Grundmodell	159
5.2.1	Kapital- und Endwerte vor und nach Steuern	159

5.2.2	Steuerwirkungen bei Projekt und Unterlassensalternative	162
5.2.2.1	Szenario I: Freie Liquiditätsreserven	162
5.2.2.2	Szenario II: Kreditfinanzierung	166
5.2.3	Volumen- und Zinseffekt	168
5.2.3.1	Darstellung der Effekte	168
5.2.3.2	Analyse der Effekte	171
5.3	Einordnung der Ergebnisse des Grundmodells	174
6	Investitionsrechnung unter Unsicherheit	178
6.1	Problemstellung	178
6.2	Sensitivitätsanalyse von Einzelrisiken	179
6.2.1	Begriff und Varianten	179
6.2.2	Singuläre Sensitivitätsanalysen	180
6.2.3	Multiple Sensitivitätsanalysen	182
6.3	Wahrscheinlichkeitsgestützte Analyse von Einzelrisiken	188
6.3.1	Grundbegriffe	188
6.3.2	Alternativrechnungen	189
6.3.2.1	Starre Alternativrechnungen (Zustandsbaumverfahren)	189
6.3.2.2	Flexible Alternativrechnungen (Entscheidungsbaumverfahren)	194
6.3.2.3	Möglichkeiten und Grenzen von Alternativrechnungen	201
6.3.3	Projektspezifische μ-σ-Analysen	202
6.4	Wahrscheinlichkeitsgestützte Analyse von Aggregatrisiken	206
6.5	Ansätze zur Ableitung von Investitionsentscheidungen bei Unsicherheit	212
6.5.1	Einordnung	212
6.5.2	Entscheidungstheoretisch fundierte Konzepte	212
6.5.3	Heuristische Konzepte	214
7	Theoretische Grundlagen isolierter Investitionsentscheidungen	221
7.1	Einordnung	221
7.2	Kapitalwertermittlung auf der Basis von Zahlungs- und Erfolgsgrößen	223
7.3	Relevanz individueller intertemporaler Präferenzen	229
7.3.1	Problemstellung	229
7.3.2	Darstellung intertemporaler Präferenzen durch Indifferenzkurven	229
7.3.3	FISHER/HIRSHLEIFER-Modell ohne Finanzmarkt	231
7.3.4	FISHER/HIRSHLEIFER-Modell bei vollkommenem Finanzmarkt	235
7.3.5	FISHER/HIRSHLEIFER-Modell bei unvollkommenem Finanzmarkt	245
7.3.6	Fazit	249
7.4	Einperiodige, simultane Investitions- und Finanzplanung	251
7.4.1	Problemstellung	251
7.4.2	Grundform des DEAN-Modells	252
7.4.2.1	Prämissen	252
7.4.2.2	Bestimmung des Optimalprogramms	253
7.4.2.3	Optimalitätsuntersuchung	257
7.4.3	Erweiterungen und Grenzen des DEAN-Modells	260

7.4.3.1	Unteilbarkeit von Investitionsprojekten	260
7.4.3.2	Interdependente Projekte	264
7.4.3.3	Mehrperiodige Projekte	268
7.4.4	Endogene Kalkulationszinsfüße im DEAN-Modell	276
7.5	Mehrperiodige, simultane Investitions- und Finanzplanung	280
7.5.1	Vorbemerkung	280
7.5.2	Beispiel	280
7.5.3	Allgemeine Modellformulierung	286
7.5.4	Endogene Kalkulationszinsfüße in mehrperiodigen Modellansätzen	287
8	Zum Umgang mit den Ergebnissen einer modellgestützten Analyse	293
9	Anhang	297
9.1	Vereinfachung der Formel (FM_{11})	297
9.2	Herleitung der Formel (FM_{14})	298
9.3	Darstellung des Primals	299
9.4	Interpretation der Dualvariablen	300
10	Lösungshinweise zu den Übungsaufgaben	303
11	Gesamtverzeichnis der verwendeten Formeln	387
12	Finanzmathematische Tabellen	393

Literaturverzeichnis ... 395
Stichwortverzeichnis ... 401

Abkürzungs- und Symbolverzeichnis

a	Bezeichnung für die Annuität einer Ausgangszahlung
a_i	einander ausschließende Handlungs- bzw. Investitionsalternativen (Projektbündel) Nr. i (In Kapitel 7 auch Bezeichnung für Konsumplan Nr. i.)
a'_k	jeweils konkret zu definierende Kassenhaltungsaktivität bzw. Finanztransaktion
a_0	Absolutbetrag der Anfangsauszahlung e_0 ($a_0 = -e_0$)
α	Wachstumsrate pro Periode
α_t	Abschreibung auf das Investitionsprojekt in Periode t
A	einzelnes Investitionsobjekt
AB	Ausgangsbetrag
ANF(T; r)	Annuitätenfaktor (Kehrwert des Rentenbarwertfaktors)
β	Wachstumsfaktor mit $\beta = 1 + \alpha$
B	einzelnes Investitionsprojekt; in anderem Kontext: Barwert
c	gleichhoher Entnahmebetrag in allen Perioden
c_t	Saldogröße ($c_t = e_t + f_t$)
c_T	Schlussentnahme in T
C	Anschaffungspreis bzw. aktueller Börsenkurs einer Anleihe
C_t	Kontostand nach Berechnung des Schuldzinses, jedoch vor Ein- und Auszahlungen im Zusammenhang mit dem Investitionsprojekt
C'_t	Kontostand nach Berechnung des Schuldzinses und nach Ein- und Auszahlungen im Zusammenhang mit dem Investitionsprojekt ($C'_t = C_t + e_t$)
C_t	Stand eines Guthabenkontos (+) oder Kreditkontos (–) im Zeitpunkt t (in Kapitel 7 auch Bezeichnung für die Konsumhöhe im Zeitpunkt t)
C_A, C_E	Stand eines Guthabenkontos (+) oder Kreditkontos (–) zu Anfang bzw. Ende der Periode (bzw. in Kapitel 7 steht C_A für kumuliertes Mittelangebot)
C_B	kumulierter Mittelbedarf
$d_t^{i,k}$	Differenz der Zahlungen der Investitionsprojekte i und k im Zeitpunkt t
$D^{i,k}$	Differenzzahlungsreihe der Investitionsprojekte i und k
Δ	Veränderung des Einzahlungsüberschusses
ΔF_t	Korrekturposten im Zeitpunkt t ($\Delta F_t = g_t - e_t$)

Δg_t	Veränderung des Periodengewinns vor Steuern in Periode t
ΔK	durch die Einführung von Steuern bewirkte Änderung des Kapitalwertes
ΔZ	Zinsvorteile bzw. –nachteile im Vergleich zur Unterlassensalternative
e	Ein- oder Auszahlung bzw. Höhe einer jeweils am Jahresende anfallenden jährlichen Rente (in Kapitel 7 auch allgemein Ergebnis)
e_i^*	äquivalente Annuität der Zahlungsreihe des Investitionsprojekts a_i
e_t^*	optimaler Konsumbetrag im Zeitpunkt t
e_t'	Zahlungssaldo des Projektes nach Steuern im Zeitpunkt t
e_t^i	Zahlungssaldo des Projektes i im Zeitpunkt t
e_t^U	Einzahlungs- bzw. Auszahlungsüberschüsse der Unterlassensalternative am Ende der Periode t
$\bar{e}_t$	repräsentativer Zahlungssaldo im Zeitpunkt t
$e_t^{A,B}$	bei gemeinsamer Durchführung der Projekte A und B eintretender Zahlungssaldo im Zeitpunkt t
E	Einzahlungsüberschuss (+) oder Auszahlungsüberschuss (–) des Investors ohne Durchführung des Investitionsprojekts; in anderem Kontext: Erfolgspotential oder Endvermögenszuwachs
EB	Steuerendwert (Summe aller auf t = T bezogenen Endwerte von durch ein Investitionsprojekt ausgelösten Steuerzahlungen)
EV_I	Endvermögen des Investors bei Durchführung des Investitionsprojekts (Bezugszeitpunkt: Ende der individuellen Projektlaufzeit des betrachteten Projekts)
$EV_{I,T}^j$	Endvermögen des Investors bei Durchführung des Investitionsprojekts a_j (Bezugszeitpunkt: Ein beliebiger Zeitpunkt T)
EV_U	Endvermögen des Investors bei Wahl der Unterlassensalternative
EW_i	Endwert des Investitionsprojekts a_i
f	Finanzierungskosten
f_j^*	Effektivverzinsung des Finanzierungsprojektes j
f_t	aus Finanzierungen resultierender Zahlungssaldo im Zeitpunkt t
F_t	„gebundenes Kapital" im Zeitpunkt t
FM_i	Formel i zum Themenbereich Finanzmathematik
FR_τ	Forward Rate für Periode τ, d.h. Zinssatz, der bereits im Zeitpunkt t = 0 für eine Mittelanlage bzw. Mittelaufnahme von t = τ – 1 bis t = τ fest vereinbart werden kann

g_t	Gewinn im Zeitpunkt t
g_t^0	modifizierter Gewinn nach Berücksichtigung kalkulatorischer Zinsen im Zeitpunkt t
G	Geldanlagebetrag im Zeitpunkt t = 0
GE	Geldeinheiten
GR_i	Gesamtrückzahlungsverpflichtung bei Durchführung des Finanzierungsprojektes i
h_t	Höchstgrenze für den Schuldzins in Periode t
i	spezielle Ausprägung des Kalkulationszinses r
I	Investitionsauszahlung in t = 0
I^*	Gesamtheit der Indices sich ausschließender Investitionsprojekte
k_t	zahlungswirksame variable Kosten/Stück in Periode t
K(r)	Kapitalwertfunktion
K_i	Kapitalwert des Investitionsprojekts a_i
$K^{i,k}$	Kapitalwert der Differenzzahlungsreihe $D^{i,k}$
K^h	auf Basis der Höchstsätze für den Schuldzins h_t ermittelter Kapitalwert
K^r	auf Basis der endogenen Kalkulationszinsen r_t ermittelter Kapitalwert
K^u	auf Basis der Untergrenze für den Anlagezins u_t ermittelter Kapitalwert
$\lim_{r \to \infty}$	Grenzwertbetrachtung für r gegen „unendlich"
$\lim_{T \to \infty}$	Grenzwertbetrachtung für T gegen „unendlich"
L	Höhe des Liquidationserlöses
max: φ^i	maximaler Präferenzwert, den ein Investor bei vorgegebenen Handlungsalternativen erzielen kann
μ	Erwartungswert
p_t	zahlungswirksame Erlöse in Periode t
q	(:= 1 + r) Zinsfaktor
q°	um Unsicherheitszuschlag erhöhter Zinsfaktor mit q° = 1 + r + ρ
q^t	Aufzinsungsfaktor für die Aufzinsung vom Zeitpunkt 0 auf den Zeitpunkt t
q^{-t}	Abzinsungsfaktor für die Abzinsung vom Zeitpunkt t auf den Zeitpunkt 0

q_t	$(:= 1 + r_t)$ Zinsfaktor, der in Periode t gilt (bzw. in Kapitel 7: Dualvariable für Finanzrestriktion im Zeitpunkt t
q_t^*	Korrespondierende Dualvariable zur optimalen Lösung des Primals
Q	Ausgangsbetrag, der einem Investor in t = 0 zur Verfügung steht
Q(t,t')	Produkt aller Aufzinsungsfaktoren der Perioden t bis t' $\left(\prod_{\tau=t}^{t'} q_\tau\right)$
φ	Präferenzwert
φ^i	Präferenzwert einer Zahlungsreihe i mit $\varphi^i = \Phi\left(e_0^i, e_1^i, ..., e_T^i\right)$
Φ	intertemporale Präferenzfunktion
$\Phi(a_i)$	Präferenzwert einer Alternative a_i
r	als Dezimalzahl geschriebener Zinssatz
r'	Nettozinssatz nach Steuern mit $r' = r \cdot (1 - s)$
r*	interner Zinsfuß mit K(r = r*) = 0
r_i^*	interner Zinsfuß des Investitionsprojektes i
r_t^*	Endogener Kalkulationszinsfuß in Periode t
r_g, r_G	Zinssatz einer Geldanlagemöglichkeit
r_s, r_S	Zinssatz einer Geldaufnahmemöglichkeit
$\hat{r}_t$	subjektive Zinserwartung für den in Periode t geltenden Zinssatz
r_k	konkreter Wert des Kalkulationszinssatzes
r_t	als Dezimalzahl geschriebener Zinssatz, der in Periode t gilt
ρ	Korrelationskoeffizient; in anderem Kontext: Unsicherheitszuschlag auf den Kalkulationszinsfuß
R	Rückflussbetrag aus einer Investition in t = 1 (bzw. in Kapitel 7: Zinssatz, bei dem sich Mittelangebots- (C_A) und Mittelbedarfskurve (C_B) schneiden)
RB	Rentenbarwert
RBF (T; r)	Rentenbarwertfaktor einer über T Perioden laufenden, nachschüssigen Rente bei Zinssatz r
RB^∞	Barwert einer ewigen Rente
RNF	Risiko-Nutzen-Funktion
s	proportionaler Gewinnsteuersatz
SB	Steuerbarwert (Summe aller auf t = 0 bezogenen Barwerte von durch ein Investitionsprojekt ausgelösten Steuerzahlungen)

S_t	Steuerzahlung in Zeitpunkt t
σ	Standardabweichung
σ^2	Varianz
t, τ	Laufindices für Zeitpunkte 0, 1, 2 ...
t'	einheitlicher Bezugszeitpunkt
t^*	Amortisationsdauer (bzw. in Kapitel 7: Anzahl der Perioden, um die das Projekt über den Endzeitpunkt der Betrachtung T hinaus andauert)
T	Laufzeit eines Investitionsprojektes bzw. Endzeitpunkt (z.B. einer Zahlungsreihe e_t mit t = 1, 2, ..., T)
T^*	Menge aller Zeitpunkte mit Beeinflussung
$\sum_{\tau=0}^{t} e_\tau^i$	Summe aller Zahlungssalden des Projekts i vom Zeitpunkt 0 bis zum Zeitpunkt t
$\prod_{\tau=1}^{t} (1+r_\tau)$	Produkt aller Aufzinsungsfaktoren q_τ von Periode 1 bis Periode t
TGE	tausend Geldeinheiten
u_h	binäre Hilfsvariable
u_t	Untergrenze für den Anlagezins
UA	globaler Unsicherheitsabschlag
UA_t	Unsicherheitsabschlag in Zeitpunkt t
$U(\cdot)$	Risiko-Nutzen-Funktion
v_T	verbleibendes Restvermögen
v_{Ti}	aus einer Einheit des Projektes [i] resultierender Endvermögensbeitrag
V	Verlustpotential
w	Eintrittswahrscheinlichkeit
w_k	kumulierte Eintrittswahrscheinlichkeit
W_t	Gewichtungsfaktor für den Entnahmebetrag c in der Periode t
x_i	Aktivitätsniveau eines Investitionsprojektes i
x_h	Aktivitätsniveau eines Investitionsprojektes h
x_i^*	Optimalwert von x_i
x_t	Absatzmenge in Periode t
y_j	Aktivitätsniveau eines Finanzierungsprojektes

y_j^*	Optimalwert von y_j
y_{jt}	Aktivitätsniveau eines Finanzierungsprojektes j im Zeitpunkt t
z	Kupon einer Anleihe
z_t	im Zeitpunkt t erfolgende Zinsgutschrift ($z_t > 0$) bzw. Zinsbelastung ($z_t < 0$)
Z_t	Zinsbelastung im Zeitpunkt t

Abbildungsverzeichnis

		Seite
Abbildung 3.1	Graphische Verdeutlichung der Aufzinsung	59
Abbildung 3.2	Graphische Verdeutlichung der Abzinsung	59
Abbildung 3.3	Graphische Verdeutlichung der Rentenbarwertrechnung	60
Abbildung 3.4	Graphische Verdeutlichung der Annuitätenrechnung	60
Abbildung 4.1	Kapitalwertfunktion I	65
Abbildung 4.2	Kapitalwertfunktion II	67
Abbildung 4.3	Kapitalwertfunktionen zweier Investitionsprojekte	79
Abbildung 4.4	Graphische Analyse des internen Zinsfußes	100
Abbildung 4.5	Approximation des internen Zinsfußes durch graphische Interpolation	106
Abbildung 4.6	Kapitalwertfunktion mit zwei internen Zinsfüßen bzw. keinem internen Zinsfuß	108
Abbildung 4.7	Kapitalwertfunktionen zweier Projekte a_3 und a_4	113
Abbildung 4.8	Zahlungsstruktur des Kaufs einer Kupon-Anleihe	152
Abbildung 5.1	Graphische Verdeutlichung von Volumen- und Zinseffekt	169
Abbildung 6.1	Kritische Wertekombinationen	184
Abbildung 6.2	Zustandsbaum für eine multiple Alternativrechnung	186
Abbildung 6.3	Einfaches Risikoprofil	187
Abbildung 6.4	Zustandsbaum bei unbedingten Wahrscheinlichkeitsangaben	190
Abbildung 6.5	Wahrscheinlichkeitsgestütztes Risikoprofil	193
Abbildung 6.6	Entscheidungsbaum	197
Abbildung 6.7	Risikoprofile flexibler Alternativrechnungen	199
Abbildung 6.8	Erwartungswert und Standardabweichung des Kapitalwertes des Unternehmens mit und ohne Durchführung des Projektes P	209
Abbildung 7.1	Indifferenzkurven	230
Abbildung 7.2	Degressiv steigende Investitionsfunktion	231
Abbildung 7.3	Linear steigende Finanzmarktgerade	235
Abbildung 7.4	Mittelbedarfskurve	254
Abbildung 7.5	Mittelangebotskurve (1)	255
Abbildung 7.6	**Bestimmung** des optimalen Investitions- und Finanzierungsprogramms (DEAN-Modell)	256
Abbildung 7.7	Dean-Modell bei unteilbaren Investitionsprojekten	261
Abbildung 7.8	DEAN-Modell bei interdependenten Investitionsprojekten	266

Abbildung 7.9	Dean-Modell im 2-Periodenfall, Variante 1	269
Abbildung 7.10	Dean-Modell im 2-Periodenfall, Variante 2	271
Abbildung 7.11	Dean-Modell im 2-Periodenfall, Variante 3	272
Abbildung 7.12	Mittelangebotskurve (2)	279

Tabellenverzeichnis

		Seite
Tabelle 2.1	Ermittlung der Zahlungsreihe zum Projekt Hauskauf	10
Tabelle 2.2	Zahlungsreihen in t = 0 durchführbarer Projekte I	13
Tabelle 2.3	Zahlungsreihen in t = 0 durchführbarer Projekte II	16
Tabelle 2.4	Kombination von Investition, Finanzierung und Zwischenanlage	21
Tabelle 2.5a	Kontenplan bei Unterlassen und Verschuldung	24
Tabelle 2.5b	Kontenplan bei Unterlassen und Guthaben	25
Tabelle 2.5c	Kontenplan bei Unterlassen und Wechsel zwischen Guthaben und Verschuldung	25
Tabelle 2.6a	Kontenplan bei Investition und Verschuldung	26
Tabelle 2.6b	Kontenplan bei Investition und Guthaben	26
Tabelle 2.6c	Kontenplan bei Investition und Wechsel zwischen Guthaben und Verschuldung	26
Tabelle 2.7	Zahlungsreihen einander ausschließender Investitionsprojekte (Dominanzüberlegung I)	30
Tabelle 2.8	Zahlungsreihen einander ausschließender Investitionsprojekte (Dominanzüberlegung II)	37
Tabelle 4.1	Wertetafel zur Kapitalwertfunktion I	65
Tabelle 4.2	Wertetafel zur Kapitalwertfunktion II	66
Tabelle 4.3a	TAP bei Unterlassen im Fall 1	70
Tabelle 4.3b	TAP bei Investitionsdurchführung im Fall 1	71
Tabelle 4.3c	TAP bei Investitionsdurchführung im Fall 2	72
Tabelle 4.4	TAP bei um Kapitalwert korrigierter Zahlungsreihe	74
Tabelle 4.5	Zahlungsreihen alternativer Investitionsprojekte I	79
Tabelle 4.6	Zinsintervalle und Optimalalternativen	80
Tabelle 4.7	Ermittlung der Differenzzahlungsreihe $D^{2,1}$	82
Tabelle 4.8	Ermittlung der Differenzzahlungsreihe $D^{1,3}$	82
Tabelle 4.9	Modifizierte Zahlungsreihen alternativer Investitionsprojekte	84
Tabelle 4.10	Zahlungsreihen alternativer Investitionsprojekte II	85
Tabelle 4.11	TAP bei um Annuität korrigierter Zahlungsreihe	88
Tabelle 4.12	Zahlungsreihen alternativer Investitionsprojekte III	90
Tabelle 4.13	Bestimmung der Amortisationsdauer	94
Tabelle 4.14	Amortisationsdauer und Kalkulationszins	95
Tabelle 4.15	Zahlungsreihen alternativer Investitionsprojekte IV	97

Tabelle 4.16	Kontodarstellung bei Fremdfinanzierung mit $r = r^*$	109
Tabelle 4.17	Vollständiger Finanz- und Anlageplan bei vollkommenem Finanzmarkt	122
Tabelle 4.18	Am Finanzmarkt gehandelte Anleihen unterschiedlicher Laufzeit	126
Tabelle 4.19	Beurteilungsrelevanzen von Marktzinssätzen und subjektiven Zinserwartungen	136
Tabelle 4.20	Kurse ausgewählter Anleihen mit identischem Nominalzinssatz	154
Tabelle 5.1	Änderung der relevanten Zahlungsreihe durch die Berücksichtigung von Steuern	157
Tabelle 5.2	Steuerbedingte Änderung der Zahlungsreihen der Projekte a_1 und a_2	160
Tabelle 5.3	Übersicht der Werte für Projekt a_2	162
Tabelle 5.4	Endvermögensentwicklung für Projekt a_2 in einer Welt ohne Steuern	163
Tabelle 5.5	Endvermögensermittlung für Projekt a_2 im Steuerfall	163
Tabelle 5.6	Endvermögensermittlung für Unterlassensalternative im Steuerfall	164
Tabelle 5.7	Endvermögensvergleich von Projekt a_2 und Unterlassensalternative	164
Tabelle 5.8	Entwicklung des Projektes a_2 ohne Steuern	166
Tabelle 5.9	Kreditkonto zu Projekt a_2 ohne Steuern	167
Tabelle 5.10	Entwicklung des Projektes a_2 im Steuerfall	167
Tabelle 5.11	Kreditkonto zu Projekt a_2 im Steuerfall	167
Tabelle 5.12	Kontoentwicklung bei Projekt a_2, freien Liquiditätsreserven und ausschließlicher Berücksichtigung des steuerlichen Volumeneffektes	172
Tabelle 5.13	Projektkonto zu Projekt a_2 bei Kreditfinanzierung und ausschließlicher Berücksichtigung des steuerlichen Volumeneffektes	172
Tabelle 5.14	Kreditkonto zu Projekt a_2 bei ausschließlicher Berücksichtigung des steuerlichen Volumeneffektes	173
Tabelle 6.1	Singuläre Alternativrechnung	182
Tabelle 6.2	Häufigkeitsverteilung der Kapitalwerte	185
Tabelle 6.3	Unabhängige Wahrscheinlichkeitsverteilungen für den Absatzpreis in $t = 1$ und den Absatzpreis in $t = 2$	190
Tabelle 6.4	Bedingte Wahrscheinlichkeitsverteilungen für den Absatzpreis in $t = 1$ und den Absatzpreis in $t = 2$	191
Tabelle 6.5	Wahrscheinlichkeitsverteilung des Kapitalwertes bei bedingten Wahrscheinlichkeiten	192
Tabelle 6.6	Bedingte Wahrscheinlichkeitsverteilungen für den Absatzpreis in $t = 1$ und $t = 2$	195
Tabelle 6.7	Wahrscheinlichkeitsverteilung bei starrer Projektdurchführung bis $t = 2$	196
Tabelle 6.8	Wahrscheinlichkeitsverteilung bei starrem Projektabbruch in $t = 1$	196

Tabelle 6.9	Flexible Pläne	196
Tabelle 6.10	Wahrscheinlichkeitsverteilung der verbleibenden Strategien	198
Tabelle 6.11	Bedingte Wahrscheinlichkeiten von Zahlungssalden	205
Tabelle 6.12	Veränderung des Unternehmensrisikos (gemessen an der Standardabweichung σ)	209
Tabelle 7.1	Zur Verfügung stehende Investitionsprojekte	252
Tabelle 7.2	Zur Verfügung stehende Finanzierungsprojekte	253
Tabelle 7.3	Rangfolge der Investitionsprojekte	253
Tabelle 7.4	Rangfolge der Finanzierungsprojekte	255
Tabelle 7.5	Ausgangsdaten (Unteilbarkeit von Investitionsprojekten)	261
Tabelle 7.6	Ausgangsdaten (wechselseitiger Ausschluss von Investitionsprojekten)	265
Tabelle 7.7	Ausgangsdaten (mehrperiodiger Investitionsprojekte)	269
Tabelle 7.8	Kontoplan, Variante 1	270
Tabelle 7.9	Kontoplan, Variante 2	271
Tabelle 7.10	Ausgangsdaten weiterer Investitionsprojekte	272
Tabelle 7.11	Kontoplan, Variante 3	273
Tabelle 7.12	Ausgangsdaten des Beispiels zur Simultanplanung	281
Tabelle 7.13	Kapitalwerte, Optimallösung und maximal mögliches Aktivitätsniveau	290

Verzeichnis der Beispiele

		Seite
Beispiel 2.1:	Ableitung der Zahlungsreihe eines Investitionsprojektes	9
Beispiel 2.2:	Zeitlich-horizontale Interdependenzen	13
Beispiel 2.3:	Komplementärer Finanzplan eines Investitionsprojektes	20
Beispiel 2.4:	Verdeutlichung der Prämisse des vollkommenen Finanzmarktes	24
Beispiel 2.5:	Dominanzüberlegungen (Allgemeine zeitliche Dominanz)	29
Beispiel 2.5:	1. Fortsetzung (Relevanz intertemporaler Präferenzen)	32
Beispiel 2.5:	2. Fortsetzung (Kumulative zeitliche Dominanz)	33
Beispiel 2.5:	3. Fortsetzung (Investitionsentscheidungen mit Finanzmarkt)	35
Beispiel 3.1:	Aufzinsung	39
Beispiel 3.2:	Zins- und Zinseszinseffekte	41
Beispiel 3.3:	Abzinsung	42
Beispiel 3.4:	Rentenrechnung (Standardfall)	45
Beispiel 3.4:	1. Fortsetzung („Zeitlich verschobene" Rentenzahlungsreihe)	48
Beispiel 3.4:	2. Fortsetzung (Wechselnde Periodenzinssätze)	50
Beispiel 3.5:	Barwert einer ewigen Rente	51
Beispiel 3.6:	Annuitätenrechnung	55
Beispiel 3.7:	Annuitätendarlehen	57
Beispiel 4.1:	Kapitalwert und Endwert eines Investitionsprojektes	63
Beispiel 4.2:	Kapitalwertfunktion eines Investitionsprojektes I	64
Beispiel 4.3:	Kapitalwertfunktion eines Investitionsprojektes II	66
Beispiel 4.4:	Zusammenhang zwischen Endwert und Endvermögen	70
Beispiel 4.5:	Ökonomische Interpretation des Kapitalwertes	73
Beispiel 4.6:	Kapital- und Endwert bei divergierenden projektindividuellen Laufzeiten	76
Beispiel 4.7:	Auswahlentscheidungen auf Basis des Kapitalwertes	79
Beispiel 4.7:	1. Fortsetzung (Vorteilhaftigkeitsbereiche)	80
Beispiel 4.7:	2. Fortsetzung (Differenzzahlungsreihe I)	81
Beispiel 4.7:	3. Fortsetzung (Differenzzahlungsreihe II)	83
Beispiel 4.7:	4. Fortsetzung (Differenzzahlungsreihe III)	83
Beispiel 4.8:	Äquivalente Annuität eines Investitionsprojektes	86
Beispiel 4.9:	Ökonomische Interpretation der äquivalenten Annuität	88
Beispiel 4.10:	Auswahlentscheidungen auf Basis von Kapitalwert und äquivalenter Annuität bei divergierenden Projektlaufzeiten (Problem)	90
Beispiel 4.11:	Auswahlentscheidungen auf Basis von Kapitalwert und äquivalenter Annuität bei divergierenden Projektlaufzeiten (Lösungsmöglichkeit)	92
Beispiel 4.12:	Amortisationsdauer eines Investitionsprojektes	93
Beispiel 4.13:	Amortisationsdauer und Kalkulationszins	95

Beispiel 4.14:	Vorteilhaftigkeitsentscheidungen auf Basis der Amortisationsdauer	96
Beispiel 4.15:	Berechnung des internen Zinsfußes eines Investitionsprojektes mit zwei Projektzahlungen	102
Beispiel 4.16:	Berechnung des internen Zinsfußes eines Investitionsprojektes mit der Zahlungsstruktur einer Kuponanleihe	103
Beispiel 4.17:	Berechnung des internen Zinsfußes eines Investitionsprojektes mit drei unmittelbar aufeinanderfolgenden Projektzahlungen	104
Beispiel 4.18:	Berechnung des internen Zinsfußes eines Investitionsprojektes bei gleichbleibenden Projekteinzahlungen	104
Beispiel 4.19:	Berechnung des internen Zinsfußes eines Investitionsprojektes bei ewigen Renten	105
Beispiel 4.20:	Berechnung des internen Zinsfußes einer Normalinvestition über die Approximationsmethode	107
Beispiel 4.21:	Interpretation des internen Zinsfußes eines Investitionsprojektes	109
Beispiel 4.21:	Interpretation des internen Zinsfußes eines Investitionsprojektes (Fortsetzung)	110
Beispiel 4.22:	Die Problematik von Auswahlentscheidungen auf Basis des internen Zinsfußes	112
Beispiel 4.23:	Wechselnde Periodenzinsfüße bei vollkommenem Finanzmarkt	117
Beispiel 4.24:	Investitionsbeurteilung bei gegebenen Transaktionsmöglichkeiten an vollkommenen Finanzmärkten	121
Beispiel 4.25:	Kapitalwertberechnung bei gegebenen Transaktionsmöglichkeiten an vollkommenen Finanzmärkten	124
Beispiel 4.26:	Entscheidungsabhängigkeit von Marktzinssätzen und individuellen Zinserwartungen	128
Beispiel 4.27:	Entscheidungsrelevanz von Marktzinssätzen bei Limitierung des Volumens möglicher Kassageschäfte	131
Beispiel 4.28:	Entscheidungsrelevanz von individuellen Zinserwartungen bei Limitierung des Volumens möglicher Termingeschäfte	134
Beispiel 4.29:	Wechselnde Periodenzinsfüße bei unvollkommenem Finanzmarkt	137
Beispiel 4.29:	1. Fortsetzung (Wechselnde Periodenzinsfüße bei unvollkommenem Finanzmarkt)	139
Beispiel 4.29:	2. Fortsetzung (Wechselnde Periodenzinsfüße bei unvollkommenem Finanzmarkt)	140
Beispiel 4.30:	Projektbezogene Finanzierungsmaßnahmen	142
Beispiel 4.31:	Projektindividuelle Vorteilhaftigkeit eines Annuitätendarlehens	147
Beispiel 4.32:	Auswahlentscheidungen bei Finanzierungsmaßnahmen	149
Beispiel 4.33:	Zinsempfindlichkeit von Anleihen	153
Beispiel 5.1:	Änderung einer relevanten Zahlungsreihe durch die Berücksichtigung von Steuern	157

Beispiel 5.2:	Veränderung der Vorteilhaftigkeit zweier Investitionsprojekte durch die Wirkungen einer Besteuerung	160
Beispiel 6.1:	Sensitivitätsanalyse eines Investitionsprojekts – Ausgangsdaten	179
Beispiel 6.2:	Sensitivitätsanalyse eines Investitionsprojekts* – Ermittlung singulärer kritischer Werte	180
Beispiel 6.3:	Sensitivitätsanalyse eines Investitionsprojekts – singuläre Alternativrechnung	181
Beispiel 6.4:	Sensitivitätsanalyse eines Investitionsprojekts – Ermittlung kritischer Wertekombinationen	183
Beispiel 6.5:	Sensitivitätsanalyse eines Investitionsprojekts – multiple Alternativrechnung und deren graphische Darstellung mittels Zustandsbaum und (naivem) Risikoprofil*	185
Beispiel 6.6:	Wahrscheinlichkeitsgestützte Analyse eines Investitionsprojektes – Zustandsbaumverfahren auf Basis unbedingter Wahrscheinlichkeitsangaben	189
Beispiel 6.7:	Wahrscheinlichkeitsgestützte Analyse eines Investitionsprojektes – Zustandsbaumverfahren auf Basis bedingter Wahrscheinlichkeitsangaben	191
Beispiel 6.7:	(Fortsetzung) Wahrscheinlichkeitsgestützte Analyse eines Investitionsprojektes – graphische Darstellung mittels eines (wahrscheinlichkeitsgestützten) Risikoprofils	192
Beispiel 6.8:	Wahrscheinlichkeitsgestützte Analyse eines Investitionsprojektes – Interpretation eines Risikoprofils	193
Beispiel 6.9:	Wahrscheinlichkeitsgestützte Analyse eines Investitionsprojektes – flexible Planung	195
Beispiel 6.10:	Projektspezifische μ-σ-Analyse	204
Beispiel 6.11:	μ-σ-Analyse von Aggregatrisiken	208
Beispiel 6.12:	Obergrenzen für Risikozuschläge zum sicheren Kalkulationszinsfuß	219
Beispiel 7.1:	Kapitalwertermittlung auf der Basis von Zahlungs- und Erfolgsgrößen	223
Beispiel 7.2:	Korrekturschritte für Positionen der Aktivseite	225
Beispiel 7.3:	Grafische Darstellung der Transformationskurve	232
Beispiel 7.3:	1. Fortsetzung (Interpretation von Indifferenzkurven)	234
Beispiel 7.3:	2. Fortsetzung (Grafische Darstellung einer Finanzmarktgeraden)	236
Beispiel 7.3:	3. Fortsetzung (Grafische Darstellung eines Konsum- und Investitionsmodells bei vollkommenem Finanzmarkt)	237
Beispiel 7.3:	4. Fortsetzung (Berücksichtigung von Kreditaufnahmemöglichkeiten)	240
Beispiel 7.3:	5. Fortsetzung (Grafische Darstellung intertemporaler Präferenzen)	243

Beispiel 7.4:	Grafische Darstellung einer Kredit- und einer Geldanlagegerade	245
Beispiel 7.5:	Grafische Darstellung eines Konsum- und Investitionsmodells bei unvollkommenem Finanzmarkt	246
Beispiel 7.6:	Ausgangsbeispiel zum DEAN-Modell	252
Beispiel 7.6:	1. Fortsetzung (Rangfolge der Investitionsprojekte)	253
Beispiel 7.6:	2. Fortsetzung (Mittelbedarf bei vorgegebenen Finanzierungskosten)	254
Beispiel 7.6:	3. Fortsetzung (Grafische Darstellung der Mittelbedarfskurve)	254
Beispiel 7.6:	4. Fortsetzung (Rangfolge der Finanzierungsprojekte)	255
Beispiel 7.6:	5. Fortsetzung (Grafische Darstellung der Mittelangebotskurve)	255
Beispiel 7.6:	6. Fortsetzung (Grafische Ermittlung des optimalen Investitions- und Finanzierungsprogramms (DEAN-Modell))	256
Beispiel 7.6:	7. Fortsetzung (Endvermögensermittlung bei Realisierung des Optimalprogramms)	257
Beispiel 7.7:	Ausgangsdaten bei Unteilbarkeit von Investitionsprojekten	261
Beispiel 7.7:	1. Fortsetzung (Fehlschlüsse bei unmodifizierter Anwendung der Vorgehensweise des Grundmodells)	262
Beispiel 7.7:	2. Fortsetzung (Berücksichtigung bisher als unvorteilhaft beurteilter Projekte)	263
Beispiel 7.8:	Ausgangsdaten zum Fall sich wechselseitig ausschließender Investitionsprojekte	265
Beispiel 7.8:	Fortsetzung (Berücksichtigung fiktiver Investitionsprojekte)	267
Beispiel 7.9:	Ausgangsdaten mehrperiodiger Investitionsprojekte	268
Beispiel 7.9:	1. Variante (Beschränkte Kreditaufnahmemöglichkeit zu einheitlichem Kreditzins)	269
Beispiel 7.9:	2. Variante (Berücksichtigung zusätzlicher Kreditaufnahmemöglichkeiten zu höherem Kreditzins)	270
Beispiel 7.9:	3. Variante (Berücksichtigung zusätzlicher Kreditaufnahmemöglichkeiten und zusätzlicher Investitionsprojekte)	272
Beispiel 7.9:	3. Variante ((Fortsetzung): Endvermögensermittlung)	273
Beispiel 7.10:	Ableitung des endogenen Zinssatzes im DEAN-Modell	278
Beispiel 7.11:	Ausgangsdaten des Beispiels zur Simultanplanung	281
Beispiel 7.11:	1. Fortsetzung (Finanzrestriktionen)	282
Beispiel 7.11:	2. Fortsetzung (Unzulässige Programme)	283
Beispiel 7.11:	3. Fortsetzung (Nichtnegativitätsbedingungen)	285
Beispiel 7.11:	4. Fortsetzung (Dualwerte)	288
Beispiel 7.11:	5. Fortsetzung (Ableitung endogener Kalkulationszinsfüße)	289
Beispiel 7.11:	6. Fortsetzung (Lösung eines vereinfachten Simultanansatzes)	291

Verzeichnis der Übungsaufgaben

		Seite
ÜA 2.1	Input und Output bei Investitionsprojekten	3
ÜA 2.2	Ermittlung der zur Investitionsbeurteilung benötigten Zahlungsreihe	10
ÜA 2.3	Interdependenzen zwischen Investitionsprojekten	16
ÜA 2.4	Dominanzüberlegungen	37
ÜA 3.1	Aufzinsung I	42
ÜA 3.2	Aufzinsung II	42
ÜA 3.3	Abzinsung	43
ÜA 3.4	Auf- und Abzinsung bei wechselnden Periodenzinsen	44
ÜA 3.5	Rentenbarwertberechnung	48
ÜA 3.6	Approximationsfehler bei vereinfachter Rentenbarwertberechnung	52
ÜA 3.7	Barwertberechnung für divergierende Ausgangsbedingungen I	53
ÜA 3.8	Barwertberechnung für divergierende Ausgangsbedingungen II	55
ÜA 3.9	Verdeutlichung des Ergebnisses einer Annuitätenberechnung	56
ÜA 3.10	Berechnung und Interpretation der Annuität	57
ÜA 4.1	Berechnung von Kapitalwert und Endwert	64
ÜA 4.2	Vermögensentwicklung im Tilgungs- und Anlageplan	72
ÜA 4.3	Interpretation des Kapitalwerts mittels Tilgungs- und Anlageplan	74
ÜA 4.4	Zinsabhängigkeit von Kapitalwert und Endwert	81
ÜA 4.5	Differenzzahlungsreihen und Investitionsbeurteilung	85
ÜA 4.6	Zusammenhang Kapitalwert und äquivalente Annuität	87
ÜA 4.7	Berechnung der äquivalenten Annuität	87
ÜA 4.8	Interpretation der äquivalenten Annuität	89
ÜA 4.9	Auswahlentscheidungen auf Basis äquivalenter Annuitäten	91
ÜA 4.10	Berechnung der Amortisationsdauer	94
ÜA 4.11	Berechnung des Kapitalwertes für alternative Kalkulationszinssätze	101
ÜA 4.12	Herleitung von Formel (IZ4)	104
ÜA 4.13	Herleitung von Formel (IZ7)	106
ÜA 4.14	Approximative Berechnung des internen Zinsfußes	107
ÜA 4.15	Interpretation des internen Zinsfußes als „maximale Kapitalkostenbelastung"	110
ÜA 4.16	Auswahlentscheidungen auf Basis interner Zinsfüße	114

ÜA 4.17	Prämisse des vollkommenen Finanzmarktes		115
ÜA 4.18	Barwerte und Kapitalwerte bei wechselnden Periodenzinsen		119
ÜA 4.19	Ermittlung und Interpretation von Forward-Rates		126
ÜA 4.20	Entscheidungsrelevanz von Marktzinssätzen I		133
ÜA 4.21	Entscheidungsrelevanz von Marktzinssätzen II		133
ÜA 4.22	Kapitalwertermittlung bei projektgebundener Finanzierung		143
ÜA 4.23	Ermittlung und Interpretation effektiver Finanzierungskosten eines Darlehens		148
ÜA 4.24	Beurteilung der Vorteilhaftigkeit von Finanzierungsprojekten		151
ÜA 4.25	Zinssensitivität von Anleihen		153
ÜA 5.1	Ermittlung einer Zahlungsreihe nach Berücksichtigung von Steuerzahlungen		158
ÜA 5.2	Ermittlung des Kapitalwertes im Steuerfall		162
ÜA 5.3	Endwert und Kapitalwert im Steuerfall		165
ÜA 5.4	Analyse von SteuereffektenI		168
ÜA 5.5	Volumen- und Zinseffekt der Besteuerung I		170
ÜA 5.6	Volumen- und Zinseffekt der Besteuerung II		173
ÜA 5.7	Bewurteilung „fiskalischer Anreize" einer Investitionsförderung		175
ÜA 5.8	Beurteilung eines steuerbegünstigten Investitionsvorhabens		176
ÜA 6.1	Ermittlung eines kritischen Wertes		181
ÜA 6.2	Sensitivität des Kapitalwertes		182
ÜA 6.3	Kritische Parameterkombinationen		184
ÜA 6.4	Multiple Alternativrechnung nach der Drei-Punkt-Methode		187
ÜA 6.5	Zustandsbaum und Wahrscheinlichkeitsverteilung des Kapitalwertes		192
ÜA 6.6	Zustandsbaum und Entscheidungsbaum		200
ÜA 6.7	Ermittlung der Standardabweichung des Kapitalwertes		203
ÜA 6.8	Stochastische Abhängigkeiten zwischen Investitionsprojekten		205
ÜA 6.9	Wahrscheinlichkeitsgestützte Analyse von Aggregatrisiken		210
ÜA 6.10	Präferenzabhängigkeit von Investitionsentscheidungen		214
ÜA 6.11	Unsicherheitsabschläge und Risikozuschläge		217
ÜA 7.1	Verwerfungen zwischen Zahlungs- und Gewinnreihe I		225
ÜA 7.2	Verwerfungen zwischen Zahlungs- und Gewinnreihe II		225
ÜA 7.3	Kapitalwerte auf der Basis von Zahlungs- und Gewinnreihe		228
ÜA 7.4	Optimale Konsum- und Investitionspläne ohne Finanzmarkt		234

ÜA 7.5	Optimale Konsum- und Investitionspläne mit „Teilfinanzmarkt I"	240
ÜA 7.6	Optimale Konsum- und Investitionspläne bei vollkommenem Finanzmarkt	242
ÜA 7.7	Optimale Konsum- und Investitionspläne bei unvollkommenem Finanzmarkt I	247
ÜA 7.8	Optimale Konsum- und Investitionspläne bei unvollkommenem Finanzmarkt II	248
ÜA 7.9	Optimale Konsum- und Investitionspläne bei unvollkommenem Finanzmarkt III	250
ÜA 7.10	Ermittlung und Interpretation des internen Zinsfußes (Wiederholung)	253
ÜA 7.11	Bestimmung des Optimalprogramms im einfachen DEAN-Modell	257
ÜA 7.12	DEAN-Modell bei unteilbaren Investitionsprojekten I	263
ÜA 7.13	DEAN-Modell bei unteilbaren Investitionsprojekten II	264
ÜA 7.14	Einzahlungsüberschüsse bei unteilbaren Investitionsprojekten	266
ÜA 7.15	Optimallösung und Änderungen der Finanzierungskosten	268
ÜA 7.16	DEAN-Modell im Mehrperiodenfall	273
ÜA 7.17	Endogener Zinssatz im DEAN-Modell	278
ÜA 7.18	Zulässige Programme bei mehrperiodiger Simultanplanung	284
ÜA 7.19	Formulierung eines linearen Programms zur simultanen Investitions- und Finanzplanung	287

1 Einordnung und Aufbau des Buches

Die **Inhalte** dieses „Lehrbuchs" sind obligatorischer Bestandteil wohl jeden wirtschaftswissenschaftlichen Studiengangs an einer deutschen Universität oder Fachhochschule und einer Vielzahl weiterer Ausbildungsgänge. Es geht um die Konstruktion von investitionstheoretischen Kennzahlen mittels finanzmathematischer Techniken sowie deren Eignung für die Ableitung zielkonformer Investitionsentscheidungen.

Mit ähnlichen Inhalten beschäftigt sich eine große Zahl vorliegender Lehrbücher. Dennoch schließt dieses Buch eine Lücke, und zwar in zweifacher Hinsicht. **Inhaltlich** wird verdeutlicht, dass die auf den „klassischen" investitionstheoretischen Kennzahlen beruhende Investitionsanalyse erheblich leistungsfähiger ist, als das in zahlreichen Darstellungen den Anschein hat. Insbesondere wird deutlich, dass ihre sinnvolle Verwendung keineswegs an solche einschränkende Prämissen wie die des „vollkommenen Kapitalmarktes" oder „sicherer Erwartungen" gebunden ist.

Neben dieser Akzentverschiebung in der Auswahl der Inhalte liegen die besonderen Vorzüge dieses Lehrbuchs auch in der Art ihrer Behandlung. Es ist auf einen möglichst **anschaulichen und leicht nachvollziehbaren Zugang** zu finanzmathematischen Kennzahlen sowie deren grundsätzlicher Eignung zur Ableitung von Investitionsentscheidungen ausgerichtet. Dieses Ziel wird nicht durch „Ausklammern komplizierter Inhalte" verfolgt, sondern dadurch, dass zum einen zusätzliche in der Darstellung der Zusammenhänge liegende Probleme soweit wie möglich vermieden werden und zum anderen dem Leser umfassende Gelegenheit gegeben wird, Erlerntes auszuprobieren und zu überprüfen. Diesem Ziel dienen mit dem nun in zweiter Auflage vorliegenden Lehrbuch und beigefügter CD-ROM rein physisch zwei Elemente.

Das **Lehrbuch** besteht im Wesentlichen aus einem „klassischen" Lehrtext. Die dort behandelten Inhalte ergeben sich aus der Gliederung und sollen hier nicht näher erläutert werden. Erläuterungsbedürftiger erscheinen die Art der Darbietung und der Umgang mit den Lehrinhalten.

- Formale Darstellungen innerhalb des Lehrtextes wurden auf ein unverzichtbares Minimum reduziert. Ein *Verständnis* des Lehrtextes setzt damit keine weitergehenden mathematischen Kenntnisse voraus.
- In den Lehrtext eingefügt sind 108 Beispiele, mittels derer auch theoretisch anspruchsvolle Zusammenhänge in nachvollziehbarer Form erläutert werden. Diese Beispiele sind essentieller Bestandteil des didaktischen Gesamtkonzeptes dieses Lehrbuches und sollten daher mit dem Text „in einem Zug" durchgearbeitet werden.
- Neben diesen Beispielen sollen Ihnen 76 in den Lehrtext integrierte Übungsaufgaben die Möglichkeit geben, sich erlernte Zusammenhänge noch einmal selbst vor Augen zu führen und das erreichte Verständnis zu überprüfen. Dazu sollten Sie die Übungsaufgaben jeweils an der Stelle bearbeiten, an der sie in den Text eingefügt sind. Die im hinteren Teil des Buches angegebenen, recht ausführlichen Lösungshinweise sollten Sie

erst zu Rate ziehen, wenn Sie eine erarbeitete Lösung kontrollieren wollen oder trotz intensiveren Bemühens keinen Lösungsansatz finden konnten.

Die beigefügte **CD-ROM** enthält zwei ergänzende Lehrelemente, die Ihnen zusätzliche Möglichkeiten zur Erarbeitung und Einübung des Stoffes bieten. Die CD-ROM enthält zum einen als **Hypertext** eine um verschiedene Zusatzfunktionen erweiterte digitale Version des Lehrtextes. Als Zusatzfunktion werden neben einigen Registerfunktionen vor allem **animierte Graphiken** im Gesamtumfang von mehr als 60 Minuten geboten, die als erster Überblick oder als Wiederholung zahlreicher Abschnitte des Lehrtextes genutzt werden können. Die Stellen, an denen wir den Rückgriff auf animierte Graphiken für sinnvoll erachten, haben wir im Lehrtext mit nebenstehendem Symbol versehen.

Die CD-ROM enthält zum anderen eine umfangreiche **interaktive Übungs- und Testsoftware**. Basis dieser Software sind – über die im Lehrtext enthaltenen Aufgaben hinausgehende – weitere 108 Aufgaben auf drei unterschiedlichen Schwierigkeitsniveaus. Jede Aufgabe stellt letztlich eine ganze Sammlung von Aufgaben dar, da sie entweder durch frei definierbare Parameter individuell variiert werden kann oder durch einen Zufallsgenerator aus einer Datenbank alternativer Parametersätze systemseitig variiert wird.

- Sie können diese Aufgaben entweder als weitere **Übungsmöglichkeit** mit differenzierter Lernerfolgskontrolle und umfassendem Lernerfolgsprotokoll nutzen. Aufgabenerläuterungen, Tipps und Sprungmöglichkeiten in den Lehrtext schaffen zusammen mit differenzierten Lösungskommentaren für jede Aufgabe eine komfortable Lern- und Übungsumgebung, die wesentliche Elemente der betreuten Übung (wie z.B. aus dem Einzelunterricht bekannt) nachbildet. Unterschiedliche Aufgabentypen und Interaktivitätsniveaus (z.B. Wahlmöglichkeiten bei Lernhilfen, Blättern durch Fallgruppen, Variationsmöglichkeiten von Eingabeparametern) schaffen zusammen mit Möglichkeiten zu eigenständiger experimenteller Variation von Fragestellungen die Grundlage zur individuellen Gestaltung der Übung und zur Steigerung des Übungserfolgs. Damit steht Ihnen letztlich eine unendlich große Zahl an Übungsaufgaben zur Verfügung. Die zu einem Abschnitt des Lehrtextes sinnvollerweise zu bearbeitenden Aufgaben haben wir am Ende jeden Abschnitts jeweils unter nebenstehendem Symbol zusammengestellt.

- Sie können sich mit Hilfe der Software auch in eine **klausurähnliche Testsituation** begeben, in der Aufgaben unterschiedlicher Themen, ohne Lösungshilfen, mit begrenzter Bearbeitungszeit und mit anschließender Korrektur und Auswertung vom System zusammengestellt werden. Diese Testmöglichkeit sollten Sie vorzugsweise nutzen, nachdem Sie den Lehrstoff insgesamt erarbeitet haben und sich für „klausurfit" halten. Da auch diese Tests durch einen Zufallsgenerator aus einer Datenbank alternativer Parametersätze systemseitig generiert werden, sind sinnvolle Testwiederholungen möglich.

Nähere Hinweise zum Umgang mit der Software finden Sie nach deren Start bezogen auf den Hypertextkurs unter dem Lesezeichen „Allgemeines" und bezogen auf die Übungs- und Testsoftware unter dem Menüpunkt „Hilfe".

2 Modelltheoretische und entscheidungslogische Grundlagen

2.1 Vorbemerkung

Gegenstand der betriebswirtschaftlichen Investitionstheorie und dieses Buches sind Entscheidungen über **Investitionsprojekte.** Dabei werden unter Investitionsprojekten Aktivitäten verstanden, die durch folgende Merkmale gekennzeichnet sind:

- Zunächst erfolgt ein Faktoreinsatz **(Input)**,
- erst in späteren Zeitpunkten folgen, evtl. neben weiterem Faktoreinsatz, Ergebnisse **(Output)** und
- die **zeitliche Divergenz** zwischen Input und Output erreicht eine solche Größenordnung, dass ihre explizite Berücksichtigung für eine sachgerechte Entscheidung erforderlich ist.

Beispiele für Investitionsprojekte in diesem Sinne können etwa sein:

- Gründung eines Zweigwerkes;
- Kauf einer neuen Produktionsanlage;
- Rationalisierungsmaßnahmen am vorhandenen Maschinenpark;
- Einleitung eines Werbefeldzuges zur Vorbereitung der Einführung eines neuen Produktes;
- Ausbildung von Mitarbeitern;
- Durchführung eines Forschungsprojektes.

> **Übungsaufgabe 2.1:**
> Geben Sie jeweils mit wenigen Stichworten an, worin bei den soeben genannten Investitionsprojekten Input und Output bestehen können!

Das letztgenannte Merkmal eines Investitionsprojektes (zeitliche Divergenz) impliziert, dass sich die hier in ihren Grundzügen vorgestellte betriebswirtschaftliche Investitionstheorie in der Regel mit der Entscheidung über solche Projekte beschäftigt, deren unmittelbare Konsequenzen sich über mehrere Perioden erstrecken. Investitionsentscheidungen werden daher oft auch als **langfristige Entscheidungen** bezeichnet – im Gegensatz etwa zur Planung des monatlichen Produktionsprogramms als einer eher kurzfristigen Entscheidung, deren unmittelbare Konsequenzen sich über einen kürzeren Zeitraum erstrecken.

Gegenstand einer Investitionsentscheidung sind stets Wahlentscheidungen über alternative Investitionsprojekte oder ganze Investitionsprogramme, d.h. Entscheidungen, durch die die **Struktur oder Höhe des Unternehmensvermögens** nachhaltig beeinflusst werden.

Innerhalb dieses Buches werden wir uns auf eine **isolierte, modellgestützte Betrachtung** von Investitionsentscheidungen beschränken. Die hier behandelten Modelle können dabei der Klasse der theoretischen Entscheidungsmodelle für Mehrzeitpunktentscheidungen zugeordnet werden. Bevor der Blick auf diese Modellsicht verengt wird, soll zur Vermeidung von Missverständnissen zunächst ausdrücklich auf wesentliche Grenzen dieser Betrachtungsweise hingewiesen werden.

Wie alle theoretischen Entscheidungsmodelle sind auch die hier zu behandelnden Investitionsentscheidungsmodelle vom **Prinzip der isolierenden Abstraktion** und damit zwangsläufig von einer Diskrepanz zwischen Modellwelt und Realität geprägt. Reale Investitionsentscheidungen können von den hier in einem Modellrahmen betrachteten, idealisierten Investitionsentscheidungen in der Weise abweichen, dass in der Realität auch Aspekte von Investitionsalternativen zu berücksichtigen sind, die durch die hier verwendeten Modelle nicht erfasst werden. Dementsprechend muss die in der Realität für ein konkretes Investitionsproblem tatsächlich zu treffende Entscheidung auch nicht zwingend mit der Handlungsempfehlung übereinstimmen, die mit Hilfe eines der nachfolgend behandelten Modelle abgeleitet wird.

Wenn wir im Folgenden unterstellen, dass modellmäßig abgeleitete **Handlungsempfehlungen** zugleich den Inhalt der in Angriff genommenen Aktionen darstellen, so sollte stets bedacht werden, dass wir hier auch nur „künstlich gedachte Realitäten" in Modellen abbilden und wir diese „künstlich gedachten Realitäten" immer gerade so konzipieren, dass modellmäßige Handlungsempfehlungen und in Angriff zu nehmende Aktionen übereinstimmen. Bei der modellmäßigen Behandlung „praktischer" Investitionsentscheidungsprobleme muss diese Übereinstimmung aber nicht unbedingt gegeben sein.

2.2 Darstellung von Investitionsprojekten

2.2.1 Vermögensmaximierung als Zielsetzung

Zur Formulierung eines Optimalitätskriteriums (für das Entscheidungsmodell) ist zunächst festzustellen, welche **Zielvorstellungen** (in der abzubildenden Realwelt) für die Auswahl des Investitionsprogramms relevant sind. Dazu ist insbesondere nach den **Personengruppen** zu fragen, deren Ziele für das Treffen von Investitionsentscheidungen maßgeblich sind.

Je nachdem, welche Personengruppe (z.B. Gesellschafter, Gläubiger, Arbeitnehmer, Manager, öffentliche Stellen) als die für Investitionsentscheidungen maßgebliche Gruppe betrachtet wird, können sich die relevanten Zielvorstellungen unter Umständen stark unterscheiden. So könnten etwa Gesellschafter und Gläubiger im Detail zwar unterschiedliche, aber insgesamt wohl eher monetär orientierte Interessen haben, während Arbeitnehmer vielleicht eher an einer hohen Sicherheit gegen Entlassungen und Unfälle interessiert sein könnten.

In der Investitionstheorie, wie wir sie im Folgenden behandeln wollen, wird als maßgebliche Gruppe auf die **Gesellschafter** abgestellt. Weiterhin wird unterstellt, dass diese vorrangig monetäre Ziele verfolgen und ein möglichst hohes Vermögen, also **Vermögensmaximierung,** anstreben. Auch diese Annahme ist wegen möglicher Mehrdeutigkeit noch nicht unbedingt eine ausreichend präzise Zielvorgabe, die in jedem Zusammenhang die Ableitung von Investitionsentscheidungen erlauben muss. So ist zunächst zu bedenken, dass Vermögenseffekte von Investitionsprojekten im Allgemeinen nicht mit Sicherheit im Voraus bekannt sind, so dass zusätzliche Präzisierungen bezüglich des letztlich maßgeblichen Entscheidungskriteriums notwendig werden. Es bedarf also weiterer Festlegungen der Art, wie sie innerhalb der Entscheidungstheorie diskutiert werden. Im Rahmen dieses einführenden Buches wollen wir dieses Problem zunächst aus unseren Betrachtungen ausklammern und in den folgenden Kapiteln 3 bis 5 von der Annahme ausgehen, dass die vermögensmäßigen Konsequenzen der Investitionsprojekte mit Sicherheit vorhergesehen werden.[1] Auf Erweiterungen dieser insoweit sicherlich realitätsfernen Ansätze um Ungewissheiten und Risikoaspekte werden wir erst in Kapitel 6 näher eingehen.

Darüber hinaus bedarf die **Zielsetzung der Vermögensmaximierung** auch unter der Prämisse der sicheren Voraussicht weiterer Präzisierungen:

- Zum einen ist zu beachten, dass „Vermögen" sich aus einer Vielzahl unterschiedlicher Komponenten zusammensetzt, wie z. B. Grundstücke, Vorräte, Wertpapiere oder – als Negativkomponente – verschiedene Arten von Schulden. Um alle diese Sachverhalte zu einer Vermögensgröße zusammenzufassen, bedarf es eines einheitlichen Bewertungsmaßstabes. Dabei ist es in der Betriebswirtschaftslehre – wie auch in der betrieblichen Praxis – üblich, Vermögensbestände und dementsprechend auch die Vermögensveränderungen in **Geldeinheiten** auszudrücken. Auf einige Einzelheiten dieses Umrechnungsproblems werden wir im nächsten Abschnitt noch etwas näher eingehen.

- Zum anderen ist zu bedenken, dass es sich bei dem Vermögen um eine zeitpunktbezogene Bestandsgröße handelt, und es somit einer Antwort auf die Frage bedarf, auf welchen Zeitpunkt sich denn das als Zielgröße verwendete Vermögen beziehen soll. Zu diesem Punkt wollen wir hier zunächst die vorläufige Annahme treffen, dass die Investoren das Vermögen nach vollständiger Abwicklung eines Investitionsprojektes, das sogenannte **Endvermögen,** als ihre Zielgröße betrachten. Auch auf diese Annahme werden wir im Folgenden noch einmal – relativierend und modifizierend – zurückkommen.

Dabei handelt es sich bei der Zielvorstellung wohlgemerkt um eine **vereinfachende Prämisse im Rahmen eines präskriptiven (= praktisch-normativen) Entscheidungsmodells.** Es wird weder behauptet, in der Realität erfolgten alle Investitionsentscheidungen nach diesem Prinzip (empirische Aussage), noch wird behauptet, Investitionsentscheidungen sollten grundsätzlich nach diesem Prinzip erfolgen (ethisch-normative Aussage). Um je-

---

[1] Um Missverständnissen vorzubeugen, sei darauf hingewiesen, dass wir zunächst nur unterstellen, dass der Investor die Konsequenzen der jeweils betrachteten Investitionsprojekte mit Sicherheit abschätzen kann. Wir unterstellen hingegen nicht, dass er die zukünftige Entwicklung „der ganzen Welt" sicher voraussieht.

doch überhaupt Anhaltspunkte für die optimale Steuerung des Entscheidungsprozesses zu gewinnen, ist es notwendig, von irgendeiner Zielvorstellung auszugehen, die mit verschiedenen, in der Realität anzutreffenden Zielvorstellungen zumindest streckenweise kompatibel ist. Das scheint bei der Zielsetzung der Vermögensmaximierung immer noch am ehesten zuzutreffen.

Die skizzierte Beschränkung der hier zu behandelnden investitionstheoretischen Ansätze auf die rein monetären Zielsetzungen der Anteilseigner hat diesen Ansätzen u.a. den Vorwurf eingebracht, sie enthielten die Aufforderung zu einer ausschließlich an den Profitinteressen der „Kapitalisten" orientierten Investitionspolitik, in der keinerlei Raum mehr für – als durchaus notwendig erachtete – Investitionen bleibe, deren Output sich gar nicht oder nur zu einem geringen Teil in monetären Größen messen lasse.

Dieser Vorwurf geht an dem Anliegen der hier erörterten investitionstheoretischen Verfahren vorbei, denn wie wir einleitend bereits kurz dargelegt haben, geht es bei diesen modelltheoretischen Untersuchungen ja gar nicht darum, eine bestimmte Investitionsalternative im konkreten Anwendungsfall auch wirklich zur Durchführung zu empfehlen. Vielmehr geht es darum, im Sinne einer Rationalisierung des gesamten Entscheidungsprozesses zumindest diejenigen Aspekte eines Investitionsprojektes, die sich in monetären Größen quantifizieren lassen, deutlich zum Ausdruck zu bringen. Es ist dann immer noch Sache des Investors zu entscheiden, ob auf ein Investitionsprojekt, für das eine Vermögenserhöhung errechnet wird, dann wegen sonstiger, aber nicht quantifizierbarer Nachteile besser verzichtet werden soll, oder ob umgekehrt ein Investitionsprojekt, für das insgesamt eine Vermögensminderung errechnet wird, wegen gewisser sonstiger, als positiv eingeschätzter Effekte doch realisiert werden soll. Im Hinblick auf eine derartige **Zweiteilung des Entscheidungsprozesses** wird gelegentlich begrifflich unterschieden zwischen

– der **quantitativen Analyse,** d.h. der Auswertung der unmittelbar fass- und rechenbaren Konsequenzen, und

– der **qualitativen Analyse,** d.h. der zusätzlichen Beurteilung aller weiteren Aspekte, die sich einem rechnerischen Zugriff entziehen, nichtsdestoweniger aber dennoch von Bedeutung für den Grad der Zielrealisierung sein können.[2]

Da es überall – sowohl in privaten Haushalten, in Unternehmen, als auch in öffentlichen Haushalten – stets darum geht, mit den insgesamt verfügbaren **knappen finanziellen Mitteln** zu einer optimalen Verwendung zu gelangen, ist es stets unumgänglich, bei der Abwägung der Vor- und Nachteile einzelner Handlungsmöglichkeiten vorrangig auch die damit verbundenen finanziellen Konsequenzen zu berücksichtigen. Insoweit bildet die hier gewählte Modellierung zwar im Allgemeinen nicht alle relevanten Aspekte einer realen Entscheidungssituation ab, aber zumindest doch solche Aspekte, die bei jeder realen Investitionsentscheidung eine bedeutende Relevanz besitzen dürften. Und selbst wenn die Personen, die über Investitionsprojekte zu entscheiden haben, sich letztlich nicht von Vermö-

---

[2] In Kapitel 8 werden wir noch ausführlicher auf diese beiden „Analyseformen" und die zwischen ihnen bestehenden Zusammenhänge eingehen.

gensaspekten oder sogar überhaupt nicht von monetären Zielvorstellungen leiten lassen, können die im folgenden behandelten Verfahren immer noch dazu benutzt werden, um sich doch ein Bild von den möglichen vermögensmäßigen Konsequenzen der betrachteten Projekte zu machen und die so gewonnenen Erkenntnisse zumindest als Nebenaspekte in die endgültige Entscheidung einfließen zu lassen.

2.2.2 Darstellung von Investitionsprojekten durch Zahlungsströme

Eingangs haben wir Investitionsprojekte als eine Folge (bzw. Zusammenfassung) bestimmter Aktivitäten gekennzeichnet, die sich über einen längeren Zeitraum erstrecken. Gegenstand der Investitionstheorie ist es allerdings nicht, die Aktivitäten „als solche" zu beurteilen, also etwa die technische Ausstattung einer neu angeschafften Maschine oder die Qualität der darauf hergestellten Erzeugnisse. Investitionstheoretische Ansätze beziehen sich vielmehr auf die Frage, wie sich die mit einem Investitionsprojekt verbundenen Konsequenzen letztlich auf die Vermögenssituation des Investors nach vollständiger Abwicklung des Investitionsprojektes, also auf sein Endvermögen, auswirken. Dazu gilt es, die aus den verschiedenen Aktivitäten resultierenden finanziellen Konsequenzen zu erfassen.

Bei der konkreten Lösung dieser Aufgabe stellen sich vor allem zwei Probleme, auf die wir im Folgenden kurz eingehen werden. Zum einen ist die Vorgabe, die Auswirkungen eines Investitionsprojektes ausschließlich anhand der finanziellen Konsequenzen darzustellen, noch nicht präzise genug. Finanzielle Konsequenzen können auf **verschiedenen Ebenen** erfasst werden, wobei zwei Darstellungsweisen von besonderer Bedeutung sind:

- Zum einen handelt es sich um die **Ebene von Erträgen und Aufwendungen,** wie sie im Rahmen der Buchhaltung erfasst werden und dann ihren Niederschlag in Gewinn- und Verlustrechnung und Bilanz finden.

- Zum anderen handelt es sich um die **Ebene von Zahlungsströmen.**

Aus Gründen, die erst an späterer Stelle voll verständlich werden[3], wollen wir hier zunächst ohne weitere Erläuterung die Vereinbarung treffen, dass die Konsequenzen von Investitionsprojekten im Folgenden stets auf der Zahlungsebene dargestellt werden sollen. Gegenstand der folgenden Überlegungen zur Einführung in die Investitionstheorie sind dann solche betrieblichen Aktivitäten, die sich durch eine Zeitreihe von Ein- und Auszahlungen kennzeichnen lassen und üblicherweise mit einem Auszahlungsüberschuss beginnen. Formal kann eine Investitionsentscheidung dann also auch als **Wahl zwischen mehreren Zahlungsreihen** definiert werden.

---

[3] In Abschnitt 7.2 werden wir uns ausführlich mit der Frage beschäftigen, wie auch auf der Basis von Aufwands- und Ertragsgrößen zielkonforme Investitionsentscheidungen getroffen werden können.

Auch nach dieser Festlegung verbleibt allerdings als zweites die Frage, was genau denn nun unter den aus einem bestimmten Investitionsprojekt resultierenden zahlungsmäßigen Konsequenzen verstanden werden soll. Es erscheint zweckmäßig, in diesem Zusammenhang **zwei Kategorien zahlungsmäßiger Konsequenzen** zu unterscheiden:

– Zum einen nämlich solche, die dem betrachteten Investitionsprojekt, d.h. den mit ihm verbundenen Aktivitäten, unmittelbar zugerechnet werden können, und
– zum anderen darüber hinausgehende, indirekte Folgewirkungen.

Wir wollen hier zunächst nur Konsequenzen der ersten Kategorie, also die **dem Projekt unmittelbar zurechenbaren Zahlungsgrößen** betrachten. Dabei kann es sich etwa um Auszahlungen für die Beschaffung einer Maschine und den mit ihrem Einsatz verbundenen Energieverbrauch oder um Einzahlungen aus dem Verkauf der auf der Maschine hergestellten Erzeugnisse oder aus der Veräußerung der abgenutzten Maschine am Ende ihrer Einsatzdauer handeln. In ähnlicher Weise ist es auch möglich, dass die unmittelbar mit der Investition verbundenen Aktivitäten dazu führen, dass ansonsten anfallende Ein- oder Auszahlungen entfallen. So kann etwa die Anschaffung einer Filteranlage dazu führen, dass eine ansonsten fällige Umweltabgabe vermieden wird. Wenn wir im folgenden – der Einfachheit halber – weiter nur von den durch ein Investitionsprojekt unmittelbar bewirkten Ein- und Auszahlungen reden, so sollen im Begriff der Einzahlungen stets auch entfallende Auszahlungen mit eingeschlossen sein und analog im Begriff der Auszahlungen auch entgehende Einzahlungen. Als **indirekte Folgeeffekte** nicht in der Zahlungsreihe zu berücksichtigen sind demgegenüber z.B. Zahlungskonsequenzen, die aus der Finanzmittelbeschaffung zur Deckung von Zahlungsdefiziten bzw. aus der zwischenzeitlichen Anlage von Zahlungsüberschüssen resultieren.[4]

Bei der Darstellung eines Investitionsprojektes durch die mit ihm unmittelbar verbundenen Ein- und Auszahlungen in diesem Sinne ist es zweckmäßig – und auch in der Investitionstheorie weithin üblich – die relevanten Zahlungsgrößen jeweils nicht ganz exakt auf die Zeitpunkte zu beziehen, in denen sich die entsprechenden Zahlungstransaktionen vollziehen, sondern die innerhalb einer bestimmten Zeitperiode anfallenden **Zahlungen darstellungstechnisch zu „bündeln"**. In der Investitionstheorie, ebenso wie in der praktischen Anwendung entsprechender Ansätze, ist es dabei weithin üblich geworden, als „Bündelungsperiode" das Jahr zu wählen, obwohl es technisch ohne weiteres möglich ist, auch auf andere Periodisierungen, also etwa halbjährliche oder quartalsweise Darstellungen, überzugehen.

---

[4] Wie Sie in den nachfolgenden Kapiteln noch sehen werden, werden diese Arten von indirekten Zahlungseffekten implizit bei der Berechnung investitionstheoretischer Kennzahlen berücksichtigt. Vgl. dazu auch Beispiel 2.4 in Abschnitt 2.3.3. Ebenfalls nicht in der Zahlungsreihe werden in einem ersten Zug Zahlungskonsequenzen berücksichtigt, die aus zeitlich-horizontalen Interdependenzen resultieren. Zur Behandlung dieser Art indirekter Zahlungskonsequenzen vgl. Abschnitt 2.2.3.

Im Folgenden wollen wir jedoch der üblichen Periodeneinteilung folgen und dabei so verfahren, dass

- die mit der unmittelbaren Anschaffung eines Investitionsprojektes verbundenen Auszahlungen auf den Zeitpunkt t = 0 bezogen werden, also auf den Beginn der ersten Periode, und
- sämtliche danach folgenden Ein- und Auszahlungen jeweils in saldierter Form auf das Ende der jeweiligen Periode bezogen werden.

Bezeichnen wir die Laufzeit eines Investitionsprojektes mit T und die auf den Startzeitpunkt t = 0 sowie die Periodenendzeitpunkte t = 1, 2, ..., T bezogenen Zahlungssalden mit e_t (t = 0, 1, ..., T), so sind die unmittelbaren finanziellen Konsequenzen eines Investitionsprojektes unserer Verabredung nach also durch eine Zahlungsreihe $e_0, e_1, e_2, ..., e_T$ zu kennzeichnen. Dabei verdeutlicht ein positiver Wert von e_t ($e_t > 0$), dass dem Zeitpunkt t per Saldo ein **Einzahlungsüberschuss** zugerechnet wird; $e_t < 0$ signalisiert hingegen einen **Auszahlungsüberschuss**. Folgendes Beispiel verdeutlicht diese Vorgehensweise an einem ganz einfachen Fall.

Beispiel 2.1:

Ein Investor plant den Kauf eines Hauses zum Preis von 480 TGE, das er für vier Jahre zu vermieten und dann wieder zu verkaufen beabsichtigt. Die monatlichen Mieteinnahmen setzt er über die vier Jahre konstant mit 2,5 TGE an, den Wiederverkaufserlös mit 500 TGE. Außerdem geht er davon aus, zwei Garagen des Hauses vier Jahre lang selbst nutzen zu können und dadurch die ansonsten fällige Miete von 500 GE pro Quartal für eine andere Doppelgarage einsparen zu können.

Während Kauf und Verkauf des Hauses sowie die Garagenmiete keine steuerliche Wirkung haben, muss der Investor auf die jährlichen Mieteinnahmen im Zuge seiner Einkommensteuerveranlagung im darauffolgenden Jahr jeweils 30% Steuern zahlen. Andererseits wird der Erwerb des Hauses im Anschaffungszeitpunkt aus einem Programm zur Vermögensbildung mit 50 TGE vom Staat bezuschusst.

Das Investitionsprojekt „Hauskauf" lässt sich demnach durch die in Tab. 2.1 zusammengestellte Zahlungsreihe charakterisieren, in der alle „unterjährlichen" Zahlungen auf den Jahresendzeitpunkt aggregiert und in TGE ausgedrückt werden.

Tabelle 2.1   Ermittlung der Zahlungsreihe zum Projekt Hauskauf

	t = 0	t = 1	t = 2	t = 3	t = 4	t = 5
Einzahlungen*	+50	+30	+30	+30	+530	0
+ Eingesparte Ausz.**	0	+2	+2	+2	+2	0
./. Auszahlungen***	–480	0	–9	–9	9	–9
= e_t	–430	+32	+23	+23	+523	–9

*   t = 0: Zuschuss des Staates; t = 1, 2, 3: Mieteinnahmen von 12 · 2,5 TGE
       t = 4: Mieteinnahmen + Verkaufserlös
**   t = 1, 2, 3, 4: Eingesparte Mietzahlungen von 4 · 0,5 TGE
***   t = 0: Kaufpreis; t = 2, 3, 4, 5: Steuern für Mieteinnahmen aus dem Vorjahr (= 30 TGE · 0,3).

Als Zwischenergebnis können wir zunächst festhalten, dass wir Investitionsprojekte im Folgenden durch eine auf äquidistante Zeitpunkte bezogene **Reihe von Salden** der mit dem Projekt unmittelbar verbundenen Ein- und Auszahlungen darstellen wollen. Dabei wird üblicherweise davon ausgegangen, dass zumindest die erste Zahlungsgröße negativ ist, also einen Auszahlungsüberschuss anzeigt.

Zur besseren Veranschaulichung der mit einem Investitionsprojekt verbundenen Zahlungskonsequenzen wird gelegentlich auch auf das **graphische Hilfsmittel eines Zeitstrahls** zurückgegriffen, wobei Einzahlungsüberschüsse als von diesem Zeitstrahl nach oben weisende Pfeile und Auszahlungsüberschüsse als von diesem Zeitstrahl nach unten weisende Pfeile entsprechender Länge dargestellt werden. In der Lösung zu Übungsaufgabe 2.2 findet sich eine entsprechende Darstellung.

Bevor wir Ihnen die Möglichkeit geben, sich an Hand eines etwas komplexeren Beispiels noch einmal selbst mit der Ableitung einer derartigen Zahlungsreihe zu beschäftigen, sei auf ein kleines semantisches Problem hingewiesen: Im Schrifttum finden Sie gelegentlich Formulierungen der Art „Investitionsprojekte sind Zahlungsreihen, die mit einer Auszahlung beginnen …". Solche Formulierungen bergen die Gefahr in sich, dass mit ihnen die **Trennung von Realität und Modell** verwischt wird. Investitionsprojekte stellen Bündel von Aktivitäten auf der Realebene dar, Zahlungsreihen hingegen nur eine mögliche Form ihrer Abbildung auf der Modellebene. Investitionsprojekte können durch Zahlungsreihen vereinfachend dargestellt werden, aber Investitionsprojekte sind keine Zahlungsreihen.

Übungsaufgabe 2.2:

Ein Unternehmen, das der Inhaber in genau drei Jahren liquidieren will, verfügt über einen Maschinenpark von drei gleichartigen Maschinen, deren Restlebensdauer noch drei Jahre beträgt. Angesichts der nachhaltig guten Beschäftigungslage überlegt der Inhaber, ob er eine weitere Maschine zu 80.000 GE kaufen soll. Der Kaufpreis wäre sofort, d.h. im Zeitpunkt t = 0 fällig. In t = 0 verfügt das Unternehmen weder über liquide Mittel, noch erhält es Rückflüsse aus den bereits lfd. Investitionsprojekten.

Im Einzelnen sind folgende Planungsdaten zu beachten:

1. Die Jahresproduktion bei unveränderter Maschinenkapazität beträgt 30.000 Stück und könnte durch die Investition auf 50.000 Stück erhöht werden.

2. Die Lohnkosten pro Stück betragen im ersten Jahr 3 GE; es wird mit einer jährlichen Steigerungsrate von 10% gerechnet.

3. Die gesamten Materialkosten im ersten Jahr würden bei einer Produktion von 30.000 Stück 4 GE/Stück betragen; sie setzen sich zusammen aus 3 GE für Vorprodukt A und 1 GE für Vorprodukt B. Bei A wird mit konstanten Preisen gerechnet, während bei B pro Jahr eine Preissteigerung von 0,15 GE/Stück erwartet wird.

    Für die jährliche Produktion von 50.000 Stück gelten die gleichen Preiserwartungen; allerdings könnte bei Vorprodukt A ein Gesamtrabatt von 5% erreicht werden.

4. Die sonstigen variablen Herstellkosten belaufen sich konstant auf 2 GE/Stück.

5. Neben den direkten Fertigungslöhnen – vgl. dazu (2) – sind im ersten Jahr bei einer Produktion von 30.000 Stück sonstige Löhne und Gehälter von 100.000 GE zu zahlen. Im Fall der Produktionsausweitung würde sich dieser Betrag um 40.000 GE erhöhen. In beiden Fällen ist mit einer jährlichen Steigerungsrate von 10% zu rechnen.

6. Bei einer Produktion von 30.000 Stück im Jahr rechnet der Unternehmer im ersten Jahr mit einem Absatzpreis von 15 GE/Stück. Außerdem geht er davon aus, dass er in jedem Jahr danach den Preis um 1 GE anheben kann.

    Die Menge von 50.000 Stück könnte er im ersten Jahr hingegen nur bei einem Preis von 14 GE/Stück absetzen; auch in diesem Fall geht er von jährlichen Preissteigerungen von 1 GE aus.

7. Bei der Liquidation des Unternehmens am Ende des dritten Jahres könnte für die zusätzliche Maschine ein Nettoerlös von 5.000 GE erzielt werden.

Bestimmen Sie für die Zeitpunkte t = 0, 1, 2 und 3 die Zahlungsreihe e_t, von der Sie bei der Beurteilung des Maschinenkaufs ausgehen müssen! Gehen Sie dabei davon aus, dass die den Angaben (2) bis (6) entsprechenden Umsatz- und Kostengrößen zugleich zahlungswirksam sind! Stellen Sie Ihre Ergebnisse in einer Tabelle übersichtlich zusammen!

2.2.3 Zeitlich-horizontale Interdependenzen

Mit der – in der skizzierten Weise bündelnden und aggregierenden – Darstellung der mit einem Investitionsprojekt unmittelbar verbundenen Zahlungsströme sind allerdings in aller Regel noch nicht alle vermögensmäßigen Konsequenzen erfasst, die sich für den Investor aus der Durchführung des Investitionsprojektes ergeben. Vielmehr können sich über die unmittelbaren Konsequenzen hinaus weitere Folgeeffekte unterschiedlicher Art ergeben. Dabei ist zunächst an die Möglichkeit zu denken, dass im Planungszeitpunkt t = 0 mehrere Investitionsprojekte parallel zur Disposition stehen, deren Durchführungs- und Ergebnismöglichkeiten sich wechselseitig mehr oder weniger stark beeinflussen. In Anlehnung an das einschlägige Schrifttum wollen wir derartige Zusammenhänge als **zeitlich-horizontale Interdependenzen** bezeichnen.

Zur groben Typisierung derartiger Interdependenzen erscheint es zunächst zweckmäßig, folgende Konstellationen zu unterscheiden:

Unabhängigkeit (Konstellation 1):

Zwei Projekte können völlig unabhängig voneinander durchgeführt werden und beeinflussen sich auch in ihren Zahlungskonsequenzen nicht.

Wechselseitige Beeinflussung (Konstellation 2):

Zwei Projekte A und B können grundsätzlich parallel durchgeführt werden, beeinflussen sich jedoch ergebnismäßig in ihren Konsequenzen.[5] Formal bedeutet dies, dass die bei gemeinsamer Durchführung beider Projekte insgesamt eintretende Zahlungsreihe $e_t^{A,B}$ (t = 0, 1, ...) in mindestens einem Zeitpunkt, aber keineswegs zwingend in allen Zeitpunkten von der Summe der bei jeweils isolierter Durchführung maßgeblichen Zahlungsgrößen e_t^A und $e_t^{A,B}$ abweicht. Als besonders prägnante Fälle sind dabei die folgenden beiden Konstellationen festzuhalten:

- **Wechselseitige Beeinträchtigung**

    In den Zeitpunkten, in denen überhaupt Beeinflussungen auftreten, fallen diese stets negativ aus. Für diese Zeitpunkte gilt also

    $$e_\tau^{A,B} < e_\tau^A + e_\tau^B \qquad \text{für alle } \tau \in T^*.[6]$$

    Derartige wechselseitige Beeinträchtigungen können ihre Gründe sowohl in technischen als auch in marktmäßigen Restriktionen haben. Ein solcher Fall läge etwa vor, wenn ein Automobilhersteller davon ausgehen müsste, dass die gleichzeitige Erweiterung des Programms um einen neuen Kompaktwagen sowie einen Wagen der unteren Mittelklasse insgesamt zu einem schlechteren Ergebnis führte als die Summe der für die Einführung nur eines der beiden Fahrzeuge jeweils isoliert ermittelten Zahlungsreihen.

- **Wechselseitige Begünstigung**

    In den Zeitpunkten, in denen überhaupt Beeinflussungen auftreten, fallen diese stets positiv aus. Für diese Zeitpunkte gilt also

    $$e_\tau^{A,B} > e_\tau^A + e_\tau^B \qquad \text{für alle } \tau \in T^*.$$

    Auch diese Konstellation kann ihren Grund sowohl in technischen als auch in marktmäßigen Bedingungen haben. So kann man sich etwa vorstellen, dass bei einer gleichzeitigen Durchführung von Umbau- und Erweiterungsmaßnahmen im Materiallager (Projekt A) und in den Montagehallen (Projekt B) zum einen wegen der größeren Ab-

---

[5] Beeinflussungen der hier unter Konstellation 2 behandelten Art sind auch als Einfluss der „neuen" Projekte auf bereits „laufende" Projekte analog denkbar. Deren Erfassung erfolgt aber bereits unter den direkten Zahlungskonsequenzen bei der Aufstellung der ursprünglichen Zahlungsreihen.

[6] $T^* \triangleq$ Menge aller Zeitpunkte mit Beeinflussung, also aller t, für die $e_t^{A,B} \neq e_t^A + e_t^B$ gilt.

nahmemengen günstigere Preise bei den Materiallieferanten erzielt werden könnten, und zum anderen die mit der gemeinsamen Abwicklung beider Maßnahmen verbundenen Beeinträchtigungen des sonstigen Betriebsablaufs in ihren zahlungsmäßigen Konsequenzen weniger gravierend ausfallen als die Summe der bei jeweils isolierter Durchführung der einen oder der anderen Maßnahme zu erwartenden Belastungen.

Daneben sind weitere Konstellationen wechselseitiger Beeinflussung vorstellbar, bei denen in einzelnen Perioden eine wechselseitige Beeinträchtigung und in anderen Perioden eine wechselseitige Begünstigung auftritt.

Folgendes Beispiel verdeutlicht die bisher erörterten Arten von Interdependenzen.

Beispiel 2.2:

Tabelle 2.2   Zahlungsreihen in t = 0 durchführbarer Projekte I

		t = 0	t = 1	t = 2
Zahlungsreihe bei isolierter Durchführung	von A	− 100	+ 50	+ 80
	von B	− 120	+ 70	+ 85
	Summe	− 220	+ 120	+ 165
Zahlungsreihe bei gleichzeitiger Durchführung von A und B und …	… Unabhängigkeit	− 220	+ 120	+ 165
	… Beeinträchtigung	− 230	+ 115	+ 165
	… Begünstigung	− 220	+ 125	+ 170
	… teils, teils	− 215	+ 105	+ 170

In den ersten beiden Zeilen von Tab. 2.2 sind die Zahlungsreihen der Projekte A und B angegeben, die für den Fall angenommen werden, dass jeweils nur eines dieser Projekte durchgeführt würde.

Werden A und B gemeinsam durchgeführt, können u.a. folgende Konstellationen auftreten:

− Bei „Unabhängigkeit" stimmt die „gemeinsame" Zahlungsreihe für jeden Zeitpunkt mit der Summe der projektindividuellen Zahlungsreihen überein.

− Im Falle der „Beeinträchtigung" oder der „Begünstigung" weicht die gemeinsame Zahlungsreihe für mindestens einen Zeitpunkt negativ bzw. positiv von der genannten Summe ab.

− In der letzten Zeile schließlich wird die Möglichkeit verdeutlicht, dass es sowohl zu positiven Effekten (in t = 0 und t = 2) als auch zu negativen Effekten (in t = 1) kommen kann.

Neben der Unabhängigkeit und der ergebnismäßigen Beeinflussung sind noch die folgenden beiden Abhängigkeitskonstellationen denkbar, die sich auf die generelle Durchführbarkeit von Projekten beziehen.

Wechselseitiger Ausschluss (Konstellation 3):

Zwei Investitionsprojekte schließen einander aus, d.h. es ist nur möglich, entweder das eine oder das andere zu realisieren.

Wechselseitig ausschließende Investitionsprojekte liegen z.B. vor, wenn auf einem betriebseigenen Grundstück entweder nur eine Lagerhalle oder nur eine Fabrikationshalle errichtet werden kann, für beide der Platz jedoch nicht ausreicht.

Ein- oder wechselseitige Bedingtheit (Konstellation 4):

Hier sind im Einzelnen zwei Fälle zu unterscheiden:

- Zwei Projekte können auf jeden Fall nur gemeinsam durchgeführt werden. In diesem Fall wechselseitiger Bedingtheit sind sie für die Investitionsplanung von vornherein als ein einziges Projekt anzusehen.

- Ein Projekt B kann nur in Verbindung mit einem Projekt A durchgeführt werden; Projekt A kann jedoch auch ohne B realisiert werden (einseitige Bedingtheit).

In der klassischen Investitionstheorie, auf deren Behandlung wir uns hier ganz überwiegend beschränken wollen, wird generell davon ausgegangen, dass ein Katalog einander ausschließender Handlungsalternativen vorliegt, aus dem die beste und nur diese ausgewählt werden soll. Für die Behandlung solcher Entscheidungssituationen mit wechselseitigem Ausschluss ist es zweckmäßig, die folgenden beiden **Typen von Alternativenkatalogen** zu unterscheiden:

Projektindividuelle Entscheidungen:

Bei Entscheidungssituationen dieses Typs geht es um die Frage, ob eine bestimmte Investition durchgeführt werden soll oder nicht; gefordert ist also ein Vorteilhaftigkeitsvergleich zwischen Investitionsprojekt und dem schlichten Unterlassen, der Unterlassensalternative, wie wir dies im Folgenden nennen wollen. Einige weitere Erläuterungen zum Begriff der Unterlassensalternative werden wir im Abschnitt 2.3.3 noch nachtragen. Diese Entscheidungssituation liegt bei der Beurteilung eines Investitionsprojektes vor, das vollständig unabhängig von allen anderen zu beurteilenden Investitionsprojekten durchgeführt werden kann, also in Fällen der Konstellation 1.

Auswahlentscheidungen aus mehreren, einander ausschließenden Projekten:

Bei Entscheidungssituationen dieses Typs stehen mehrere, also mindestens zwei, einander ausschließende Investitionsprojekte zur Auswahl. Diese Entscheidungssituation entspricht unmittelbar der oben betrachteten Konstellation 3. Dabei kann im Detail weiter danach differenziert werden, ob

- zwingend eines der in dem vorgegebenen Katalog enthaltenen Projekte ausgewählt werden muss,
- oder zusätzlich auch noch die Unterlassensalternative zur Auswahl steht.

Auf den ersten Blick könnte nach dieser Einteilung der Eindruck entstehen, als sei für Entscheidungsprobleme der Konstellationen 2 und 4 im Rahmen der klassischen Investitionstheorie kein Raum. Dieser Eindruck trügt jedoch, da sich auch derartige Probleme in folgender Weise in die Struktur von Konstellation 3 überführen lassen:

zu 2: Stehen – ggf. neben der Unterlassensalternative – zwei Projekte A und B zur Auswahl und beeinflussen sich diese Projekte ergebnismäßig, so lassen sich daraus stets folgende einander ausschließende Investitionsalternativen formulieren, neben denen ggf. auch noch die Unterlassensalternative zur Auswahl steht.

a_1 : A
a_2 : B
a_3 : A & B

Dieses Modellierungskonzept lässt sich auch auf einen Fall mit mehr als zwei einander beeinflussenden Projekten verallgemeinern.

zu 4: Stehen – ggf. neben der Unterlassensalternative – zwei Projekte A und B zur Auswahl und kann Projekt B nur in Verbindung mit Projekt A durchgeführt werden, A jedoch auch allein, so lassen sich – ggf. neben der Unterlassensalternative – folgende einander ausschließende Alternativen formulieren:

a_1 : A
a_2 : A & B .

Wir können also zunächst festhalten, dass es grundsätzlich bei jedweder Art von Abhängigkeit zwischen verschiedenen Investitionsprojekten, wie wir sie in den Konstellationen 2 bis 4 verdeutlicht haben, stets möglich ist, einen Katalog einander ausschließender Handlungsalternativen zu formulieren, wobei jede nur zulässige Kombination einzelner Investitionsprojekte als eine Handlungsalternative darzustellen ist und außerdem die Unterlassensalternative als in Betracht zu ziehende Handlungsmöglichkeit erfasst werden kann. Strenggenommen handelt es sich daher bei den in den investitionstheoretisch ausgerichteten Lehrbüchern[7] überwiegend isoliert behandelten **„Nutzungsdauer-"** bzw. **„Ersatzzeitpunktproblemen"** auch nur um eine spezielle Auswahlentscheidung, bei der es um die Bestimmung der optimalen Nutzungsdauer bzw. des optimalen Ersatzzeitpunktes einer einzelnen vorhandenen oder noch zu beschaffenden Anlage geht. Jede einzelne mögliche Nutzungsdauer bzw. jeder einzelne mögliche Ersatzzeitpunkt determiniert bei diesen Problemen eine eigene Handlungsalternative, so dass der Katalog sich ausschließender Handlungsalternativen also durchaus auch aus einem einzigen Projekt, dessen zahlungsmäßige Konsequenzen allerdings für unterschiedliche Nutzungsdauern modellmäßig erfasst werden, bestehen kann. Wenn wir im Folgenden der sprachlichen Einfachheit halber in aller

---

[7] Vgl. z.B. BREUER (2011) oder KRUSCHWITZ (2011).

Regel nur noch von Investitionsprojekten sprechen, so gehen wir von einem relativ weiten Projektbegriff aus, insbesondere sollen darin stets auch immer aus einzelnen Projekten zusammengesetzte Projektbündel der zu den Konstellationen 2 und 4 verdeutlichten Art mit inbegriffen sein.

Übungsaufgabe 2.3:

Ein Investor betrachtet vier Investitionsprojekte mit den in Tab. 2.3 jeweils angegebenen Zahlungsreihen:

Tabelle 2.3   Zahlungsreihen in t = 0 durchführbarer Projekte II

	t = 0	t = 1	t = 2
A	− 100	+ 20	+ 102
B	− 100	+ 60	+ 80
C	− 150	+ 80	+ 55
D*)	− 120 − 120	+ 80 + 85	+ 55 + 60

*) Die obere Zahlungsreihe gilt für den Fall, dass B durchgeführt wird, die untere für den Fall, dass B nicht durchgeführt wird.

Dabei bestehen folgende Interdependenzen:

− A und B schließen sich wechselseitig aus,
− B und D beeinflussen sich wechselseitig negativ,
− C kann völlig unabhängig von den übrigen Projekten durchgeführt werden und hat auch keinerlei Einfluss auf deren Zahlungsreihen.

a. Erstellen Sie − unter Berücksichtigung der Unterlassensalternative − einen Katalog aller einander ausschließenden Handlungsmöglichkeiten!

b. Ermitteln Sie für alle unter a) aufgestellten Handlungsalternativen mit Ausnahme der Unterlassensalternative die zugehörigen Zahlungsreihen!

c. Welche Vereinfachungsmöglichkeiten für die Formulierung (und auch die spätere Lösung) des Entscheidungsproblems ergeben sich im Hinblick auf die Erfassung von Projekt C?

Weitere Übungen auf der CD-ROM: Aufgaben 1 bis 4.

2.3 Indirekte Folgeeffekte von Investitionsprojekten

2.3.1 Finanzwirtschaftliche Komplementärmaßnahmen und zeitlich-vertikale Interdependenzen

Im Abschnitt 2.2.3 haben wir gezeigt, dass es möglich ist, zeitlich-horizontale Interdependenzen zwischen mehreren gleichzeitig zur Disposition stehenden Investitionsprojekten durch eine geeignete Definition der Handlungsalternativen und der entsprechenden Zahlungsreihen zu erfassen. Neben diesen Interdependenzen können mit einem Investitionsprojekt allerdings noch weitere, durch die ihm zugeordnete Zahlungsreihe immer noch nicht vollständig erfasste Auswirkungen auf die Vermögenssituation des Investors verbunden sein. Für die folgende einführende Darstellung erscheint es zweckmäßig, diese weitergehenden Folgeeffekte in die beiden Kategorien

- finanzwirtschaftlicher Komplementärmaßnahmen und
- der darüber hinausgehenden zeitlich-vertikalen Interdependenzen zu unterteilen.

Finanzwirtschaftliche Komplementärmaßnahmen

Wir gehen von einem Unternehmen aus, das in eine marktwirtschaftliche Ordnung mit einem funktionierenden Geldsystem eingebettet ist. Dann dürfte ein Investitionsprojekt über die damit unmittelbar verbundenen Konsequenzen hinaus in aller Regel mit bestimmten weiteren finanziellen Effekten in der „Umgebung" des Projektes verbunden sein. Derartige Effekte können zunächst aus der Finanzierung der mit dem Beginn eines Projektes typischerweise verbundenen Anfangsauszahlungen resultieren. Dabei wollen wir von der Möglichkeit absehen, dass die Investition im Falle ihrer Durchführung durch eigens dazu erfolgende Einlagen der Gesellschafter finanziert wird. Stattdessen werden wir den folgenden beiden Finanzierungsvarianten besondere Aufmerksamkeit schenken:

- Finanzierung durch Aufnahme eines Kredites; wir sprechen dann von einer **fremdfinanzierten Investition.**

- Finanzierung durch Rückgriff auf ohnehin im Unternehmensvermögen vorhandene liquide Mittel; wir sprechen dann von einer **aus Liquiditätsreserven finanzierten Investition.**

Um Missverständnissen vorzubeugen, sei darauf hingewiesen, dass die zweite Finanzierungsvariante im Schrifttum häufig ohne weitere Differenzierung als „Eigenfinanzierung" oder auch „Eigenkapitalfinanzierung" und die Investitionsmaßnahme dementsprechend als **„eigenfinanzierte" Investition** bezeichnet wird. Diese Terminologie suggeriert allerdings möglicherweise verschiedene Missverständnisse, wie etwa die folgenden:

- Gleichsetzung von Begriffen wie „Eigenkapital" oder „Eigenmittel" – als bilanzielle Saldogröße auf der Passivseite – mit „verfügbaren liquiden Mitteln" als reale Bestandsgröße, die sich in der bilanziellen Darstellung als Aktivposten niederschlägt.

- Unterstellung, die Verfügbarkeit über liquide Mittel resultiere aus einem unmittelbar vorangegangenen Vorgang der Eigenfinanzierung, also aus Einlagen alter oder neuer Gesellschafter.

Während die erstgenannte Gleichsetzung nichts anderes darstellt als einen elementaren Denkfehler, wie er einem betriebswirtschaftlich Vorgebildeten keinesfalls unterlaufen sollte, zielt die angesprochene Unterstellung auf eine Konstellation ab, die zwar möglich ist, realiter jedoch eher die Ausnahme als der Regelfall sein dürfte. In diesem speziellen Fall wäre im Übrigen auch in der hier gewählten Terminologie eine „eigenfinanzierte" und gerade nicht mehr eine „aus ohnehin vorhandenen liquiden Reserven finanzierte" Investition gegeben.

Aus der Anfangsauszahlung und ggf. auch aus später auftretenden Auszahlungsüberschüssen können dementsprechend **zwei Arten indirekter Folgeeffekte** entstehen:

- Entweder sind wegen der erfolgten Fremdfinanzierungsmaßnahmen in späteren Perioden **Zins- und Tilgungszahlungen zu leisten,** die bei Verzicht auf das Investitionsprojekt nicht angefallen wären.

- Oder es kommt dazu, dass aus der anderweitigen Anlage der verfügbaren liquiden Mittel **ansonsten erzielbare Zins- und Rückzahlungsbeträge** als Folge der Investitionsdurchführung entfallen.

In analoger Weise können die in der weiteren Abwicklung eines Investitionsprojektes auftretenden Einzahlungsüberschüsse bewirken, dass entweder zusätzliche Anlagen getätigt oder bestehende Kredite abgebaut werden, was in den Folgeperioden zu zusätzlichen Einzahlungen bzw. einer Verminderung von Auszahlungen führen würde.

Zeitlich-vertikale Interdependenzen

Neben derartigen Effekten, die jeweils aus komplementären Finanztransaktionen im „Umfeld" des Investitionsprojektes resultieren, sind in vielen Fällen weitere sogenannte zeitlich-vertikale Interdependenzen zu berücksichtigen. Damit wird der Umstand bezeichnet, dass sich die Inangriffnahme eines Investitionsprojektes (und ggf. auch der damit verbundenen Finanzierungsmaßnahmen) im Zeitpunkt $t = 0$ auch über Komplementärmaßnahmen in seiner unmittelbaren „Umgebung" hinaus auf Durchführungs- und Ergebnismöglichkeiten erst später zur Disposition stehender Investitions- und Finanzierungsmaßnahmen auswirken kann.

- So ist es beispielsweise denkbar, dass wegen der Realisierung eines Investitionsprojektes A im Zeitpunkt $t = 0$ in einem späteren Zeitpunkt ein anderes Investitionsprojekt B gar nicht mehr durchführbar ist, sei es etwa, weil angesichts des hohen Finanzbedarfs für A die notwendigen Finanzierungsmittel für B nicht mehr verfügbar sind, oder sei es, weil die notwendigen räumlichen Kapazitäten durch A gebunden werden und somit für B nicht mehr bereitstehen **(Ausschluss)**. Andererseits sind auch Situationen denkbar, in denen erst die im Zeitpunkt $t = 0$ getroffene Entscheidung für eine bestimmte Maßnahme in den Folgeperioden die Möglichkeit zu bestimmten Anschlussprojekten eröffnet, die ansonsten gar nicht realisierbar gewesen wären **(Bedingtheit)**.

- Neben dem Effekt, dass sich die im Zeitpunkt t = 0 getroffenen Entscheidungen auf die Menge der in späteren Perioden überhaupt realisierbaren Investitions- und Finanzierungsprojekte (positiv oder negativ) auswirken können, ist als zweite Komponente zeitlich vertikaler Interdependenzen die Möglichkeit zu beachten, dass in späteren Perioden nach wie vor durchführbare Handlungsalternativen in ihren Ergebnissen beeinflusst werden können **(Beeinflussung)**. Dabei können auch derartige ergebnisbeeinflussende Interdependenzen wiederum in positiver oder negativer Form oder auch in beiden Richtungen zugleich auftreten.

Zeitlich-vertikale Interdependenzen können also genau dieselben Ausprägungen annehmen wie zeitlich-horizontale Interdependenzen, nur dass es bei zeitlich-vertikalen Interdependenzen nicht um den Zusammenhang zu Projekten mit demselben Startzeitpunkt, sondern mit einem späteren Startzeitpunkt geht.

2.3.2 Ansätze zur expliziten Erfassung indirekter Folgeeffekte

Um die Auswirkungen eines Investitionsprojektes auf die Vermögenssituation des Investors in sachgerechter Weise zu erfassen, ist es grundsätzlich notwendig, über die dem Projekt unmittelbar zugerechnete Zahlungsreihe hinaus auch indirekte Folgeeffekte beider Kategorien in ihren zahlungsmäßigen Konsequenzen zu erfassen. In der betriebswirtschaftlichen Investitionstheorie findet man im Wesentlichen zwei Kategorien von Entscheidungsmodellen, in denen versucht wird, dieser Anforderung durch die Darstellung der zu beurteilenden Handlungsalternativen zumindest in Ansätzen gerecht zu werden, nämlich

– Ansätze der simultanen Investitions- und Finanzplanung und
– Verfahren, die wir unter dem Begriff der komplementären Finanzpläne zusammenfassen wollen.

Wir werden diese beiden Konzepte im Folgenden in ihren Grundzügen kurz skizzieren.

Simultane Investitions- und Finanzplanung

Diese Modelle beinhalten den theoretisch saubersten Ansatz, sämtliche vermögensmäßigen Konsequenzen der im Betrachtungszeitpunkt (t = 0) zur Disposition stehenden Investitionsprojekte („Ausgangsprojekte") zu erfassen. Dazu sind allerdings in einem ersten Schritt nicht nur die Ausgangsprojekte, sondern auch alle zukünftig (also in t = 1, 2, 3, ...) zur Auswahl stehenden Investitionsprojekte sowie die aktuell und zukünftig realisierbaren Finanzierungsprojekte modellmäßig zu erfassen und durch die mit ihnen unmittelbar verbundenen Zahlungsströme zu verdeutlichen. Gegenstand der modellmäßigen Analyse sind dann allerdings gar nicht mehr die Einzelprojekte als solche, sondern ganze Investitions- und Finanzierungsprogramme, die jeweils umfangreiche Bündel aktuell und in Zukunft zur Disposition stehender Investitions- und Finanzierungsprojekte umfassen und daraufhin untersucht werden, wie sie sich auf die Zielgröße des Investors, z.B. sein Vermögen am Ende des Betrachtungszeitraums, auswirken.

Von ihrer konzeptionellen Ausrichtung her sind derartige Ansätze durchaus geeignet, reale Investitionsprobleme in anspruchsvoller Weise modellmäßig abzubilden und dabei beide Kategorien indirekter Folgewirkungen von Investitionsprojekten zu erfassen. Ihre praktische Anwendbarkeit scheitert in aller Regel jedoch an den außerordentlich **hohen informatorischen Anforderungen,** die die Prognosefähigkeit der Investoren zumeist bei weitem übersteigen. In den Abschnitten 7.4 und 7.5 werden wir uns ausführlich mit der Darstellung und Analyse zweier einfacher Modellansätze der simultanen Investitions- und Finanzplanung beschäftigen und auf Zusammenhänge zu den in Kapitel 4 vorgestellten Partialkalkülen der Investitionstheorie näher eingehen.[8]

Komplementäre Finanzpläne

Diese zweite Gruppe von Modellansätzen ist dadurch gekennzeichnet, dass auf die Erfassung zeitlich vertikaler Interdependenzen weitgehend verzichtet wird. In die Darstellung der mit einem Investitionsprojekt verbundenen Konsequenzen werden lediglich einige vergleichsweise einfache Finanztransaktionen im unmittelbaren „Umfeld" des Projektes einbezogen. Folgendes Beispiel verdeutlicht diese Vorgehensweise in ihren Grundzügen.

Beispiel 2.3:

Ein Investitionsprojekt ist durch die unmittelbare Zahlungsreihe $e_0 = -100$, $e_1 = 60$ und $e_2 = 60$ gekennzeichnet. Es handelt sich also um ein Projekt, dessen Start zunächst eine Anfangsauszahlung von 100 (gedanklich auf den Zeitpunkt $t = 0$ konzentriert) bedingt, das 2 Jahre lang läuft und in beiden Jahren jeweils zu einem (gedanklich auf das jeweilige Jahresende konzentrierten) Einzahlungsüberschuss von 60 Geldeinheiten führt. Zielgröße ist annahmegemäß das Endvermögen des Investors am Ende der Investitionslaufzeit, also im Zeitpunkt $t = 2$.

Um die Frage zu beantworten, wie sich das dargestellte Investitionsprojekt, dessen Konsequenzen sich ja zunächst auf die drei Zeitpunkte $t = 0, 1, 2$ beziehen, letztlich auf das ausschließlich auf den Zeitpunkt $t = 2$ bezogene Endvermögen auswirkt, könnte etwa folgender „komplementärer Finanzplan" erstellt werden:

- Die Anfangsauszahlung wird durch die Aufnahme eines Kredites in Höhe von 100 Geldeinheiten finanziert, der pro Jahr mit 8% zu verzinsen und am Ende der Laufzeit vollständig zurückzuzahlen ist. Die diesen Kredit isoliert betrachtet kennzeichnende Zahlungsreihe hätte also (bezogen auf die Zeitpunkte $t = 0, 1, 2$) das Aussehen +100; −8; −108.

- Bei Durchführung des Projektes und seiner Finanzierung durch den genannten Kredit würde im Zeitpunkt $t = 1$ nach Abführung der Zinszahlung ein Zahlungsüberschuss von 52 Geldeinheiten verbleiben. Hier könnte nun weiter unterstellt werden, dass dieser Betrag zu 5% für ein Jahr angelegt wird. Die Zahlungsreihe dieser

---

[8] Vgl. zu den Ansätzen der simultanen Investitions- und Finanzplanung z.B. die grundlegenden Arbeiten von MASSÉ (1959), ALBACH (1962), WEINGARTNER (1963), HAX (1964) oder BITZ (1977) sowie die lesenswerten Ausführungen in HERING (2008) oder einführende Darstellungen bei BITZ (1998), FRANKE/HAX (2009), BREUER (2011) oder KRUSCHWITZ (2011).

ergänzenden Anlageaktivität würde also (bezogen auf die Zeitpunkte t = 1, 2) durch folgende Werte verdeutlicht: −52; +54,6.

- Fasst man nun die unmittelbar auf das Investitionsprojekt bezogene Zahlungsreihe, die Zahlungsreihe des unterstellten Finanzierungsprojektes sowie die der ergänzenden Anlagetransaktion zusammen, so ergibt sich das in Tab. 2.4 wiedergegebene Bild.

Komplementärer Finanzplan

Tabelle 2.4 Kombination von Investition, Finanzierung und Zwischenanlage

	t = 0	t = 1	t = 2
Investitionsprojekt	− 100	+ 60	+ 60
Finanzierungsprojekt	+ 100	− 8	− 108
Anlagetransaktion	−	− 52	+ 54,6
Summe	0	0	+ 6,6

Würde das genannte Projekt also durchgeführt und würden die in unserem Beispiel unterstellten Finanztransaktionen „im Umfeld" dieses Projektes durchgeführt, so würde sich aus diesem Projektbündel ein auf den Zeitpunkt t = 2 bezogener Vermögenszuwachs von 6,6 Geldeinheiten ergeben.

Wie Beispiel 2.3 zeigt, ist das Verfahren der komplementären Finanzpläne sehr viel einfacher zu handhaben und mit deutlich geringeren informatorischen Anforderungen verbunden als die Simultanansätze. Dieser Vorteil wird allerdings dadurch erreicht, dass mögliche Einflüsse der aktuell zu beurteilenden Investitionsprojekte auf Realisierungs- und Ergebnismöglichkeiten erst später zur Disposition stehender Investitions- und Finanzierungsprojekte weitgehend außer Acht bleiben. Im praktischen Anwendungsfall bleibt hier keine andere Möglichkeit als zu versuchen, derartige Effekte wenigstens überschlägig abzuschätzen und im Zuge der qualitativen Analyse zumindest ansatzweise zu berücksichtigen. Im Rahmen dieser einführenden Darstellung wollen wir auch das Verfahren der komplementären Finanzpläne nicht systematisch weiter verfolgen, sondern uns auf den dritten, formal noch einfacheren Ansatz der „klassischen" Investitionsrechnung beschränken. An einzelnen Stellen werden wir allerdings zur Verdeutlichung der Leistungsfähigkeit dieser Verfahren auf – in aller Regel sehr einfach konstruierte – komplementäre Finanzpläne zurückgreifen.[9]

---

[9] Zu komplementären Finanzplänen vgl. insbesondere GROB (1989).

2.3.3 Implizite Erfassung von Folgeeffekten in der klassischen Investitionstheorie

Genau wie das Verfahren der komplementären Finanzpläne vernachlässigen auch die klassischen Ansätze der Investitionstheorie zeitlich-vertikale Interdependenzen weitgehend. Darüber hinaus verzichten sie aber auch noch auf die explizite Erfassung der finanziellen Konsequenzen, die sich im „unmittelbaren Umfeld" des betrachteten Investitionsprojektes ergeben. Allerdings wird versucht, derartige Effekte und ihre Auswirkungen auf das Endvermögen implizit durch bestimmte finanzmathematische Operationen zu erfassen. Mit den dazu notwendigen Rechentechniken (Kapitel 3) sowie den darauf aufbauenden Methoden selbst (Kapitel 4) werden wir uns im Folgenden ausführlich beschäftigen. Zuvor muss das dazu notwendige gedankliche und begriffliche Fundament allerdings durch einige weitere grundlegende Überlegungen verbreitert werden.

Ob es gelingt, zumindest die im unmittelbaren Umfeld eines Investitionsprojektes notwendigen Finanztransaktionen in impliziter Weise angemessen zu erfassen, hängt entscheidend von den Konditionen ab, zu denen diese Komplementärmaßnahmen durchgeführt werden können. Die klassische Investitionstheorie hat sich hier mit der **Prämisse des vollkommenen Finanzmarktes** – zumeist auch vollkommener „Kapitalmarkt" genannt – eine Modellwelt geschaffen, in der eine derartige implizite Erfassung in idealer Weise möglich ist.

In ihrer überwiegend verwendeten, **besonders strengen Form** beinhaltet diese Prämisse **des vollkommenen Finanzmarktes** die Annahme, dass der Investor in seinen Planungsüberlegungen

- mit Sicherheit davon ausgehen kann,
- zu jedem zukünftigen Zeitpunkt
- für jeweils eine Periode
- zu einem im Zeitablauf konstanten,
- für Geldanlage und Geldaufnahme identischen Zinssatz
- in jeder Höhe

Kredite aufnehmen und liquide Mittel anlegen zu können.

Ein Zinssatz, der diese Bedingung erfüllt, wird in den Entscheidungsmodellen der traditionellen Investitionstheorie überwiegend vorausgesetzt und als sogenannter **Kalkulationszins** bei der Beurteilung von Investitionsprojekten verwendet. In dieser strengen Form ermöglicht es die Prämisse des vollkommenen Finanzmarktes tatsächlich, auf die explizite Berücksichtigung komplementärer Finanztransaktionen zu verzichten und diese nur noch implizit, nämlich über die Verrechnung von Finanzierungskosten auf der Basis des Kalkulationszinsfußes, mittels einfacher finanzmathematischer Operationen zu erfassen. Mit den verschiedenen Techniken, die hierzu zur Auswahl stehen, werden wir uns im Folgenden noch ausgiebig zu befassen haben.

Gleichzeitig ist aber bereits jetzt festzustellen, dass die Prämisse des vollkommenen Finanzmarktes in ihrer strengen Form übermäßig eng ist und es auch bereits **schwächere**

Finanzmarktprämissen erlauben, komplementäre Finanztransaktionen ohne Abstriche an der Entscheidungsqualität nur implizit durch Verrechnung von Finanzierungskosten in Investitionsentscheidungen zu berücksichtigen. Daher formulieren wir hier zusätzlich schwächere Finanzmarktprämissen. Zwar wird weiter unterstellt, dass

- zukünftige Zinssätze mit Sicherheit bekannt sind und
- nicht von der Höhe der Mittelaufnahme bzw. Mittelanlage abhängen und dass
- in jedem zukünftigen Zeitpunkt
- Mittelaufnahme- und Mittelanlagemöglichkeiten für jeweils eine Periode

bestehen. Aber mindestens eine der beiden zusätzlichen Annahmen der strengen Prämisse des vollkommenen Finanzmarktes wird aufgehoben, nämlich dass

- Zinssätze im Zeitablauf konstant sein und
- Zinssätze für Geldaufnahme und Geldanlage übereinstimmen müssen.

Wird nur die erste dieser beiden Teilprämissen aufgehoben, so liegt immer noch ein **vollkommener Finanzmarkt** vor, allerdings **mit wechselnden Periodenzinsfüßen.**

Wird hingegen die zweite Prämisse aufgehoben, so sind die Voraussetzungen des vollkommenen Finanzmarktes nicht mehr gegeben. Im Hinblick auf die Fortgeltung der ersten Prämisse kann dann noch zusätzlich danach differenziert werden,

- ob unterstellt wird, dass die divergierenden Soll- und Habenzinssätze im Zeitablauf jeweils konstant bleiben (unvollkommener Finanzmarkt mit konstanten Periodenzinsfüßen), oder
- zusätzlich auch noch angenommen wird, dass sie in den einzelnen Perioden jeweils andere Werte annehmen können (unvollkommener Finanzmarkt mit wechselnden Periodenzinsfüßen).

Wir werden in den weiteren Ausführungen zunächst der üblichen Vorgehensweise folgen und einen vollkommenen Finanzmarkt mit einem im Zeitablauf konstanten Zins unterstellen. Ergänzend werden wir jedoch auch zeigen, dass diese Standardprämisse zwar die Darstellungs- und Rechentechnik vereinfacht, für die Anwendbarkeit der im Folgenden zu entwickelnden Entscheidungsregeln jedoch keineswegs eine zwingende Voraussetzung darstellt.

Folgt man nun aber der Prämisse des vollkommenen Finanzmarktes, so macht es für die Beurteilung eines Investitionsprojektes gar keinen Unterschied mehr, ob die Anfangsauszahlungen oder auch später auftretende Auszahlungsüberschüsse aus verfügbaren Liquiditätsreserven oder der Aufnahme zusätzlicher Kredite finanziert werden:

- Im ersten Fall werden die investierten Mittel der anderweitig möglichen Anlage zum Marktzins r entzogen.
- Im zweiten Fall ist der zusätzlich aufzunehmende Kredit gerade zum Zinssatz r zu verzinsen.

Dabei stimmen die im ersten Fall entgehenden und die im zweiten Fall zu leistenden Zins-, Zinseszins- und Rückzahlungsbeträge genau überein. Ebenso ist es ohne Bedeutung, ob die aus dem Investitionsprojekt resultierenden Einzahlungsüberschüsse dazu verwendet werden,

- zusätzliche, zum Zinssatz r verzinsliche, Anlagen zu bilden oder
- zur Finanzierung der Investition aufgenommene oder auch anderweitig entstandene, ebenfalls zum Satz r zu verzinsende, Kredite zu tilgen.

In allen Fällen ergibt sich die gleiche Summe aus zusätzlichen Anlagezinsen und eingesparten Kreditzinsen. Diese Zusammenhänge werden nachfolgend beispielhaft verdeutlicht.

Beispiel 2.4:

Ein Investitionsprojekt ist mit der Zahlungsreihe

$$e_0 = -100; \quad e_1 = +40; \quad e_2 = +37; \quad e_3 = +54$$

verbunden. Am vollkommenen Finanzmarkt können Mittel jederzeit zu 10% angelegt oder aufgenommen werden. Bezüglich der Finanzierung des Projektes und der Verwendung der späteren Einzahlungsüberschüsse seien die nachfolgend aufgeführten Fälle unterschieden. Zur Notation seien folgende Festlegungen getroffen:

C_A, C_E Stand eines Guthabenkontos (+) oder Kreditkontos (–) zu Anfang bzw. Ende der Periode.

Z   Zinsgutschrift (+) oder -belastung (–) auf einem Guthaben- bzw. Kreditkonto.

E   Einzahlungsüberschuss (+) oder Auszahlungsüberschuss (–) des Investors ohne Durchführung des Investitionsprojektes.

e   Ein- und Auszahlungsüberschüsse des Projektes nach o.g. Vorgabe.

Fall 1: Ständige Verschuldung

Ohne Durchführung des Investitionsprojektes soll der ständig in Anspruch genommene Kontokorrentkredit des Investors folgende – vollkommen willkürlich angenommene – Entwicklung nehmen:

Tabelle 2.5a   Kontenplan bei Unterlassen und Verschuldung

Periode	C_A	+	Z	+	E	=	C_E
1	– 1.000		– 100		+ 600		– 500
2	– 500		– 50		– 350		– 900
3	– 900		– 90		+ 190		– 800

Fall 2: Ständige Guthaben

Ohne Durchführung des Investitionsprojektes soll das Guthaben des Investors folgende Entwicklung nehmen:

Tabelle 2.5b   Kontenplan bei Unterlassen und Guthaben

Periode	C_A +	Z +	E =	C_E
1	+ 2.000	+ 200	– 1.200	+ 1.000
2	+ 1.000	+ 100	– 600	+ 500
3	+ 500	+ 50	– 250	+ 300

Fall 3: Wechselnde Situationen

Ohne Durchführung des Investitionsprojektes sollen sich Guthaben- bzw. Kreditkonto des Investors wie folgt entwickeln:

Tabelle 2.5c   Kontenplan bei Unterlassen und Wechsel zwischen Guthaben und Verschuldung

Periode	C_A +	Z +	E =	C_E
1	+ 70	+ 7	+ 123	+ 200
2	+ 200	+ 20	– 320	– 100
3	– 100	– 10	+ 110	± 0

Das anfängliche Guthaben würde in Fall 3 in der zweiten Periode also aufgebraucht und zusätzlich ein Kredit beansprucht, der in der dritten Periode gerade wieder einschließlich Zins zurückgeführt werden könnte.

Wird nun das Investitionsprojekt durchgeführt, so nehmen die Guthaben- und Kreditkonten statt der in den vorstehenden Tabellen enthaltenen Darstellung folgende Entwicklung. Die in der ersten Periode unter C_A aufgeführten Beträge sind dabei um die Investitionsauszahlung von 100 niedriger; in Fall 3 tritt an die Stelle des Anfangsguthabens von 70 nun eine Kreditbelastung von 30. Die unter der Rubrik ΔZ aufgeführten Zahlen geben die bei Durchführung des Investitionsprojektes entstehenden Zinsvorteile (+: eingesparte Kreditzinsen und zusätzliche Anlagezinsen) sowie Zinsnachteile (–: zusätzliche Kreditzinsen und entgehende Anlagezinsen) an.

Fall 1:

Tabelle 2.6a   Kontenplan bei Investition und Verschuldung

Periode	C_A +	Z +	E +	e =	C_E	ΔZ
1	– 1.100	– 110	+ 600	+ 40	– 570	– 10
2	– 570	– 57	– 350	+ 37	– 940	– 7
3	– 940	– 94	+ 190	+ 54	– 790	– 4

Fall 2:

Tabelle 2.6b   Kontenplan bei Investition und Guthaben

Periode	C_A +	Z +	E +	e =	C_E	ΔZ
1	+ 1.900	+ 190	– 1.200	+ 40	+ 930	– 10
2	+ 930	+ 93	– 600	+ 37	+ 460	– 7
3	+ 460	+ 46	– 250	+ 54	+ 310	– 4

Fall 3:

Tabelle 2.6c   Kontenplan bei Investition und Wechsel zwischen Guthaben und Verschuldung

Periode	C_A +	Z +	E +	e =	C_E	ΔZ
1	– 30	– 3	+ 123	+ 40	+ 130	– 10
2	+ 130	+ 13	– 320	+ 37	– 140	– 7
3	– 140	– 14	+ 110	+ 54	+ 10	– 4

Vergleicht man die jeweils korrespondierenden Tabellen miteinander, so stellt man folgende Übereinstimmung fest:

– Bei Durchführung der Investition stellt sich der Investor am Ende der 3. Periode stets um 10 besser, weil er entweder über ein entsprechend höheres Guthaben verfügt (Fall 2 und 3) oder eine um 10 geringere Kreditbelastung hat (Fall 1). Im Rahmen einer projektindividuellen Analyse wäre das Projekt somit als vorteilhaft einzustufen, da es im Vergleich zur Unterlassensalternative zu einem höheren Endvermögen führt.

– Für alle 3 Fälle bringt das Investitionsprojekt Zinsnachteile in jeweils übereinstimmender Höhe von 10, 7 bzw. 4 in den drei Perioden, insgesamt also von 21.

Auf den ersten Blick könnten diese beiden Befunde widersprüchlich erscheinen. Denn einerseits wird das Projekt im Vergleich zur Unterlassensalternative als vorteilhaft qualifiziert, andererseits führt es im Vergleich zur Unterlassensalternative zu einem Zinsnachteil von insgesamt 21. Dieser scheinbare Widerspruch löst sich jedoch wie folgt schnell auf:

- Betrachtet man nur die Zahlungsreihe des Projektes ohne Berücksichtigung aller Zinseffekte, so ergibt sich im Vergleich zur Unterlassensalternative zunächst ein Bruttoüberschuss von + 31 (– 100 + 40 + 37 + 54 = + 31).
- Dem stehen allerdings die oben schon angesprochenen Zinsnachteile von 21 gegenüber.
- Per Saldo verbleibt also als Differenz zwischen Bruttoüberschuss und Zinsnachteil ein Nettoüberschuss von 10, was wieder genau dem oben schon auf anderem Wege ermittelten „Endvermögensvorteil" entspricht.

Wie wir in Kapitel 4 noch ausführlich zeigen werden, laufen die klassischen investitionstheoretischen Verfahren stets darauf hinaus,

- bestimmte finanzmathematische Rechenverfahren anzuwenden,
- um die Konsequenzen komplementärer Finanztransaktionen der in Beispiel 2.4 exemplarisch verdeutlichten Art implizit zu erfassen und
- an Hand verschiedener Kennzahlen Aussagen über die Vorteilhaftigkeit des Projektes im Vergleich zur Unterlassensalternative abzuleiten,
- ohne dabei jedoch die Unterlassensalternative selbst explizit darzustellen und zu bewerten.

Als **Unterlassensalternative** ist dabei die Möglichkeit zu verstehen,

- das betrachtete Investitionsprojekt nicht durchzuführen,
- Kredite, deren Aufnahme es im Zuge der Investitionsdurchführung bedurft hätte, ebenfalls nicht aufzunehmen und
- verfügbare Liquiditätsreserven, auf die im Zuge der Investitionsdurchführung zurückgegriffen würde, zu dem vorgegebenen Finanzmarktzins anzulegen.

2.4 Vorentscheidungen mittels Dominanzüberlegungen

2.4.1 Investitionsentscheidungen ohne Kassenhaltung und Finanzmarkt

Wir haben in Abschnitt 2.2.2 eine Investitionsentscheidung formal als Wahl zwischen mehreren Zahlungsreihen definiert. Dazu hatten wir mit der Zielsetzung einer „Endvermögensmaximierung" aber auch bereits eine recht spezielle Zielsetzung und mit der Existenz eines vollkommenen Finanzmarktes bereits einen bestimmten Rahmen für die Investitionsentscheidung ins Auge gefasst. Bevor wir uns im Folgenden weiter mit einer Investitionsentscheidung unter diesen für die „klassische Investitionstheorie" typischen Annahmen beschäftigen, wollen wir hier zunächst noch einmal einen Schritt zurücktreten und einen allgemeineren Blick auf Investitionsentscheidungsprobleme gewinnen.

Dazu abstrahieren wir hier zunächst wieder von der Existenz eines Finanzmarktes und darüber hinaus zunächst auch von der Möglichkeit einer Kassenhaltung. Wir versetzen uns also in eine Welt,

— in der der Investor – abgesehen von den zu beurteilenden Investitionsprojekten selbst – über **keine sonstigen Mittelanlage- und Mittelaufnahmemöglichkeiten** verfügen soll und

— in der der Investor – abgesehen von der Investitionsmöglichkeit im Zeitpunkt t = 0 – **finanzielle Mittel nur im Zeitpunkt ihres Eingangs zu Konsumzwecken** einsetzen kann. Nicht sofort im Zeitpunkt ihres Eingangs eingesetzte Mittel werden wertlos.

Außerdem abstrahieren wir von der bereits sehr speziellen Zielvorstellung der Endvermögensmaximierung.

Das Entscheidungsproblem eines Investors stellt sich in allgemeiner Sichtweise dann wie folgt dar: Jede zur Wahl stehende Zahlungsreihe repräsentiert eine ganze Sequenz von Ergebnissen, die zwar alle Einfluss auf die Vermögenssituation des Investors haben, die aber jeweils zu unterschiedlichen Zeitpunkten anfallen und daher in ihrer Wirkung auf seine Vermögenssituation nicht ohne weiteres miteinander vergleichbar sind. Z. B. kann ohne weiteres keine Aussage darüber getroffen werden, wie hoch ein zusätzlicher Einzahlungsüberschuss von X in einem Zeitpunkt sein muss, damit ihm genau dieselbe Vermögenswirkung wie einem zusätzlichen Einzahlungsüberschuss von Y in einem anderen Zeitpunkt zugeordnet werden kann. Genau um solche intertemporalen Vergleiche von Zahlungskonsequenzen muss es bei einer Wahl zwischen verschiedenen Zahlungsreihen aber offensichtlich gehen. Bei der Suche nach einem rationalen Verfahren zur Investitionsentscheidung geht es also im Kern um die Suche nach einem **Konzept zum intertemporalen Zahlungsvergleich.**

Auf Anhieb könnte man sich vorstellen, ein solches rationales Investitionsentscheidungsverfahren etwa analog zu Entscheidungskonzepten aufzubauen, wie sie im Rahmen der Entscheidungstheorie zur Entscheidung zwischen Handlungsalternativen mit unsicheren Handlungskonsequenzen Verwendung finden. Dazu könnte der Investor jeder Zahlungsreihe mittels einer subjektiven Präferenzfunktion, die seine intertemporalen Präferenzen zum Ausdruck bringt, zunächst einen eindimensionalen Präferenzwert zuordnen und sich dann für die Investitionsalternative mit dem höchsten Präferenzwert entscheiden.

Entscheidungen auf der Basis eines solchen Entscheidungskonzeptes könnte man als **präferenzorientierte Investitionsentscheidung** bezeichnen. Bezeichnet man die intertemporale Präferenzfunktion des Investors, die jeder Zahlungsreihe e_t^i ($t = 0, 1, ..., T$) einen Präferenzwert φ^i zuordnet, mit ϕ, so kann als Entscheidungsregel für eine präferenzorientierte Investitionsentscheidung einfach formuliert werden:

$$\max_i : \varphi^i = \phi(e_0^i, e_1^i, ..., e_T^i) \text{ mit } i = 1, ..., I \text{ und } I = \text{Anzahl der Handlungsalternativen}.$$

So einfach diese Formel in allgemeiner Form auch niedergeschrieben ist, so problematisch ist jedoch ihre konkrete Anwendung sowohl in theoretischer als auch in praktischer Hinsicht. Die Anwendbarkeit der Formel hängt von der Kenntnis der intertemporalen Präferenzfunktion des Investors ab. Zum einen wird sich ein Investor in der Praxis aber schwertun, seine intertemporale individuelle Präferenzfunktion in allgemeiner Form anzugeben. Zum anderen fällt es auch aus theoretischer Sicht schwer, Bedingungen zu formulieren, denen eine intertemporale Präferenzfunktion sinnvollerweise entsprechen sollte.

Die einzige **Bedingung**, die auf Anhieb von **einer intertemporalen Präferenzfunktion** vernünftigerweise zu erfüllen ist, lautet:

$$\delta \phi / \delta e_t > 0 \quad \text{für} \quad t = 0, 1, ..., T.$$

Diese Bedingung besagt, dass die Erhöhung einer Einzahlung e_t (bzw. Verminderung einer Auszahlung) bei Konstanz aller übrigen Zahlungswerte stets zu einem höheren Präferenzwert führt, oder anders ausgedrückt, dass der Investor in keinem Zeitpunkt hinsichtlich seines Zahlungsmittelbestandes saturiert (zufriedengestellt) ist.

Allein auf der Basis dieser Grundeigenschaft intertemporaler Präferenzfunktionen lassen sich erste, grundlegende Aussagen über eine optimale Investitionsentscheidung treffen. Möglichkeiten und Grenzen der auf dieser Basis zu treffenden, präferenzorientierten Investitionsentscheidung werden nachfolgend an einem Beispiel verdeutlicht.

Beispiel 2.5:
In einer Welt ohne Finanzmarkt und Kassenhaltungsmöglichkeit ist eine Wahl zwischen einander ausschließenden Investitionsprojekten zu treffen, wobei die zur Wahl stehenden Investitionsprojekte a_1, a_2, a_3 und a_4 durch die in Tab. 2.7 zusammengestellten Zahlungsreihen charakterisiert werden können.

Tabelle 2.7 Zahlungsreihen einander ausschließender Investitionsprojekte (Dominanzüberlegung I)

Projekt	e_0	e_1	e_2
a_1	− 100	+ 60	+ 60
a_2	− 110	+ 60	+ 55
a_3	− 100	+ 45	+ 70
a_4	− 100	+ 70	+ 45

Versucht man, sich der Investitionsentscheidung zunächst durch paarweisen Vergleich von Zahlungsreihen zu nähern, so stellt man bei einem Vergleich der Projekte a_1 und a_2 fest, dass

- Projekt a_1 in den Zeitpunkten t = 0 und t = 2 höhere Zahlungssalden als Projekt a_2 liefert und[10]
- Projekt a_1 in keinem Zeitpunkt einen niedrigeren Zahlungssaldo als Projekt a_2 liefert.

Bei dieser Konstellation ist auch ohne die Existenz eines Finanzmarktes und ohne die Möglichkeit einer Kassenhaltung allein wegen der unterstellten Grundeigenschaft einer intertemporalen Präferenzfunktion davon auszugehen, dass sich jeder Investor für Projekt a_1 und gegen a_2 entscheiden wird. Die zwischen Projekt a_1 und a_2 bestehende Konstellation bietet damit offensichtlich die Möglichkeit einer eindeutigen Investitionsentscheidung unabhängig von speziellen subjektiven Präferenzvorstellungen des Investors.

Demgegenüber kann bei allen anderen im Beispiel möglichen paarweisen Projektvergleichen ohne Finanzmarkt und Kassenhaltungsmöglichkeit keine Investitionsentscheidung getroffen werden, ohne dass speziellere Annahmen über die Präferenzen des Investors getroffen werden.

Bei allen anderen paarweisen Projektvergleichen zwischen zwei Projekten a_i und a_j gilt nämlich, dass

- in mindestens einem Zeitpunkt Projekt a_i einen höheren Zahlungssaldo liefert und
- in mindestens einem anderen Zeitpunkt Projekt a_j einen höheren Zahlungssaldo liefert.

Die im Beispiel (zwischen den Projekten a_1 und a_2) verdeutlichte Konstellation liefert in verallgemeinerter Form eine Grundkonstellation für eine Investitionsentscheidung, die als **allgemeine zeitliche Dominanz** bezeichnet wird.

---

[10] Im Sinne der hier anzustellenden Betrachtungen sind stärker negative Zahlungssalden als kleiner als weniger stark negative Zahlungssalden anzusehen.

Eine allgemeine zeitliche Dominanz eines Projektes i über ein Projekt j liegt genau dann vor, wenn für die Zahlungsreihen (e_t^i, t = 0, 1, ..., T) und (e_t^j, t = 0, 1, ..., T) gilt:[11]

$e_t^i \geq e_t^j$ für jedes   t = 0, 1, ..., T   und

$e_t^i > e_t^j$ für mindestens ein   t = 0, 1, ..., T.

Bei allgemeiner zeitlicher Dominanz reicht allein die Annahme, dass der Investor in jedem Zeitpunkt mehr Geld höher bewertet als weniger Geld, für eine eindeutige Entscheidung zugunsten des dominanten Projektes aus.[12] Die Entscheidung zwischen Projekten mit allgemeiner zeitlicher Dominanzbeziehung ist damit unabhängig von weitergehenden Präferenzvorstellungen des Investors und unabhängig von Transformationsmöglichkeiten des Finanzmarktes und einer Kassenhaltungsmöglichkeit. Die Anwendung investitions- oder entscheidungstheoretischen Instrumentariums ist für eine Entscheidung zwischen solchen Projekten also gar nicht erforderlich. Umgekehrt kann im Sinne spezieller investitionstheoretischer oder entscheidungstheoretischer Entscheidungsmodelle anhand des Kriteriums „allgemeine zeitliche Dominanz" eine Vorauswahl getroffen werden, welche Investitionsalternativen überhaupt noch einer weitergehenden Beurteilung zu unterziehen sind.

Die Relation der allgemeinen zeitlichen Dominanz beim Vergleich von Zeitreihen kann als Pendant zur Relation der Zustandsdominanz beim Vergleich von zustandsabhängigen Ergebnisverteilungen betrachtet werden.[13] Genauso wie für die Zustandsdominanz gilt auch für die Relation allgemeiner zeitlicher Dominanz Transitivität, d.h., dass ein Projekt a_i ein Projekt a_j dominiert, wenn Projekt a_i ein Projekt a_k dominiert und Projekt a_k Projekt a_j dominiert.

Um Investitionsentscheidungen zwischen Projekten ohne allgemeine zeitliche Dominanz in einer Welt ohne Finanzmarkt und Kassenhaltungsmöglichkeit zu treffen, reicht die sehr schwache Annahme, dass ein Investor in jedem Zeitpunkt mehr Geld höher bewertet als weniger Geld, allerdings nicht mehr aus. Dazu ist eine weitergehende Spezifizierung der Präferenzfunktion erforderlich. Alle weitergehenden Spezifizierungen der Präferenzfunktion können aber nicht mehr allgemeingültig, sondern nur noch investorenindividuell vorgenommen werden. Auch diese Problematik lässt sich an dem obigen Beispiel verdeutlichen.

---

[11] Beim Vergleich von Projekten mit unterschiedlichen Laufzeiten bezeichnet T den Endzeitpunkt des Projektes mit der längeren Laufzeit. Für Zeitpunkte, in denen das kürzer laufende Projekt keine Zahlungskonsequenzen mehr hat, wird ein Zahlungssaldo von ± 0 unterstellt.

[12] Besonders hingewiesen sei in diesem Zusammenhang darauf, dass der Dominanzbegriff nicht mit dem ebenfalls häufig in der Ökonomie verwendeten Effizienzbegriff zu verwechseln ist. Im Allgemeinen wird von einer effizienten Alternative gesprochen, wenn diese Alternative von keiner anderen Alternative dominiert wird. Aus der Tatsache, dass eine Alternative i eine Alternative j dominiert, kann bei Existenz weiterer Alternativen aber noch nicht auf die Effizienz der Alternative i geschlossen werden. Alternative i kann ja immer noch von einer Alternative k dominiert werden. Außerdem kann aus der Effizienz der Alternative i nicht geschlossen werden, dass sie Alternative j oder überhaupt irgendeine Alternative dominiert, sondern eben nur, dass sie selbst von keiner anderen Alternative dominiert wird.

[13] Zum Begriff der Zustandsdominanz vgl. z.B. BITZ (1981), S. 20-24, EISENFÜHR/WEBER/LANGER (2010), S. 12-14 oder BAMBERG/COENENBERG (2008), S. 40.

Beispiel 2.5 (Fortsetzung I):

Bei einem paarweisen Vergleich der Projekte a_1 und a_3 ist z.B. festzustellen, dass

- Projekt a3 in t = 2 einen Zahlungsvorteil von 10 aufweist, dem
- in t = 1 ein Zahlungsvorteil von 15 für Projekt a_1 gegenübersteht.

Nun ist zu vermuten, dass viele Investoren Projekt a1 vorziehen würden, da sie dessen Zahlungsnachteil in t = 2 als durch den früheren und zudem höheren Zahlungsvorteil in t = 1 deutlich überkompensiert ansehen. Eine derartige Abwägung von Vor- und Nachteilen setzt ohne Finanzmarkt und Kassenhaltungsmöglichkeit aber letztlich doch bereits spezielle Vorstellungen über die intertemporalen Präferenzen des Investors voraus, d.h. darüber, wie der Investor auf verschiedene Zeitpunkte bezogene Ergebnisse subjektiv bewertet. Zumindest denkbar erscheint aber auch, dass ein Investor intertemporale Präferenzen hegt, die ihn trotzdem Projekt a3 vorziehen lassen.

So könnte man sich z.B. vorstellen, dass ein Investor noch weitere Investitionsprojekte durchführt, die in t = 1 insgesamt ohnehin bereits relativ hohe Rückflüsse und in t = 2 nur noch relativ geringe Rückflüsse liefern, dass der Investor in t = 1 ohne Berücksichtigung des zu beurteilenden Investitionsprojektes also relativ „reich" und in t = 2 relativ „arm" ist. Für einen solchen Investor erschiene eine Entscheidung zu Gunsten von Projekt a1 keineswegs zwingend, wenn man davon ausgeht, dass er eine zusätzliche Geldeinheit in einem Zustand umso niedriger bewertet, je höher sein ansonsten bereits realisierter Zahlungssaldo ist.

Verschiedentlich wird davon ausgegangen, dass über die Annahme nicht saturierter Investoren hinaus auch noch weitere Eigenschaften der Präferenzfunktion als allgemein erfüllt angesehen werden können. Häufig wird z.B. davon ausgegangen, dass sich der Präferenzwert erhöht, wenn eine frühere Zahlung um einen bestimmten Betrag erhöht und gleichzeitig eine spätere Zahlung um denselben Betrag vermindert wird. Diese zusätzliche Eigenschaft der Präferenzfunktion wird auch als **Gegenwartspräferenz** bezeichnet.

In einer Welt ohne Kassenhaltungsmöglichkeit erscheint aber bereits die Annahme von Gegenwartspräferenz – im Vergleich zur Annahme der Nichtsaturiertheit – sehr speziell und insgesamt keineswegs zwingend. Eine allgemeingültige Investitionstheorie, die Aussagen über optimale Investitionsentscheidungen in einer Welt ohne Finanzmarkt und Kassenhaltungsmöglichkeiten machen soll, muss damit bei einem Verzicht auf einschränkende Präferenzannahmen letztlich auf den Fall allgemeiner zeitlicher Dominanz beschränkt bleiben.

2.4.2 Investitionsentscheidungen bei Kassenhaltungsmöglichkeit

Eine erste wesentliche Erweiterung allgemeingültiger, d.h. von speziellen subjektiven Präferenzen des Investors unabhängigen Aussagemöglichkeiten über die Bestimmung des optimalen Investitionsprojektes ergibt sich durch **Berücksichtigung einer substanzneutralen Kassenhaltungsmöglichkeit**. Im Gegensatz zur Annahme eines Finanzmarktes setzt die Annahme einer Kassenhaltungsmöglichkeit noch nicht voraus, dass unterschiedliche Kontrahenten sich zu einer vorübergehenden Geldüberlassung zusammenfinden. Vorausgesetzt wird nur, dass ein Investor die individuelle Möglichkeit hat, Zahlungsmittel für eine gewisse Zeit (z.B. eine Periode) „zur Seite zu legen", d.h. die in einem Zeitpunkt $t = i$ einsetzbaren Mittel um einen bestimmten Betrag zu vermindern und dadurch die im Zeitpunkt $t = i + k$ ($k = 1, 2, ..., T - i$) verfügbaren Mittel um denselben Betrag zu erhöhen.

Beispiel 2.5 (Fortsetzung II):

In dem paarweisen Vergleich der Investitionsprojekte a_1 und a_3 lässt sich eine eindeutige Entscheidung zugunsten von Projekt a_1 treffen, wenn als intertemporale Transformationsmöglichkeit allein von der Möglichkeit einer unverzinslichen Kassenhaltung ausgegangen wird. Dann können z.B. bei Realisation von Projekt a_1 im Zeitpunkt $t = 1$ Einzahlungsüberschüsse in Höhe von 10 zur Erhöhung des Kassenbestandes genutzt werden. Im Zeitpunkt $t = 2$ können dann die Einzahlungsüberschüsse des Projektes a_1 um eine gleichhohe Entnahme von 10 aus der Kasse erhöht werden. Durch Kassenhaltung kann also Projekt a_1 mit der Zahlungsreihe $(-100, +60, +60)$ z.B. mit der Finanztransaktion „Kassenhaltung" a_1' mit der Zahlungsreihe $(0, -10, +10)$ zu einem neuen Projekt $A_{1,1}$ mit der Zahlungsreihe $(-100, +50, +70)$ kombiniert werden. Das neue Projekt $A_{1,1}$ dominiert das ursprüngliche Projekt a_3 mit der Zahlungsreihe $(-100, +45; +70)$ im Sinne allgemeiner zeitlicher Dominanz.

Die Realisierung von Projekt a_3 kann also für keinen Investor optimal sein, da sich mit gleichzeitiger Realisierung von Projekt a_1 und a_1' eine eindeutig bessere Ergebnissequenz erzielen lässt.

In analoger Weise kann allein durch die Berücksichtigung von Kassenhaltungsmöglichkeiten gezeigt werden, dass

– Projekt a_4 gegenüber Projekt a_2 und
– Projekt a_4 gegenüber Projekt a_3

unabhängig von subjektiven Präferenzvorstellungen zu präferieren ist.

Beim Vergleich der Projekte a_4 und a_3 lässt sich allein durch die Ergänzung um Kassenhaltungsaktivitäten aus Projekt a_4 zwar kein neues Projekt kreieren, das dem Projekt a_3 im strengen Sinne der allgemeinen zeitlichen Dominanz überlegen ist. Aus Projekt a_4 lässt sich durch Kassenhaltung aber eine Vielzahl verschiedener neuer Projekte konstruieren, von denen genau eines dem Projekt a_3 hinsichtlich seiner Zahlungskonsequenzen entspricht. Projekt a_4 zzgl. einer Kassenhaltungsmöglichkeit kann für einen Investor je nach seiner speziellen Präferenzfunktion damit zwar unter Umständen genauso viel wie, aber nie weniger wert sein als Projekt a_3. Ein Paket aus a_4 und Kassenhaltungsmöglichkeit ist Projekt a_3 damit zumindest in einem schwachen Sinne der allgemeinen zeitlichen Dominanz überlegen.

Nach wie vor keine eindeutige Präferenzordnung erlaubt die ausschließliche Berücksichtigung einer Kassenhaltungsmöglichkeit beim paarweisen Vergleich der Projekte a_1 und a_4 und der Projekte a_2 und a_3. Mit Berücksichtigung der Kassenhaltungsmöglichkeit lässt sich das Entscheidungsproblem aber immerhin auf eine Wahl zwischen den Projekten a_1 und a_4 reduzieren, da nur diese Projekte keinem anderen Projekt eindeutig unterlegen sind.

Die in obigem Beispiel (zwischen den Projekten a_1 und a_3) verdeutlichte Konstellation soll nachfolgend als **kumulative zeitliche Dominanz** bezeichnet werden.

Eine kumulative zeitliche Dominanz eines Projektes i über ein Projekt j liegt genau dann vor, wenn für die Zahlungsreihen (e_t^i, t = 0, 1,...,T) und (e_t^j, t = 0, 1, ..., T) gilt:

$$\sum_{\tau=0}^{t} e_\tau^i \geq \sum_{\tau=0}^{t} e_\tau^j \quad \text{für jedes} \quad t = 0, 1, ..., T \quad \text{und}$$

$$\sum_{\tau=0}^{t} e_\tau^i > \sum_{\tau=0}^{t} e_\tau^j \quad \text{für mindestens ein} \quad t = 0, 1, ..., T \ .$$

Die Relation der kumulativen zeitlichen Dominanz beim Vergleich von Zeitreihen kann als Pendant zur Relation der Wahrscheinlichkeitsdominanz beim Vergleich von zustandsabhängigen Ergebnisverteilungen betrachtet werden.[14] Auch für die Relation der kumulativen zeitlichen Dominanz gilt Transitivität. Außerdem kann festgestellt werden, dass die kumulative zeitliche Dominanz im Vergleich zur allgemeinen zeitlichen Dominanz die eindeutig schwächere Dominanzrelation darstellt, d.h., dass aus einer allgemeinen zeitlichen Dominanz eines Projektes a_i über ein Projekt a_j zwar auf eine kumulative zeitliche Dominanz von Projekt a_i über Projekt a_j geschlossen werden kann, aber umgekehrt aus einer kumulativen zeitlichen Dominanz eines Projektes a_i über ein Projekt a_j nicht zwingend auf eine allgemeine zeitliche Dominanz von Projekt a_i über Projekt a_j geschlossen werden kann.

Der im Beispiel verdeutlichte Zusammenhang lässt sich dann wie folgt verallgemeinern: Dominiert ein Projekt a_i ein Projekt a_j im Sinne kumulativer zeitlicher Dominanz, so kann Projekt a_i stets mit einer Kassenhaltung a'_1 zu einem Projektbündel A_{ik} so kombiniert werden, dass das Projektbündel A_{ik} das Projekt a_j mindestens im schwachen Sinne allgemeiner zeitlicher Dominanz dominiert.

Geht man zusätzlich davon aus, dass ein Finanzmarkt mit zwar numerisch unbekannten, aber zumindest stets positiven Zinssätzen für Mittelanlage und -aufnahme existiert, dann kann aus der kumulativen zeitlichen Dominanz von Projekt a_i über Projekt a_j weitergehend geschlossen werden, dass Projekt a_i stets mit einer Finanztransaktion a'_1 zu einem Projektbündel A_{ik} so kombiniert werden kann, dass das Projektbündel A_{ik} das Projekt a_j auch im strengen Sinne allgemeiner zeitlicher Dominanz dominiert.

---

[14] Zum Begriff der Wahrscheinlichkeitsdominanz vgl. z.B. BITZ (1981), S. 22-24. In der Literatur wird synonym zum Begriff der Wahrscheinlichkeitsdominanz auch der Begriff der stochastischen Dominanz verwendet, vgl. z. B. EISENFÜHR/WEBER/LANGER (2010), S. 312-316.

Bei kumulativer zeitlicher Dominanz bedarf eine Investitionsentscheidung also weder spezieller Präferenzannahmen noch eines Finanzmarktes, sondern lediglich der Möglichkeit einer substanzneutralen Geldlagerung. Eine Anwendung weitergehenden investitions- oder entscheidungstheoretischen Instrumentariums ist auch unter diesen Bedingungen nicht erforderlich.

2.4.3 Investitionsentscheidungen mit Finanzmarkt

Eine weitere, ganz deutliche Erweiterung allgemeingültiger Aussagemöglichkeiten über die Bestimmung des optimalen Investitionsprojektes ergibt sich mit der Existenz eines Finanzmarktes.

Beispiel 2.5 (Fortsetzung III):
Geht man etwa davon aus, dass ein vollkommener Finanzmarkt im strengen Sinne mit einem einheitlichen Zinssatz von r = 10% existiert, so kann in dem paarweisen Vergleich der Investitionsprojekte a_1 und a_4 eine eindeutige Entscheidung zugunsten von Projekt a_1 getroffen werden. Dies wird z. B. deutlich, wenn man das Projekt a_1 mit der Zahlungsreihe (−100, +60, +60) mit einer Finanztransaktion a'_2 mit der Zahlungsreihe (0, +10, −11) zu einem neuen Projekt $A_{1,2}$ mit der Zahlungsreihe (−100, +70, +49) kombiniert. Das neue Projekt $A_{1,2}$ dominiert das ursprüngliche Projekt a_4 mit der Zahlungsreihe (−100, +70, +45) im Sinne allgemeiner zeitlicher Dominanz. Eine Durchführung von Projekt a_4 ist für den Investor daher unabhängig von seinen Präferenzen nicht optimal.

Zum selben Ergebnis kann man auch durch ganz andere Kombinationen von Investitionsprojekten und Finanztransaktionen gelangen. Zum Beispiel könnte man auch Projekt a_1 mit der Zahlungsreihe (−100, +60, +60) mit einer Finanztransaktion a'_3 mit der Zahlungsreihe (0, +12, −13,2) zu einem neuen Projekt $A_{1,3}$ mit der Zahlungsreihe (−100, +72, +46,8) kombinieren. Auch dieses neue Projekt $A_{1,3}$ dominiert das ursprüngliche Projekt a_4.

Allgemein lässt sich feststellen, dass die intertemporalen Transformationsmöglichkeiten eines vollkommenen Finanzmarktes es stets ermöglichen, die ursprünglichen Investitionsprojekte in solcher Weise mit Finanztransaktionen zu kombinieren, dass die Investitionsentscheidung auf reine Dominanzüberlegungen zurückgeführt werden kann. Für die Investitionsentscheidungen sind dann überhaupt nur noch die Transaktionsmöglichkeiten des Finanzmarktes, nicht mehr aber die individuellen intertemporalen Präferenzen des Investors von Bedeutung. Statt einer präferenzorientierten Investitionsentscheidung ist im Kontext eines Finanzmarktes also eine **marktorientierte Investitionsentscheidung** zu treffen.

Der skizzierte Zusammenhang, nach dem Investitionsentscheidungen vor dem Hintergrund eines vollkommenen Finanzmarktes vollständig unabhängig von den Präferenzen des Investors und seiner monetären Anfangsausstattung zu treffen sind, sondern allein in Abhängigkeit von den Projektzahlungsreihen und der Höhe des Zinssatzes getroffen werden können, ist in der Investitionstheorie als **FISHER-Separation** bekannt geworden – benannt nach IRVING FISHER, der diesen Zusammenhang 1930 als erster nachwies.[15]

Allgemeine Gültigkeit erlangt die FISHER-Separation, weil sich auf einem vollkommenen Finanzmarkt bei geeigneter Ergänzung der Investitionsprojekte um Finanzmarkttransaktionen alle Investitionsentscheidungen präferenz- und ausstattungsunabhängig auf der Basis des Kriteriums allgemeiner zeitlicher Dominanz treffen lassen. Diese Möglichkeit geht bei **divergierenden Soll- und Habenzinssätzen** verloren. Dann bedarf eine Investitionsentscheidung nach dem Kriterium allgemeiner zeitlicher Dominanz zusätzlich einer Annahme

– über die Höhe der Anfangsausstattung des Investors und/oder
– über die intertemporalen Präferenzen des Investors.[16]

Wir beschränken uns zunächst auf die Analyse von Situationen, in denen Investitionsentscheidungen auf der Basis von Dominanzüberlegungen möglich sind. Dazu gehen wir fallweise von zwei unterschiedlichen Situationen aus:

- Entweder gehen wir von der Existenz eines vollkommenen Finanzmarktes aus. Dann dienen zusätzliche Annahmen über die Anfangsausstattung des Investors oder über seine Präferenz einer Endvermögensmaximierung nur noch der Veranschaulichung, sind für die Investitionsentscheidung aber strenggenommen überflüssig.

- Oder wir gehen von der Existenz eines unvollkommenen Finanzmarktes aus und präzisieren die Anfangsausstattung des Investors und/oder seine Präferenzen – durch die Annahme von Endvermögensmaximierung als Zielsetzung – soweit, dass Investitionsentscheidungen doch wieder auf der Basis von Dominanzüberlegungen möglich werden.

Auf der Basis solcher Situationen wollen wir die zentralen Methoden vorstellen und einer kritischen Analyse unterziehen, die die klassische Investitionstheorie für marktorientierte Investitionsentscheidungen bereithält. Für einen Teil dieser Methoden wird sich dabei zeigen, dass sie sich auf Dominanzüberlegungen der vorstehend skizzierten Art zurückführen lassen. Methoden dieser Gruppe, zu der Methoden auf Basis von **Endwert, Kapitalwert und äquivalenter Annuität** zählen, unterscheiden sich letztlich nur dadurch, dass sie Projektzahlungsreihen in unterschiedlicher Weise mit Finanztransaktionen kombinieren, um die Projektzahlungsreihen einem Vergleich anhand von Dominanzüberlegungen zugänglich zu machen. Methoden dieser Gruppe führen – bei sachgerechter Anwendung – erwartungsgemäß zu identischen Investitionsentscheidungen, die zudem im Einklang mit Dominanzüberlegungen stehen.

Wir werden aber auch Vertreter einer zweiten Gruppe von Methoden kennenlernen, die sich nicht oder nur unter relativ rigiden Zusatzannahmen als spezielle Dominanzüberlegungen interpretieren lassen. Methoden dieser zweiten Gruppe, zu der tendenziell Metho-

---

[15] Vgl. FISHER (1930).
[16] Auf die diesbezüglichen Überlegungen von FISHER und HIRSHLEIFER werden wir in Abschnitt 7.3 ausführlich eingehen.

den auf Basis der **Amortisationsdauer,** auf jeden Fall aber Methoden auf Basis des **Internen Zinsfußes** zählen, können unter bestimmten Umständen zu Vergleichsergebnissen führen, die im Widerspruch zu allgemeinen Dominanzüberlegungen und damit zwangsläufig auch im Widerspruch zu Ergebnissen nach einer Methode der ersten Gruppe stehen.

Die zu behandelnden investitionstheoretischen Methoden bestehen im Kern jeweils darin, dass zu Projektzahlungsreihen mittels finanzmathematischer Techniken Kennzahlenwerte ermittelt werden und Investitionsprojekte dann nur noch anhand dieser Kennzahlenwerte beurteilt werden. Bevor wir die verschiedenen Kennziffern im Einzelnen analysieren, wollen wir daher die grundlegenden finanzmathematischen Techniken, soweit wir sie im Folgenden benötigen, kurz darstellen. Zuvor geben wir Ihnen allerdings die Gelegenheit, sich anhand folgender Übungsaufgabe die skizzierten Zusammenhänge zwischen der Verfügbarkeit von Finanztransaktionen und der Möglichkeit einer präferenzunabhängigen Investitionsentscheidung noch einmal zu vergegenwärtigen.

Übungsaufgabe 2.4:
Es sei eine Entscheidung zwischen vier einander ausschließenden Investitionsprojekten zu treffen, die durch die in Tab. 2.8 angegebenen Zahlungsreihen gekennzeichnet sind.

Tabelle 2.8 Zahlungsreihen einander ausschließender Investitionsprojekte (Dominanzüberlegung II)

	e_0	e_1	e_2	e_3
a_1	−100	+44	+44	+44
a_2	−100	+25	+25	+80
a_3	−100	−	−	+125
a_4	−100	−	−	+135

a. Inwieweit lässt sich die Investitionsentscheidung allein auf der Basis von Dominanzüberlegungen (unter Einbeziehung von Kassenhaltung, aber ohne weitere Annahmen über Finanztransaktionen und intertemporale Präferenzen des Investors) treffen?

b. Inwieweit lässt sich die Investitionsentscheidung auf der Basis von Dominanzüberlegungen treffen, wenn zusätzlich berücksichtigt wird, dass am Finanzmarkt jederzeit die Möglichkeit besteht, liquide Mittel in beliebigem Umfang zu einem Zinssatz von 10% anzulegen oder aufzunehmen?

c. Wie ist ein Entscheidungsverfahren zu beurteilen, bei dem für jede Zahlungsreihe einfach alle Zahlungen aufsummiert werden und dann das Projekt mit der höchsten Zahlungssumme realisiert wird?

Weitere Übungen auf der CD-ROM: Aufgaben 5 und 6.

3 Finanzmathematische Grundlagen der Investitionsrechnung

3.1 Vorbemerkung

Gesellschafter G scheidet im Laufe des Jahres 1999 aus seinem Unternehmen aus. Laut Gesellschaftsvertrag steht ihm zum 31.12.1999 eine „angemessene" Abfindung zu, die auf Grund einer Bewertung des gesamten Unternehmens durch einen Sachverständigen festgelegt werden soll. Der Sachverständige kommt zu dem Ergebnis, dass der angemessene Abfindungsbetrag 500.000 GE beträgt. Dieser Vorschlag wird allseits akzeptiert, jedoch fragen die verbleibenden Gesellschafter an, ob G mit einer Stundung des Abfindungsbetrages einverstanden sei, und schlagen wahlweise vor,

- eine einmalige Zahlung zum 31.12.2004 oder
- fünf gleich hohe Teilzahlungen jeweils zum Ende der Jahre 2000 bis 2004

zu leisten. G erklärt sich grundsätzlich einverstanden, weist jedoch darauf hin, dass ihm als Folge der Stundung mögliche Zinserträge von 8% p.a. entgehen. Mithin müssten die Raten jeweils mehr als 100.000 GE betragen, bzw. müsste die einmalige Zahlung zum Ende des Jahres 2004 500.000 GE in entsprechendem Umfang übersteigen. Dies sehen die verbleibenden Gesellschafter auch ein. Ratlosigkeit herrscht jedoch bezüglich der Frage, wie hoch die in Rede stehenden Zahlungen denn nun angesetzt werden müssen, um exakt den Zinsverlust, nicht mehr und auch nicht weniger, auszugleichen.

Die Klärung derartiger Fragen ist **Gegenstand der Finanzmathematik.** Sie beschäftigt sich mit dem Problem, Zahlungsgrößen, die auf unterschiedliche Zeitpunkte bezogen sind, unter Berücksichtigung von Zins- und Zinseszinseffekten vergleichbar zu machen. Die dazu entwickelten elementaren Rechentechniken sollen in den folgenden drei Abschnitten in ihren Grundzügen dargestellt und jeweils an einfachen Beispielen verdeutlicht werden. Dabei werden die folgenden drei grundlegenden Fragestellungen behandelt:

- Wie groß ist der zukünftige (heutige) Wert einer heutigen (zukünftigen) Zahlung? (**Zins- und Zinseszinsrechnung**)
- Wie groß ist der heutige (zukünftige) Wert eines über mehrere Perioden gleichbleibenden Zahlungsstroms? (**Rentenrechnung**)
- Wie groß müssen die einzelnen Zahlungen eines über mehrere Perioden gleichbleibenden Zahlungsstroms sein, damit ihr Gesamtwert einem vorgegebenen heutigen (zukünftigen) Zahlungsbetrag entspricht? (**Annuitätenrechnung**)

Dabei gehen wir, sofern nicht ausdrücklich etwas anderes gesagt wird, im Folgenden stets davon aus, dass alle Zahlungen jeweils nur zu Beginn oder zu Ende eines Jahres anfallen und auch die Zinsen jährlich jeweils nachschüssig, d.h. zum Jahresende, anfallen. Zur formalen Schreibweise vereinbaren wir außerdem, die verschiedenen Zeitpunkte durch den Index t (t = 0, 1, 2, ...) zu kennzeichnen. t = 0 verdeutlicht also den Beginn des ersten Jahres und damit zugleich den Betrachtungszeitpunkt, t = 1 das Ende des ersten Jahres etc. Der Anfangszeitpunkt einer Periode t ist dementsprechend der Zeitpunkt t – 1 und der Endzeitpunkt einer Periode t der Zeitpunkt t.

3.2 Zins- und Zinseszinsrechnung

3.2.1 Auf- und Abzinsung bei einheitlichem Periodenzins

Unterstellt man zunächst vereinfachend, dass der in den einzelnen Betrachtungsperioden geltende Zinssatz nicht variiert, so lässt sich die finanzmathematische Grundoperation der Aufzinsung beispielhaft wie folgt verdeutlichen:

Beispiel 3.1:
Angenommen, Sie legen im Zeitpunkt t = 0 einen Betrag von 1.000 GE auf einem Sparkonto an. Wie hoch ist Ihr Endguthaben nach 3 Jahren, wenn Ihnen die Bank jeweils am Ende jeden Jahres 10% Zinsen auf das zu Jahresbeginn vorhandene Guthaben (einschließlich der aus den Vorjahren aufgelaufenen Zinsen) gutschreibt?

Um diese Frage zu beantworten, können wir als umständlichste Methode damit beginnen, das Guthaben nach einem Jahr zu berechnen, darauf die Zinsen zu ermitteln und entsprechend das Guthaben nach zwei Jahren usw., bis zur Ermittlung des Endguthabens. Bezeichnet man den Guthabenbestand in einem Zeitpunkt t mit C_t und den als Dezimalzahl ausgedrückten Zinssatz mit r, so gilt für den Guthaben-Bestand nach einer Periode allgemein: $C_{t+1} = C_t + r \cdot C_t$.

Das Endguthaben nach einer Periode ergibt sich also als Summe aus Anfangsguthaben und Zinsgutschrift. Letztere wiederum ergibt sich als Produkt aus Anfangsguthaben und dem Zinssatz. Klammert man in der vorstehenden Relation den Betrag des Anfangsguthabens aus, so kann auch geschrieben werden: $C_{t+1} = C_t \cdot (1 + r)$. Im Beispiel ergibt sich also mit $C_0 = 1.000$:

$$\begin{aligned}
C_1 &= C_0 \cdot (1 + r) \\
&= 1.000 \cdot 1{,}1 &&= 1.100
\end{aligned}$$

$$\begin{aligned}
C_2 &= C_1 \cdot (1 + r) \\
&= \left[C_0 \cdot (1 + r)\right] \cdot (1 + r) \\
&= C_0 \cdot (1 + r)^2 \\
&= 1.000 \cdot 1{,}1^2 &&= 1.210
\end{aligned}$$

$$\begin{aligned}
C_3 &= C_2 \cdot (1+r) \\
&= \left[C_0 \cdot (1+r)^2 \right] \cdot (1+r) \\
&= C_0 \cdot (1+r)^3 \\
&= 1.000 \cdot 1{,}1^3 \qquad\qquad = 1.331 \, .
\end{aligned}$$

Das Endguthaben nach 3 Jahren beträgt also 1.331 GE.

Aus dem einfachen Beispiel erkennt man bereits die allgemeine Gesetzmäßigkeit, dass zwischen dem Anfangsguthaben C_0 und dem Endguthaben nach t Jahren C_t bei jeweiliger Verzinsung am Jahresende zum Jahreszinssatz r die Beziehung

(FM$_1$) $\qquad C_t = C_0 \cdot (1+r)^t = C_0 \cdot q^t$

besteht. Dabei bezeichnet r den als Dezimalzahl geschriebenen **Zinssatz** und q (:= 1 + r) den zugehörigen **Zinsfaktor**.[17]

Verbal bringt man (FM$_1$) etwa durch die Formulierung zum Ausdruck, dass man das gesuchte Endvermögen C_t erhält, indem man das Anfangsguthaben C_0 über t Jahre zum Zinssatz r **aufzinst**. Den Ausdruck q^t bezeichnet man dementsprechend als **Aufzinsungsfaktor**. Wie man aus (FM$_1$) erkennt, hängt der Wert des anzusetzenden Aufzinsungsfaktors von der Höhe des Zinssatzes und der Zahl der Jahre, über die der Betrag aufzuzinsen ist, ab.

Tabelle I[18] enthält eine Zusammenstellung der q^t-Werte für verschiedene Laufzeiten und Zinssätze. Allen nachfolgenden Rechnungen werden die (gerundeten) Werte der im Anhang befindlichen finanzmathematischen Tabellen zugrunde gelegt. Bei Verwendung eines Taschenrechners, der insbesondere auch beim Potenzieren mit anderer Genauigkeit Rundungen vornimmt, kann es zu geringfügig abweichenden Rechenergebnissen kommen.

Für das in Abschnitt 3.1 angesprochene Problem, statt einer sofortigen Abfindungszahlung von 500.000 GE eine in genau 5 Jahren fällige Zahlung zu erbringen, kann beim vorgegebenen Zinssatz von 8% p.a. somit folgende Lösung gefunden werden:

$$\begin{aligned}
C_5 &= 500.000 \cdot 1{,}08^5 \\
&= 500.000 \cdot 1{,}4693 \\
&= 734.650 \, [\text{GE}] \, .
\end{aligned}$$

---

[17] Eine Übersicht über alle verwendeten Formeln finden Sie im „Gesamtverzeichnis der verwendeten Formeln" (S. 387-392). Die Bezeichnung der Formeln orientiert sich vornehmlich am inhaltlichen Themenbezug. So steht z.B. „FM$_1$" für „Formel 1 zum Themenbereich **Finanz-Mathematik**".

[18] Die finanzmathematischen Tabellen I bis IV finden Sie auf den S. 393-394.

Legt man einen Zinssatz von 8% zugrunde, so entspricht eine Zahlung von 734.650 GE zum 31.12.2004 (also in t = 5) einer am 31.12.1999 (also in t = 0) fälligen Zahlung von 500.000 GE. Der über den in t = 0 zu leistenden Abfindungsbetrag von 500.000 GE hinausgehende Anteil der Gesamtzahlung von 734.650 GE gibt dabei den Betrag an, der wegen der Zins- und Zinseszinseffekte nach 5 Jahren zusätzlich zu zahlen ist. Der „Überschussbetrag" von 234.650 GE (734.650 – 500.000) kann im Einzelnen auf zwei Effekte zurückgeführt werden:

Einfacher Zinseffekt

Auf die Ausgangssumme von 500.000 GE sind jährlich 8% Zinsen zu berechnen, also 40.000 GE. Für fünf Jahre aufaddiert ergibt sich somit als „einfacher Zinseffekt" ein Betrag von 200.000 GE.

Zinseszinseffekt

Der noch verbleibende Restbetrag von 34.650 GE ist darauf zurückzuführen, dass in unserer Rechnung ja nicht nur die 500.000 GE verzinst werden, sondern auch noch die jährlich „gutgeschriebenen" Zinsen sowie die Zinsen auf die Zinsen und auch die Zinsen auf die Zinsen der Zinsen etc.

Unser Zahlenbeispiel könnte die Vermutung nahelegen, Zinseszinseffekte seien im Vergleich zu dem einfachen Zinseffekt von eher nachrangiger Bedeutung. Dies ist allerdings keineswegs generell der Fall. Vielmehr kommt dem Zinseszinseffekt bei längeren Laufzeiten und höheren Zinssätzen ein dominantes Gewicht zu, wie folgendes Beispiel zeigt.

Beispiel 3.2:

Die CAPITAL BANK will zur Erzielung von Einzahlungen in Höhe von 100 Mio. GE Zero Bonds mit einer Laufzeit von 30 Jahren emittieren, also Anleihen, die keine laufenden Zinszahlungen vorsehen, sich jedoch indirekt dadurch verzinsen, dass der Rückzahlungsbetrag deutlich höher ist als der Ausgabebetrag. Bei einem Marktzins von 8% müsste der Rückzahlungsbetrag eines für 100 GE emittierten Zero-Bonds der CAPITAL BANK somit

$$100 \cdot 1{,}08^{30} = 100 \cdot 10{,}0627 = 1.006{,}27 \, [GE]$$

betragen. Das von der CAPITAL BANK in 30 Jahren zu erbringende Rückzahlungsvolumen von gerundet 1.006 Mio. GE lässt sich in folgende drei Komponenten zerlegen:

Rückzahlung des ursprünglich erhaltenen Finanzbetrages („Tilgung")	100 Mio. GE
„Einfache" Zinszahlung (30 Jahre à 8 Mio. GE)	240 Mio. GE
Zinseszinseffekt	666 Mio. GE
	1.006 Mio. GE

In diesem Fall kommt dem Zinseszinseffekt also mehr als doppelt so viel Gewicht zu wie dem einfachen Zinseffekt.

Übungsaufgabe 3.1:

Ein Sparer legt am 01.01.1996 einen Betrag von 2.000 GE zu einem Zinssatz von jährlich 6% auf einem Sparkonto an. Die Zinszahlungen werden dem Sparkonto jeweils am Jahresende gutgeschrieben.

a. Wie hoch ist sein Guthaben nach 5 Jahren?
b. Zu welchem Zeitpunkt weist sein Guthaben mehr als 4.000 GE auf?
c. Angenommen, unser Sparer hebt nach genau 3 Jahren 500 GE ab und lässt den Rest bis zum 31.12.2004 stehen. Wie hoch ist dann das erreichte Endguthaben?

Wenn wir den Vorgang der Aufzinsung ökonomisch interpretieren wollen, können wir – etwas vergröbernd – sagen: Durch die Aufzinsung wird unter Berücksichtigung von Zins und Zinseszins der **zukünftige Wert eines gegenwärtigen Geldbetrages** bestimmt. Oder noch vereinfachender: Durch die Aufzinsung wird ein gegenwärtiger Betrag wertmäßig in einen zukünftigen Betrag umgerechnet.

Übungsaufgabe 3.2:

Greifen Sie auf den im Abschnitt 3.1 dargestellten Fall des ausscheidenden Gesellschafters zurück!

a. Wie hoch müsste die nach 5 Jahren vorgesehene Einmalzahlung C_5 sein, wenn ein Zinssatz von 10% p.a. zugrunde gelegt wird?
b. Zerlegen Sie den für C_5 ermittelten Betrag in drei Komponenten
   – ursprünglicher Abfindungsbetrag,
   – „einfacher Zins" für 5 Jahre,
   – Zinseszins!

Bislang haben wir den künftigen Wert einer heutigen Zahlung mittels Aufzinsung ermittelt. Der **Abzinsung** liegt gerade die entgegengesetzte Fragestellung zugrunde: Der heutige Wert einer zukünftigen Zahlung soll ermittelt werden.

Beispiel 3.3:

Nehmen wir etwa an, die Eltern einer Tochter rechnen damit, dass ihre Tochter in genau 5 Jahren ihren Führerschein erlangen werde und wollten ihr an diesem Tag für den Kauf des ersten Autos einen Betrag von 10.000 GE überreichen. Wie viel Geld müssten sie dann heute bereits auf einem Sparkonto anlegen, wenn dieses sich jährlich mit 6% verzinst?

Zur Beantwortung dieser Frage können wir zunächst auf Formel (FM$_1$) zurückgreifen, müssen diese jedoch etwas umstellen, denn gegeben sind nun offenbar das Endguthaben (C_t = 10.000), der Zinsfaktor (q = 1,06) und die Periodenzahl (t = 5); zu bestimmen ist das dementsprechende Anfangsguthaben.

Es gilt also:

$$10.000 = C_0 \cdot 1{,}06^5, \quad \text{also} \quad C_0 = \frac{10.000}{1{,}06^5} = 10.000 \cdot 1{,}06^{-5},$$

woraus sich unter Benutzung von Tabelle I bestimmen lässt:

$$C_0 = \frac{10.000}{1,3382} = 7.472,72 \,[\text{GE}] \;.$$

Die Eltern müssten heute also 7.472,72 GE anlegen, um einschließlich Zins und Zinseszins in fünf Jahren über 10.000 GE verfügen zu können.

Verallgemeinert man unser Rechenbeispiel, so ergibt sich:

(FM$_2$) $\quad C_0 = C_t \cdot (1+r)^{-t} = C_t \cdot q^{-t} \;.$

Das gesuchte Anfangsguthaben C_0 erhält man also, indem man das vorgegebene Endvermögen C_t über t Jahre zum Zinssatz r **abzinst**. Die Größe q^{-t} nennt man dementsprechend auch den **Abzinsungsfaktor**. Wenn wir den Aufzinsungsfaktor q^t kennen – etwa aus Tabelle I – könnten wir den entsprechenden Abzinsungsfaktor als dessen Kehrwert ermitteln. Die Arbeit, den Kehrwert zu bestimmen, wird uns jedoch durch die Tabelle II[19] abgenommen, in der die Abzinsungsfaktoren q^{-t} für verschiedene Zinssätze und Laufzeiten abgedruckt sind.

Wollen wir den Vorgang der Abzinsung ökonomisch interpretieren, so können wir vergröbernd sagen: Durch die Abzinsung wird – unter Berücksichtigung von Zins und Zinseszins – der **gegenwärtige Wert eines zukünftigen** Geldbetrages bestimmt. Oder noch einfacher: Durch die Abzinsung wird ein zukünftiger Betrag wertmäßig in einen auf die Gegenwart bezogenen Betrag umgerechnet. Dabei bezeichnet man das Ergebnis eines solchen Abzinsungsvorganges (also C_0) allgemein als den **Barwert** des zukünftigen Betrages C_t.

Übungsaufgabe 3.3:
  a. Ein Sparer möchte in 10 Jahren (t = 10) ein Endguthaben von genau 10.000 GE haben. Welchen Betrag muss er heute (t = 0) anlegen, wenn sich das Guthaben jährlich mit 4% verzinst?
  b. Wie groß ist das Produkt aus dem Abzinsungsfaktor für 7,5% und 9 Jahre und dem Aufzinsungsfaktor für 7,5% und 9 Jahre?

3.2.2 Auf- und Abzinsung bei wechselndem Periodenzins

Bislang haben wir für alle Perioden einen einheitlichen Zinssatz r unterstellt. Gehen wir nun von dieser keineswegs zwingenden – sondern lediglich der Vereinfachung dienenden – Annahme ab und unterstellen, dass in jeder Periode t ein unterschiedlicher Zinssatz r_t (t = 1, 2, ...) gegeben ist, so sind die Formeln (FM$_1$) und (FM$_2$) lediglich geringfügig zu modifizieren.

---

[19] Die finanzmathematischen Tabellen I bis IV finden Sie auf den S. 393-394.

Nach wie vor ergibt sich das Endguthaben einer Periode t als Summe aus Anfangsguthaben und Zinsgutschrift. Für periodenindividuelle Zinssätze r_t gilt jeweils nach Verstreichen eines Jahres:

$$C_t = C_{t-1} \cdot (1 + r_t) \; .$$

Wird im Zeitpunkt t = 0 der Betrag C_0 angelegt, so gilt für den Kontostand späterer Zeitpunkte:

$$\begin{aligned}
C_1 &= C_0 \cdot (1 + r_1) \\
C_2 &= C_1 \cdot (1 + r_2) = C_0 \cdot (1 + r_1) \cdot (1 + r_2) \\
C_3 &= C_2 \cdot (1 + r_3) = C_0 \cdot (1 + r_1) \cdot (1 + r_2) \cdot (1 + r_3) \; .
\end{aligned}$$

Der Kontostand in einem Zeitpunkt t ergibt sich also auch im Falle wechselnder Periodenzinsen aus dem mit den jeweiligen periodenindividuellen Zinssätzen aufgezinsten Anfangsguthaben. Allgemein gilt also für den Kontostand nach t Perioden:

$$(FM_3) \quad C_t = C_0 \cdot (1 + r_1) \cdot (1 + r_2) \cdot \ldots \cdot (1 + r_t)$$

$$C_t = C_0 \cdot \prod_{\tau=1}^{t} (1 + r_\tau) \; .$$

Für den Barwert C_0 eines zukünftigen Betrages C_t gilt dementsprechend:

$$(FM_4) \quad C_0 = C_t \cdot (1 + r_t)^{-1} \cdot (1 + r_{t-1})^{-1} \cdot \ldots \cdot (1 + r_1)^{-1}$$

$$C_0 = C_t \cdot \prod_{\tau=1}^{t} (1 + r_\tau)^{-1} \; .$$

Vergleicht man paarweise die Formeln (FM$_1$) und (FM$_3$) bzw. (FM$_2$) und (FM$_4$), so wird deutlich, dass (FM$_1$) bzw. (FM$_2$) nur einen ganz speziellen Sonderfall des in (FM$_3$) bzw. (FM$_4$) erfassten allgemeineren Falls abdecken, und zwar den Spezialfall eines für alle betrachteten Perioden identischen Zinssatzes.

Übungsaufgabe 3.4:

Für die kommenden drei Perioden wird mit Zinssätzen von 5% (1. Periode), 20% (2. Periode) und 10% (3. Periode) gerechnet.

Bestimmen Sie das Endguthaben, das bei heutiger Anlage von 100 GE nach 3 Jahren erreicht wird!

Bestimmen Sie den Barwert eines in drei Jahren fälligen Betrages von 6.930 GE!

Was ändert sich an den Antworten zu a) und b), wenn mit folgender Zinsentwicklung gerechnet wird: r_1 = 10%, r_2 = 5%, r_3 = 20%?

Weitere Übungen auf der CD-ROM: Aufgaben 16 bis 19.

3.3 Rentenrechnung

Bislang haben wir uns unter dem Stichwort Abzinsung nur mit der Frage beschäftigt, den gegenwärtigen Wert eines einzelnen zukünftigen Geldbetrages zu ermitteln. Wir werden unsere diesbezüglichen Überlegungen nun auf den Fall ausdehnen, dass mehrere Geldbeträge, die zu unterschiedlichen zukünftigen Zeitpunkten fällig werden, in die Gegenwart übertragen werden und zusammen einen einzigen Gegenwartswert bilden sollen. Dabei wollen wir uns zunächst auf die einfache Konstellation beschränken, dass derartige künftige Zahlungen über einen bestimmten Zeitraum in jährlich gleichbleibender Höhe anfallen.

Eine solche, über mehrere Perioden hinweg in konstanter Höhe anfallende Zahlung bezeichnet man in der Finanzmathematik allgemein als **Rente**.[20] Dabei werden im Allgemeinen zwei Typen von Renten unterschieden. Wird eine Zahlung der t-ten Periode zu Periodenbeginn geleistet, so spricht man von einer **vorschüssigen Rente**. Wird die Zahlung der t-ten Periode zu Periodenende gezahlt, so spricht man von einer **nachschüssigen Rente**. Wenn hier im Folgenden einfach von einer Rente die Rede ist, ist damit stets eine nachschüssige Rente gemeint. Alle hier abgeleiteten Zusammenhänge sind unter geringfügigen Modifikationen auf den Fall vorschüssiger Renten übertragbar.

Zunächst wollen wir uns der Frage widmen, wie hoch der Barwert, d.h. der auf den Beginn des ersten Jahres (also den Zeitpunkt t = 0) abgezinste Wert, des aus der Rente resultierenden Zahlungsstromes ist.[21]

Beispiel 3.4:
Hat etwa ein Erfinder über 5 Jahre hinweg (t = 1, 2, ..., 5) einen nachschüssigen Anspruch auf eine Zahlung von 10.000 GE und einigt er sich mit dem zahlungspflichtigen Unternehmen bei einem Zins von 8% auf eine sofort (t = 0) fällige einmalige Zahlung, so berechnet sich deren Höhe als (nachschüssiger) Rentenbarwert (RB), d.h. als Summe der fünf jeweils auf den Zeitpunkt t = 0 abgezinsten Rentenbeträge, wie folgt:

$$RB = 10.000 \cdot \left[1,08^{-1} + 1,08^{-2} + \ldots + 1,08^{-5}\right].$$

Unter Rückgriff auf die in Tab. II enthaltenen Abzinsungsfaktoren könnte dieser Ausdruck wie folgt gelöst werden:

$$RB = 10.000 \cdot [0,9259 + 0,8573 + 0,7938 + 0,7350 + 0,6806]$$
$$= 10.000 \cdot 3,9926 = 39.926 \, [GE].$$

---

[20] Der Zusammenhang mit dem üblichen Sprachgebrauch des Wortes Rente ist wohl klar; gleichzeitig wird jedoch auch deutlich, dass diese Terminologie auf Zeiten vor Einführung der dynamischen – d.h. der in der Regel jährlich steigenden – Sozialversicherungsrente zurückgeht. Auf den Fall dynamisierter – also steigender – Renten werden wir am Ende dieses Kapitels noch explizit eingehen.
[21] Allgemein bezeichnet man die Summe von abgezinsten zukünftigen Zahlungen als Barwert des entsprechenden Zahlungsstroms. Es muss sich also nicht zwangsläufig – so wie beim Rentenbarwert – um eine Reihe gleichbleibender Zahlungen handeln.

Der Barwert einer über T Perioden laufenden nachschüssigen Rente (Rentenbarwert) kann also als die Summe der Barwerte aller einzelnen Rentenzahlungen und damit mit Hilfe einer Tabelle von Abzinsungsfaktoren ermittelt werden, indem man alle Abzinsungsfaktoren von t = 1 bis t = T addiert und den Rentenbetrag mit dieser Summe multipliziert. Stellen wir den Zusammenhang formal dar, so erkennen wir, dass für den Barwert (RB) einer über T Perioden hinweg anfallenden jährlichen Rente von e gilt:

(FM$_5$) $\quad$ RB $= e \cdot \sum_{t=1}^{T} (1+r)^{-t}$.

Den in (FM$_5$) enthaltenen Summenausdruck bezeichnet man allgemein als **Rentenbarwertfaktor.** Wie aus (FM$_5$) ersichtlich, hängt der Wert dieser Summe von der Laufzeit T und vom Zinssatz r ab. Wir wollen daher im Folgenden für den Rentenbarwertfaktor das Symbol RBF(T; r) verwenden.

Den Wert des RBF(T; r) könnte man nun grundsätzlich, so wie in unserem Beispiel zunächst geschehen, durch Addition der entsprechenden Abzinsungsfaktoren ermitteln. Besonders bei Renten über einen längeren Zeitraum wäre dieses Verfahren jedoch recht umständlich. Man kann stattdessen zu einem einfacheren Verfahren greifen.

Die aufzuaddierenden Abzinsungsfaktoren bilden nämlich eine besonders einfache **geometrische Reihe** – jedes Reihenelement geht aus seinem Vorgänger durch Multiplikation mit demselben Faktor (oben 1,08^{-1}) hervor. Für die Summe einer solchen Reihe stehen allgemeine Formeln bereit, die es auch hier erlauben, den Rentenbarwertfaktor in vereinfachter Weise zu berechnen. Es gilt nämlich:

(FM$_6$) $\quad$ RBF(T; r) $= (1+r)^{-1} + (1+r)^{-2} + \ldots + (1+r)^{-T} = \dfrac{1-(1+r)^{-T}}{r}$

$\quad\quad\quad = \dfrac{1-q^{-T}}{r}$.

Zur Herleitung des Rentenbarwertfaktors

Zur Verdeutlichung der Herleitung der Formel (FM$_6$) dient folgende – im Hinblick auf unser Problem ein wenig umgeformte – Anekdote aus der Schulzeit des später berühmten Mathematikers Carl Friedrich GAUSS (1777-1855):

Um seine Schulklasse für die ganze Stunde zu beschäftigen und den eigenen Rausch ausschlafen zu können, stellte der Schulmeister die Aufgabe, für einen Zinssatz von 3% die Summe der Abzinsungsfaktoren für 32 Jahre zu berechnen (und zwar alles „per Hand", da es weder Logarithmentafeln noch Zinstabellen gab). Zum maßlosen Erstaunen des verkaterten Schulmeisters präsentierte der kleine GAUSS jedoch schon nach gut zehn Minuten das richtige Ergebnis von 20,389 und erklärte seinem Lehrer den „GAUSS'SCHEN Trick" (mit dem der kleine GAUSS übrigens nichts anderes als die Formel für die Summe einer geometrischen Reihe entwickelt hatte).

Dieser Trick lässt sich – etwas verallgemeinert – wie folgt darstellen:

- Gesucht ist für einen Zinssatz r und die Laufzeit T der Rentenbarwertfaktor RBF(T; r), d.h. die Summe aller Abzinsungsfaktoren von t = 1 bis t = T, also:

$$\text{RBF}(T; r) = q^{-1} + q^{-2} + \ldots + q^{-(T-1)} + q^{-T}.$$

- Multipliziert man nun beide Seiten dieses Ausdruckes mit q, so ergibt sich:

$$q \cdot \text{RBF}(T; r) = 1 + q^{-1} + q^{-2} + \ldots + q^{-(T-1)};$$

denn es gilt:

$$q^{-1} \cdot q = 1; \quad q^{-2} \cdot q = q^{-1}; \quad q^{-T} \cdot q = q^{-(T-1)}.$$

- Schreibt man nun $q \cdot \text{RBF}(T; r)$ und $\text{RBF}(T; r)$ in geeigneter Form untereinander und bildet die Differenz, so ergibt sich:

$$\begin{aligned} q \cdot \text{RBF}(T; r) &= 1 + q^{-1} + q^{-2} + \ldots + q^{-(T-1)} \\ \text{RBF}(T; r) &= q^{-1} + q^{-2} + \ldots + q^{-(T-1)} + q^{-T} \\ \hline q \cdot \text{RBF}(T; r) - \text{RBF}(T; r) &= 1 + 0 + 0 + \ldots + 0 - q^{-T}. \end{aligned}$$

Nach Zusammenfassung ergibt sich:

$$\text{RBF}(T; r) \cdot (q - 1) = 1 - q^{-T}$$

und damit (unter Beachtung von q = 1 + r) für den gesuchten Rentenbarwertfaktor:

$$\text{RBF}(T; r) = \frac{1 - q^{-T}}{q - 1} = \frac{1 - q^{-T}}{r}.$$

Mithin kann für den Barwert einer sich über T Jahre erstreckenden nachschüssigen Rente in Höhe von e allgemein geschrieben werden:

$$(\text{FM}_7) \quad \text{RB} = e \cdot \frac{1 - (1 + r)^{-T}}{r} = e \cdot \frac{1 - q^{-T}}{r} = e \cdot \text{RBF}(T; r).$$

Zur Ermittlung des Barwertes einer T-jährigen nachschüssigen Rente ist der Rentenbetrag also einfach mit dem RBF für T Jahre zu multiplizieren. Zur Überprüfung der eingangs durch Addition der Abzinsungsfaktoren ermittelten Lösung ist somit der RBF für 8% und 5 Jahre zu ermitteln. Lt. Tabelle III[22], in der die Rentenbarwertfaktoren für verschiedene Laufzeiten und Zinssätze abgedruckt sind, gilt:

$$\text{RBF}(5 \text{ J.}; 8\%) = 3{,}9927.$$

---

[22] Die finanzmathematischen Tabellen I bis IV finden Sie auf den S. 393-394.

Mithin erhält man für den gesuchten Barwert einer 5-jährigen nachschüssigen Rente von 10.000 GE:

$$RB = 10.000 \cdot 3,9927 = 39.927 \text{ [GE]}.$$

Von einer geringfügigen Rundungsdifferenz abgesehen, stimmt dieses Ergebnis mit dem oben im Wege der Einzeladdition hergeleiteten überein. Der Rechenaufwand ist allerdings deutlich geringer.

Übungsaufgabe 3.5:

a. Ein treusorgender Vater möchte seiner Tochter ermöglichen, vom kommenden Jahr an (t = 1) fünf Jahre lang (also bis t = 5) jeweils zu Jahresbeginn einen Betrag von 20.000 GE zur Finanzierung ihres Studiums abzuheben. Welchen Betrag muss er zu Beginn diesen Jahres (also im Zeitpunkt t = 0) auf ein jährlich zu 5% verzinsliches Bankkonto einzahlen?

b. Wie groß ist der Barwert einer Rente von jährlich 1.000 GE, die über 12 Jahre hinweg nachschüssig gezahlt wird bei einem Zinssatz von 4%?

Bei den bisherigen Überlegungen zur Berechnung des Barwertes einer Rente wurde durchgängig unterstellt, dass eine nachschüssige Rente mit erster Rentenzahlung im Zeitpunkt t = 1 zu bewerten ist. Fällt die **erste Rentenzahlung nicht im Zeitpunkt t = 1,** sondern erst in einem späteren Zeitpunkt an, so kann der Barwert dieser Rente nicht mehr gemäß (FM_7) durch eine einfache Multiplikation des Rentenbetrages mit einem Rentenbarwertfaktor gemäß Tabelle III ermittelt werden. Die Fortsetzung I von Beispiel 3.4 verdeutlicht die Vorgehensweise bei der Bewertung einer „zeitlich verschobenen" Rente.

Beispiel 3.4 (Fortsetzung I):

In Abweichung zur Ausgangssituation unseres Erfinders aus Beispiel 3.4 sei nunmehr unterstellt, dass dieser weiterhin einen nachschüssigen Anspruch auf 5 Rentenzahlungen über jeweils 10.000 GE hat, die erste Rentenzahlung jedoch erst am Ende des dritten Jahres, also im Zeitpunkt t = 3, und die letzte dementsprechend erst im Zeitpunkt t = 7 fällig würde. Der Barwert dieser Rente errechnet sich in diesem Fall aus:

$$RB = 10.000 \cdot [1,08^{-3} + 1,08^{-4} + 1,08^{-5} + 1,08^{-6} + 1,08^{-7}].$$

Der in Klammern angegebene Ausdruck entspricht zwar wieder einer Summe von Abzinsungsfaktoren, stimmt jedoch weder mit dem Gesamtbetrachtungszeitraum entsprechenden Rentenbarwertfaktor für 7 Jahre, noch mit dem der Anzahl der Rentenzahlungen entsprechenden Rentenbarwertfaktor für 5 Jahre überein.

$$\begin{aligned} RBF(7J.;8\%) &= 1,08^{-1} + 1,08^{-2} + 1,08^{-3} + 1,08^{-4} + 1,08^{-5} \\ &\quad + 1,08^{-6} + 1,08^{-7} \end{aligned}$$

$$RBF(5J.;8\%) = 1,08^{-1} + 1,08^{-2} + 1,08^{-3} + 1,08^{-4} + 1,08^{-5}$$

Die unmodifizierte Anwendung der Bestimmungsgleichung (FM_7) führt also in die Irre. Der Barwert einer Rente hängt bei gegebener Rentenhöhe, gegebener Anzahl zu bewertender Rentenzahlungen und gegebenem Bewertungszins erkennbar auch von dem Zeitpunkt der ersten Rentenzahlung ab.

Will man diesen speziellen Zeitaspekt bei der Berechnung des Rentenbarwerts berücksichtigen, weiterhin jedoch darauf verzichten, für jede einzelne Rentenzahlung zunächst den Barwert zu ermitteln, so bieten sich zumindest zwei besonders einfache Modifikationen der Bestimmungsgleichung (FM_7) an.

Berechnungsmöglichkeit 1

Multipliziert man den Rentenbetrag e mit dem zur Rentenlaufzeit von 5 Jahren korrespondierenden Rentenbarwertfaktor RBF(5 J.; 8%), so hat man den Barwert nicht bezogen auf den Zeitpunkt t = 0 berechnet, sondern bezogen auf den Zeitpunkt vor der ersten Rentenzahlung, hier also den Zeitpunkt t = 2.

Will man diesen Barwert der Rente nun auf den Zeitpunkt t = 0 „umrechnen", so ist dieser nochmals für zwei Perioden abzuzinsen. Der Barwert einer Rente über den Betrag e mit erster Rentenzahlung im Zeitpunkt t = 3 und letzter Rentenzahlung im Zeitpunkt t = 7 lässt sich also dadurch ermitteln, dass der Rentenbetrag e zunächst mit dem der Anzahl zu berücksichtigender Rentenzahlungen korrespondierenden Rentenbarwertfaktor und anschließend mit dem mit der Anzahl der Perioden ohne Rentenzahlungen korrespondierenden Abzinsungsfaktor multipliziert wird:

$$\begin{aligned} RB &= 10.000 \cdot RBF(5\,J.;\,8\%) \cdot 1{,}08^{-2} \\ &= 10.000 \cdot 3{,}9927 \cdot 0{,}8573 \\ &= 34.229\,[GE]\,. \end{aligned}$$

Berechnungsmöglichkeit 2

Multipliziert man hingegen den Rentenbetrag e mit dem zum Gesamtbetrachtungszeitraum von 7 Jahren korrespondierenden Rentenbarwertfaktor, so hat man zwar den Barwert einer Rentenzahlungsreihe bezogen auf den Zeitpunkt t = 0 berechnet, ist jedoch bei der Berechnung davon ausgegangen, dass die zu bewertende Rentenzahlungsreihe zwei zusätzliche Rentenzahlungen in den Zeitpunkten t = 1 und t = 2 aufweist. Der ermittelte Wert ist also um den Barwert dieser beiden zu viel berücksichtigten Rentenzahlungen zu vermindern:

$$\begin{aligned} RB &= 10.000 \cdot \left[RBF(7\,J.;\,8\%) - RBF(2\,J.;\,8\%)\right] \\ &= 10.000 \cdot [5{,}2064 - 1{,}7833] \\ &= 34.231\,[GE]\,. \end{aligned}$$

Die geringfügigen Ergebnisabweichungen bei den beiden Berechnungsmöglichkeiten sind ausschließlich auf die Verwendung gerundeter Zinsfaktoren zurückzuführen.

Kommen wir zurück zu dem eingangs behandelten Fall einer nachschüssigen Rente mit erster Rentenzahlung im Zeitpunkt t = 1. Nun sei jedoch die Bewertung einer solchen Rente vor dem Hintergrund eines **vollkommenen Finanzmarktes mit wechselnden Periodenzinsen** betrachtet. Auch für diesen Fall müsste offensichtlich sein, dass der Barwert einer solchen Rente nicht mehr gemäß (FM_7) durch eine einfache Multiplikation des Rentenbetrages mit einem Rentenbarwertfaktor gemäß Tabelle III ermittelt werden kann. Die Fortsetzung II von Beispiel 3.4 verdeutlicht die Vorgehensweise bei der Berechnung des Rentenbarwerts im Fall eines vollkommenen Finanzmarktes mit wechselnden Periodenzinsen.

Beispiel 3.4 (Fortsetzung II):

In Abweichung zur Ausgangssituation unseres Erfinders aus Beispiel 3.4 sei nunmehr unterstellt, dass bei der Bewertung der in den Zeitpunkten t = 1, 2, 3, 4 und 5 anfallenden Rentenzahlungen in Höhe von jeweils 10.000 GE zu berücksichtigen ist, dass am vollkommenen Finanzmarkt in den Perioden 1 und 2 der Zinssatz nach wie vor 8% p.a. beträgt, in den nachfolgenden Perioden jedoch eine Zinserhöhung auf 10% p.a. (sicher) eintreten wird.

Zur Verdeutlichung gehen wir erneut von dem nachfolgend explizit angegebenen umständlichen Rechenansatz aus, bei dem der Barwert der Rente über die Berechnung der Barwerte jeder einzelnen Rentenzahlung erfolgt:

$$\begin{aligned}
RB &= \frac{10.000}{1,08} + \frac{10.000}{1,08^2} + \frac{10.000}{1,08^2 \cdot 1,1} + \frac{10.000}{1,08^2 \cdot 1,1^2} + \frac{10.000}{1,08^2 \cdot 1,1^3} \\
&= 10.000 \cdot [1,08^{-1} + 1,08^{-2}] + 10.000 \cdot [1,1^{-1} + 1,1^{-2} + 1,1^{-3}] \cdot 1,08^{-2} \\
&= 10.000 \cdot RBF(2J.; 8\%) + 10.000 \cdot RBF(3J.; 10\%) \cdot 1,08^{-2} \\
&= 10.000 \cdot 1,7833 + 10.000 \cdot 2,4869 \cdot 0,8573 \\
&= 39.153 \, [GE] \, .
\end{aligned}$$

An vorstehenden Umformungen der Ausgangsgleichung erkennt man:

1. Im Fall wechselnder Periodenzinsen lässt sich der gesamte Rentenzahlungsstrom gedanklich in mehrere Zahlungsreihen aufspalten.

2. Die Bewertung der ersten „Teilrente" kann analog zu der in Beispiel 3.4 aufgezeigten Vorgehensweise mittels unmodifizierter Anwendung von (FM_7) erfolgen.

3. Die Bewertung der zweiten „Teilrente" kann dann analog zu der in Beispiel 3.4 (Fortsetzung I) verdeutlichten Berechnungsmöglichkeit 1 erfolgen. Zu beachten ist jetzt allerdings, dass bei der für die Rückrechnung auf den Zeitpunkt t = 0 notwendigen Multiplikation mit dem Abzinsungsfaktor dieser zwingend auf Basis des für den ersten Teilzeitraum relevanten Periodenzinses bestimmt werden muss.

Bei unseren bisherigen Ausführungen zur Rentenrechnung haben wir bisher durchgängig eine endliche Rentenlaufzeit unterstellt. Als erste Erweiterung unserer bisherigen Überlegungen wollen wir jetzt den Spezialfall der sog. **ewigen Rente** betrachten.

Sind Zinssatz r und Rentenbetrag e gegeben, so hängt der Rentenbarwert RB nur noch von der Laufzeit T ab. Dabei erkennen wir aus (FM_6), dass der Rentenbarwertfaktor RBF(T; r) für r > 0 um so größer ist, je größer T ist. Um die Abhängigkeit des Rentenbarwertfaktors von T näher zu untersuchen, ist es aufschlussreich festzustellen, wie er sich entwickelt, wenn für T immer größere Werte angenommen werden. Mathematisch gesprochen fragen wir also nach dem Grenzwert von RBF(T; r) für T → ∞. Da sich der Ausdruck q^{-T} (mit q > 1) für T → ∞ dem Wert Null nähert, folgt aus (FM_6):

$$\lim_{T \to \infty} RBF(T; r) = \lim_{T \to \infty} \frac{1 - q^{-T}}{r} = \frac{1}{r}.$$

Für den Barwert einer ewigen Rente RB^∞ gilt also:

(FM_8) $\quad RB^\infty = e \cdot \dfrac{1}{r}$.

Den Barwert einer ewigen Rente erhält man also, indem man ganz einfach den Rentenbetrag durch den – als Dezimalzahl ausgedrückten – Zinssatz dividiert.

Beispiel 3.5:

Angenommen, Sie erhalten in Zukunft an jedem Jahresende („bis in alle Ewigkeit") 223 GE ausgezahlt. Der Gegenwartswert (Barwert) dieser Zahlungsreihe wäre bei einem Zinssatz von 10% dann

$$223 \cdot \frac{1}{0{,}1} = 2.230 \, [GE].$$

Die Plausibilität dieses Ergebnisses kann man sich wie folgt vergegenwärtigen:

Wollte man nämlich an jedem Jahresende „bis in alle Ewigkeit" von einem Konto 223 GE abheben können, so müsste man bei dem unterstellten Zinssatz von 10% p.a. im Zeitpunkt t = 0 einen Betrag von exakt 2.230 GE anlegen, denn bei Anlage von 2.230 GE zu 10% p.a. entspricht die Höhe der jährlichen Zinsgutschrift exakt der Höhe der jährlichen Rentenzahlung. Dieser Anlagebetrag entspricht also für einen konstanten Zinssatz von 10% p.a. zwingend dem Barwert der ewigen Rente, da man durch die Anlage von 2.230 GE den Rentenzahlungsstrom in Höhe von jährlich 223 GE „duplizieren" könnte.

Das Ergebnis gemäß (FM_8) ist in zweifacher Hinsicht von Bedeutung. Zum einen wird in verschiedenen modelltheoretischen Untersuchungen gerne mit ewigen Renten gearbeitet, da man die entsprechenden Modelle dadurch in formaler Hinsicht oftmals stark vereinfachen kann, ohne jedoch ihren Aussagewert wesentlich zu beeinträchtigen.

Zum anderen ist (FM_8) auch für praktische Berechnungen relevant. Denn zumindest für überschlägige Kalkulationen ist es häufig ausreichend, statt des exakten Wertes von RBF (T; r) hilfsweise 1/r als Näherungswert zu verwenden. So beläuft sich der Rentenbarwertfaktor bei einem Zinssatz von 10% für T = 30 auf 9,4269, während der Näherungswert 1/r genau 10 beträgt; für viele Zwecke dürfte das eine hinlängliche Approximation darstellen. Wie der Vergleich von (FM_7) und (FM_8) zeigt, stellt der Ersatz des Rentenbarwertfaktors durch $1/r$ eine umso bessere Approximation dar, je kleiner der Wert des vernachlässigten Gliedes q^{-T} ist. Das ist tendenziell umso eher der Fall,

- je höher der Zinssatz r (und damit auch q) ist und
- je länger die Laufzeit T ist.

Übungsaufgabe 3.6:

Für den Barwert einer Rente wird approximativ gem. (FM$_8$) ein Betrag von 10.000 GE ermittelt. Um welchen Betrag ist dieser Wert zu vermindern, um den exakten Barwert zu erhalten, wenn gilt:

- $r = 0{,}05;\quad T = 50$
- $r = 0{,}07;\quad T = 40$
- $r = 0{,}08;\quad T = 30$?

Für etliche, wenn auch keineswegs für alle praktischen Anwendungen dürfte die mit den Formeln (FM$_5$) bis (FM$_8$) verknüpfte Voraussetzung von Anfang an gleichbleibender Zahlungsgrößen allerdings als „zu starke" Vereinfachung angesehen werden. Andererseits dürfte es aber insbesondere bei der Beurteilung länger anhaltender Zahlungsströme, etwa bei der Bewertung eines Anteils einer auf langfristige Fortführung angelegten GmbH, durchaus einem praktischen Bedürfnis entsprechen, die **Abschätzung von Jahr zu Jahr wechselnder Zahlungsgrößen auf einen „überschaubaren" Zeitraum zu beschränken.**

Ein Mittelweg zwischen einem Ansatz, bei dem der Barwert einer unter Umständen sehr viele Perioden umfassenden Zahlungsreihe als Summe der jeweils einzeln ermittelten Barwerte der Einzelzahlungen periodenindividueller Höhe ermittelt wird und den Vereinfachungen nach (FM$_5$) bis (FM$_8$) besteht darin,

- für die ersten τ Zahlungszeitpunkte 1, 2, ..., τ ($\tau < T$) jeweils individuell ermittelte und damit möglicherweise voneinander abweichende Zahlungsgrößen anzusetzen,
- für den danach folgenden Zeitraum jedoch – vereinfachend – nur noch Zahlungen in der gleichbleibenden Höhe von e anzusetzen.[23]

---

[23] Im neueren Schrifttum zur Unternehmensbewertung hat sich inzwischen die Auffassung durchgesetzt, dass es bei der Bewertung eines zur Fortführung bestimmten Unternehmens im Kern darum geht, alle künftigen Vorteile, die die Gesellschafter aus dem Unternehmen ziehen werden, zu einem Gegenwartswert zusammenzufassen. Entsprechende Ansätze, die sich zunehmend auch in der Praxis der Unternehmensbewertung durchsetzen, werden zumeist als Zukunftserfolgswert- oder Ertragswertverfahren bezeichnet; diese Verfahren stellen in formaler Hinsicht nichts anderes dar als spezielle Ausprägungen der hier grundlegend angesprochenen Barwertkalküle. Dabei werden in der Praxis der Unternehmensbewertung – in Anlehnung an Empfehlungen des Instituts der Wirtschaftsprüfer – für einen „überschaubaren Zeitraum", etwa in der Größenordnung von 5 bis 7 Jahren, zunächst jeweils einzeln die jährlich von den Gesellschaftern entnehmbaren Zahlungsbeträge prognostiziert. Für die weitere Zukunft wird dann vereinfachend ein „ewig" anhaltender konstanter Entnahmebetrag unterstellt.

Bezeichnet man für diesen Fall den zeitlichen Abstand zwischen dem gesamten Planungszeitraum T und dem „ersten Teil" der Planungsperiode als $\tau°$, also $\tau° = T - \tau$, so gilt analog zu (FM$_7$) bzw. (FM$_8$) für die dann relevanten Barwerte B:

(FM$_9$) $\quad B = \sum_{t=1}^{\tau} e_t \cdot q^{-t} + e \cdot RBF(\tau°; r) \cdot q^{-\tau}$ bzw.

(FM$_{10}$) $\quad B = \sum_{t=1}^{\tau} e_t \cdot q^{-t} + \frac{e}{r} \cdot q^{-\tau}$.

Übungsaufgabe 3.7:
Unterstellen Sie einen Kalkulationszinsfuß von 10% und berechnen Sie auf dessen Basis den Barwert der wie folgt konkretisierten Ansprüche!

a. Eine Leasinggesellschaft hat einen vertraglichen Anspruch auf Mietzahlungen von 600.000 GE jährlich für 15 Jahre.

b. Ein Aktionär hält 100 Aktien der XY-AG in seinem Depot. Er beabsichtigt, die Aktien auf jeden Fall zu behalten, und geht davon aus, dass die XY-AG die momentane Dividende von 10 GE pro Aktie unverändert jährlich zahlen wird und das Unternehmen nie liquidiert wird.

c. Alternativ zu b) geht der Aktionär davon aus, dass die XY-AG in einem Jahr eine Dividende von 10 GE, in zwei Jahren eine Dividende von 15 GE, in drei Jahren eine Dividende von 12 GE und anschließend eine unveränderte, unendliche Dividende von 13 GE pro Aktie und Jahr zahlen wird.

Eine andere Möglichkeit, ohne die Unterstellung von Anfang an gleichbleibender Zahlungsgrößen zu einer einfacheren Barwertdefinition zu gelangen, besteht in der Annahme, dass die zeitliche Entwicklung der Zahlungsgrößen $e_1, e_2, ...$ durch eine einfache mathematische Gesetzmäßigkeit beschrieben werden kann. So wird – als ein Beispiel für eine solche Gesetzmäßigkeit – etwa in bestimmten Ansätzen davon ausgegangen, dass die dort betrachteten Zahlungsgrößen von Jahr zu Jahr um einen bestimmten Prozentsatz zunehmen, also eine **wachsende geometrische Reihe** bilden. Bezeichnet man die als Dezimalzahl ausgedrückte Wachstumsrate als α, den zugehörigen Wachstumsfaktor $(1 + \alpha)$ als β und die im ersten Jahr anstehende Zahlung als e, so gilt für die entsprechende Zahlungsreihe:

$$e_1 = e; \quad e_2 = e \cdot \beta; \quad e_3 = e \cdot \beta^2, ...; \quad e_T = e \cdot \beta^{T-1}.$$

Das allgemeine Bildungsgesetz der Zahlungsreihe kann also – im Hinblick auf die folgenden Ableitungen leicht modifiziert – durch

$$e_t = \beta^{-1} \cdot e \cdot \beta^t$$

umschrieben werden. Für den Barwert einer solchen Zahlungsreihe gilt dann:

$$(FM_{11}) \quad B = \sum_{t=1}^{T} \beta^{-1} \cdot e \cdot \beta^t \cdot q^{-t} = \frac{e}{\beta} \cdot \sum_{t=1}^{T} \left(\frac{q}{\beta}\right)^{-t}.$$

Dieser Ausdruck kann unter Rückgriff auf die Formel der geometrischen Reihe – wie im Anhang I verdeutlicht – weiter vereinfacht werden:

Gilt $q = \beta$ bzw. $r = \alpha$, d.h. stimmen Zinssatz und Wachstumsrate gerade überein, so gilt einfach

$$(FM_{12}) \quad B = \frac{e}{\beta} \cdot T.$$

Andernfalls, also für $r \neq \alpha$, erhält man

$$(FM_{13}) \quad B = \frac{1 - (q/\beta)^{-T}}{r - \alpha} \cdot e.$$

Unterstellt man schließlich, dass die jährlich mit der Rate α wachsende Zahlungsreihe „unendlich lange" anhält, so erhält man folgende – im Anhang II verdeutlichten – Ergebnisse:

- Wenn die Wachstumsrate α größer als der Zinssatz r oder gerade gleich groß ist (also $\alpha \geq r$), wächst B mit steigendem T über alle Grenzen. Für diese Konstellation lässt sich somit gar kein endlicher Barwert mehr angeben.

- Gilt hingegen $\alpha < r$ und dementsprechend auch $\beta < q$, liegt die Wachstumsrate also unter dem Kalkulationszinssatz, so vereinfacht sich (FM_{13}) zu dem Ausdruck

$$(FM_{14}) \quad B = \frac{e}{r - \alpha}.$$

Die Parallelität zwischen dem Barwert der „einfachen" ewigen Rente gem. (FM_8) und (FM_{14}) bedarf eigentlich keiner weiteren Kommentierung. Statt durch den Kalkulationszinssatz ist der anfängliche Rentenbetrag einer wachsenden Rente durch den um die Wachstumsrate verminderten Kalkulationszinssatz zu dividieren.

Selbstverständlich ist es auch möglich, die durch die Formeln (FM_9) und (FM_{10}) verdeutlichten Vereinfachungen mit den zuletzt behandelten Ansätzen zu kombinieren. Auf die explizite Darstellung der entsprechenden Formeln soll jedoch verzichtet werden. Die folgende Übungsaufgabe gibt Ihnen Gelegenheit, entsprechende Berechnungen an einfachen Beispielen selbst durchzuführen.

Übungsaufgabe 3.8:

Gehen Sie bei der Beantwortung der folgenden Fragen von einem Kalkulationszinssatz von 10% aus!

a. Der Verkäufer eines noch 8 Jahre laufenden Lizenzrechts mit dem Anspruch auf 3% des erzielten Jahresumsatzes geht nach Konsultation eines Marktforschungsinstitutes davon aus, dass der Umsatz des ersten Jahres 220.000 GE beträgt und in den folgenden sieben Jahren jeweils um 5% steigt. Welchen Wert legt er dem Lizenzrecht bei, wenn die Lizenzgebühren jeweils am Jahresende gezahlt werden?

b. Welchen Wert hätte das Lizenzrecht, wenn man ein Umsatzwachstum von 10% unterstellt?

c. Der aus Übungsaufgabe 3.7 bekannte Aktionär, dessen Depot 100 Aktien der XY-AG enthält, unterstellt weiterhin eine unendliche Dividendenzahlung der XY-AG. Bestimmen Sie den Wert, den der Aktionär seinen Aktien beimisst, nachdem der Vorstand der XY-AG soeben angekündigt hat, dass in einem Jahr eine Dividende von 10 GE gezahlt wird und danach jährlich eine jeweils um 5% steigende Dividende zur Ausschüttung kommen soll! Unterstellen Sie, dass der betrachtete Aktionär die Aussagen des Vorstandes seiner Bewertung unmodifiziert zugrunde legt!

Weitere Übungen auf der CD-ROM: Aufgaben 20 bis 22.

3.4 Annuitätenrechnung

Im vorigen Abschnitt sind wir stets von einem vorgegebenen Rentenbetrag e ausgegangen und haben den Rentenbarwert RB ermittelt. Die Fragestellung kann natürlich auch umgekehrt werden. Während bei der Rentenrechnung ein Zahlungsstrom in eine einzige äquivalente Zahlungsgröße umgerechnet wird, geht es bei der Annuitätenrechnung darum, zu einem vorgegebenen Zahlungsbetrag im Zeitpunkt t = 0 einen äquivalenten Strom gleichbleibender Zahlungen in den Zeitpunkten t = 1, 2, ..., T zu bestimmen. Gefragt ist konkret, wie hoch eine T-jährige nachschüssige Rente sein muss, damit ihr Barwert einem vorgegebenen Ausgangsbetrag entspricht.

Beispiel 3.6:

So könnte man etwa – um an unser Beispiel 3.4 anzuschließen – fragen, welchen konstanten Betrag der Erfinder während der kommenden sechs Jahre am Jahresende (also in den Zeitpunkten t = 1, 2, ..., 6) jeweils abheben könnte, wenn das zahlungspflichtige Unternehmen heute (t = 0) einen Betrag von 40.000 GE zu 5% p.a. anlegen würde. Lösen wir (FM_7) nach e auf, so ergibt sich:

$$e = 40.000 \cdot \frac{1}{RBF(T;r)},$$

woraus gem. Tabelle III bei 5% und 6 Jahren

$$e = 40.000 \cdot \frac{1}{5{,}0757} = 7.880{,}69 \, [\text{GE}]$$

folgt. Wird ein Betrag von 40.000 GE zu 5% angelegt, so kann davon also sechs Jahre lang jeweils ein Betrag von 7.880,69 GE abgehoben werden, bis das Guthaben gerade den Stand Null erreicht hat.

Übungsaufgabe 3.9:
Überprüfen Sie das in Beispiel 3.6 „errechnete" Ergebnis, indem Sie ausgehend von einem Kontostand von 40.000 GE in t = 0 die Kontostände der Zeitpunkte t = 1, 2, ..., 6 unter der Annahme einer jährlichen Entnahme von 7.880,69 GE errechnen!

Zur Lösung des beschriebenen Problems in allgemeiner Form kann unmittelbar auf Formel (FM$_7$) zurückgegriffen werden. Dort wurde bei gegebenem Rentenbetrag e nach dem Rentenbarwert RB gefragt; nun wird bei gegebenem Ausgangsbetrag AB nach dem äquivalenten Rentenbetrag gefragt, den wir als **Annuität** bezeichnen und durch die Variable a verdeutlichen wollen.[24] Dementsprechend gilt:

$$(FM_{15}) \quad a = AB \cdot \frac{r}{1 - q^{-T}} \, .$$

Der in (FM$_{15}$) enthaltene Bruch – dies ist der Kehrwert des Rentenbarwertfaktors RBF (T; r) – wird auch als **Annuitätenfaktor** (ANF) oder gelegentlich auch als **Wiedergewinnungsfaktor** bezeichnet. Mithin kann statt (FM$_{15}$) auch geschrieben werden:

$$(FM_{16}) \quad a = AB \cdot \frac{1}{RBF(T;r)} = AB \cdot ANF(T;r) \, .$$

In Tabelle IV[25] ist der Annuitätenfaktor für einige gängige T- und r-Werte angegeben.

Für das im Abschnitt 3.1 angesprochene Problem, statt einer sofortigen Abfindungszahlung von 500.000 GE fünf gleich hohe, nachschüssige Teilzahlungen zu erbringen, kann so folgende Lösung gefunden werden:

$$a = 500.000 \cdot ANF \, (5 \, \text{J.}; 8\%)$$
$$= 500.000 \cdot 0{,}2505$$
$$= 125.250 \, [\text{GE}] \, .$$

---

[24] Als Annuität (von lat. „annus", das Jahr) bezeichnet man – ebenso wie mit dem Wort „Rente" – eine über mehrere Jahre hinweg konstant bleibende Zahlung.
[25] Die finanzmathematischen Tabellen I bis IV finden Sie auf den S. 391-392.

Legt man einen Zinssatz von 8% zugrunde, so entsprechen fünf nachschüssige Teilzahlungen von jeweils 125.250 GE einer sofort fälligen Zahlung von 500.000 GE. Der über die einfache Rate von 500.000 : 5 = 100.000 hinausgehende Anteil dieser Annuität gibt dabei den Betrag an, der wegen der Zins- und Zinseszinseffekte pro Jahr zusätzlich zu zahlen ist.

Ein wichtiges **Anwendungsgebiet der Annuitätenrechnung** ergibt sich im Zusammenhang mit langfristigen Finanzierungsmaßnahmen. Langfristige Darlehen, insbesondere Hypothekendarlehen, werden häufig in der Weise vereinbart, dass die Summe der jährlichen Zins- und Tilgungsleistungen über die gesamte Darlehenslaufzeit hinweg konstant bleibt. Dabei wird die Annuität a, also die Summe aus Zins und Tilgung, so ermittelt, dass der Barwert aller Annuitäten bei dem zugrunde gelegten Darlehenszins gerade dem Darlehensbetrag entspricht. Die Annuität ist also genau nach Formel (FM_{15}) bzw. (FM_{16}) zu ermitteln. Die Vereinbarung eines Darlehens als **Annuitätendarlehen** impliziert eine über die Laufzeit abnehmende Höhe des Zinsanteils und im selben Umfang zunehmende Höhe des Tilgungsanteils an der zu zahlenden Annuität.

Beispiel 3.7:
Lässt man die in der Praxis anzutreffende Vereinbarung unterjähriger Zahlungen und Zinsbelastungen außer Acht, so stellt sich die Frage, wie hoch die jährlich gleichbleibenden Zahlungen eines Kreditnehmers sein müssen, damit sie ausreichen, eine vorgegebene Darlehenssumme (C_0) in einer vorgegebenen Anzahl von Jahren (T) zu tilgen und die jeweilige Restschuld zu dem ebenfalls vorgegebenen Zinssatz (r) zu verzinsen. Gilt etwa C_0 = 100.000 GE; T = 20 Jahre und r = 0,08, so berechnet sich die gesuchte Höhe der (gerundeten) jährlichen Zahlungen des Darlehensnehmers, die sogenannte Annuität, gem. (FM_{16}) wie folgt:

$$a = 100.000 \cdot 0{,}1019$$
$$= 10.190 \, [GE] \,.$$

Die erste Annuitätenzahlung setzt sich dann zu 8.000 GE, d.h. 8% auf 100.000 GE Anfangsschuld, aus dem Zins- und zu den restlichen 2.190 GE, d.h. 2,19% auf 100.000 GE Anfangsschuld, aus dem Tilgungsanteil zusammen. Man sagt auch, dass so ein Darlehen zu 2,19% anfänglicher Tilgung vereinbart wird. Durch die erste Zahlung sinkt die Restschuld somit auf 97.810 GE und der Zinsanteil im zweiten Jahr auf 7.824,80 GE; mithin erhöht sich der Tilgungsanteil um die „ersparten Zinsen" auf 2.365,20 GE. Während der Laufzeit des Darlehens geht so der Zinsanteil immer weiter zurück, während der Tilgungsanteil (progressiv) zunimmt.

Übungsaufgabe 3.10:
Eine Hypothekenbank bietet ein Darlehen über 100.000 GE mit einer Laufzeit von 20 Jahren zu einem Zinssatz von 7% an.

a. Wie hoch ist die jährlich zu zahlende Annuität? (Gehen Sie zur Beantwortung dieser Frage von den in Tabelle IV angegebenen Faktoren aus!)

b. Wie hoch sind im ersten Jahr der Zins- und Tilgungsanteil?

c. Wie hoch sind Zins- und Tilgungsanteil im zweiten Jahr, wenn die Zinsen jeweils auf die zu Jahresbeginn verbliebene Restschuld (= 100.000 GE abzüglich geleisteter Tilgungen) berechnet werden?
d. Wie hoch sind Zins- und Tilgungsanteil im letzten Jahr der Darlehenslaufzeit? (Gehen Sie auch hier von dem unter a) ermittelten Annuitätsbetrag aus!)
e. Wie groß ist über den gesamten Zwanzig-Jahreszeitraum hinweg die Summe der insgesamt zu zahlenden Zinsen?
f. Wie hoch ist die Restschuld zu einem beliebigen Zeitpunkt t ≤ T?

Will man bei der Berechnung der Annuität – z.B. eines Darlehens – „Freijahre" (die erste Annuitätenzahlung erfolgt nicht in t = 1, sondern erst zu einem späteren Zeitpunkt) oder wechselnde Periodenzinsen berücksichtigen, dann ist dies analog zu den im Fall der Rentenrechnung in den Beispielen 3.4 (Fortsetzung I) bzw. 3.4 (Fortsetzung II) aufgezeigten Vorgehensweisen möglich.

Weitere Übungen auf der CD-ROM: Aufgaben 23 bis 34.

3.5 Zusammenfassung

Unter der Annahme vorgegebener Periodenzinssätze stehen mit den finanzmathematischen Techniken Möglichkeiten zur Verfügung, Zahlungen mit gegebener zeitlicher Verteilung in „gleichwertige" Zahlungen anderer zeitlicher Verteilung zu übertragen. Damit bieten finanzmathematische Techniken gleichzeitig einen Ansatz, auf Anhieb wegen ihrer unterschiedlichen zeitlichen Struktur nicht vergleichbare Zahlungsreihen verschiedener Investitionsobjekte, also solche Zahlungsreihen ohne „unmittelbare" Dominanzbeziehung,[26] vergleichbar zu machen:

- Durch Aufzinsung wird ein gegenwärtiger Betrag wertmäßig in einen (höheren) zukünftigen Betrag umgerechnet.
- Durch Abzinsung wird ein zukünftiger Betrag wertmäßig in einen (niedrigeren) gegenwärtigen Betrag umgerechnet.

Beide Techniken sind bei zeitlich konstantem Zinsfuß formal einfach handhabbar, bleiben aber prinzipiell auch bei wechselndem Periodenzinsfuß anwendbar.

Neben den Grundtechniken der Auf- und Abzinsung existieren zur Transformation von Zahlungen auch aggregierte finanzmathematische Techniken für den Fall, dass die Ausgangszahlungsreihe aus konstanten zukünftigen Zahlungen und die transformierte Zahlungsreihe nur aus einer einzigen Zahlung in der Gegenwart besteht (Rentenbarwertrechnung), bzw. für den Fall, dass die Ausgangszahlungsreihe aus einer einzigen Zahlung in

---

[26] Vgl. dazu Abschnitt 2.4.

der Gegenwart und die transformierte Zahlungsreihe aus einer konstanten Reihe zukünftiger Zahlungen besteht (Annuitätenrechnung).

Die folgende Zusammenstellung vermittelt abschließend einen durch geeignete Graphiken verdeutlichten Überblick über die bislang behandelten finanzmathematischen Methoden. Die in den Graphiken verwendeten Achsen verdeutlichen dabei die Zeit, die einzelnen Zeitpunkte t = 0, 1, 2, ..., jeweils den Beginn des ersten, zweiten, dritten Jahres etc. und die senkrechten Pfeile die jeweils maßgeblichen Zahlungsgrößen. In diesem Zusammenhang empfehlen wir Ihnen ganz allgemein, sich die Struktur finanzmathematischer Probleme zunächst an Hand eines entsprechenden Zeitstrahls zu verdeutlichen.

Aufzinsung:

Eine im Zeitpunkt t = 0 fällige Zahlung wird in eine höhere, äquivalente Zahlung im Zeitpunkt t = T umgerechnet.

(FM$_1$) $C_T = C_0 \cdot (1+r)^T$

Abbildung 3.1   Graphische Verdeutlichung der Aufzinsung

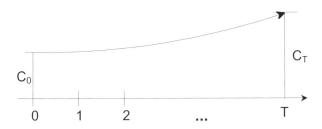

Abzinsung:

Eine im Zeitpunkt t = T fällige Zahlung wird in eine niedrigere, äquivalente Zahlung im Zeitpunkt t = 0 umgerechnet.

(FM$_2$) $C_0 = C_T \cdot (1+r)^{-T}$

Abbildung 3.2   Graphische Verdeutlichung der Abzinsung

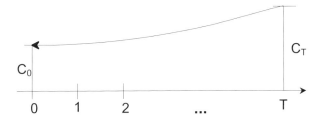

Rentenbarwert (nachschüssig):

Eine Folge von T gleichbleibenden nachschüssigen Zahlungen wird in eine äquivalente Zahlung im Zeitpunkt t = 0 umgerechnet.

(FM$_7$)   RB = e · RBF (T; r)

Abbildung 3.3   Graphische Verdeutlichung der Rentenbarwertrechnung

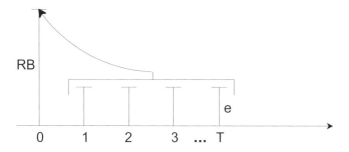

Annuitätenrechnung:

Eine gegebene Zahlung im Zeitpunkt t = 0 (AB) wird äquivalent in T gleichbleibende, nachschüssige Zahlungen in den Zeitpunkten t = 1, 2, ⊚, T umgerechnet.

(FM$_{16}$)   a = AB · ANF (T; r)

Abbildung 3.4   Graphische Verdeutlichung der Annuitätenrechnung

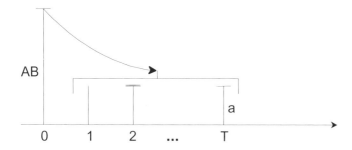

Weitere Übungen auf der CD-ROM: Aufgaben 7 bis 15.

4 Investitionsentscheidungen auf der Basis finanzmathematischer Kennzahlen

4.1 Problemstellung

Nach den Vorüberlegungen in Kapitel 2 und dem kleinen Ausflug in die Finanzmathematik in Kapitel 3 wollen wir uns in diesem vierten Kapitel verschiedenen Methoden zur Ableitung von Investitionsentscheidungen zuwenden.

Dazu werden Sie mit dem Endwert, dem Kapitalwert, der Annuität, der Amortisationsdauer und dem internen Zinsfuß jetzt einige Kennzahlen kennenlernen, die in der Literatur zur Investitionstheorie im Zusammenhang mit der Ableitung von Investitionsentscheidungen diskutiert werden. Für die Darstellung und Analyse dieser Kennzahlen werden wir in den Abschnitten 4.2 bis 4.5 durchgängig von der Prämisse des vollkommenen Finanzmarktes in ihrer strengen Form ausgehen,[27] also insbesondere unterstellen, dass der Investor zu einem im Zeitablauf konstanten und für Geldanlage und Geldaufnahme identischen Zinssatz in beliebiger Höhe Kredite aufnehmen und liquide Mittel anlegen kann. Zu jeder Kennzahl werden wir

– zunächst die Kennziffer formal definieren und ggf. formal analysieren,
– dann die Kennziffer hinsichtlich ihres ökonomischen Gehalts untersuchen und
– anschließend, getrennt nach den beiden Grundtypen von Entscheidungssituationen („projektindividuelle Entscheidungen" und „Auswahlentscheidungen aus mehreren Alternativen"), die Eignung der Kennziffer als Entscheidungsgrundlage untersuchen.

Ausgangspunkt für eine Beurteilung der Eignung einer investitionstheoretischen Kennziffer wird dabei jeweils die originäre Zielsetzung der Endvermögensmaximierung sein. Im Kern wird es im folgenden damit um die Frage gehen, ob auf den hier diskutierten investitionstheoretischen Kennzahlen derivative Entscheidungskriterien aufgebaut werden können, die stets zu Entscheidungen führen, die mit der originären Zielsetzung des Investors kompatibel sind. Anders ausgedrückt, geht es also um die Frage, ob auf der Grundlage der diskutierten investitionstheoretischen Kennzahlen Investitionsentscheidungen abgeleitet werden können, die stets dazu führen, dass der Investor genau diejenige Alternative realisiert, die zu einem maximalen Endvermögen führt. Dabei werden wir erkennen, dass Endwert, Kapitalwert und Annuität den Aufbau kompatibler Entscheidungskriterien erlauben, während dies bei der Amortisationsdauer und vor allem beim internen Zinsfuß allenfalls noch unter deutlichen Einschränkungen der Fall ist.

---

[27] Zu unterschiedlichen Finanzmarktprämissen vgl. Abschnitt 2.3.3.

Im Abschnitt 4.6 wird exemplarisch für das Endwert- und das Kapitalwertkriterium weitergehend gezeigt, dass die Prämisse des vollkommenen Finanzmarktes in ihrer strengen Form übermäßig eng ist und es selbst bei divergierenden und zudem im Zeitablauf wechselnden Soll- und Habenzinssätzen – also bei deutlich schwächeren Finanzmarktprämissen – möglich ist, investitionstheoretische Kennzahlen so zu definieren, dass die auf diesen Kennziffern aufbauenden Entscheidungskriterien zu mit der originären Zielsetzung der Endvermögensmaximierung äquivalenten Bewertungsergebnissen führen.

Im Abschnitt 4.7 werden wir kurz auf Situationen eingehen, in denen die für die Investition benötigten Mittel zumindest zu einem gewissen Teil aus ganz spezifischen, eindeutig projektbezogenen Finanzierungsmaßnahmen resultieren, und beispielhaft verdeutlichen, dass auch solche Entscheidungsprobleme grundsätzlich mit Hilfe der Kapitalwertmethode gelöst werden können.

Im Abschnitt 4.8 gehen wir der Frage nach, inwieweit sich die im Hinblick auf eine Beurteilung von Investitionsprojekten diskutierten Kennzahlen auch zur Beurteilung von Finanzierungsmaßnahmen eignen. Dabei zeigt sich, dass die Kennzahlen bei der Beurteilung von Finanzierungsmaßnahmen – immer gemessen an der originären Zielvorstellung der Endvermögensmaximierung – genau dieselben Stärken und Schwächen bzw. Probleme aufweisen wie bei der Beurteilung von Investitionsprojekten. Beide Entscheidungsbereiche unterscheiden sich teilweise hinsichtlich der verwendeten Nomenklatur, nicht aber hinsichtlich der formalen Zusammenhänge.

Zum Abschluss dieser Einführung in die investitionstheoretischen Kennzahlen wird im Abschnitt 4.9 beispielhaft verdeutlicht, dass den dargestellten Verfahren bzw. Methoden der Investitionsrechnung neben ihrer hohen theoretischen Relevanz auch durchaus praktische Bedeutung zukommt.

4.2 Endwert und Kapitalwert

4.2.1 Definition und formale Analyse

Als **Endwert** EW eines Investitionsprojektes bezeichnet man die Summe aller mit dem Kalkulationszins r auf den Endzeitpunkt der Projektlaufzeit T **aufgezinsten Zahlungen** e_t des Projektes, also:

$$(EW_1) \quad EW = \sum_{t=0}^{T} e_t \cdot (1+r)^{T-t} = \sum_{t=0}^{T} e_t \cdot q^{T-t}.$$

Als **Kapitalwert** K eines Investitionsprojektes bezeichnet man die Summe aller mit dem Kalkulationszins r auf den Zeitpunkt $t=0$ **abgezinsten Zahlungen** e_t des Projektes, also:

Endwert und Kapitalwert

$$(K_1) \quad K = \sum_{t=0}^{T} e_t \cdot (1+r)^{-t} = \sum_{t=0}^{T} e_t \cdot q^{-t} .$$

Zwischen Kapitalwert und Endwert besteht damit die Beziehung:

$$(EW_2) \quad EW = K \cdot q^T .$$

Beispiel 4.1:
Beträgt etwa die Zahlungsreihe eines Investitionsprojektes $e_0 = -100$, $e_1 = +10$, $e_2 = +10$ und $e_3 = +100$, so ergibt sich bei einem Zinssatz von 5% für den Endwert EW:

$$\begin{aligned} EW &= -100 \cdot 1{,}05^3 + 10 \cdot 1{,}05^2 + 10 \cdot 1{,}05^1 + 100 \\ &= -100 \cdot 1{,}1576 + 10 \cdot 1{,}1025 + 10 \cdot 1{,}0500 + 100 \\ &= 5{,}765 \end{aligned}$$

und für den Kapitalwert K:

$$\begin{aligned} K &= -100 + 10 \cdot 1{,}05^{-1} + 10 \cdot 1{,}05^{-2} + 100 \cdot 1{,}05^{-3} \\ &= -100 + 10 \cdot 0{,}9524 + 10 \cdot 0{,}9070 + 100 \cdot 0{,}8638 \\ &= 4{,}974 . \end{aligned}$$

Für den auf das Ende der Projektlaufzeit aufgezinsten Kapitalwert gilt: $4{,}974 \cdot 1{,}1576 = 5{,}758$. Bis auf Rundungsdifferenzen, die daraus resultieren, dass die verwendeten Auf- und Abzinsungsfaktoren gerundete Werte sind, entspricht dies dem errechneten Endwert der Investition.

Handelt es sich bei der Zahlungsreihe ab $t = 1$ um eine **nachschüssige Rente**, gilt also $e_1 = e_2 = \ldots = e_T = e$, so ist es zur Berechnung von Kapitalwert und Endwert nicht nötig, alle e einzeln auf- bzw. abzuzinsen. In diesem Fall kann der Kapitalwert vereinfacht mit Hilfe des Rentenbarwertfaktors ermittelt werden:

$$(K_2) \quad K = e_0 + e \cdot RBF(T; r) .$$

Der Endwert einer Rente kann dann vereinfacht aus den Relationen (K_2) und (EW_2) bestimmt werden. Liegt außerdem T in einer solchen Größenordnung, dass die Zahlungsreihe approximativ als **„ewige Rente"** angesehen werden kann, so vereinfacht sich (K_2) zu:

$$(K_3) \quad K = e_0 + \frac{e}{r} .$$

Übungsaufgabe 4.1:

Gegeben seien drei Investitionsprojekte, mit denen folgende Zahlungsreihen verknüpft sind:

a_1: $\quad e_0^1 = -400;\quad e_1^1 = +400;\quad e_2^1 = -300;\quad e_3^1 = +400;$

a_2: $\quad e_0^2 = -160;\quad e_t^2 = +20;\quad$ für $t = 1, \ldots, 30;$

a_3: $\quad e_0^3 = -460;\quad e_1^3 = +130;\quad e_2^3 = +141;\quad e_t^3 = +20;\quad$ für $t = 3, \ldots, 30.$

Berechnen Sie Endwert und Kapitalwert der drei Projekte für einen Zinssatz von 10% p.a.!

Kapitalwert und Endwert stellen – zumindest für die Investitionstheorie – die wichtigsten Kennziffern zur komprimierten Beschreibung ganzer Zahlungsreihen dar. Ein Verständnis von Begriff, Interpretation und Eignung als Entscheidungskriterium dieser beiden Kennzahlen bildet eine unabdingbare Voraussetzung für das Verständnis von Investitionsentscheidungen mit Hilfe finanzmathematischer Kennzahlen insgesamt. Bevor wir uns der ökonomischen Interpretation dieser Kennzahlen widmen, werden wir daher zunächst die investitionstheoretische Kennziffer Kapitalwert in formaler Hinsicht analysieren.[28]

Ausgangspunkt der Analyse soll eine gegebene Zahlungsreihe und dementsprechend auch ein gegebenes Laufzeitende T sein. Wie aus (K_1), (K_2) und (K_3) unmittelbar erkennbar, hängt der Wert des Kapitalwertes unter diesen Bedingungen eindeutig von der Höhe des Kalkulationszinsfußes ab. Man kann auch sagen: K stellt eine Funktion von r dar, deren Koeffizienten durch die e_t gegeben sind. Die Darstellung dieses Zusammenhanges bezeichnet man mithin allgemein als **Kapitalwertfunktion:**

$$K = K(r) = \sum_{t=0}^{T} e_t \cdot q^{-t}.$$

Der Verlauf dieser Funktion kann graphisch durch eine entsprechende Kurve in einem r-K-Koordinatensystem veranschaulicht werden.

Beispiel 4.2:

Die Zahlungsreihe laute:

$$e_0 = -165;\quad e_t = 10 \quad \text{für} \quad t = 1, \ldots, 40.$$

Also gilt:

$$K = K(r) = -165 + 10 \cdot \text{RBF}(40; r).$$

---

[28] Da die investitionstheoretischen Kennziffern Endwert und Kapitalwert gemäß (EW_2) eindeutig funktional verknüpft sind und damit auch immer eindeutig ineinander überführt werden können, erübrigt sich die explizite formale Analyse der Kennziffer Endwert.

Endwert und Kapitalwert

Wir rechnen nun für verschiedene Werte von r (mit Hilfe von Tabelle III am Ende des Buches bzw. für die dort nicht ausgewiesenen Zinssätze von 3% und 25% mittels eines Taschenrechners) jeweils K aus und stellen die entsprechenden Wertekombinationen in Tab. 4.1 zu einer Wertetafel zusammen:

Tabelle 4.1 Wertetafel zur Kapitalwertfunktion I

r	0%	3%	4%	5%	6%	7%	8%	10%	20%	25%
K	+ 235	+ 66		+ 7	− 15	− 32	− 46		− 115	− 125

(Füllen Sie die freigebliebenen Felder selbst aus!)

Graphisch kann der durch diese Wertetafel dargestellte Verlauf etwa so wie in Abb. 4.1 verdeutlicht werden.

Abbildung 4.1 Kapitalwertfunktion I

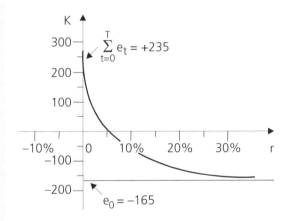

Wie man aus Formel (K_1) erkennt, gilt für einen Kalkulationszins von 0%

$$K(r=0) = \sum_{t=0}^{T} e_t;$$

der Ordinatenschnittpunkt der Kapitalwertfunktion ergibt sich also als einfache (d.h. nicht abgezinste) Summe aller Ein- und Auszahlungen. Man bezeichnet diesen Betrag auch als den **Nominalwert** einer Zahlungsreihe. Wird r hingegen hinlänglich groß, so gilt:

$$\lim_{r \to \infty} K(r) = e_0;$$

d.h., mit wachsendem Kalkulationszins nähert sich der Kapitalwert schließlich asymptotisch dem (definitionsgemäß negativen) Wert e_0.

Eine Kapitalwertfunktion kann formal für beliebige Werte von r definiert sein. Unter ökonomischen Aspekten – und darum geht es hier ja – interessiert uns in erster Linie jedoch nur der **Bereich positiver Zinssätze.** Darüber hinaus kann es im Hinblick auf verschiedene Fragestellungen von Interesse sein, den Verlauf der Kapitalwertfunktion auch im Bereich negativer Zinssätze zu untersuchen. Dabei kann man sich jedoch grundsätzlich auf den Bereich von Zinssätzen über –100% beschränken, also r > –1 verlangen. Ökonomisch bedeutete ein Zinssatz von –100%, dass man

– ein Darlehen weder verzinsen noch tilgen müsste (den betrachteten Betrag also praktisch geschenkt erhielte) oder

– aus einem Investitionsprojekt keinerlei Rückzahlung erhielte, der eingesetzte Betrag also zu 100% verloren wäre.

Da derartige Extremfälle in der ökonomischen Realität nicht die Regel sind, ist es für die im folgenden zu behandelnden Probleme sinnvoll, die Betrachtung von vornherein auf den Bereich r > –1 zu beschränken. Darüber hinaus werden wir uns im Folgenden vorrangig auf den Wertebereich positiver Zinssätze beschränken.

In Beispiel 4.2 verlief K(r) im relevanten Bereich (r > –1) **streng monoton fallend;** d.h., je größer r wurde, desto kleiner wurde K. Ein solcher Verlauf der Kapitalwertfunktion ist jedoch keineswegs zwingend, wie folgendes Beispiel zeigt:

Beispiel 4.3:

Gegeben sei die Zahlungsreihe

$$e_0 = -1.000; \quad e_1 = 1.600; \quad e_2 = 200; \quad e_3 = -810.$$

Für diese Zahlungsreihe ergibt sich die in Tab. 4.2 wiedergegebene Wertetabelle, woraus in Umrissen der in nachfolgender Abbildung dargestellte Verlauf abgeleitet werden kann.

Tabelle 4.2   Wertetafel zur Kapitalwertfunktion II

r	0%	2%	4%	8%	12%	16%	20%	24%
K = K(r)	– 10	– 2,42	+ 3,23	+ 9,92	+ 11,52	+ 9,01	+ 3,41	– 4,44

Abbildung 4.2 Kapitalwertfunktion II

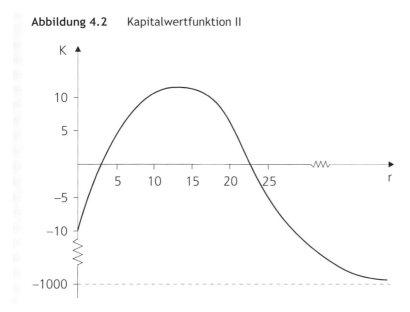

In Beispiel 4.3 verläuft die Kapitalwertfunktion also bis zu einem Zinssatz von ca. 11,5% **steigend** und geht erst dann in einen **fallenden** Verlauf über, wobei sich K(r) für r → ∞ wiederum asymptotisch dem Wert der Anfangsauszahlung $e_0 = -1.000$ nähert.

Je nach Struktur der Zahlungsreihe kann die Kapitalwertfunktion einen so unterschiedlichen Verlauf annehmen, dass allgemeingültige Charakterisierungen der Kapitalwertfunktion kaum möglich sind. Häufig dürften die Zahlungsreihen von Investitionsprojekten allerdings dadurch gekennzeichnet sein, dass auf genau eine Anfangsauszahlung ($e_0 < 0$) nur noch Einzahlungsüberschüsse ($e_t \geq 0$; t = 1, 2, ..., T) folgen. Für **Investitionen mit genau einer Anfangsauszahlung** lässt sich dann aber tatsächlich eine recht weitreichende Charakterisierung der Kapitalwertfunktion geben:

Für Investitionen, bei denen auf eine Anfangsauszahlung nur noch Einzahlungsüberschüsse folgen, ist der Kapitalwert im Bereich r > –1 eine stetige, streng monoton fallende Funktion des Kalkulationszinsfußes.[29] Eine solche Funktion hat also stets den in Beispiel 4.2 charakterisierten Verlauf.

Diese Aussage ist für den Fall etwas zu modifizieren, wenn das Investitionsprojekt in der Anfangsphase über mehrere Zeitpunkte zunächst nur Auszahlungen aufweist und danach nur noch Einzahlungen folgen. Allgemein werden Investitionen, deren Zahlungsreihen einen einmaligen Vorzeichenwechsel von – nach + aufweisen, als **Normalinvestitionen** bezeichnet. Für derartige Investitionen weist die Kapitalwertfunktion folgende Merkmale auf:

---

[29] Zum Nachweis vgl. HAX (1985), S. 17.

- Im Bereich positiver Kapitalwerte verläuft die Funktion streng monoton fallend.

- Nach Übergang in den Bereich negativer Kapitalwerte verläuft die Funktion zunächst weiter monoton fallend.

- Der weitere Verlauf hängt von der näheren Struktur der Zahlungsreihe ab. Weist die Zahlungsreihe nur genau eine Anfangsauszahlung auf, verläuft die Kapitalwertfunktion über den gesamten relevanten Zinsbereich streng monoton fallend und konvergiert für $r \to \infty$ von oben gegen die Anfangsauszahlung e_0. Weist die Zahlungsreihe hingegen mehr als eine Anfangsauszahlung auf, verläuft die Kapitalwertfunktion nach dem Übergang in den Bereich negativer Kapitalwerte zunächst weiter monoton fallend und unterschreitet dabei e_0. Ab einem bestimmten Zinssatz steigt die Kapitalwertfunktion dann wieder und konvergiert für $r \to \infty$ von unten gegen die Anfangsauszahlung e_0.[30]

4.2.2 Ökonomische Interpretation

Zur Berechnung des Endwertes werden alle Zahlungen durch Aufzinsung wertmäßig auf den zukünftigen Zeitpunkt $t = T$ bezogen und somit vergleichbar gemacht. Zur Berechnung des Kapitalwertes werden alle zukünftigen Zahlungen durch Abzinsung wertmäßig auf den Planungszeitpunkt $t = 0$ bezogen und dadurch ebenfalls vergleichbar gemacht. Insoweit stellen Endwert und Kapitalwert Größen dar, die zu verschiedenen Zeitpunkten anfallende Zahlungen auf einen gegebenen Zeitpunkt beziehen und so rein rechnerisch vergleichbar machen. Wir wollen nun der bisher offenen Frage nachgehen, welchen ökonomischen Gehalt diese Größen haben und in welcher Relation sie zu unserer angenommenen Zielgröße Endvermögen stehen.

a) Interpretation des Endwertes

Um den Aussagegehalt dieser Kennzahl beispielhaft zu verdeutlichen, sei eine Investition mit einer Anfangsauszahlung a_0 ($a_0 = -e_0$) und darauf folgenden positiven (bzw. präziser „nicht negativen") Einzahlungsüberschüssen ($e_t \geq 0$; $t = 1, 2, ..., T$) betrachtet und zunächst unterstellt, die benötigte Investitionssumme a_0 stünde in Form eigener, alternativ zum Kalkulationszinsfuß anlegbarer Mittel zur Verfügung. Für das bei Investitionsverzicht (= Unterlassensalternative) im Zeitpunkt T erzielbare Vermögen EV_U gilt dann im hier betrachteten **Fall 1 (Finanzierung aus vorhandenen Mitteln)**:[31]

---

[30] Die Zusammenhänge erschließen sich durch Betrachtung der 1. Ableitung der Kapitalwertfunktion. Bei genau einer Anfangsauszahlung weist die Ableitung nur negative Koeffizienten auf. Die Kapitalwertfunktion verläuft dann also über den gesamten relevanten Zinsbereich streng monoton fallend. Bei mehr als einer Anfangsauszahlung weist die Ableitung hingegen genau einen Vorzeichenwechsel von positiven zu negativen Koeffizienten auf. Dann verläuft die Kapitalwertfunktion nur für kleine Zinssätze im relevanten Bereich streng monoton fallend, für große Zinssätze hingegen streng monoton steigend.

[31] Das Endvermögen bei Wahl der Unterlassensalternative ergibt sich im hier betrachteten Fall aus der verzinslichen Anlage eines Betrages in Höhe von a_0 bis zum Zeitpunkt $t = T$; vgl. dazu Abschnitt 2.3.3.

Endwert und Kapitalwert

$$EV_U = a_0 \cdot q^T \ .$$

Würden im Fall der Investitionsdurchführung die aus dem Investitionsprojekt resultierenden Einzahlungsüberschüsse hingegen jeweils bis zum Endzeitpunkt verzinslich angelegt, so gilt für das durch die Investition erzielbare Endvermögen EV_I im Fall 1:

$$EV_I = \sum_{t=1}^{T} e_t \cdot q^{T-t} \ .$$

Unterstellt man nun andererseits, die Investition werde vollständig durch die Aufnahme eines Kredites finanziert, so gilt für das Endvermögen der Unterlassensalternative in diesem **Fall 2 (Fremdfinanzierung):**[32]

$$EV_U = 0 \ .$$

Würde das Projekt hingegen durchgeführt und könnten Gelder zum Kalkulationszins aufgenommen und angelegt werden, so betrüge das nach Tilgung und Verzinsung des aufgenommenen Kredites verbleibende Endvermögen im Fall 2:

$$EV_I = \sum_{t=1}^{T} e_t \cdot q^{T-t} - a_0 \cdot q^T \ .$$

Vergleicht man nun die für EV_U und EV_I abgeleiteten Relationen, so erkennt man, dass – unabhängig von der unterstellten Art der Finanzierung – stets gilt:[33]

(EW$_3$) $EW = EV_I - EV_U \ .$

Der Endwert eines Investitionsprojektes gibt also an, um welchen Betrag das Vermögen des Investors nach vollständiger Abwicklung des Projektes höher ($EW > 0$) oder niedriger ($EW < 0$) ist als bei Realisierung der Unterlassensalternative **(Endvermögensdifferenz)**.

Dabei gilt diese Aussage in verallgemeinerter Form auch für beliebige Strukturen der Zahlungsreihe, beliebige Finanzierungskombinationen und selbst bei wechselnden Periodenzinsfüßen, sofern nur die Voraussetzung erfüllt ist, dass die für die einzelnen Perioden maßgeblichen Soll- oder Habenzinsfüße bestimmt werden können.[34]

---

[32] Das Endvermögen bei Wahl der Unterlassensalternative ergibt sich in diesem Fall aus dem schlichten „Nichtstun" und beträgt folglich null; vgl. dazu Abschnitt 2.3.3.

[33] Im Fall 1 gilt:

$$\begin{aligned}EV_I - EV_U &= \sum_{t=1}^{T} e_t \cdot q^{T-t} - a_0 \cdot q^T \\ &= \sum_{t=1}^{T} e_t \cdot q^{T-t} + e_0 \cdot q^T \\ &= \sum_{t=0}^{T} e_t \cdot q^{T-t} = EW \ .\end{aligned}$$

Im Fall 2 gilt:

$$\begin{aligned}EV_I - EV_U &= \sum_{t=1}^{T} e_t \cdot q^{T-t} - a_0 \cdot q^T - 0 \\ &= \sum_{t=1}^{T} e_t \cdot q^{T-t} + e_0 \cdot q^T \\ &= \sum_{t=0}^{T} e_t \cdot q^{T-t} = EW \ .\end{aligned}$$

[34] In Abschnitt 4.6 werden wir auf diese Verallgemeinerungsmöglichkeit der Interpretation des Endwertes für den Fall wechselnder Periodenzinsfüße noch ausführlich eingehen.

Zu beachten ist, dass im Falle der ausschließlichen Fremdfinanzierung eines Investitionsprojektes der Wert des Endvermögens am Ende der Projektlaufzeit und der Wert der investitionstheoretischen Kennzahl Endwert betraglich zusammenfallen, während im Falle der partiellen oder vollständigen Finanzierung aus liquiden Mitteln Endvermögen des Investors und Endwert des Investitionsprojektes nicht übereinstimmen.

Die zuvor angestellten Überlegungen zur ökonomischen Interpretation der Kennziffer Endwert und zum Zusammenhang zwischen der Kennziffer Endwert und der Zielgröße Endvermögen verdeutlicht zusammenfassend das nachfolgende Beispiel.

Beispiel 4.4:
Fall 1:

Es sei von folgender Zahlungsreihe ausgegangen: $e_0 = -100$; $e_1 = +10$; $e_2 = +10$ und $e_3 = +100$. Die benötigte Investitionssumme von 100 GE stehe wie im eingangs betrachteten Fall 1 in Form liquider Mittel zur Verfügung. Liquide Mittel können alternativ zu 5% angelegt werden. In diesem Beispiel beträgt das Vermögen in $t = T = 3$ bei Unterlassen der Investition:

$$EV_U = 100 \cdot 1{,}05^3 = 115{,}7625 \ .$$

Bei Durchführung der Investition beträgt das Vermögen in $t = T$:

$$EV_I = 10 \cdot 1{,}05^2 + 10 \cdot 1{,}05 + 100 = 121{,}525 \ .$$

Die Vermögensentwicklung bei Ergreifen der Unterlassensalternative und bei Durchführung des Investitionsprojektes kann jeweils durch einen Tilgungs- und Anlageplan (TAP) verdeutlicht werden. Dazu stellen wir uns vor, der gesamte Zahlungsverkehr würde über ein laufendes Konto abgerechnet.

Tabelle 4.3a   TAP bei Unterlassen im Fall 1

t	e_t	$z_t = C_{t-1} \cdot r$	$e_t + z_t$	$C_t = C_{t-1} + e_t + z_t$
0	0	0	0	+100
1	0	5	5	+105
2	0	5,25	5,25	+110,25
3	0	5,5125	5,5125	+115,7625 = EV_U

Erläuterung: C_t: Kontostand im Zeitpunkt t, wobei $C_t > 0$ ein Guthaben und $C_t < 0$ einen Schuldbestand angibt; in $t = -1$ beträgt $C_{-1} = 0$; in $t = 0$ werden die liquiden Mittel von 100 auf das Konto eingezahlt: $C_0 = +100$; z_t: im Zeitpunkt t auf den Kontostand zu Periodenbeginn (d.h. im Zeitpunkt $t-1$) berechneter Zinsbetrag; e_t: Einzahlung ($e_t > 0$) oder Auszahlung ($e_t < 0$) aus dem Investitionsprojekt (bei Unterlassen gilt $e_t = 0$ für alle $t = 0, ..., T$); ($e_t + z_t$): Veränderung des Kontostandes durch die Summe von Zinsen und Zahlungen des Investitionsprojektes.

Tabelle 4.3b   TAP bei Investitionsdurchführung im Fall 1

t	e_t	$z_t = C_{t-1} \cdot r$	$e_t + z_t$	$C_t = C_{t-1} + e_t + z_t$
0	−100	0	−100	0 (= +100 − 100)
1	10	0	10	+10
2	10	0,50	10,5	+20,5
3	100	1,025	101,025	+121,525 = EV_I

Erläuterung: Bedeutung der Symbole wie in vorstehender Tabelle; in t = 0 werden auf das Konto liquide Mittel von 100 eingezahlt und für den Start des Investitionsprojektes sofort wieder ausgezahlt (C_0 = +100 − 100).

Die aus der Investitionsdurchführung resultierende Endvermögensdifferenz beträgt mithin:

$$EV_I - EV_U = 121{,}525 - 115{,}7625 = 5{,}7625 \; .$$

Der Endwert des Investitionsprojektes (EW) beträgt:

$$EW = -100 \cdot 1{,}05^3 + 10 \cdot 1{,}05^2 + 10 \cdot 1{,}05 + 100 = 5{,}7625 \; .$$

Der Endwert entspricht damit im hier betrachteten Fall der Finanzierung aus vorhandenen liquiden Mitteln exakt der Endvermögensdifferenz. Der Endwert entspricht jedoch nicht dem bei Investitionsdurchführung erzielbaren Endvermögen des Investors.

Fall 2:

Stehen zur Durchführung der Investition keinerlei liquide Mittel zur Verfügung und müsste ein Kredit über die gesamte Investitionssumme zu 5% p.a. aufgenommen werden, so beträgt das Vermögen in t = T bei Unterlassen der Investition:

$$EV_U = 0 \; .$$

Bei Durchführung der Investition beträgt das Vermögen in t = T

$$EV_I = -100 \cdot 1{,}05^3 + 10 \cdot 1{,}05^2 + 10 \cdot 1{,}05 + 100 = 5{,}7625 \; .$$

Auch bei Fremdfinanzierung kann die Vermögensentwicklung bei Projektdurchführung durch einen vollständigen TAP dargestellt werden:

Tabelle 4.3c TAP bei Investitionsdurchführung im Fall 2

t	e_t	$z_t = C_{t-1} \cdot r$	$e_t + z_t$	$C_t = C_{t-1} + e_t + z_t$
0	−100	0	−100	−100
1	10	−5	5	−95
2	10	−4,75	5,25	−89,75
3	100	−4,4875	95,5125	5,7625 = EV_I

Erläuterung: Bedeutung der Symbole wie in vorstehenden Tabellen; in t = 0 werden auf das Konto keine Einzahlungen geleistet, für den Kauf des Investitionsprojektes werden aber Mittel in Höhe von 100 ausgezahlt.

Die aus der Investitionsdurchführung resultierende Endvermögensdifferenz beträgt mithin:

$$EV_I - EV_U = 5{,}765 - 0 = 5{,}7625 \ .$$

Der Endwert entspricht damit auch bei vollständiger Fremdfinanzierung der Endvermögensdifferenz. Nur in diesem Fall entspricht der Endwert zugleich auch dem bei Investitionsdurchführung erzielbaren Endvermögen des Investors.

Unabhängig von der Art der Finanzierung **kann der Endwert eines Investitionsprojektes damit interpretiert werden**, als

– der Betrag, um den das Vermögen des Investors nach vollständiger Abwicklung des Projektes höher (EW > 0) oder niedriger (EW < 0) ist als bei Realisierung der Unterlassensalternative, oder als

– der Betrag, der dem Investor zum Projektende mindestens geboten werden müsste (EW < 0), um ihn zur Projektdurchführung im Vergleich zur Unterlassensalternative zu bewegen, oder als

– der Betrag, der vom Investor zum Projektende mindestens verlangt werden müsste (EW > 0), um ihn zum Unterlassen der Investition zu bewegen.

Übungsaufgabe 4.2:

Gehen Sie von einem Investitionsprojekt mit der Zahlungsreihe $e_0 = -100$, $e_1 = +60$, $e_2 = +60$ aus! Geldmittel können zu 10% angelegt bzw. aufgenommen werden.

a. Die benötigte Investitionssumme muss vollständig kreditfinanziert werden. Zeigen Sie in einem vollständigen Tilgungs- und Anlageplan die Vermögensentwicklung für den Fall der Investitionsdurchführung!

b. In t = 0 stehen liquide Mittel in Höhe von 80 ohnehin zur Verfügung. Zeigen Sie in einem vollständigen Tilgungs- und Anlageplan die Vermögensentwicklung für den Fall der Investitionsdurchführung und für den Fall des Unterlassens!

c. Wie verhalten sich die aus a. und b. ermittelten Endwerte zueinander?

d. Um wie viel dürfte die für t = 2 bei Investitionsdurchführung ursprünglich erwartete Zahlung von 60 GE höchstens niedriger ausfallen, ohne dass der Investor deshalb auf die Durchführung des Investitionsprojektes verzichtet?

b) Interpretation des Kapitalwertes

Gemäß Relation (EW$_2$) stellt der Kapitalwert den über die Projektlaufzeit abgezinsten Endwert dar bzw. der Endwert den über die Projektlaufzeit aufgezinsten Kapitalwert. Gemäß Relation (EW$_3$) entspricht der Endwert der Differenz zwischen EV$_I$ und EV$_U$. Substituiert man nun in (EW$_2$) EW durch EV$_I$ – EV$_U$ gemäß (EW$_3$), so ergibt sich:

(K$_4$) $K = (EV_I - EV_U) \cdot (1+r)^{-T}$.

Unabhängig von der Art der Finanzierung kann der Kapitalwert eines Investitionsprojektes damit analog zur ökonomischen Interpretation des Endwertes wie folgt interpretiert werden:

- Der Kapitalwert gibt die Vermögenserhöhung (K > 0) bzw. die Vermögensminderung (K < 0) an, die der Investor im Planungszeitpunkt durch den Übergang von der Unterlassensalternative zu dem betrachteten Investitionsprojekt erfährt.

- Ein positiver Kapitalwert gibt den Betrag an, der dem Investor im Zeitpunkt t = 0 mindestens geboten werden müsste, um ihn zu bewegen, statt des Investitionsprojektes die Unterlassensalternative zu realisieren.

- Ein negativer Kapitalwert kennzeichnet dementsprechend den Betrag, der dem Investor im Zeitpunkt t = 0 (absolut) mindestens geboten werden müsste, um ihn zur Durchführung des Projektes zu bewegen.

Außerdem gibt der Kapitalwert (im Sinne eines kritischen Wertes) den Betrag an, um den die anfängliche Investitionsauszahlung betragsmäßig gesteigert werden dürfte (K > 0) bzw. vermindert werden müsste (K < 0), damit sich der Investor bei Durchführung der Investition vermögensmäßig gerade so gut stellt wie bei Wahl der Unterlassensalternative.

Beispiel 4.5:

In Beispiel 4.1 ergab sich bei der Zahlungsreihe eines Investitionsprojektes von e_0 = –100, e_1 = +10, e_2 = +10 und e_3 = +100 für einen Zinssatz von 5% p.a. für den Kapitalwert ein Wert von 4,974. Dieser Wert wurde auf der Grundlage der in Tabelle II zusammengestellten Abzinsungsfaktoren, die auf die vierte Stelle nach dem Komma gerundet sind, berechnet. Berechnet man den Kapitalwert für das betrachtete Investitionsprojekt gemäß (K$_1$) mit dem Taschenrechner (dieser rundet die Abzinsungsfaktoren i.d.R. erst nach der zehnten Nachkommastelle), so ergibt sich für den Kapitalwert des betrachteten Investitionsprojekts ein etwas genauerer Wert von 4,9779. Von diesem – etwas genaueren – Wert wird nachfolgend ausgegangen.

Der Kapitalwert entspricht dem auf den Zeitpunkt des Projektbeginns bezogenen Wert der Vermögensdifferenz, die bei Projektende aus der Projektrealisierung im Vergleich zur Unterlassensalternative resultiert. Aus dieser Interpretation lässt sich folgender Schluss ziehen: Läge die Anfangsauszahlung des Projektes gerade um die Höhe des Kapitalwertes über der ursprünglich erwarteten Auszahlung von $e_0 = -100$, würde also $e_0 = -104,9779$ gelten, so dürfte die Investitionsdurchführung zu keinem anderen Endvermögen als die Unterlassensalternative führen. Bei Gültigkeit dieser modifizierten Zahlungsreihe würde etwa bei Kreditfinanzierung der in Tab. 4.4 dargestellte TAP gelten.

Tabelle 4.4   TAP bei um Kapitalwert korrigierter Zahlungsreihe

t	e_t	$z_t = C_{t-1} \cdot r$	$e_t + z_t$	$C_t = C_{t-1} + e_t + z_t$
0	–104,9779	0	–104,9779	–104,9779
1	10	–5,2489	+4,7511	–100,2268
2	10	–5,0113	+4,9887	–95,2381
3	100	–4,7619	+95,2381	0

Erläuterung: Bedeutung der Symbole wie in Beispiel 4.4.

Eine Überprüfung für den Fall der Investitionsdurchführung aus liquiden Mitteln liefert ein identisches Ergebnis.

Übungsaufgabe 4.3:

Gehen Sie von der Situation der Übungsaufgabe 4.2b. aus:

- Zahlungsreihe $e_0 = -100$; $e_1 = +60$; $e_2 = +60$,
- Kalkulationszins $r = 10\%$,
- liquide Mittel in Höhe von 80 sind in $t = 0$ vorhanden!

Welchen Betrag müssten Sie dem Investor in $t = 0$ mindestens bieten, wenn Sie ihn zum Verzicht auf die Durchführung des Investitionsprojektes bewegen wollten?

Zeigen Sie für den errechneten Betrag anhand eines Tilgungs- und Anlageplans, dass die Unterlassensalternative für den Investor bei Erhalt dieses Abstandsbetrages tatsächlich ein genauso hohes Vermögen in $t = 2$ wie die Investitionsdurchführung liefert!

4.2.3 Entscheidungsregeln

Wie Sie bereits wissen, geht es bei sogenannten **projektindividuellen Entscheidungen** nur um die Entscheidung darüber, ob ein bestimmtes Investitionsprojekt oder an seiner Stelle die Unterlassensalternative durchgeführt werden soll. Im Abschnitt 4.2.2 haben wir bereits gesehen, dass zwischen dem Endwert bzw. Kapitalwert eines Investitionsprojekts und den bei Durchführung dieses Projekts bzw. bei Durchführung der Unterlassensalternative erzielbaren Endvermögensbeträgen die Relationen

(EW$_3$) EW $= EV_I - EV_U$ bzw.

(K$_4$) K $= (EV_I - EV_U) \cdot (1+r)^{-T}$

bestehen.

Wir wollen unsere Zielprämisse der Endvermögensmaximierung nun dahingehend präzisieren, dass die Durchführung der Investition bei projektindividueller Betrachtung immer genau dann als vorteilhaft angesehen wird, wenn folgende Vorteilhaftigkeitsbedingung

(V$_1$) $EV_I > EV_U$

gilt.[35] Da wir für den Kalkulationszins grundsätzlich $r > -1$ verlangen, ist die Vorteilhaftigkeitsbedingung (V$_1$) gem. (EW$_3$) bzw. (K$_4$) genau dann erfüllt, wenn gilt:

(V$_2$) EW > 0 bzw.

(V$_3$) K > 0.

Dabei sind diese beiden Bedingungen absolut äquivalent, wie aus Relation (EW$_2$) hervorgeht. Es macht also keinen Unterschied, ob man sich bei projektindividuellen Entscheidungen am Kapitalwert oder am Endwert orientiert.

Bei projektindividuellen Entscheidungen sind die drei Kriterien

– nur Projekte durchzuführen, die ein höheres Endvermögen als die Unterlassensalternative liefern,
– nur Projekte mit positivem Endwert durchzuführen und
– nur Projekte mit positivem Kapitalwert durchzuführen,

also **äquivalente Entscheidungskriterien.**

---

[35] Stimmen das Endvermögen bei Investition und Unterlassensalternative überein ($EV_I = EV_U$), so erlaubt das Prinzip der Endvermögensmaximierung zunächst keine Entscheidung, da beide Alternativen als Äquivalent erscheinen. Im Folgenden wollen wir jedoch unterstellen, dass in diesem Fall die Unterlassensalternative realisiert werden soll.

Diese Äquivalenz ist demgegenüber bei **Auswahlentscheidungen** nicht immer zwangsläufig gegeben.

Will man nämlich Investitionsentscheidungen zwischen mehreren zur Auswahl stehenden Projekten treffen, so sind die für unterschiedliche Projekte ermittelten Kennziffern Endwert und Kapitalwert, die ja nichts anderes darstellen als die Summe aller jeweils auf einen bestimmten Zeitpunkt bezogenen Projektzahlungen, nur dann untereinander sinnvoll vergleichbar, wenn sie sich auf denselben Zeitpunkt beziehen.

Dies ist bei dem Kapitalwert definitionsgemäß der Fall. Zur Berechnung des Kapitalwertes werden gem. (K_1) ja alle mit dem jeweils betrachteten Projekt verbundenen Zahlungen durch Abzinsung wertmäßig auf den Zeitpunkt $t=0$ bezogen. Haben die zur Auswahl stehenden Projekte aber unterschiedliche Laufzeiten, so beziehen sich die gem. (EW_1) bzw. (EW_2) projektindividuell berechneten Endwerte auf unterschiedliche Zeitpunkte in der Zukunft und sind damit nicht mehr unmittelbar vergleichbar.

Investitionsentscheidungen zwischen mehreren zur Auswahl stehenden Investitionsprojekten auf Basis des Kapitalwertes lassen sich damit auf einem vollkommenen Finanzmarkt ohne weitere Annahmen als Entscheidungen auf Basis spezieller Dominanzüberlegungen interpretieren, während diese Interpretation für die Kennziffer Endwert so zunächst nur unter der zusätzlichen Annahme gilt, dass alle zur Auswahl stehenden Projekte die gleiche Laufzeit aufweisen.

Beispiel 4.6:

Neben der Investition a_1 mit der Zahlungsreihe (−80; +10; +100) steht eine Investition a_2 mit der Zahlungsreihe (−80; +10; +90; +10) zur Auswahl. Investition a_2 unterscheidet sich von a_1 nur dadurch, dass die letzten 10 Geldeinheiten (GE) eine Periode später fällig werden, nämlich in $t=3$ und nicht schon in $t=2$. Für jeden positiven Zinssatz ist somit Projekt a_1 zwangsläufig Projekt a_2 vorzuziehen.

Berechnet man jedoch die Endwerte der beiden Projekte, z.B. auf Basis eines Zinssatzes von 10% p.a., so ergibt sich mit

$$\begin{aligned} EW_1 &= -80 \cdot 1{,}1^2 + 10 \cdot 1{,}1 + 100 \\ &= 14{,}2 \, [GE] \quad \text{und} \end{aligned}$$

$$\begin{aligned} EW_2 &= -80 \cdot 1{,}1^3 + 10 \cdot 1{,}1^2 + 90 \cdot 1{,}1 + 10 \\ &= 14{,}62 \, [GE] \end{aligned}$$

für Investition a_2 der höhere Endwert. Eine unmittelbare Orientierung an den Endwerten führt also im konkreten Beispielfall zu einer Fehlentscheidung, da die Endwerte gem. (EW_1) bezogen auf divergierende projektindividuelle Laufzeiten berechnet werden.

Für die Kapitalwerte hingegen errechnet sich mit

$$K_1 = -80 + 10 \cdot 1{,}1^{-1} + 100 \cdot 1{,}1^{-2}$$
$$= 11{,}74 \, [GE] \quad \text{und}$$

$$K_2 = -80 + 10 \cdot 1{,}1^{-1} + 90 \cdot 1{,}1^{-2} + 10 \cdot 1{,}1^{-3}$$
$$= 10{,}98 \, [GE]$$

das mit der Zielsetzung der Endvermögensmaximierung kompatible Ergebnis, nämlich dass das Projekt a_1 vorzuziehen ist.

Von zwei Alternativen a_j und a_k – mit den projektindividuellen Laufzeiten T_j und T_k – ist a_j genau dann vorzuziehen, wenn bezogen auf einen einheitlichen Bewertungszeitpunkt T

(V_4) $\quad EV_{I,T}^j > EV_{I,T}^k$

gilt. Wählt man als einen möglichen Bewertungszeitpunkt T den Zeitpunkt T = 0, so ist (V_4) genau dann erfüllt, wenn

(V_5) $\quad \left(EV_I^j - EV_U^j\right) \cdot q^{-T_j} > \left(EV_I^k - EV_U^k\right) \cdot q^{-T_k}$

ist. Gemäß (K_4) enthält diese Ungleichung die Kapitalwerte K_j und K_k, so dass die Bedingung (V_5) äquivalent durch

(V_6) $\quad K_j > K_k$

ersetzt werden kann. D.h., von zwei Investitionsalternativen führt diejenige mit dem höheren Kapitalwert für jeden vorgegebenen zukünftigen Zeitpunkt zwangsläufig zu dem höheren Endvermögen und umgekehrt. <u>Mithin kann die Zielsetzung Endvermögensmaximierung äquivalent durch die Zielsetzung der Kapitalwertmaximierung ersetzt werden.</u>

Explizit sei nochmals darauf hingewiesen, dass die Alternative mit dem höheren projektindividuellen Endwert nicht zwangsläufig auch zum – auf einen einheitlichen Bewertungszeitpunkt bezogenen – höheren Endvermögen führt. Gilt $T_j > T_k$, so kann (wie Beispiel 4.6 verdeutlicht) aus $EW_j > EW_k$ nicht zwingend geschlossen werden, dass die Wahl von Alternative j auch zum höheren Endvermögen führt als die Wahl von Alternative k. Mithin kann die Zielsetzung Endvermögensmaximierung nicht mehr uneingeschränkt äquivalent durch die Zielsetzung der Endwertmaximierung ersetzt werden.

Stehen neben der Unterlassensalternative mehrere einander ausschließende Alternativen zur Auswahl, so empfiehlt es sich daher, bei Anwendung der Endwertmethode zwei Fälle zu unterscheiden:

1. Fall: Alle Projekte haben die gleiche Laufzeit

In diesem Fall können die (projektindividuellen) Endwerte EW_i (i = 1, 2, ...) der zur Auswahl stehenden Alternativen durch Multiplikation des entsprechenden Kapitalwertes K_i mit dem für alle Alternativen gleichen positiven Aufzinsungsfaktor q^T ermittelt werden. Mithin weist die Alternative mit dem höchsten Endwert zwingend auch den höchsten Kapitalwert auf und führt somit auch zum höchsten Endvermögen. Die Zielsetzung der Endvermögensmaximierung kann im Fall identischer Projektlaufzeiten also äquivalent durch die Zielsetzung der Endwertmaximierung ersetzt werden.

2. Fall: Die projektindividuellen Laufzeiten sind unterschiedlich

Sind die Projektlaufzeiten hingegen unterschiedlich, so ist diese Übereinstimmung nicht mehr generell gesichert; denn ein Vergleich von Vermögensdifferenzen (EW = $EV_I - EV_U$), wie sie die Endwerte ja verdeutlichen, erlaubt im Allgemeinen nur dann sinnvolle Schlussfolgerungen, wenn sich diese Vermögensdifferenzen auf denselben Zeitpunkt beziehen.

Die bei Anwendung der Endwertmethode im Fall unterschiedlicher Projektlaufzeiten auftretenden Probleme können dadurch vermieden werden, dass man die Endwerte der zur Auswahl stehenden Projekte auf einen einheitlichen Zeitpunkt (z.B. das Laufzeitende des Projekts mit der längsten individuellen Laufzeit) bezieht. Unter dieser Voraussetzung führen Kapitalwertkriterium und Endwertkriterium auch bei Auswahlentscheidungen zwingend zu übereinstimmenden Ergebnissen. Dies ist auch keineswegs überraschend. Unter der Voraussetzung gleicher Projektlaufzeiten bzw. der Berechnung der Endwerte auf einen einheitlichen Bezugszeitpunkt lassen sich Investitionsentscheidungen auf Basis der Kennziffer Endwert ja wiederum als Entscheidungen auf Basis spezieller Dominanzüberlegungen interpretieren. Alternative j dominiert Alternative k genau dann, wenn sie in keinem Zeitpunkt zu einer niedrigeren (zusätzlichen) Entnahmemöglichkeit und in mindestens einem Zeitpunkt (hier: der einheitliche Betrachtungszeitpunkt) zu einer höheren (zusätzlichen) Entnahmemöglichkeit für den Investor führt als Alternative k.

Zusammenfassend können wir also festhalten: Sowohl für den Fall der projektindividuellen Entscheidung als auch für den Fall der Auswahl aus mehreren einander ausschließenden Investitionsalternativen ist es zu der originären Zielsetzung der Endvermögensmaximierung absolut konform, wenn stets die Alternative realisiert wird, für die sich der größte Kapitalwert ergibt.

Bei der Auswahl der besten Investitionsalternative ist im Allgemeinen also in zwei Schritten zu verfahren:

1. Es wird diejenige Investitionsalternative ermittelt, für die sich der maximale Kapitalwert ergibt.

2. Ist der so ermittelte maximale Kapitalwert größer als 0, so ist die beste Investitionsalternative auch der Unterlassensalternative vorzuziehen, sollte also realisiert werden. Ist der maximale Kapitalwert hingegen nicht größer als 0, so ist die Unterlassensalternative der besten der explizit erfassten Investitionsalternativen vorzuziehen.

Dabei gilt diese „Verfahrensweise" unabhängig von der Art, in der die Investitionsalternativen ggf. finanziert würden; allein ausschlaggebend ist vielmehr nur der anzusetzende Kalkulationszins.

4.2.4 Abhängigkeit der Investitionsentscheidung vom Kalkulationszins

Selbst unter der Voraussetzung eines für alle betrachteten Alternativen jeweils in identischer Höhe anzusetzenden Kalkulationszinsfußes[36] ist es allerdings durchaus möglich, dass sich bei der Auswahl zwischen mehreren Investitionsalternativen je nach der Höhe des Kalkulationszinsfußes eine unterschiedliche Rangfolge in der Vorteilhaftigkeit ergibt. Dieser Zusammenhang lässt sich anhand von Kapitalwertfunktionen veranschaulichen.

Beispiel 4.7:
Betrachtet seien zwei Investitionsprojekte a_1 und a_2, deren Zahlungskonsequenzen in Tab. 4.5 zusammengestellt sind.

Tabelle 4.5   Zahlungsreihen alternativer Investitionsprojekte I

	e_0	e_1	e_2
a_1	−1.650	+1.000	+1.000
a_2	−1.850	+110	+2.221

Die Abhängigkeit der Kapitalwerte dieser beiden Investitionen von der Höhe des Kalkulationszinsfußes kann nun bekanntlich durch eine graphische Darstellung der Kapitalwertfunktionen veranschaulicht werden. In unserem Fall haben diese Funktionen den in Abb. 4.3 dargestellten Verlauf.

Abbildung 4.3   Kapitalwertfunktionen zweier Investitionsprojekte

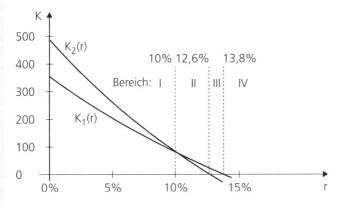

Solange also der relevante Kalkulationszinsfuß unter 10% liegt, hat die Alternative a_2 den höheren Kapitalwert, ist also vorzuziehen. Liegt der Kalkulationszins hingegen

---

[36] In Abschnitt 4.6 wird noch auf Konstellationen eingegangen, bei denen die Höhe des anzusetzenden Kalkulationszinsfußes auch von dem jeweils gewählten Projekt abhängt.

höher als 10%, so hat a_1 den höheren Kapitalwert, ist in diesem Fall also der Alternative a_2 vorzuziehen. Auf weitere notwendige Fallunterscheidungen für $r > 10\%$ wird nachfolgend noch eingegangen.

Die Erklärung für einen derartigen Wechsel in der Rangfolge der Vorteilhaftigkeit ist darin zu sehen, dass die Kapitalwerte unterschiedlich strukturierter Zahlungsreihen auch in unterschiedlicher Weise auf Variationen des Kalkulationszinsfußes reagieren, oder wie man auch sagt, dass ihre **Sensitivität gegenüber Änderungen des Kalkulationszinsfußes** unterschiedlich ist.

Für unser Beispiel 4.7 erkennt man aus der dazugehörigen Abbildung, dass die Investitionsalternative a_2 die größere Sensitivität aufweist; d.h., a_2 vermindert sich bei einer vorgegebenen Erhöhung des Kalkulationszinsfußes stärker in ihrem Kapitalwert als Alternative a_1.

Der Grund für derartige Sensitivitätsunterschiede liegt vornehmlich darin, dass Investitionsprojekte mit hohen Anfangsauszahlungen und tendenziell späten Rückzahlungen im Allgemeinen zinsempfindlicher sind als Investitionsprojekte mit niedrigeren Anfangsauszahlungen und tendenziell schnellerem Mittelrückfluss.

In welcher Weise sich derartige Unterschiede in der Sensitivität bezüglich des Zinssatzes auf die Investitionsentscheidung auswirken können – und zwar sowohl im Fall einer projektindividuellen Entscheidung als auch bei der Auswahl zwischen mehreren Alternativen – verdeutlicht die Fortsetzung von Beispiel 4.7.

Beispiel 4.7 (Fortsetzung I):

In Tab. 4.6 sind jeweils in Abhängigkeit davon, innerhalb welchen Wertebereiches der Kalkulationszins liegt, die optimalen Handlungsalternativen angegeben (vgl. dazu die Abb. 4.3 in Beispiel 4.7). Wären also a_1 und a_2 unabhängig voneinander realisierbare Projekte und könnte dementsprechend jeweils projektindividuell über ihre Durchführung entschieden werden, so würde bei einem Zinssatz unter 12,6% (Bereich I und II) jeweils die Durchführung beider Projekte lohnen. Bei einem Zinssatz zwischen 12,6 und 13,8% (Bereich III) wäre nur noch Projekt a_1 lohnend und bei einem Zinssatz über 13,8% (Bereich IV) wäre keine der beiden Investitionen mehr lohnend.

Schließen sich a_1 und a_2 hingegen aus, so ist bis zu einem Zinssatz von 10% (Bereich I) a_2 das bessere Projekt. Für Zinssätze zwischen 10 und 13,8% (Bereiche II und III) wäre a_1 zu wählen, während bei noch höherem Kalkulationszinsfuß (Bereich IV) auf die Durchführung der Investition überhaupt zu verzichten wäre.

Tabelle 4.6   Zinsintervalle und Optimalalternativen

Bereich	I	II	III	IV
Projektindividuell	a_1, a_2	a_1, a_2	a_1	–
Auswahl aus Alternativen	a_2	a_1	a_1	–

Übungsaufgabe 4.4:

Zwei Investitionsprojekte a_1 und a_2 sind durch die Zahlungsreihen (−100; +10; +10; +10; +110) bzw. (−100; +32; +32; +32; +32) gekennzeichnet. Der Kalkulationszins beträgt 6%.

a. Berechnen Sie jeweils Kapital- und Endwert!
b. Welches Projekt wäre im Sinne einer Endvermögensmaximierung zu realisieren?
c. Ändert sich die Entscheidung unter b), wenn der Kalkulationszins 12% beträgt?

4.2.5 Differenzzahlungsreihe

Zum unmittelbaren Vergleich zweier Investitionsalternativen a_i und a_k mit den projektindividuellen Laufzeiten T_i und T_k bedient man sich häufig der Differenzzahlungsreihe $D^{i,k}$ (oder $D^{k,i}$), die häufig auch äußerst missverständlich als Differenzinvestition bezeichnet wird. Als **Differenzzahlungsreihe** $D^{i,k}$ bezeichnen wir die Zahlungsreihe ($d_t^{i,k}$; $t = 0, 1 ..., T$; mit $T = \max(T_i, T_k)$), die sich ergibt, wenn wir von der Zahlungsreihe der Investition a_i (e_t^i; $t = 0, 1 ..., T_i$) die Zahlungsreihe der Investition a_k (e_t^k; $t = 0, 1 ..., T_k$) abziehen. Für die Differenzzahlungsreihe $D^{i,k}$ gilt also:

$$(D_1) \quad d_t^{i,k} = e_t^i - e_t^k \quad (t = 0, 1, ..., T).$$

Bei der **Bildung der Differenzzahlungsreihe** wird in einem ersten Schritt die Zahlungsreihe der Investition mit der kürzeren projektindividuellen Laufzeit (gedanklich) für alle nachfolgenden Zeitpunkte bis zum Laufzeitende der länger laufenden Investition mit Nullen aufgefüllt. Da grundsätzlich zwei Möglichkeiten existieren, eine der beiden Zahlungsreihen von der jeweils anderen zu subtrahieren, wollen wir für den zweiten Schritt die Konvention vereinbaren, bei der Bildung der Differenzzahlungsreihe stets so vorzugehen, dass der erste von Null verschiedene Wert der Differenzzahlungsreihe ein negatives Vorzeichen erhält. Bei zwei Investitionen mit unterschiedlichen Anfangsauszahlungen folgt daraus insbesondere, dass

− die Zahlungsreihe mit dem niedrigeren Absolutbetrag der Anfangsauszahlung
− von der Zahlungsreihe mit dem höheren Absolutbetrag der Anfangsauszahlung

abgezogen wird.

Beispiel 4.7 (Fortsetzung II):

So ergibt sich etwa für das im letzten Abschnitt behandelte Beispiel 4.7 als Differenzzahlungsreihe der Alternativen a_1 und a_2 die in Zeile 3 von Tab. 4.7 angegebene Zahlungsreihe.

Tabelle 4.7   Ermittlung der Differenzzahlungsreihe $D^{2,1}$

	e_0, d_0	e_1, d_1	e_2, d_2
a_2	−1.850	+110	+2.221
(./.) a_1	−1.650	+1.000	+1.000
(=) $D^{2,1}$	−200	−890	+1.221

Würde Investition a_1 hingegen mit einer Investition a_3 (−1.650; +1.100; +880) verglichen, so wäre die Differenzzahlungsreihe nach der soeben getroffenen Konvention durch Subtraktion der Zahlungsreihe a_3 von der Zahlungsreihe a_1 zu bilden, so wie es Tab. 4.8 verdeutlicht.

Tabelle 4.8   Ermittlung der Differenzzahlungsreihe $D^{1,3}$

	e_0, d_0	e_1, d_1	e_2, d_2
a_1	−1.650	+1.000	+1.000
(./.) a_3	−1.650	+1.100	+880
(=) $D^{1,3}$	0	−100	+120

Um möglichen Missverständnissen vorzubeugen, wird explizit darauf hingewiesen, dass es sich beim nachfolgend vorgestellten Investitionsvergleich mittels Analyse der Differenzzahlungsreihe um ein ausschließlich formal definiertes „Kunstkonstrukt" handelt. Während Realinvestitionen zwecks Beurteilung auf der Modellebene durch Zahlungsreihen dargestellt werden, wird die Differenzzahlungsreihe demgegenüber erst durch mathematische Operationen auf der Modellebene gebildet. Der Differenzzahlungsreihe entspricht daher i.d.R. kein in der Realwelt tatsächlich realisierbares Investitionsprojekt. Aus diesem Grunde halten wir es auch nicht für sinnvoll, die Differenzzahlungsreihe – wie es vielfach im Schrifttum geschieht – als **Zahlungsreihe der Differenzinvestition** oder noch missverständlicher einfach als **Differenzinvestition** zu bezeichnen.

Für den Kapitalwert $K^{i,k}$ einer solchen Differenzzahlungsreihe gilt nun:

$$(D_2) \quad K^{i,k} = \sum_{t=0}^{T} d_t^{i,k} \cdot q^{-t}$$

$$= \sum_{t=0}^{T} (e_t^i - e_t^k) \cdot q^{-t}$$

$$= \sum_{t=0}^{T} e_t^i \cdot q^{-t} - \sum_{t=0}^{T} e_t^k \cdot q^{-t}$$

$$= K_i - K_k \; .$$

Der **Kapitalwert einer Differenzzahlungsreihe** $K^{i,k}$ ist also gleich der **Differenz der Kapitalwerte** der zugrunde liegenden Investitionen a_i und a_k. Dementsprechend ist die Vorteilhaftigkeitsbedingung

(V$_6$) $K_i > K_k$

ersetzbar durch

(V$_7$) $K^{i,k} > 0$.

Zur Beantwortung der Frage, welche von zwei einander ausschließenden Investitionsalternativen zu dem höheren Kapitalwert und damit auch zu dem höheren Endvermögen führt, ist es also ausreichend festzustellen, ob der Kapitalwert der Differenzzahlungsreihe positiv oder negativ ist.

Beispiel 4.7 (Fortsetzung III):

So errechnet sich für die im letzten Beispiel ermittelte Differenzzahlungsreihe $D^{2,1}$ ($e_0^{2,1} = -200$, $e_1^{2,1} = -890$ und $e_2^{2,1} = +1.221$) für einen Kalkulationszinsfuß von 5% ein Kapitalwert in Höhe von

$$K^{2,1} = -200 - 890 \cdot 1{,}05^{-1} + 1.221 \cdot 1{,}05^{-2}$$
$$= 59{,}811 \ .$$

Ermittelt man für die der Differenzzahlungsreihe $D^{2,1}$ zugrundeliegenden Investitionen a_1 und a_2 für $r = 5\%$ die zugehörigen Kapitalwerte und bildet die Differenz, so ergibt sich:

$$K_2 - K_1 = 269{,}211 - 209{,}4$$
$$= 59{,}811 \ .$$

Wie man unmittelbar erkennt, entspricht der Kapitalwert der Differenzzahlungsreihe $K^{2,1}$ der Differenz der Kapitalwerte K_2 und K_1. Da $K^{2,1}$ positiv ist, führt a_2 im Vergleich zu a_1 zu einem höheren Endvermögen.

Zu beachten ist allerdings, dass die Analyse der Differenzzahlungsreihe nur Aussagen darüber erlaubt, welche der beiden betrachteten Investitionsalternativen die bessere ist, jedoch noch gar nichts darüber aussagt, ob es überhaupt lohnt, eine der beiden Alternativen durchzuführen, oder ob nicht besser insgesamt die Unterlassensalternative realisiert werden sollte.

Beispiel 4.7 (Fortsetzung IV):

Die letztgenannte Überlegung lässt sich unmittelbar durch eine geringfügige Modifikation der Zahlungsreihen der Investitionen a_1 und a_2 aus Beispiel 4.7 verdeutlichen. Ginge man davon aus, dass sich die Anschaffungsauszahlung der Projekte a_1 bzw. a_2 um jeweils 1.000 GE – also um einen identischen Betrag – erhöhen würde, so ergäben sich für die beiden Projekte a_1' und a_2' zunächst die in Tab. 4.9 angegebenen Zahlungsreihen.

Tabelle 4.9   Modifizierte Zahlungsreihen alternativer Investitionsprojekte

	e'_0	e'_1	e'_2
a'_1	−2.650	+1.000	+1.000
a'_2	−2.850	+110	+2.221

Ohne weitere Berechnung erkennt man sofort, dass für jeden positiven Zinssatz r gilt: $K_1 < 0$ und $K_2 < 0$, so dass insbesondere auch für r = 5% die Unterlassensalternative die Optimalalternativen darstellt. Bildet man nun die Differenzzahlungsreihe $D^{2',1'}$, so ergibt sich exakt die gleiche Zahlungsreihe ($e_0^{2',1'} = -200$, $e_1^{2',1'} = -890$ und $e_2^{2',1'} = +1.221$) wie für die Differenzzahlungsreihe $D^{2,1}$ und damit zwingend für r = 5% ein identischer Kapitalwert von $K^{2',1'} = K^{2,1} = 59{,}811$.

Bei einem Zinsfuß von 5% ist a'_2 gegenüber a'_1 nach wie vor die günstigere Alternative. Für den Kapitalwert dieser günstigeren Alternative ergibt sich jedoch mit $K'_2 = -730{,}789$ ein negativer Wert. D.h., a'_2 ist zwar besser als a'_1, aber (deutlich) schlechter als die Unterlassensalternative.

Aus dem vorstehenden Beispiel erkennt man, dass

- das Konzept der Differenzzahlungsreihe ausschließlich darauf abstellt, zwei konkrete Investitionsalternativen in Bezug auf ihre **relative Vorteilhaftigkeit** zu bewerten und
- nicht darauf abstellt, Aussagen über die **absolute Vorteilhaftigkeit** der Durchführung einer konkreten Alternative zu treffen.

Diese Aussage ergibt sich bereits zwingend aus der Grundkonzeption dieses Ansatzes, da in die Differenzzahlungsreihe ja für jeden Zeitpunkt – unabhängig von den konkreten Höhen der einzelnen Zahlungen – nur die Zahlungsdifferenzen der zu vergleichenden Projekte einfließen. Für die Beurteilung der **relativen Vorteilhaftigkeit** ist diese Beschränkung allein auf Zahlungsdifferenzen sinnvoll, denn für die Ranglozierung zweier Investitionsalternativen können in der von uns betrachteten Modellwelt ausschließlich Zahlungsdifferenzen und keineswegs Zahlungen in gleicher Höhe entscheidungsrelevant sein. Um hingegen Aussagen über die **absolute Vorteilhaftigkeit** abzuleiten, ist es zwingend notwendig, die konkreten Höhen aller einzelnen Projektzahlungen zu berücksichtigen, da diesen im Vergleich mit der Unterlassensalternative durchaus Entscheidungsrelevanz zukommt.

Die endgültige Bestimmung der optimalen Investitionsalternative kann somit im Allgemeinen nicht ausschließlich über die Betrachtung der Differenzzahlungsreihe erfolgen. Vielmehr muss für die bessere der beiden Investitionsalternativen zusätzlich noch der individuelle Kapitalwert berechnet werden, um so auch den Vergleich mit der Unterlassensalternative durchzuführen.

Es existieren jedoch durchaus auch in der Praxis **Einsatzmöglichkeiten**, d.h. Entscheidungssituationen, in denen die endgültige Bestimmung der optimalen Investitionsalternative ausschließlich auf Basis der Analyse der Differenzzahlungsreihe erfolgen kann. Ist z.B. die Rahmenentscheidung zur Investitionsdurchführung bereits getroffen und lediglich noch offen, welches konkrete Projekt von zwei zur Auswahl stehenden Projekten letztlich realisiert werden soll, steht also die Unterlassensalternative nicht mehr zur Disposition, so ist nur noch die relative Vorteilhaftigkeit zwischen den Projekten für die zu treffende Auswahlentscheidung maßgeblich. In einem solchen Fall kann der Investor aus dem Kapitalwert der Differenzzahlungsreihe eindeutig ableiten, welche der betrachteten Alternativen zum maximal erreichbaren Endvermögen führt. Gerade in solchen Fällen kann es sich – insbesondere auch zur Vermeidung unnötig vieler Diskontierungsrechnungen (vgl. Übungsaufgabe 4.5) – anbieten, Investitionsalternativen mittels Analyse der zugehörigen Differenzzahlungsreihen zu vergleichen.

Die nachfolgende Übungsaufgabe verdeutlicht nochmals den eingeschränkten Aussagegehalt der Investitionsbeurteilung mittels alleiniger Analyse der Differenzzahlungsreihe. Gleichzeitig werden Sie aber bei der Bearbeitung auch erkennen, dass die Verwendung der Differenzzahlungsreihe oftmals weniger aufwendig ist als die Berechnung der Kapitalwerte der einzelnen Projekte, insbesondere wenn sich zwischen den betrachteten Investitionsalternativen konstante Zahlungsdifferenzen ergeben, die Differenzzahlungsreihe also dem Typ einer Rente entspricht, oder in einigen Zeitpunkten keine Zahlungsdifferenzen auftreten.

Übungsaufgabe 4.5:
Gegeben seien die Alternativen a_1 und a_2, die durch die in Tab. 4.10 angegebenen Zahlungsreihen charakterisiert sind.

Tabelle 4.10   Zahlungsreihen alternativer Investitionsprojekte II

	e_0	e_1	e_2	e_3	e_4	e_5
a_1	−550	+200	+160	+120	+100	+100
a_2	−495	+180	+140	+100	+100	+100

a. Bestimmen Sie die Differenzzahlungsreihe $D^{1,2}$!

b. Ermitteln Sie anhand der Differenzzahlungsreihe, welche der beiden Alternativen bei einem Zinsfuß von 10% den höheren Kapitalwert hat!

c. Welchen Schluss erlaubt das unter b) ermittelte Ergebnis im Hinblick auf die optimale Investitionsentscheidung?

Weitere Übungen auf der CD-ROM: Aufgaben 35 bis 52.

4.3 Äquivalente Annuität

4.3.1 Definition und formale Analyse

Kapitalwert und Endwert stellen zeitpunktbezogene Kennzahlen dar, die etwas über den bei Durchführung einer Investition zu erwartenden Vermögensvorteil aussagen. Dem Denken in der betrieblichen Praxis liegt es allerdings näher, die Vorteilhaftigkeit von Maßnahmen durch **zeitraumbezogene Kennzahlen**, also etwa jährliche „Erfolgs"-Größen, auszudrücken. Es liegt daher nahe, darüber nachzudenken, ob es die eingangs verdeutlichten finanzmathematischen Zusammenhänge nicht erlauben, auch die Vorteilhaftigkeit von Investitionsprojekten statt durch den Kapitalwert durch eine dazu äquivalente Jahresgröße auszudrücken. Das Ergebnis dieses „Denkprozesses" ist die sogenannte äquivalente Annuität, die wir mit dem Symbol e^* bezeichnen wollen.

Als **äquivalente Annuität** e^* einer Zahlungsreihe $e_0, e_1, e_2, ..., e_T$ bezeichnet man den Betrag von T gleichbleibenden Zahlungen in den Zeitpunkten $t = 1, 2, ..., T$, deren Kapitalwert gleich dem der Zahlungsreihe des Investitionsprojektes ist. Formal muss der Betrag der äquivalenten Annuität e^* also der Bedingung

$$\sum_{t=1}^{T} e^* \cdot q^{-t} = \sum_{t=0}^{T} e_t \cdot q^{-t}$$

genügen.

Nun gibt der links (rechts) stehende Summenausdruck nichts anderes an als den Rentenbarwert (Kapitalwert), sodass

$$e^* \cdot \text{RBF}(T; r) = K(r)$$

gilt. Die einem Investitionsprojekt mit der Zahlungsreihe $e_0, e_1, ..., e_T$ zuzuordnende äquivalente Annuität ist mithin zu bestimmen als

$$(AN_1) \quad e^* = \frac{1}{\text{RBF}(T; r)} \cdot K \quad \text{oder} \quad e^* = \text{ANF}(T; r) \cdot K.$$

Die äquivalente Annuität eines Investitionsprojektes kann also ermittelt werden, indem dessen Kapitalwert durch den Rentenbarwertfaktor dividiert oder mit dem Annuitätenfaktor multipliziert wird. Kapitalwert und äquivalente Annuität eines Investitionsprojektes weisen damit immer das gleiche Vorzeichen auf.

> **Beispiel 4.8:**
> Für das Investitionsprojekt aus Beispiel 4.1 ($e_0 = -100$; $e_1 = +10$; $e_2 = +10$; $e_3 = +100$) gilt also bei einem Zinssatz von 5% gemäß (AN_1) bei Verwendung der entsprechenden Werte aus den finanzmathematischen Tabellen:
>
> $K = -100 + 10 \cdot 0{,}9524 + 10 \cdot 0{,}9070 + 100 \cdot 0{,}8638 = 4{,}974$
>
> und

Äquivalente Annuität

$$e^* = 4{,}974 \cdot \frac{1}{2{,}7232} = 4{,}974 \cdot 0{,}3672 = 1{,}826.$$

Übungsaufgabe 4.6:
Gemäß vorstehenden Überlegungen sind die Zahlungsreihen aus Beispiel 4.8 (−100; +10; +10; +100) und (±0; +1,826; +1,826; +1,826) vermögensmäßig äquivalent. Überprüfen Sie, ob der Kapitalwert der Zahlungsreihe (±0; +1,826; +1,826; +1,826) tatsächlich mit dem des ursprünglichen Investitionsprojektes (bis auf etwaige Rundungsungenauigkeiten) übereinstimmt!

Eine **vereinfachte Definition** der äquivalenten Annuität ergibt sich für den Fall, dass die Zahlungsreihe des zu beurteilenden Projekts (ab dem Zeitpunkt $t = 1$) vom Typ einer Rente ist. Weist das betrachtete Investitionsprojekt in allen zukünftigen Zeitpunkten $t = 1, 2, \ldots, T$ einen konstanten Überschuss e auf, so gilt für den Kapitalwert bekanntlich gemäß (K_2):

$$K = e_0 + e \cdot \text{RBF}(T; r).$$

Setzen wir nun diesen Wert für K in (AN_1) ein und ersetzen e_0 durch $-a_0$, so ergibt sich nach geeigneter Umordnung:[37]

(AN_2) $e^* = e - a_0 \cdot \text{ANF}(T; r).$

Die äquivalente Annuität dieser speziellen Zahlungsreihe kann also einfach ermittelt werden, indem man von der gleichbleibenden Investitionseinzahlung e die der Anfangsauszahlung entsprechende Annuität abzieht. Dieser zweite Ausdruck wird häufig auch als der **Kapitaldienst** einer Investition bezeichnet.[38]

Kann der Rentenbarwertfaktor bzw. Annuitätenfaktor bei hinlänglich hohem Wert von T schließlich durch $1/r$ bzw. r approximiert werden, vereinfacht sich (AN_2) weiter zu:

(AN_3) $e^* = e - a_0 \cdot r.$

Übungsaufgabe 4.7:
Gehen Sie wie in Übungsaufgabe 4.2 von einem Investitionsprojekt mit der Zahlungsreihe $e_0 = -100$, $e_1 = +60$ und $e_2 = +60$ aus. Geldmittel können zu 10% angelegt bzw. aufgenommen werden.

a. Berechnen Sie die äquivalente Annuität e^*!

---

[37] e_0 ist bekanntlich negativ ($e_0 < 0$). Mithin gibt a_0 den absoluten Betrag der Anfangsauszahlung an.
[38] Unterstellt man, dass die Investition zu 100% mittels eines Annuitätendarlehens fremdfinanziert wird, so hat der Investor pro betrachteter Periode eine konstante Auszahlung an den Darlehensgeber zu leisten. Dementsprechend wird die Summe aus periodisch zu leistender Zins- und Tilgungszahlung (die Annuität) auch als „Kapitaldienst einer (fremdfinanzierten) Investition" bezeichnet.

b. Gehen Sie von dem zu a) gewonnenen Ergebnis e* aus und betrachten Sie die Zahlungsreihe (–100; 60 – e*; 60 – e*)! Welche Werte müssten K und EW dieser Zahlungsreihe aufweisen? Überprüfen Sie das Ergebnis Ihrer Überlegungen rechnerisch!

4.3.2 Ökonomische Interpretation

Während Endwert und Kapitalwert die Zahlungsreihe einer Investition durch eine auf einen Stichtag bezogene Vermögensgröße repräsentieren, charakterisiert die äquivalente Annuität die Zahlungsreihe durch eine **auf den Investitionszeitraum bezogene Zahlungsgröße**. Da – wie wir oben gesehen haben – der Kapitalwert der Investition und der Kapitalwert der Zahlungsreihe aus T Annuitätszahlungen gleich hoch sind, bedeutet dies, dass der Investor bei Durchführung der Investition das gleiche Endvermögen erreicht, das er erreichen würde, wenn er die Unterlassensalternative wählte und ihm zusätzlich – als Geschenk aus heiterem Himmel oder aus sonstiger Quelle – in allen Zeitpunkten t = 1, 2,…, T zusätzlich ein Betrag in Höhe der äquivalenten Annuität e* zur Verfügung gestellt würde. Zur Veranschaulichung dieser Konstellation gehen wir nochmals zu der in Beispiel 4.4 geschilderten Situation zurück.

Beispiel 4.9:

In Beispiel 4.4 wurde von der Zahlungsreihe $e_0 = -100$, $e_1 = +10$, $e_2 = +10$ und $e_3 = +100$ ausgegangen und in Fall 1 unterstellt, der Investor könne das Projekt aus verfügbaren liquiden Mitteln finanzieren, die alternativ zu 5% p.a. angelegt werden könnten. In Beispiel 4.8 ergab sich für die äquivalente Annuität dieses Projektes bei einem Zinssatz von 5% (auf zwei Stellen gerundet): e* = 1,83. Im folgenden wollen wir uns mit Hilfe eines Tilgungs- und Anlageplans verdeutlichen, wie sich das Vermögen des Investors bei Wahl der Unterlassensalternative unter der Voraussetzung entwickeln würde, dass ihm jeweils am Jahresende (also in den Zeitpunkten t = 1, 2 und 3) eine „zusätzliche" Prämie in Höhe des Annuitätsbetrages von 1,83 gutgeschrieben würde. Es ergibt sich dann der in Tab. 4.11 angegebene (hypothetische) Tilgungs- und Anlageplan.

Tabelle 4.11 TAP bei um Annuität korrigierter Zahlungsreihe

t	e_t	$z_t = C_{t-1} \cdot r$	$e_t + z_t$	$C_t = C_{t-1} + e_t + z_t$
0	0	0	0	+100
1	1,83	5	6,83	+106,83
2	1,83	5,34	7,17	+114,00
3	1,83	5,70	7,53	+121,53 = EV'_U

Wie der Vergleich mit der korrespondierenden Tabelle 4.3b aus Beispiel 4.4 zeigt, würde bei dieser hypothetischen Unterlassensalternative (von einer Rundungsungenauigkeit abgesehen) also genau das gleiche Endvermögen erzielt wie bei Realisierung der Investition.

Übungsaufgabe 4.8:

Gehen Sie von den Daten des Beispiels 4.9 bzw. 4.4 aus! Berechnen Sie in einem Tilgungs- und Anlageplan, wie sich das Vermögen des Investors bei Wahl der Unterlassensalternative unter der Voraussetzung entwickeln würde, dass dem Investor im Zeitpunkt t = 0 keine liquiden Mittel zur Projektdurchführung zur Verfügung stehen, er folglich (im Falle der Investitionsdurchführung) auf eine Kreditaufnahme zu r = 5% p.a. angewiesen wäre, und ihm (im Falle des Investitionsverzichts) jeweils am Jahresende eine zusätzliche staatliche Prämie von 1,83 Geldeinheiten gutgeschrieben würde!

(Lösungshinweis: Überlegen Sie zunächst, wie der Tilgungs- und Anlageplan der nicht modifizierten Unterlassensalternative im Fall der Fremdfinanzierung aussieht!)

Aus den beispielhaft verdeutlichten Überlegungen lassen sich folgende **Interpretationsmöglichkeiten der äquivalenten Annuität** ableiten:

- Die positive (negative) Annuität einer Investition gibt den Betrag an, den der Investor bei Durchführung der Investition in jedem Jahr zusätzlich entnehmen könnte (zusätzlich einlegen müsste), ohne deshalb ein anderes Endvermögen zu erreichen als bei Realisierung der Unterlassensalternative.

- Die positive (negative) Annuität einer Investition gibt den Betrag an, um den die Einzahlungsüberschüsse in jedem Jahr geringer (höher) sein dürften (müssten), ohne deshalb ein anderes Endvermögen zu erreichen als bei Realisierung der Unterlassensalternative.

- Ökonomisch kann die (positive) Annuität folglich als der **„durchschnittliche Nettoüberschuss"** interpretiert werden, der durch ein projektindividuell vorteilhaftes Investitionsprojekt im Vergleich zur Unterlassensalternative pro Periode erzielt werden kann.

Besonders sinnfällig wird die letzte Interpretation für den Spezialfall einer Zahlungsreihe, bei der auf die Anfangsauszahlung in Höhe des Betrages a_0 nur Einzahlungen in gleicher Höhe folgen ($e_1 = e_2 = \ldots = e_T = e$). In diesem Fall gilt – wie Sie wissen – (AN_2):

$$e^* = e - a_0 \cdot ANF(T; r) .$$

Wird die Anfangsauszahlung a_0 etwa vollständig durch einen Kredit finanziert, der in T Perioden so zurückzuzahlen ist, dass die jährliche Belastung aus Zins- und Tilgung gerade konstant bleibt (Annuitätendarlehen), so stellt der zweite Term in (AN_2) diesen gesamten „Kapitaldienst" dar, und e^* gibt den nach Abführung des Kapitaldienstes verbleibenden periodischen Nettoüberschuss ($e^* > 0$) bzw. Nettofehlbetrag ($e^* < 0$) des Projektes wieder.

4.3.3 Entscheidungsregeln

In Abschnitt 4.3.1 sind wir bereits darauf eingegangen, dass Kapitalwert und äquivalente Annuität eines Investitionsprojektes gemäß (AN_1) zwingend das gleiche Vorzeichen aufweisen. Da einerseits die primäre Vorteilhaftigkeitsbedingung $EV_I > EV_U$ gem. (V_1) äquivalent durch die Bedingung $K > 0$ gem. (V_3) ersetzt werden kann, andererseits e^* und K immer das gleiche Vorzeichen aufweisen, ist (V_1) auch genau dann erfüllt, wenn gilt:

(V_8) $e^* > 0$.

Das heißt, bei **projektindividueller Betrachtung** ist ein Projekt immer genau dann vorteilhaft, wenn die äquivalente Annuität positiv ist. Diese Entscheidungsregel wird im Übrigen auch aus den angegebenen Möglichkeiten der ökonomischen Interpretation unmittelbar plausibel.

Stehen neben der Unterlassensalternative **mehrere einander ausschließende Investitionsalternativen** zur Auswahl, so empfiehlt es sich – ebenso wie bei der Betrachtung der Kennziffer Endwert–, bei der Anwendung der Annuitätenmethode zwei Fälle zu unterscheiden.

1. Fall: Alle Projekte haben die gleiche Laufzeit

In diesem Fall können die Annuitäten e_i^* durch Multiplikation des entsprechenden Kapitalwertes K_i mit dem für alle Alternativen gleichen positiven Faktor $ANF(T; r)$ ermittelt werden. Mithin ergibt sich bei der Alternative mit der höchsten Annuität auch der höchste Kapitalwert und somit auch das höchste Endvermögen. Die Zielsetzung der Endvermögensmaximierung kann in diesem Fall also äquivalent durch die Zielsetzung der Annuitätenmaximierung ersetzt werden. Die ermittelten zeitraumbezogenen Annuitäten sind dann unmittelbar miteinander vergleichbar, da sie sich auf identische Zeitdauern beziehen. Der Annuitätenvergleich entspricht dann einer speziellen Dominanzüberlegung.

2. Fall: Die projektindividuellen Laufzeiten sind unterschiedlich

Sind die Projektlaufzeiten hingegen unterschiedlich, so ist diese Übereinstimmung nicht mehr gesichert. Die Zielsetzung der Endvermögensmaximierung kann in diesem Fall also nicht mehr äquivalent durch die Zielsetzung der Annuitätenmaximierung ersetzt werden.

Beispiel 4.10:

Zwei einander ausschließende Projekte a_1 und a_2 mit den Laufzeiten $T_1 = 3$ und $T_2 = 5$ weisen die in Tab. 4.12 angegebenen Zahlungsreihen auf.

Tabelle 4.12   Zahlungsreihen alternativer Investitionsprojekte III

	e_0	e_1	e_2	e_3	e_4	e_5
a_1	−100	+45	+50	+55		
a_2	−100	+35	+35	+35	+35	+35

Berechnet man für beide Projekte bei einem Kalkulationszins von 8% die Kapitalwerte und die laufzeitindividuellen äquivalenten Annuitäten, so ergeben sich folgende Werte:

$$K_1 = 28{,}19 < K_2 = 39{,}74$$
$$e_1^* = 10{,}94 > e_2^* = 9{,}95 \, .$$

Kapitalwert- und Annuitätenmethode führen im Beispiel also zu einander widersprechenden Ergebnissen. Da aber das Kapitalwertkriterium mit der Zielsetzung der Endvermögensmaximierung voll kompatibel ist, führt die Annuitätenmethode im vorliegenden Fall zu einer nicht zielgerechten Entscheidung.

Der Grund für die im Beispiel 4.10 aufgezeigte **Unzulänglichkeit der Annuitätenmethode bei Auswahlentscheidungen** liegt in der **Unterschiedlichkeit der Projektlaufzeiten.** Denn wie bereits ausführlich dargelegt, kann die Annuität eines Projektes vergröbernd als die während der Projektlaufzeit im Durchschnitt pro Periode erzielbare Einkommenssteigerung im Vergleich zur Unterlassensalternative interpretiert werden. Der Vergleich derartiger Durchschnittsbeträge erlaubt im Allgemeinen jedoch nur dann sinnvolle Schlussfolgerungen, wenn sich die zu vergleichenden Durchschnittszahlen auf die gleiche Größe beziehen, hier also auf die gleiche Laufzeit.

So zeigt in unserem Beispiel e_i^* an, dass a_1 während der Projektlaufzeit von 3 Jahren zu einem (zusätzlichen) Durchschnittseinkommen von 10,94 GE führt; a_2 demgegenüber erbringt zwar ein niedrigeres Durchschnittseinkommen ($e_2^* = 9{,}95$), dies jedoch 5 Jahre lang.

Ein Vergleich der laufzeitindividuellen Annuitäten führt somit im Allgemeinen in die Irre. Und zwar werden bei diesem Verfahren Projekte mit längerer Laufzeit tendenziell zu ungünstig dargestellt, Projekte mit kürzerer Laufzeit hingegen tendenziell zu günstig. Formal kann dieser Sachverhalt sehr einfach verdeutlicht werden. Bekanntlich gilt für die laufzeitindividuelle Annuität eines Investitionsprojektes a_i:

$$e_i^* = K_i \cdot \text{ANF}(T_i; r) \, .$$

Wie Sie mit einem Blick in Tabelle IV erkennen, wird der Annuitätenfaktor $\text{ANF}(T_i; r)$ jedoch mit wachsendem T_i immer kleiner. Das heißt, je länger die Laufzeit eines Projektes ist, umso geringer ist der Faktor, mit dem der Kapitalwert zu multiplizieren ist, um die Annuität zu bestimmen. Bei gegebenem Kapitalwert ist die Annuität folglich umso kleiner, je länger die Laufzeit des Projektes ist.

Übungsaufgabe 4.9:
Für zwei einander ausschließende Projekte a_1 und a_2 mit den Laufzeiten $T_1 = 10$ und $T_2 = 6$ betragen die laufzeitindividuellen Annuitäten $e_1^* = 85$ und $e_2^* = 77$. Welche Schlüsse über die Vorziehenswürdigkeit von a_1 oder a_2 erlauben diese Angaben?

Auch die Zusammenhänge zwischen dem originären Ziel der Endvermögensmaximierung und der Annuitätenmethode lassen sich auf **Dominanzüberlegungen** zurückführen. Eine Dominanz der Alternative a_i gegenüber der Alternative a_k kann die höhere projektindividuelle Annuität ($e_i^* > e_k^*$) nämlich nur dann anzeigen, wenn die Zahlungsreihe der e_i^* mindestens so lange anhält wie die der e_k^*, wenn also $T_i \geq T_k$ gilt.

Die – von Ausnahmefällen wie in Übungsaufgabe 4.9 abgesehen – unvermeidliche Schwäche der Annuitätenmethode kann jedoch einfach dadurch vermieden werden, dass man für die einzelnen Projekte nicht die laufzeitindividuellen Annuitäten berechnet, sondern alle Annuitäten in gleicher Weise auf eine einheitliche Zeitdauer von T Perioden bezieht. Dabei ist die Länge dieser Basisperiode beliebig wählbar.

Beispiel 4.11:
Wählt man ausgehend von den Daten des Beispiels 4.10 etwa als Basisperiode $T = T_1 = 3$, so ergibt sich:

$$e_1^* = 28{,}19 \cdot 0{,}388 = 10{,}94$$
$$e_2^* = 39{,}74 \cdot 0{,}388 = 15{,}42 \ .$$

Für $T = T_2 = 5$ hingegen gilt:

$$e_1^* = 28{,}19 \cdot 0{,}2505 = 7{,}06$$
$$e_2^* = 39{,}74 \cdot 0{,}2505 = 9{,}95 \ .$$

In beiden Fällen ergibt sich jetzt also die mit dem Kapitalwertkriterium und damit mit der Zielsetzung der Endvermögensmaximierung übereinstimmende Relation $e_2^* > e_1^*$.

Investitionsentscheidungen zwischen mehreren zur Auswahl stehenden Investitionsprojekten auf Basis der Annuität lassen sich damit unter der Voraussetzung gleicher Projektlaufzeiten bzw. der Berechnung der Annuitäten für eine einheitliche Basisperiode T auch wieder als Entscheidungen auf Basis spezieller Dominanzüberlegungen interpretieren. In obigem Beispiel dominiert Alternative 2 die Alternative 1, da Alternative 2 in jedem Zeitpunkt t = 1, 2, ..., T zu einer höheren Entnahmemöglichkeit für den Investor führt als Alternative 1.

Zusammenfassend lässt sich damit für die Kennzahl Annuität festhalten, dass bei projektindividueller Betrachtung Kapitalwert- und Annuitätenmethode zwingend zu übereinstimmenden und mit der Zielsetzung Endvermögensmaximierung kompatiblen Entscheidungen führen, während bei Auswahlentscheidungen immer dann, wenn das Projekt mit der niedrigeren laufzeitindividuellen Annuität die längere individuelle Projektlaufzeit hat, die Auswahl des Projekts mit der höheren laufzeitindividuellen Annuität zu einer Entscheidung führen kann, die mit der originären Zielsetzung der Endvermögensmaximierung nicht kompatibel ist.

Weitere Übungen auf der CD-ROM: Aufgaben 53 bis 56 und 63 bis 65.

4.4 Amortisationsdauer

4.4.1 Definition und formale Analyse

Als **Amortisationsdauer** t^* einer Investition bezeichnet man (ausgehend vom Entscheidungszeitpunkt $t = 0$) den Zeitraum bis zu dem Zeitpunkt, in dem der Barwert aller bis dahin angefallenen Einzahlungen erstmalig größer ist als der Barwert aller bis dahin angefallenen Auszahlungen. Formal ist die gesuchte Größe t^* also als das kleinstmögliche t^* zu bestimmen, das die folgende Bedingung erfüllt:[39]

$$(AD_1) \quad \sum_{t=0}^{t^*-1} e_t \cdot q^{-t} \leq 0 < \sum_{t=0}^{t^*} e_t \cdot q^{-t}.$$

Die beiden Summenausdrücke in (AD_1) entsprechen den Kapitalwerten der Investition für die beiden Fälle, dass die Investitionszahlungsreihe gedanklich in den Zeitpunkten t^*-1 bzw. t^* „abgebrochen" würde. Die Amortisationsdauer bezeichnet also den Zeitraum bis zu dem ersten Zeitpunkt, zu dem der Kapitalwert des Investitionsprojekts erstmals positiv wird.

Beispiel 4.12:

Gegeben sei eine Investition $e_0 = -1.900$; $e_1 = +1.000$; $e_2 = +100$; $e_3 = +1.000$; $e_4 = +100$; $e_5 = +100$; $e_6 = +100$.

Bei einem Zinssatz von angenommen 5% wird die Amortisationsdauer nun wie in Tab. 4.13 bestimmt.

---

[39] In der Literatur wird die Kennziffer Amortisationsdauer häufig geringfügig abweichend durch die Bedingung

$$\sum_{t=0}^{t^*-1} e_t \cdot q^{-t} < 0 \leq \sum_{t=0}^{t^*} e_t \cdot q^{-t}$$

definiert. Der Unterschied zu obiger Definition besteht ausschließlich darin, dass der Grenzfall „K = 0" unterschiedlich behandelt wird. Um zumindest für noch zu behandelnde Spezialfälle (z.B. projektindividuelle Entscheidungen bei Normalinvestitionen) eine eindeutig auf das Entscheidungskriterium Amortisationsdauer aufbauende Entscheidungsregel ableiten zu können, erscheint die Definition gemäß (AD_1) jedoch zweckmäßiger.

Tabelle 4.13   Bestimmung der Amortisationsdauer

t	e_t	$e_t \cdot q^{-t}$	$\sum_{\tau=0}^{t} e_\tau \cdot q^{-\tau}$
0	− 1.900	− 1.900	− 1.900
1	+ 1.000	+ 952,40	− 947,60
2	+ 100	+ 90,70	− 856,90
3	+ 1.000	+ 863,80	+ 6,90
4	+ 100		
5	+ 100		
6	+ 100		

Man berechnet also nacheinander jeweils den Kapitalwert für den Fall, dass die betrachtete Zahlungsreihe bereits nach t = 0, t = 1, t = 2 usw. abbrechen würde und stellt so fest, bei welchem gedachten Abbruchtermin sich erstmalig ein positiver Kapitalwert ergibt. Im vorliegenden Beispielsfall wäre das also im Zeitpunkt t = 3 der Fall; d.h., die Amortisationsdauer der betrachteten Investition beträgt bei einem Zinssatz von 5% genau t* = 3 Jahre.

Übungsaufgabe 4.10:
Bestimmen Sie die Amortisationsdauer der in Beispiel 4.12 betrachteten Zahlungsreihe für einen Zinssatz von 6% sowie für den Zinssatz von 20%!

Besteht die Zahlungsreihe der Investition aus einer Anfangsauszahlung a_0 ($a_0 = -e_0$) und einem Strom über T Perioden hinweg **konstanter jährlicher Einzahlungsüberschüsse** e, so vereinfacht sich die Formel zur Bestimmung des Kapitalwertes von (K_1) zu (K_2) und dementsprechend auch die der Amortisationsdauer zu:

(AD_2) $-a_0 + e \cdot RBF(t^*-1; r) \leq 0 < -a_0 + e \cdot RBF(t^*; r)$ oder

$RBF(t^*-1; r) \leq \dfrac{a_0}{e} < RBF(t^*; r)$.

Da der Rentenbarwertfaktor mit steigendem t wächst, kann aus einer entsprechenden Tabelle von Rentenbarwertfaktoren die gesuchte Amortisationsdauer t* in diesem Fall sehr einfach ermittelt werden, indem man feststellt, für welches t der Rentenbarwertfaktor zum ersten Mal größer wird als der Quotient a_0/e. Für diesen speziellen Fall ist also ein explizites und sukzessives Berechnen der Kapitalwerte für fortschreitende Projektlaufzeiten nicht mehr erforderlich.

Beispiel 4.13:
Gilt etwa $e_0 = -1.000$, $e = 100$ und $T = 20$, so kann die Amortisationsdauer recht einfach aus der Tabelle III am Ende des Buches abgelesen werden. Für einen Zinssatz von 5% etwa erkennen wir, dass der Rentenbarwertfaktor für $t = 14$ mit 9,8986 noch gerade kleiner ist als der Quotient von $a_0/e = 10$. Für $t = 15$ hingegen beläuft sich der Wert des Rentenbarwertfaktors auf 10,3797. D.h., wenn die Zahlungsreihe von einem jährlichen Einzahlungsüberschuss in Höhe von 100 mindestens 15 Jahre anhält, so wäre der Kapitalwert gerade positiv. Wie Sie aus der Tabelle III weiterhin unmittelbar ablesen können, gelten des Weiteren die in Tab. 4.14 angegebenen Amortisationsdauern in Abhängigkeit von dem jeweils zugrunde gelegten Zinssatz.

Tabelle 4.14   Amortisationsdauer und Kalkulationszins

r	4%	6%	7%	8%
t*	14	16	18	> 20

Für einen Zinssatz von 8% ergibt sich mit $t^* > 20$ für die Amortisationsdauer ein höherer Wert als die Laufzeit der Investition überhaupt ausmacht; d.h., bei einem Zinssatz von 8% ergibt sich für die betrachtete Investition mit einer Laufzeit von 20 Jahren überhaupt kein positiver Kapitalwert. Die betrachtete Investition würde sich bei einem Zinssatz von 8% folglich überhaupt nicht amortisieren. Ein positiver Kapitalwert (und damit die Amortisation) würde vielmehr erst dann erreicht, wenn bei sonst unveränderten Daten die Laufzeit der Investition mindestens 21 Jahre betrüge.

4.4.2 Ökonomische Interpretation

Wie die Amortisationsdauer ökonomisch zu interpretieren ist, wird im Grunde aus dem in Abschnitt 4.4.1 skizzierten Verfahren zur Ermittlung dieser Größe bereits unmittelbar deutlich. Beschränken wir uns bezüglich der Interpretation zunächst einmal auf den Fall sogenannter **Normalinvestitionen**, also auf solche Investitionen, bei denen auf eine oder mehrere Auszahlungen zu Beginn der Investitionslaufzeit nur noch Einzahlungen folgen (Kennzeichnung: Zahlungsreihe beginnt mit einer Auszahlung und weist exakt einen Vorzeichenwechsel auf), so kann sofort folgender Satz formuliert werden: Die Amortisationsdauer einer Normalinvestition gibt an, bis zu welchem Zeitpunkt die Einzahlungsüberschüsse mindestens anhalten müssen, damit sich für die betrachtete Investition ein positiver Kapitalwert ergibt.

Unterstellt man zusätzlich, dass der Investor zur Durchführung der betrachteten Normalinvestition **ausschließlich Fremdmittel** einsetzt, so kann die Amortisationsdauer ökonomisch sehr anschaulich wie folgt umschrieben werden: Die Amortisationsdauer einer zu 100% fremdfinanzierten Normalinvestition gibt an, bis zu welchem Zeitpunkt die Einzahlungsüberschüsse mindestens anhalten müssen, damit der Investor nach vollständiger Tilgung und Verzinsung des Gesamtkredits einen Vermögensüberschuss im Vergleich zur Unterlassensalternative erzielt.

Handelt es sich bei dem betrachteten Projekt **nicht** um eine **Normalinvestition,** so können nach dem ermittelten Amortisationszeitpunkt anfallende Auszahlungen dazu führen, dass sich bei Berücksichtigung aller Projektzahlungen – trotz zwischenzeitlicher „Amortisation" – insgesamt ein negativer Kapitalwert für das Projekt ergibt, insoweit also gerade kein Vermögensüberschuss im Vergleich zur Unterlassensalternative erzielt wird. Sind die späteren Auszahlungen nach einem einmal erfolgten Projektstart unvermeidbar, so machen die für Normalinvestitionen angeführten Interpretationen der Amortisationsdauer für Projekte, die keine Normalinvestitionen sind, keinen Sinn mehr.

Im nachfolgenden Abschnitt, in dem es um die Frage geht, ob und, wenn ja, in welchen „Spezialfällen" auf der Basis der Kennziffer Amortisationsdauer Investitionsentscheidungen getroffen werden können, die mit der Zielsetzung der Endvermögensmaximierung kompatibel sind, ist daher insbesondere auch nach dem „Investitionstyp" zu differenzieren.

4.4.3 Entscheidungsregeln

Da einerseits die primäre Vorteilhaftigkeitsbedingung $EV_I > EV_U$ gem. (V_1) äquivalent durch die Bedingung $K > 0$ gem. (V_3) ersetzt werden kann, andererseits für jede Normalinvestition, die sich während der individuellen Projektlaufzeit überhaupt amortisiert, definitionsgemäß gelten muss: $K > 0$, ist (V_1) auch genau dann erfüllt, wenn gilt:

(V_9) $t^* \leq T$.

Das heißt, bei **projektindividueller Betrachtung** ist ein Investitionsprojekt, dessen Zahlungsstruktur einer **Normalinvestition** entspricht, immer dann vorteilhaft, wenn es sich überhaupt amortisiert. Diese Entscheidungsregel wird im Übrigen auch durch die zweite ökonomische Interpretation unmittelbar plausibel. In dem betrachteten Spezialfall einer Normalinvestition stellt die Amortisationsdauer also bei projektindividueller Betrachtung eine **äquivalente Ersatzzielgröße** für den Kapitalwert und damit wiederum auch für das Endvermögen dar.

Stehen neben der Unterlassensalternative **mehrere einander ausschließende Investitionsprojekte** zur Auswahl, oder entspricht im Falle einer projektindividuellen Entscheidung das zu beurteilende Projekt **nicht dem Typ einer Normalinvestition,** so kann die Orientierung der Entscheidung an der Kennziffer Amortisationsdauer zu Entscheidungen führen, die nicht mehr mit der originären Zielsetzung der Endvermögensmaximierung kompatibel sind.

Beispiel 4.14:
Ausgegangen sei von drei Investitionsprojekten a_1, a_2 und a_3, die durch die in Tab. 4.15 angegebenen Zahlungsreihen gekennzeichnet werden können.

Tabelle 4.15 Zahlungsreihen alternativer Investitionsprojekte IV

	e_0	e_1	e_2	e_3
a_1	−100	+121	−121	
a_2	−100	+11	+121	
a_3	−100	+ 0	+ 0	+1.331

Berechnet man nun gemäß (AD_1) für die drei betrachteten Projekte bei einem Kalkulationszins von 10% die Amortisationszeiten und die Kapitalwerte der drei Projekte, so ergeben sich folgende Werte:

$$t_1^* = 1 < t_2^* = 2 < t_3^* = 3$$
$$K_3 = 900 > K_2 = 10 > 0 > K_1 = -90.$$

Ginge es zunächst nur um eine projektindividuelle Entscheidung über das Projekt a_1, so würde eine Orientierung an der Entscheidungsregel (V_9) zu einer Entscheidung führen, die mit der Zielsetzung der Endvermögensmaximierung nicht kompatibel ist. Für a_1 gilt zwar $t_1^* < T_1$, ebenso ergibt sich jedoch aus $K_1 < 0$ zwingend, dass die Wahl der Unterlassensalternative in diesem Fall zum maximal erreichbaren Endvermögen führt.

Ginge man im Falle einer Auswahlentscheidung von der naheliegenden Möglichkeit aus, dasjenige Projekt zu präferieren, das die kürzeste Amortisationszeit aufweist, so würde die Befolgung dieser Entscheidungsregel im Beispielfall ebenfalls zu einer nicht zielkonformen Entscheidung führen. Das bereits projektindividuell unvorteilhafte Projekt a_1 würde als Optimalalternative ausgewiesen. Selbst wenn man a_1 aus der Betrachtung ausschließt, also nur noch die dem Typ einer Normalinvestition entsprechenden Alternativen a_2 und a_3 betrachtet, würde eine Orientierung der Entscheidung an obiger Entscheidungsregel zu einer nicht zielkonformen Entscheidung zugunsten des in Bezug auf das erreichbare Endvermögen schlechteren Projektes a_2 führen.

Würde man nun – wie es gelegentlich erörtert wird – die Alternative mit der kürzeren Amortisationsdauer vorziehen, so führte dies im vorliegenden Beispiel ganz offensichtlich zu einer suboptimalen Entscheidung.

Verallgemeinern wir nun die an obigem Beispiel gewonnene Erkenntnis, so lässt sich festhalten:

Entspricht im Falle einer projektindividuellen Vorteilhaftigkeitsbetrachtung das zu beurteilende Projekt nicht dem Typ einer Normalinvestition, so kann die Orientierung der Entscheidung an der Vorteilhaftigkeitsbedingung (V_9) dazu führen, dass der Investor sich für ein Investitionsprojekt entscheidet, das zu einem geringeren Endvermögen als die Unterlassensalternative führt, er also eine Fehlentscheidung trifft.

Würde man sich bei der Wahl zwischen einander ausschließenden Investitionsalternativen nach der kürzeren Amortisationsdauer richten, so würden dadurch Investitionsprojekte, deren Einzahlungsschwerpunkt später liegt, systematisch schlechter dargestellt als Projekte mit relativ schnellem Mittelrückfluss. Die Orientierung an der kürzeren Amortisationsdauer führte somit tendenziell zu Fehlentscheidungen – auch dann, wenn alle zur Auswahl stehenden Investitionsprojekte vom Typ einer Normalinvestition sind.

Die **Untauglichkeit der Amortisationsdauer als generelles Entscheidungskriterium** ergibt sich bereits zwingend aus der Konstruktion dieser Kennzahl. Alle mit einem Investitionsprojekt a_i verbundenen Zahlungen jenseits des individuellen Amortisationszeitpunktes t_i^* werden gemäß (AD_1) gänzlich vernachlässigt. Da jedoch alle Zahlungen eines Investitionsprojektes die primäre Zielgröße Endvermögen beeinflussen, kann die Vernachlässigung einzelner Projektzahlungen sowohl bei Auswahlentscheidungen als auch bei projektindividueller Betrachtung zu Fehlentscheidungen führen. Wegen dieser unvollständigen Berücksichtigung aller Zahlungskonsequenzen kann ein Entscheidungskalkül auf Basis der Amortisationsdauer – abgesehen vom Spezialfall einer Normalinvestition bei projektindividueller Betrachtung – auch nicht mehr als spezielle Dominanzüberlegung interpretiert werden.

Die Verwendung der Amortisationsdauer als Entscheidungskriterium leuchtet allerdings selbst in dem oben beschriebenen Spezialfall einer Normalinvestition bei projektindividueller Betrachtung nicht unmittelbar ein, da der Kapitalwert auf jeden Fall erheblich einfacher zu ermitteln ist. So liegt die Bedeutung der Amortisationsdauer auch gar nicht so sehr auf dem Gebiet der Beurteilung von Investitionen unter der von uns hier zunächst vorausgesetzten Annahme sicherer Erwartungen. Für Investitionsentscheidungen bei Unsicherheit kann der Amortisationsdauer hingegen eine gewisse Bedeutung zukommen, wie es nachfolgende Erläuterung nur ansatzweise verdeutlicht und in Kapitel 6 noch deutlicher wird.

In der Regel können nämlich Zahlungen umso schwieriger abgeschätzt werden, je weiter sie in der Zukunft liegen. Rechnet man etwa mit einer Lebensdauer der Investition von 10 Jahren, so dürften vor allem die letzten Zahlungen nur sehr schwer schätzbar sein. Zur Entscheidung ist es dann sehr hilfreich, wenn man beispielsweise feststellt, dass die Amortisationsdauer t* bei 5 oder 6 Jahren liegt, so dass die ungewisse Höhe der letzten (Ein-)Zahlungen gar keinen Einfluss mehr auf die grundsätzliche Vorteilhaftigkeit der Investition hat.

Häufig kann man bei Investitionsprojekten auch von einem gewissen Zeitpunkt an mit einem in etwa gleichbleibenden jährlichen Einzahlungsüberschuss rechnen, weiß jedoch im Vorhinein nicht, wie lange dieser Zahlungsüberschuss anhalten wird. Auch dann kann es für die Abschätzung der Unsicherheitsstruktur hilfreich sein zu wissen, wie lange dieser Einzahlungsstrom mindestens anhalten müsste, damit sich ein positiver Kapitalwert ergibt, wie groß also die Amortisationsdauer ist.

Weitere Übungen auf der CD-ROM: Aufgaben 57 und 58.

4.5 Interner Zinsfuß

4.5.1 Vorbemerkung

Mit dem **Kapitalwert,** dem **Endwert** und der **Annuität** haben Sie zunächst drei investitionstheoretische Kennzahlen kennengelernt, die sich auf absolute Vermögensänderungen beziehen – sei es wie beim Kapitalwert und Endwert auf die absolute Vermögensänderung zu einem bestimmten Zeitpunkt, oder sei es wie bei der Annuität auf die absoluten Vermögensänderungen während einer bestimmten Zeitdauer. Diese Kennzahlen zeigen in ihrer Konstruktion eine relativ enge Nähe zu Dominanzüberlegungen. Daher lassen sich, wie wir gesehen haben, auf ihnen Entscheidungskalküle aufbauen, die – abgesehen von einigen Detailproblemen – kompatibel mit Dominanzüberlegungen im allgemeinen und mit der hier als originäre Zielvorstellung unterstellten Endvermögensmaximierung im besonderen sind.

Mit der **Amortisationsdauer** haben Sie dann eine weitere investitionstheoretische Kennzahl kennengelernt, die ganz offensichtlich keinen unmittelbaren Bezug zu den Vermögensänderungen aufweist, die die Durchführung eines Investitionsprojektes insgesamt auslöst. Auf dieser Kennzahl lässt sich, wie wir ebenfalls gesehen haben, daher auch kein Entscheidungskalkül mehr aufbauen, das – abgesehen von wenigen speziellen Situationen – kompatibel mit Dominanzüberlegungen oder der Zielvorstellung Endvermögensmaximierung ist. Diese Inkompatibilität erscheint allerdings wenig problematisch, da sie relativ offensichtlich ist und daher kaum zu Missverständnissen führen dürfte.

Mit dem **internen Zinsfuß** werden Sie im Folgenden eine weitere investitionstheoretische Kennzahl kennenlernen, die wieder auf Vermögensänderungen Bezug nimmt. Anders als Kapitalwert, Endwert und Annuität stellt der interne Zinsfuß als Renditekennzahl allerdings nicht auf absolute, sondern auf **relative Vermögensänderungen** ab. Auch die Konstruktion dieser Kennzahl steht nur in allenfalls losem Verhältnis zu Dominanzüberlegungen. Auf ihr lassen sich, wie wir noch sehen werden, ähnlich zur Amortisationsdauer lediglich Entscheidungskalküle aufbauen, die in ganz speziellen Situationen kompatibel mit Dominanzüberlegungen oder der Zielvorstellung Endvermögensmaximierung sind. Diese **Inkompatibilitäten** erscheinen allerdings deutlich problematischer als die bei der Amortisationsdauer festgestellten Inkompatibilitäten, da sie schwieriger zu erkennen sind und daher leicht zu Missverständnissen führen können. Der Grund liegt darin, dass der interne Zinsfuß zumindest vordergründig auf Vermögensänderungen abstellt – nur eben auf relative und nicht auf absolute Vermögensänderungen.

Da der interne Zinsfuß nicht nur eine leicht missverständliche Kennzahl ist, sondern seine Ermittlung zudem zuweilen auch noch relativ aufwendig ist, spräche zunächst einmal alles dafür, diese Kennzahl in einer einführenden Darstellung erst gar nicht zu behandeln und die Leser damit erst gar nicht zu verwirren. Allerdings ist gleichzeitig die Verwendung von Renditegrößen wie dem internen Zinsfuß in der Praxis aufgrund ihrer **(vordergründigen)**

Anschaulichkeit weit verbreitet.[40] Diese weite Verbreitung des internen Zinsfußes in der Praxis lässt es dann trotzdem dringend geboten erscheinen, auch den investitionstheoretischen Neuling mit dieser Kennzahl bekanntzumachen und ihm deren begrenzte Verwendbarkeit für Investitionsentscheidung klar und nachhaltig vor Augen zu führen.

4.5.2 Definition und formale Analyse

a) Definition

Als internen Zinsfuß r^* einer Zahlungsreihe $e_0, ..., e_T$ bezeichnet man den Wert des Kalkulationszinsfußes r, auf dessen Basis sich für den Kapitalwert gerade der Wert Null ergibt. Graphisch kann der gesuchte Wert r^* als der Abszissenwert der Nullstelle der Kapitalwertfunktion interpretiert werden, wie es Abb. 4.4 beispielhaft für die Zahlungsreihe der Normalinvestition a_1 ($e_0 = -80$; $e_1 = -12$; $e_2 = +50$; $e_3 = +66$) verdeutlicht

Abbildung 4.4   Graphische Analyse des internen Zinsfußes

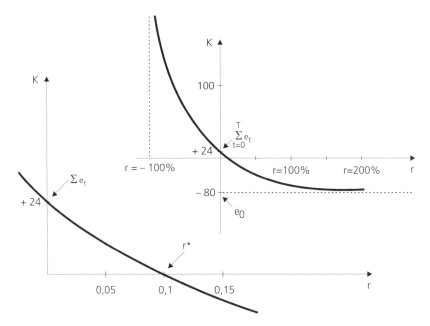

---

[40] Empirische Untersuchungen zur Vorgehensweise bei der Investitionsbeurteilung in der Unternehmenspraxis berichten durchgängig von hohen Verwendungsquoten. Auffällig ist auch, dass häufig mehrere Kennzahlen parallel zur Investitionsbeurteilung eingesetzt werden. Vgl. für die USA z.B. PETRY/SPROW (1993), S. 362-365; für europäische Tochtergesellschaften von U.S.-Unternehmen SHAO/SHAO (1993), S. 103; für Deutschland WEHRLE-STREIF (1989), S. 20, und HEIDTMANN/ DÄUMLER (1997).

Formal ist der interne Zinsfuß r^* also als der Wert von r zu bestimmen, für den gilt:

$$(IZ_1) \quad K(r^*) = \sum_{t=0}^{T} e_t \cdot (1+r^*)^{-t} = 0.$$

Für Verlauf und Interpretation der Kapitalwertkurve einer Normalinvestition sind, wie Sie bereits aus Abschnitt 4.2.1 wissen, neben der Interpretation des Abszissenwerts der Nullstelle als interner Zinsfuß noch folgende, ebenfalls in Abb. 4.4 hervorgehobene, Sachverhalte von Bedeutung:

- Der Kapitalwert bei einem Kalkulationszinsfuß von Null (der Ordinatenwert bei r = 0) gibt die Summe der nicht abgezinsten Zahlungssalden einer Investition, ihren Nominalwert, wieder.
- Der Kapitalwert einer Normalinvestition konvergiert für $r \to \infty$ gegen e_0, da die nachfolgenden Zahlungsüberschüsse durch die Diskontierung immer weniger „ins Gewicht fallen".
- Im Bereich negativer Kalkulationszinsfüße hingegen strebt der Kapitalwert für $r \to -1$ gegen unendlich.
- Weist die Normalinvestition nur genau eine Anfangsauszahlung auf, so verläuft die Kapitalwertfunktion zudem im gesamten Bereich relevanter Zinssätze streng konvex, also mit abnehmender Rate des Gefälles streng monoton fallend. Weist die Normalinvestition hingegen – wie die in Abb. 4.4 skizzierte Normalinvestition – mehr als eine Anfangsauszahlung auf, so verläuft die Kapitalwertfunktion zunächst streng monoton fallend – mindestens bis sie den Wert der ersten Anfangsauszahlung unterschreitet. Ab einem bestimmten Zinssatz verläuft sie dann aber streng monoton steigend und konvergiert von unten gegen e_0.[41]

Übungsaufgabe 4.11:

Berechnen Sie den Kapitalwert der Investition a_1 ($e_0 = -80$; $e_1 = -12$; $e_2 = +50$; $e_3 = +66$) für r = 9%, r = 10% und r = 11%!

b) Ermittlung

Allgemein kann der interne Zinsfuß nur implizit bestimmt werden, da die Relation (IZ_1) als Polynom T-ten Grades nur in Sonderfällen explizit nach r aufgelöst werden kann.[42] Bevor wir Ihnen eine vergleichsweise einfache Approximationsmethode als universell einsetzbare Methode zur impliziten Bestimmung von r^* vorstellen, wollen wir kurz auf einige Sonderfälle eingehen, bei denen die Struktur der Zahlungsreihe des Investitionsprojektes entweder die explizite Bestimmung von r^* zulässt

---

[41] Die in Abb. 4.4 skizzierte Kapitalwertfunktion unterschreitet den Wert der Anfangsauszahlung erst bei einem Zinssatz von r = 422% und erreicht ihren minimalen Kapitalwert von K = –80,63 erst bei einem Zinssatz von r = 899%. Das Unterschreiten von e_0 durch die Kapitalwertfunktion erfolgt im Beispielsfall also erst außerhalb des dargestellten Zeitabschnitts.
[42] Vgl. z.B. BRONSTEIN/SEMENDJAJEW/MUSIOL/MÜHLIG (2008), S. 44.

(Sonderfälle 1, 2 und 3) oder aber eine sehr einfache näherungsweise Ermittlung von r* ermöglicht (Sonderfall 4).

Sonderfall 1: Zwei Projektzahlungen

Betrachtet sei eine Investition, bei der auf eine einzige Auszahlung in t = 0 nur eine einzige Einzahlung im Zeitpunkt t = T folgt. Eine solche Struktur der Zahlungsreihe ist insbesondere charakteristisch für Zero-Bond-Anleihen, also für Anleihen, bei denen sämtliche Zahlungen des Emittenten für Zins und Tilgung in einer Summe am Ende der Anleihelaufzeit erfolgen.

Für eine solche Investition ergibt sich r* gemäß (IZ_1) aus $e_0 + e_T \cdot (1 + r^*)^{-T} = 0$. Formt man diese Gleichung nun nach r* um, so ergibt sich:

$$(IZ_2) \quad r^* = \sqrt[T]{\frac{e_T}{-e_0}} - 1 .$$

Beispiel 4.15:

Eine Investition bedingt eine Anfangsauszahlung von $e_0 = -1.000$ GE und führt zu einem einzigen Einzahlungsüberschuss im Zeitpunkt t = 3 in Höhe von $e_3 = +1.728$ GE.

Gemäß (IZ_2) ergibt sich für den gesuchten internen Zinsfuß dieses Investitionsprojektes:

$$r^* = \sqrt[3]{\frac{1.728}{-(-1.000)}} - 1 = 0,2 .$$

Der interne Zinsfuß beträgt also 20%.

Sonderfall 2: Kuponanleihe

Betrachtet sei eine Investition, bei der auf eine einzige Auszahlung in Höhe von e_0 bis zum Zeitpunkt T – 1 Einzahlungen in konstanter Höhe von $e_1 = e_2 = ... = e_{T-1} = z \cdot (-e_0)$ und im Zeitpunkt T eine Schlusseinzahlung in Höhe von $e_T = (1+z) \cdot (-e_0)$ erfolgen.[43] Eine solche Struktur der Zahlungsreihe ist insbesondere charakteristisch für Kuponanleihen mit jährlich nachschüssiger Zinsauszahlung und endfälliger Rückzahlung zum Emissionskurs. Für diese Investition ergibt sich r* gemäß (IZ_1) aus

$$e_0 - e_0 \cdot z \cdot RBF(T; r^*) - e_0 \cdot (1+r^*)^{-T} = 0 .$$

---

[43] Beachten Sie, dass e_0 als Auszahlung definiert ist und folglich ein negatives Vorzeichen aufweist. $z \cdot (-e_0)$ und $(1+z) \cdot (-e_0)$ sind für z > 0 daher zwingend positiv und somit als Einzahlungen zu interpretieren.

Die Lösung dieser Gleichung führt zu einem eindeutigen internen Zinsfuß in Höhe von:[44]

(IZ$_3$) $r^* = z$.

Beispiel 4.16:

Ein Anleger erwirbt im Zeitpunkt $t = 0$ für 100 GE eine Kuponanleihe, die folgende Rechte verbrieft:

– jährlich nachschüssige Zinszahlung in Höhe von 8 GE
– Laufzeit 10 Jahre
– endfällige Tilgung in Höhe von 100 GE.

Aus Sicht des Anlegers kann seine Investition in die Kuponanleihe durch folgende Zahlungsreihe verdeutlicht werden:

$t=0$	$t=1, 2, ..., 9$	$t=10$
-100	$+8$	$+108$.

Gemäß (IZ$_3$) ergibt sich für diese Zahlungsreihe: $r^* = z = 0{,}08$. Der interne Zinsfuß beträgt also 8%.

Sonderfall 3:   Drei unmittelbar aufeinander folgende Projektzahlungen

Betrachtet sei eine Investition, die nur in den Zeitpunkten $t=0$, $t=1$ und $t=2$ Zahlungen aufweist. Für diese Investition ergibt sich r^* gemäß (IZ$_1$) aus

$$e_0 + e_1 \cdot (1+r^*)^{-1} + e_2 \cdot (1+r^*)^{-2} = 0 .$$

Die Lösung dieser quadratischen Gleichung führt zu:[45]

(IZ$_4$) $r^*_{1,2} = \dfrac{-e_1}{2e_0} \pm \sqrt{\left(\dfrac{e_1}{2e_0}\right)^2 - \dfrac{e_2}{e_0} - 1}$.

---

[44] Die Umformung der Gleichung führt unter Beachtung von $q := (1+r^*)$ und $r^* \neq 0$ zu:

$$e_0 - e_0 \cdot z \cdot \frac{1-q^{-T}}{r^*} - e_0 \cdot q^{-T} = 0$$

$$\Leftrightarrow \quad 1 = z \cdot \frac{1-q^{-T}}{r^*} + q^{-T}$$

$$\Leftrightarrow \quad r^* = z \cdot (1-q^{-T}) + r^* \cdot q^{-T}$$

$$\Leftrightarrow \quad r^* \cdot (1-q^{-T}) = z \cdot (1-q^{-T})$$

$$\Leftrightarrow \quad r^* = z \quad \text{q.e.d.}$$

[45] Bei $e_0 < 0$ und $e_2 > 0$ ist der Ausdruck unter dem Wurzelzeichen stets positiv, sind also keine weiteren Beschränkungen des Definitionsbereichs zu beachten. Bei $e_0 < 0$ und $e_2 < 0$ mit $e_2 \leq \dfrac{e_1^2}{4 \cdot e_0}$ wird der Ausdruck negativ und existiert kein reeller interner Zinsfuß.

Beispiel 4.17:
Eine Investition bedingt eine Anfangsauszahlung in Höhe von $e_0 = -1.000$ GE, erbringt im Zeitpunkt $t = 1$ einen Einzahlungsüberschuss von $e_1 = +2.300$ GE und führt im Zeitpunkt $t = 2$ zu einem Auszahlungsüberschuss von $e_2 = -1.320$ GE.

Gemäß (IZ_4) ergibt sich:

$$r^*_{1,2} = \frac{-2.300}{2 \cdot (-1.000)} \pm \sqrt{\left(\frac{2.300}{2 \cdot (-1.000)}\right)^2 - \frac{-1.320}{(-1.000)}} - 1 = 0{,}15 \pm 0{,}05 \; .$$

Der interne Zinsfuß beträgt also entweder $r_1 = 10\%$ oder $r_2 = 20\%$. Auf die Problematik mehrerer interner Zinsfüße werden wir unter Punkt c) im weiteren Verlauf dieses Abschnittes noch zurückkommen.

Übungsaufgabe 4.12:
Versuchen Sie selbständig, die Formel (IZ_4) herzuleiten!

Sonderfall 4: Projektzahlungen in Form einer Rente

Betrachtet sei eine Investition, bei der auf eine einzige Auszahlung im Zeitpunkt $t = 0$ in allen zukünftigen Zeitpunkten $t = 1, 2, \ldots, T$ konstante Einzahlungen in Höhe von e folgen. Für diese Investition ergibt sich r^* gemäß (IZ_1) aus: $e_0 + e \cdot \text{RBF}(T; r^*) = 0$. Nach einfacher Umformung ergibt sich:

$$(IZ_5) \quad \text{RBF}(T; r^*) = \frac{1 - (1 + r^*)^{-T}}{r^*} = \frac{-e_0}{e} \; .$$

Die Relation (IZ_5) lässt sich nur in Sonderfällen explizit nach r^* auflösen. Der interne Zinsfuß kann jedoch aus einer Tabelle der Rentenbarwertfaktoren annähernd in der Weise bestimmt werden, dass man bei gegebener Laufzeit T feststellt, für welchen Zinssatz der Rentenbarwertfaktor möglichst nahe an dem Quotienten aus $-e_0$ und e liegt.

Anders als in den Sonderfällen 1 bis 3 ist im Sonderfall 4 damit zwar keine explizite Bestimmung des internen Zinsfußes möglich, aber ein besonders leicht anzuwendendes Näherungsverfahren zu dessen impliziter Bestimmung verfügbar.

Beispiel 4.18:
Eine Investition bedingt eine Anfangsauszahlung von 1.500 GE und erbringt dafür 10 Jahre lang einen gleichbleibenden Einzahlungsüberschuss von jährlich 200 GE.

Es gilt also:

$$e_0 = -1.500; \quad e = +200; \quad T = 10 \; .$$

Mithin muss der interne Zinsfuß r^* der Bedingung

$$\text{RBF}(10 \text{ J.}; r^*) = \frac{-(-1.500)}{200} = 7{,}5$$

genügen. D.h., wir müssen den Zinssatz bestimmen, bei dem der Rentenbarwertfaktor für 10 Jahre dem Wert 7,5 möglichst nahe kommt. Durch einen Blick in Tabelle III am Ende des Buches erkennt man, dass der gesuchte Zinssatz r^* zwischen

5% (RBF (10 J.; 5%) = 7,7217) und

6% (RBF (10 J.; 6%) = 7,3601) liegt.

Steht eine Tabelle der Rentenbarwertfaktoren zur Verfügung, in der Zinssätze mit weiteren Nachkommastellen ausgewiesen werden, so kann durch analoges Ablesen das Intervall für den internen Zinsfuß verkleinert werden. Aus RBF(10 J.; 5,6%) = 7,5016 und RBF(10 J.; 5,7%) = 7,4658 folgt z.B., dass der gesuchte interne Zinsfuß im Intervall von 5,6% und 5,7% liegt.

Berücksichtigt man weiterhin, dass für hinlänglich große Laufzeiten T der Ausdruck RBF (T; r^*) durch $1/r^*$ approximiert werden kann, so vereinfacht sich die Bestimmungsgleichung für r^* gemäß (IZ_5) zu:

$$(IZ_6) \quad r^* = \frac{e}{-e_0} .$$

Beispiel 4.19:
Eine Investition bedingt eine Anfangsauszahlung von 1.000 GE und erbringt in den nächsten Jahren bis zum Zeitpunkt T einen gleichbleibenden Einzahlungsüberschuss von jährlich 140 GE. Unabhängig von dem konkreten Wert von T ergibt sich für r^* gemäß (IZ_6) zunächst:

$$r^* = \frac{140}{-(-1.000)} = 0,14 .$$

Das Ausmaß, in dem bei Anwendung der Approximationsformel (IZ_6) der z.B. auf zwei Nachkommastellen exakt ermittelte Wert von r^* verfehlt wird, hängt maßgeblich von der Laufzeit des betrachteten Investitionsprojektes und damit von T ab. So beträgt der „exakte" Wert bei einer Laufzeit von 10 Jahren $r^*(T=10) = 6,64\%$, bei einer Laufzeit von 30 Jahren $r^*(T=30) = 13,70\%$ und bei einer Laufzeit von 50 Jahren $r^*(T=50) = 13,98\%$. Der gemäß (IZ_6) ermittelte Wert weicht also umso stärker von dem „exakten" Wert ab, je kleiner T ist.

Wie bereits ausgeführt, lässt sich Gleichung (IZ_1) allgemein nicht explizit nach r^* auflösen. Daher wollen wir Ihnen im Folgenden eine vergleichsweise einfache, formal wenig anspruchsvolle und inhaltlich leicht nachvollziehbare **Approximationsmethode** vorstellen, mit deren Hilfe der interne Zinsfuß **aller Arten von Zahlungsreihen** mit beliebiger Genauigkeit bestimmt werden kann. Zur Erläuterung dieses Verfahrens wollen wir nochmals auf die Zahlungsreihe der Normalinvestition a_1 ($e_0 = -80$; $e_1 = -12$; $e_2 = +50$; $e_3 = +66$) eingehen, für die sich bekanntlich ein interner Zinsfuß von 10% ergibt.

Wie Abb. 4.5 verdeutlicht, verläuft die Kapitalwertfunktion von a_1, deren Nullstelle wir suchen, zwischen beliebigen Zinssätzen mehr oder weniger stark „bauchig". Die Lösungsidee bei der vorzustellenden Approximationsmethode besteht nun darin, für alternative Zinssätze r jeweils den zugehörigen Kapitalwert zu bestimmen und dabei die gesuchte Nullstelle zunächst „einzukreisen", d.h., zwei Zinssätze r_P und r_N mit $K(r_P) > 0$ und $K(r_N) < 0$ zu finden, die möglichst nahe neben der gesuchten Nullstelle liegen. Verbindet man die beiden Punkte (r_P, K_P) und (r_N, K_N) durch eine Gerade, so kann deren Abszissenschnittpunkt $\tilde{r}_1$ als erste Näherung für den gesuchten Wert r^* angesehen werden. Der so gefundene erste Näherungswert $\tilde{r}_1$ liegt bei der hier betrachteten Normalinvestition umso näher an dem exakten Wert r^*, je enger die Nullstelle im Vorfeld schon eingekreist worden ist.

Abbildung 4.5 Approximation des internen Zinsfußes durch graphische Interpolation

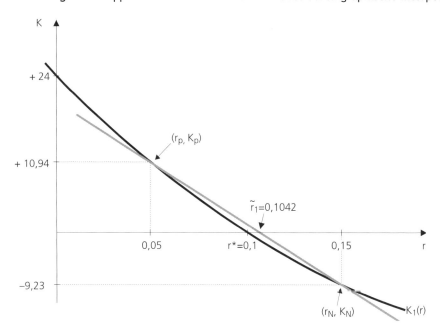

Die Bestimmung von $\tilde{r}_1$ bereitet keine größeren formalen Probleme, da letztlich nur die Nullstelle einer Geraden (Funktion ersten Grades), von der zwei Punkte bekannt sind und die damit eindeutig festgelegt ist, zu bestimmen ist. Für $\tilde{r}_1$ ergibt sich:

$$(IZ_7) \quad \tilde{r}_1 = \frac{r_N \cdot K_P - r_P \cdot K_N}{K_P - K_N}.$$

Übungsaufgabe 4.13:
   Versuchen Sie selbständig, die Formel (IZ_7) herzuleiten!

Beispiel 4.20:
Für unsere Beispielinvestition a_1 ($e_0 = -80$; $e_1 = -12$; $e_2 = +50$; $e_3 = +66$) könnten z.B. auf Basis der Ausgangszinssätze $r = 5\%$ und $r = 15\%$ die Kapitalwerte $K = 10{,}94$ und $K = -9{,}23$ ermittelt worden sein. Gemäß (IZ_7) ergibt sich damit als erste Näherung für r^* (Beachte: $5\% = r_P$; $15\% = r_N$; $10{,}94 = K_P$; $-9{,}23 = K_N$):

$$\tilde{r}_1 = \frac{0{,}15 \cdot 10{,}94 - 0{,}05 \cdot (-9{,}23)}{10{,}94 - (-9{,}23)} = 0{,}1042 \ .$$

Als erste Näherung für den internen Zinsfuß erhalten wir also den Wert $10{,}42\%$ (vgl. Abb. 4.5).

Häufig ist die gemäß (IZ_7) bestimmte erste Näherung schon eine hinlängliche Approximation für r^*. Will man hingegen zu einem genaueren Wert (einer besseren Approximation) gelangen, so kann z.B. wie folgt fortgefahren werden:

- Es wird der $\tilde{r}_1$ entsprechende Kapitalwert $K(\tilde{r}_1)$ errechnet.

- Je nachdem, ob $K(\tilde{r}_1)$ positiv oder negativ ist,[46] wird der bisherige Zinssatz r_P bzw. r_N durch $\tilde{r}_1$ sowie K_P bzw. K_N durch $K(\tilde{r}_1)$ ersetzt und erneut ein Approximationswert $\tilde{r}_2$ nach (IZ_7) bestimmt.

- Dieser Zyklus kann beliebig oft wiederholt werden, so dass der interne Zinsfuß r^* stets in der gewünschten Genauigkeit approximiert werden kann.

Übungsaufgabe 4.14:
Führen Sie für unsere Beispielinvestition a_1 ($e_0 = -80$; $e_1 = -12$; $e_2 = +50$; $e_3 = +66$) die nächsten beiden Approximationszyklen durch und bestimmen Sie $\tilde{r}_2$ und $\tilde{r}_3$!

c) Existenz und Eindeutigkeit

In dem gerade untersuchten Beispiel hatten wir es mit der Investition a_1 zu tun, die dem Typ einer Normalinvestition entspricht. Kapitalwertfunktionen von Investitionen dieses Typs weisen im relevanten Zinsbereich genau eine Nullstelle, also einen **eindeutigen internen Zinsfuß** auf. Betrachtet man nun die Investition a_2 ($e_0 = -1.000$; $e_1 = +2.300$; $e_2 = -1.320$), so ergeben sich gemäß (IZ_4) mit $r_1 = 10\%$ und $r_2 = 20\%$ (vgl. Beispiel 4.17) **mehrere interne Zinsfüße**. Der obere Kurvenzug in Abb. 4.6 verdeutlicht den Verlauf der Kapitalwertfunktion von a_2.

---

[46] Für den hier betrachteten Fall einer Normalinvestition ergibt sich aufgrund der Konvexität der Kapitalwertfunktion im Zinsbereich um die Nullstelle herum stets ein negativer Wert für $K(\tilde{r}_1)$, ist für den zweiten Approximationsschritt also stets r_N durch $\tilde{r}_1$ zu ersetzen.

Abbildung 4.6 Kapitalwertfunktion mit zwei internen Zinsfüßen bzw. keinem internen Zinsfuß

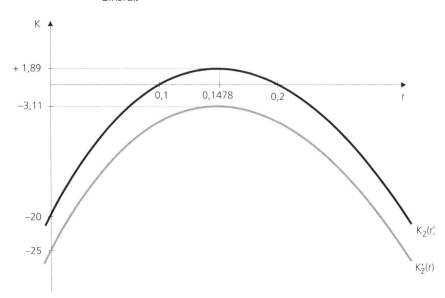

Andererseits gibt es auch Zahlungsreihen, für die sich überhaupt **kein interner Zinsfuß** bestimmen lässt. Um diese Möglichkeit aufzuzeigen, brauchen wir nur anzunehmen, dass in dem genannten Beispiel für eine Investition a_3 statt $e_0 = -1.000$ nun $e_0 = -1.005$ gilt. Bei unveränderter Geltung der übrigen Zahlenwerte bedeutet dies eine Verschiebung der Kapitalwertkurve um 5 Einheiten nach unten, so dass auch das bei $r = 0,1478$ liegende Maximum der Kapitalwertfunktion $K_2(r)$ bei der Kapitalwertfunktion $K'_2(r)$ im negativen Bereich liegt und dementsprechend überhaupt keine Nullstelle existiert (vgl. die untere Kurve in Abb. 4.6). Ohne auf nähere Beweise einzugehen, wollen wir zu diesem Problem den folgenden Satz angeben:[47]

Die Zahl der internen Zinsfüße, die größer als –1 sind, ist gleich der Zahl der Vorzeichenwechsel in der Zahlungsreihe oder um eine gerade Zahl kleiner (**„kartesische Zeichenregel"**).

Ein Projekt mit der Zahlungsreihe $e_0 = -100$; $e_1 = +20$; $e_2 = +20$; $e_3 = -10$; $e_4 = +50$; $e_5 = +50$; $e_6 = -30$; $e_7 = +40$, in der offenbar fünfmal das Vorzeichen wechselt, hätte dementsprechend entweder fünf oder drei oder nur genau einen internen Zinsfuß.

Ökonomisch sind nun allerdings vor allem solche Zahlungsreihen relevant, bei denen auf einen anfänglichen Auszahlungsüberschuss oder eine Reihe anfänglicher Auszahlungsüberschüsse anschließend nur noch Einzahlungsüberschüsse folgen. Derartige Investitionen werden – wie Ihnen bereits bekannt ist – als Normalinvestitionen bezeichnet. Aus der

---

[47] Zu entsprechenden Beweisen vgl. HAX (1985), S. 18-19; WITTEN/ZIMMERMANN (1977), S. 101-109.

kartesischen Zeichenregel folgt für derartige Investitionen sofort: Für Investitionen, bei denen zuerst nur Auszahlungen und anschließend nur noch Einzahlungen folgen (**Normalinvestitionen**), ergibt sich im Bereich (r > –1) stets genau ein eindeutiger interner Zinsfuß.

Beachtet man zusätzlich das Vorzeichen des Nominalwertes, so gilt schließlich auch noch: Ist der **Nominalwert einer Normalinvestition positiv (negativ),** so ist auch der interne Zinsfuß positiv (negativ). Dementsprechend weist eine Normalinvestition, deren Nominalwert kleiner oder gleich Null ist, auch für jeden positiven Kalkulationszins einen negativen Kapitalwert auf.

4.5.3 Ökonomische Interpretation

Bei den folgenden Ausführungen zur ökonomischen Interpretation beschränken wir uns zur Vereinfachung der Überlegungen von vornherein nur noch auf die Betrachtung des internen Zinsfußes von **Normalinvestitionen.**

Zur Verdeutlichung des ökonomischen Gehaltes des internen Zinsfußes einer solchen Normalinvestition sei weiter zunächst unterstellt, das betrachtete Projekt werde fremdfinanziert und alle Ein- und Auszahlungen würden nach Art eines Kontokorrentkredits abgerechnet. Würden die jeweiligen Salden dabei jeweils zum Kalkulationszins verzinst, so erhält man als Schlusssaldo dieses Kontos den Endwert. Rechnet man das Konto hingegen auf der Basis von r^* ab, so muss sich für den Schlusssaldo ± 0 ergeben.

Beispiel 4.21:

Zur Verdeutlichung sei erneut die Zahlungsreihe der Investition a_1 ($e_0 = -80$; $e_1 = -12$; $e_2 = +50$; $e_3 = +66$) betrachtet, für die $r^* = 0{,}1$ gilt. Für das entsprechende „Konto" ergibt sich somit bei einem Zinssatz von $r = r^*$ die in Tab. 4.16 dargestellte Entwicklung.

Tabelle 4.16 Kontodarstellung bei Fremdfinanzierung mit $r = r^*$

t	e_t	$z_t = C_{t-1} \cdot r$	$e_t + z_t$	$C_t = C_{t-1} + (e_t + z_t)$
0	–80	0	–80	–80
1	–12	–8	–20	–100
2	+50	–10	+40	–60
3	+66	–6	+60	0
Σ	+24	–24	±0	–240

C_t bezeichnet dabei wieder den Kontostand im Zeitpunkt t (mit $C_{-1} := 0$) und z_t die im Zeitpunkt t erfolgende Zinsbelastung. Würde das betrachtete Projekt durch einen zu 10% verzinslichen Kredit finanziert, so könnte dieser durch die nachfolgenden Einzahlungen bis zum Ende der Projektlaufzeit gerade vollständig abgetragen werden. Wäre der zugrundegelegte Zinssatz höher als der interne Zinsfuß von 10%, so verbliebe am

Ende noch ein Negativsaldo; bei einem niedrigeren Satz hingegen würde sich ein positives Endguthaben errechnen.

Verallgemeinern wir diesen Sachverhalt, so ergibt sich: Würden alle Auszahlungen einer Normalinvestition durch Kreditaufnahme gedeckt, so gibt der interne Zinsfuß den Kreditzinssatz an, bei dem die nachfolgenden Einzahlungen gerade ausreichen, um die anfangs aufgenommenen Kreditbeträge zu tilgen und zu verzinsen. Der interne Zinsfuß gibt also an, welche **„Kapitalkostenbelastung"** das betrachtete Investitionsprojekt gerade noch verkraften könnte. In diesem Sinne kann der interne Zinsfuß auch als die „Rendite" einer Investition angesehen werden.

Beispiel 4.21 (Fortsetzung):

Weiterhin geben die C_t gemäß Tab. 4.16 den Betrag der bis zum Zeitpunkt t noch nicht abgetragenen Verbindlichkeiten an, den man auch als das in der Periode (t + 1) „gebundene Kapital" bezeichnen kann. Die durchschnittliche Kapitalbindung während der Projektlaufzeit ergibt sich dann als einfacher Durchschnitt dieser C_t-Werte, beträgt also 240/3 = 80. In analoger Weise ergibt sich die durchschnittliche Zinsbelastung während der Projektlaufzeit als Durchschnitt der z_t-Werte, beträgt im vorliegenden Fall also 24/3 = 8. Der Quotient dieser beiden Größen beträgt im vorliegenden Fall 10% = 8/80, stimmt also genau mit dem internen Zinsfuß überein.

Auch dieser Sachverhalt kann für Normalinvestitionen verallgemeinert werden: Der interne Zinsfuß einer Normalinvestition kann als die Verzinsung des **„durchschnittlich gebundenen Kapitals"** des betrachteten Investitionsprojektes interpretiert werden.

Bislang wurde bei der ökonomischen Interpretation der Kennzahl „interner Zinsfuß" von einer Fremdfinanzierung ausgegangen. Mit Hilfe von Übungsaufgabe 4.15 können Sie sich selbst erarbeiten, dass die aufgezeigten Zusammenhänge auch für den Fall der Finanzierung aus freien Liquiditätsreserven gelten; die Finanzierungskosten stellen dann die Opportunitätskosten des Verzichts auf eine anderweitige Verwendung der liquiden Mittel dar.

Übungsaufgabe 4.15:

In Abweichung zur bisher explizit betrachteten Situation der 100%-igen Fremdfinanzierung einer Normalinvestition sei angenommen, der Investor verfüge im Zeitpunkt t = 0 über liquide Mittel in einer Höhe, die es ihm erlaubt, das Projekt ohne zwischenzeitliche Aufnahme von Fremdmitteln zu realisieren. Überlegen Sie, ob auch unter dieser Voraussetzung der interne Zinsfuß der Investition a_1 in Höhe von $r^* = 10\%$ als Verzinsung des „durchschnittlich durch die Investition a_1 gebundenen Kapitals" bzw. als „maximale Kapitalkostenbelastung" interpretiert werden kann!

4.5.4 Entscheidungsregeln

Auch auf Grundlage der investitionstheoretischen Kennzahl „interner Zinsfuß" lassen sich Entscheidungsregeln zur Beurteilung der Vorteilhaftigkeit einer Investition ableiten.

Die erste Interpretation des internen Zinsfußes als „maximal verkraftbare Kapitalkostenbelastung" des betrachteten Investitionsprojekts legt die Vermutung nahe, dass ein Investitionsprojekt dann vorteilhaft ist, wenn seine Rendite den Kalkulationszins übersteigt, d.h. wenn die maximal verkraftbaren Finanzierungskosten höher sind als die tatsächlich in Rechnung zu stellenden. Formal lässt sich dies in folgender **Entscheidungsregel für projektindividuelle Betrachtungen** ausdrücken:

(V_{10}) $\quad r^* > r$.

Zur Analyse der Tauglichkeit dieser Entscheidungsregel als Kriterium für die projektindividuelle Beurteilung der Vorteilhaftigkeit ist daran zu erinnern, dass es sich bei dem internen Zinsfuß r^* wie auch bei den Finanzierungskosten r um relative Größen handelt. Ein Vergleich derartiger Relativgrößen führt nur immer dann zu allgemein sinnvollen Ergebnissen, wenn die Bezugsbasen der Relativzahlen, also die jeweiligen „Kapitalbindungen", übereinstimmen. Diese Identität der Bezugsbasen von internem Zinsfuß und Kalkulationszins ist bei projektindividuellen Betrachtungen quasi automatisch erfüllt.

Bei projektindividuellen Entscheidungen, also einem Vergleich zwischen der Durchführung eines Investitionsprojektes und dessen Unterlassen, ergibt sich unter der hier durchgängig verwendeten Annahme, dass die Finanzierung den Charakter einer finanzwirtschaftlichen Komplementärmaßnahme aufweist, stets eine gleiche „Kapitalbindung" der Investition und der ihr gegenübergestellten Finanzierung aus Kreditaufnahme oder der Verwendung von liquiden Mitteln.

Dass die Entscheidungsregel (V_{10}) für Normalinvestitionen mit dem Kapitalwertkriterium übereinstimmt, wird auch graphisch aus Abb. 4.4 deutlich: Da $K(r)$ mit steigendem Kalkulationszins fällt und $K(r^*) = 0$ gilt, muss $K(r)$ für kleinere Werte des Kalkulationszinses als dem internen Zinsfuß positiv, für größere negativ sein.

Anhand der graphischen Verdeutlichung von Kapitalwertfunktionen lässt sich weitergehend auch leicht erkennen, dass sich aus $r^* > r$ ($r^* < r$) im Allgemeinen nur dann eindeutig auf $K(r) > 0$ ($K(r) < 0$) schließen lässt, wenn die Kapitalwertfunktion genau einen internen Zinsfuß aufweist. Da diese Bedingung für Normalinvestitionen erfüllt ist, sind für Normalinvestitionen projektindividuelle Vorteilhaftigkeitsentscheidungen, die nach Kriterium (V_{10}) getroffen werden, zwingend mit der originären Zielvorstellung kompatibel. Für **andere Investitionen als Normalinvestitionen** ist diese Bedingung hingegen nicht zwingend erfüllt und können Widersprüche zwischen (V_{10}) und dem Ziel der Endvermögensmaximierung auftreten, wie z.B. die Kapitalwertfunktion $K_2(r)$ in Abb. 4.6 deutlich macht. Z.B. liegen beide dort zu Projekt a_2 abgetragenen internen Zinsfüße $r_1^* = 10\%$ und $r_2^* = 20\%$ oberhalb eines Kalkulationszinses von $r = 5\%$. Trotzdem würde Projekt a_2 bei Gültigkeit dieses Kalkulationszinssatzes aber einen negativen Kapitalwert liefern, im Sinne der originären Zielsetzung Endvermögensmaximierung also unvorteilhaft sein.

Bei sehr vordergründiger Betrachtung könnte man irrtümlicher Weise versucht sein, auf der Kennzahl des internen Zinsfußes auch eine **Entscheidungsregel für Auswahlentscheidungen** aufzubauen, und dazu etwa formulieren, dass die Investitionsalternative mit dem höchsten internen Zinsfuß auszuwählen sei. Solche Entscheidungsregeln sind in der Praxis relativ weit verbreitet und finden sich bedauerlicher Weise vereinzelt sogar in Lehrbüchern zur Investitionstheorie.[48] Sie sind trotz ihrer Verbreitung aber im Allgemeinen **nicht kompatibel mit der Zielsetzung der Endvermögensmaximierung.** Für Auswahlentscheidungen können sich dabei Widersprüche, anders als bei projektindividuellen Entscheidungen, nicht erst für Investitionsprojekte mit beliebigen Zahlungsreihen ergeben, sondern auch bereits bei einer Auswahl aus verschiedenen Normalinvestitionen.

Bei **Auswahlentscheidungen,** also einer Entscheidung zwischen mehreren sich einander ausschließenden Investitionsprojekten mit oder ohne Vorhandensein einer expliziten Unterlassensalternative, stimmen nämlich die „Kapitalbindungen" der zur Auswahl stehenden Investitionen im allgemeinen nicht überein.[49] Daher haben die internen Zinsfüße als Relativzahlen im Allgemeinen unterschiedliche Bezugsbasen und sind nicht miteinander vergleichbar. Die Möglichkeit einer Inkompatibilität kann an dem Bild zweier sich schneidender Kapitalwertkurven verdeutlicht werden, wie es Abb. 4.7 in Beispiel 4.22 zeigt.

Beispiel 4.22:

Den Zahlungsreihen zweier Projekte a_3 (–200; +210; +23) und a_4 (–200; +0; +250) entsprechen die in Abb. 4.7 dargestellten Kapitalwertfunktionen. Projekt a_4 weist zwar mit 11,8% gegenüber 15% bei Projekt a_3 den niedrigeren internen Zinsfuß auf, führt bei Kalkulationszinssätzen unterhalb von ca. 8% aber dennoch zu dem höheren Kapitalwert. So gilt etwa bei einem Kalkulationszinssatz von 6%: $K_4 = 22,5 > K_3 = 18,6$.

---

[48] Vgl. z.B. OLFERT/REICHEL (2009), S. 210-212.
[49] Dies ist im Übrigen in aller Regel selbst dann der Fall, wenn die Laufzeiten und die Anschaffungsauszahlungen der zur Auswahl stehenden Investitionen übereinstimmen.

Abbildung 4.7 Kapitalwertfunktionen zweier Projekte a_3 und a_4

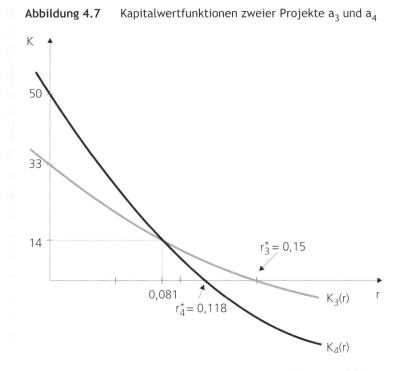

Damit sagen Vergleiche der durch den internen Zinsfuß ja ebenfalls verdeutlichten maximalen Belastbarkeit mit Finanzierungskosten noch gar nichts darüber aus, welches Projekt auf der Basis der tatsächlich maßgeblichen Finanzierungskosten am günstigsten ist.

Mit Nachdruck festzuhalten ist somit, dass der **interne Zinsfuß keine geeignete Kennzahl für Auswahlentscheidungen** darstellt. Derartige Entscheidungen würden vielmehr systematisch verzerrt, und zwar

- zuungunsten von Projekten mit hohem Kapitaleinsatz, langer Anlaufphase und dementsprechend spätem Mittelrückfluss,
- zugunsten von Projekten mit geringem Kapitaleinsatz und schnellem Mittelrückfluss.

Im ersten Fall ist die Bezugsbasis für einen eventuell relativ niedrigen internen Zinsfuß eine vergleichsweise hohe Kapitalbindung (so in unserem Beispiel 4.22 bei Projekt a_4), während sich ein hoher interner Zinsfuß im zweiten Fall nur auf eine deutlich geringere Basis bezieht (so bei Projekt a_3).

Die fehlende Eignung des internen Zinsfußes für Auswahlentscheidungen wird noch deutlicher, wenn man sich vor Augen führt, dass sich Kapitalwertfunktionen zweier Investitionsprojekte, selbst bei Normalinvestitionen, im Extremfall beliebig oft schneiden können. Sie können maximal so viele Schnittpunkte aufweisen, wie ihre Differenzzahlungsreihe Nullstellen hat. Genauso oft kann dann aber auch ihre Vorteilhaftigkeit in Abhängigkeit vom Kalkulationszinssatz wechseln. Dass der einfache Vergleich zweier interner Zinsfüße über solche mehrfachen Vorteilhaftigkeitswechsel keine sinnvolle Aussage machen kann, dürfte offensichtlich sein. Genauso wenig kann er es aber letztlich bei einem einzigen Schnittpunkt von Kapitalwertfunktionen.

Die nachfolgende Übungsaufgabe 4.16 ermöglicht es Ihnen, sich die Problematik von Auswahlentscheidungen auf Basis des internen Zinsfußes noch einmal selbst zu verdeutlichen.

Übungsaufgabe 4.16:

Einem Investor stehen im Entscheidungszeitpunkt $t = 0$ zwei konkrete Investitionsprojekte a_1 und a_2 sowie die Unterlassensalternative zur Auswahl. Die beiden Investitionsprojekte sind mit folgenden Zahlungssalden verbunden:

$$a_1: \quad e_0 = -10.000\,; \quad e_1 = 0\,; \quad e_2 = +13.200$$
$$a_2: \quad e_0 = -10.000\,; \quad e_1 = +12.000\,.$$

a. Geben Sie an, in welchem Bereich jeweils der Zinssatz, zu dem auf dem vollkommenen Finanzmarkt Gelder angelegt und aufgenommen werden können, liegen muss, damit

  (1) die Investitionsalternative a_1
  (2) die Investitionsalternative a_2
  (3) die Unterlassensalternative U

  die Optimalalternative für einen endvermögensmaximierenden Investor darstellt!

b. Stellen Sie fest, unter welchen Voraussetzungen eine auf den internen Zinsfuß gestützte Auswahlentscheidung im vorliegenden Fall zu einem mit dem Kapitalwertkriterium übereinstimmenden bzw. zu einem davon abweichenden Ergebnis führen würde!

Weitere Übungen auf der CD-ROM: Aufgaben 59 bis 62 und 71 bis 78.

4.6 Berücksichtigung unterschiedlicher Kalkulationszinsfüße

4.6.1 Problemstellung

Bislang haben wir bei der Beurteilung der Vorteilhaftigkeit eines Investitionsprojektes unterstellt, dass der Investor zu einem im Zeitablauf konstanten und für Geldanlage und Geldaufnahme identischen Zinssatz in beliebiger Höhe Kredite aufnehmen und liquide Mittel anlegen kann. Unter dieser **Prämisse des vollkommenen Finanzmarktes in ihrer strengen Form** ist es – wie insbesondere in Abschnitt 4.2 gezeigt – möglich, Investitionsentscheidungen auf der Basis finanzmathematischer Kennzahlen, d.h. ohne explizite Berücksichtigung der finanziellen Ausgangssituation des Investors und von dessen verfügbaren Finanzierungs- und Anlagemöglichkeiten zu treffen; die implizite Berücksichtigung der Finanzierungskosten durch den Kalkulationszinsfuß reicht völlig aus, um die in Hinblick auf die Zielsetzung Endvermögensmaximierung optimale Investitionspolitik zu ermitteln.

> **Übungsaufgabe 4.17:**
> In Abschnitt 2.3.3 wurden neben der Prämisse des vollkommenen Finanzmarktes in ihrer strengen Form schwächere Finanzmarktprämissen formuliert. Verdeutlichen Sie sich nochmals, worin die wesentlichen Unterschiede der dort unterschiedenen Finanzmarktprämissen bestehen!

Die Ableitung zieladäquater Investitionsentscheidungen mittels finanzmathematischer Kennzahlen setzt nun keineswegs zwingend die Existenz eines vollkommenen Finanzmarktes im strengen Sinne voraus. Im Folgenden soll daher exemplarisch für das Endwert- und Kapitalwertkriterium gezeigt werden, dass es mittels finanzmathematischer Kennzahlen möglich ist, auch unter schwächeren Finanzmarktprämissen zieladäquate Investitionsentscheidungen abzuleiten.

In Abschnitt 4.6.2 wird zunächst unter Beibehaltung der Prämisse übereinstimmender Soll- und Habenzinssätze gezeigt, dass die in Abschnitt 4.2 für den Fall eines vollkommenen Finanzmarktes im strengen Sinne abgeleiteten Formeln zur Bestimmung des Endwertes bzw. Kapitalwertes nur geringfügig modifiziert werden müssen, um **im Zeitablauf wechselnde Periodenzinsen** berücksichtigen zu können. Dabei zeigt sich, dass der Endwert bzw. Kapitalwert eines Investitionsprojektes auch im Fall wechselnder Periodenzinsfüße eine verlässliche Kennzahl für die durch die betrachtete Investition im Vergleich zur Unterlassensalternative erzielbare Endvermögensänderung darstellt und Investitionsentscheidungen weiterhin unabhängig von der finanziellen Ausgangssituation des Investors und ohne explizite Berücksichtigung verfügbarer Finanzierungs- und Anlagemöglichkeiten getroffen werden können.

Auch in den Abschnitten 4.6.3 und 4.6.4 behalten wir die Prämisse übereinstimmender Soll- und Habenzinssätze noch bei. Während wir in Abschnitt 4.6.2 einfach voraussetzen, dass die für die Investitionsbeurteilung relevanten zukünftigen periodenindividuellen Zinssätze bekannt sind, gehen wir in den Abschnitten 4.6.3 und 4.6.4 der Frage nach, wie diese zukünftigen periodenindividuellen Zinssätze im Umfeld eines Finanzmarktes, an dem finanzielle Ansprüche unterschiedlicher zeitlicher Struktur zu bekannten Preisen gehandelt werden, sachgerecht zu ermitteln sind. Diese Frage führt uns auf den Ansatz der sogenannten **„marktzinsorientierten Investitionsrechnung"** oder **„Marktzinsmethode"**. Dieser wurde Anfang der 1990er Jahre als „neues Verfahren der Investitionsrechnung" mit dem Anspruch vorgestellt, die klassische Investitionstheorie deutlich zu erweitern.[50] Tatsächlich führt die Marktzinsmethode gegenüber dem bisherigen Erkenntnisstand der Investitionstheorie jedoch zu keinen grundsätzlich neuen Erkenntnissen. Wir beschränken uns in den Abschnitten 4.6.3 und 4.6.4 auf eine Einordnung und Verdeutlichung des Grundansatzes der Marktzinsmethode und gehen dazu zwei Fragen nach.

In Abschnitt 4.6.3 unterstellen wir zunächst, dass die Transaktionsmöglichkeiten, die im Entscheidungszeitpunkt am Finanzmarkt aktuell verfügbar sind, die für die Investitionsbeurteilung relevanten Anpassungsmaßnahmen des Investors bilden. Wir zeigen, wie dann mit der Zielsetzung der Vermögensmaximierung kompatible Investitionsentscheidungen mit Hilfe des Kapitalwertkriteriums getroffen werden können, indem sogenannte Marktzinssätze aus den aktuell am Finanzmarkt verfügbaren Transaktionsmöglichkeiten abgeleitet und für die Kapitalwertberechnung verwendet werden.

In Abschnitt 4.6.4 unterstellen wir, dass ein Investor für zukünftige Perioden über subjektiv sichere Zinserwartungen verfügt, die von den Markzinssätzen abweichen, und gehen der Frage nach, welche zukünftigen Zinssätze dann für eine im Sinne der Vermögensmaximierung zu treffende Investitionsentscheidung überhaupt relevant sind: Die im Entscheidungszeitpunkt subjektiv erwarteten Zinssätze oder die sich im Entscheidungszeitpunkt aus real verfügbaren Transaktionsmöglichkeiten ergebenden Marktzinssätze?

Im Abschnitt 4.6.5 abstrahieren wir dann wieder von dem Problem, zukünftige für die Investitionsbeurteilung relevante Soll- und Habenzinssätze erst bestimmen zu müssen. Wir unterstellen vereinfachend wieder, dass diese bekannt sind, lassen jetzt aber zu, dass Soll- und Habenzinssätze divergieren und zudem auch im Zeitablauf variieren können. Auch für diese Situation zeigen wir, dass es unter bestimmten Voraussetzungen immer noch möglich ist, zieladaquate Investitionsentscheidungen mittels Kapitalwertkriterium bzw. Endwertkriterium abzuleiten. Neben den Finanzierungs- und Anlagemöglichkeiten wird dann aber auch die finanzielle Ausgangssituation zu einem entscheidungsrelevanten Sachverhalt für den Investor.

---

[50] Vgl. ROLFES (1992).

4.6.2 Wechselnde Periodenzinsfüße bei vollkommenem Finanzmarkt

In der bisher behandelten Grundform sehen die Endwert- und die Kapitalwertmethode die Verwendung eines einheitlichen Kalkulationszinsfußes vor. Behält man zunächst die Prämisse eines periodenspezifisch einheitlichen Soll- und Habenzinsfußes bei, so ist es jedoch immer noch möglich, dass für diesen einheitlichen Zinsfuß im Zeitablauf wechselnde Werte erwartet werden.

In einem solchen Fall würde der (vielleicht naheliegende) Versuch, die Endwert- oder Kapitalwertberechnung in der bisher behandelten Grundform auf der Basis eines – wie auch immer im Detail ermittelten – **Durchschnittszinsfußes** vorzunehmen, zu mehr oder weniger großen Unschärfen führen. Um dies zu vermeiden, liegt es nahe, Endwert und Kapitalwert gar nicht mehr auf der Basis eines für alle Perioden einheitlichen Zinsfußes zu berechnen, sondern mit **periodenindividuellen (also möglicherweise unterschiedlichen) Zinsfüßen** zu arbeiten.

> **Beispiel 4.23:**
> Eine Investition sei durch die Zahlungsreihe $e_0 = -100$, $e_1 = +60$, $e_2 = +56$ gekennzeichnet. Der Investor geht im Entscheidungszeitpunkt $t = 0$ davon aus, dass er in der ersten Periode finanzielle Mittel in beliebiger Höhe für ein Jahr zu 12% und in der zweiten Periode zu 8% p.a. anlegen und aufnehmen kann, rechnet also mit sinkenden Zinsen.
>
> **Fall A:**
> Die benötigte Investitionssumme von 100 steht in Form liquider Mittel zur Verfügung. Im Beispiel beträgt das Vermögen in $t = 2$ bei Unterlassen der Investition, d.h. bei Anlage der liquiden Mittel zum jeweiligen Zinssatz:
>
> $$EV_U^A = 100 \cdot 1{,}12 \cdot 1{,}08 = 120{,}96.$$
>
> Bei Durchführung der Investition und verzinslicher „Zwischenanlage" der nach einem Jahr zufließenden Mittel beträgt das Vermögen in $t = 2$:
>
> $$EV_I^A = 60 \cdot 1{,}08 + 56 = 120{,}80.$$
>
> Die aus der Investitionsdurchführung resultierende Endvermögensdifferenz beträgt im Fall A mithin:
>
> $$EV_I^A - EV_U^A = 120{,}80 - 120{,}96 = -0{,}16.$$
>
> Die Durchführung der Investition wäre somit nicht lohnend.
>
> **Fall B:**
> Zur Durchführung der Investition stehen keinerlei liquide Mittel zur Verfügung, so dass das Projekt zu 100% durch Kreditaufnahme finanziert werden müsste. Geht man davon aus, dass sich alle gegenwärtigen und zukünftigen Zahlungen in Gutschriften oder Belastungen auf dem Kontokorrentkonto niederschlagen und dieses Konto im

Falle des Verzichts auf das Investitionsprojekt folgende (willkürlich gewählten) Kontostände C_t aufwiese:

$$C_0 = -600; \quad C_1 = -690; \quad C_2 = -670,$$

so ergeben sich statt der angegebenen C_t-Werte im Falle der Durchführung der Investition folgende Beträge C'_t für den jeweiligen Kontostand:

$C'_0 = -600 - 100 = -700$ (Mehrbelastung durch die Investitionssumme)

$C'_1 = -690 - 100 \cdot 1{,}12 + 60 = -742$ (Mehrbelastung durch die Investitionssumme und die daraus resultierende zusätzliche Zinsbelastung; Entlastung durch die aus dem Projekt resultierende Gutschrift)

$C'_2 = -670 - (100 \cdot 1{,}12 - 60) \cdot 1{,}08 + 56 = -670{,}16$ (Erläuterung siehe oben).

Im Vergleich zur Unterlassensalternative (also dem Verzicht auf die zusätzliche Kreditaufnahme mit $EV_U = C_2 = -670$) bewirkt die Durchführung der Investition also, dass das Kontokorrentkonto im Zeitpunkt $t = 2$ um 0,16 [GE] mehr belastet wäre. Es gilt folglich im Fall B:

$$EV_I^B - EV_U^B = -670{,}16 - (-670) = -0{,}16.$$

Unabhängig von der in den Fällen A und B als unterschiedlich unterstellten Finanzlage des Unternehmens ergibt sich also auch im Falle wechselnder Periodenzinssätze ein identischer Wert für die interessierende Endvermögensdifferenz. In beiden Fällen erweist sich die Investition – wenn auch knapp – als nicht lohnend.

Würde man nun den Endwert oder Kapitalwert des Projektes gemäß Formel (EW$_1$) bzw. (K$_1$) auf Basis eines (auf den ersten Blick vielleicht naheliegend erscheinenden) Durchschnittszinssatzes von 10% ermitteln, so ergäben sich mit

$EW(r = 10\%) = -100 \cdot 1{,}1^2 + 60 \cdot 1{,}1 + 56 = 1$
bzw.
$K\ (r = 10\%) = -100 + 60 \cdot 1{,}1^{-1} + 56 \cdot 1{,}1^{-2} = 0{,}83$

Werte, die nicht nur nicht der Endvermögensdifferenz bzw. der abgezinsten Endvermögensdifferenz entsprächen, sondern das Projekt sogar fälschlicher Weise als vorteilhaft erscheinen lassen würden.

Ermittelt man aber den Endwert oder Kapitalwert des Projekts auf Basis der relevanten Periodenzinssätze, so ergibt sich mit

$EW(r_1 = 12\%;\ r_2 = 8\%) = -100 \cdot 1{,}12 \cdot 1{,}08 + 60 \cdot 1{,}08 + 56 = -0{,}16$
bzw.
$K\ (r_1 = 12\%;\ r_2 = 8\%) = -100 + 60 \cdot 1{,}12^{-1} + 56 \cdot 1{,}12^{-1} \cdot 1{,}08^{-1} = -0{,}13$
$(= -0{,}16 \cdot 1{,}08^{-1} \cdot 1{,}12^{-1})$

jeweils ein Wert, der formal der Relation (EW₃) bzw. (K₄) exakt entspricht und inhaltlich unverändert als die aus der Durchführung des Investitionsprojektes resultierende Vermögensdifferenz bezogen auf den Zeitpunkt t = T bzw. t = 0 interpretiert werden kann.

Wie unser Beispiel schon vermuten lässt, stellen Endwert und Kapitalwert auch im Fall wechselnder Periodenzinsfüße verlässliche Indikatoren für die durch die betrachtete Investition im Vergleich zum Unterlassen erzielbare Endvermögensänderung dar, sofern es nur gelingt, die maßgeblichen Periodenzinsfüße korrekt abzuschätzen.

Die Formeln (EW₁) bzw. (K₁) lassen sich für den Fall wechselnder Periodenzinssätze verallgemeinern. Bezeichnet man zunächst den für die τ-te Periode, also den Zeitraum zwischen den Zeitpunkten t = τ − 1 und t = τ, maßgeblichen Periodenzinssatz mit r_τ bzw. den korrespondierenden Zinsfaktor mit q_τ, so gilt in diesem Fall für das Produkt aller Zinsfaktoren der Perioden t bis t' (t' ≥ t), das nachfolgend als Q(t, t') bezeichnet wird:

(FM₁₇) $\quad Q(t, t') = q_t \cdot q_{t+1} \cdot \ldots \cdot q_{t'} = \prod_{\tau=t}^{t'} q_\tau$.

Unter Beachtung von (FM₁₇) kann (EW₁) bzw. (K₁) verallgemeinert werden zu:

(EW₄) $\quad EW = \sum_{t=0}^{T-1} e_t \cdot Q(t+1, T) + e_T$ und

(K₅) $\quad K = e_0 + \sum_{t=1}^{T} e_t \cdot [Q(1, t)]^{-1}$.

Beachtet man, dass definitionsgemäß für t = 1, 2, ..., T − 1

(FM₁₈) $\quad Q(t+1, T) \cdot [Q(1, T)]^{-1} = [Q(1, t)]^{-1}$

gilt, so kann statt (K₅) auch

(K₆) $\quad K = e_0 + \sum_{t=1}^{T-1} e_t \cdot Q(t+1, T) \cdot [Q(1, T)]^{-1} + e_T \cdot [Q(1, T)]^{-1}$

geschrieben werden, woraus folgt:

(K₇) $\quad K = EW \cdot [Q(1, T)]^{-1}$.

Kapitalwert und Endwert stellen im Falle projektindividueller Entscheidungen also auch bei differierenden Periodenzinsfüßen vollständig äquivalente Kennzahlen dar.

Übungsaufgabe 4.18:
Ein Investor geht im Entscheidungszeitpunkt t = 0 davon aus, dass er in den nachfolgenden Perioden finanzielle Mittel in beliebiger Höhe für jeweils ein Jahr zu folgenden Zinssätzen (Zinssituation 1) anlegen und aufnehmen kann:

Periode 1: 5%
Periode 2: 7%
Periode 3: 9%,

rechnet also mit steigenden Zinsen. Er überlegt nun, ob es unter der von ihm verfolgten Zielsetzung der Endvermögensmaximierung sinnvoll ist, das aus Beispiel 4.4 bekannte Investitionsprojekt a_1 ($e_0 = -100$; $e_1 = +10$; $e_2 = +10$; $e_3 = +100$) durchzuführen.

a. Berechnen Sie den Barwert der Einzahlung von 100 GE in t = 3!
b. Berechnen Sie den Kapitalwert des Investitionsprojektes a_1!
c. Angenommen, der Investor ginge davon aus, dass für die nachfolgenden Perioden folgende Zinssätze (Zinssituation 2) gelten werden:

Periode 1: 9%
Periode 2: 7%
Periode 3: 5%.

1. Berechnen Sie erneut den Barwert der Einzahlung von 100 GE in t = 3!
2. Wenn Sie richtig gerechnet haben, so stimmen die Ergebnisse der Teilaufgaben a) und c1) exakt überein, der Gegenwartswert einer zukünftigen Zahlung ist also unabhängig von der Reihenfolge der Zinssätze. Kann daraus geschlossen werden, dass die Reihenfolge der Zinssätze auch für die Höhe des Kapitalwertes und damit für die Investitionsbeurteilung irrelevant ist?
3. Überprüfen Sie Ihre Überlegungen zu c2) durch die Berechnung des Kapitalwertes des Projektes a_1 für Zinssituation 2!

4.6.3 Ermittlung von Marktzinssätzen und Kapitalwertberechnung

In Abschnitt 4.6.2 haben wir, wie auch bei allen vorhergehenden Überlegungen, einfach unterstellt, dass die für die Investitionsbeurteilung relevanten Zinssätze bekannt sind. Mit der sich vor allem bei im Zeitablauf variierenden Zinssätzen stellenden Frage, wie die relevanten Zinssätze zu bestimmen sind, haben wir uns bisher nicht detailliert beschäftigt. Es wurde lediglich deutlich, dass die für die Investitionsentscheidung letztlich relevanten Zinssätze gerade die Anpassungsmaßnahmen abbilden müssen, die ein Investor bei Investitionsdurchführung im Vergleich zum Unterlassen ergänzend zur Investition ergreift.

In diesem Abschnitt wollen wir nun unterstellen, dass dem Investor im Entscheidungszeitpunkt als Anpassungsmaßnahmen ausschließlich ein bestimmter Kanon von Transaktionsalternativen am Finanzmarkt zur Verfügung steht, und für diese Konstellation der Frage nachgehen, wie dann aus den Finanzmarktdaten die beurteilungsrelevanten Zinssätze zu bestimmen sind. Da diese Zinssätze ausschließlich aus den Daten aktuell verfügbarer Finanzmarktgeschäfte abgeleitet werden, wollen wir sie in Anlehnung an das einschlägige Schrifttum als **Marktzinssätze** bezeichnen.

Berücksichtigung unterschiedlicher Kalkulationszinsfüße

Ansätze zur Ermittlung von Marktzinssätzen bilden einen Strang in der Diskussion um die sogenannte Marktzinsmethode.[51] Im Rahmen dieser einführenden Darstellung wollen wir uns auf eine beispielhafte Verdeutlichung der Vorgehensweise beschränken. Eine Verallgemeinerung erfordert einen relativ komplexen Formelapparat,[52] auf den hier für die Vermittlung eines ersten Grundverständnisses ganz bewusst verzichtet wird.

Beispiel 4.24:
Wir betrachten einen Investor, der über keine liquiden Mittel verfügt und über die Durchführung einer Investition nachdenkt, die durch die Zahlungsreihe $e_0 = -150$, $e_1 = +40$, $e_2 = +55$, $e_3 = +70$ gekennzeichnet ist. Am Finanzmarkt stehen ihm die folgenden Transaktionsmöglichkeiten offen, die er jeweils in beliebigen Vielfachen oder Bruchteilen ergreifen und beliebig miteinander kombinieren kann:

Erwerb oder Verkauf der Anleihe X:
X weist eine Laufzeit von einem Jahr auf und führt bei einer Auszahlung (Einzahlung) von 1 GE in $t = 0$ zu einer Einzahlung (Auszahlung) von 1,04 GE in $t = 1$.

Erwerb oder Verkauf der Anleihe Y:
Y weist eine Laufzeit von 2 Jahren auf und führt bei einer Auszahlung (Einzahlung) von 1 GE in $t = 0$ zu Einzahlungen (Auszahlungen) von 0,06 GE in $t = 1$ und 1,06 GE in $t = 2$.

Erwerb oder Verkauf der Anleihe Z:
Z weist eine Laufzeit von 3 Jahren auf und führt bei einer Auszahlung (Einzahlung) von 1 GE in $t = 0$ zu Einzahlungen (Auszahlungen) von 0,08 GE in $t = 1$ und $t = 2$ sowie 1,08 GE in $t = 3$.

Angesichts dieser durch den Finanzmarkt exogen vorgegebenen Transaktionsmöglichkeiten kann der Investor eine Investitionsdurchführung so mit Anpassungsmaßnahmen kombinieren, dass das Gesamtpaket aus Investitionsdurchführung und Anpassungsmaßnahmen per Saldo nur im Zeitpunkt $t = 0$ eine von null verschiedene Zahlungskonsequenz aufweist.[53] Die Investitionsentscheidung kann so durch Erweiterung der Investitionszahlungsreihe zu einem vollständigen Finanz- und Anlageplan auf eine reine Dominanzbetrachtung zurückgeführt werden. Dazu sind Anpassungsmaßnahmen zu ergreifen, wie sie in Tabelle 4.17 dargestellt und anschließend erläutert werden.

---

[51] Vgl. die Literaturdiskussion in den Beiträgen von ROLFES (1992), ADAM/SCHLÜCHTERMANN/UTZEL (1993), ROLFES (1993); WIMMER (1993), ADAM/HERING/SCHLÜCHTERMANN (1993), ADAM/SCHLÜCHTERMANN/HERING (1994a), ROLFES (1994a), KRUSCHWITZ/RÖHRS (1994), ROLFES (1994b), ADAM/SCHLÜCHTERMANN/HERING (1994b), ADAM/HERING/SCHLÜCHTERMANN (1994), HARTMANN-WENDELS/GUMM-HEUßEN (1994).
[52] Vgl. dazu z.B. KRUSCHWITZ/RÖHRS (1994).
[53] Um Mißverständnissen vorzubeugen, sei darauf hingewiesen, dass durch entsprechend anders gestaltete Anpassungsmaßnahmen auch jeder andere Zeitpunkt für die von null verschiedene Zahlungsgröße angesteuert werden kann.

Tabelle 4.17 Vollständiger Finanz- und Anlageplan bei vollkommenem Finanzmarkt

Maßnahmen	Konsequenz in			
	t = 0	t = 1	t = 2	t = 3
Investitionsdurchführung	– 150	+ 40	+ 55	+ 70
Verkauf von Anleihe Z für $\frac{70}{1,08}$ GE	$+\frac{70}{1,08}$	$-\frac{70}{1,08}\cdot 0,08$	$-\frac{70}{1,08}\cdot 0,08$	$-\frac{70}{1,08}\cdot 1,08$
Σ	– 85,19	+ 34,81	+ 49,81	± 0
Verkauf von Anleihe Y für $\frac{49,81}{1,06}$ GE	$+\frac{49,81}{1,06}$	$-\frac{49,81}{1,06}\cdot 0,06$	$-\frac{49,81}{1,06}\cdot 1,06$	–
Σ	– 38,20	+ 32	± 0	± 0
Verkauf von Anleihe X für $\frac{32}{1,04}$ GE	$+\frac{32}{1,04}$	$-\frac{32}{1,04}\cdot 1,04$	–	–
Σ	– 7,43	± 0	± 0	± 0

Die gedankliche Vorgehensweise bei der Bestimmung der Anpassungsmaßnahmen erfolgt rekursiv, also vom Laufzeitende des Projektes her.

In einem ersten Schritt wird eine Anpassungsmaßnahme gesucht, die dazu führt, dass das Investitionsprojekt und diese Anpassungsmaßnahme per Saldo in t = 3 keine Zahlungskonsequenz mehr haben. Dazu ist in t = 0 für $\frac{70}{1,08}$ GE Anleihe Z zu verkaufen. Diese Anpassungsmaßnahme neutralisiert allerdings nicht nur die Zahlungskonsequenzen des Investitionsprojektes in t = 3, sondern führt auch zu Zahlungskonsequenzen in den vorgelagerten Zeitpunkten. Die Projektzahlungsreihe ist auch um diese Zahlungskonsequenzen zu ergänzen. So ergibt sich für das Bündel aus Investitionsprojekt und erster Anpassungsmaßnahme die in Tabelle 4.17 in der ersten Summenzeile angegebene Zahlungsreihe.

In einem zweiten Schritt wird dann eine zweite Anpassungsmaßnahme gesucht, die per Saldo dazu führt, dass das Bündel aus Projekt, erster Anpassungsmaßnahme und zweiter Anpassungsmaßnahme auch in t = 2 keine Zahlungskonsequenz mehr hat. Dazu ist in t = 0 für $\frac{49,81}{1,06}$ GE Anleihe Y zu verkaufen.

Dieses Vorgehen wird fortgeführt, bis das Bündel aus Investitionsprojekt und Anpassungsmaßnahmen nur noch in t = 0 einen von null verschiedenen Zahlungssaldo aufweist. Im Beispiel beträgt der danach in t = 0 verbleibende Zahlungssaldo –7,43 GE. D.h., das Bündel aus Projektdurchführung und allen Anpassungsmaßnahmen führt bezogen auf t = 0 zu einer Vermögensminderung in Höhe von 7,43 GE. Vor dem Hintergrund der hier unterstellten Anpassungsmöglichkeiten wäre das Projekt also unvorteilhaft.

Das Beispiel verdeutlicht, wenn auch zunächst nur für eine ganz spezielle Situation, dass sich die Beurteilung eines Investitionsprojektes auf eine reine Dominanzüberlegung zurückführen lässt, wenn

1. dem Investor ausschließlich aktuell am Finanzmarkt verfügbare Transaktionsmöglichkeiten zur Verfügung stehen und
2. der Kanon dieser Transaktionsmöglichkeiten bestimmte Vollständigkeits- und Konsistenzanforderungen erfüllt.

Dass die erste Bedingung erfüllt ist, hatten wir für diesen Abschnitt eingangs per Annahme unterstellt. Die zweite Bedingung ist im Hinblick auf die Bewertung eines von $t = 0$ bis $t = T$ laufenden Investitionsprojektes, mathematisch gesprochen, dann erfüllt, wenn die Zahlungsreihen der am Finanzmarkt verfügbaren Transaktionsmöglichkeiten ein Gleichungssystem liefern, das hinsichtlich der Zahlungskonsequenzen in den Zeitpunkten $t = 1$ bis $t = T$ genau T linear unabhängige Gleichungen enthält. Diese zweite Bedingung ist insbesondere, aber keineswegs ausschließlich, dann erfüllt, wenn es jeweils genau einen Finanzmarkttitel mit Laufzeitende im Zeitpunkt t für alle relevanten Zeitpunkte $t = 1, ..., T$ gibt. Damit ist die zweite Bedingung u.a. in den folgenden drei Typen einer Finanzmarktsituation erfüllt:

- In $t = 0$ werden (wie im vorstehenden Beispiel 4.24) T Finanztitel vom Typ einer Kupon-Anleihe gehandelt, die jeweils in $t = 0$ ihre erste Zahlungskonsequenz haben und von denen jeweils ein Titel seine letzte Zahlungskonsequenz im Zeitpunkt $t = 1, ..., T$ hat (Finanzmarktsituation I).

- In $t = 0$ werden T Finanztitel vom Typ eines Zero-Bonds gehandelt, die jeweils in $t = 0$ ihre erste Zahlungskonsequenz haben und von denen jeweils ein Titel seine letzte Zahlungskonsequenz im Zeitpunkt $t = 1, ..., T$ hat (Finanzmarktsituation II).

- In $t = 0$ werden T Finanztitel mit jeweils einjähriger Laufzeit gehandelt, von denen jeweils einer seinen Laufzeitbeginn im Zeitpunkt $t = 0, 1, ..., T-1$ und dementsprechend sein Laufzeitende im Zeitpunkt $t = 1, ..., T$ hat (Finanzmarktsituation III). Abgesehen von dem Finanztitel mit Laufzeitbeginn in $t = 0$ und Laufzeitende in $t = 1$ handelt es sich bei den gehandelten Finanztiteln also um einjährige Termingeschäfte, die zwar schon im Zeitpunkt $t = 0$ definitiv vereinbart werden, jedoch erst in zwei späteren Zeitpunkten $t = \tau$ und $t = \tau + 1$ zu effektiven Zahlungen führen.

Wenn beide Bedingungen erfüllt sind, kann die Projektzahlungsreihe immer so um Anpassungsmaßnahmen ergänzt werden, dass per Saldo bei Realisierung der Investition zzgl. des Bündels von Anpassungsmaßnahmen ausschließlich in $t = 0$ eine von null verschiedene Zahlungskonsequenz verbleibt. Der Betrag dieser Zahlungskonsequenz entspricht dann der auf $t = 0$ bezogenen Vermögensänderung, die ein Investor mit dem Übergang vom Unterlassen zur Investitionsdurchführung erfährt. Genau diesem Betrag muss dann also auch ein sachgerecht mittels einfachen Abzinsungsoperationen ermittelter Kapitalwert entsprechen.

Zur Berechnung eines solchen Kapitalwertes werden im Zusammenhang mit der Marktzinsmethode zwei alternative, eng miteinander verknüpfte Vorgehensweisen diskutiert,

nämlich
- zum einen die Diskontierung mittels sogenannter Forward Rates und
- zum anderen die Diskontierung mittels sogenannter Zero-Bond-Abzinsungsfaktoren.

Für eine Kapitalwertberechnung mittels sogenannter **Forward Rates** werden aus den Transaktionsmöglichkeiten des Finanzmarktes zunächst die als Forward Rates FR_t mit t = 1, ..., T bezeichneten periodenindividuellen Zinssätze bestimmt, zu denen eine Geldeinheit zwischen den Zeitpunkten τ = t – 1 und τ = t transferiert werden kann. Anschließend wird auf Basis dieser Forward Rates der Kapitalwert gemäß Formel K_5 berechnet.

Beispiel 4.25:

Wir gehen wieder von der aus Beispiel 4.24 bekannten Situation aus. Eine auf den Zeitpunkt t = 0 bezogene GE kann der Investor in der dort beschriebenen Finanzmarktsituation in den Zeitpunkt t = 1 transferieren, indem er in t = 0 für eine GE Anleihe X erwirbt. In t = 0 leistet er dann eine Auszahlung von 1 GE und in t = 1 erhält er eine Einzahlung von 1,04 GE. Der Zinssatz beträgt damit $FR_1 = \frac{1,04 - 1}{1} = 4\%$.

Eine auf den Zeitpunkt t = 1 bezogene GE kann der Investor in den Zeitpunkt t = 2 transferieren, indem er in t = 0 gerade so viele Anleihen X verkauft und Anleihen Y kauft, dass das Portefeuille in t = 1 insgesamt einen negativen Zahlungssaldo von einer GE aufweist und in t = 0 einen Zahlungssaldo von null. Dafür sind $1/0{,}98$ Anleihen X zu verkaufen und $1/0{,}98$ Anleihen Y zu kaufen.[54] Per Saldo ergibt sich daraus für t = 0 eine Zahlungskonsequenz von null GE, für t = 1 von 1 GE und für t = 2 von $+\frac{1,06}{0,98}$ GE. Der Zinssatz für die zweite Periode beträgt damit $FR_2 = \frac{1,06/0,98 - 1}{1} = 8{,}16\%$.

Dieser Zinssatz lässt sich auch auf formalem Wege bestimmen aus:

$$1 = 0{,}06 \cdot (1+FR_1)^{-1} + 1{,}06 \cdot (1+FR_1)^{-1} \cdot (1+FR_2)^{-1},$$

also indem berechnet wird, für welchen unbekannten Zinssatz FR_2 die Anfangsauszahlung der Anleihe Y gerade dem Barwert ihrer Rückzahlungen entspricht. Nach Einsetzen des bereits bekannten Wertes für FR_1 ergibt sich daraus $FR_2 = 8{,}16\%$.

Schließlich kann der Zinssatz für einen Geldtransfer von Zeitpunkt t = 2 nach Zeitpunkt t = 3 analog bestimmt werden aus:

$$1 = 0{,}08 \cdot (1+FR_1)^{-1} + 0{,}08 \cdot (1+FR_1)^{-1} \cdot (1+FR_2)^{-1}$$
$$+ 1{,}08 \cdot (1+FR_1)^{-1} \cdot (1+FR_2)^{-1} \cdot (1+FR_3)^{-1}.$$

Nach Einsetzen der bereits bekannten Werte für FR_1 und FR_2 ergibt sich daraus $FR_3 = 12{,}7\%$.

---

[54] Würde man jeweils für genau 1 GE Anleihe X verkaufen und Anleihe Y kaufen, ergäbe sich in t = 1 ein Zahlungssaldo in Höhe von – 0,98. Zur Erzeugung eines Zahlungssaldos von – 1 müssen Kauf und Verkauf also jeweils für $1/0{,}98$ GE erfolgen.

Auf der Basis dieser Forward Rates errechnet sich dann für das in Rede stehende Investitionsprojekt ein Kapitalwert von

$$\begin{aligned} K &= -150 + 40 \cdot (1+FR_1)^{-1} + 55 \cdot (1+FR_1)^{-1} \cdot (1+FR_2)^{-1} \\ &\quad + 70 \cdot (1+FR_1)^{-1} \cdot (1+FR_2)^{-1} \cdot (1+FR_3)^{-1} \\ &= -150 + 40 \cdot 1{,}04^{-1} + 55 \cdot 1{,}04^{-1} \cdot 1{,}0816^{-1} + 70 \cdot 1{,}04^{-1} \cdot 1{,}0816^{-1} \cdot 1{,}127^{-1} \\ &= -7{,}43\,. \end{aligned}$$

Wie nicht anders zu erwarten, errechnet sich also durch die Diskontierung zukünftiger Projektzahlungen mittels der aus Transaktionsmöglichkeiten des Finanzmarktes gewonnenen Forward Rates genau derselbe Kapitalwert wie bei Aufstellung des vollständigen Finanz- und Anlageplans. Dieser Weg einer auf Marktzinssätzen in Form von Forward Rates beruhenden Kapitalwertberechnung bietet sich insbesondere dann an, wenn die vorstehend skizzierte Finanzmarktsituation III besteht. Dann können die zur Kapitalwertberechnung benötigten Forward Rates in besonders einfacher Weise aus den Konditionen der für verschiedene zukünftige Perioden bereits in t = 0 verbindlich handelbaren, einjährigen Termingeschäfte bestimmt werden. Die grundsätzliche Möglichkeit zur Bestimmung eindeutiger Forward Rates besteht allerdings auch immer dann, wenn die Transaktionsmöglichkeiten des Finanzmarktes in anderer Weise so vollständig und konsistent sind, dass die Investitionsentscheidung auf eine Dominanzüberlegung zurückgeführt werden kann.

Für eine Kapitalwertberechnung mittels sogenannter **Zero-Bond-Abzinsungsfaktoren** werden demgegenüber aus den Transaktionsmöglichkeiten des Finanzmarktes für alle Zeitpunkte t = 1, ..., T direkt die Zero-Bond-Abzinsungsfaktoren bezeichneten Diskontierungsfaktoren bestimmt, mittels derer eine im Zeitpunkt t fällige Geldeinheit in eine im Zeitpunkt t = 0 fällige Geldeinheit umgerechnet werden kann; auf deren Basis wird dann der Kapitalwert gemäß Formel (K_5) bestimmt. Der einzige Unterschied zur Kapitalwertberechnung mittels Forward Rates besteht also darin, dass eine zukünftige Zahlung nicht durch sukzessive Diskontierung mit periodenindividuellen Forward Rates auf t = 0 diskontiert wird, sondern direkt mit einem einzigen Abzinsungsfaktor, der alle diese Diskontierungsschritte zusammenfasst.

Diese Vorgehensweise führt zu exakt denselben Ergebnissen und ist auch an exakt dieselben Anwendungsvoraussetzungen gebunden wie die skizzierten Dominanzüberlegungen und die Kapitalwertberechnungen mittels Forward Rates. Sie bietet sich als Rechenweg insbesondere dann an, wenn die vorstehend skizzierte Finanzmarktsituation II besteht. Dann können die zur Kapitalwertberechnung benötigten Zero-Bond-Abzinsungsfaktoren besonders einfach aus den Konditionen der in t = 0 für verschiedene Laufzeiten gehandelten Zero-Bonds bestimmt werden.

Die folgende Übungsaufgabe gibt Ihnen Gelegenheit, sich die Ermittlung von Forward Rates und eine Kapitalwertberechnung auf deren Basis nochmals zu vergegenwärtigen.

Übungsaufgabe 4.19:

Gehen Sie von der aus Beispiel 4.24 bekannten Investition (– 150; + 40; + 55; + 70) aus!

Im Entscheidungszeitpunkt t = 0 werden am als vollkommen unterstellten Finanzmarkt nun aber die Anleihen A, B und C gehandelt. Bei den Anleihen A, B und C handelt es sich um endfällige Titel mit jährlich nachschüssiger Zinsauszahlung. Nähere Angaben finden Sie in Tabelle 4.18.

Tabelle 4.18 Am Finanzmarkt gehandelte Anleihen unterschiedlicher Laufzeit

	Laufzeit in Jahren	Emissionskurs	Nominalzins	Rückzahlungskurs
A	1	98%	7,0%	100%
B	2	98%	6,5%	100%
C	3	98%	6,0%	100%

a. Bestimmen Sie durch Aufstellung eines vollständigen Finanz- und Anlageplans die Anpassungsmaßnahmen, die der Investor zusätzlich zur Investitionsdurchführung ergreifen muss, damit das Paket aus Investition und Anpassungsmaßnahmen nur im Zeitpunkt t = 0 eine von null verschiedene Zahlungskonsequenz aufweist! Welche Zahlungskonsequenz weist dieses Paket in t = 0 auf?

b. Bestimmen Sie aus den Zahlungsreihen der am Finanzmarkt vorhandenen Transaktionsmöglichkeiten die für einperiodige Mittelanlagen und -aufnahmen heute in t = 0 geltenden Forward-Rates FR_t mit t = 1, 2, 3!

c. Berechnen Sie auf Basis der in Aufgabenteil b) bestimmten Forward Rates den Kapitalwert des Investitionsprojektes und vergleichen Sie diesen mit dem Ergebnis aus Aufgabenteil a)!

Weitere Übungen auf der CD-ROM: Aufgabe 14.

4.6.4 Entscheidungsrelevanz von Marktzinssätzen und individuellen Zinserwartungen - zugleich eine Einordnung der Marktzinsmethode

4.6.4.1 Verdeutlichung der Problemstellung

Im vorigen Abschnitt 4.6.3 hatten wir unterstellt, dass dem Investor als Anpassungsmaßnahmen bei Durchführung der Investition ausschließlich Transaktionsmöglichkeiten zur Verfügung stehen, die bereits im Entscheidungszeitpunkt t = 0 am Finanzmarkt realisiert werden können. Durch diese Annahme war gewährleistet, dass die für die Projektbeurteilung mittels Kapitalwertberechnung relevanten Zinssätze von vornherein ausschließlich die aus diesen Transaktionsmöglichkeiten bestimmbaren Marktzinssätze – in Form der Forward Rates – sein können.

Nun stehen einem Investor am Finanzmarkt in aller Regel aber, über die in t = 0 verfügbaren Transaktionsmöglichkeiten hinaus, in späteren Zeitpunkten weitere Transaktionsmöglichkeiten als Anpassungsmaßnahmen zur Verfügung. Ein Investor kann Anpassungsmaßnahmen – ganz oder teilweise – auch erst im Zeitpunkt t = 1 oder noch späteren Zeitpunkten in Form von Transaktionsmöglichkeiten ergreifen, die ihm der Finanzmarkt erst dann bietet. Wir wollen uns hier vereinfachend nur mit dem Fall beschäftigen, dass dem Investor im Zeitpunkt t = 1 und in Folgezeitpunkten zusätzlich die Möglichkeit offensteht, für jeweils ein Jahr Mittel zu dem dann herrschenden, heute aber noch nicht bekannten Marktzinssätzen anzulegen oder aufzunehmen.

Solche zukünftigen Transaktionsmöglichkeiten unterscheiden sich in einem zentralen Aspekt von den in t = 0 verfügbaren Möglichkeiten:

– Während die Zahlungskonsequenzen in t = 0 verfügbarer Transaktionsmöglichkeiten bereits in t = 0 verbindlich vereinbart werden können,
– können die Zahlungskonsequenzen zukünftig verfügbarer Transaktionsmöglichkeiten in t = 0 noch nicht vereinbart werden und sind auch noch nicht objektiv vorhersehbar. In t = 0 können darüber nur subjektive Erwartungen gebildet werden.

So ist z.B. in t = 0 noch nicht bekannt, welcher Zinssatz für einen Kredit zu zahlen ist, der in t = 1 zu den dann am Kassamarkt geltenden Konditionen aufgenommen wird und in t = 2 zu verzinsen und zu tilgen ist. Darüber kann jeder Investor letztlich nur eine individuelle Zinserwartung $\hat{r}_2$ haben. Diese subjektive Zinserwartung kann, muss aber keineswegs mit dem Marktzinssatz FR_2 übereinstimmen. Wenn etwa in t = 0 zum Zinssatz FR_2 ein Termingeschäft mit einjähriger Laufzeit und Einzahlung (Auszahlung) in t = 1 und Auszahlung (Einzahlung) in t = 2 abgeschlossen werden kann, so ist es trotzdem möglich, dass in t = 1 dann einjährige Kassageschäfte zu einem von FR_2 abweichenden Zinssatz abgeschlossen werden können.

Damit stellt sich für einen Investor, dessen subjektive Zinserwartung $\hat{r}_t$ für t = 2, ..., T von den Marktzinssätzen FR_t für t = 2, ..., T abweicht, die Frage, welche Kategorie von Zinssätzen – in t = 0 „handelbare" Marktzinssätze oder subjektiv erwartete Zukunftszinssätze – für eine Investitionsbeurteilung letztlich maßgeblich ist.[55]

Die aufgeworfene Frage trifft den eigentlichen, allerdings nicht in allen Diskussionsbeiträgen klar erkennbaren, Kern der angesprochenen Diskussion um die Marktzinsmethode. Vertreter der Marktzinsmethode behaupten, dass in jedem Fall nur Marktzinssätze entscheidungsrelevant sein können, während Gegner der Marktzinsmethode zu einem Teil genau die konträre Ansicht vertreten, dass nämlich in jedem Fall nur individuelle Zinserwartungen entscheidungsrelevant sein können, und zu einem anderen Teil eine differen-

---

[55] In der ersten Periode stimmen subjektive Zinserwartung und Marktzinssatz zwangsläufig überein $\left(\hat{r}_1 = FR_1 = r_1\right)$.

zierte Einschätzung vortragen, nach der die Entscheidungsrelevanz der einen oder der anderen Art von Zinssätzen von weiteren Annahmen über die Rahmenumstände der Investitionsentscheidung abhängt.

Genau dieser Frage nach der entscheidungsrelevanten Zinskategorie wollen wir in diesem Abschnitt nachgehen. Zur Verdeutlichung der grundsätzlichen Zusammenhänge werden wir dazu folgende vereinfachenden Annahmen treffen:

- Wir gehen davon aus, dass ein Investor hinsichtlich jedes zukünftigen Periodenzinssatzes $\hat{r}_t$ mit t = 2, ..., T eine einwertige Zinserwartung hat. Subjektive Unsicherheit über zukünftige Zinssätze bleibt also unberücksichtigt.
- Wir gehen davon aus, dass ein Projekt mit zweijähriger Laufzeit zu beurteilen ist. Damit können nur Diskrepanzen zwischen dem Marktzinssatz FR_2 und der subjektiven Zinserwartung $\hat{r}_2$ entscheidungsrelevant sein.
- Wir gehen davon aus, dass es sich bei dem zu beurteilenden Investitionsprojekt um ein sehr kleines Projekt im Vergleich zu den Volumina handelt, die am Finanzmarkt zu einem bestimmten Zinssatz $\left(\hat{r}_2 \text{ oder } FR_2\right)$ gehandelt werden können, so dass die Entscheidung über Durchführung oder Unterlassen des Projektes und die damit verknüpften Finanzmarktsituationen keinen Einfluss auf die Sätze $\hat{r}_2$ oder FR_2 haben kann.

Darüber hinaus beschränken wir uns im Wesentlichen wieder auf eine beispielhafte Verdeutlichung der Zusammenhänge. Auf eine explizite Verallgemeinerung dieser Zusammenhänge auf der Basis formaler Darstellungen verzichten wir wegen des dazu erforderlichen relativ komplexen Formalapparates.

Beispiel 4.26:

Eine Investition sei durch die Zahlungsreihe $e_0 = -100$, $e_1 = e_2 = +54$ gekennzeichnet. Am Finanzmarkt können im Entscheidungszeitpunkt t = 0 folgende Geschäfte abgeschlossen werden:

1. Am Kassamarkt können finanzielle Mittel in beliebiger Höhe zum sicher bekannten Zinssatz $r_1 = FR_1 = 5\%$ bis zum Zeitpunkt t = 1 angelegt oder aufgenommen werden.

2. Am Terminmarkt kann bereits heute (also in t = 0) verbindlich ein Termingeschäft über die Anlage und Aufnahme beliebiger Beträge vom Zeitpunkt t = 1 bis zum Zeitpunkt t = 2 zum Zinssatz in Höhe der Forward Rate $FR_2 = 7\%$ abgeschlossen werden.

Der Investor geht in t = 0 für sich persönlich mit Sicherheit davon aus, dass das Zinsniveau am Kassamarkt konstant bleiben wird, er demzufolge auch im Zeitpunkt t = 1 zum Zinssatz von $\hat{r}_2 = 5\%$ jeweils einperiodige Anlagen oder Kreditaufnahmen tätigen kann. Für ihn ist nun fraglich, ob er unter der Zielsetzung Endvermögensmaximierung die Investition durchführen soll.

Zunächst berechnet er auf Basis seiner individuellen Zinserwartung, also auf Basis eines einheitlichen Kalkulationszinsfußes von 5% den Kapitalwert (und den Endwert) des Investitionsprojektes. Für diese ergibt sich:

$K^1 \quad (r_1 = 5\%, \hat{r}_2 = 5\%) = -100 + 54 \cdot 1{,}05^{-1} + 54 \cdot 1{,}05^{-2} = +0{,}41$
bzw.
$EW^1 \quad (r_1 = 5\%, \hat{r}_2 = 5\%) = -100 \cdot 1{,}05^2 + 54 \cdot 1{,}05^1 + 54 = +0{,}45$.

Auf der Basis eines konstanten Kalkulationszinsfußes von 5% und damit auf Basis der eigenen Zinserwartung für die zweite Periode wäre das Projekt also vorteilhaft.

Anschließend ermittelt er auf Basis der Marktzinssätze, also für periodenindividuelle Zinssätze von $r_1 = 5\%$ und $FR_2 = 7\%$ erneut den Kapitalwert (und den Endwert) des Investitionsprojektes. Für diese ergibt sich:

$K^2 \quad (r_1 = 5\%, FR_2 = 7\%) = -100 + 54 \cdot 1{,}05^{-1} + 54 \cdot 1{,}07^{-1} \cdot 1{,}05^{-1} = -0{,}51$
bzw.
$EW^2 \quad (r_1 = 5\%, FR_2 = 7\%) = -100 \cdot 1{,}05 \cdot 1{,}07 + 54 \cdot 1{,}07 + 54 = -0{,}57$.

Auf der Basis der Marktzinssätze von 5% und 7% wäre das Projekt also unvorteilhaft.

Damit hängt die Vorteilhaftigkeit des Investitionsprojektes in der skizzierten Situation davon ab, ob die individuellen Zinserwartungen beurteilungsrelevant sind (Projekt ist vorteilhaft) oder Marktzinssätze (Projekt ist nicht vorteilhaft). Anders formuliert, hängt die Vorteilhaftigkeit des Projektes davon ab, welche der beiden folgenden Fiktionen die Anpassungsmaßnahmen des Investors bei Projektdurchführung treffend charakterisiert:

- Variiert der Investor wegen der Projektdurchführung, so wie es mit der Kapitalwertberechnung auf Basis individueller Zinserwartungen impliziert wird, das Volumen der Mittel, die er nach der für ihn in t = 0 maßgeblichen subjektiven Einschätzung in t = 1 zum erwarteten Zinssatz $\hat{r}_2$ anlegen oder aufnehmen will, oder
- variiert der Investor wegen der Projektdurchführung, so wie es mit der Kapitalwertberechnung auf Basis von Marktzinssätzen impliziert wird, das Volumen der Mittel, zu deren Anlage bzw. Aufnahme er sich bereits in t = 0 für t = 1 zum Zinssatz FR_2 verpflichtet?

Vertreter der Marktzinsmethode würden grundsätzlich die zweite Fiktion als relevant erachten und z.B. im Hinblick auf den Endwert sinngemäß etwa wie folgt argumentieren: Der Unterschied zwischen EW^1 und EW^2 resultiere daraus, dass in der zweiten Periode für ein Volumen von 51 GE (= 100 · 1,05 – 54) unterstellt wird, eine Mittelanlage bzw. Mittelaufnahme erfolge nicht zum Marktzinssatz FR_2, sondern zum subjektiv erwarteten Zinssatz $\hat{r}_2$. Dieser sogenannte Transformationserfolg dürfe aber nicht dem Projekt zugerechnet werden. Das Projekt dürfe nur auf der Basis „objektiv", d.h. bereits in t = 0 verfügbarer Anpassungsmaßnahmen beurteilt werden, weil der zusätzliche Transformationsbeitrag vom Investor auch unabhängig von einer Projektdurchführung durch reine Finanzmarkttransaktionen erzielbar sei. Schließlich könne der Investor den Transformationserfolg auch in einer Welt erzielen, in der das zu beurteilende Projekt gar nicht existiere. Dazu müsse er sich nur in t = 0 durch den Abschluss von am Finanzmarkt gehandelten Kontrakten die Möglichkeit sichern, in t = 1 Mittel im Volumen von 51 GE für eine Periode zu FR_2 anlegen zu können, und – wenn seine Zinserwartung eintrifft – in t = 1 Mittel im Volumen von 51 GE für eine Periode zu $\hat{r}_2$ aufnehmen.

Rein rechnerisch ist diese Argumentation der Vertreter der Marktzinsmethode nicht zu beanstanden. Die Differenz der beiden Endwerte ergibt sich tatsächlich aus:

$$\begin{aligned} EW^1 - EW^2 &= -100 \cdot 1{,}05^2 + 54 \cdot 1{,}05 + 54 \\ &\quad - \left(-100 \cdot 1{,}05 \cdot 1{,}07 + 54 \cdot 1{,}07 + 54\right) \\ &= \left(100 \cdot 1{,}05 - 54\right) \cdot \left(1{,}07 - 1{,}05\right) \\ &= 51 \cdot 0{,}02 = 1{,}02 \,. \end{aligned}$$

Kritisch ist allerdings die weitergehende Behauptung, dass diese – hier auf t = 2 bezogene und – innerhalb der Marktzinsmethode als Transformationsbeitrag bezeichnete Vermögensdifferenz grundsätzlich nicht dem Investitionsprojekt zuzurechnen ist.

In Verallgemeinerung des Beispiels wird mit einer Kapitalwertberechnung bzw. Endwertberechnung auf Basis von Marktzinssätzen also unterstellt, dass der Investor bei einer Investitionsdurchführung ausschließlich Anpassungsmaßnahmen in Form von Transaktionen ergreift, die er bereits im Entscheidungszeitpunkt t = 0 am Finanzmarkt realisieren kann. Mit einer Kennzahlenberechnung auf Basis von individuellen Zinserwartungen wird demgegenüber unterstellt, dass der Investor in t = 0 am Finanzmarkt nur Anpassungsmaßnahmen in Form einjähriger Mittelanlagen oder -aufnahmen vornimmt und alle weiteren Anpassungsmaßnahmen erst in späteren Zeitpunkten zu Konditionen vornimmt, die dann am Finanzmarkt gelten und die er annahmegemäß heute bereits voraussieht.

Damit ergeben sich zwischen beiden Rechenansätzen bezogen auf t = 0 (Kapitalwert) bzw. auf t = 2 (Endwert) Vermögensdifferenzen, die vom Investor dem Betrage nach auch unabhängig vom Investitionsprojekt erzielt werden können. Dazu muss der Investor nur im Volumen der bei Projektdurchführung in der 2. Periode erforderlichen Mittelanlage oder -aufnahme „gegenläufige" Finanzmarktgeschäfte abschließen. D.h., er muss sich einerseits durch Finanzmarktgeschäfte in t = 0 in entsprechendem Volumen für t = 1 zu einer einjährigen Mittelanlage (Mittelaufnahme) verpflichten und dann andererseits in t = 1 im selben Volumen zu den dann geltenden Konditionen Mittel aufnehmen (anlegen). Der Barwert bzw. Endwert dieser gegenläufigen Finanzmarkttransaktionen wird auch als **Transformationsbeitrag** bezeichnet. Dass sich der Unterschied zwischen den Ergebnissen beider Beurteilungsansätze in dieser Weise auch als Transformationsbeitrag berechnen lässt, ist offensichtlich und unstreitig.

Vertreter der Marktzinsmethode ziehen aus der betragsmäßigen Identität der Differenz beider Kapitalwerte bzw. Endwerte einerseits und dem Transformationsbeitrag andererseits aber eine entscheidende weitergehende Schlussfolgerung: Sie behaupten, dass der Transformationsbeitrag auf keinen Fall in die Beurteilung des Investitionsprojektes einbezogen werden dürfe, weil sich dieser Teil der Vermögensdifferenz ja auch unabhängig von dem Investitionsprojekt allein durch Transaktionen am Finanzmarkt erzielen ließe. Genau diese weitergehende Interpretation macht den Kern des Streits zwischen Vertretern und

Gegnern der Marktzinsmethode aus. Ob die Vertreter der Marktzinsmethode auch mit dieser weitergehenden Schlussfolgerung Recht haben, lässt sich allerdings nicht mehr allein anhand des Rechenansatzes von Kapitalwert und Endwert erkennen, sondern erfordert eine ausführlichere Betrachtung der vom Investor ohne Investitionsdurchführung zu ergreifenden Aktivitäten (Unterlassensalternative) und der von ihm mit Investitionsdurchführung zu ergreifenden Aktivitäten (Investitionsalternative).

4.6.4.2 Szenario I: Alleinige Relevanz von Marktzinssätzen

Beispiel 4.27:

Ergänzend zu den Annahmen aus Beispiel 4.26 sei nun unterstellt:

– Der Investor verfügt in t = 0 nicht über liquide Mittel und führt keine anderen Investitionsprojekte als das betrachtete Projekt durch.

– Er geht davon aus, dass er in t = 1 zu dem erwarteten Zinssatz von $\hat{r}_2 = 5\%$ nur maximal 1.000 GE anlegen oder aufnehmen kann. Für zusätzliche Mittelaufnahmen erwartet er einen Zinssatz von 8%.

– Er geht davon aus, dass er in t = 0 Termingeschäfte zu einem Zinssatz von $FR_2 = 7\%$ in einem deutlich höheren Volumen als 1.000 GE abschließen kann.

Unterlassensalternative

Ohne Berücksichtigung des Investitionsprojektes würde der Investor zur Erreichung eines möglichst großen Endvermögens dann die folgenden Aktivitäten ergreifen:

– Er würde sich in t = 0 durch Abschluss eines Termingeschäftes verpflichten, in t = 1 einen Kredit im Volumen von 1.000 GE zu $FR_2 = 7\%$ auszureichen und dafür den Anspruch auf Rückzahlung in Höhe von 1.070 GE in t = 2 erwerben.

– Er würde – unter der für ihn subjektiv sicheren Annahme, dass seine Zinserwartung eintrifft – in t = 1 einen Kredit im Volumen von 1.000 GE zu $\hat{r}_2 = 5\%$ aufnehmen und dafür eine Verpflichtung zur Rückzahlung von 1.050 GE in t = 2 eingehen.

Bei Ergreifen dieser beiden Aktivitäten könnte er in t = 2 zusätzlich über liquide Mittel von $EV_U = 20$ GE (= 1.070 – 1.050) verfügen.

Investitionsalternative

Unter der Annahme, dass das Investitionsprojekt durchgeführt wird, muss der Investor zunächst einmal in t = 0 zur Leistung der Anschaffungsauszahlung einen Kredit im Volumen von 100 GE zum Zinssatz von $r_1 = 5\%$ aufnehmen.

In t = 1 werden zur Kredittilgung Auszahlungen von 105 GE erforderlich, die zu 54 GE aus den Projektrückflüssen gedeckt werden können. Im Volumen der restlichen 51 GE muss der Investor zur Weiterführung des Projektes in der 2. Periode einen Kredit aufnehmen.

Diesen Zwischenfinanzierungskredit kann er bereits im Zeitpunkt t = 0 durch einen Terminkontrakt zu $FR_2 = 7\%$ oder erst in t = 1 zu dem nach seiner Einschätzung dann geltenden Kassazinssatz von $\hat{r}_2 = 5\%$ aufnehmen. Zur Erreichung eines möglichst großen Endvermögens wird der Investor auf jeden Fall die Möglichkeit nutzen, neben der Projektdurchführung in maximal möglichem Volumen gegenläufige Finanzmarktgeschäfte abzuschließen.

Erfolgt die Zwischenfinanzierung per Terminkontrakt zu $FR_2 = 7\%$, so kann der Investor neben dem Investitionsprojekt noch gegenläufige Finanzmarktgeschäfte im Volumen von 1.000 GE durchführen. Er hat in t = 2 dann folgende Zahlungen zu erwarten:

+ 54 GE als Einzahlungen aus dem Investitionsprojekt,
– 54,57 GE als Auszahlungen zur Tilgung des Zwischenfinanzierungskredites,
+ 1.070 GE aus der Kreditvergabe zu $FR_2 = 7\%$ und
– 1.050 GE aus der Kreditaufnahme zu $\hat{r}_2 = 5\%$.

Insgesamt könnte der Investor in t = 2 dann also über liquide Mittel von $EV_I^1 = 19{,}43$ GE verfügen.

Erfolgt die Zwischenfinanzierung per Kassazinssatz zu $\hat{r}_2 = 5\%$, so kann der Investor neben dem Investitionsprojekt nur noch gegenläufige Finanzmarktgeschäfte im Volumen von 949 GE durchführen. Er hat dann in t = 2 folgende Zahlungen zu erwarten:

+ 54 GE als Einzahlungen aus dem Investitionsprojekt,
– 53,55 GE als Auszahlungen zur Tilgung des Zwischenfinanzierungskredites,
+ 1.015,43 GE (= 949 · 1,07) aus der Kreditvergabe zu $FR_2 = 7\%$ und
– 996,45 GE (= 949 · 1,05) aus der ergänzenden Kreditaufnahme zu $\hat{r}_2 = 5\%$.

Insgesamt könnte der Investor in t = 2 dann also ebenfalls über liquide Mittel von $EV_I^2 = 19{,}43$ GE verfügen.

Das mit Investitionsdurchführung erzielbare Endvermögen beträgt in diesem Fall also unabhängig von der Art der Zwischenfinanzierung $EV_I = 19{,}43$ GE. Die durch die Investitionsdurchführung ausgelöste Endvermögensdifferenz und damit der Endwert des Projektes beträgt in diesem Fall also $EW = EV_I - EV_U = 19{,}43 - 20 = -0{,}57$ und entspricht genau dem nach der Marktzinsmethode berechneten Endwert des Investitionsprojektes.

Das Beispiel zeigt, dass sehr wohl Konstellationen existieren können, in denen allein die Marktzinssätze die für die Beurteilung eines Investitionsprojektes relevanten Anpassungsmaßnahmen abbilden,

– sei es, weil wegen der Investitionsdurchführung eine ansonsten zum Marktzinssatz erfolgende Mittelanlage nur in geringerem Umfang erfolgt (im Beispiel bei Zwischenfinanzierung per Kassageschäft in t = 2), oder
– sei es, weil wegen der Investitionsdurchführung eine Mittelaufnahme zum Marktzinssatz erfolgt (im Beispiel bei Zwischenfinanzierung per Termingeschäft).

Zumindest in unserem Beispiel trifft also die Fiktion der Marktzinsmethode zu. Es stellt sich allerdings die Frage, ob diese Erkenntnis verallgemeinerbar ist.

Die Entscheidungsrelevanz der Marktzinssätze ist offensichtlich unabhängig von der *absoluten* Höhe der Restriktion, die in Beispiel 4.27 für Anlagen bzw. Aufnahmen zum erwarteten Zinssatz $\hat{r}_2$ angenommen wurde. An der Höhe des Endwertes ändert sich auch bei beliebig großen Restriktionen nichts, solange diese Restriktion nur enger als eine gegebenenfalls zusätzlich für Termingeschäfte geltende Restriktion ist. Alle Variationen der Restriktion führen zu gleich großen Veränderungen des mit und ohne Investition erreichbaren Endvermögens. Sie berühren also nicht die für eine Investitionsbeurteilung allein relevante Differenzbetrachtung.

Die Entscheidungsrelevanz der Marktzinssätze ist zudem auch unabhängig von der Größenrelation, die zwischen Marktzinssätzen und für die Zukunft erwarteten Kassazinssätzen besteht. Diesen Zusammenhang können sie sich anhand der folgenden Übungsaufgabe 4.20 verdeutlichen.

Übungsaufgabe 4.20:
Gehen Sie von der Situation des Beispiels 4.27 aus. Unterstellen Sie aber jetzt, dass $FR_2 = 5\%$ und $\hat{r}_2 = 7\%$ gilt!

a. Welche Aktivitäten ergreift der Investor ohne Investitionsdurchführung und welches Endvermögen erzielt er damit?

b. Welche Aktivitäten ergreift der Investor mit Investitionsdurchführung und welches Endvermögen erzielt er damit?

c. Welche Endvermögensdifferenz wird durch das Investitionsprojekt verursacht? Vergleichen Sie Ihr Ergebnis mit dem Ergebnis aus Beispiel 4.27!

Die Entscheidungsrelevanz der Marktzinssätze ist schließlich auch unabhängig von dem Bestand an liquiden Mitteln, über den der Investor verfügt. Diesen Zusammenhang können Sie sich anhand von Übungsaufgabe 4.21 verdeutlichen.

Übungsaufgabe 4.21:
Gehen Sie wieder von der Situation des Beispiels 4.27 aus. Unterstellen Sie aber jetzt, dass der Investor in t = 0 über liquide Mittel in Höhe von 300 GE verfügt!

a. Welche Aktivitäten ergreift der Investor ohne Investitionsdurchführung und welches Endvermögen erzielt er damit?

b. Welche Aktivitäten ergreift der Investor mit Investitionsdurchführung und welches Endvermögen erzielt er damit?

c. Welche Endvermögensdifferenz wird durch das Investitionsprojekt verursacht? Vergleichen Sie Ihr Ergebnis mit dem Ergebnis aus Beispiel 4.27!

4.6.4.3 Szenario II: Alleinige Relevanz der Zinserwartungen

Trotz der im vorangegangenen Abschnitt 4.6.4.2 aufgezeigten Zusammenhänge kann den Vertretern der Marktzinsmethode in ihrer Auffassung, dass ausnahmslos immer nur Marktzinssätze für die Beurteilung von Investitionsprojekten relevant sein können, nicht zugestimmt werden. Die Fiktion der Marktzinsmethode trifft nämlich dann nicht mehr zu, wenn die engere Anlage- bzw. Aufnahmerestriktion nicht bei den zukünftigen Finanzmarkttransaktionen liegt, sondern bei den aktuell in t = 0 verfügbaren Finanzmarkttransaktionen, aus denen die Marktzinssätze bestimmt werden.

Beispiel 4.28:
Abweichend von Beispiel 4.27 sei nun angenommen, dass Mittelaufnahmen zum erwarteten Zinssatz $\hat{r}_2 = 5\%$ unbeschränkt sind, während Mittelanlagen und -aufnahmen in Form von Termingeschäften zu einem Zinssatz von $FR_2 = 7\%$ nur in einem (Netto-) Volumen von maximal 1.000 GE und darüber hinaus nur noch zu einem Zinssatz von 4% möglich sind.

Unterlassensalternative
Der Investor ergreift genau dieselben Aktivitäten wie in Beispiel 4.27. Er realisiert also wiederum ein Endvermögen von $EV_U = 20$ GE. Ob seine Finanzmarkttransaktionen durch eine Beschränkung auf der Seite aktuell verfügbarer oder zukünftig verfügbarer Geschäfte beschränkt werden, bleibt also ohne Auswirkung auf das im Unterlassensfall erzielbare Endvermögen.

Investitionsalternative
Bei Investitionsdurchführung kann das in t = 1 entstehende Zahlungsdefizit von 51 GE grundsätzlich wieder auf zwei Wegen gedeckt werden.

Zum einen könnten in t = 0 verfügbare Finanzmarktgeschäfte zur Kreditaufnahme in t = 1 genutzt werden. Dann würde aber gleichzeitig die Möglichkeit zur Mittelanlage für zusätzliche Finanzmarkttransaktionen von 1.000 auf 1.051 GE erweitert; neben den von anderen Marktteilnehmern am Finanzmarkt angebotenen Anlagemöglichkeiten im Volumen von 1.000 GE kann der Investor jetzt zusätzlich die Gegenposition zu seiner eigenen Kreditaufnahme in Höhe von 51 GE einnehmen. Dann wären in t = 2 folgende Zahlungen zu erwarten:

+ 54 als Einzahlungen aus dem Investitionsprojekt,
− 54,57 (= 51 · 1,07) aus der Zwischenfinanzierung,
+ 1.124,57 (= 1.051 · 1,07) aus Anlage am Finanzmarkt,
− 1.103,55 (= 1.051 · 1,05) aus zusätzlicher Aufnahme am Finanzmarkt.

Der Investor könnte dann in t = 2 also insgesamt über liquide Mittel in Höhe von $EV_I^1 = +20,45$ GE verfügen.

Zum anderen könnten in t = 1 verfügbare Kassageschäfte zur Kreditaufnahme genutzt werden. Dann bliebe die Möglichkeit vermögenssteigernder zusätzlicher Finanzmarkttransaktionen auf 1.000 GE beschränkt. Unter dieser Annahme wären in t = 2 folgende Zahlungen zu erwarten:

+ 54 als Einzahlungen aus dem Investitionsprojekt,
− 53,55 (= 51 · 1,05) aus der Zwischenfinanzierung,
+ 1.070 (= 1.000 · 1,07) aus Anlage am Finanzmarkt,
− 1.050 (= 1.000 · 1,05) aus zusätzlicher Aufnahme am Finanzmarkt.

Dann könnte der Investor in t = 2 also ebenfalls insgesamt über liquide Mittel in Höhe von $EV_I^2 = +20,45\,GE$ verfügen. Wie in Beispiel 4.27 ist das bei Investitionsdurchführung erzielbare Endvermögen wieder unabhängig von der Art der ergriffenen Anpassungsmaßnahme. Das Endvermögen beträgt jetzt aber 20,45 GE statt 19,43 GE. Damit ergibt sich in diesem Fall ein Endwert des Projektes von $EW = EV_I - EV_U = 20,45 - 20 = +0,45$, wie er sich auf Basis der individuellen Zinserwartung errechnet.

Wird der Marktzinssatz im Rahmen der Unterlassensalternative zur Mittelanlage genutzt, weil er oberhalb der subjektiven Zinserwartung liegt, und gilt für Anlagen zum Marktzinssatz eine engere Restriktion als für Mittelaufnahmen zum subjektiv erwarteten Zinssatz, so bewirkt eine Investitionsdurchführung

− entweder, dass als Anpassungsmaßnahmen die Mittelaufnahmen zum subjektiven Zinssatz in stärkerem Maße als Mittelanlagen zum Marktzinssatz ausgeweitet werden,
− oder, dass überhaupt nur die Mittelaufnahmen zum subjektiven Zinssatz ausgeweitet werden.

In beiden Fällen sind dann aber, anders als von den Vertretern der Marktzinsmethode behauptet, nicht die Marktzinssätze, sondern die subjektiv erwarteten Zinssätze für die Beurteilung einer Investition relevant.

An der Entscheidungsrelevanz der subjektiven Zinserwartungen ändert sich – wie Sie sich durch weitere Variationen unseres Beispiels leicht selbst verdeutlichen können – auch dann nichts, wenn der Investor über liquide Mittel verfügt oder wenn der subjektiv erwartete Zinssatz oberhalb des Marktzinssatzes liegt.

4.6.4.4 Zusammenfassender Überblick

In den beiden vorangegangenen Abschnitten haben wir anhand von Beispielen folgende verallgemeinerbare Zusammenhänge verdeutlicht: Hinreichend für die Beurteilungsrelevanz der subjektiven Zinserwartung ist es, dass für Mittelanlagen bzw. -aufnahmen zum Marktzinssatz eine engere betragliche Restriktion als für Anlagen bzw. Aufnahmen zum subjektiv erwarteten Zinssatz gilt. Umgekehrt ist es hinreichend für die Beurteilungsrelevanz des Marktzinssatzes, dass für Mittelanlagen bzw. -aufnahmen zum subjektiv erwarteten Zinssatz eine engere betragliche Restriktion als für Anlagen bzw. Aufnahmen zum Marktzinssatz gilt. Dieses zentrale Ergebnis unserer Überlegungen kommt auch in den ersten beiden Spalten von Tabelle 4.19 zum Ausdruck, die die Zusammenhänge in zusammenfassender Weise veranschaulicht.

Tabelle 4.19 Beurteilungsrelevanzen von Marktzinssätzen und subjektiven Zinserwartungen

		(deutlich)[56] engere Restriktion auf Seiten des Marktzinssatzes FR	(deutlich)[57] engere Restriktion auf Seiten des erwarteten Zinssatzes $\hat{r}$	gleich große Restriktion auf beiden Seiten	keine Restriktion
$\hat{r} > FR$	liquide Mittel vorhanden	$\hat{r}$	FR	FR	?
	keine liquiden Mittel vorhanden	$\hat{r}$	FR	$\hat{r}$	?
$FR > \hat{r}$	liquide Mittel vorhanden	$\hat{r}$	FR	$\hat{r}$	?
	keine liquiden Mittel vorhanden	$\hat{r}$	FR	FR	?

In der dritten Spalte von Tab. 4.19 wird über die hier explizit untersuchten Situationen hinaus zusätzlich angegeben, welche Kategorie von Zinssätzen beurteilungsrelevant ist, wenn für Mittelanlagen und -aufnahmen zu Marktzinssätzen und individuell erwarteten Zinssätzen gerade identisch hohe Restriktionen gelten. Dabei wird für den Fall vorhandener liquider Mittel unterstellt, dass die liquiden Mittel allein zur Projektfinanzierung ausreichen würden. Für diese Situation zeigt sich, dass

- ohne vorhandene liquide Mittel immer der höhere beider Zinssätze relevant ist, weil zugunsten der Projektdurchführung auf eine Mittelanlage zu diesem Zinssatz verzichtet werden muss, und
- mit hinreichend vorhandenen liquiden Mitteln immer der niedrigere beider Zinssätze relevant ist, weil zugunsten der Projektdurchführung zu diesem Zinssatz zusätzliche Mittel aufgenommen werden können.

Schließlich verdeutlichen die Fragezeichen in der vierten Spalte von Tab. 4.19, dass dann, wenn sowohl Mittelanlagen bzw. -aufnahmen zum Marktzinssatz als auch Mittelanlagen bzw. -aufnahmen zum subjektiv erwarteten Zinssatz unbeschränkt möglich sind, keine Aussage über den beurteilungsrelevanten Zinssatz mehr getroffen werden kann. Die Gültigkeit dieses Zusammenhangs wird deutlich, wenn man sich dem restriktionslosen Fall auf zwei unterschiedlichen Wegen nähert. Zum einen kann man nur für den subjektiv erwarteten Zinssatz eine Restriktion unterstellen (Spalte 1 in Tab. 4.19) und diese gegen unendlich wachsen lassen – dann bliebe der subjektiv erwartete Zinssatz „im Unendlichen" beurtei-

---

[56] Genaugenommen gelten diese Aussagen nur unter einer zusätzlichen Bedingung für das Verhältnis beider Anlage- und Aufnahmerestriktionen, da die Finanzierung des Projektes nicht zu einem Überschreiten der höheren der beiden Restriktionen führen darf. Diese hier nicht weiter untersuchte Einschränkung soll in Tabelle 4.19 durch den Zusatz „deutlich" zum Ausdruck gebracht werden.

lungsrelevant. Zum anderen kann man nur für den Marktzinssatz eine Restriktion unterstellen (Spalte 2 in Tab. 4.19) und diese Grenze gegen unendlich verschieben – dann bliebe der Marktzinssatz „im Unendlichen" beurteilungsrelevant.

Insgesamt verdeutlichen die differenzierten Einträge in Tab. 4.19, dass weder die kategorischen Verfechter der Marktzinsmethode Recht haben, noch die kategorischen Gegner, die grundsätzlich subjektiv erwartete Zinssätze für beurteilungsrelevant erachten. Ob Marktzinssätze oder subjektiv erwartete Zinssätze beurteilungsrelevant sind, hängt von den betraglichen Restriktionen ab, denen sich der Investor bei einer Anlage bzw. Aufnahme zum Marktzinssatz bzw. zum individuell erwarteten Zinssatz gegenübersieht.[57]

4.6.5 Wechselnde Periodenzinsfüße bei unvollkommenem Finanzmarkt

In Abschnitt 4.6.4 sind wir u.a. auf eine Situation eingegangen, in der Terminzinssätze des Finanzmarktes und subjektiv erwartete Periodenzinssätze divergieren können. Von solchen Divergenzen wollen wir in diesem Abschnitt wieder abstrahieren. Gleichzeitig wollen wir die Finanzmarktannahme aber in dem Sinne verallgemeinern, dass sich Periodenzinsfüße nicht nur von Periode zu Periode verändern können, sondern sich auch für Mittelaufnahme und Mittelanlage unterscheiden können. Wir betrachten im Folgenden also den Fall eines unvollkommenen Finanzmarktes mit im Zeitablauf variierenden Soll- und Habenzinssätzen. Der relevante Zinssatz hängt dann nicht nur davon ab, in welcher Periode man sich befindet, sondern auch davon, ob aufgrund der finanziellen Situation in dieser Periode der Soll- oder der Habenzinssatz zur Anwendung kommt.

In diesem Fall könnte nun zum Zwecke der Vorteilhaftigkeitsbeurteilung mittels finanzmathematischer Kennzahlen versucht werden, die Höhe der ins Kalkül einzubeziehenden Kalkulationszinsfüße von der konkreten „Finanzlage" des betrachteten Unternehmens abhängig zu machen, d.h. davon, ob die mit dem Investitionsprojekt verbundenen Zahlungen in den einzelnen Perioden zu einer Erhöhung (oder Verminderung) der anzulegenden Mittel oder zu einer entsprechenden Verminderung der – etwa durch Kredite – aufzunehmenden Mittel führen. Je nachdem, welche dieser beiden grundlegenden Kategorien von „Finanzlagen" zu erwarten ist, könnte versucht werden, den Kalkulationszins entweder aus dem Habenzinssatz der Alternativanlage oder dem Sollzinssatz der Kreditbeschaffung herzuleiten.

Beispiel 4.29:
Wir betrachten die Investition (−100; +60; +60) und nehmen an, dass sich alle gegenwärtigen und zukünftigen Zahlungen des Unternehmens in Gutschriften oder Belastungen auf dem Kontokorrentkonto niederschlagen und dieses Konto im Falle des Verzichts auf das Investitionsprojekt alternativ folgende Kontostände aufweise:

---

[57] Vgl. dazu TERSTEGE (2002).

Fall 1: $C_0 = -600;\quad C_1 = -690;\quad C_2 = -670$

Fall 2: $C_0 = +200;\quad C_1 = -200;\quad C_2 = -400$.

Für den Sollzinssatz (r^S) bzw. Habenzinssatz (r^H) der relevanten Perioden soll gelten:

$r_1^S = 15\%;\quad r_2^S = 20\%;\quad r_1^H = 4\%;\quad r_2^H = 6\%$.

Fall 1:

Wird die Investition in Fall 1 durchgeführt, so ergeben sich statt der angegebenen C_t-Werte folgende Beträge für den jeweiligen Kontostand:

$$\begin{aligned} C_0' &= -600 - 100 = -700 \\ C_1' &= -690 - 100 \cdot 1{,}15 + 60 = -745 \\ C_2' &= -670 - (100 \cdot 1{,}15 - 60) \cdot 1{,}20 + 60 = -676 \end{aligned}$$

Im Vergleich zur Unterlassensalternative bewirkte die Investition also, dass das Kontokorrentkonto im Zeitpunkt t = 2 um 6,00 [GE] mehr belastet wäre. Auf den Zeitpunkt t = 0 bezogen entspricht das auf der Basis der relevanten Periodenzinsen von 15% und 20% einem Betrag von $-6 \cdot 1{,}20^{-1} \cdot 1{,}15^{-1} = -4{,}35$ [GE]; die Durchführung der Investition wäre also unvorteilhaft.

Bestimmt man statt der umständlichen Berechnung der verschiedenen Kontostände unmittelbar den Endwert oder den Kapitalwert der Investition, so erhält man gemäß (EW_4) bzw. (K_5) mit

EW $(r_1^S = 15\%;\ r_2^S = 20\%) = -100 \cdot 1{,}15 \cdot 1{,}20 + 60 \cdot 1{,}20 + 60 = -6$ bzw.

K $(r_1^S = 15\%;\ r_2^S = 20\%) = -100 + 60 \cdot 1{,}15^{-1} + 60 \cdot 1{,}20^{-1} \cdot 1{,}15^{-1} = -4{,}35$

die angegebenen Werte (abgesehen von möglicherweise auftretenden geringen Rundungsdifferenzen) sehr viel schneller.

Fall 2:

Im Fall 2 ergeben sich bei Durchführung der Investition folgende Kontostände:

$$\begin{aligned} C_0' &= 200 - 100 = +100 \\ C_1' &= -200 - 100 \cdot 1{,}04 + 60 = -244 \\ C_2' &= -400 - (100 \cdot 1{,}04 - 60) \cdot 1{,}20 + 60 = -392{,}80 \end{aligned}$$

Im Vergleich zur Unterlassensalternative bewirkte die Investition also, dass das Kontokorrentkonto im Zeitpunkt t = 2 um 7,20 [GE] geringer belastet wäre. Auf den Zeitpunkt t = 0 bezogen entspricht dies auf Basis der hier relevanten Periodenzinsen von 4% und 20% einem Betrag von 5,77 [GE]; die Durchführung der Investition wäre also vorteilhaft.

Auch hier kann diese Entscheidung über die Bestimmung des Endwertes oder Kapitalwertes mit deutlich geringerem Aufwand erfolgen; es gilt nämlich:

EW $(r_1^H = 4\%;\ r_2^S = 20\%)$ = $-100 \cdot 1{,}04 \cdot 1{,}20 + 60 \cdot 1{,}20 + 60$ = $7{,}20$

K $(r_1^H = 4\%;\ r_2^S = 20\%)$ = $-100 + 60 \cdot 1{,}04^{-1} + 60 \cdot 1{,}20^{-1} \cdot 1{,}04^{-1}$ = $5{,}77$.

Wie aus dem Beispiel erkennbar wird, können Endwert und Kapitalwert auch im Falle eines unvollkommenen Finanzmarktes als verlässliche Kennzahlen für die durch die betrachtete Investition im **Vergleich zum Unterlassen** erzielbare Endvermögensänderung herangezogen werden. Voraussetzung dafür ist jedoch, dass jeder einzelnen Periode eine eindeutige „Finanzlage" zugeordnet werden kann, das betrachtete Unternehmen also unabhängig davon, ob das zu beurteilende Projekt durchgeführt wird oder nicht, einen vom Vorzeichen her gleichen Kontostand aufweist. Nur unter dieser Voraussetzung kann im Falle eines unvollkommenen Finanzmarktes auf die Aufstellung eines Tilgungs- und Anlageplans verzichtet und die zielkonforme Entscheidung mittels der Kennzahlen Endwert oder Kapitalwert abgeleitet werden.

Beispiel 4.29 (Fortsetzung I):

Ausgehend von Beispiel 4.29 sei ohne Veränderung aller bisherigen Annahmen ein dritter Fall betrachtet:

Fall 3: $C_0 = +50;\ C_1 = +52;\ C_2 = +55{,}16$.

Wird die Investition im Fall 3 durchgeführt, so ergeben sich bedingt durch die notwendige Kreditaufnahme in Höhe von 50 statt der angegebenen C_t-Werte folgende Beträge für den jeweiligen Kontostand:

C_0' = $+50 - 100$ = -50
C_1' = $+52 - 50 \cdot 1{,}04 - 50 \cdot 1{,}15 + 60$ = $+2{,}5$
C_2' = $+55{,}16 - (50 \cdot 1{,}04 + 50 \cdot 1{,}15 - 60) \cdot 1{,}06 + 60$ = $62{,}69$.

Im Vergleich zum Unterlassen träte also bei Durchführung der Investition eine Kontostandserhöhung von 7,53 [GE] ein. Würde man nun den Endwert gemäß (EW_4) bestimmen, so ergäbe sich unabhängig von der gewählten Kombination der Jahreszinssätze mit

EW $(r_1^H = 4\%;\ r_2^H = 6\%)$ = $-100 \cdot 1{,}04 \cdot 1{,}06 + 60 \cdot 1{,}06 + 60$ = $13{,}36$
EW $(r_1^H = 4\%;\ r_2^S = 20\%)$ = $-100 \cdot 1{,}04 \cdot 1{,}20 + 60 \cdot 1{,}20 + 60$ = $7{,}20$
EW $(r_1^S = 15\%;\ r_2^H = 6\%)$ = $-100 \cdot 1{,}15 \cdot 1{,}06 + 60 \cdot 1{,}06 + 60$ = $1{,}70$
EW $(r_1^S = 15\%;\ r_2^S = 20\%)$ = $-100 \cdot 1{,}15 \cdot 1{,}20 + 60 \cdot 1{,}20 + 60$ = -6

jeweils ein Betrag, der keineswegs mehr als die aus der Durchführung der Investition resultierende Endvermögenserhöhung im Vergleich zur Unterlassensalternative interpretiert und somit auch nicht mehr als Kennzahl für eine zielkonforme Entscheidung angesehen werden kann. Durch all diese vier Rechenansätze kann nämlich nicht sachgerecht abgebildet werden, dass in der 1. Periode wegen der Projektdurchführung sowohl auf eine Mittelanlage zu 4% im Umfang von 50 GE verzichtet werden muss als auch gleichzeitig eine Mittelaufnahme zu 15% im Umfang von 50 GE erfolgen muss.

Gelegentlich findet sich im Schrifttum auch der Vorschlag,[58] im Falle eines unvollkommenen Finanzmarktes mit differierenden Soll- und Habenzinssätzen

- solange den jeweils periodenspezifischen Sollzinssatz als Kalkulationszinsfuß zu verwenden, bis die betrachtete Investition sich (berechnet auf Basis des i.d.R. höheren Sollzinssatzes) noch nicht amortisiert hat und
- nach dem Amortisationszeitpunkt den jeweils periodenspezifischen Habenzinssatz zu verwenden.

Dieser Vorschlag impliziert jedoch, dass die Finanzlage des Unternehmens insgesamt immer genau der projektindividuellen „Zahlungsentwicklung" entspricht. D.h.,

- solange das Projekt die Amortisationsdauer noch nicht erreicht hat, liegt auch das Unternehmen selbst „auf der Kreditseite", d.h., zusätzliche Zahlungen be- oder entlasten das Fremdfinanzierungsvolumen,
- sobald jedoch die projektindividuelle Amortisationsdauer erreicht ist, „kippt" auch die Finanzlage des Unternehmens insgesamt, so dass zusätzliche Zahlungen ab diesem Zeitpunkt das Ausmaß der zum Habenzinssatz anzulegenden Mittel beeinflussen.

Dass es sich dabei nicht um eine allgemein sinnvolle Vorgehensweise handeln kann, wird für den Fall der projektindividuellen Vorteilhaftigkeitsbetrachtung durch folgende Fortsetzung von Beispiel 4.29 verdeutlicht.

Beispiel 4.29 (Fortsetzung II):

Würde man unter Beibehaltung der Daten aus Beispiel 4.29 obigem Vorschlag entsprechend den Endwert des Investitionsprojektes mit der Zahlungsreihe ($e_0 = -100$; $e_1 = e_2 = +60$) berechnen, so ergäbe sich mit EW = $-100 \cdot 1,15 \cdot 1,20 + 60 \cdot 1,20 + 60 = -6$ zunächst ein eindeutig negativer Endwert und damit eine generelle Empfehlung gegen die Durchführung der betrachteten Investition.

Wie unsere Überlegungen zu den Fällen 2 und 3 des Beispiels jedoch gezeigt haben, kann die Durchführung des Projektes unter bestimmten Annahmen bezüglich der finanziellen Ausgangssituation des Investors durchaus vorteilhaft sein. Die Befolgung des o.g. Vorschlags kann damit zu Entscheidungen führen, die mit der Zielsetzung Endvermögensmaximierung nicht mehr kompatibel sind.

Betrachtet man den Fall der **Auswahlentscheidung**, so wird die Unsinnigkeit dieses Verfahrens insbesondere bei der Entscheidung über die Auswahl von Investitionsprojekten mit unterschiedlichen Amortisationsdauern deutlich. Geht man nämlich davon aus, dass zwei

---

[58] Vgl. z.B. EISENFÜHR (1979), S. 92.

Investitionsprojekte I und II mit den Amortisationsdauern t_I^* und t_{II}^* in einem Zeitpunkt $t'(t_I^* < t' < t_{II}^*)$ einen identischen Einzahlungsüberschuss aufweisen, so würde bei dem oben bezeichneten Verfahren,

- unabhängig von der Finanzlage des Unternehmens, also unabhängig davon, ob die Finanzlage des Unternehmens von der Projektwahl beeinflusst wird und unabhängig davon, ob das Unternehmen im Falle der Projektdurchführung einen positiven oder negativen Gesamtzahlungsmittelsaldo aufweist,
- der aus Projekt I resultierende Zahlungsüberschuss im Falle der Endwertermittlung mit dem Habenzinssatz aufgezinst, also als Erhöhung des Bestandes an Finanzanlagen erfasst,
- der aus Projekt II in exakt gleicher Höhe erfolgende Zahlungsüberschuss hingegen mit dem (i.d.R. höheren) Sollzinssatz aufgezinst, also als Verminderung des Bestandes an Krediten erfasst.

Zusammenfassend lässt sich für den Fall eines unvollkommenen Finanzmarktes festhalten: Durch die Verwendung wechselnder Periodenzinsfüße, die sich an der jeweils erwarteten „Finanzlage" des Unternehmens orientieren, ist es unter bestimmten Umständen möglich, Kapitalwertkalküle und Endwertkalküle auch in Fällen anzuwenden, in denen die Prämisse des vollkommenen Finanzmarktes nicht einmal mehr annähernd erfüllt ist. Sofern es nur möglich ist, die für die zukünftigen Perioden maßgeblichen Zinsfüße eindeutig und korrekt abzuschätzen, liefern diese Kalküle auch in einer Welt unvollkommener Finanzmärkte durchaus brauchbare Entscheidungshilfen.

Weitere Übungen auf der CD-ROM: Aufgabe 81.

4.7 Projektbezogene Finanzierungsmaßnahmen

Bezüglich der Finanzierung der Investitionsprojekte haben wir auch in den unter 4.6.2 und 4.6.4 erörterten Erweiterungen unseres Grundansatzes immer noch unterstellt, dass sie „aus dem allgemeinen Topf" erfolge, d.h. aus der Gesamtheit der Finanzierungsmittel, die dem Unternehmen jeweils – woher auch immer – zur Verfügung stehen. Dies mag in vielen praktischen Fällen auch durchaus so sein. Andererseits sind aber auch Situationen denkbar, in denen die für die Investition benötigten Mittel zumindest zu einem gewissen Teil aus **ganz spezifischen, eindeutig projektbezogenen Finanzierungsmaßnahmen** resultieren, die bei Verzicht auf das Investitionsprojekt ebenfalls unterbleiben würden. Eine solche Konstellation ist etwa in folgenden Fällen vorstellbar:

■ Ein Teil der Investitionssumme kann im Rahmen öffentlicher Förderprogramme durch einen zinsvergünstigten Kredit aufgebracht werden, der ohne das betrachtete Objekt nicht in Anspruch genommen werden könnte.

- Das vorgesehene Projekt bildet zugleich die Besicherungsbasis für ein auf die Zahlungsstruktur des Projektes abgestimmtes Bank- oder Versicherungsdarlehen, das ohne das Projekt in dieser Form nicht vergeben würde.
- Das Projekt soll durch den Abschluss eines Leasingvertrages finanziert werden.

In derartigen Fällen bietet es sich an, die bislang erörterte Vorgehensweise in der Weise zu modifizieren, dass die maßgebliche Zahlungsreihe

- nicht nur aus den unmittelbar projektbezogenen Zahlungsgrößen $e_0, e_1, \ldots, e_T$ des betrachteten Investitionsprojekts,
- sondern in Ergänzung auch aus den Zahlungsgrößen $f_0, f_1, \ldots, f_T$ der spezifisch auf das Projekt bezogenen Finanzierungsmaßnahmen

hergeleitet wird. Die jeweils interessierenden investitionstheoretischen Kennzahlen können dann prinzipiell unverändert nach den bislang bekannten Formeln ermittelt werden. Maßgeblich sind dann allerdings die Zahlungsgrößen $c_0, c_1, \ldots, c_T$, die sich aus der Saldierung der projektbezogenen Zahlungen mit den aus der projektbezogenen Finanzierung resultierenden Zahlungen ergeben, also

$$c_t = e_t + f_t \qquad (t = 0, 1, \ldots, T) \; .$$

Dabei müssen die f_t-Werte keineswegs nur die aus einem Finanzierungsprojekt resultierenden Zahlungen verdeutlichen, sondern können ebenso gut den Gesamteffekt eines ganzen Bündels mehrerer projektbezogener Finanzierungsmaßnahmen darstellen. Das folgende Beispiel verdeutlicht diese Vorgehensweise.

Beispiel 4.30:

Ein Speditionskaufmann plant zur Ausweitung seiner Geschäftstätigkeit die Neuanschaffung mehrerer Lastwagen (Kaufpreis insgesamt 800.000 GE) und die Errichtung einer neuen Lager- und Garagenhalle einschließlich der notwendigen Ausstattung (Investitionsauszahlungen 700.000 GE). Aus dem damit möglich werdenden Speditionsgeschäft erwartet man sechs Jahre lang einen Zahlungsüberschuss von 300.000 GE; außerdem wird unterstellt, dass sowohl die Lastwagen als auch die Halle nebst Einrichtung nach 6 Jahren zu 20% des Anschaffungspreises veräußert werden können.

Die für diese Investition maßgebliche Zahlungsreihe (in 1.000 GE) lautet also:

$$e_0 = -1.500; \quad e_1 = e_2 = \ldots = e_5 = +300; \quad e_6 = +600 \; .$$

Zur Finanzierung dieses Vorhabens steht ein „kommunales Förderdarlehen" über 400.000 GE bereit, das über 4 Jahre (einschließlich Verzinsung) einen Kapitaldienst von 115.000 GE jährlich bedingt. Die Lastwagen sollen im Wege des Leasing beschafft werden, wobei von folgenden Konditionen ausgegangen wird:

- Sofort fällige Sonderzahlung: 160.000 GE
- Jährliche Leasingrate über 5 Jahre: 120.000 GE
- Übernahmepreis bei Anschlusskauf am Ende des 5. Jahres: 300.000 GE .

Die für dieses Finanzierungsbündel maßgebliche Zahlungsreihe hat dann folgendes Aussehen:

$f_0 = (+400 + 800 - 160) = 1.040$
$f_1 = f_2 = f_3 = f_4 = -115 - 120 = -235$
$f_5 = -120 - 300 = -420$
$f_6 = 0$.

Die für die Beurteilung des gesamten Investitionsprojektes einschließlich der projektbezogenen Finanzierungsmaßnahmen maßgebliche Zahlungsreihe lautet somit:

$c_0 = -1.500 + 1.040 = -460$
$c_1 = c_2 = c_3 = c_4 = 300 - 235 = +65$
$c_5 = 300 - 420 = -120$
$c_6 = +600$.

Nebenbei bemerkt, erkennt man an diesem einfachen Beispiel, dass die sich per Saldo ergebende Zahlungsreihe keineswegs mehr dem Typ der Normalinvestition (nur ein Vorzeichenwechsel) entsprechen muss, selbst wenn jedes einzelne der dafür zu erfassenden Investitions- und Finanzierungsprojekte nur einen Vorzeichenwechsel aufweist.

Ist es fraglich, ob eine projektbezogene Finanzierungsmöglichkeit überhaupt in Anspruch genommen werden soll, oder stehen mehrere projektbezogene Finanzierungsmöglichkeiten alternativ zur Auswahl (z.B. Leasing- oder Kreditfinanzierung), so können auch diese Entscheidungsprobleme grundsätzlich mit Hilfe der Kapitalwertmethode gelöst werden. Dazu ist es nur notwendig, die anhand ihrer Zahlungsreihen zu beurteilenden Handlungsalternativen in geeigneter Weise zu formulieren, also etwa wie folgt:

Alternative I: Projektdurchführung ohne eine speziell projektbezogene Finanzierungsmaßnahme (Finanzierung „aus dem allgemeinen Topf")

Alternative II: Projektdurchführung und Leasingfinanzierung

Alternative III: Projektdurchführung und (zumindest teilweise) Finanzierung durch einen projektbezogenen Kredit.

Übungsaufgabe 4.22:

Eine Investition ist durch die Zahlungsreihe $e_0 = -330$; $e_1 = 20$; $e_2 = 90$; $e_3 = 120$; $e_4 = 216$ gekennzeichnet. Zur projektbezogenen Finanzierung steht ein vierjähriges Darlehen über 240 GE bereit, das in 4 Raten von jeweils 60 GE zu tilgen ist, wobei auf die jeweilige Restschuld ein Zins von 10% anfällt.

Bestimmen Sie die relevante Zahlungsreihe $c_0, c_1, ..., c_4$ und den Kapitalwert für den Fall, dass sich die aus dem Gesamtprojekt resultierenden Zahlungen jeweils zu Lasten bzw. zu Gunsten eines mit 12% p.a. verzinslichen Kontokorrentkredits niederschlagen!

4.8 Beurteilung von Finanzierungsmaßnahmen mittels investitionstheoretischer Kennzahlen

4.8.1 Vorbemerkung

In Abschnitt 4.7 haben wir in einer Erweiterung unseres Grundansatzes untersucht, wie die bis dahin angestellten Überlegungen zu modifizieren sind, wenn konkrete Investitionsprojekte beurteilt werden sollen, bei denen zumindest Teile der für die Investition benötigten Mittel aus ganz spezifischen, eindeutig projektbezogenen Finanzierungsmaßnahmen stammen. Im Zentrum des Interesses stand dort also nach wie vor die Frage, wie man gestützt auf investitionstheoretische Kennzahlen eine mit der Zielsetzung Endvermögensmaximierung kompatible **Investitionsentscheidung** treffen kann.

Eine weitere Einsatzmöglichkeit von investitionstheoretischen Kennzahlen besteht darin, sie ganz analog zu der aus der Investitionstheorie bekannten Vorgehensweise auch zur isolierten Beurteilung von einzelnen Finanzierungsprojekten heranzuziehen, also unabhängig von der konkret beabsichtigten Mittelverwendung zu untersuchen, wie man gestützt auf investitionstheoretische Kennzahlen eine mit der Zielsetzung Endvermögensmaximierung kompatible **Finanzierungsentscheidung** treffen kann.

Im Folgenden wollen wir auch Finanzierungsprojekte durch die mit ihnen verbundenen Zahlungen $f_0, f_1, ..., f_T$ kennzeichnen und uns auf den wohl typischen Fall beschränken, dass aus Sicht des Unternehmens $f_0 > 0$ und $f_t \leq 0$ ($t = 1, 2, ..., T$) gilt. Beide Annahmen sind für die folgenden Überlegungen nicht unbedingt notwendig; sie erleichtern jedoch die formale Darstellung.

Schließlich sei – parallel zu unseren Annahmen bei der Beurteilung von Investitionsprojekten – unterstellt, dass

- hinlänglich konkrete Vorstellungen darüber vorliegen, zu welchen weiteren finanziellen Anpassungsreaktionen es bei Durchführung des betrachteten Finanzierungsprojektes im Vergleich zum Unterlassen kommt, und
- es möglich ist, die damit verbundenen Zinseffekte zu quantifizieren, seien es zusätzlich entstehende oder entgehende Anlagezinsen, etwa auf Festgelder, seien es entfallende oder zusätzlich entstehende Kreditzinsen, etwa aus einem Kontokorrentkredit.

Sofern derartige „einfache" Anpassungsmaßnahmen im konkreten Anwendungsfall gar nicht möglich sind und der Verzicht auf ein bestimmtes Finanzierungsprojekt zugleich die Möglichkeiten zur Durchführung und/oder die Konsequenzen von Investitionsprojekten oder anderer leistungswirtschaftlicher Aktivitäten beeinträchtigen würde, kann das Finanzierungsprojekt – abgesehen von Spezialfällen – gar nicht mehr allein anhand seiner Zahlungsreihe beurteilt werden. In einem solchen Fall sind Investitionsprojekte und Finanzierungsprojekte simultan zu betrachten und zu beurteilen.[59]

Ebenfalls im Interesse der formalen Vereinfachung wollen wir schließlich auch noch unterstellen, dass die erforderlichen finanziellen Anpassungsmaßnahmen „im Umfeld der betrachteten Finanzierungsprojekte" in allen relevanten Perioden zu dem gleichen Zinssatz r erfolgen können.[60] Ebenfalls ganz analog zur Investitionstheorie kann der **Kapitalwert** eines Finanzierungsprojektes als

$$(K_8) \qquad K = \sum_{t=0}^{T} f_t \cdot (1+r)^{-t}$$

oder dessen **Endwert** als

$$(EW_5) \qquad EW = \sum_{t=0}^{T} f_t \cdot (1+r)^{T-t}$$

berechnet werden.

In Abschnitt 4.8.2 werden wir uns zunächst näher mit der Möglichkeit beschäftigen, die **projektindividuelle Vorteilhaftigkeit** einer Finanzierungsalternative, also gegenüber der Unterlassensalternative, zu beurteilen. Anschließend wenden wir uns im Abschnitt 4.8.3 der **Auswahl aus mehreren Finanzierungsalternativen** zu.

4.8.2 Kapitalwert und effektive Finanzierungskosten als Kriterien zur projektindividuellen Beurteilung

Unter den oben genannten Prämissen $f_0 > 0$ und $f_t \leq 0$ (t = 1, 2, ..., T) weist die für ein Finanzierungsprojekt maßgebliche Kapitalwertfunktion K(r) im ökonomisch relevanten Bereich positiver Zinsfüße einen streng monoton steigenden Verlauf auf. Dabei schneidet K(r) die Abszisse unter der Voraussetzung eines (für Finanzierungsprojekte wohl typischen) negativen Nominalwertes zwingend im Bereich positiver Zinssätze; es existiert für diese „Normalfinanzierung" folglich ein eindeutiger interner Zinsfuß, der im Kontext von Finanzierungsmaßnahmen auch als **„effektive Finanzierungskosten"** des in Rede stehenden Finanzierungsprojektes bezeichnet wird.

---

[59] Zur Erinnerung: In den Abschnitten 2.2 und 2.3 wurde in allgemeiner Form auf unterschiedliche Formen von horizontalen und vertikalen Interdependenzen und auf Ansätze zur modellmäßigen Erfassung derartiger Interdependenzen eingegangen. In Abschnitt 4.7 haben wir zudem für einen Spezialfall eine einfache Möglichkeit zur Erfassung von Interdependenzen zwischen einem konkreten Investitionsprojekt und einer zugehörigen (projektbezogenen) Finanzierungsmaßnahme kennengelernt. In Abschnitt 7.4 und 7.5 werden wir uns noch ausführlich mit zwei Ansätzen der simultanen Investitions- und Finanzplanung auseinandersetzen.

[60] Genau wie bei der Beurteilung von Investitionsprojekten stellt diese Annahme auch hier keine zwingende Voraussetzung für die im Folgenden zu behandelnden Kalküle und die daran anknüpfenden Methoden dar. Sie vermeidet nur die formale Lästigkeit des Rechnens mit unterschiedlichen Periodenzinsfüßen.

Folgende Eigenschaften dieses Kurvenverlaufs sind dabei für die weiteren Überlegungen von besonderer Bedeutung:

- Für r = 0% gibt K einfach die Summe aller mit einem Finanzierungsprojekt verbundenen Zahlungen an. Sofern die Summe aller Tilgungszahlungen betragsmäßig dem anfänglichen Finanzierungsbetrag f_0 entspricht, stellt K(r = 0) somit nichts anderes als die Summe aller Zinszahlungen dar. Andernfalls sind zusätzlich Disagiobeträge hinzuzurechnen bzw. Agiobeträge abzuziehen, um von der Summe aller Zinszahlungen zu K(r = 0) zu gelangen.

- Mit steigendem Kalkulationszins verläuft K(r) streng monoton steigend und zwar mit abnehmender Steigung.

- Mit immer weiter steigendem Kalkulationszins nähert sich K(r) schließlich dem Wert der anfänglichen Finanzierungssumme f_0.

Um die **projektindividuelle Vorteilhaftigkeit** eines **Finanzierungsprojektes** festzustellen, kann nun einfach der auf der Basis des maßgeblichen Kalkulationszinsfußes r ermittelte Kapitalwert oder der entsprechende Endwert berechnet werden. Als Vorteilhaftigkeitskriterium im Vergleich zur Unterlassensalternative gilt dann genau wie bei der Beurteilung von Investitionsprojekten die Bedingung

$$(V_{11}) \quad K = \sum_{t=0}^{T} f_t \cdot (1+r)^{-t} > 0 \quad \text{bzw.}$$

$$(V_{12}) \quad EW = \sum_{t=0}^{T} f_t \cdot (1+r)^{T-t} > 0,$$

oder anders formuliert:

$$(V_{13}) \quad f_0 > \sum_{t=1}^{T} (-f_t) \cdot (1+r)^{-t}.$$

Die Schreibweise gemäß (V_{13}) führt zu der anschaulichen Interpretation, dass eine Finanzierungsmaßnahme genau dann vorteilhaft ist, wenn der im Zeitpunkt t = 0 zufließende Finanzierungsbetrag den Barwert aller im Gegenzug zukünftig zu leistenden Auszahlungen übersteigt.

Einzelne Finanzierungsprojekte können aber auch – ganz analog zur Anwendung des Kriteriums des **internen Zinsfußes** bei der Beurteilung von Investitionsprojekten vom Typ einer Normalinvestition – beurteilt werden, indem man

- den tatsächlich maßgeblichen Kalkulationszins r
- mit dem kritischen Wert r* vergleicht, bei dem der Kapitalwert gerade den Wert Null annimmt.

Das inhaltlich zu (V_{13}) vollkommen äquivalente Vorteilhaftigkeitskriterium lautet dann einfach

(V$_{14}$) r* < r .

Eine Finanzierungsmaßnahme ist somit projektindividuell genau dann vorteilhaft, wenn

- die mit ihr verbundenen **effektiven Finanzierungskosten** r* kleiner sind
- als die bei Unterlassen der Maßnahme (in Form entgehender Guthaben- oder zusätzlicher Schuldzinsen) **ansonsten entstehenden Finanzierungskosten** r.

Genau wie die projektindividuelle Beurteilung eines Investitionsprojektes ist diese renditeorientierte Beurteilung eines Finanzierungsprojektes aber nur solange zwingend mit der Zielsetzung Endvermögensmaximierung kompatibel, wie die Zahlungsreihe des zu beurteilenden Finanzierungsprojektes nur einen einzigen Vorzeichenwechsel aufweist.

In verschiedenen Zusammenhängen hat es sich schon lange eingebürgert, Finanzierungsmaßnahmen eher nach diesem Kriterium (V$_{14}$) als nach (V$_{11}$) oder (V$_{12}$) zu beurteilen. Wir werden darauf im folgenden Abschnitt noch zurückkommen.

Beispiel 4.31:
Betrachtet sei ein Annuitätendarlehen, das aus Sicht des Darlehensnehmers durch folgende Ein- und Auszahlungen gekennzeichnet werden kann (+10; –2,5; –2,5; –2,5; –2,5; –2,5). Des Weiteren gehen wir davon aus, dass die finanziellen Anpassungsmaßnahmen im Vergleich zum Unterlassen durch einen einheitlichen Kalkulationszinsfuß erfasst werden können.

Fall I:
Die Anpassungsmaßnahmen bei Durchführung der Finanzierungsmaßnahme bestehen ausschließlich in der Erhöhung (in t = 0) bzw. Reduzierung (in t = 1, 2, ..., 5) der jeweils einjährigen Termingeldanlagen zu 4% p.a. Als Kalkulationszins ist somit r = 0,04 anzusetzen. Für den Kapitalwert gilt dann:

$$K^I = +10 - 2,5 \cdot RBF(5J.; 4\%)$$
$$= +10 - 11,13 = -1,13.$$

Unter diesen Rahmenumständen wäre die Aufnahme des Annuitätendarlehens also nicht vorteilhaft.

Fall II:
Die Anpassungsmaßnahmen bei Durchführung der Finanzierungsmaßnahme bestehen ausschließlich in der geänderten Beanspruchung eines zu 12% p.a. verzinslichen Kontokorrentkredites (mit jährlich nachschüssiger Zinsabrechnung).

Für den jetzt auf der Basis von r = 0,12 zu ermittelnden Kapitalwert gilt dann:

$$K^{II} = +10 - 2,5 \cdot RBF(5J.; 12\%)$$
$$= +10 - 9,01 = +0,99.$$

Unter diesen Rahmenbedingungen stellte das Annuitätendarlehen also ein vorteilhaftes Finanzierungsprojekt dar.

Verallgemeinerung:
Fragt man sich schließlich, bei welchem kritischen Wert r* für den Kalkulationszins r die Beurteilung gerade „kippt", so ist die Gleichung

$$K(r^*) = +10 - 2,5 \cdot \frac{1-(1+r^*)^{-5}}{r^*} = 0$$

zu lösen. Diese Gleichung kann zwar nicht explizit nach r* aufgelöst werden, mittels eines einfachen Iterationsverfahrens erhält man für r* jedoch den Wert

$$r^* = 0{,}0793 = 7{,}93\%.$$

Man erkennt, dass das untersuchte Annuitätendarlehen so lange eine vorteilhafte Finanzierungsalternative darstellt, wie die ansonsten anfallenden Finanzierungskosten größer als 7,93% sind.

Übungsaufgabe 4.23:
Zur Abdeckung eines Finanzbedarfs von 10 Mio. GE bietet ein Darlehensgeber ein Darlehen mit Ratentilgung über 5 Jahre an, das aus Sicht des Darlehensnehmers durch folgende Ein- und Auszahlungen (in Mio. GE) gekennzeichnet werden kann: +10; –2,80; –2,64; –2,48; –2,32; –2,16.

a. Bestimmen Sie mit Hilfe des Kapitalwertes die projektindividuelle Vorteilhaftigkeit dieses Projektes für den Fall, dass die alternativen Finanzierungskosten r = 6% bzw. r = 10% betragen!

b. Ermitteln Sie die effektiven Finanzierungskosten für dieses Projekt!

c. Welche inhaltliche Interpretation erlaubt der als Lösung zu b) gefundene Wert?

4.8.3 Kapitalwert und effektive Finanzierungskosten als Kriterien bei der Auswahl konkurrierender Finanzierungsprojekte

Um die Vorteilhaftigkeit einer Finanzierungsalternative im Vergleich zu ihrem Unterlassen zu beurteilen, haben wir im vorigen Abschnitt mit dem Rückgriff auf den Kapitalwert, den Endwert und die effektiven Finanzierungskosten drei formal verschiedene, inhaltlich jedoch äquivalente Entscheidungsregeln kennengelernt. Für den Fall, dass mehrere miteinander konkurrierende Finanzierungsprojekte zur Auswahl stehen, gilt die Äquivalenz in dieser allgemeinen Form jedoch nicht mehr.

Für eine Auswahlentscheidung zwischen einander ausschließenden Finanzierungsprojekten kann die originäre Zielvorstellung der Endvermögensmaximierung – analog zu den in Abschnitt 4.2.3 für Investitionsentscheidungen vorgetragenen Zusammenhängen – äquivalent durch die Zielvorstellung „Kapitalwertmaximierung" ersetzt werden. Auch für Finanzierungsprojekte gilt also die Auswahlregel

(V$_6$) $K_j > K_k$.

Eine analoge Auswahlregel anhand von Endwerten gilt auf Basis projektindividueller Endwerte wiederum nur für Projekte gleicher Laufzeit.

Aus Abschnitt 4.5 ist Ihnen schon bekannt, dass die Anwendung des Kriteriums des internen Zinsfußes bei der Auswahl zwischen konkurrierenden Investitionsprojekten zu Widersprüchen gegenüber dem Kapitalwertkriterium und damit zu nicht sachgerechten Handlungsempfehlungen führen kann. Das gleiche gilt auch für das Kriterium der effektiven Finanzierungskosten bei der Beurteilung konkurrierender Finanzierungsalternativen. Bereits hier sei daher erneut darauf hingewiesen, dass auch die **effektiven Finanzierungskosten im Allgemeinen keine geeignete Kennzahl für Auswahlentscheidungen** darstellen. Daran ändert auch die Tatsache nichts, dass der Gesetzgeber bestimmten Anbietern von Finanzierungsleistungen durch die Preisangabenverordnung vorschreibt, bei bestimmten Kreditangeboten auch die effektiven Finanzierungskosten für den Kreditnehmer explizit auszuweisen, und damit für den Laien suggeriert, unterschiedliche Kreditangebote ließen sich sinnvoll durch den Vergleich dieser als „Effektiver Jahreszins" bezeichneten Relativgrößen miteinander vergleichen.

Beispiel 4.32:
Wir betrachten die beiden folgenden Finanzierungsprojekte a$_1$ und a$_2$:

Projekt a$_1$:
Zum 01.01.01 kann ein am 31.12.02 endfällig zu tilgender Kredit über 100 TGE zu einem jährlich nachschüssig zahlbaren Zinssatz von 10% aufgenommen werden.

Projekt a$_2$:
Zum 01.01.01 kann ein Annuitätendarlehen über 100 TGE aufgenommen werden, für dessen Tilgung und Verzinsung jeweils am Ende der Jahre 01 und 02 57 TGE zu zahlen sind.

Für die Kapitalwerte dieser beiden Projekte ergibt sich in Abhängigkeit von dem zugrundegelegten Kalkulationszins:

$$K_1 = 100 - 10 \cdot (1+r)^{-1} - 110 \cdot (1+r)^{-2} \quad \text{und}$$
$$K_2 = 100 - 57 \cdot (1+r)^{-1} - 57 \cdot (1+r)^{-2} .$$

Setzt man diese Ausdrücke gleich null, so erhält man für die internen Zinsfüße dieser Zahlungsreihen und damit für die projektspezifischen „effektiven Finanzierungskosten" die Werte $r_1^* = 10\%$ und $r_2^* = 9{,}2\%$. Würde man sich allein an diesen Werten orientieren, so müsste Projekt a$_2$ als dem „deutlich billigeren" Kredit eindeutig der Vorzug gegeben werden.

Fall I:

Nimmt man zunächst an, dass der Kreditnehmer am 31.12.01 über keine liquiden Mittel verfügt und demzufolge die mit einer Kreditaufnahme von 100 TGE verbundenen Auszahlungen von 10 TGE bzw. 57 TGE nur durch erneute Kreditaufnahme zu 15% p.a. finanzieren kann, so ergibt sich in Abhängigkeit vom tatsächlich durchgeführten Finanzierungsprojekt am 31.12.02 folgende Gesamtrückzahlungsverpflichtung GR:

$$GR_1(r=0{,}15) = 10 \cdot 1{,}15 + 110 = 121{,}50 \quad \text{bzw.}$$
$$GR_2(r=0{,}15) = 57 \cdot 1{,}15 + 57 = 122{,}55 \ .$$

Alternative 2 wäre in diesem Fall – ganz im Gegensatz zu der durch den Vergleich der r*-Werte suggerierten Vermutung – also keineswegs im Vergleich mit Alternative 1 das „günstigere" Finanzierungsprojekt für einen endvermögensmaximierenden Investor. Bei identischem Mittelzufluss würde das an den effektiven Finanzierungskosten gemessen günstigere Projekt ja zu einer auf einen einheitlichen Rückzahlungszeitpunkt bezogenen Mehrzahlung von 1,05 TGE führen.

Fall II:

Besteht hingegen die Möglichkeit, den „Zwischenkredit" zu 12% p.a. aufzunehmen, so ergibt sich für GR:

$$GR_1(r=0{,}12) = 10 \cdot 1{,}12 + 110 = 121{,}20 \quad \text{bzw.}$$
$$GR_2(r=0{,}12) = 57 \cdot 1{,}12 + 57 = 120{,}84 \ ;$$

das gemessen an den effektiven Finanzierungskosten günstigere Finanzierungsprojekt 2 würde auch zu der niedrigeren Gesamtrückzahlungsverpflichtung führen und damit für einen endvermögensmaximierenden Investor (unter der Voraussetzung, dass keine weiteren Finanzierungsalternativen zur Verfügung stehen) die Optimalalternative darstellen. Die Optimalalternative ist folglich abhängig von der finanziellen Ausgangssituation des Entscheiders und den Zinsbedingungen am Finanzmarkt, zu denen finanzielle Anpassungsmaßnahmen „im Umfeld des Finanzierungsprojektes" vorgenommen werden können.

Die fehlende Eignung des Kriteriums der effektiven Finanzierungskosten für Auswahlentscheidungen zwischen einander ausschließenden Finanzierungsprojekten dürfte unter Berücksichtigung unserer Ausführungen zum internen Zinsfuß in Abschnitt 4.5.4 und folgender stichpunktartiger Argumentation unmittelbar einleuchten.

- Den Begriff der effektiven Finanzierungskosten haben wir als internen Zinsfuß der durch eine ganz bestimmte Finanzierungsmaßnahme ausgelösten Zahlungsreihe konkretisiert.

- Effektive Finanzierungskosten stellen also eine Maßzahl für die mit einer Finanzierungsalternative verknüpften durchschnittlichen Zahlungsbelastungen dar.

- Die effektiven Finanzierungskosten unterschiedlicher Finanzierungsprojekte stellen damit ebenso wie die internen Zinsfüße unterschiedlicher Investitionsprojekte Relativzahlen dar, die sich im allgemeinen auf unterschiedliche Bezugsbasen (nämlich unterschiedliche Kapitalbindungen oder bei Finanzierungsprojekten unterschiedliche Beträge verfügbaren Kapitals) beziehen und damit i.d.R. auch nicht mehr sinnvoll miteinander vergleichbar sind.

Übungsaufgabe 4.24:
Nachfolgend seien nochmals die beiden Finanzierungsprojekte a_1 und a_2 aus Beispiel 4.28 betrachtet.

a. Wie hoch müsste der Kreditzins für den in Beispiel 4.28 angesprochenen „Überbrückungskredit" mindestens sein, damit das gemessen an den effektiven Finanzierungskosten ungünstigere Projekt a_1 für den Kreditnehmer letztlich doch günstiger ist als Finanzierungsprojekt a_2?

b. Ermitteln Sie für Kalkulationszinsfüße von 9% und 10% für beide Projekte den Kapitalwert!

c. Angenommen, am Finanzmarkt könnten in jedem Zeitpunkt für jeweils eine Periode zu einem identischen Zinssatz von 9% p.a. Gelder angelegt bzw. Kredite aufgenommen werden. Wie beurteilen Sie vor diesem Hintergrund die Vorteilhaftigkeit der beiden Finanzierungsprojekte a_1 und a_2?

Weitere Übungen auf der CD-ROM: Aufgaben 79 und 80.

4.9 Zur praktischen Relevanz investitionstheoretischer Kennziffern

4.9.1 Rückblick und Problemstellung

In den vorangegangenen Abschnitten haben wir zunächst einige wichtige investitionstheoretische Kennziffern sowie die grundlegenden Ansätze zu ihrer Ermittlung kennengelernt. Wir haben weiterhin untersucht, inwieweit die Orientierung von Investitionsentscheidungen an den einzelnen Kennziffern zu Ergebnissen führt, die mit der Zielsetzung der Endvermögensmaximierung übereinstimmen. Dabei sind wir trotz diverser Erweiterungen unserer Modellvorstellung in den Abschnitten 4.6 und 4.7 fast durchgängig von einer Reihe mehr oder weniger strenger Prämissen ausgegangen, die in der Realität in dieser Form wohl überwiegend nicht erfüllt sind. Wir wollen uns daher noch kurz mit der Frage beschäftigen, welche Bedeutung investitionstheoretischen Kennziffern überhaupt zukommt.

Dabei gilt es, folgende Gesichtspunkte zu beachten. Zum einen haben wir eingangs schon darauf hingewiesen, dass ökonomische Entscheidungsmodelle niemals die Realität in ihrer gesamten Vielschichtigkeit und Komplexität abbilden können. Vielmehr ist es gerade Aufgabe eines Modells, nur die vorrangig bedeutsamen Sachverhalte eines abgegrenzten Realitätsausschnitts in vereinfachender Form darzustellen; denn erst so wird es möglich, sich „ein Bild" von der Realität zu machen. Insofern müssen ökonomische **Entscheidungs-**

modelle also zwangsläufig **vergröbernde und selektierende Abbildungen der Realität** sein. Zum zweiten ist zu berücksichtigen, dass es einer wissenschaftlichen Theorie nicht nur darum geht, unmittelbar praktisch verwertbare Erkenntnisse oder Verfahrenshinweise zu liefern. Vielmehr ist es auch Aufgabe der Theorie, die **gedanklichen Grundstrukturen** der hier zu untersuchenden Entscheidungsprobleme herauszuarbeiten, verschiedene Problemtypen voneinander abzugrenzen, verschiedene Entscheidungskonzepte auf ihre Konsistenz hin zu untersuchen und die mit ihnen verbundenen Implikationen aufzuzeigen. Trotzdem wollen wir zum Abschluss dieses Kapitels zumindest beispielhaft anhand einiger Überlegungen zum Kapitalwertkriterium veranschaulichen, dass die dargestellten Verfahren neben ihrer hohen **theoretischen Relevanz** auch von durchaus praktischer Bedeutung sind.

4.9.2 Deskriptive und prognostische Relevanz

Das Kapitalwertprinzip liefert für etliche empirisch beobachtbare Phänomene sehr stringente Erklärungsgrundlagen und stellt damit zugleich auch eine Basis für die Prognose entsprechender Abläufe dar. Als ein Beispiel sei die **Analyse und Prognose von Wertpapierkursen** herangezogen.

Die **Anlage in festverzinslichen Wertpapieren** kann als eine typische Normalinvestition angesehen werden: Bei einer endfälligen Anleihe mit jährlich nachschüssiger Zinszahlung wird im Zeitpunkt t = 0 die Anschaffungsauszahlung fällig; über einen gewissen Zeitraum hinweg fallen jährliche Zinszahlungen an; und am Ende der Laufzeit erfolgt neben dem Zins noch die Rückzahlung. Bezeichnet man den Anschaffungspreis für die Anleihe mit C, die jährlichen Zinszahlungen mit z und setzt man den Rückzahlungskurs gleich 100, so kann eine derartige Wertpapierinvestition graphisch etwa so wie in Abb. 4.8 dargestellt werden.

Abbildung 4.8 Zahlungsstruktur des Kaufs einer Kupon-Anleihe

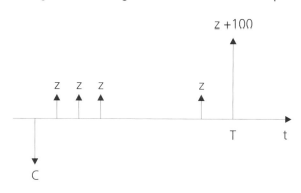

Der aktuelle **Börsenkurs** (C) einer derartigen Anleihe kann nun als der **Kapitalwert aller zukünftigen Zins- und Tilgungszahlungen** dieser Anleihe interpretiert werden. Dieser Interpretation zufolge könnten wir also schreiben:

(K_9) $C = z \cdot RBF(T;r) + 100 \cdot (1+r)^{-T}$.

Entsprechend unseren Untersuchungen über den Verlauf der Kapitalwertfunktion von Normalinvestitionen wissen wir nun, dass der Barwert einer solchen Zahlungsreihe um so geringer wird, je höher der zugrunde gelegte Kalkulationszins ist; weiterhin wissen wir, dass die **Zinsempfindlichkeit**, d.h. das Ausmaß, in dem der Barwert auf Änderungen des Zinsfußes reagiert, tendenziell um so größer ist, je später der Einzahlungsschwerpunkt einer solchen Zahlungsreihe liegt. Zur Veranschaulichung mag folgendes Beispiel dienen:

Beispiel 4.33:
Betrachtet werden zwei Anleihen A_1, A_2, die beide je 100 GE Nominalwert aufweisen, pro Jahr 6 GE Zinsen erbringen und nach $T_1 = 3$ Jahren bzw. $T_2 = 7$ Jahren zu 100% rückzahlbar sind.

1. Der Marktzins belaufe sich auf $r = 6\%$. Der Nominalzinssatz beider Anleihen stimmt also mit dem Marktzins überein; mithin beläuft sich ihr Kurs auch genau auf 100. Dies wird auch sofort deutlich, wenn man den Barwert der Zins- und Tilgungszahlungen beider Alternativen berechnet.

$$\begin{aligned} C_1 &= 6 \cdot RBF(3J.; 6\%) + 100 \cdot 1{,}06^{-3} \\ &= 6 \cdot 2{,}673 + 100 \cdot 0{,}8396 \\ &= 16{,}04 + 83{,}96 \\ &= 100 \end{aligned} \qquad \begin{aligned} C_2 &= 6 \cdot RBF(7J.; 6\%) + 100 \cdot 1{,}06^{-7} \\ &= 6 \cdot 5{,}5824 + 100 \cdot 0{,}6651 \\ &= 33{,}49 + 66{,}51 \\ &= 100. \end{aligned}$$

2. Steigt nun der Marktzins schlagartig auf 8%, so errechnen sich folgende neue Kurswerte:

$$\begin{aligned} C_1' &= 6 \cdot RBF(3J.; 8\%) + 100 \cdot 1{,}08^{-3} \\ &= 6 \cdot 2{,}5771 + 100 \cdot 0{,}7938 \\ &= 15{,}46 + 79{,}38 \\ &= 94{,}84 \end{aligned} \qquad \begin{aligned} C_2' &= 6 \cdot RBF(7J.; 8\%) + 100 \cdot 1{,}08^{-7} \\ &= 6 \cdot 5{,}2064 + 100 \cdot 0{,}5835 \\ &= 31{,}24 + 58{,}35 \\ &= 89{,}59. \end{aligned}$$

Die Anleihe mit der längeren Restlaufzeit (= mit späterem Einzahlungsschwerpunkt) sinkt also stärker im Kurs als die mit kurzer Restlaufzeit (= mit früherem Einzahlungsschwerpunkt), wenn der Marktzins steigt; fällt dagegen der Marktzins, so steigen die Kurse der langfristigen Anleihen stärker als die der kurzfristigen.

Übungsaufgabe 4.25:
Überprüfen Sie die im letzten Halbsatz enthaltene Behauptung für unser Beispiel, indem Sie die Barwerte der beiden Anleihen für einen Zinssatz von 4% bestimmen!

Der in Beispiel 4.33 und Übungsaufgabe 4.25 verdeutlichte Sachverhalt kann nun (zumindest in Ansätzen) alltäglich an den Wertpapierbörsen überprüft werden. So wurden im August 1986 genau 11 Anleihen von Bund, Bundespost oder Bundesbahn mit fester Laufzeit und 8%-igem Nominalzins notiert.[61] Dabei wurden etwa am 5. August an der Düsseldorfer Wertpapierbörse die in Tab. 4.20 angegebenen Kurse notiert.

Tabelle 4.20 Kurse ausgewählter Anleihen mit identischem Nominalzinssatz

	Kurse 8%-iger Anleihen am 05.08.1986			
	Emittent	Ausgabe von …	Fällig am …	Kurs am 05.08.1986
a	Post	1972	01.09.87	103,50
b	Bahn	1979	01.07.89	107,60
c	Bund	1979 I	01.07.89	107,85
d	Bund	1979 II	01.08.89	108,05
e	Post	1980	01.03.90	108,05
f	Bahn	1980 II	01.07.90	109,20
g	Bahn	1980 I	01.02.92	110,45
h	Bahn	1982	01.11.92	111,00
i	Bund	1983	01.07.93	111,30
j	Bund	1984	18.03.94	112,00
k	Post	1984	01.09.94	111,80

Zunächst erkennt man, dass alle 8%-igen Anleihen über 100% notieren; dies kann so interpretiert werden, dass die noch ausstehenden Zins- und Tilgungszahlungen der Anleihen „vom Markt" gem. (K_9) mit einem niedrigeren Zinsfuß als 8% diskontiert werden. In der Tat lag der Zins für Darlehen mit Restlaufzeiten zwischen 2 und 5 Jahren zu dem angegebenen Zeitpunkt knapp unter 6%. Gem. (K_9) müsste der Kurs der verschiedenen Anleihen demnach umso höher sein, je länger die jeweilige Restlaufzeit ist. Genau diese These wird auch durch einen Blick auf die letzte Spalte der obigen Tabelle im Wesentlichen bestätigt.[62]

Die Kursanalyse festverzinslicher Wertpapiere stellt allerdings einen besonders prägnanten Beispielsfall dar, weil hier etliche der für die unmittelbare Anwendbarkeit des Kapitalwertkriteriums maßgeblichen Prämissen weitgehend erfüllt sind: So können zum einen die einzelnen Investitionsobjekte klar abgegrenzt und definiert werden. Ihnen können eindeutige Zahlungsreihen, die klar auf ganz bestimmte Zeitpunkte bezogen sind, zugerechnet

---

[61] Auf Basis neuerer Daten lassen sich die zu zeigenden Zusammenhänge nicht mehr so deutlich herausarbeiten, da die Anzahl von Anleihen mit identischem Nominalzins und unterschiedlicher Restlaufzeit in den letzten Jahren deutlich geringer geworden ist und zudem der Zinssatz für Darlehen unterschiedlicher Restlaufzeiten später deutlich stärker streute als im Betrachtungszeitpunkt.
[62] Abweichungen können (wie beim Vergleich der Anleihen j und k) dann auftreten, wenn Anleihen unterschiedlicher Emittenten verglichen werden, da auch unterschiedliche Bonitätseinschätzungen Einfluss auf den Kurs festverzinslicher Wertpapiere haben.

werden. Risikoerwägungen sind nur von nachrangiger Bedeutung.[63] In dem Ausmaß, in dem die für das Kapitalwertverfahren maßgeblichen Prämissen in der Realität nicht gegeben sind, wird die Aussagekraft des Kapitalwertkriteriums reduziert.

So wird beispielsweise auch bei der **Aktienkursanalyse und -prognose** versucht, die Aktienkurse als Barwert aller zukünftigen Dividendenausschüttungen zu ermitteln. Die dabei bislang erzielten Ergebnisse sind jedoch erheblich bescheidener und umstrittener als im Hinblick auf festverzinsliche Wertpapiere. Der Grund ist ziemlich einleuchtend: Zum einen sind die mit einer bestimmten Aktie verbundenen zukünftigen Dividenden sehr viel schlechter vorauszusehen. Eine zeitliche Begrenzung des zu erwartenden Zahlungsstromes kann nicht ohne weiteres angegeben werden. Da Risikoaspekte in der Regel eine erheblich wichtigere Rolle spielen als bei der Betrachtung festverzinslicher Wertpapiere, ist auch die Höhe des anzusetzenden Zinsfußes viel weniger eindeutig zu klären. Schließlich spielen beim Erwerb von Aktien oder zumindest von Aktienpaketen häufig auch Zielvorstellungen eine Rolle, die allenfalls indirekt auf Einkommens- und Vermögensgrößen umgerechnet werden können.

Trotz derartiger Einschränkungen, die der direkten Übertragung der Kapitalwertmethode auch auf andere Bereiche erschwerend im Wege stehen, soll hier festgehalten werden, dass der Grundgedanke der Kapitalwertmethode, nämlich den Preis oder den Marktwert bestimmter Vermögensobjekte als Barwert der daraus in Zukunft erzielbaren Nutzungen zu erklären, in sehr vielen Bereichen von hohem Erklärungs- und Prognosewert ist. Insbesondere kann mit Hilfe dieses Ansatzes verdeutlicht werden, dass sich Be- oder Entlastungen, die mit der Nutzung bestimmter Vermögensobjekte in Zukunft verbunden sind, unmittelbar auf deren aktuellen Marktwert niederschlagen, sich insoweit also auf die Vermögenssituation des derzeitigen Eigentümers auswirken.

---

[63] Dass auch festverzinsliche Wertpapiere öffentlicher Emittenten von Anlegern als risikobehaftete Wertpapiere wahrgenommen werden, zeigt sich insbesondere an den in den Jahren 2009 bis 2012 zunehmend größer werdenden Zinsunterschieden ansonsten vergleichbarer EURO-Anleihen unterschiedlicher EU-Mitgliedsländer.

5 Investitionsrechnung unter Berücksichtigung von Steuern

5.1 Grundmodell

5.1.1 Problemstellung

In unseren bisherigen Überlegungen haben wir die von der Besteuerung ausgehenden Effekte auf die Vorteilhaftigkeit von Investitionen außer Acht gelassen. Dies werden wir nun nachholen und uns dabei auf die **Besteuerung von Gewinnen** beschränken. Dazu treffen wir die folgenden **vereinfachenden Annahmen**:

- Betrachtet werden ausschließlich solche Investitionen, bei denen auf eine Anfangsauszahlung nur noch Einzahlungen folgen (Sonderfall einer **Normalinvestition**).
- Gewinne des Investors unterliegen einer **proportionalen Steuer mit dem konstanten Steuersatz** s. Die Steuer ist jeweils zum Ende des Jahres der Gewinnentstehung zu zahlen.
- **Zinserträge und Zinsaufwendungen** gehen **in voller Höhe erhöhend bzw. vermindernd in den Gewinn** ein.
- Der Investor richtet sich nach dem **Kapitalwert- bzw. Endwertkriterium**.
- Der **Kalkulationszinssatz** ist im Zeitablauf **konstant**.
- Der Investor erzielt in allen Perioden des Planungszeitraumes **insgesamt auf jeden Fall**, d.h. unabhängig von Durchführung oder Nichtdurchführung des jeweils betrachteten Investitionsprojektes, einen **Gewinn**.

Im Rahmen dieses Kapitels werden wir nun untersuchen,

- wie die primäre Zahlungsreihe e_t mit t = 0, 1, ..., T eines Investitionsprojektes (Abschnitt 5.1.2) sowie der Kalkulationszinsfuß (Abschnitt 5.1.3) angesichts der Besteuerung zu modifizieren sind und
- welchen Einfluss diese Modifikationen auf die Vorteilhaftigkeit eines Investitionsprojektes haben können (Abschnitt 5.2).

5.1.2 Modifikation der relevanten Zahlungsreihe

Wir bezeichnen die durch die betrachtete Investition bedingte Veränderung des Periodengewinns vor Steuern mit Δg_t. Ein negatives Δg_t verdeutlicht somit einen „Verlustbeitrag", also eine Verminderung des insgesamt entstehenden Gewinns und damit zugleich eine

Verminderung der zu zahlenden Steuern S_t. Unterstellen wir zunächst einmal, diese Gewinnänderung Δg_t sei bekannt. Für die **Zahlungsreihe nach Steuern** e'_t mit t = 0, 1, ..., T gilt:

(ST$_1$) $e'_t = e_t - S_t$.

Die zu zahlende Steuer S_t ist dabei nichts anderes als die mit dem Steuersatz s multiplizierte Gewinnänderung Δg_t:

(ST$_2$) $S_t = s \cdot \Delta g_t$ für t = 1, 2, ..., T.

Unterstellen wir vereinfachend, dass mit Ausnahme der Anfangsauszahlung (e_0) alle anderen Ein- und Auszahlungen zugleich auch Erträge bzw. Aufwendungen darstellen, so gilt unter Berücksichtigung der jeweiligen Abschreibungen α_t für die Gewinnänderung Δg_t:

(ST$_3$) $\Delta g_t = e_t - \alpha_t$ für t = 1, 2, ..., T.

Die modifizierte Zahlungsreihe ergibt sich somit aus:

(ST$_4$) $e'_t = e_t - s \cdot (e_t - \alpha_t)$ für t = 1, 2, ..., T.

Das folgende Beispiel verdeutlicht die Zusammenhänge.

Beispiel 5.1:

Die Zahlungsreihe eines Projektes a_1 laute $e_0 = -400$; $e_1 = +400$; $e_2 = +45$. Die Investitionsausgabe werde voll aktiviert und über zwei Jahre in gleichen Beträgen, also „linear", abgeschrieben. Der Steuersatz betrage 40%. Die Zahlungsreihe nach Steuern ergibt sich dann wie in Tab. 5.1 dargestellt.

Tabelle 5.1   Änderung der relevanten Zahlungsreihe durch die Berücksichtigung von Steuern

(1)	Zeitpunkt	t	0	1	2
(2)	Zahlung vor Steuern	e_t	– 400	+ 400	+ 45
(3)	Abschreibung	α_t		+ 200	+ 200
(4) = (2) – (3)	Gewinnbeitrag	$\Delta g_t = e_t - \alpha_t$		+ 200	– 155
(5) = 0,4 · (4)	Steuerzahlung	$S_t = s \cdot \Delta g_t$		+ 80	– 62
(6) = (2) – (5)	Zahlung nach Steuern	$e'_t = e_t - s \cdot \Delta g_t$	– 400	+ 320	+ 107

Im zweiten Jahr würde also durch die Investition eine Gewinnminderung und dementsprechend eine Steuereinsparung erreicht. Mithin hat e'_2 einen höheren Wert als e_2.

Wie aus Beispiel 5.1 deutlich wird, gilt auch bei Einbeziehung steuerlicher Aspekte der Ihnen schon bekannte Grundsatz, dass es sich bei einem Investitionskalkül sinnvollerweise um eine **reine Zahlungsrechnung** handelt.[64] Der in den Zeilen (3) und (4) erkennbare „Ausflug" auf die Ertrags- und Aufwandsebene dient ja nur dazu, die Bemessungsgrundlage der Steuerzahlungen zu ermitteln.

Übungsaufgabe 5.1:
Die Zahlungsreihe vor Steuern eines Projektes a_2 laute $e_0 = -500$; $e_1 = +47$; $e_2 = +550$. Die Investitionsausgabe werde voll aktiviert und linear über zwei Jahre abgeschrieben. Der Steuersatz betrage 40%. Ermitteln Sie nach dem Muster von Tab. 5.1 die Zahlungsreihe nach Steuern!

5.1.3 Modifikation des Kalkulationszinsfußes

Bei der Berechnung des Kapitalwertes werden die Finanzierungskosten implizit durch den Kalkulationszinssatz r erfasst. Dieser bestimmt sich im **Nicht-Steuerfall**

– bei Finanzierung aus frei verfügbaren Mitteln des Unternehmens nach der Höhe der bei alternativer Anlage der eingesetzten Mittel erzielbaren Zinserträge und

– bei Fremdfinanzierung nach der Höhe der aufzuwendenden Kreditzinsen.

Im **Steuerfall** ist nun zusätzlich zu berücksichtigen:

- Zinserträge aus angelegten Mitteln unterliegen annahmegemäß voll der Besteuerung. Bei einem Bruttozinssatz von r sind also $s \cdot r$ an Steuern zu zahlen. Somit beträgt der nach Steuern verbleibende Nettozinssatz: $r' = r - s \cdot r = r \cdot (1-s)$.

- Zinsaufwand für Fremdmittel mindert den steuerpflichtigen Gewinn. Die Steuerersparnis beträgt $s \cdot r$, so dass sich für die Zinsbelastung nach Steuern ebenfalls $r' = r - s \cdot r = r \cdot (1-s)$ ergibt.

Somit gilt unabhängig von der Finanzierungsform[65] für das Verhältnis von Bruttozinssatz r (vor Steuern) und Nettozinssatz r' die Relation

(ST$_5$) $r' = r \cdot (1-s)$.

Bei einem Bruttozinssatz von 12% und einem Steuersatz von 40% würde sich dementsprechend mit

$$r'_K = 0{,}12 \cdot (1-0{,}4) = 0{,}072$$

---

[64] Vgl. zur Begründung Abschnitt 7.2.
[65] Die folgende Aussage schließt selbstverständlich nicht die Möglichkeit aus, dass für den Bruttozinssatz r je nach der im betrachteten Einzelfall maßgeblichen Finanzierungsform unterschiedliche Werte angesetzt werden müssen.

ein Nettozinssatz von 7,2% ergeben.[66]

Somit ist bei der Beurteilung der Vorteilhaftigkeit eines Investitionsprojektes gegenüber der Unterlassensalternative im Falle der Steuerberücksichtigung als Kalkulationszins nur r' relevant und damit notwendigerweise bei der Diskontierung zu berücksichtigen.

5.2 Steuerabhängigkeit von Investitionsentscheidungen im Grundmodell

5.2.1 Kapital- und Endwerte vor und nach Steuern

Zunächst sei noch einmal in Erinnerung gebracht, dass sich in der hier der Einfachheit halber unterstellten Situation im Zeitablauf konstanter Finanzierungskosten Kapitalwert und Endwert (K bzw. EW) eines Investitionsprojektes nach folgenden Formeln berechnen:

$$(K_1) \quad K = \sum_{t=0}^{T} e_t \cdot (1+r)^{-t}$$

$$(EW_1) \quad EW = \sum_{t=0}^{T} e_t \cdot (1+r)^{T-t} \; .$$

K bezeichnen wir im Folgenden präzisierend als **Kapitalwert vor Steuern** und EW als **Endwert vor Steuern**.

Werden nun Zahlungsreihe und Kalkulationszinsfuß in der oben gezeigten Weise um steuerliche Effekte modifiziert, so sind diese beiden Formeln in ganz analoger Weise anzuwenden. Je nachdem, ob man unmittelbar auf die Zahlungsreihe nach Steuern (e'_t) zurückgreift oder die ursprünglichen Zahlungen (e_t) explizit um die Steuerzahlungen (S_t) korrigiert, erhält man so:

$$(K_{10}) \quad K' = \sum e'_t \cdot (1+r')^{-t}$$

---

[66] In den bisherigen Ausführungen bezeichnet das Symbol r – vermutlich ohne dass Ihnen das aufgefallen ist – genaugenommen zwei unterschiedliche Sachverhalte. Zum einen bezeichnet es eine Variable für einen Kalkulationszinssatz, die unterschiedliche Werte annehmen kann. Zum anderen bezeichnet es einen ganz konkreten Wert des Kalkulationszinssatzes. Diese Doppelverwendung des Symbols r ist in den bisherigen Ausführungen insoweit unproblematisch, als sich seine Bedeutung jeweils aus dem Kontext erschließt. Diese intuitive Trennung beider Sachverhalte ist in diesem Kapitel nicht an jeder Stelle gewährleistet. Wir werden die beiden Sachverhalte innerhalb von Kapitel 5 daher durch die Verwendung unterschiedlicher Symbole explizit trennen. Innerhalb von Kapitel 5 wird r nur noch als Symbol für einen unbestimmten variablen Kalkulationszinssatz verwendet und eine ganz konkrete Ausgestaltung des Kalkulationszinssatzes mit r_K bezeichnet.

$$\begin{aligned}
&= \Sigma(e_t - S_t) \cdot (1+r')^{-t} \\
&= \Sigma e_t \cdot (1+r')^{-t} - \Sigma S_t \cdot (1+r')^{-t}
\end{aligned}$$

(EW_6) $\quad EW' = \Sigma e'_t \cdot (1+r')^{T-t}$
$\qquad\qquad = \Sigma(e_t - S_t) \cdot (1+r')^{T-t}$
$\qquad\qquad = \Sigma e_t \cdot (1+r')^{T-t} - \Sigma S_t \cdot (1+r')^{T-t}.$

K' bezeichnen wir als **Kapitalwert nach Steuern** und EW' als **Endwert nach Steuern**. Den jeweils letzten Term in diesen beiden Ausdrücken, die Summe aller auf $t=0$ abgezinsten bzw. auf $t=T$ aufgezinsten Steuerzahlungen, wollen wir als **Steuerbarwert** bzw. **Steuerendwert** bezeichnen und dafür die Symbole SB bzw. SE einführen. Zur Verdeutlichung der Effekte, die mit dem Übergang von (K_1) zu (K_{10}) bzw. (EW_1) zu (EW_6) verbunden sein können, betrachten wir das folgendes Beispiel 5.2.

Beispiel 5.2:

Zwei Projekte a_1 und a_2 seien durch folgende Zahlungsreihen vor Steuern gekennzeichnet:

$a_1:$ $\quad e_0 = -100;$ $\quad e_1 = +90;$ $\quad e_2 = +23$
$a_2:$ $\quad e_0 = -100;$ $\quad e_1 = +10;$ $\quad e_2 = +109$

Bei einem Kalkulationszins von 10% ergeben sich daraus folgende Werte:

$K_1 = +0,83$ $\quad$ und $\quad$ $EW_1 = +1,00$
$K_2 = -0,83$ $\quad$ und $\quad$ $EW_2 = -1,00$

Ist nun zusätzlich eine 60%-ige Ertragsteuer zu berücksichtigen, wird die Anschaffungsauszahlung voll aktiviert und linear über 2 Jahre abgeschrieben und gelten die im Abschnitt 5.1 eingeführten vereinfachenden Annahmen, so sind die Zahlungsreihen wie in Tab. 5.2 dargestellt zu modifizieren.

Tabelle 5.2 $\qquad$ Steuerbedingte Änderung der Zahlungsreihen der Projekte a_1 und a_2

	Projekt a_1			Projekt a_2		
t	0	1	2	0	1	2
e_t	−100	+90	+23	−100	+10	+109
α_t		+50	+50		+50	+50
$\Delta g_t = e_t - \alpha_t$		+40	−27		−40	+59
$S_t = 0,6 \cdot \Delta g_t$		+24	−16,2		−24	+35,4
$e'_t = e_t - S_t$	−100	+66	+39,2	−100	+34	+73,6

Für den Kalkulationszinsfuß nach Steuern ist in beiden Fällen gemäß (ST$_5$)
$r'_K = 0{,}1 \cdot (1 - 0{,}6) = 0{,}04$, also 4%, anzusetzen.

Auf der Basis dieser Vorgaben errechnen sich folgende Werte:

$$K'_1 = -0{,}30 \quad \text{und} \quad EW'_1 = -0{,}32$$
$$K'_2 = +0{,}74 \quad \text{und} \quad EW'_2 = +0{,}80 \;.$$

Für die projektindividuelle Vorteilhaftigkeit der beiden Projekte ergeben sich daraus die folgenden Konsequenzen:

- Projekt a_1 ist in einer Welt ohne Steuern projektindividuell vorteilhaft ($K_1 > 0$ und $EW_1 > 0$). Durch die Einführung einer 60%-igen Ertragsteuer „verschlechtert" sich Projekt a_1 jedoch, und zwar so sehr, dass es seine projektindividuelle Vorteilhaftigkeit verliert ($K'_1 < 0$ und $EW'_1 < 0$).

- Bei Projekt a_2 liegen die Verhältnisse gerade entgegengesetzt: Ohne Steuern ist dieses Projekt zunächst unvorteilhaft ($K_2 < 0$ und $EW_2 < 0$). Die Einführung einer 60%-igen Ertragsteuer bewirkt bei diesem Projekt jedoch, dass es nach Steuern vorteilhaft wird ($K'_2 > 0$ und $EW'_2 > 0$).

Um Missverständnissen vorzubeugen, sei zunächst folgendes angemerkt: Neben den in unserem Beispiel verdeutlichten Konstellationen ($K > 0 > K'$ bzw. $K < 0 < K'$) können selbstverständlich auch die Fälle ($K > 0$, $K' > 0$ sowie $K < 0$, $K' < 0$) auftreten. D.h. es kann „gute" Projekte geben ($K > 0$), die bei der Berücksichtigung von Steuern „gut" bleiben ($K' > 0$). Ebenso kann es „schlechte" Projekte geben ($K < 0$), die bei der Berücksichtigung von Steuern erst recht – oder immer noch – „schlecht" sind ($K' < 0$).

Besonderes Interesse verdienen jedoch die beiden in unserem Beispiel verdeutlichten Konstellationen, in denen die Einführung von Steuern zu einem **Vorzeichenwechsel des Kapital- und Endwertes** führt. Dabei mag der am Projekt a_1 gezeigte Fall intuitiv als recht plausibel erscheinen: Ein eigentlich lohnendes Projekt verliert seine Vorteilhaftigkeit durch die zusätzlichen Steuerbelastungen. Auf den ersten Blick befremdlich wirkt hingegen die im zweiten Fall verdeutlichte Konstellation; ein schon ohne Steuern unvorteilhaftes Projekt soll durch die Einbeziehung zusätzlicher Steuerbelastungen im Endergebnis sogar vorteilhaft werden! Paradox!?

In der Tat wird diese Konstellation im einschlägigen Schrifttum allgemein als **Steuerparadoxon** bezeichnet.

In den beiden folgenden Abschnitten wollen wir uns in zwei unterschiedlichen Betrachtungsweisen etwas näher mit den Effekten beschäftigen, die insgesamt mit der Einführung von Steuern in unser Grundmodell zusammenhängen und dabei insbesondere auch für das Zustandekommen dieses Paradoxons verantwortlich sind. Zuvor sollten Sie aber folgende Übungsaufgabe nutzen, sich selbst weiter mit der Rechentechnik vertraut zu machen, derer es bedarf, um die jeweils maßgeblichen Kapitalwerte und Endwerte zu ermitteln.

Übungsaufgabe 5.2:

Die Zahlungsreihe nach Steuern des Projektes a_2 aus Übungsaufgabe 5.1 lautet $e'_0 = -500$; $e'_1 = +128{,}2$; $e'_2 = +430$. Bestimmen Sie nun, wiederum ausgehend von einem Steuersatz von 40%, sowohl den Kapitalwert K' als auch den Endwert EW' dieser Zahlungsreihe sowohl für den Bruttozinssatz r_K (in Höhe von 12%) als auch für den Nettozinssatz r'_K! Vergleichen Sie die beiden Ergebnisse! Lassen sie sich verallgemeinern?

5.2.2 Steuerwirkungen bei Projekt und Unterlassensalternative

5.2.2.1 Szenario I: Freie Liquiditätsreserven

Wir wollen nun die Effekte etwas detaillierter betrachten, die mit der Einführung von Steuern verbunden sind. Dazu betrachten wir zunächst das aus Beispiel 5.2 bekannte (paradoxe) Projekt a_2. Für die Zahlungsreihen und zugehörigen Kapital- und Endwerte gelten bei $r_K = 10\%$ und $s = 60\%$ bekanntlich folgende Werte:

Tabelle 5.3 Übersicht der Werte für Projekt a_2

t	0	1	2
e_t	−100	+10	+109
S_t	−	−24	+35,4
$e'_t = e_t - S_t$	−100	+34	+73,6

$K_2 = -0{,}83$		$EW_2 = -1{,}00$	
$K'_2 = +0{,}74$		$EW'_2 = +0{,}80$	

In diesem Abschnitt wird als **Szenario I** der Fall betrachtet, dass das investierende Unternehmen im Investitionszeitpunkt und auch in den darauffolgenden Jahren stets über **überschüssige Liquiditätsreserven** verfügt, die zum Zinssatz von 10% p.a. (vor Steuern) als Festgeld angelegt werden können. Auszahlungen für die Investition mindern somit den anlegbaren Betrag und die daraus erzielbaren Zinsen; Rückflüsse aus der Investition hingegen erhöhen den anlegbaren Betrag und die erzielbaren Zinsen.

In einer **Welt ohne Steuern** würde die Investition – ohne Berücksichtigung der Anfangsauszahlung – somit zur Entwicklung des Festgeldkontos und damit zugleich des Endvermögens (EV) im Zeitpunkt t = 2 gemäß der folgenden Kontoabrechnung beitragen:

Steuerabhängigkeit von Investitionsentscheidungen im Grundmodell 163

Tabelle 5.4 Endvermögensentwicklung für Projekt a_2 in einer Welt ohne Steuern

Periode	Anfangsbestand	Zins	Projektzahlung	Endbestand
1	–	–	+10	+10
2	+10	+1	+109	+120

Ausgehend von einem Vermögenseinsatz von 100 würde das Investitionsprojekt also zu einem Endvermögen von $EV_2 = 120$ führen, also absolut gesehen zu einem Vermögenszuwachs von 20.

Würde hingegen auf das Projekt verzichtet und die Investitionssumme für zwei Jahre zu 10% verzinslich angelegt („Unterlassensalternative" U), so führte das zu einem Endvermögen von $EV_U = 100 \cdot 1{,}1^2 = 121$. Die Unterlassensalternative brächte mit 21 also einen um 1 höheren Vermögenszuwachs und wäre deshalb vorzuziehen. Zur Erinnerung sei darauf hingewiesen, dass der oben ermittelte Endwert des Projektes mit $EW_2 = -1{,}00$ genau diese Differenz der Endvermögen bzw. Vermögenszuwächse bezeichnet.

Unterstellen wir nun, dass eine 60%-ige **Ertragsteuer erhoben** wird, so sind die vorausgegangenen Rechnungen zu modifizieren. Dabei sind zur Darstellung des Investitionsprojektes durch das Abrechnungskonto nun auch die projektbezogenen Steuerzahlungen S_t gemäß Tab. 5.3 sowie zusätzliche Steuerzahlungen auf etwaige Zinserträge zu berücksichtigen. Das Konto erhält dann folgendes Aussehen:

Tabelle 5.5 Endvermögensermittlung für Projekt a_2 im Steuerfall

Periode	Anfangs-bestand	Zins	Projekt-zahlung	Steuerbelastung/Steuererstattung		End-bestand
				Projekt[67] $(= -S_t)$	Zins	
1	–	–	+10	+24	–	+34
2	+34	+3,4	+109	–35,4	–2,04[68]	+108,96

Das erzielbare Endvermögen im Steuerfall beträgt nun nur $EV'_2 = 108{,}96$, liegt also deutlich unter dem Endvermögen, das im Fall ohne Steuern bei Projektdurchführung erzielt worden wäre ($EV_2 = 120$). Insofern „verschlechtern" die Steuern also das Projektergebnis durchaus.

---

[67] Es ist zu beachten, dass in der Ausgangstabelle 5.2 mit negativem Vorzeichen versehene S_t-Werte Steuereinsparungen darstellen und hier wie eine Einzahlung, also mit positivem Vorzeichen, erfasst werden. Positive S_t-Werte, also Steuerauszahlungen, sind hier demgegenüber mit negativem Vorzeichen auszuweisen.
[68] Die Zinsgutschrift von 3,4 GE führt zu zusätzlichen Steuerauszahlungen von $3{,}4 \cdot 0{,}6 = 2{,}04$ [GE].

Wir wollen diese Konstellation, also eine per Saldo eintretende Projektverschlechterung durch die Einbeziehung von Steuern, im Folgenden als **„Regelfall"** bezeichnen.[69]

Dass ein Steuerparadoxon wie bei Projekt a_2 selbst im „Regelfall" auftreten kann, resultiert daraus, dass sich auch das Ergebnis der Unterlassensalternative, also der zweijährigen Festgeldanlage, verschlechtert, wie folgende Kontoabrechnung zeigt.

Tabelle 5.6   Endvermögensermittlung für Unterlassensalternative im Steuerfall

Periode	Anfangsbestand	Zins	Steuerzahlung[70]	Endbestand
1	+100	+10	–6	+104
2	+104	+10,4	–6,24	+108,16

Statt $EV_U = 121$ wird jetzt also nur ein Endvermögen von $EV'_U = 108,16$ erzielt.[71]

Zur **Auflösung des (vermeintlichen) Steuerparadoxons** stellen wir die gefundenen Werte noch einmal zusammenfassend gegenüber.

Tabelle 5.7   Endvermögensvergleich von Projekt a_2 und Unterlassensalternative

	Projekt	Unterlassen
EV (Welt ohne Steuern)	120,00	121,00
./. EV' (Welt mit Steuern)	108,96	108,16
= Steuerbedingte V-Einbuße	11,04	12,84

Während das Endvermögen aus dem Projekt durch die Steuerberücksichtigung um 11,04 sinkt, beträgt die Vermögenseinbuße bei der Unterlassensalternative 12,84, ist also um 1,80 größer. Im Fall ohne Steuern war das Projekt, gemessen am erzielbaren Endvermögen, aber nur um 1,00 „schlechter" als die Unterlassensalternative ($EW_2 = EV_2 - EV_U = -1,00$). Mithin bewirkt die im Vergleich zur Unterlassensalternative um 1,80 geringere Verschlechterung des Projektergebnisses im Endeffekt, dass das Projekt die Unterlassensalternative „überholt" und nun einen Endvermögensvorsprung von $-1,00 + 1,80 = +0,80$ aufweist, was genau dem oben ermittelten Endwert $EW'_2 = 0,80$ entspricht.

---

[69] Es sind allerdings auch Situationen vorstellbar, in denen die Einbeziehung von Steuern sogar zu einer Erhöhung des projektindividuellen Endvermögens führt; dies kann der Fall sein, wenn in den ersten Perioden hohe Steuereinsparungen eintreten, denen erst in deutlich späteren Perioden Steuerzahlungen folgen.

[70] Die Höhe der Steuerzahlung ergibt sich jeweils aus 60% der Zinsgutschrift.

[71] Statt der expliziten Kontodarstellung hätte man auch einfach den Anfangsbetrag von 100 mit dem Nettozinsfuß nach Steuern aufzinsen können: $100 \cdot 1,04^2 = 108,16$.

Es liegt allerdings nahe, dass diese Konstellation keineswegs zwangsläufig eintreten muss, wie wir ja auch schon an Projekt a_1 aus Beispiel 5.2 gesehen haben. Folgende Übungsaufgabe gibt Ihnen Gelegenheit, den vorgetragenen Gedankengang noch einmal zu rekapitulieren.

Übungsaufgabe 5.3:
a. Betrachtet seien die Investitionsprojekte a_3 (–100; +90; +25) und a_4 (–100; +9; +108). Gehen Sie nach wie vor von r_K = 10% und s = 60% sowie linearer Abschreibung der Anschaffungsauszahlung aus und bestimmen Sie für beide Projekte jeweils Kapital- und Endwerte vor und nach Steuern! Kommentieren Sie kurz Ihren Befund in Hinblick auf die projektindividuelle Vorteilhaftigkeit der beiden Projekte!

b. Betrachten Sie nun noch einmal Projekt a_1 aus Beispiel 5.2. Wie Sie wissen, gilt hier für die Endwerte vor und nach Steuern EW_1 = +1,00 und EW_1' = –0,32. Versuchen Sie, auch diese Änderung des Endwertes über eine differenzierte Betrachtung der bei Projektdurchführung bzw. Unterlassen jeweils erzielbaren Endvermögen zu erläutern!

Unter Einbeziehung der Lösungen zu Aufgabe 5.3 können wir als erstes **Zwischenergebnis** für den Fall frei verfügbarer Liquiditätsreserven somit folgendes festhalten.

- Im „Regelfall" bewirkt die Einbeziehung von Steuern eine absolute Minderung des bei Projektdurchführung erzielbaren Endvermögens.
- Zugleich bewirkt die Besteuerung jedoch auch eine Verminderung des bei der Unterlassensalternative erzielbaren Endvermögens.
- Dabei können im Einzelnen folgende Fälle auftreten:

    a. Der **Vermögensrückgang bei dem Projekt ist größer** als bei der Unterlassensalternative mit den möglichen weiteren Folgen, dass

    – ein ohne Steuern vorteilhaftes Projekt sich im Vergleich zur Unterlassensalternative zwar verschlechtert, aber immer noch vorteilhaft bleibt (wie z.B. Investition a_3),
    – ein ohne Steuern vorteilhaftes Projekt nun unvorteilhaft wird (wie z.B. Investition a_1) oder
    – ein ohnehin nicht vorteilhaftes Projekt noch unvorteilhafter wird.

    b. Der **Vermögensrückgang bei dem Projekt ist kleiner** als bei der Unterlassensalternative mit den möglichen weiteren Folgen, dass

    – ein ohne Steuern unvorteilhaftes Projekt sich im Vergleich zur Unterlassensalternative zwar verbessert, aber immer noch unvorteilhaft bleibt (wie z.B. Investition a_4),
    – ein ohne Steuern unvorteilhaftes Projekt nun vorteilhaft wird (wie z.B. Investition a_2; Steuerparadoxon) oder
    – ein ohnehin vorteilhaftes Projekt noch vorteilhafter wird.

5.2.2.2 Szenario II: Kreditfinanzierung

Ähnliche Überlegungen wie im Abschnitt 5.2.2.1 wollen wir nun auch für den Fall anstellen, dass das investierende Unternehmen weder im Investitionszeitpunkt noch in den kommenden Perioden über freie Liquiditätsreserven verfügt und alle Ein- und Auszahlungen zu Gunsten oder zu Lasten eines **Kontokorrentkredits** erfolgen. Wir wollen wieder Projekt a_2 (–100; +10; +109) aus Beispiel 5.2 betrachten und auch die übrigen Daten ($r_K = 10\%$ und $s = 60\%$) der Einfachheit halber unverändert lassen.[72]

Für die Unterlassensalternative ergibt sich in diesem Fall **mit und ohne Steuern ein identisches Endvermögen** von $EV'_U = EV_U = 0$. Hierüber kann also die Veränderung des Projektendwertes von $EW_2 = -1,00$ zu $EW'_2 = +0,80$ nicht erklärt werden. Dazu bedarf es jetzt offensichtlich einer etwas anderen Vorgehensweise.

Diese besteht darin, dass wir den mit einer Normalinvestition verbundenen **Zahlungsstrom** (einschließlich der damit verknüpften Zins- und Steuereffekte) gedanklich **in zwei Komponenten aufspalten**, die wir je einzeln kontenmäßig erfassen:

- Die erste Komponente umfasst nur die nach erfolgter Anfangsauszahlung aus dem Projekt resultierenden Zahlungsflüsse und die damit verknüpften Zins- und Steuereffekte. Wir werden diese Größen auf dem „**Projektkonto**" erfassen.

- Die zweite Komponente umfasst nur die Anfangsauszahlung und die daraus resultierenden Zinseffekte. Zur Darstellung dieser Größen dient das „**Kreditkonto**".

Zum Verständnis der folgenden Kontendarstellung ist zu beachten, dass negative Größen eine Beanspruchung des Kontokorrentkredits bzw. eine Beanspruchungserhöhung ausdrücken, positive Größen hingegen eine Entlastung. Im **Fall ohne Steuern** ergibt sich so die in den Tabellen 5.8 und 5.9 dargestellte Entwicklung des Projekt- und Kreditkontos.

Tabelle 5.8 Entwicklung des Projektes a_2 ohne Steuern

Projektkonto				
Periode	Anfangsbestand	Zins	Projektzahlung	Endbestand
1	–	–	+10	+10
2	+10	+1	+109	+120

---

[72] Ebenso wie bei Szenario I rechnen wir hier also mit einem Zinssatz von 10%. Dies dient lediglich der leichteren Berechnung der entsprechenden Werte. Damit ist jedoch nicht gemeint, dass ein vollkommener Finanzmarkt existiert. Im Falle freier Liquiditätsreserven ist nur der Anlagezinssatz relevant, über den Zinssatz für Kredite wird keine Aussage getroffen. Er kann somit deutlich über dem Anlagezinssatz liegen. Für Szenario II ist hingegen nur der Kreditzinssatz relevant, der Guthabenzinssatz kann hier deutlich unter diesem Satz liegen.

Tabelle 5.9 Kreditkonto zu Projekt a_2 ohne Steuern

Kreditkonto			
Periode	Anfangsbestand	Zins	Endbestand
1	–100	–10	–110
2	–110	–11	–121

Addieren wir die Endbestände der beiden Konten, so erhalten wir mit 120 – 121 = –1 den schon bekannten Wert für EW_2, der jetzt wie folgt interpretiert werden kann:

- Die aus der Investition resultierenden Rückflüsse führen einschließlich der damit verbundenen Minderungen von Schuldzinsen am Ende zu einer Entlastung des Kontokorrentkredits von 120.
- Die zur Durchführung der Investition notwendigen Finanzierungsaktivitäten aber führen einschließlich der Zinseffekte zu einer Belastung von 121.
- Per Saldo bringt die Durchführung des Projektes – einschließlich der damit verknüpften Finanzierungsaktivitäten – also einen Vermögensnachteil von 1.

Im **Fall mit Steuern** weisen die beiden Konten demgegenüber die in den Tabellen 5.10 und 5.11 dargestellten Entwicklungen auf.

Tabelle 5.10 Entwicklung des Projektes a_2 im Steuerfall

Projektkonto						
Periode	Anfangs-bestand	Zins	Projekt-zahlung	Steuerbelastung/Steuererstattung		Endbestand
				Projekt	Zins	
1	–	–	+10	+24	–	+34
2	+34	+3,4	+109	–35,4	–2,04	+108,96

Tabelle 5.11 Kreditkonto zu Projekt a_2 im Steuerfall

Kreditkonto				
Periode	Anfangsbestand	Zins	Steuererstattung	Endbestand
1	–100	–10	+6	–104
2	–104	–10,4	+6,24	–108,16

Wir erkennen folgende Effekte:

- Genau wie bei Szenario I bewirkt die Einführung von Steuern auch jetzt eine **Verschlechterung des „reinen" Projektergebnisses**: die aus den Projektrückflüssen resultierende Entlastung des Kontokorrentkredits in t = 2 sinkt von ursprünglich 120 auf 108,96.

- Zugleich führt die steuerliche Absetzbarkeit von Schuldzinsen jedoch auch dazu, dass sich die **aus den Finanzierungsaktivitäten resultierende Belastung vermindert,** und zwar von 121 auf 108,16.

Insgesamt liegt damit eine sehr ähnliche Situation vor, wie wir sie für Szenario I durch Tab. 5.7 zusammenfassend verdeutlicht hatten: Die Verminderung der mit der Finanzierung verbundenen Belastung fällt um 1,80 höher aus als die Verschlechterung des „reinen" Projektergebnisses. Angesichts des ursprünglichen Vermögensnachteils von 1,00 reicht diese Veränderung aus, um das Projekt insgesamt nun doch vorteilhaft werden zu lassen: $-1,00 + 1,80 = +0,80 = EW'_2$.

> **Übungsaufgabe 5.4:**
> Gegeben sei ein Investitionsprojekt mit der Zahlungsreihe –300; +168; +100; +100. Die Anfangsauszahlung wird über 3 Jahre linear abgeschrieben; der Steuersatz beträgt 50%. Das investierende Unternehmen geht davon aus, in allen Jahren Gewinne zu erzielen und Zahlungsspitzen zu Lasten bzw. zu Gunsten eines Kontokorrentkredits auszugleichen, für den ein Zinssatz von 12% gilt.
>
> a. Bestimmen Sie die Kapital- und Endwerte des Projektes vor und nach Steuern!
>
> b. Analysieren Sie die durch die Einbeziehung von Steuern eingetretenen Veränderungen mit Hilfe eines „Projektkontos" und eines „Kreditkontos" nach dem in Abschnitt 5.2.2.2 verdeutlichten Muster und kommentieren Sie kurz Ihre Befunde!

5.2.3 Volumen- und Zinseffekt

5.2.3.1 Darstellung der Effekte

Im vorangegangenen Abschnitt haben wir in erster Linie einige materielle Aspekte herausgearbeitet, die bei der Einbeziehung von Steuern in Investitionsrechnungen zu beachten sind. Wir wollen diese Analyse um einige eher formale Betrachtungen ergänzen, um eine Vertiefung des Verständnisses der Steuereffekte zu ermöglichen. Es geht hier also nicht um andere Steuereffekte, sondern um eine andere Betrachtungsweise derselben Steuereffekte.

In Abb. 5.1 sind für unsere Investition a_2 mit den Zahlungsreihen (–100; +10; +109 / vor Steuern) und (–100; +34; +73,6 / nach Steuern) die Kapitalwertfunktionen K(r) und K'(r) verdeutlicht. K(r) gibt also für unterschiedliche Kalkulationszinssätze den Kapitalwert der ursprünglichen Zahlungsreihe an, K'(r) den der um Steuern modifizierten Zahlungsreihe.

Abbildung 5.1 Graphische Verdeutlichung von Volumen- und Zinseffekt

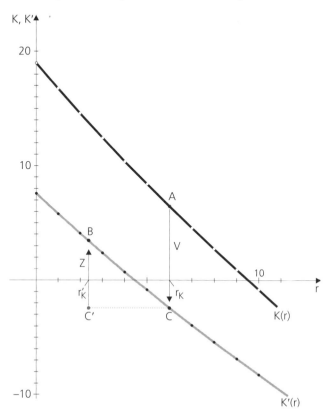

Abweichend von unserer bisherigen Betrachtung sei nun angenommen, der Kalkulationszins vor Steuern betrage $r_K = 6\%$, der Nettozinssatz nach Steuern mithin $r'_K = 2{,}4\%$. Für die zugehörigen Kapitalwerte gilt

$$K(r_K) = K(6\%) = 6{,}44 \quad \text{(vgl. Punkt A in Abb. 5.1)}$$
$$K'(r'_K) = K'(2{,}4\%) = 3{,}39 \quad \text{(vgl. Punkt B in Abb. 5.1)}.$$

Die Einführung von Steuern bewirkt in diesem Fall also eine Verschlechterung des Projektes, die sich am Kapitalwert gemessen auf $3{,}39 - 6{,}44 = -3{,}05$ beläuft, nimmt ihm allerdings nicht die individuelle Vorteilhaftigkeit, da der Kapitalwert nach Steuern mit $K'(2{,}4\%) = +3{,}39$ immer noch einen positiven Wert aufweist.

Graphisch kann die Einführung von Steuern somit als Übergang von Punkt A zu Punkt B interpretiert werden. Für die nähere Analyse ist es zweckmäßig, diesen Übergang gedanklich in **zwei Teilschritte** zu zerlegen:

- Bei gegebenem Kalkulationszins bewirkt die Einführung von Steuern in aller Regel eine „Verschlechterung" der Zahlungsreihe. Die Kapitalwertfunktion wird nach unten verschoben, der Kapitalwert sinkt etwa bei $r_K = 6\%$ von A auf C.[73] Wir wollen diese Kapitalwertänderung, die sich allein aus der Modifikation der Zahlungsreihe ergibt, als den **Volumeneffekt** bezeichnen.

- Die steuerbedingte Reduzierung des Kalkulationszinsfußes bewirkt hingegen auf der nach unten verschobenen Kapitalwertkurve K' eine „Wanderung" nach „links oben", in unserem Beispiel also von C nach B. Ausgehend von dem Hilfspunkt C' kann die Stärke dieses **Zinseffektes** durch die Strecke C'B verdeutlicht werden.

Formelmäßig kann die durch die Einführung von Steuern bewirkte Änderung des Kapitalwerts ΔK somit wie folgt aufgespalten werden:

$$(ST_6) \quad \Delta K = K'(r'_K) - K(r_K) = \underbrace{\left[K'(r_K) - K(r_K)\right]}_{\text{Volumeneffekt}} + \underbrace{\left[K'(r'_K) - K'(r_K)\right]}_{\text{Zinseffekt}}.$$

Unter Berücksichtigung von $K'(6\%) = -2{,}42$ lassen sich die beiden Effekte für unser Beispiel somit wie folgt quantifizieren:

$$\begin{aligned}\Delta K &= \left[-2{,}42 - 6{,}44\right] + \left[3{,}39 - (-2{,}42)\right] \\ &= -8{,}86 + 5{,}81 \\ &= -3{,}05.\end{aligned}$$

Der Volumeneffekt bewirkt also eine am Kapitalwert gemessene Verschlechterung des Projektergebnisses um 8,86, die allerdings teilweise durch die aus dem Zinseffekt resultierende Ergebnisverbesserung um 5,81 kompensiert wird. Per Saldo bleibt es jedoch bei einer Verschlechterung in der schon eingangs ermittelten Höhe von 3,05.

Übungsaufgabe 5.5:

Gehen Sie von Projekt a_2 aus Beispiel 5.2 und den bereits in Abschnitt 5.2.2 für Projekt a_2 erarbeiteten Ergebnissen aus!

a. Wie ist generell in Abb. 5.1 der vertikale Abstand zwischen den Kurven K(r) und K'(r) zu interpretieren?

b. Betrachten Sie nun wieder den im Abschnitt 5.2.2 behandelten Fall, dass $r_K = 10\%$ und $r'_K = 4\%$ gilt! Bestimmen Sie erneut rechnerisch Volumeneffekt und Zinseffekt, verdeutlichen Sie diese Effekte graphisch in einer Skizze nach Art von Abb. 5.1 und kommentieren Sie kurz Ihren Befund!

---

[73] Genaugenommen sinkt der Kapitalwert von dem zu Punkt A gehörigen Ordinatenwert auf den zu Punkt C gehörigen Ordinatenwert.

5.2.3.2 Analyse der Effekte

Wir wollen nun die beiden zuletzt eingeführten Effekte noch etwas näher analysieren. Dazu betrachten wir weiterhin Projekt a_2 (–100; +10, +109), gehen jetzt aber wieder von einem Bruttozinsfuß von 10% aus, so dass wir auf die in Abschnitt 5.2.2 gewonnenen Erkenntnisse zurückgreifen können.

Bei der nachfolgenden Analyse wird es sich analog zur Vorgehensweise im Abschnitt 5.2.2 wiederum als zweckmäßig erweisen, statt der Kapitalwerte in erster Linie die Endwerte zu betrachten. Insbesondere sind also die folgenden, Ihnen bereits bekannten Werte relevant:

$$\begin{aligned} EW\,(10\%) &= -1{,}00 \\ EW'(10\%) &= -10{,}00 \\ EW'(4\%) &= +0{,}80\,. \end{aligned}$$

Für den jetzt am Endwert gemessenen Volumen- und Zinseffekt gilt somit

Volumeneffekt: $EW'(10\%) - EW(10\%) = -10 - (-1) = -9$

Zinseffekt: $EW'(4\%) - EW'(10\%) = +0{,}8 - (-10) = 10{,}8\,.$

Der Zinseffekt überwiegt also den Volumeneffekt um 1,80 (am Endwert gemessen).

Der **Volumeneffekt** entspricht der Kapitalwert- bzw. Endwertänderung, die aus dem Übergang zwischen folgenden beiden Situationen resultiert:

- von einer Ausgangssituation, in der weder Projekteinzahlungen und Abschreibungen, noch Zinseinzahlungen und Zinsauszahlungen aus der Unterlassensalternative oder aus Zwischenanlagen steuerliche Konsequenzen haben,
- zu einer Vergleichssituation, in der zwar Projekteinzahlungen und Abschreibungen, nicht aber Zinseinzahlungen und Zinsauszahlungen aus der Unterlassensalternative oder aus Zwischenanlagen steuerliche Konsequenzen haben.

Für beide Situationen sind für eine Analyse des Endwertes bei Finanzierung aus liquiden Mitteln die Entwicklung des Kontos zu betrachten bzw. bei Kreditfinanzierung die Entwicklung von Projektkonto und Kreditkonto zu vergleichen. Für die Ausgangssituation wurde diese Betrachtung bereits angestellt (vgl. Tab. 5.4 für das Konto bei Finanzierung aus liquiden Mitteln, Tab. 5.8 für das Projektkonto bei Kreditfinanzierung und Tab. 5.9 für das Kreditkonto). Für die Vergleichssituation sind diese Betrachtungen – getrennt nach der Finanzierungsweise (Szenario I und Szenario II) – nun noch vorzunehmen.

Szenario I (Freie Liquiditätsreserven)

Analog zu der in Tab. 5.4 festgehaltenen Entwicklung gilt jetzt:

Tabelle 5.12 Kontoentwicklung bei Projekt a_2, freien Liquiditätsreserven und ausschließlicher Berücksichtigung des steuerlichen Volumeneffektes

Periode	Anfangs-bestand	Zins	Projektzah-lung	Steuerbelastung/Steuererstattung		End-bestand
				Projekt ($= -S_t$)	Zins	
1	–	–	+10	+24	–	+34
2	+34	+3,4	+109	–35,4	–	+111

Das Projekt führte in dieser fiktiven Situation also zu einem Endvermögen von 111, d.h. um 9 weniger als in der Ausgangssituation ohne Steuern gemäß Tab. 5.4. Angesichts der bislang unterstellten Steuerfreiheit von Zinserträgen bringt die Unterlassensalternative aber unverändert ein Endvermögen von 121, also um 10 mehr als das Projekt. Dies entspricht genau dem schon bekannten Ergebnis von EW'(10%) = –10.

Der Volumeneffekt von 9 resultiert somit aus der rein steuerbedingten Verringerung des Projektendvermögens von 120 auf 111.

Szenario II (Kreditbeanspruchung)

Muss das Unternehmen zur Investitionsdurchführung den Kontokorrentkredit beanspruchen, so kann der Endwert nach Steuern durch den Vergleich der folgenden beiden „Konten" verdeutlicht werden.

Tabelle 5.13 Projektkonto zu Projekt a_2 bei Kreditfinanzierung und ausschließlicher Berücksichtigung des steuerlichen Volumeneffektes

Projektkonto						
Periode	Anfangs-bestand	Zins	Projektzah-lung	Steuerbelastung/Steuererstattung		End-bestand
				Projekt ($= -S_t$)	Zins	
1	–	–	+10	+24	–	+34
2	+34	+3,4	+109	–35,4	–	+111

Tabelle 5.14 Kreditkonto zu Projekt a_2 bei ausschließlicher Berücksichtigung des steuerlichen Volumeneffektes

Kreditkonto				
Periode	Anfangsbestand	Zins	Steuererstattung	Endbestand
1	−100	−10	−	−110
2	−110	−11	−	−121

Ein Vergleich mit den Tabellen 5.8 und 5.9 zeigt wiederum, dass eine reine Projektbesteuerung

- das Ergebnis des Projektkontos um 9 verschlechtert,
- während das Kreditkonto unverändert bleibt.

Wiederum wird also für den Volumeneffekt ein am Endwert gemessener Betrag von 9 identifiziert.

Der **Zinseffekt** schließlich kann durch einen analogen Vergleich der Kontentabellen verdeutlicht werden.

In **Szenario I** führt die zusätzliche Einführung der Zinsbesteuerung dazu, dass

- sich das bei Projektdurchführung erzielbare Endvermögen zwar noch einmal von 111 (gem. Tab. 5.12) auf 108,96 (gem. Tab. 5.5), also um weitere 2,04 verschlechtert,
- sich die Unterlassensalternative hinsichtlich des erzielbaren Endvermögens nun jedoch von 121 auf 108,16 verschlechtert, also 12,84 einbüßt.

Analog ist in **Szenario II**

- ebenfalls eine weitere Verschlechterung des „reinen" Projektergebnisses von 111 (gem. Tab. 5.13) auf 108,96 (gem. Tab. 5.10) um 2,04 zu verzeichnen,
- zugleich sinkt jedoch die aus den Finanzierungsaktivitäten resultierende Belastung von 121 (gem. Tab. 5.14) auf 108,16 (gem. Tab. 5.11), also um 12,84.

In beiden Fällen ergibt sich also für den – am Endwert gemessenen – Zinseffekt der schon bekannte Wert von 12,84 − 2,04 = 10,80.

Weiterhin wird der auch schon bekannte Befund des Steuerparadoxons bestätigt: Der Zinseffekt überwiegt den Volumeneffekt um 10,80 − 9,00 = 1,80, was dazu führt, dass der Endwert von dem ursprünglichen negativen Wert EW = −1,00 auf den positiven Wert EW' = 0,80 angehoben wird.

> **Übungsaufgabe 5.6:**
> Betrachten Sie das schon bekannte Projekt a_1 (−100; +90; +23) und gehen Sie wieder von $s = 60\%$ und $r_K = 10\%$ aus!

a. Berechnen Sie jeweils – sowohl auf den Kapitalwert als auch auf den Endwert bezogen – Volumeneffekt und Zinseffekt!

b. Verdeutlichen Sie das Zustandekommen von Volumeneffekt und Zinseffekt durch eine Kontenbetrachtung analog der Vorgehensweise in Abschnitt 5.2.3.2 sowohl für den Fall der Finanzierung aus freien Liquiditätsreserven als auch für den Fall der Kreditfinanzierung!

5.3 Einordnung der Ergebnisse des Grundmodells

In diesem Kapitel wurde der Einfluss von Steuern auf die Vorteilhaftigkeit von Investitionsvorhaben auf Basis eines vereinfachten Grundmodells analysiert. Insbesondere wurde unterstellt, dass

- Zinserträge und Zinsaufwendungen in vollem Umfang steuerwirksam sind,
- der allgemeine Steuersatz in allen Perioden konstant bleibt,
- der Kalkulationszinssatz vor Steuern in allen Perioden konstant ist,
- die mit der Investition verbundenen Anfangsauszahlungen aktiviert und linear abgeschrieben werden und alle sonstigen Ein- und Auszahlungen des Investitionsprojektes zugleich ertrags- bzw. aufwandswirksam sind,
- das investierende Unternehmen in allen Perioden insgesamt auf jeden Fall steuerpflichtige Gewinne erzielt und
- Steuerzahlungen jeweils sofort im Entstehungsjahr der Steuerschuld auch zahlungswirksam werden.

Außerdem haben wir die Möglichkeit spezifischer projektbezogener Finanzierungen nicht explizit in unsere Betrachtung einbezogen.

Bitte führen Sie sich diese Eingrenzungen bei der Anwendung unseres Modells immer vor Augen. So sehr ein umfangreicher Prämissenkranz die Analyse auch erleichtert, schränkt er doch den Anwendungsbereich und die Aussagefähigkeit der Ergebnisse ein. Dennoch erscheint die hier vorgestellte explizite Analyse der Wirkungen der Besteuerung auf die Vorteilhaftigkeit von Investitionsprojekten durchaus fruchtbar, da

- es ohne weiteres möglich ist, das Modell so zu modifizieren, dass es auch an Situationen angepasst werden kann, die unserem Prämissenkranz nicht in allen Punkten entsprechen, und
- sich bestimmte in der Realität vorfindbare Phänomene, wie bspw. die Existenz sogenannter Abschreibungsgesellschaften mit hohen anfänglichen „Verlustzuweisungen" an die Gesellschafter, als ein empirischer Beleg für den Versuch, die hier verdeutlichten Effekte gewinnbringend zu nutzen, deuten lassen. Insofern kommt der hier durchgeführten Modellanalyse eine nicht unerhebliche deskriptive Relevanz zu.

Die abschließenden Übungsaufgaben 5.7 und 5.8 versuchen, den Anwendungsbezug der hier angestellten Überlegungen unter weiterhin vereinfachten Bedingungen aufzuzeigen.

Übungsaufgabe 5.7:
Eine interministerielle Arbeitsgruppe in der Republik FISCORIA beschäftigt sich mit Möglichkeiten, der heimischen Industrie fiskalische Anreize zur umweltfreundlichen Ausgestaltung von Investitionsmaßnahmen zu geben. In diesem Zusammenhang beschäftigt man sich als Musterrechnung mit einem Investitionsprojekt, das folgende Zahlungsreihe vor Steuern aufweist (Angaben in Mio. Geldeinheiten, GE):

$$e_0 = -28; \quad e_1 = e_2 = e_3 = e_4 = +10 \ .$$

Die Installation zusätzlicher Umweltschutzvorrichtungen würde die Investitionssumme – bei sonst unveränderten Gegebenheiten – um 4 Mio. GE erhöhen, so dass dann $e_0 = -32$ gelten würde. Für die Unternehmen wird ein Kalkulationszins vor Steuern von 8% unterstellt; der einheitliche Ertragssteuersatz beträgt 50%. Weiterhin wird unterstellt, dass die Unternehmen ihre Investitionsentscheidungen – in der Ihnen bekannten Weise – an dem Kapitalwert nach Steuern ausrichten.

a. Ein Vertreter des Umweltministeriums schlägt vor, die Installation der Umweltschutzvorrichtungen ohne weitere Kompensationsmaßnahmen gesetzlich vorzuschreiben. Ein Vertreter des Wirtschaftsministeriums widerspricht diesem Vorschlag mit folgender Argumentation:

   1. Der Kapitalwert des Musterinvestitionsprojektes ohne Auflage betrage 2,85 Mio. GE.
   2. Durch eine zusätzliche Belastung von 4 Mio. GE werde der Kapitalwert somit deutlich negativ, so dass die Unternehmen auf derartige Investitionen gänzlich verzichten und womöglich ins Ausland abwandern würden.

   Überprüfen Sie diese Argumentation rechnerisch und erläutern Sie Ihren Befund! Gehen Sie dabei davon aus, dass die Investitionssumme von 28 bzw. 32 Mio. GE linear abzuschreiben ist!

b. Auch ein Vertreter des Finanzministeriums widerspricht dem Auflagen-Vorschlag, da derartige Maßnahmen „ordnungspolitisch gar nicht in die Landschaft passen". Als Alternative schlägt er vor, eine Umweltförderungsabschreibung einzuführen. Danach sollten mit entsprechenden Umweltschutzmaßnahmen versehene Investitionen bereits im ersten Jahr zu 62,5% abgeschrieben werden können; die verbleibenden 37,5% sollten dann in üblicher Weise auf die restliche Nutzungsdauer verteilt werden. Überprüfen Sie, ob dadurch wirklich ein Anreiz geschaffen würde, Investitionen der betrachteten Art freiwillig mit Umweltschutzmaßnahmen zu versehen!

c. In Anbetracht des unter b) ermittelten Befundes schlägt ein ebenfalls anwesender Vertreter des Industrieverbandes vor, den Unternehmen über die Abschreibungsvergünstigung hinaus als zusätzlichen Anreiz pro Jahr eine steuerfreie Subvention zu zahlen. Wie hoch müsste dieser Betrag mindestens sein, damit wirklich ein

Anreiz besteht, die Umweltschutzmaßnahme auch ohne direkte Auflage durchzuführen? (Ermitteln Sie Ihr Ergebnis in Mio. GE auf zwei Nachkommastellen genau!)

d. Der Vorschlag des Industrie-Vertreters findet zunächst breite Zustimmung, wobei für die steuerfreie Subvention ein Betrag von 0,6 Mio. GE pro Jahr ins Auge gefasst wird. Berechnen Sie noch einmal den sich jetzt ergebenden Kapitalwert und kommentieren Sie kurz Ihr Ergebnis!

Übungsaufgabe 5.8:

Der Privatanleger ALPHA verfügt über liquide Mittel von 100 GE, welche er möglichst lukrativ anlegen will. Bislang steht ihm eine jederzeitige Anlagemöglichkeit zu 10% p.a. offen. Sein Steuersatz beträgt 60%; das Steuersystem sei durch die Prämissen des Grundmodells gekennzeichnet.

Ein Arbeitskollege erzählt ihm, dass sich mit Investitionen z.B. in Immobilien bei vergleichbarem Risiko deutlich bessere Anlagemöglichkeiten bieten, denn derartige Anlagen hätten den gewissen „Steuerkick". ALPHA tut sich daraufhin um und bekommt den Erwerb einer Immobilie angeboten. Der Kaufpreis derselben beträgt ebenfalls 100 GE; sie wirft jeweils am Ende des Jahres 10 GE Mieteinnahmen ab und kann am Ende von Jahr 3 zu 100 GE verkauft werden. Die Immobilie wird linear über 10 Jahre abgeschrieben.

a. Berechnen Sie den Kapitalwert der Immobilieninvestition vor und nach Steuern! Erklären Sie Ihr Ergebnis!

b. ALPHA ist nicht sehr begeistert. Allerdings ahnt er dunkel, dass bei bestimmten Immobilieninvestitionen die Möglichkeit zu Sonderabschreibungen der Anschaffungskosten besteht. ALPHA ist jedoch in steuerlichen Details nicht sonderlich bewandert und versucht daher, den durch Sonderabschreibungen maximal möglichen Effekt abzuschätzen. Er geht dazu von der idealtypischen Unterstellung einer sog. „Sofortabschreibung" aus. Diese ist dadurch gekennzeichnet, dass die gesamten Anschaffungskosten bereits im Anschaffungszeitpunkt $t=0$ die steuerliche Bemessungsgrundlage mindern und der daraus resultierende steuerliche Verlust auch zu einer sofortigen Steuererstattung führt und somit auch in $t=0$ zur Anlage zum Kalkulationszinsfuß zur Verfügung steht. Berechnen Sie wiederum den Kapitalwert der Immobilieninvestition und erklären Sie die Abweichung zur Situation ohne Steuern!

c. ALPHA zeigt sich nun zunehmend interessiert und beschließt, einen Steuerberater aufzusuchen. Dieser klärt ihn auf, dass in $t=1, 2$ – neben der regulären linearen Abschreibung – maximal eine 50%ige Sonderabschreibung auf die Anschaffungskosten ansetzbar ist. Allerdings bleibt die Summe der insgesamt absetzbaren Abschreibungen auf die 100 GE Anschaffungskosten beschränkt. Weiterhin weist er darauf hin, dass bei geeigneter steuerlicher Konstruktion ein evtl. Veräußerungsgewinn im Jahr 3 nur zum halben Steuersatz, d.h. hier zu 30%, zu versteuern ist. Berechnen Sie wiederum den sich ergebenden Kapitalwert und diskutieren Sie Ihr Ergebnis im Vergleich zur Situation ohne Steuern und der unter b. betrachteten Situation!

d. ALPHA ist nun richtig begeistert. Er beschließt, neben der Immobilie noch in eine weitere mit identischer Zahlungsstruktur zu investieren und diese über einen Bankkredit, für den 20% Zins p.a. berechnet wird, zu finanzieren. Tilgungen des Bankkredits sind in beliebiger Höhe jeweils zum Jahresende möglich. Lohnt sich das? (Lösungshinweis: Betrachten Sie den Erwerb beider Immobilien und die Finanzierung der zweiten Immobilie über den Bankkredit in ihren Zahlungswirkungen als ein Gesamtprojekt, welches der jederzeitigen Alternativanlage gegenüberzustellen ist!)

Weitere Übungen auf der CD-ROM: Aufgaben 66 bis 70.

6 Investitionsrechnung unter Unsicherheit

6.1 Problemstellung

Bisher wurde das Element der **Unsicherheit** explizit aus der Betrachtung ausgespart, um wichtige investitionstheoretische Kennzahlen in ihrer grundlegenden Konzeption bzw. die Wirkungen von Steuern für die Investitionsrechnung isoliert betrachten zu können.

Im Folgenden soll stattdessen angenommen werden, dass die für die Investitionskalküle benötigten Zukunftsdaten grundsätzlich unsichere Größen darstellen. Mithin besteht ein Bedarf an Verfahren, die auch Art und Ausmaß der den maßgeblichen Zukunftsgrößen anhaftenden Unsicherheit in die Investitionsrechnung einbeziehen. Dabei sei als entscheidungsrelevante Kennzahl stets der Kapitalwert herangezogen. Für die folgende Darstellung empfiehlt es sich, **zwei Gruppen von Ansätzen** danach zu unterteilen, ob sie

- in erster Linie der **Verdeutlichung von Unsicherheitsstrukturen (Unsicherheitsanalyse)** dienen sollen, ohne zugleich ein Entscheidungsprinzip zu beinhalten (Abschnitte 6.2 bis 6.4), oder
- **Verfahren zur modellmäßigen Ableitung von Investitionsentscheidungen** unter Einbeziehung von Unsicherheitsaspekten darstellen (Abschnitt 6.5).

Dabei ist es einerseits möglich, dass bestimmte Verfahren zur Verdeutlichung von Unsicherheitsstrukturen zugleich mit bestimmten Entscheidungsprinzipien verknüpft sind. Andererseits können Verfahren zur Verdeutlichung von Unsicherheitsstrukturen auch ohne die zwingende Verknüpfung mit einem bestimmten Entscheidungsprinzip entwickelt werden, wobei die weitere Umsetzung der bei der Unsicherheitsanalyse gewonnenen Erkenntnisse weitgehend dem subjektiven Ermessen des Entscheidenden überlassen bleibt.

In diesem Kapitel konzentrieren wir uns insbesondere auf Verfahren zur Unsicherheitsanalyse. In den Abschnitten 6.2 und 6.3 werden zwei Verfahren zur **Unsicherheitsanalyse von einzelnen Investitionsprojekten** vorgestellt: die Sensitivitätsanalyse und die wahrscheinlichkeitsgestützte Analyse von Investitionsprojekten. Mit Hilfe der Sensitivitätsanalyse (Abschnitt 6.2) kann untersucht werden, wie empfindlich die Lösung eines zunächst auf der Basis quasi sicherer Daten aufgestellten Investitionskalküls reagiert, wenn für einzelne Parameter c.p.[74] andere Werte angesetzt werden. Liegen Wahrscheinlichkeitsurteile über relevante Einflussfaktoren vor, so werden diese im Rahmen **wahrscheinlichkeitsgestützter Analysen einzelner Investitionsprojekte** berücksichtigt (Abschnitt 6.3).

---

[74] ceteris paribus: unter sonst gleichen Bedingungen. Hier: Unter der Annahme, dass alle anderen ergebnisrelevanten Parameter unveränderte Werte aufweisen.

Die Abschnitte 6.2 und 6.3 sind auf die Unsicherheitsanalyse einzelner Investitionsprojekte gerichtet. Ein Unternehmen verfügt aber typischerweise über mehrere unsichere Investitionsprojekte. Die Entscheidungstheorie macht deutlich, dass es in solchen Fällen dringend geboten ist, über die Diagnose der Risiken der einzelnen Projekte (Einzelrisiken) hinaus auch die zwischen den verschiedenen Einzelrisiken bestehenden Zusammenhänge zu untersuchen. Dieser **Analyse von aggregierten Risikopositionen** ist Abschnitt 6.4 gewidmet.

In Abschnitt 6.5 werfen wir dann noch einen kurzen, vergleichsweise rudimentären Blick auf **Ansätze zur Ableitung von Investitionsentscheidungen** bei gegebener Unsicherheitsstruktur. Diese Ausführungen bleiben vor allem deshalb knapp, weil mit ihnen die nicht ganz scharf zu ziehende Grenze zwischen Investitions- und Entscheidungstheorie erreicht bzw. überschritten wird.

6.2 Sensitivitätsanalyse von Einzelrisiken

6.2.1 Begriff und Varianten

Mittels der Verfahren der **Sensitivitätsanalyse** wird untersucht, wie empfindlich die Lösung eines zunächst auf der Basis quasi sicherer Daten aufgestellten Investitionskalküls reagiert, wenn Eingangsdaten variiert werden. Üblicherweise finden Verfahren der Sensitivitätsanalyse dann Anwendung, wenn auf der Basis sicherer Daten das betrachtete Vorteilhaftigkeitskriterium erfüllt ist, z.B. bei einer projektindividuellen Entscheidung ein positiver Kapitalwert erzielt wird. Eine solche Situation wird zur sprachlichen Vereinfachung im Folgenden unterstellt, wenngleich sie für die Durchführung von Sensitivitätsanalysen keine zwingende Voraussetzung ist. Die Verfahren der Sensitivitätsanalyse können, je nachdem, ob einzelne oder mehrere Eingangsdaten variiert werden, in **singuläre und multiple Sensitivitätsanalysen** unterteilt werden. Als Ausgangspunkt für die weiteren Betrachtungen sei im folgenden Beispiel der Kapitalwert einer Investition auf der Basis sicherer Erwartungen ermittelt.

> **Beispiel 6.1:**
> Ein Unternehmen erwägt die sofortige Anschaffung einer Maschine zum Preis von 1.000 TGE. Auf dieser Maschine können pro Jahr bis zu 13.000 Ersatzteile hergestellt werden, die die staatliche Wasserstraßenverwaltung in den kommenden zwei Jahren in großer Zahl benötigen wird. Für das erste Jahr bietet die Verwaltung die Abnahme von $X_1 = 11.000$ Stück zu einem Preis von $p_1 = 80$ GE/Stück an. Für das zweite Jahr wird damit gerechnet, dass $X_2 = 12.100$ Stück abgesetzt werden können, nun jedoch zu einem Preis von $p_2 = 90$ GE/Stück. Die variablen Kosten pro Stück in den beiden Jahren werden auf $k_1 = 30$ GE/Stück und $k_2 = 40$ GE/Stück geschätzt. Schließlich wird angenommen, dass für die Maschine nach 2 Jahren ein Liquidationserlös von $L = 121$ TGE erzielt werden kann.

Unterstellt man, dass die jeweiligen Erlöse und die Kosten stets zum Jahresende zahlungswirksam werden, und legt man einen Kalkulationszinsfuß von 10% zugrunde, so errechnet sich für dieses Projekt folgender Kapitalwert (Angaben in TGE):

$$\begin{aligned} K &= -1.000 + 11 \cdot (80 - 30) \cdot 1{,}1^{-1} + \left[12{,}1 \cdot (90 - 40) + 121\right] \cdot 1{,}1^{-2} \\ &= -1.000 + 550 \cdot 1{,}1^{-1} + 726 \cdot 1{,}1^{-2} \\ &= +100 \ . \end{aligned}$$

Mit einem – zunächst unter der Prämisse sicherer Erwartungen errechneten – Kapitalwert von +100.000 GE erscheint das Projekt somit zunächst als durchaus vorteilhaft.

6.2.2 Singuläre Sensitivitätsanalysen

Bei der Ermittlung **singulärer kritischer Werte** wird untersucht, wie weit ein einzelner Parameter – ceteris paribus (c.p.), d.h. bei Konstanz der übrigen Eingangsdaten – gegenüber dem Ursprungswert verschlechtert werden kann, ohne dass das Projekt unvorteilhaft wird.

Hängt die Höhe der Einzahlungsüberschüsse unter anderem von der unsicheren künftigen Absatzmenge ab, so wird z.B. ausgerechnet, für welchen kritischen Wert der Absatzmenge der Kapitalwert bei ansonsten unveränderten Daten den Wert Null annimmt. Entsprechende kritische Werte können sukzessive für alle unsicheren Einflussgrößen ermittelt werden, die der Entscheidende für relevant hält.

Beispiel 6.2:

Wir knüpfen an Beispiel 6.1 an. Betrachtet man neben den vorgegebenen Größen p_1 und x_1 zunächst auch den Kalkulationszinsfuß und den geplanten Liquidationserlös L als sichere Daten, so stellen nur noch die Kosten $\tilde{k}_1$ und $\tilde{k}_2$ sowie Preis und Absatzmenge im zweiten Jahr, $\tilde{p}_2$ und $\tilde{x}_2$, Unsicherheitsfaktoren dar. Die Tilden (~) verdeutlichen, dass es sich um unsichere Größen, d.h. Zufallsvariablen handelt. Um die entsprechenden kritischen Werte einer dieser Variablen zu bestimmen, werden gedanklich für alle übrigen Parameter die Ursprungsdaten angesetzt und ermittelt, für welchen Wert der betrachteten Variablen der Kapitalwert gerade null wird. Man erhält so folgende Bestimmungsgleichungen (Angaben in TGE):

$$\begin{aligned} 0 &= -1.000 + 11 \cdot (80 - \tilde{k}_1) \cdot 1{,}1^{-1} + 726 \cdot 1{,}1^{-2} \\ 0 &= -1.000 + 550 \cdot 1{,}1^{-1} + \left[\tilde{x}_2 \cdot 50 + 121\right] \cdot 1{,}1^{-2} \\ 0 &= -1.000 + 550 \cdot 1{,}1^{-1} + \left[12{,}1 \cdot (\tilde{p}_2 - 40) + 121\right] \cdot 1{,}1^{-2} \\ 0 &= -1.000 + 550 \cdot 1{,}1^{-1} + \left[12{,}1 \cdot (90 - \tilde{k}_2) + 121\right] \cdot 1{,}1^{-2} \ . \end{aligned}$$

Aus der Auflösung dieser Gleichungen ergeben sich folgende „kritische Werte":

$$k_1^* = 40; \qquad x_2^* = 9{,}68; \qquad p_2^* = 80; \qquad k_2^* = 50.$$

Die Kosten pro Stück dürften den ursprünglichen Planwert also individuell höchstens um jeweils 10 GE, d.h. um 33,3% bzw. 25% überschreiten. Die Absatzmenge respektive der Preis im zweiten Jahr dürften maximal auf 9.680 Stück (–20%) bzw. 80 GE (–11,1%) absinken, damit der Kapitalwert nicht negativ wird.

Übungsaufgabe 6.1:
Ermitteln Sie für Beispiel 6.1 den kritischen Wert für den Liquidationserlös!

Im Übrigen können auch die gängigen **investitionstheoretischen Kennzahlen,** wie wir bereits mit deren ökonomischen Interpretationen in Kapitel 4 angedeutet haben, jeweils als kritische Werte für die projektindividuelle Vorteilhaftigkeit interpretiert werden. So stellt etwa der Kapitalwert nichts anderes als den Betrag dar, um den sich z.B. die Anschaffungsauszahlung maximal erhöhen dürfte, ohne dass die Investition unvorteilhaft wird. Entsprechend gibt der interne Zinsfuß den Höchstsatz des Kalkulationszinsfußes, also der noch tolerierbaren Finanzierungskosten, an. Weiterhin bestimmt die äquivalente Annuität den Betrag, um den sich etwa die jährlichen Umsatzerlöse maximal verringern könnten, ohne dass die Investition unvorteilhaft wird.

Das Verfahren singulärer kritischer Werte ist nicht nur auf **projektindividuelle Entscheidungen** anwendbar. Auch bei **Auswahlentscheidungen** ist es möglich, kritische Werte für verschiedene Parameter zu berechnen, bei denen die zunächst ermittelte Rangfolge der betrachteten Alternativen wechselt. Es ist dann zu untersuchen, bei welchen kritischen Werten der Kapitalwert der Differenzzahlungsreihe das Vorzeichen wechselt.

Im Unterschied zur Ermittlung singulärer kritischer Werte wird im Zuge **singulärer Alternativrechnungen** analysiert, wie sich die entscheidungsrelevante Kennzahl, hier der Kapitalwert, verändert, wenn jeweils ein einzelner Parameter bei Konstanz der anderen um einen fest vorgegebenen Betrag oder Prozentsatz verändert wird.

Es wird also etwa nicht mehr gefragt, wie weit die Absatzmenge hinter den Ursprungswerten zurückbleiben darf, sondern welchen Einfluss z.B. eine 10%-ige Minderung der Absatzmenge auf den Kapitalwert hat. Werden entsprechende Alternativrechnungen für mehrere oder alle relevanten Einflussfaktoren durchgeführt, so erhält man eine Tabelle alternativ möglicher Kapitalwerte in Abhängigkeit von vorgegebenen Änderungen der verschiedenen Parameter, aus der die Sensitivität des Kapitalwertes gegenüber einzelnen Datenänderungen erkennbar wird.

Beispiel 6.3:
Wir knüpfen an Beispiel 6.2 an. Geht man schematisch davon aus, dass sich die vier unsicheren Größen $\tilde{k}_1$, $\tilde{k}_2$, $\tilde{x}_2$ und $\tilde{p}_2$ jeweils einzeln möglicherweise um 10%, 20%, 30% oder 40% gegenüber den Ausgangsdaten verschlechtern können, so erhält man die in folgender Tabelle zusammengestellten Alternativergebnisse für den Kapitalwert (Angaben in TGE):

Tabelle 6.1 Singuläre Alternativrechnung

Verschlechterung	$k_1=$	$K(k_1)=$	$k_2=$	$K(k_2)=$	$X_2=$	$K(X_2)=$	$p_2=$	$K(p_2)=$
0%	30	100	40	100	12,1	100	90	100
10%	33	70	44	60	10,89	50	81	10
20%	36	40	48	20	9,68	0	72	–80
30%	39	10	52	–20	8,47	–50	63	–170
40%	42	–20	56	–60	7,26	–100	54	–260

Die fett gedruckten Werte dieser Tabelle verdeutlichen den Bereich solcher Abweichungen von den ursprünglichen Plandaten, bei denen es zu einem negativen Kapitalwert kommen würde.

Werden für die untersuchte Größe bei ansonsten unveränderten Werten für alle übrigen Parameter sukzessiv verschiedene Werte eingesetzt, so kann der Kapitalwert als Funktion dieses einen Parameters betrachtet werden. Der besseren Anschaulichkeit ist es häufig dienlich, einen derartigen funktionalen Zusammenhang graphisch darzustellen. So verdeutlicht die aus der traditionellen Investitionsrechnung geläufige **Kapitalwertfunktion** (vgl. Abschnitt 4.2.1) etwa die Abhängigkeit des Kapitalwertes von dem zugrundegelegten Kalkulationszinsfuß.

Übungsaufgabe 6.2:
Verdeutlichen Sie für unser Beispiel 6.2 bei ansonsten unveränderten Daten die Sensitivität des Kapitalwertes gegenüber Änderungen des Liquidationserlöses, indem Sie für L (Liquidationserlös) in 20-er Schritten verschiedene Werte zwischen 0 und 120 einsetzen, und stellen Sie diesen Zusammenhang graphisch dar!

Im Vergleich zur traditionellen Investitionsrechnung, die ausschließlich mit quasi sicheren, einwertigen Daten arbeitet, erlauben singuläre Sensitivitätsanalysen einen ersten Einblick in die Unsicherheitsstruktur eines Investitionsprojektes. Auf der anderen Seite können jedoch auch die **Grenzen dieser Ansätze** nicht übersehen werden: So wird insbesondere die Möglichkeit, dass mehrere Parameter zugleich von ihren Ursprungswerten abweichen, nicht hinlänglich berücksichtigt. Diese Aufgabe kann jedoch bei Verwendung multipler Sensitivitätsanalysen gelöst werden.

6.2.3 Multiple Sensitivitätsanalysen

Im Rahmen **multipler Sensitivitätsanalysen** wird der Einfluss einer gleichzeitigen Variation mehrerer Parameter auf den zunächst geplanten Ablauf eines Projektes untersucht. Bei der Ermittlung **kritischer Wertekombinationen** wird dabei untersucht, wie weit mehrere Parameter gleichzeitig von den ursprünglichen Plandaten abweichen dürfen, ohne dass das Projekt unvorteilhaft wird. Multiple Parametervariationen können sich sowohl auf die Unsicherheit mehrerer Parameter zu einem Zeitpunkt als auch die Entwicklung eines Parameters im Zeitablauf beziehen.

Werden nur **zwei Größen variiert**, so erhält man als Ergebnis einer solchen Rechnung beliebig viele „kritische" Wertepaare. Diese können in einem Koordinatensystem, in dem die beiden kritischen Größen auf den Achsen abgetragen sind, durch einen Kurvenzug verdeutlicht werden, der die Ausprägungen „vorteilhafter" Wertekombinationen von den „unvorteilhaften" abgrenzt.

Beispiel 6.4:
Nehmen wir auf der Basis der Daten von Beispiel 6.2 der Einfachheit halber an, auch die Kostengrößen seien mit $k_1 = 30$ GE und $k_2 = 40$ GE sicher vorgegeben. Fragt man dann, in welchem Ausmaß Absatzmenge $\tilde{X}_2$ und Absatzpreis $\tilde{p}_2$ der zweiten Periode gleichzeitig von den ursprünglichen Plandaten abweichen dürfen, so kann dies an Hand der Relation

$$0 = -1.000 + 550 \cdot 1{,}1^{-1} + \left[\tilde{X}_2 \cdot (\tilde{p}_2 - 40) + 121\right] \cdot 1{,}1^{-2}$$

überprüft werden. Durch Auflösen dieser Relation erhält man als Funktion für die „kritischen" Wertekombinationen:

$$\tilde{p}_2 = 40 + \frac{484}{\tilde{X}_2}$$

oder bei Auflösung nach $\tilde{X}_2$

$$\tilde{X}_2 = \frac{484}{\tilde{p}_2 - 40}.$$

Graphisch lässt sich diese Relation durch eine Kurve der in Abb. 6.1 dargestellten Art verdeutlichen: Alle p_2-X_2-Kombinationen, die – so wie die durch den Punkt U verdeutlichte ursprüngliche Wertekombination – durch Punkte oberhalb der durchgezogenen Linie (schraffierte Fläche) gekennzeichnet werden, führen zu einem positiven Kapitalwert. Die diesen Bereich begrenzende Linie verdeutlicht also die Gesamtheit aller „kritischen" p_2-X_2-Kombinationen.

Abbildung 6.1 Kritische Wertekombinationen

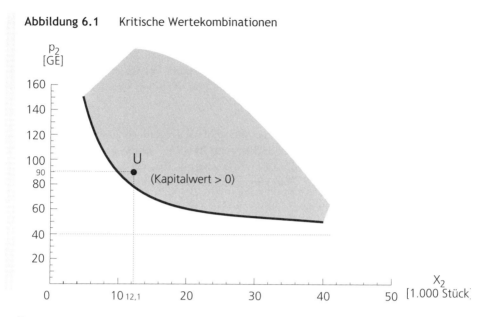

Übungsaufgabe 6.3:

Nehmen Sie alternativ zu Beispiel 6.4 an, für die Absatzmenge gelte fest $X_2 = 12{,}1$; unsicher sei jedoch die Kostengröße $\tilde{k}_2$. Stellen Sie die kritischen p_2-k_2-Kombinationen graphisch dar!

Grundsätzlich kann die Ermittlung kritischer Wertekombinationen auch auf die gleichzeitige **Variation von mehr als zwei Parametern** ausgedehnt werden. Die Darstellung der dabei erzielten Ergebnisse wird jedoch sehr schnell äußerst unübersichtlich.

Im Unterschied zur Ermittlung kritischer Wertekombinationen wird bei **multiplen Alternativrechnungen** analysiert, wie sich der Kapitalwert ändert, wenn mehrere unsichere Eingangsdaten gleichzeitig in einem vorgegebenen Ausmaß variiert werden. Eine einfache Möglichkeit zur Anwendung derartiger multipler Alternativrechnungen stellt die **Drei-Punkte-Methode** dar. Bei dieser Methode werden neben dem wahrscheinlichsten Wert zusätzlich ein pessimistischer und ein optimistischer Wert für die entsprechenden Einflussgrößen geschätzt. Durch die Kombination sämtlicher möglichen Ausprägungen der Parameter ergibt sich eine Vielzahl alternativ möglicher Kapitalwerte, die mittels eines **Zustandsbaums** nach Art von Abb. 6.2 dargestellt werden können. Werden diese nach ihrer Größe geordnet und unter Berücksichtigung der Häufigkeit, mit der sie aufgetreten sind, durch eine Verteilungsfunktion der in der noch folgenden Abb. 6.3 verdeutlichten Art dargestellt, so erhält man eine recht anschauliche graphische Darstellung, die als **einfaches Risikoprofil** bezeichnet werden kann.

Beispiel 6.5:

Für unser Ausgangsbeispiel 6.1 sei unterstellt, dass – bei sicheren Werten für alle übrigen Parameter – die Größen $\tilde{p}_1$ und $\tilde{p}_2$ als unsicher angesehen werden. Die Größen $\tilde{p}_1$ bzw. $\tilde{p}_2$ stellen die in der ersten bzw. zweiten Periode erzielbaren Absatzpreise dar, welche jeweils unsicher sind. Im Rahmen einer Drei-Punkte-Schätzung werden folgende Werte als alternativ möglich unterstellt:

p_1: 60, 80 oder 90 GE/Stück

p_2: 75, 90 oder 105 GE/Stück.

Aus der schematischen Kombination dieser beiden Wertetripel errechnen sich laut Tab. 6.2 neun Kapitalwerte (gerundet), die in den Endknoten in der folgenden, allgemein als Zustandsbaum bezeichneten Darstellung gemäß Abb. 6.2 verdeutlicht sind.

Tabelle 6.2   Häufigkeitsverteilung der Kapitalwerte

p_1	p_2	K	Rangplatz (aufsteigend)	Häufigkeit
	75	–250	1.	1
60	90	–100	2.	1
	105	+50	4./5.	2
	75	–50	3.	1
80	90	+100	6.	1
	105	+250	8.	1
	75	+50	4./5.	(2)
90	90	+200	7.	1
	105	+350	9.	1

Abbildung 6.2   Zustandsbaum für eine multiple Alternativrechnung

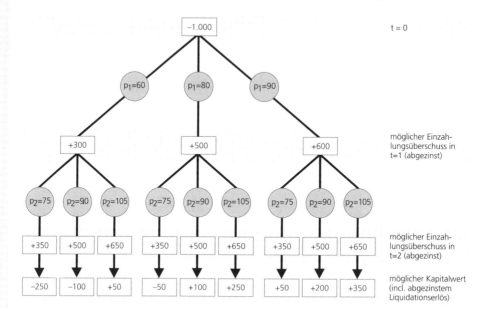

Die „Kanten" dieses Baumes verdeutlichen die alternativ möglichen Realisierungen der Zufallsvariablen, hier der Absatzpreise $\tilde{p}_1$ und $\tilde{p}_2$. Die entsprechenden p_1- und p_2-Werte sind in den Kreisen vermerkt. Die „Kästen" kennzeichnen neben der Ausgangssituation die als Folge der Zufallsereignisse alternativ möglichen abgezinsten Einzahlungsüberschüsse in t = 1 bzw. t = 2 bzw. die alternativ möglichen Kapitalwerte.

Die mit der Durchführung des unsicheren Projektes verbundenen Verlustrisiken und Erfolgschancen können nun anschaulich mittels eines sog. Risikoprofils verdeutlicht werden.

Abbildung 6.3 Einfaches Risikoprofil

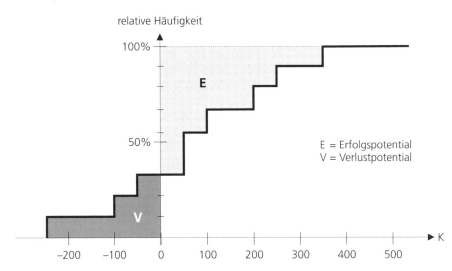

Die Abszissenwerte der einzelnen „Stufen" dieser Treppenkurve entsprechen den jeweiligen Kapitalwerten nach Tab. 6.2. Die Höhe der Stufen verdeutlicht die relative Häufigkeit (hier $1/9$ oder $2/9$). Ein beliebiger Punkt auf einem flachen Teilstück der Kurve verdeutlicht mithin durch seinen Ordinatenwert die Häufigkeit, mit der sich entsprechend der voranstehenden Tabelle als Ergebnis der Drei-Punkte-Schätzung ein unter dem Abszissenwert dieses Punktes liegender Kapitalwert ergeben hat.

In der Abb. 6.3 kann die Fläche V links der Ordinate und unterhalb der Verteilungsfunktion als **Indikator für die Verlustrisiken** angesehen werden, die Fläche E rechts der Ordinate oberhalb der Verteilungsfunktion hingegen als **Indikator für die Erfolgsmöglichkeiten** einer Investition. Dabei wird die Höhe des Vermögens im Zeitpunkt t = 0 ohne Durchführung des Investitionsprojektes als Referenzgröße für die Trennung von Chancen (Vermögensmehrung) und Risiken (Vermögensminderung) verwendet. Ein Investitionsprojekt ist mithin tendenziell umso günstiger zu beurteilen, je weiter das entsprechende Risikoprofil nach rechts unten verschoben ist, d.h. je größer die Fläche E und je kleiner die Fläche V ist.

Übungsaufgabe 6.4:
Gehen Sie von Beispiel 6.1 aus und nehmen Sie nun an, bei ansonsten vorgegebenen Werten für alle anderen Parameter könnten die unsicheren Kostenwerte $\tilde{k}_1$, $\tilde{k}_2$ außer dem Ursprungsbetrag jeweils einen um 30% besseren oder schlechteren Wert annehmen. Führen Sie eine multiple Alternativrechnung nach der Drei-Punkte-Methode durch und erstellen Sie ein einfaches Risikoprofil!

Bei der Ableitung eines solchen einfachen Risikoprofils wird implizit davon ausgegangen, dass alle Ausprägungen der unsicheren Parameter und auch alle Parameter-Kombinationen die gleiche Wahrscheinlichkeit haben. Damit zeigt sich gleichzeitig ein **Problem der multiplen Alternativrechnungen:** Möglicherweise vorliegende Informationen über die Eintrittswahrscheinlichkeiten möglicher Abweichungen vom wahrscheinlichsten Wert werden vernachlässigt und durch eine Pauschalannahme ersetzt.

Zum **methodischen Ansatz von Sensitivitätsanalysen** allgemein ist abschließend noch einmal darauf hinzuweisen, dass dabei nur die Frage untersucht wird, ob und ggf. wie sich eine auf der Basis bestimmter Parameter-Werte abgeleitete entscheidungsrelevante Kennzahl, z.B. der Kapitalwert, ändern würde, wenn im Planungszeitpunkt für einen oder mehrere dieser Parameter andere Werte als die ursprünglich angesetzten zugrunde gelegt werden. Es handelt sich also um eine entscheidungsvorbereitende ex-ante-Analyse, die lediglich einen gewissen Einblick in die „Struktur der Sicherheitsspielräume" verschiedener Parameter vermittelt. Aufschluss darüber, mit welcher Wahrscheinlichkeit die untersuchten Parameterveränderungen auftreten können (und welche stochastischen Wechselwirkungen bestehen), liefert eine Sensitivitätsanalyse hingegen nicht. Auch bleibt offen, welche Konsequenzen aus der Sensitivitätsanalyse im Hinblick auf die anstehenden Investitionsentscheidungen zu ziehen sind.

Weitere Übungen auf der CD-ROM: Aufgaben 82 bis 91 sowie 99 und 100.

6.3 Wahrscheinlichkeitsgestützte Analyse von Einzelrisiken

6.3.1 Grundbegriffe

Der Vorteil von Sensitivitätsanalysen, auch ohne Wahrscheinlichkeitsschätzungen auszukommen, bedeutet zugleich einen Verzicht auf entscheidungsrelevante Informationen, sofern zumindest subjektive Wahrscheinlichkeitsurteile über relevante Einflussfaktoren vorliegen. Dieses Manko beheben Verfahren der wahrscheinlichkeitsgestützten Unsicherheitsanalyse, deren Anwendung jedoch an höhere informatorische Voraussetzungen geknüpft ist.

Die im Folgenden zu behandelnden Analysemethoden können als Weiterentwicklung des Verfahrens der einfachen Risikoprofile angesehen werden. Es werden ebenfalls alternative Wertausprägungen verschiedener Parameter vorgegeben. Diese werden jedoch zusätzlich mit **diskreten Wahrscheinlichkeitsangaben** versehen, die z.B. daraus resultieren, dass sich verfügbares Expertenwissen in entsprechenden Wahrscheinlichkeitsangaben niederschlägt.

Kann für jeden als hinlänglich relevant erachteten Einflussfaktor eine Wahrscheinlichkeitsverteilung alternativ möglicher Wertausprägungen angegeben werden, so kann man die Verfahren zum einen danach unterscheiden, ob sie unabhängig von den eintretenden Umweltentwicklungen stets die gleichen künftigen Folgeaktivitäten unterstellen (**starre Planung**), oder ob sie die Möglichkeit, auf unterschiedliche Zukunftsentwicklungen auch mit unterschiedlichen Folgeaktivitäten zu reagieren, schon bei der Beurteilung der Ausgangsaktivitäten explizit in das Kalkül einbeziehen (**flexible Planung**).

Zum anderen lassen sich diese Ansätze danach differenzieren, ob sie stochastische Interdependenzen zwischen den Wahrscheinlichkeitsverteilungen der einzelnen Parameter vernachlässigen (**unbedingte Wahrscheinlichkeitsangaben**) oder sie explizit erfassen (**bedingte Wahrscheinlichkeitsangaben**). Auf der Basis unbedingter Wahrscheinlichkeiten würde z.B. die Wahrscheinlichkeit für das Eintreten einer 10%-igen Preissteigerung unabhängig davon festgelegt, ob zugleich eine ebenfalls 10%-ige Kostensteigerung oder nur eine 3%-ige Kostensteigerung erwartet wird.

Im folgenden Abschnitt 6.3.2 werden Ansätze zur starren und flexiblen Planung behandelt, wobei für die starre Planung danach unterschieden wird, ob stochastische Abhängigkeiten zwischen den einzelnen Variablen vorliegen oder nicht.

Im Abschnitt 6.3.3 wird ein Ansatz vorgestellt, welcher nicht auf die gesamte Wahrscheinlichkeitsverteilung der relevanten Zielgröße, hier des Kapitalwerts, abstellt, sondern sich auf ausgewählte wahrscheinlichkeitstheoretische Parameter (Erwartungswert und Standardabweichung) beschränkt.

6.3.2 Alternativrechnungen

6.3.2.1 Starre Alternativrechnungen (Zustandsbaumverfahren)

Zustandsbaum bei unbedingten Wahrscheinlichkeitsangaben

Wie eingangs schon erwähnt wurde, stellen die hier zu behandelnden Verfahren eine Erweiterung der bereits behandelten Methode der einfachen Risikoprofile dar. Zur exemplarischen Verdeutlichung wollen wir deshalb auch unmittelbar an das zuletzt behandelte Beispiel anknüpfen.

> **Beispiel 6.6:**
> Wir gehen von den Daten aus Beispiel 6.5 aus und unterstellen, dass nur $\tilde{p}_1$ und $\tilde{p}_2$ als unsichere Größen anzusehen sind (zur Erinnerung: die „Tilde" über den Variablen $\tilde{p}_1$ und $\tilde{p}_2$ kennzeichnet diese als Zufallsvariablen), während für die übrigen Parameter mit Sicherheit die Ausgangswerte gelten sollen. Der Einfachheit halber unterstellen wir außerdem, dass im Wege einer Drei-Punkt-Schätzung die bereits aus Beispiel 6.5 bekannten Werte (von 60, 80 oder 90 für $\tilde{p}_1$ und 75, 90 oder 105 für $\tilde{p}_2$) als möglich erachtet werden.
>
> Zusätzlich wird jetzt angenommen, auf Grund von Expertenschätzungen könnten den einzelnen Wertausprägungen folgende Eintrittswahrscheinlichkeiten w zugeordnet werden:

Tabelle 6.3 Unabhängige Wahrscheinlichkeitsverteilungen für den Absatzpreis in t = 1 und den Absatzpreis in t = 2

p_1	60	80	90
$w(p_1)$	30%	50%	20%

p_2	75	90	105
$w(p_2)$	30%	40%	30%

Aus der Überlagerung der für p_1 und p_2 möglichen Werte ergeben sich dann – genau wie im Beispiel 6.5 – insgesamt neun denkbare Kapitalwerte für die verschiedenen Entwicklungen. Deren Eintrittswahrscheinlichkeiten können wegen der Annahme stochastischer Unabhängigkeit beider unsicheren Parameter einfach als Produkt der für die maßgeblichen p_1- und p_2-Werte vorgegebenen Eintrittswahrscheinlichkeiten bestimmt werden. Bei einer hinlänglich kleinen Anzahl von Variablen können diese Zusammenhänge wiederum sehr anschaulich in einem Zustandsbaum verdeutlicht werden.

Abbildung 6.4 Zustandsbaum bei unbedingten Wahrscheinlichkeitsangaben

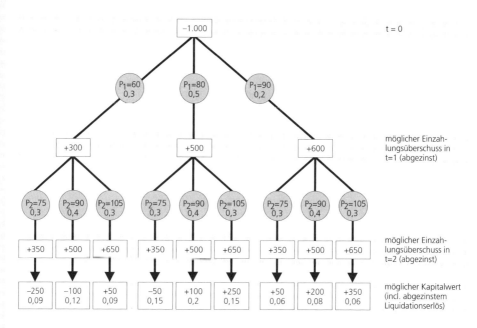

Der Zustandsbaum aus Abb. 6.4 entspricht dem bereits aus Abb. 6.2 bekannten Zustandsbaum, weist nun aber auch die jeweiligen Eintrittswahrscheinlichkeiten für die Ausprägungen der beiden Zufallsgrößen Absatzpreis in Periode 1 und Absatzpreis in Periode 2 auf. Die entsprechenden Werte dieser „Kantenwahrscheinlichkeiten" sind zusätzlich in den die Kanten markierenden Kreisen vermerkt. Die den möglichen Kapitalwerten zugeordneten Wahrscheinlichkeiten ergeben sich als Produkt der korrespondierenden Kantenwahrscheinlichkeiten.

Zustandsbaum bei bedingten Wahrscheinlichkeitsangaben

In Beispiel 6.6 findet die Verwendung unbedingter Wahrscheinlichkeitsschätzungen ihren formalen Niederschlag darin, dass die drei „Teilbäume", die in Abb. 6.4 von den auf den in t = 1 erzielbaren Preis $\tilde{p}_1$ bezogenen „Zwischenzuständen" ausgehen, sowohl in der Höhe der alternativen $\tilde{p}_2$-Werte als auch in den zugehörigen Wahrscheinlichkeiten genau übereinstimmen. Diese Eigenschaft kann bei der Herleitung des Risikoprofils zwar gewisse rechentechnische Vereinfachungen mit sich bringen, erweist sich jedoch als unbefriedigend, wenn der Entscheidende gewisse stochastische Zusammenhänge zwischen einzelnen Zufallsvariablen annimmt. So könnte es in unserem Fall etwa nahe liegen, dass die Wahrscheinlichkeit, einen hohen Preis in der zweiten Periode durchsetzen zu können, von der unterstellten Preishöhe in der ersten Periode abhängt (oder umgekehrt). In diesem Fall liegt es nahe, zur Verwendung bedingter Wahrscheinlichkeitsschätzungen überzugehen, wie folgende Variante des Beispiels verdeutlicht.

Beispiel 6.7:
Für die in Beispiel 6.6 betrachtete Situation sei nun unterstellt, dass sich der Preis in Periode 2 ($\tilde{p}_2$) tendenziell am Preis in Periode 1 ($\tilde{p}_1$) orientiert; d.h. wenn in Periode 1 nur ein niedriger (bzw. ein hoher) Preis durchzusetzen war, wird dies tendenziell auch in Periode 2 der Fall sein. Formal soll dies seinen Ausdruck darin finden, dass die auf $\tilde{p}_2$ bezogenen Wahrscheinlichkeitsverteilungen ein unterschiedliches Aussehen erhalten, je nachdem, welcher Preis als in Periode 1 realisiert unterstellt wird.

Numerisch konkret wird angenommen, dass für die in Periode 1 erzielbaren Preise die bereits im Beispiel 6.6 unterstellte Wahrscheinlichkeitsverteilung gilt. Für die zugehörigen Absatzpreise in der zweiten Periode hingegen werden folgende bedingte Wahrscheinlichkeitsverteilungen angenommen:

Tabelle 6.4   Bedingte Wahrscheinlichkeitsverteilungen für den Absatzpreis in t = 1 und den Absatzpreis in t = 2

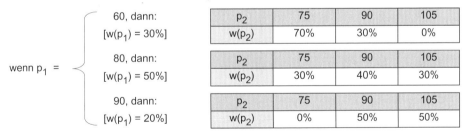

Das weitere Vorgehen entspricht genau demjenigen im Beispiel 6.6: Zunächst kann ein der Abb. 6.4 entsprechender Zustandsbaum erstellt werden, der im Detail Abweichungen gegenüber demjenigen in Abb. 6.4 aufweist, da sich die einzelnen Eintrittswahrscheinlichkeiten ändern. Da die Kombinationen (p_1 = 60 / p_2 = 105) und (p_1 = 90 / p_2 = 75) als nicht realistisch angesehen werden, fallen der dritte und siebte „Ast" (von links als auch von rechts gesehen), die jeweils einen Kapitalwert von +50 im Falle unbedingter Wahrscheinlichkeiten implizierten, weg.

Übungsaufgabe 6.5:
Erstellen Sie für die Daten des Beispiels 6.7 den Zustandsbaum und leiten Sie daraus in tabellarischer Darstellung die Wahrscheinlichkeitsverteilung des Kapitalwertes ab!

Wahrscheinlichkeitsgestützte Risikoprofile

Es versteht sich von selbst, dass die Verdeutlichung alternativer Entwicklungen mit Hilfe von Zustandsbäumen bei zunehmender Zahl von Variablen einerseits sowie der für diese Variablen jeweils als möglich erachteten Zahl von Wertausprägungen andererseits schnell die Grenzen der Anschaulichkeit erreicht. Dessen ungeachtet verbleibt jedoch auch bei erheblich komplexeren Problemstrukturen die im Prinzip bereits von den multiplen Alternativrechnungen bekannte Möglichkeit,

– die alternativ möglichen Kapitalwerte in einer Tabelle ihrer Höhe nach zu ordnen und die zugehörigen Eintrittswahrscheinlichkeiten anzugeben sowie
– diese Wahrscheinlichkeitsverteilung mit Hilfe einer Verteilungsfunktion als Risikoprofil darzustellen.

Als Ordinatenwerte sind in diesem Fall statt der (kumulierten) relativen Häufigkeit die (kumulierten) Eintrittswahrscheinlichkeiten[75] abzutragen. Für unser Beispiel 6.7 führt diese Vorgehensweise zu folgendem Ergebnis:

Beispiel 6.7 (Fortsetzung):
Wir gehen von dem als Lösung zu Übungsaufgabe 6.5 ermittelten Zustandsbaum und der daraus ermittelten Wahrscheinlichkeitsverteilung der alternativ möglichen Kapitalwerte aus.

Tabelle 6.5 Wahrscheinlichkeitsverteilung des Kapitalwertes bei bedingten Wahrscheinlichkeiten

K	–250	–100	–50	+100	+200	+250	+350
w(K)	0,21	0,09	0,15	0,20	0,10	0,15	0,10

Daraus kann dann in der Ihnen im Prinzip schon bekannten Art das durch Abb. 6.5 verdeutlichte Risikoprofil abgeleitet werden.

---

[75] Kumulierte Wahrscheinlichkeiten werden im Folgenden mit w_k (mit k für kumuliert) bezeichnet. Dabei drückt $w_k(K)$ die kumulierte Wahrscheinlichkeit an der Stelle K aus, d.h. die Wahrscheinlichkeit dafür, dass die Zufallsvariable $\tilde{K}$ keinen größeren Wert als den bestimmten Wert K annimmt, also $w_k(K) = w\left(\tilde{K} \leq K\right)$.

Abbildung 6.5 Wahrscheinlichkeitsgestütztes Risikoprofil

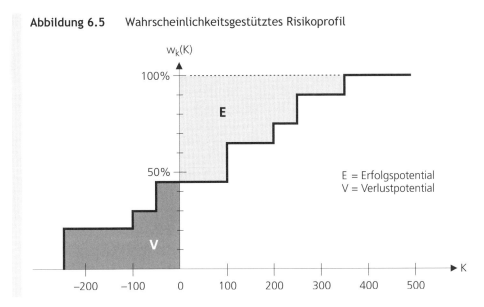

Auch bei wahrscheinlichkeitsgestützten Risikoprofilen können die Flächen V und E als Kennzahlen für die Verlustrisiken einerseits sowie die Erfolgschancen andererseits interpretiert werden. Rechnerisch erhält man diese Werte wie folgt:

- Zur Ermittlung des Inhalts von Fläche V werden alle negativen Kapitalwerte zunächst mit den zugehörigen Eintrittswahrscheinlichkeiten (als Dezimalzahlen ausgedrückt) multipliziert; die so entstandenen Produkte werden addiert. Das daraus resultierende negative Ergebnis wird mit −1 multipliziert.

- Zur Ermittlung des Inhalts von Fläche E wird entsprechend verfahren. Es entfällt lediglich die abschließende Multiplikation mit −1.

Der Erwartungswert (des Kapitalwertes) μ_K wird üblicherweise als Indikator für das aus allen Verlustrisiken und Erfolgschancen im Mittel zu erwartende Ergebnis interpretiert. Man kann zeigen, dass

(US_1) $\mu_K = E - V$

gilt, μ_K also den (positiven oder negativen) „Überschuss" der Erfolgschancen über die Verlustrisiken darstellt.

Beispiel 6.8:
Für die in Beispiel 6.7 untersuchte Risikosituation ergeben sich gemäß Tab. 6.5 folgende Kennzahlenwerte:

$$V = -[-250 \cdot 0{,}21 - 100 \cdot 0{,}09 - 50 \cdot 0{,}15]$$
$$= 69$$

$$\begin{aligned} E &= [100 \cdot 0{,}2 + 200 \cdot 0{,}1 + 250 \cdot 0{,}15 + 350 \cdot 0{,}1] \\ &= 112{,}5 \ . \end{aligned}$$

An den gewählten Kennzahlen gemessen, überwiegen die Erfolgschancen die Verlustrisiken. Eine endgültige Entscheidung über die Vorteilhaftigkeit eines solchen Projektes ist allein auf Grund dieser Analyse allerdings noch nicht möglich, da möglicherweise Erfolgschancen und Verlustrisiken in unterschiedlicher Weise gewichtet werden. Ein risikoneutraler Entscheider wird z.B. Risiken wie Chancen im gleichen Maße berücksichtigen und sich am erwarteten Kapitalwert μ_K orientieren, der für das gewählte Beispiel einen positiven Wert aufweist:

$$\begin{aligned} \mu_K &= E - V \\ &= 112{,}5 - 69 = 43{,}5 \ . \end{aligned}$$

Wie die einfache Erweiterung unseres Beispiels zumindest in Ansätzen erkennen lässt, ermöglicht es der Übergang zu bedingten Wahrscheinlichkeitsverteilungen, unterschiedliche stochastische Zusammenhänge zwischen den maßgeblichen Einflussfaktoren in recht flexibler Weise zu modellieren. Wie in vielen anderen Zusammenhängen auch, geht dieser Zuwachs an Abbildungsgüte des Modells zugleich aber auch mit einer Erhöhung der informatorischen Anforderungen einher.

Weitere Übungen auf der CD-ROM: Aufgabe 101.

6.3.2.2 Flexible Alternativrechnungen (Entscheidungsbaumverfahren)

Der mit einer Investition verbundene Zahlungsstrom wird nicht nur von der Entwicklung exogener Einflussfaktoren bestimmt, sondern auch durch die **weiteren Entscheidungen**, die der Investor selbst im Vollzug eines einmal begonnenen Investitionsprojektes trifft. Im theoretischen Idealfall sicherer Erwartungen können diese Folgeentscheidungen ebenfalls mit Sicherheit vorhergesehen werden und dementsprechend fest in den Planungsansatz mit einbezogen werden. In einer Welt unsicherer Erwartungen ergeben sich jedoch zusätzliche Probleme.

Die in der Zukunft zu treffenden Folgeentscheidungen können nämlich u.a. auch davon abhängen, welche Entwicklungen sich bis zu dem Zeitpunkt der Folgeentscheidung für die im ursprünglichen Planungszeitpunkt noch unsicheren exogenen Einflussfaktoren ergeben haben. Die Folgeentscheidung kann im Licht dann sicherer Informationen über Sachverhalte getroffen werden, die im ursprünglichen Planungszeitpunkt noch unsicher waren. Zudem ist zu erwarten, dass unter Berücksichtigung der bis dahin eingetroffenen Informationen auch die Wahrscheinlichkeitsschätzungen für die in der weiteren Zukunft liegenden Entwicklungen ein anderes Aussehen haben werden als im ursprünglichen Planungszeitpunkt. Aus all dem folgt, dass im ursprünglichen Planungszeitpunkt nicht mehr mit Sicherheit, sondern nur noch differenziert nach alternativen Entwicklungsmöglichkeiten der Umwelt vorhergesagt werden kann, welche Folgeentscheidungen in der weiteren Abwicklung eines Investitionsprojektes von dem Investor selbst getroffen werden.

Die bislang dargestellten Ansätze vernachlässigen diesen Umstand und gehen implizit davon aus, dass – wie auch immer die zukünftige Entwicklung im Einzelfall sein wird – die Folgeentscheidungen des Investors bereits im Planungszeitpunkt t = 0 definitiv und unabhängig von der bis dahin eingetretenen Umweltentwicklung festliegen. Man bezeichnet derartige Planungsansätze dementsprechend auch als „starre" Planung.

Das **Hauptanliegen der flexiblen Planung** besteht demgegenüber darin, die Möglichkeit, in zukünftigen Entscheidungszeitpunkten auf alternativ mögliche Entwicklungen exogener Einflussfaktoren auch mit **unterschiedlichen Folgeentscheidungen** zu reagieren, explizit in den Planungsansatz einzubeziehen. Vom theoretischen Idealkonzept her verlangt das Prinzip der flexiblen Planung also, eine **Vielzahl von Eventualplänen (Szenarien)** aufzustellen, die für jedwede denkbare Entwicklung der exogenen Einflussfaktoren jeweils die optimalen Anpassungsentscheidungen enthalten.

Das folgende Beispiel, welches auf Daten des Beispiels 6.7 beruht, verdeutlicht das Grundkonzept dieser Methode.

Beispiel 6.9:

Es seien die Daten des Beispiels 6.7 gegeben. Es wird erwartet, dass ein hoher (niedriger) Preis in Periode 2 tendenziell bei einem hohen (niedrigen) Preis in Periode 1 erzielbar ist. Es wird folgende, bereits aus Tab. 6.4 bekannte, bedingte Wahrscheinlichkeitsverteilung für die Absatzpreise in Periode 2 angenommen:

Tabelle 6.6 Bedingte Wahrscheinlichkeitsverteilungen für den Absatzpreis in t = 1 und t = 2

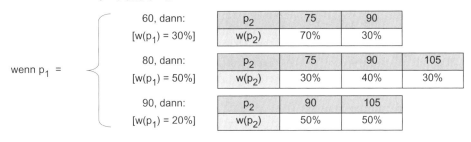

In Abweichung zu Beispiel 6.7 bestehe nun neben der Möglichkeit, das Projekt bis zum Zeitpunkt t = 2 durchzuführen, auch die Alternative, das Projekt in t = 1 abzubrechen; der Liquidationserlös der Maschine betrage dann sicher 660 TGE.

Nach dem Verfahren der starren Planung würden nur die beiden Möglichkeiten betrachtet,

- das Projekt in der zweijährigen Variante durchzuführen (a_1) oder
- das Projekt bereits nach einer Periode abzubrechen (a_2).

Die Risikostruktur von a_1 ist bereits aus dem Beispiel 6.7 bekannt und kann durch die in Tab. 6.7 angegebene Wahrscheinlichkeitsverteilung verdeutlicht werden.

Tabelle 6.7   Wahrscheinlichkeitsverteilung bei starrer Projektdurchführung bis t = 2

K	−250	−100	−50	+100	+200	+250	+350
w(K)	0,21	0,09	0,15	0,20	0,10	0,15	0,10

Für a_2 lässt sich leicht die in Tab. 6.8 wiedergegebene Wahrscheinlichkeitsverteilung ableiten.

Tabelle 6.8   Wahrscheinlichkeitsverteilung bei starrem Projektabbruch in t = 1

K	−100	+100	+200
w(K)	0,3	0,5	0,2

Nach der Methode der flexiblen Planung wäre nun zusätzlich zu berücksichtigen, dass die Fortführungs- oder Abbruchentscheidung erst im Zeitpunkt t = 1 definitiv zu treffen ist, und zwar im Lichte der bis dahin ja vorliegenden Information darüber, welche der zunächst noch unsicheren Entwicklungen während der ersten Periode tatsächlich eingetreten ist. Ein **möglicher Eventualplan**, der diesen Umstand explizit berücksichtigt, könnte etwa so aussehen, dass das Projekt

- bei Realisierung der schlechtestmöglichen Entwicklung in der ersten Periode, also bei ($p_1 = 60$), abgebrochen,
- andernfalls jedoch fortgeführt wird.

Da in t = 1 zwei Handlungsalternativen (Fortführung oder Abbruch) zur Auswahl stehen und mit der Entscheidung auf drei alternativ mögliche Entwicklungen zu reagieren ist, lassen sich rein kombinatorisch $2^3 = 8$ verschiedene Eventualpläne 1, 2, ..., 8 formulieren. Wie Tab. 6.9 verdeutlicht, ordnet jeder dieser acht Pläne jeweils allen drei möglichen p_1-Werten eine bestimmte Folgeentscheidung zu. F bedeutet dabei Fortführung, A Abbruch.

Tabelle 6.9   Flexible Pläne

Plan-Nr.	1	2	3	4	5	6	7	8
$p_1 = 60$	A	A	A	A	F	F	F	F
$p_1 = 80$	A	A	F	F	A	A	F	F
$p_1 = 90$	A	F	A	F	A	F	A	F

Die in dieser Tabelle an erster und an letzter Stelle aufgeführten Pläne (A, A, A) bzw. (F, F, F) entsprechen offensichtlich den beiden schon zuvor betrachteten „starren" Plänen a_2 bzw. a_1; diese sind also als Grenzfälle mit in der **Menge der Eventualpläne** enthalten. Die übrigen Pläne stellen demgegenüber **im engeren Sinne „flexible" Pläne** dar, da sie vorsehen, auf unterschiedliche Umweltentwicklungen auch unterschiedlich zu reagieren.

Eine besonders prägnante Verdeutlichung des Grundkonzeptes der flexiblen Planung ermöglicht die **Erweiterung eines Zustandsbaumes zu einem Entscheidungsbaum**.[76] Dazu werden in einen Zustandsbaum zusätzliche (im Folgenden gebrochen gezeichnete) Kanten eingefügt, die die jeweiligen Reaktionsmöglichkeiten verdeutlichen, die im Zuge der weiteren Projektabwicklung bestehen. Abb. 6.6 verdeutlicht dies für das zuletzt betrachtete Beispiel.

Abbildung 6.6   Entscheidungsbaum

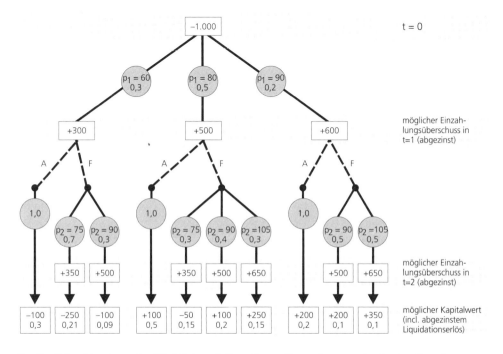

Ein flexibler Plan kann im Hinblick auf diese Darstellungsform auch als eine Regel verstanden werden, durch die jeder durch einen eckigen Knoten in t = 1 verdeutlichten Entscheidungssituation eine bestimmte Reaktion (in unserem Beispiel: A oder F) zugeordnet wird. Ergeben sich bei der Abwicklung eines Projektes mehrfach Entscheidungsspielräume, so ist dies im Entscheidungsbaum entsprechend oft durch die Einfügung von Entscheidungsknoten und -kanten zu berücksichtigen. Die Formulierung der einzelnen Eventualpläne wird entsprechend komplexer.

Die Aufgabe flexibler Alternativrechnungen besteht nun im Allgemeinen darin, letztlich alle Eventualpläne durch eine Wahrscheinlichkeitsverteilung der dabei erzielbaren Kapitalwerte oder ein daraus abgeleitetes Risikoprofil zu verdeutlichen und damit eine Basis für

---

[76] Zu einem Überblick über die Grundzüge des Entscheidungsbaumverfahrens vgl. MÜLLER-MERBACH (1975) und zur Verdeutlichung der rollenden flexiblen Planung auch GROB (1982).

die Entscheidung darüber zu schaffen,

- welcher der Eventualpläne im Hinblick auf die Präferenzen des Entscheidenden als optimal anzusehen ist, und
- ob es vor dem Hintergrund dieses Eventualplans für den Entscheidenden vorteilhaft ist, das Projekt in Angriff zu nehmen oder der Unterlassensalternative (mit dem Ergebnis K = 0) den Vorzug zu geben.

In dem in Abb. 6.6 verdeutlichten Entscheidungsbaum kann vorab eine gewisse Vereinfachung erfolgen. Tritt nämlich in der ersten Periode die bestmögliche Entwicklung ein (rechte Kante), so ist es auf jeden Fall sinnvoll, das Projekt fortzuführen, da selbst die danach schlechtestmögliche Folgeentwicklung mit einem Kapitalwert von 200 nicht schlechter als die Abbruchvariante zu beurteilen wäre. Ebenso dominiert bei der schlechtestmöglichen Entwicklung in der ersten Periode (linke Kante) der Abbruch des Projekts die bei der Fortführung erzielbaren Ergebnisse. Mithin kommen von den 8 theoretisch möglichen Eventualplänen für den Optimalplan von vornherein nur noch die Pläne AAF und AFF in Betracht. Für sie lassen sich mit Hilfe des Entscheidungsbaums recht einfach die in Tab. 6.10 zusammengestellten Wahrscheinlichkeitsverteilungen herleiten.

Tabelle 6.10 Wahrscheinlichkeitsverteilung der verbleibenden Strategien

K	−250	−100	−50	+100	+200	+250	+350
w(AAF)	−	0,3	−	0,5	0,1	−	0,1
w(AFF)	−	0,3	0,15	0,2	0,1	0,15	0,1

Zur beispielhaften Veranschaulichung sind in Abb. 6.7 Risikoprofile für die Strategien AAF und AFF dargestellt. Die helle Fläche in dieser Darstellung verdeutlicht, inwieweit die Variante AAF geringere Verlustrisiken und höhere Chancen für „kleinere" Erfolge aufweist, die dunkle Fläche verdeutlicht den entsprechenden Vorteil der Variante AFF. Insgesamt weist die flexible Strategie AAF geringere Verlustrisiken auf; dafür sind auf der anderen Seite aber auch die Chancen im Bereich „mittelgroße Erfolge" (Kapitalwerte zwischen 100 und 250) niedriger.

Abbildung 6.7 Risikoprofile flexibler Alternativrechnungen

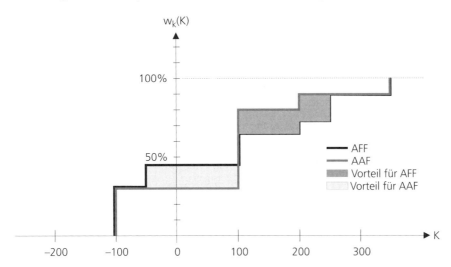

In der Diskussion um das Konzept der flexiblen Planung wird gelegentlich die Auffassung vertreten,[77] dieser Ansatz sei eigentlich trivial, weil er nicht mehr als die banale Erkenntnis vermittle, dass über zukünftige mögliche Reaktionen auch erst in der Zukunft im Licht der dann vorliegenden Informationen entschieden werden müsse, und es daher töricht sei, derartige Entscheidungen schon vorher auf der Basis eines schlechteren Informationsstandes starr festzulegen. Diese Auffassung verkennt jedoch, dass die Frage, in welchem Ausmaß und mit welchen Konsequenzen im Zuge der Abwicklung eines Projektes Anpassungen möglich sind, schon für die Ausgangsentscheidung darüber bedeutsam sein kann, ob es überhaupt lohnt, das Projekt in Angriff zu nehmen oder nicht.

So wäre es in dem bislang betrachteten Beispiel ohne weiteres vorstellbar, dass ein Entscheidungssubjekt

– bei ausschließlicher Betrachtung der starren Strategien AAA (vgl. Tab. 6.8) und FFF (vgl. Tab. 6.7) zu dem Ergebnis kommt, dass in beiden Fällen die mit ihnen verbundenen Risiken durch die korrespondierenden Chancen aus seiner Sicht, d.h. je nach Ausgestaltung seiner Präferenzfunktion, nicht kompensiert werden, das Projekt also unvorteilhaft ist,

– bei zusätzlicher Betrachtung der im engeren Sinne flexiblen Strategien jedoch zu dem Ergebnis kommt, dass sich darunter zumindest eine befindet – z.B. die in Abb. 6.7 verdeutlichte Strategie AAF –, die ihm vorteilhaft erscheint.

So eine Konstellation ist im betrachteten Beispiel leicht vorstellbar, da die flexible Strategie AAF (AFF) der starren Strategie AAA (FFF) unabhängig von der investorenindividuellen Präferenzfunktion überlegen ist.

---

[77] Vgl. SCHNEIDER (1995), S. 39.

Bei Vorliegen einer solchen Konstellation führt die Anwendung des Konzepts der flexiblen Planung im Ergebnis dazu, dass ein Projekt in Angriff genommen wird, das bei ausschließlicher Anwendung der starren Planung von vornherein als unvorteilhaft abgelehnt worden wäre. Die bei der Durchführung eines Projektes verbleibende Anpassungsflexibilität, d.h. das Ausmaß, in dem es möglich ist, in späteren Zeitpunkten auf zunächst unsichere, dann jedoch genau bekannte Entwicklungen unterschiedlich zu reagieren, kann also schon für die im Zeitpunkt t = 0 unmittelbar zur Disposition stehenden Ausgangsaktivitäten von ausschlaggebender Bedeutung sein.

Übungsaufgabe 6.6:

a. Dr. POP ist Agent der QUIETSCH BOYS, einer hoffnungsvollen Nachwuchsband. Er plant, den neuen Song der Gruppe („Oh Gitty") als Single zu produzieren. POP kalkuliert mit einem Zinssatz von 10% pro Periode und weiß, dass

- die Produktion der Schallplatte eine Sofortauszahlung von 100 GE nach sich zieht,
- ein Rückfluss von 165 GE in einer Periode erwartet werden kann, wenn die Platte ein Hit wird (Wahrscheinlichkeit: 0,7),
- ein Rückfluss von nur 44 GE in einer Periode vorliegt, wenn die Platte ein Flop wird (Wahrscheinlichkeit: 0,3),
- in der zweiten Periode eine Tournee mit der Gruppe durchgeführt werden kann, die auf der Basis eines Hits zu Einzahlungsüberschüssen in t = 2 von alternativ 72,6 oder 24,2 GE führt; der günstigere Fall hat eine Wahrscheinlichkeit von 60%,
- die Tournee auf Basis eines Flops nur zu Einzahlungsüberschüssen von 12,1 bzw. –36,3 GE führt, die beide gleich wahrscheinlich sind und
- ohne Song keine Tournee möglich ist.

Ermitteln Sie die Wahrscheinlichkeitsverteilungen des Kapitalwertes aller denkbaren starren Alternativen und zeichnen Sie die entsprechenden Zustandsbäume!

b. Zeichnen Sie einen Entscheidungsbaum, der auch flexible Strategien berücksichtigt. Erläutern Sie anhand des Baumes eine der dargestellten Strategien ausführlich und stellen Sie die zugehörige Wahrscheinlichkeitsverteilung des Kapitalwertes auf! Wählen Sie dazu eine im engeren Sinne flexible Strategie, die von keiner anderen Strategie dominiert wird!

c. Angenommen, Dr. POP und seine QUIETSCH BOYS seien risikoneutral eingestellt, orientieren sich bei ihrer Entscheidung also allein am Erwartungswert des Kapitalwertes. Ist unter dieser Prämisse die Plattenproduktion für die unter b) abgeleitete flexible Strategie sinnvoll? Begründen Sie Ihre Antwort! Ermitteln Sie dann die kritische Hitwahrscheinlichkeit für „Oh Gitty" (d.h. jenen Wert, bei dem die Plattenproduktion gerade noch bejaht werden kann)!

Weitere Übungen auf der CD-ROM: Aufgaben 102 und 103.

6.3.2.3 Möglichkeiten und Grenzen von Alternativrechnungen

Zur Ableitung der Wahrscheinlichkeitsverteilung des Kapitalwertes ist in den bisherigen Beispielen stets das Verfahren der **Totalenumeration** angewendet worden. D.h., für alle überhaupt nur möglichen Kombinationen von Wertausprägungen der unsicheren Einflussfaktoren wurden die Kapitalwerte und die zugehörigen Wahrscheinlichkeiten bestimmt. Bei den bisher behandelten und besonders einfach konstruierten Beispielen bereitete dies keine ernsthaften Schwierigkeiten. Bei der Anwendung von Alternativrechnungen auf reale Probleme kann die Zahl der möglichen Kombinationen allerdings leicht eine solche Größenordnung erreichen, dass die Ermittlung der Wahrscheinlichkeitsverteilung mittels Totalenumeration auf erhebliche Schwierigkeiten stößt. Unterstellt man einmal, dass bei einem dreiperiodigen (fünfperiodigen) Projekt in jeder Periode jeweils nur drei Parameter als unsicher anzusehen sind und für jede dieser Größen nur drei alternativ mögliche Werte vorgegeben werden, so beläuft sich die Zahl aller nur möglichen Parameterkombinationen bereits auf rd. 20.000 (= $3^{3 \cdot 3}$) bzw. 14 Millionen (= $3^{3 \cdot 5}$).

Für derartige Situationen können **stochastische Simulationsverfahren** eine Lösungshilfe darstellen. Hierbei werden mögliche Kombinationen der unsicheren Parameterwerte durch künstliche Zufallsexperimente generiert, indem den einzelnen Parametern Zufallszahlen zugeordnet werden. Zu jedem Satz (Tupel) von Realisationen der Zufallszahlen wird anschließend der Kapitalwert ermittelt. Durch beliebig häufig wiederholte Simulationsläufe erhält man eine Vielzahl möglicher Kapitalwerte, die zu einer Häufigkeitsverteilung zusammengefasst werden können und die ihrerseits als Annäherung der an sich interessierenden Wahrscheinlichkeitsverteilung dient.[78]

Die bislang behandelten Ansätze **wahrscheinlichkeitsgestützter Alternativrechnungen** erlauben es grundsätzlich, sich ein recht präzises Bild von Art und Umfang der mit einem Projekt verbundenen Unsicherheit zu machen und dabei, je nach Ausgestaltung des Verfahrens,

– die Wirkungszusammenhänge zwischen mehreren unsicheren Parametern,
– die Wahrscheinlichkeiten für das Eintreten alternativer Datenänderungen und auch
– die stochastischen Wechselwirkungen zwischen den einzelnen unsicheren Größen

explizit zu erfassen und in ihren Auswirkungen auf die letztlich entscheidungsrelevante Zielgröße in überschaubarer Weise zu verdeutlichen. Etliche Schwächen und Einschränkungen der einfachen Sensitivitätsanalyse können damit überwunden werden.

Diese konzeptionellen Stärken wahrscheinlichkeitsgestützter Verfahren bedingen zugleich die mit ihrer praktischen Anwendung verbundenen Probleme. Diese bestehen einmal in den nicht unerheblichen informatorischen Voraussetzungen. Schon die Abschätzung einfacher unbedingter Wahrscheinlichkeitsverteilungen für die einzelnen Parameter dürfte in vielen Fällen bereits an die Grenze des Praktizierbaren stoßen. Dies gilt erst recht für die

---

[78] Zu Simulationsverfahren im Kontext investitionstheoretischer Fragestellungen vgl. z.B. die grundlegenden Arbeiten von HESS/QUIGLEY (1963) und HERTZ (1964).

explizite Angabe stochastischer Abhängigkeiten. In praxi dürften sich viele Entscheidungsträger schwer tun, exaktere Auskünfte als „eher schwach negativ korreliert" oder „eher stark positiv korreliert" anzugeben.

Als schwierig erscheint im Zusammenhang mit der flexiblen Planung auch die **Formulierung der einzelnen Eventualpläne.** Diese dürfte c.p. umso komplexer und somit tendenziell umso unhandlicher werden,

– je mehr Entscheidungszeitpunkte berücksichtigt werden müssen,
– je mehr Entscheidungsmöglichkeiten in den einzelnen Entscheidungszeitpunkten bestehen,
– je größer die Anzahl der zu berücksichtigenden unsicheren Einflussgrößen ist und
– je größer die Anzahl der Ausprägungen der einzelnen unsicheren Einflussgrößen ist.

Da mit wachsender Variablenzahl die Anzahl möglicher Ergebniskombinationen deutlich überproportional ansteigt und für zahlreiche reale Entscheidungsprobleme die Formulierung der entsprechenden Menge von Eventualplänen sehr aufwendig wird – sofern man überhaupt fähig ist, die verschiedensten Daten des Entscheidungsbaums anzugeben –, überrascht es kaum, dass die Akzeptanz des Konzepts der flexiblen Planung in der Praxis als sehr zurückhaltend einzuschätzen ist. Gleichwohl hat die Konzeption selbst durch zahlreiche Beiträge im betriebswirtschaftlichen Schrifttum in den letzten 20 Jahren einen beachtlichen Reifegrad erreicht.

6.3.3   Projektspezifische μ-σ-Analysen

Die im folgenden zu behandelnden Verfahren zielen nicht mehr darauf ab, die gesamte Wahrscheinlichkeitsverteilung der relevanten Zielgröße heranzuziehen, sondern beschränken sich auf die Herleitung **ausgewählter wahrscheinlichkeitstheoretischer Parameter,** wobei insbesondere dem **Erwartungswert** (μ) und der **Varianz** (σ^2) bzw. der **Standardabweichung** (σ) Bedeutung zukommt.[79]

Diese beiden wahrscheinlichkeitstheoretischen Parameter sind wie folgt definiert: Bezeichnet x_j (j = 1, 2, ..., n) die n alternativ möglichen Wertausprägungen einer unsicheren Größe und w_j die zugehörigen Eintrittswahrscheinlichkeiten, so gilt für diese Parameter:

$$(US_2) \quad \mu = \sum_{j=1}^{n} x_j \cdot w_j \quad \text{bzw.}$$

$$(US_3) \quad \sigma^2 = \sum_{j=1}^{n} (x_j - \mu)^2 \cdot w_j \,.$$

---

[79] Vgl. zu den Verfahren der sogenannten „analytischen Risikountersuchung" die grundlegenden Arbeiten von HILLIER (1963) und HILLIER/HEEBINK (1965).

Die Varianz σ^2 verdeutlicht die Streuung der alternativ möglichen Werte um den Erwartungswert und wird regelmäßig als Risikoindikator interpretiert. Dabei findet in der weiteren Analyse häufig die Wurzel aus diesem Ausdruck, die Standardabweichung σ, Verwendung.

> **Übungsaufgabe 6.7:**
> Greifen Sie auf die Daten aus Beispiel 6.7 (Fortsetzung) zurück und bestimmen Sie für die dort angegebene Wahrscheinlichkeitsverteilung des Kapitalwertes die Standardabweichung!

Im Unterschied zu den Verfahren der Alternativrechnung werden bei projektspezifischen μ-σ-Analysen **nicht mehr alle denkbaren Entwicklungspfade** der maßgeblichen Einflussfaktoren erfasst und eine vollständige Wahrscheinlichkeitsverteilung möglicher Kapitalwerte ermittelt, sondern werden die μ- und σ-Werte für unsichere Größen, von denen der Kapitalwert abhängt, bestimmt und dann aus den wahrscheinlichkeitstheoretischen Parametern dieser Einflussgrößen durch wahrscheinlichkeitstheoretische Operationen die eigentlich interessierenden μ- und σ-Werte der Kapitalwertverteilung errechnet.

In einer besonders häufigen Anwendungsform dieser Methode werden die auf einzelne Zeitpunkte bezogenen Zahlungssalden als Einflussgrößen des Kapitalwertes herangezogen. In diesem nachfolgend ausschließlich betrachteten Ansatz werden also die auf einen bestimmten Zeitpunkt bezogenen Zahlungswerte durch zeitpunktspezifische μ- und σ-Werte verdeutlicht, die dann in einem zweiten Schritt zu Erwartungswert und Varianz des letztendlich maßgeblichen Kapitalwertes verdichtet werden. Nach einer formalen Darstellung wird hierzu ein kurzes Beispiel präsentiert.

Sind die Erwartungswerte (μ_t) und Varianzen (σ_t^2) der bereits auf $t = 0$ abgezinsten Einzahlungsüberschüsse in den Zeitpunkten $t = 0, 1, \ldots, T$ bekannt, so gilt für den Erwartungswert (μ_K) und die Varianz (σ_K^2) des daraus resultierenden Kapitalwerts:

$$(US_4) \quad \mu_K = \sum_{t=0}^{T} \mu_t$$

$$(US_5) \quad \sigma_K^2 = \sum_{t=0}^{T} \sigma_t^2 + 2 \cdot \sum_{t=0}^{T-1} \sum_{\tau=t+1}^{T} \sigma_t \cdot \sigma_\tau \cdot \rho_{t\tau}.$$

$\rho_{t\tau}$ bezeichnet dabei den auf die Einzahlungsbarwerte zweier Perioden t und τ ($\tau > t$) bezogenen **Korrelationskoeffizienten**. Er ist definiert durch

$$(US_6) \quad \rho_{t\tau} = \frac{\text{cov}_{t\tau}}{\sigma_t \cdot \sigma_\tau}.$$

Dabei bezeichnet $\text{cov}_{t\tau}$ die Kovarianz, die zwischen den Einzahlungsbarwerten der Perioden t und τ besteht. Sind bei Kombination aller in t und aller in τ möglichen Zustände insgesamt n unterschiedliche Zustände möglich, so ist die Kovarianz ihrerseits definiert durch

$$(US_7) \quad \text{cov}_{t\tau} = \sum_{j=1}^{n} (e_{tj} - \mu_t) \cdot (e_{\tau j} - \mu_\tau) \cdot w_j \ .$$

Die Kovarianz ist eine Kenngröße für die Stärke des Zusammenhangs zwischen zwei Zufallsvariablen. Sie kann in Abhängigkeit von den konkreten Ausprägungen der betrachteten Zufallsvariablen beliebige positive oder negative Werte annehmen. Sie kann ihrem Betrage nach aber nicht größer als das Produkt der beiden Einzelstandardabweichungen $\sigma_t \cdot \sigma_\tau$ werden. Daher stellt der Korrelationskoeffizient eine auf den Wertebereich von +1 bis –1 normierte Kenngröße für die Stärke des Zusammenhangs zwischen zwei Zufallsvariablen dar. Der Korrelationskoeffizient gibt Auskunft darüber, ob die Zufallsschwankungen zweier Größen tendenziell gleichgerichtet ($\rho \to +1$), entgegengesetzt ($\rho \to -1$) oder weitgehend unabhängig voneinander ($\rho \to 0$) erfolgen.

> **Beispiel 6.10:**
> Es wird ein Investitionsprojekt betrachtet, das mit einer Anfangsauszahlung von 100 GE verbunden ist und in den Zeitpunkten t = 1 und t = 2 zu unsicheren Einzahlungen führt. Für die Erwartungswerte der unsicheren und bereits abgezinsten Einzahlungsüberschüsse in den Zeitpunkten t = 1 bzw. t = 2 gelte $\mu_1 = 58$ und $\mu_2 = 46{,}8$, für die zugehörigen Varianzen $\sigma_1^2 = 256$ und $\sigma_2^2 = 405{,}76$. Der Korrelationskoeffizient betrage $\rho_{12} = 0{,}2346$, d.h. es besteht eine mäßig positive Korrelation, d.h. die Schwankungen der unsicheren Einzahlungsüberschüsse in t = 1 bzw. in t = 2 sind im „mäßigen Ausmaß" gleichgerichtet. Setzt man diese Werte in (US$_4$) und (US$_5$) ein, so ergibt sich:
>
> $$\mu_K = 58 + 46{,}8 - 100 = 4{,}8 \quad \text{und}$$
>
> $$\sigma_K^2 = 256 + 405{,}76 + 2 \cdot \sqrt{256} \cdot \sqrt{405{,}76} \cdot 0{,}2346 = 813 \ .$$

Wie das Beispiel verdeutlicht, entfällt bei der projektspezifischen μ-σ-Analyse die Notwendigkeit, explizite Wahrscheinlichkeitsverteilungen der einzelnen Zahlungsgrößen oder gar der sie jeweils bestimmenden Einflussfaktoren abzuschätzen. Andererseits ist es jedoch notwendig, neben den einzelnen μ- und σ-Werten auch noch die jeweiligen Korrelationskoeffizienten zu bestimmen, was im praktischen Anwendungsfall immer noch recht **hohe informatorische Voraussetzungen** beinhaltet.

Daher kann sich das Bedürfnis nach Vereinfachungen des Kalküls ergeben. Die radikalste besteht in der völligen Vernachlässigung aller stochastischen Zusammenhänge. Dies impliziert, dass alle $\rho_{t\tau} = 0$ gesetzt werden, so dass sich die Formel für die Varianz zu

$$(US_8) \quad \sigma_K^2 = \sum_{t=0}^{T} \sigma_t^2$$

vereinfacht. Diese Vereinfachung reduziert sicherlich die informatorischen Voraussetzungen und die Komplexität des Modells, allerdings auf Kosten seiner Realitätstreue. Denn das völlige Fehlen jeglicher stochastischer Interdependenzen dürfte nur in Ausnahmefällen eine realistische Prämisse darstellen.

Die folgende Übungsaufgabe gibt Ihnen die Möglichkeit, sich die grundlegenden Zusammenhänge einer projektspezifischen μ-σ-Analyse noch einmal selbst zu verdeutlichen.

Übungsaufgabe 6.8:

Gehen Sie von einem zweijährigen Investitionsprojekt und der entsprechenden Kapitalwertformel

$$K = e_0 + e_1 \cdot q^{-1} + e_2 \cdot q^{-2}$$

aus. Die Anfangsauszahlung beträgt sicher 10.000 GE ($e_0 = -10.000$). Die Zahlungssalden in t = 1 und t = 2 sind hingegen jeweils unsicher. Ihre Höhe hängt davon ab, welcher Umweltzustand in diesen Zeitpunkten eintritt.

In Zeitpunkt t = 1 können drei verschiedene Umweltzustände i = 1, 2 oder 3 mit den Wahrscheinlichkeiten w(i) eintreten. Je nachdem welcher Zustand eintritt, beträgt der bereits auf t = 0 diskontierte Zahlungssaldo des Zeitpunktes t = 1 bei

$$i = 1: \quad e_{11} \cdot q^{-1} = +4.000 \quad \text{mit} \quad w(i=1) = 0,3$$
$$i = 2: \quad e_{12} \cdot q^{-1} = +5.000 \quad \text{mit} \quad w(i=2) = 0,4$$
$$i = 3: \quad e_{13} \cdot q^{-1} = +6.000 \quad \text{mit} \quad w(i=3) = 0,3.$$

In Zeitpunkt t = 2 können ebenfalls drei verschiedene Umweltzustände j = 1, 2 oder 3 eintreten. In Abhängigkeit von dem eingetretenen Zustand beträgt der bereits auf t = 0 diskontierte Zahlungssaldo des Zeitpunktes t = 2 bei

$$j = 1: \quad e_{21} \cdot q^{-2} = +5.000$$
$$j = 2: \quad e_{22} \cdot q^{-2} = +6.000$$
$$j = 3: \quad e_{23} \cdot q^{-2} = +7.000.$$

Mit welcher Wahrscheinlichkeit ein bestimmter Zustand in t = 2 eintritt, hängt davon ab, welcher Zustand zuvor in t = 1 eingetreten ist. Die Wahrscheinlichkeiten dafür, dass ein Zustand j eintritt, wenn zuvor Zustand i eingetreten ist $(w(e_{2j}|e_{1i}))$, sind Tab. 6.11 zu entnehmen.

Tabelle 6.11 Bedingte Wahrscheinlichkeiten von Zahlungssalden

		...tritt in t = 2 der Zustand j mit der angegebenen Wahrscheinlichkeit ein		
		j = 1: $e_{21} \cdot q^{-2}$ = +5.000	j = 2: $e_{22} \cdot q^{-2}$ = +6.000	j = 3: $e_{23} \cdot q^{-2}$ = +7.000
Wenn in t = 1 der Zustand i eingetreten ist, dann ...	i = 1: $e_{11} \cdot q^{-1}$ = +4.000	0,5	0,3	0,2
	i = 2: $e_{12} \cdot q^{-1}$ = +5.000	0,2	0,3	0,5
	i = 3: $e_{13} \cdot q^{-1}$ = +6.000	0,1	0,2	0,7

a. Ermitteln Sie zunächst für die auf t = 0 diskontierten Zahlungssalden $e_1 \cdot q^{-1}$ und $e_2 \cdot q^{-2}$ Erwartungswert und Standardabweichung sowie den entsprechenden Korrelationskoeffizienten ρ_{12}!

b. Ermitteln Sie mittels eines Zustandsbaums die Wahrscheinlichkeitsverteilung des Kapitalwertes und errechnen Sie anhand dieser Wahrscheinlichkeitsverteilung dessen Erwartungswert und Standardabweichung!

c. Berechnen Sie auf der Basis der Formeln (US_4) und (US_5) und der Ergebnisse aus Aufgabenteil a) noch einmal Erwartungswert und Standardabweichung des Kapitalwertes! Vergleichen Sie diese Ergebnisse mit den zu b) gefundenen Resultaten!

d. Berechnen Sie nun die Standardabweichung des Kapitalwertes unter Vernachlässigung stochastischer Zusammenhänge nach Formel (US_8) und den in a) gewonnenen Ergebnissen! Vergleichen Sie dieses Ergebnis mit dem zu b) gefundenen Resultat!

e. Unterstellen Sie abweichend von der bisher untersuchten Situation, dass die Höhe des Zahlungssaldos in t = 2 unabhängig von dem in t = 1 eingetretenen Zahlungssaldo ist! Gehen Sie unverändert von $e_{21} = +5.000$, $e_{22} = +6.000$, $e_{23} = +7.000$, jetzt aber von den unbedingten Eintrittswahrscheinlichkeiten $w_{21} = 0,2$, $w_{22} = 0,3$ und $w_{23} = 0,5$ aus! Stellen Sie für diese Situation abermals die unter a) bis d) angeführten Überlegungen an!

Weitere Übungen auf der CD-ROM: Aufgaben 104 und 105.

6.4 Wahrscheinlichkeitsgestützte Analyse von Aggregatrisiken

Die bislang behandelten Ansätze waren vorrangig darauf ausgerichtet, die **Risikostruktur einzelner Investitionsprojekte** zu verdeutlichen. Für die abschließende Beurteilung eines Investitionsprojektes ist es letztlich jedoch von noch größerem Interesse, Erkenntnisse darüber zu gewinnen, wie sich die Realisierung des betrachteten Projektes auf die **Risikostruktur des gesamten Unternehmens** auswirken würde. Dazu ist es unumgänglich, die stochastischen Abhängigkeiten zu berücksichtigen, die zwischen den in einem Unternehmen insgesamt betriebenen Teilprojekten bestehen können.

Genau dieses Problem steht auch im Mittelpunkt der vorwiegend auf MARKOWITZ zurückgehenden **Portefeuilletheorie**[80], die sich zwar zunächst nur auf die Frage bezieht, wie ein vorgegebener Geldbetrag unter Berücksichtigung der Risikodiversifikation auf verschie-

---

[80] H. M. MARKOWITZ erhielt für seine Überlegungen den Nobelpreis für Wirtschaftswissenschaften im Jahre 1991. Die Grundgedanken der auf ihn zurückgehenden Portefeuilletheorie werden in den Arbeiten MARKOWITZ (1952) und (1971) präsentiert.

ne Wertpapiere aufgeteilt werden soll. Das dazu entwickelte methodische Rüstzeug, welches wir im vorangegangenen Abschnitt 6.3.3 bereits angewandt haben, kann jedoch auch zur Analyse des Risikoverbundes zwischen Investitionsprojekten beliebigen materiellen Charakters angewendet werden.

Typisches **Merkmal der portefeuilletheoretischen Ansätze** ist der Umstand, dass die interessierenden Unsicherheitsstrukturen **nicht durch vollständige Wahrscheinlichkeitsverteilungen** verdeutlicht werden, **sondern durch die Verteilungsparameter** Erwartungswert (μ) und Varianz bzw. Standardabweichung (σ^2 bzw. σ).

Um die Vorgehensweise in ihren elementaren Grundzügen und auf möglichst einfache Weise zu verdeutlichen, betrachten wir das gesamte Unternehmen als ein Bündel von unterschiedlichen Teilprojekten. Treffen wir nun die kühne Annahme, für die alternativ möglichen Kapitalwerte aller Teilprojekte seien Erwartungswert und Standardabweichung ermittelt worden, und unterstellen wir auch noch, für jedes mögliche Paar von Teilprojekten sei der Korrelationskoeffizient bekannt, so können daraus Erwartungswert und Standardabweichung für den Kapitalwert des Gesamtunternehmens bestimmt werden.

In formaler Hinsicht ähnelt die folgende Analyse derjenigen im vorangegangenen Abschnitt, in der ebenfalls die gesamte Wahrscheinlichkeitsverteilung der Zufallsgröße „Einzahlungsüberschuss" durch die Parameter Erwartungswert und Standardabweichung repräsentiert wird. In inhaltlicher Hinsicht bestehen jedoch gravierende Unterschiede. Im vorangegangenen Abschnitt wurden die unsicheren Einzahlungsüberschüsse in verschiedenen Zeitpunkten für ein Investitionsprojekt betrachtet. Im Folgenden werden die unsicheren, auf einen Zeitpunkt bezogenen Kapitalwerte mehrerer Investitionsprojekte betrachtet.

Somit kommt auch dem wiederum auftretenden Korrelationskoeffizienten eine andere inhaltliche Bedeutung zu. Zeigte dieser im vorangegangenen Abschnitt an, wie gleichförmig die Zufallsschwankungen der Einzahlungsüberschüsse für dasselbe Projekt in zwei unterschiedlichen Zeitpunkten sind, so ist der Korrelationskoeffizient in diesem Abschnitt ein Indikator dafür, inwieweit die Schwankungen der unsicheren Kapitalwerte zweier Projekte in zwei jeweils übereinstimmenden Zeitpunkten gleichgerichtet sind.

Nach diesen einführenden Überlegungen betrachten wir nun ein Unternehmen, dem sich die Möglichkeit stellt, ein neues Projekt P in Angriff zu nehmen. Vor dem hier gewählten Hintergrund interessieren nun nicht nur die projektspezifischen Parameter μ_P und σ_P; maßgeblich sind vielmehr die aus dem Projekt resultierenden Auswirkungen auf das Gesamtunternehmen. Bezeichnen wir Erwartungswert und Standardabweichung des Gesamtunternehmens ohne bzw. mit Durchführung des Projektes P mit μ_0 und σ_0 sowie μ_M und σ_M, so gelten folgende Beziehungen:

(US_9) $\mu_M = \mu_0 + \mu_P$;

(US_{10}) $\sigma_M^2 = \sigma_0^2 + \sigma_P^2 + 2\sigma_0 \cdot \sigma_P \cdot \rho_{0P}$.

ρ_{0P} bezeichnet dabei den Korrelationskoeffizienten zwischen dem Kapitalwert des Gesamtunternehmens (ohne das betrachtete Projekt) und dem Kapitalwert des neuen Projektes.

Beispiel 6.11:
Nach dem bisherigen Planungsstand kann die – an der Wahrscheinlichkeitsverteilung der alternativ möglichen Kapitalwerte gemessene – Gesamtsituation eines Unternehmens durch die Kennzahlen $\mu_0 = 110$ und $\sigma_0 = 40$ gekennzeichnet werden.

Es wird die Erweiterung des Unternehmens um ein Zusatzprojekt erwogen, für das individuell die Kennzahlenwerte $\mu_P = 10$ und $\sigma_P = 8$ gelten.

Um die Auswirkungen des Zusatzprojektes auf das Gesamtunternehmen abzuschätzen, ist der Korrelationskoeffizient von ausschlaggebender Bedeutung. Beträgt dieser etwa $\rho_{0P} = +0{,}8$, so ergeben sich gem. (US$_9$) und (US$_{10}$) folgende Kennzahlen für die Situation des Gesamtunternehmens nach der Erweiterung:

$$\mu_M = 110 + 10 = 120$$
$$\sigma_M^2 = 1.600 + 64 + 2 \cdot 40 \cdot 8 \cdot 0{,}8 = 2.176 \;,$$
$$\text{also} \quad \sigma_M = \sqrt{2.176} = 46{,}6 \;.$$

Als Ergebnis der Erweiterung stiege der Erwartungswert μ zwar von 110 auf 120, zugleich würde sich jedoch auch der Risikoindikator σ von 40 auf 46,6 erhöhen.

Aus den Formeln (US$_9$) und (US$_{10}$) sowie aus dem letzten Beispiel erkennt man sofort, dass sich der erwartete Gesamtkapitalwert – so wie man es intuitiv erwartet – einfach als Summe des bisherigen Erwartungswertes (μ_0) und des Projekterwartungswertes (μ_P) ergibt. Die Auswirkungen auf den Risikoindikator σ sind demgegenüber komplexer und hängen bei gegebenen σ_0- und σ_P-Werten außerdem noch von einer weiteren Korrekturgröße ab, die – bei gegebenen σ-Werten – maßgeblich durch den Korrelationskoeffizienten bestimmt wird. Der angesprochene Zusammenhang wird noch etwas deutlicher, wenn man fragt, wie sich die für das Gesamtunternehmen maßgeblichen Kennzahlen verändern, wenn zusätzlich das Projekt P durchgeführt wird. Unter Rückgriff auf (US$_9$) und (US$_{10}$) erhält man für die mit „Δ" gekennzeichneten Änderungen folgende Werte:

(US$_{11}$) $\quad \Delta\mu = \mu_M - \mu_0 = \mu_P \;;$

(US$_{12}$) $\quad \Delta\sigma = \sigma_M - \sigma_0 = \sqrt{\sigma_0^2 + \sigma_P^2 + 2\sigma_0 \cdot \sigma_P \cdot \rho_{0P}} - \sigma_0 \;.$

Der Gesamterwartungswert verändert sich also, wie im Grunde schon aus (US$_9$) erkennbar, exakt um den Erwartungswert des Projektes. Die bei σ eintretenden Änderungen hingegen sind auf den ersten Blick weniger klar erkennbar. Für den Fall, dass $\sigma_0 > \sigma_P$ gilt, führt eine nähere Analyse dieser Zusammenhänge zu den in Tab. 6.12 zusammengestellten, besonders prägnanten Ergebnissen.

Tabelle 6.12   Veränderung des Unternehmensrisikos (gemessen an der Standardabweichung σ)

Fall	ρ_{0P}	$\Delta\sigma$
A	$+1$	σ_P
B[81]	0	$\sqrt{\sigma_0^2 + \sigma_P^2} - \sigma_0 \;\Rightarrow\; 0 < \Delta\sigma < \sigma_P$
C[82]	$-\dfrac{\sigma_P}{2\sigma_0}$	0
D	-1	$-\sigma_P$

Die folgende Graphik verdeutlicht Erwartungswert und Varianz des Kapitalwertes des gesamten Unternehmens ohne und mit dem neuen Projekt und unterscheidet nach den vier genannten Fällen.

Abbildung 6.8   Erwartungswert und Standardabweichung des Kapitalwertes des Unternehmens mit und ohne Durchführung des Projektes P

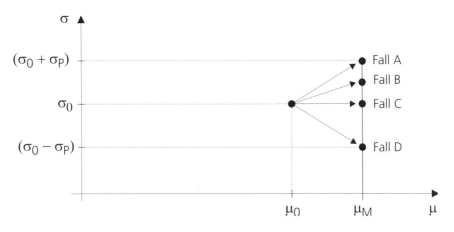

---

[81] Die Gültigkeit der zu Fall B angegebenen Relation erkennt man, wenn man bedenkt, dass der Wurzelausdruck zwar größer als $\sigma_0 \left(=\sqrt{\sigma_0^2}\right)$, gleichzeitig aber kleiner als $\sigma_0 + \sigma_P \left(=\sqrt{\sigma_0^2 + \sigma_P^2 + 2\cdot\sigma_0\cdot\sigma_P}\right)$ ist.

[82] Für $\rho_{0P} = -\dfrac{\sigma_P}{2\sigma_0}$ gilt: $\sqrt{\sigma_0^2 + \sigma_P^2 + 2\sigma_0\cdot\sigma_P\cdot\rho_{0P}} = \sigma_0$.

Die Tabelle und die Graphik lassen folgende **Zusammenhänge** erkennen:

- Wenn das neue Projekt zu 100% positiv mit der Gesamtheit der bisherigen Teilprojekte korreliert ist, erhöht sich das an σ gemessene gesamte Unternehmensrisiko genau um die projektspezifische Standardabweichung σ_P.

- Die Projektrealisierung führt für weniger deutlich positive Korrelationen zwar zu einer Erhöhung des Gesamtrisikos; diese ist jedoch niedriger als σ_P, und zwar umso deutlicher, je kleiner ρ_{0P} ist. Das gleiche gilt auch noch, wenn das neue Projekt schwach negativ korreliert ist.

- Gilt für den Korrelationskoeffizienten hingegen $\rho_{0P} < -\frac{\sigma_P}{2\sigma_0}$, so bewirkt die Durchführung des Projektes sogar eine Verringerung des Gesamtrisikos, die umso größer ist, je näher ρ_{0P} bei –1 liegt.

Nur im erstgenannten Fall stellen die projektspezifischen Kennzahlen μ_P, σ_P also zugleich auch geeignete Indikatoren für die letztlich entscheidende Wirkung des Projekts auf die Erfolgs- und Risikosituation des Unternehmens insgesamt dar. In allen anderen Fällen hingegen wird zumindest ein Teil des – stets an der Standardabweichung gemessenen – projektspezifischen Risikos durch den **Diversifikationseffekt** vernichtet, der daraus resultiert, dass nicht zu 100% positiv korrelierte Projekte zusammengeführt werden. Bei hinlänglich starker negativer Korrelation schließlich führt das – isoliert betrachtet durchaus mit Risiken behaftete – Projekt sogar zu einer Verringerung des Gesamtrisikos, die im Extremfall gerade der gesamten Höhe des projektspezifischen Risikos entspricht. Wir erhalten für diese Konstellation also das auf den ersten Blick paradox erscheinende Ergebnis, dass der von einem Zusatzprojekt ausgehende risikomindernde Effekt um so größer ist, je höher das projektspezifische Einzelrisiko ist.

Übungsaufgabe 6.9:

Gehen Sie von den Gegebenheiten aus Beispiel 6.11 aus! Nehmen Sie aber weiter an, alternativ zu dem dort betrachteten Zusatzprojekt P stehe ein anderes Zusatzprojekt Q zur Auswahl, für das die projektspezifischen Kennzahlenwerte $\mu_Q = 10$ und $\sigma_Q = 12$ ermittelt worden sind!

a. Wie würde die Entscheidung zwischen P und Q ausfallen, wenn zu entscheiden wäre, welches dieser beiden Projekte völlig isoliert durchgeführt werden sollte?

b. Nehmen Sie nun wieder an, bei P und Q handele es sich um konkurrierende Zusatzprojekte in dem in Beispiel 6.11 gekennzeichneten Gesamtunternehmen! Wie sind die beiden Projekte jetzt zu beurteilen, wenn außerdem noch bekannt ist, dass $\rho_{0P} = +0{,}8$ und $\rho_{0Q} = +0{,}6$ gilt? Lässt sich etwas darüber sagen, ob es überhaupt vorteilhaft ist, eines der beiden Projekte durchzuführen? Kommentieren Sie kurz Ihr Rechenergebnis!

c. Was ändert sich an der Antwort zu b), wenn $\rho_{0Q} = -0{,}6$ gelten würde?

d. Bestimmen Sie für die unter b) und c) betrachtete Situation jeweils den kritischen Wert für ρ_{0Q}, bei dessen Unterschreiten

1. Q im Vergleich zu P die günstigere Alternative wird,
2. die Durchführung von Q auf jeden Fall auch dem Verzicht auf jede Zusatzmaßnahme vorzuziehen ist!

Um abschließend die **Bedeutung portefeuilletheoretischer Ansätze** der vorgestellten Art für die Investitionsplanung bei Unsicherheit einzuschätzen, ist vor allem Folgendes zu beachten:

- Voraussetzung ist zunächst, dass die projektspezifischen μ- und σ-Werte gegeben sind. Darüber hinaus muss die Korrelation zwischen dem betrachteten Projekt und der Gesamtheit der übrigen Teilprojekte abgeschätzt werden. Die **informatorischen Voraussetzungen** sind also wiederum **sehr hoch.**

- Sind die benötigten μ-, σ- und ρ-Werte einmal ermittelt, ist die **mathematische Komplexität des Modells relativ niedrig.** Sie steigt allerdings deutlich, wenn Investitionsprogramme mit einer Vielzahl von Einzelprojekten zu beurteilen sind.

- Die **Verdichtung von Wahrscheinlichkeitsverteilungen auf** die beiden Parameter μ **und** σ lässt möglicherweise entscheidungsrelevante Spezifika einer Wahrscheinlichkeitsverteilung unberücksichtigt. Zudem dürfte die Verwendung der Varianz bzw. der Standardabweichung als Risikomaß **diskussionswürdig** sein, da in gleicher Weise Abweichungen vom Erwartungswert „nach unten" als auch „nach oben" berücksichtigt werden. Es spricht jedoch einiges dafür, dass nicht wenige Entscheidungssubjekte Abweichungen „nach unten" im stärkeren Maße gewichten als Abweichungen „nach oben".

Ungeachtet der informatorischen Voraussetzungen, der Modellkomplexität und der entscheidungstheoretischen Einschränkungen weisen portefeuilletheoretische Ansätze allerdings mit großer Eindringlichkeit darauf hin, von welch elementarer konzeptioneller Bedeutung es ist, bei der Beurteilung von Investitionsprojekten über die projektspezifische Unsicherheitsanalyse hinaus im Wege einer Korrelationsanalyse die – je nach der Stärke der erreichbaren Diversifikationseffekte – in Größenordnung und Richtung eventuell ganz unterschiedlichen Auswirkungen auf die gesamte Risikoposition des Unternehmens mit in die Betrachtung einzubeziehen.

Weitere Übungen auf der CD-ROM: Aufgabe 104 bis 108.

6.5 Ansätze zur Ableitung von Investitionsentscheidungen bei Unsicherheit

6.5.1 Einordnung

Bisher wurden Ihnen Verfahren präsentiert, die primär der Verdeutlichung von Unsicherheitsstrukturen dienten, ohne dass diese zugleich ein Entscheidungsprinzip enthielten. In diesem Abschnitt sollen ausgewählte Ansätze vorgestellt werden, die auf die **Ableitung von Investitionsentscheidungen** bei Unsicherheit gerichtet sind. Hierbei kann man grundsätzlich unterscheiden zwischen **theoretisch fundierten Entscheidungsprinzipien** und sog. **heuristischen Entscheidungsprinzipien,** die in theoretischer Hinsicht zwar weniger anspruchsvoll sind, für die praktische Handhabung jedoch als weniger aufwendig erachtet werden. Zu heuristischen Entscheidungsprinzipien sind sog. **Korrekturverfahren** und **Satisfizierungskonzepte** zu rechnen, zu theoretisch fundierten Entscheidungsprinzipien das BERNOULLI-Prinzip und klassische Entscheidungsprinzipien wie z.B. das **Erwartungswertprinzip** oder das **µ-σ-Prinzip**.

6.5.2 Entscheidungstheoretisch fundierte Konzepte

Das durch VON NEUMANN und MORGENSTERN[83] in die moderne Entscheidungstheorie wieder eingeführte BERNOULLI-Prinzip kann als das theoretisch weitaus am besten fundierte Konzept zur Ableitung von Entscheidungen unter Unsicherheit angesehen werden.[84] Dieses Prinzip setzt im Allgemeinen voraus, dass eine Wahrscheinlichkeitsverteilung der eigentlichen Zielgröße, z.B. des Kapitalwertes, vorgegeben ist. Den alternativ möglichen Werten des Kapitalwertes werden dann mittels einer sogenannten Risiko-Nutzen-Funktion Nutzenwerte U(K) zugeordnet, deren Erwartungswert die entscheidungsrelevante Kennzahl darstellt. Wesentliches Charakteristikum des BERNOULLI-Prinzips, das es zugleich auch von den nachfolgend noch anzusprechenden sogenannten klassischen Entscheidungsprinzipien abhebt, ist die Transformation von Ergebnisbeträgen in Nutzenwerte.

Zur konkreten Anwendung des BERNOULLI-Prinzips ist eine Regel festzulegen, durch die einzelnen Ergebnisgrößen einer Alternative die aus Sicht des Entscheiders „passenden", also seinen Präferenzvorstellungen entsprechenden, Nutzenwerte zugeordnet werden. Die entsprechende Zuordnungsregel wird als Risiko-Nutzen-Funktion (RNF) bezeichnet.

Ordnet man den alternativen Umweltentwicklungen den Index $j = 1, 2, ..., J$ zu und bezeichnet man den bei Umweltzustand j eintretenden Kapitalwert eines Projektes a_i mit K_{ij} sowie die zugehörige Eintrittswahrscheinlichkeit mit w_j, so gilt für den maßgeblichen Präferenzwert Φ einer Alternative a_i:

---

[83] Vgl. VON NEUMANN/MORGENSTERN (1944).
[84] Vgl. zum BERNOULLI-Prinzip z.B. SCHNEEWEIß (1967), LAUX (1995) oder BITZ (1981), (1984) und (1998a).

$$(US_{13}) \quad \Phi(a_i) = \sum_{j=1}^{J} U(K_{ij}) \cdot w_j .$$

Die Auswahl zwischen verschiedenen Investitionsalternativen (einschließlich der Unterlassensalternative) erfolgt dann durch die Ermittlung des maximalen Wertes für Φ.

Zwar steht mit der sogenannten BERNOULLI-Befragung ein methodisch relativ einfaches Verfahren zur Verfügung, das es theoretisch erlaubt, den Verlauf der RNF aus den Ergebnissen hypothetischer Wahlakte abzuleiten. Die praktische Umsetzung dieses Konzeptes wird allerdings dadurch erschwert, dass allgemein weder davon ausgegangen werden kann, dass ein Entscheidungssubjekt die hypothetischen Entscheidungen konsistent trifft, noch, dass die abgeleitete RNF wirklich ein originalgetreues Bild der maßgeblichen Risiko- und Höhenpräferenzen darstellt.[85] Dem BERNOULLI-Prinzip kommt daher vorwiegend Bedeutung als theoretisch normatives Entscheidungskonzept zu.

Für die praktische Anwendung wird häufig der Rückgriff auf sogenannte „**klassische Entscheidungsprinzipien**" empfohlen, wonach die zur Auswahl stehenden Investitionsprojekte anhand bestimmter, für die Wahrscheinlichkeitsverteilung des Kapitalwertes charakteristischer, Parameter beurteilt werden. Den einfachsten Fall stellt dabei das sogenannte **μ-Prinzip** dar, bei dem die zur Auswahl stehenden Projekte ausschließlich nach dem mathematischen Erwartungswert einer relevanten Zielgröße beurteilt werden. Dieses Prinzip ist mit dem BERNOULLI-Prinzip vereinbar, impliziert allerdings strenge Risikoneutralität. So würde etwa die Möglichkeit, mit Sicherheit einen Kapitalwert von +10 Mio. GE zu erzielen, als genauso gut eingestuft wie die Möglichkeit, alternativ mit jeweils 50%-iger Wahrscheinlichkeit einen Kapitalwert von +50 Mio. GE oder –30 Mio. GE zu erreichen.

Vieles spricht nun aber dafür, dass Investitionsentscheidungen eher auf Basis einer tendenziell risikoscheuen Haltung getroffen werden, dass also negative Abweichungen vom Erwartungswert eines Ergebnisses durch Entscheider stärker gewichtet werden als positive Abweichungen. Für diesen Fall erscheint es naheliegend, den Erwartungswert um einen von dem Ausmaß des jeweiligen Risikos abhängigen Abschlag zu reduzieren. Zieht man dabei – wie im theoretischen Schrifttum üblich – die Varianz σ^2 als Risikoindikator heran, so führt dies zu dem **μ-σ-Prinzip.**

Die in den Abschnitten 6.3.3 und 6.4 dargestellten μ-σ-Analysen zielen offensichtlich genau auf ein derartiges Entscheidungsprinzip ab. Für einen risikoscheuen (risikofreudigen) Investor wird dabei vorgeschlagen, den maßgeblichen Präferenzwert Φ zur Beurteilung eines Investitionsprojektes im einfachsten Fall in der Weise zu ermitteln, dass der Erwartungswert des Kapitalwertes um einen von der Höhe des durch σ gemessenen Risikos abhängigen Abschlag vermindert (erhöht) wird.

---

[85] Tatsächlich lassen sich empirisch eine Vielzahl von „Paradoxa", d.h. systematische Verletzungen der Axiomatik des BERNOULLI-Prinzips, feststellen, vgl. dazu z.B. OEHLER (1992).

Im einfachsten Fall könnte die Präferenzfunktion dann folgende Gestalt haben:

(US$_{14}$) $\Phi = \mu - a \cdot \sigma$.

Der Faktor a soll dabei (für a > 0) Ausdruck der individuellen Risikoaversion des Entscheidenden sein.

Übungsaufgabe 6.10:

Investor A hat ein Unternehmen gegründet und hat nun die Auswahl zwischen zwei Investitionsprogrammen, die sich hinsichtlich Erwartungswert und Varianz des Kapitalwertes unterscheiden. Es gelte:

a_1: $\mu_1 = 100$ und $\sigma_1 = 500$ bzw.

a_2: $\mu_2 = 150$ und $\sigma_2 = 1.200$.

Investor A habe folgende Präferenzfunktion: $\Phi = \mu - 0,1 \cdot \sigma$.

a. Welche Risikoeinstellung weist Investor A auf?

b. Für welches Investitionsprogramm wird er sich gemäß seiner Präferenzfunktion entscheiden?

c. Welche Überlegungen sind anzustellen, sofern Investor A die Auswahlentscheidung vor dem Hintergrund eines bereits bestehenden Unternehmens zu treffen hat?

Nur unter bestimmten Voraussetzungen (also nur für spezielle Formen der Präferenzfunktion und/oder unter bestimmten einschränkenden Annahmen über den Typ der maßgeblichen Wahrscheinlichkeitsverteilung) ist das µ-σ-Prinzip mit dem BERNOULLI-Prinzip vereinbar, nicht hingegen in allgemeiner Form. Unter Umständen kann es sogar gegen einige unstrittige Anforderungen rationaler Entscheidungsfindung – z.B. das Dominanzprinzip – verstoßen. Derartige Prinzipien entbehren also letztlich einer stringenten entscheidungstheoretischen Fundierung und stellen somit bereits einen Übergang zu den im folgenden Abschnitt behandelten heuristischen Konzepten dar.

6.5.3 Heuristische Konzepte

Angesichts der hohen informatorischen und formalen Anforderungen theoretisch konsistent fundierter Entscheidungsprinzipien sind verschiedene theoretisch zwar weniger anspruchsvolle, im Hinblick auf die praktische Anwendung jedoch auch weniger aufwendige Verfahren entwickelt worden. So sind **Korrekturverfahren** dadurch gekennzeichnet, dass zunächst von Risikoaspekten unbeeinflusste Schätzwerte für die maßgeblichen Einflussgrößen des Kapitalwertes ermittelt und anschließend um bestimmte Risikozuschläge oder -abschläge korrigiert werden. Die abschließende Beurteilung eines Investitionsprojekts erfolgt dann auf der Basis der in dieser Weise korrigierten Einflussgrößen. Als möglicherweise zu korrigierende Einflussgrößen kommen dabei insbesondere der Kalkulationszinsfuß, die Einzahlungsüberschüsse sowie die Gesamtlaufzeit des Projektes in Betracht. Bei den

Korrekturwerten kann es sich um weitgehend intuitive Schätzungen handeln oder um das Ergebnis einer quantitativ fundierten Analyse nach Art der Sensitivitätsanalyse.

So einfach diese Verfahren in der praktischen Anwendung auch sein mögen, so kann nichts über den Mangel an entscheidungstheoretischer Fundierung hinwegtäuschen.[86] Schon im Hinblick auf ein einzelnes Investitionsprojekt ist die Bestimmung der Risikoabschläge oder -zuschläge ein rational nicht nachvollziehbarer Vorgang. So wird die Schwäche solcher Ansätze bereits dadurch erkennbar, dass bei den Korrekturverfahren pauschal nur negative Abweichungen erfasst werden, während die ja auch bestehende Chance positiver Abweichungen gar nicht berücksichtigt wird. Zudem werden die mit einem konkreten Investitionsprojekt verbundenen Risiken (und Chancen) im Rahmen der üblichen Korrekturverfahren ausschließlich isoliert betrachtet und werden stochastische Abhängigkeiten zwischen den unsicheren Zahlungsstrukturen der zu bewertenden Projekte und den Zahlungsstrukturen der sonstigen im Unternehmen betriebenen Teilprojekte nicht berücksichtigt.[87]

Obgleich diese Konzepte aus theoretischer Sicht wenig überzeugend sind, wollen wir im Folgenden noch etwas ausführlicher auf die grundsätzliche Struktur solcher Ansätze eingehen. Dies erscheint notwendig, da Korrekturverfahren in der Praxis – soweit erkennbar – recht häufig von Entscheidern eingesetzt werden, denen zum Teil wesentliche Implikationen der verwendeten Verfahren nicht bewusst sein dürften. Im Sinne einer exemplarischen Verdeutlichung werden wir uns dabei auf den Fall risikoscheuen Entscheiderverhaltens beschränken und die Betrachtung zudem auf die Bewertung von Einzahlungsreihen einengen.

Im Folgenden gehen wir davon aus, dass eine zu bewertende Position zunächst durch eine Zeitreihe $\bar{e}_t$ (t = 1, 2, ..., T) für sie „repräsentativer" Einzahlungswerte gekennzeichnet werden kann. Was genau unter diesem „**repräsentativen Wert**" zu verstehen ist, kann im Rahmen der hier intendierten allgemeinen Darstellung noch offen bleiben. Bei der konkreten Anwendung dieses Konzepts auf spezielle Probleme bedarf diese Frage selbstverständlich der weiteren Präzisierung.

Weiterhin unterstellen wir, dass für die Bewertung einer solchen Zeitreihe der Aspekt der **Risikoaversion** bedeutsam ist. Darunter wollen wir das Prinzip verstehen, dass der Barwert eines auf einen zukünftigen Zeitpunkt t bezogenen und durch seinen repräsentativen Wert $\bar{e}_t$ gekennzeichneten Zahlungsanspruchs umso niedriger ausfällt, je größer das Ausmaß der diesem Anspruch inhärenten Unsicherheit ist. Dabei soll im Rahmen dieses grundlegenden Ansatzes auch offenbleiben, nach welchem Konzept das „Ausmaß" der mit einem Zahlungsanspruch verknüpften Unsicherheit konkret zu quantifizieren ist.

---

[86] Allerdings können Korrekturverfahren bei Kenntnis einer entsprechenden Risikopräferenzfunktion auch entscheidungstheoretisch stringent konzipiert werden.
[87] Spätestens seit MARKOWITZ (1952) seine Grundüberlegungen zur Portefeuilletheorie einer breiteren (zunächst wissenschaftlichen) Öffentlichkeit vorgestellt hat, dürfte bekannt sein, dass risikoscheue Entscheider einzelne unsichere Projekte keinesfalls isoliert bewerten sollten. Vgl. dazu auch Abschnitt 6.4.

Unter diesen Vorgaben lassen sich dann die folgenden **drei Ansätze** zur Ermittlung eines **unsicherheitsadjustierten Barwerts** unterscheiden:[88]

(1) Globaler Unsicherheitsabschlag

Der formal einfachste Ansatz besteht in folgender zweistufiger Vorgehensweise:

- In einem ersten Schritt wird der Barwert der repräsentativen Werte $\bar{e}_t$ auf der Basis des für quasi sichere Zahlungen unterstellten Zinsfußes r ermittelt.
- Anschließend wird dieser Barwert um einen globalen Unsicherheitsabschlag UA vermindert.

Für den unsicherheitsadjustierten Barwert B eines unsicheren Einzahlungsstroms erhält man dann in allgemeiner Form:

$$(\text{US}_{15}) \quad B = \sum_{t=1}^{T} \bar{e}_t \cdot q^{-t} - UA \ .$$

UA ist dabei als Kennzahl zu verstehen, die

- zum einen die mit allen Zahlungsansprüchen, die jeweils durch die zugehörigen $\bar{e}_t$ repräsentiert werden, verbundene Unsicherheit ausdrückt,
- zum anderen aber auch das Ausmaß der Aversion, das das gedanklich unterstellte Bewertungssubjekt gegenüber dem Phänomen der Unsicherheit empfindet.

(2) Zeitpunktspezifische Unsicherheitsabschläge

Eine zweite Möglichkeit zur Ermittlung eines unsicherheitsadjustierten Barwerts besteht darin,

- sämtliche repräsentative Werte $\bar{e}_t$ jeweils individuell um einen Unsicherheitsabschlag UA_t zu vermindern und
- anschließend, wiederum auf der Basis des Zinsfußes r, den Barwert dieser „Sicherheitsäquivalente" zu ermitteln.

Nach diesem Ansatz erhält man somit:

$$(\text{US}_{16}) \quad B = \sum_{t=1}^{T} (\bar{e}_t - UA_t) \cdot q^{-t} \ .$$

Die Unsicherheitsabschläge UA_t sollen wiederum zugleich sowohl die mit dem betrachteten Einzahlungsanspruch verknüpfte Unsicherheit als auch die Unsicherheitsaversion des unterstellten Bewertungssubjektes reflektieren.

---

[88] Eine Diskussion der entscheidungstheoretischen Implikationen der nachfolgend unter (2) und (3) angeführten „Sicherheitsäquivalentmethode" bzw. „Risikozuschlagmethode" ist nachzulesen bei SCHWETZLER (2000), KÜRSTEN (2002) und SCHWETZLER (2002).

(3) Unsicherheitsadjustierter Kalkulationszins

Ein dritter Ansatz besteht darin, die Unsicherheit nicht durch eine Verminderung der einzelnen Zahlungsgrößen zu erfassen, sondern pauschal durch eine **Korrektur des** maßgeblichen **Kalkulationszinsfußes um einen Unsicherheitszuschlag**. Bezeichnen wir diesen Zuschlag als ρ, so gilt für den dann maßgeblichen Zinsfaktor $q°$:

(US$_{17}$) $\quad q° = (1 + r + \rho)$.

Der Wert eines Zahlungsanspruchs wird dann einfach als der mit dem unsicherheitsadjustierten Zins $(r + \rho)$ errechnete Barwert der repräsentativen Zahlungswerte $\bar{e}_t$ ermittelt, also:

(US$_{18}$) $\quad B = \sum_{t=1}^{T} \bar{e}_t \cdot q°^{-t} \quad$ mit $\quad q° = (1 + r + \rho)$.

Übungsaufgabe 6.11:

Der Verkäufer V eines noch 8 Jahre laufenden Lizenzrechts geht im Entscheidungszeitpunkt $t = 0$ davon aus, dass

- in den ersten drei Jahren Zahlungen von 6.600 GE ($t = 1$), 3.630 GE ($t = 2$) bzw. 11.979 GE ($t = 3$) zu erwarten sind und
- ab dem vierten Jahr keinerlei Zahlungen mehr anfallen werden.

Bei der Bewertung des Lizenzrechtes möchte er der Unsicherheit der von ihm gewählten repräsentativen Größen Rechnung tragen. Welchen Wert misst V dem Lizenzrecht zu, wenn er

a. von dem Barwert auf Basis der erwarteten Zahlungen einen pauschalen Unsicherheitsabschlag von 5.000 GE vornimmt?

b. „aufgrund der zunehmenden Unsicherheit zukünftiger Zahlungen" vom Erwartungswert der 1. Periode einen Abschlag von 10%, von dem der 2. Periode einen Abschlag von 20% und von dem der 3. Periode einen Abschlag von 30% vornimmt?

c. der Unsicherheit der zukünftigen Zahlungen dadurch Rechnung trägt, dass er den sicheren Zinssatz um einen Risikozuschlag von 10%-Punkten erhöht?

Unterstellen Sie für Ihre Berechnungen, dass V seinen Berechnungen als sicheren Zinssatz 10% zugrunde legt!

Vergleicht man die drei durch (US$_{15}$), (US$_{16}$) und (US$_{18}$) verdeutlichten Ansätze untereinander, so erkennt man sofort, dass das Verfahren des zeitpunktbezogenen Unsicherheitsabschlages in recht flexibler Weise ermöglicht, Unterschiede in dem Unsicherheitsgrad der einzelnen Zahlungsansprüche $\bar{e}_t$ jeweils individuell durch entsprechende Abschläge zu berücksichtigen. Die gleiche Flexibilität kann jedoch auch bei dem Verfahren der globalen Unsicherheitsabschläge erreicht werden.

Arrangiert man Formel (US$_{16}$) nämlich etwas um, so erkennt man, dass der Ansatz eines **zeitpunktspezifischen Unsicherheitsabschlages** als ein **Spezialfall des Konzepts des glo-**

balen Unsicherheitsabschlages angesehen werden kann. Statt (US_{16}) kann nämlich auch

(US_{19}) $\quad B = \sum_{t=1}^{T} \bar{e}_t \cdot q^{-t} - \sum_{t=1}^{T} UA_t \cdot q^{-t}$

geschrieben werden. Dabei kann der zweite Term als eine spezielle Form des globalen Unsicherheitsabschlages interpretiert werden, der hier gerade als Barwert der zeitpunktspezifischen Unsicherheitsabschläge definiert ist.

Mit den Möglichkeiten, den Abschlag UA darüber hinaus auch noch in anderer Weise mit den Unsicherheitsgraden der einzelnen Einzahlungsmöglichkeiten $\bar{e}_t$ zu verknüpfen oder sonstige Eigenschaften der „Quelle" des gesamten Zahlungsstroms, also etwa Bonitätsaspekte, zu erfassen, weist die Variante der globalen Unsicherheitsabschläge letztlich sogar den größeren Gestaltungsspielraum auf.

Anders verhält es sich demgegenüber mit dem Ansatz, die Unsicherheit durch einen konstanten Zuschlag zum Kalkulationszinssatz zu berücksichtigen. Dieses Verfahren ist zwar in seiner Handhabung recht einfach, was seine vergleichsweise hohe Verbreitung erklären könnte; es erlaubt jedoch nur eine recht grobe Erfassung der jeweiligen Unsicherheitsstrukturen. Zwar kann man sich noch vorstellen, dass bei der Ermittlung des Unsicherheitszuschlages ρ die Unsicherheitsgrade sämtlicher Zahlungsmöglichkeiten $\bar{e}_t$ in aggregierender Weise einbezogen werden. Jedoch werden zwangsläufig alle $\bar{e}_t$ in einheitlicher Weise mit demselben risikoadjustierten Satz (r + ρ) abgezinst, wobei der daraus resultierende Abwertungseffekt schematisch durch den jeweils maßgeblichen Abzinsungszeitraum t bestimmt wird. Angesichts des mit zunehmendem zeitlichen Abstand vom Planungszeitpunkt progressiv wachsenden Abzinsungseffektes gehen bei einer solchen Vorgehensweise die in späteren Perioden erwarteten und damit üblicherweise mit zunehmender Unsicherheit behafteten Einzahlungsüberschüsse mit immer geringerem Gewicht in die Berechnung des Kapitalwertes ein. Bei oberflächlicher Betrachtung scheint dies ja sogar ein gerade gewünschter Effekt zu sein. Die mit zunehmendem zeitlichen Abstand zum Planungszeitraum ebenfalls zunehmende Unsicherheit wird im Kalkül ja durch ebenfalls steigende Unsicherheitsabschläge berücksichtigt.

Bei dieser Betrachtung wird jedoch häufig nicht berücksichtigt, dass ein Entscheider in Bezug auf die Festsetzung der konkreten Höhe eines Unsicherheitszuschlages auf den sicheren Kalkulationszinsfuß r keineswegs frei ist. Unter der Annahme rationalen, d.h. insbesondere nicht gegen Dominanzüberlegungen verstoßenden Verhaltens existiert für einen Entscheider eine eindeutig bestimmbare Obergrenze für den unsicherheitsadjustierten Kalkulationszinsfuß und damit eine eindeutig bestimmbare Obergrenze für den Unsicherheitszuschlag auf den sicheren Kalkulationszinsfuß r. Besonders bedeutsam ist, dass diese Obergrenze einerseits (anders als möglicherweise erwartet) gerade nicht von der individuellen Risikopräferenz des Entscheiders abhängt, und andererseits (anders als möglicherweise erwartet) von der Wahrscheinlichkeitsverteilung und der Zahlungsstruktur des zu bewertenden Projektes determiniert wird. Folgendes stark vereinfachte Beispiel verdeutlicht die Zusammenhänge.

Beispiel 6.12:

Ein risikoscheuer Unternehmer U möchte im Zeitpunkt t = 0 eine unsichere finanzielle Position bewerten. Diese weist im Zeitpunkt T = 10 eine einzige unsichere Zahlung mit einem Erwartungswert in Höhe von $\bar{e}_T$ = 1.000 GE auf. Der Unternehmer ist sich sicher, dass der Mindestrückfluss im Zeitpunkt T = 10 auf keinen Fall den Wert von 500 GE unterschreiten wird. Zur Berücksichtigung der Unsicherheit denkt U über die „angemessene" Höhe eines Zuschlages ρ auf den risikolosen Kalkulationszins in Höhe von r = 10% nach.

In dieser Situation kann U also davon ausgehen, dass die tatsächlich im Zeitpunkt T = 10 eintretende Zahlung einen Mindestbetrag von 500 GE aufweisen wird, diesen Mindestbetrag möglicherweise jedoch überschreitet. Bei rationalem Verhalten würde er die Wahrscheinlichkeitsverteilung möglicher Rückflüsse im Zeitpunkt T folglich auf jeden Fall höher bewerten als einen sicheren Rückfluss in Höhe von 500 GE.

Der Barwert eines in 10 Jahren anfallenden sicheren Rückflusses in Höhe von 500 GE beträgt bei dem unterstellten sicheren Kalkulationszins in Höhe von r = 10% gerundet 193 GE. Dieser Barwert drückt gerade aus, welchen Betrag U im Bewertungszeitpunkt t = 0 für einen in 10 Jahren fälligen sicheren Zahlungsanspruch über 500 GE zu zahlen bereit wäre. Bei rationalem Verhalten muss U also die unsichere finanzielle Position mit dem Mindestrückfluss von 500 GE höher bewerten als mit 193 GE. Im Vergleich zum sicheren Anspruch ist unter den getroffenen Annahmen die unsichere finanzielle Position dominant.

Es muss folglich gelten: $\bar{e} \cdot (1+r+\rho)^{-T} > 197$ bzw. $1.000 \cdot (1{,}1+\rho)^{-10} > 197$.

Nach einfacher Umformung folgt daraus für den maximal zulässigen Risikozuschlag zum Kalkulationszinsfuß r: $\rho < 0{,}0764$. Dies bedeutet, dass U bei der Festsetzung des Risikozuschlages auf den sicheren Kalkulationszinsfuß keineswegs frei ist. Wählt er einen größeren Risikozuschlag als 7,64%-Punkte, so verstößt er bereits gegen ein Grundaxiom rationalen Entscheiderverhaltens, das Dominanzprinzip.

Die mit der Festsetzung eines für alle Perioden gleichermaßen geltenden konstanten Risikozuschlages zum Kalkulationszinsfuß verbundenen Implikationen, die ja keineswegs kompatibel zu den entscheiderindividuellen Risiko- und Präferenzvorstellungen sein müssen, können vermieden werden, indem der Entscheider jedem relevanten Zeitpunkt einen individuellen, risikoadjustierten Abzinsungsfaktor und damit auch einen individuellen Risikozuschlag zum sicheren Kalkulationszinsfuß r zuweist. Auf diesem Wege könnte generell eine größere Annäherung an die beiden anderen Verfahrensvarianten (globaler bzw. zeitpunktspezifischer Unsicherheitsabschlag) erreicht werden. Der Vorteil einer sehr einfachen Handhabung ginge dann jedoch verloren.

Eine andere Möglichkeit, um Unsicherheitsaspekte in vergleichsweise einfacher Weise in die Investitionsplanung einzubeziehen, besteht darin, in einem ersten Schritt alle Alternativen auszusondern, die bestimmten Mindestanforderungen, sog. **Satisfizierungsbedingungen,** nicht genügen, und in einem zweiten Schritt die Auswahl aus den verbleibenden Alternativen aufgrund einer „unverzerrten" Schätzung, d.h. allein auf der Basis repräsentativer Werte der primär maßgeblichen Zielgröße, vorzunehmen.

Ein in der Praxis häufig anzutreffendes Beispiel für diese Methode besteht darin, bei Auswahlentscheidungen nur solche Projekte in die engere Wahl zu ziehen, deren **Amortisationsdauer** eine vorgegebene Obergrenze nicht überschreitet. Wie Ihnen bekannt ist, gibt die Amortisationsdauer – ausgehend vom Entscheidungszeitpunkt – den Zeitraum bis zu demjenigen Zeitpunkt an, in dem der Barwert aller bis dahin angefallenen Einzahlungen erstmals größer ist als der Barwert aller bis dahin angefallenen Auszahlungen. Da die Unsicherheit zukünftiger Zahlungsgrößen tendenziell umso größer ist, je weiter sie in der Zukunft liegen, könnte die Begrenzung der maximal tolerierbaren Amortisationsdauer auf den ersten Blick durchaus als ein taugliches Mittel zur Erfassung der Unsicherheitsaspekte erscheinen. Jedoch stehen auch für die Festlegung der maximal zulässigen Amortisationsdauer keine fundierten Konzepte bereit. Zudem werden bei diesem Verfahren alle jenseits der kritischen Amortisationsdauer anfallenden Zahlungen überhaupt nicht berücksichtigt, während alle davor liegenden Zahlungen ohne jeden Risikoabschlag erfasst werden.

Statt der Amortisationsdauer können auch andere Größen als Basis für ein Satisfizierungskonzept herangezogen werden. Dabei ist es zum einen möglich, auf verschiedene im Zuge einer Sensitivitätsanalyse gewonnene „kritische Werte" zurückzugreifen. Zudem kann auch an wahrscheinlichkeitstheoretische Unsicherheitsanalysen angeknüpft und für einen bestimmten Risikoindikator, z.B. die Varianz, ein Maximalwert fixiert werden. Ein in sich schlüssiges Konzept zur Herleitung entsprechender Satisfizierungsbedingungen steht allerdings nicht bereit.

Weitere Übungen auf der CD-ROM: Aufgaben 92 bis 98.

7 Theoretische Grundlagen isolierter Investitionsentscheidungen

7.1 Einordnung

Bei unseren bisherigen Betrachtungen stellte sich heraus, dass für eine zieladäquate Anwendung der finanzmathematischen Kennzahlen keineswegs generell – wie häufig behauptet wird – ein vollkommener Finanzmarkt im engen Sinne vorausgesetzt werden muss, sondern selbst im Fall von divergierenden und/oder im Zeitablauf wechselnden Soll- und Habenzinssätzen – also bei deutlich schwächeren Finanzmarktannahmen – die auf den Kennzahlen Kapitalwert und Endwert aufbauenden Entscheidungsregeln durchaus zu Bewertungsergebnissen führen können, die mit der Zielsetzung Endvermögensmaximierung in Einklang stehen.[89] In Kapitel 6 wurde zudem gezeigt, dass Kapitalwert und Endwert auch unter Berücksichtigung der Unsicherheit entscheidungsrelevanter Daten sowohl bei der Verdeutlichung von Unsicherheitsstrukturen der zu beurteilenden Investitionsprojekte als auch bei der konkreten Ableitung von Investitionsentscheidungen eine bedeutende Rolle spielen.

In diesem Kapitel wollen wir insbesondere noch auf drei Fragenkomplexe eingehen, die zwar in den Vorkapiteln bereits angesprochen wurden, deren inhaltliche Behandlung jedoch aus primär didaktischen Gründen aufgeschoben wurde.

Frage 1: Warum ist es sinnvoll, investitionstheoretische Kennzahlen auf der Basis von Zahlungsgrößen und nicht auf der Basis von Erfolgsgrößen zu berechnen?

Bisher sind wir bei der Beurteilung von Investitionsprojekten – ohne letztlich eine für Sie nachvollziehbare Begründung vorzutragen – davon ausgegangen, dass die Konsequenzen von Investitionsprojekten ausschließlich auf der Zahlungsebene abzubilden sind und Zahlungsgrößen die Ausgangsdaten investitionstheoretischer Kennzahlen sind. In **Abschnitt 7.2** wollen wir die Begründung für diese Fokussierung auf Zahlungsgrößen nachtragen und zeigen, dass zwar auch auf der Basis von Aufwands- und Ertragsgrößen gleichwertige Kennzahlen berechnet werden können, die dazu notwendigen Berechnungen aber – ohne zusätzlichen Erkenntnisgewinn – deutlich komplizierter werden.

Frage 2: Unter welchen Bedingungen lassen sich Investitions-, Finanzierungs- und Konsumentscheidungen separieren?

Im 4. Kapitel haben wir unter Rückgriff auf Dominanzüberlegungen gezeigt, dass es unter der Prämisse eines vollkommenen Finanzmarktes möglich ist, Investitionsentscheidungen ohne explizite Berücksichtigung der finanziellen Ausgangssituation des Investors und ohne

---

[89] Vgl. zu den Anwendungsvoraussetzungen des Kapitalwertkriteriums im Falle unvollkommener Finanzmärkte Abschnitt 4.6.5.

Berücksichtigung investorenindividueller Präferenzen allein auf der Basis finanzmathematischer Kennzahlen zu treffen. Genauer sind wir auf den Zusammenhang zwischen Endvermögens- bzw. Kapitalwertmaximierung und möglichen zeitpunktabhängigen Konsumpräferenzen eines Investors jedoch bisher – zumindest explizit – noch nicht eingegangen. Soll die Investitionsentscheidung präferenz- und vermögensunabhängig erfolgen, so muss zwingend vorausgesetzt werden, dass sich für jeden entscheidungsrelevanten Zeitpunkt und für jeden Investor die Entscheidungen über das Volumen der in t = 0 zu investierenden Mittel und den in t = 0 zum Konsum verwendeten Betrag separieren lassen. Um die Bedingungen dieser Separation von Investitions- und Konsumentscheidung – und damit die Bedingungen für eine zielkonforme Anwendung der Kennzahlen Kapitalwert, Endwert und äquivalente Annuität – zu untersuchen, hat HIRSHLEIFER (1958) unter Verwendung einiger Gedanken von FISHER (1930) eine Darstellungsform entwickelt, der wir uns in **Abschnitt 7.3** ausführlicher widmen. Diese Überlegungen dienen im Kern also der theoretischen Fundierung der in Kapitel 4 behandelten Kennzahlen.

Frage 3: Wie können Investitions- und Finanzierungsentscheidungen auf einem unvollkommenen Finanzmarkt getroffen werden und ist die Bestimmung eines optimalen Investitions- und Finanzierungsprogramms auch noch auf der Basis projektindividueller Entscheidungen nach dem Kapitalwertkriterium möglich?

Bis auf wenige Ausnahmen (z.B. unsere Überlegungen zu projektbezogenen Finanzierungsmaßnahmen in Abschnitt 4.7) haben wir uns bisher nur mit einzelnen Investitionsprojekten, die wiederum auch als in spezieller Weise zusammengestellte Investitionsprogramme interpretiert werden können, oder bestimmten Folgen solcher Projekte beschäftigt. Die einem bestimmten Investor offenstehenden Finanzierungsmöglichkeiten wurden dabei nur implizit durch den Kalkulationszins erfasst. Diese Vorgehensweise wurde durch die Prämisse des vollkommenen Finanzmarktes ermöglicht. In den **Abschnitten 7.4** und **7.5** werden wir nun die Prämisse des vollkommenen Finanzmarktes aufheben und eine Situation betrachten, in der einem Investor neben mehreren Investitionsprojekten gleichzeitig mehrere volumenmäßig beschränkte Finanzierungsmöglichkeiten mit jeweils differierenden Finanzierungskosten offenstehen. Angesichts der unter diesen Voraussetzungen regelmäßig auftretenden Interdependenzprobleme kann eine isolierte Analyse einzelner Projekte nicht mehr sinnvoll sein. Die Analyse muss sich auf ganze **Investitions- und Finanzierungsprogramme** beziehen, die jeweils umfangreiche Bündel aktuell und in Zukunft zur Disposition stehender Investitions- und Finanzierungsprojekte umfassen und die jeweils darauf untersucht werden, wie sie sich auf die Zielgröße des Investors, z.B. sein Endvermögen am Ende des Betrachtungszeitraums, auswirken. Aufbauend auf einer einführenden Darstellung und Analyse zweier grundlegender Ansätze zur „Simultanen Investitions- und Finanzplanung" wird die Existenz von Kalkulationszinsfüßen nachgewiesen, bei deren Kenntnis auch unter den Bedingungen eines unvollkommenen Finanzmarktes ein optimales Investitions- und Finanzierungsprogramm allein auf Basis projektindividueller Einzelentscheidungen nach dem Kapitalwertkriterium ermittelt werden kann. Damit ist dann die Anwendung der Kapitalwertmethode auch im Fall des unvollkommenen Finanzmarktes mit betragsmäßig beschränkten Finanzierungsalternativen theoretisch fundiert.

7.2 Kapitalwertermittlung auf der Basis von Zahlungs- und Erfolgsgrößen

Wie in Abschnitt 2.2.2 bereits angedeutet, können auch auf Grundlage von Aufwands- und Ertragsgrößen korrekte Kapitalwerte errechnet werden. Dazu ist es erforderlich, die durch ein Investitionsprojekt in den einzelnen Zeitpunkten verursachten Gewinne um kalkulatorische Zinsen auf das „gebundene Kapital" zu vermindern. Diese, auf dem sog. „LÜCKE-Theorem"[90] beruhende Vorgehensweise soll zunächst anhand eines Beispiels verdeutlicht werden.

Beispiel 7.1:

Betrachtet wird ein zweiperiodiges Investitionsprojekt, das im Zeitpunkt $t = 0$ eine Anfangsauszahlung in Höhe von 14.000 GE bedingt und in $t = 1$ zu einem Einzahlungsüberschuss in Höhe von 2.800 GE und in $t = 2$ in Höhe von 14.100 GE führt. Das Investitionsprojekt wird über seine Nutzungsdauer von zwei Jahren linear abgeschrieben. Die Abschreibung erfolgt jeweils am Jahresende. Am Ende der Nutzungsdauer entstehen weder weitere Erträge, z.B. aus Veräußerungserlösen, noch weitere Aufwendungen, z.B. für die Deinstallation des Projektes. Der Kalkulationszinssatz beträgt 10%.

Für den Kapitalwert auf Basis der Zahlungsgrößen des Investitionsprojektes ergibt sich:

$$K(10\%) = -14.000 + 2.800 \cdot 1{,}1^{-1} + 14.100 \cdot 1{,}1^{-2} = 198{,}35.$$

Zur Ermittlung des Kapitalwertes auf Grundlage von Aufwands- und Ertragsgrößen wird folgende – für das Lücke-Theorem in allgemeiner Form zu strenge[91] – Annahme getroffen:

Alle durch das Investitionsprojekt verursachten Ein- und Auszahlungen stellen mit Ausnahme der Anfangsauszahlung zugleich auch Erträge und Aufwendungen dar. Außer den noch als zahlungsunwirksame Aufwendungen zu erfassenden Abschreibungen hat das Investitionsprojekt keine darüber hinausgehenden Auswirkungen auf den Gewinn.

Für die durch das Investitionsprojekt verursachten Gewinne in den Zeitpunkten $t = 0$ bis $t = 2$ ergibt sich damit unter Berücksichtigung der linearen Abschreibung von jeweils 7.000 GE:

$$g_0 = 0; \qquad g_1 = -4.200; \qquad g_2 = +7.100.$$

Diese Gewinnreihe muss nun für die Zeitpunkte $t = 1$ und $t = 2$ um die kalkulatorischen Zinsen auf das „gebundene Kapital" der Vorperiode verringert werden. Unter dem „gebundenen Kapital" F_t der Periode t soll dabei der Restbuchwert des Investitions-

---

[90] Vgl. LÜCKE (1955).
[91] Vgl. TERSTEGE (2003), S. 10-16.

projektes zwischen den Zeitpunkten t und t + 1 verstanden werden.[92] Da sich zwischen t und t + 1 dieser Buchwert annahmegemäß nicht verändert, entspricht er dem Restbuchwert zum Zeitpunkt t und ergibt sich aus der aktivierten Anschaffungsauszahlung vermindert um die bis zum Zeitpunkt t vorgenommenen Abschreibungen.[93] Die Ermittlung der modifizierten Gewinne g_t^0 nach Berücksichtigung der kalkulatorischen Zinsen auf das „gebundene Kapital" der Vorperiode ist in der folgenden Tabelle zusammengestellt:

	0	1	2
F_t	+ 14.000	+ 7.000	0
g_t	0	− 4.200	+ 7.100
$0{,}1 \cdot F_{t-1}$	−	+ 1.400	+ 700
$g_t^0 = g_t - 0{,}1 \cdot F_{t-1}$	0	− 5.600	+ 6.400

Der Kapitalwert der modifizierten Gewinnreihe beträgt:

$$K^0(10\%) = -5.600 \cdot 1{,}1^{-1} + 6.400 \cdot 1{,}1^{-2} = 198{,}35.$$

Die Berechnung auf Grundlage der um kalkulatorische Zinsen korrigierten Gewinngrößen führt also zu exakt dem gleichen Ergebnis wie die Berechnung mittels der Zahlungsreihe.

Im Folgenden soll dieser beispielhaft aufgezeigte Zusammenhang allgemein bewiesen werden. Dazu muss gezeigt werden, dass der Kapitalwert der um kalkulatorische Zinsen auf das „gebundene Kapital" verringerten Gewinne mit dem Kapitalwert der Zahlungssalden des Projektes übereinstimmt.[94]

Die im Beispiel getroffene Annahme, dass die Verwerfungen zwischen der Zahlungs- und Gewinnreihe nur durch Abschreibungen auf die Anschaffungsauszahlung verursacht werden, wird nun aufgehoben. Es wird allerdings angenommen, dass sich Aufwendungen und Erträge jeweils genau am Jahresende, also in den Zeitpunkten t = 0, ..., T, niederschlagen. Allgemein besteht folgende Beziehung zwischen dem durch ein Investitionsprojekt verur-

---

[92] Die Formulierung „kalkulatorische Zinsen auf das gebundene Kapital" kann fälschlicherweise den Eindruck erwecken, dass bei einem Verzicht auf die Projektdurchführung gerade diese kalkulatorischen Zinsen hätten erzielt werden können. Betrachtet man aber z.B. Auszahlungen, die zur Projektdurchführung erforderlich sind, die aber nicht zu einer Aktivierung führen (z.B. Auszahlungen für Löhne), wird diese Fehldeutung offensichtlich. Die Zahlungen würden die Höhe des „gebundenen Kapitals" nicht verändern. Demnach erfolgt für diese Auszahlungen auch keine Anrechnung kalkulatorischer Zinsen, obwohl sie den Einsatz von Zahlungsmitteln darstellen, die verzinslich am Finanzmarkt aufgenommen werden müssen oder nicht mehr anderweitig zinsbringend angelegt werden können.
[93] Für eine weitergehende Darstellung zum Begriff des „gebundenen Kapitals" vgl. die sich an das Beispiel anschließenden Ausführungen und BITZ (1976), S. 500 sowie TERSTEGE (2003), S. 18.
[94] Zur Vorgehensweise in diesem Beweis vgl. BITZ (1976), S. 489-490 und FRANKE/HAX (2009), S. 88-89. Eine andere Beweisführung findet sich bei TERSTEGE (2003), S. 4-9.

sachten Zahlungssaldo e_t und dem Gewinn g_t in den Zeitpunkten t = 0, ..., T:

g_t = e_t

    −   nicht zahlungswirksame Aufwendungen in t   (I)

    +   nicht zahlungswirksame Erträge in t   (II)

    +   nicht aufwandswirksame Auszahlungen in t   (III)

    −   nicht ertragswirksame Einzahlungen in t   (IV)

Übungsaufgabe 7.1:
Geben Sie zu jedem der Korrekturschritte I bis IV ein Beispiel an!

Die durch die Korrekturschritte I bis IV berücksichtigten Vorgänge schlagen sich auf die mit dem Projekt verbundenen Bilanzpositionen auf der Aktivseite (Vermögenswerte, **wobei hier der Kassenbestand unberücksichtigt bleibt**) und der Passivseite (Schulden) wie folgt nieder:

g_t = e_t

    −   Aktivminderung bzw. Passivzunahme in t   (I)

    +   Aktivzunahme bzw. Passivminderung in t   (II)

    +   Aktivzunahme bzw. Passivminderung in t   (III)

    −   Aktivminderung bzw. Passivzunahme in t   (IV)

Beispiel 7.2:
für die Positionen auf der Aktivseite:

Korrekturschritt I (Aktivminderung):	Verminderung des Anlagebestandes durch Abschreibungen
Korrekturschritt II (Aktivzunahme):	Erhöhung der Forderungen aus Lieferung und Leistungen durch Verkauf von Waren auf Ziel
Korrekturschritt III (Aktivzunahme):	Erhöhung der Position Rohstoffe durch den Kauf von Rohstoffen (Hinweis: Kassenbestand bleibt unberücksichtigt!)
Korrekturschritt IV (Aktivminderung):	Verminderung der Forderungen aus Lieferung und Leistungen durch Eingang einer Zahlung für auf Ziel verkaufte Waren (Hinweis: Kassenbestand bleibt unberücksichtigt!)

Übungsaufgabe 7.2:
Finden Sie für die Positionen auf der Passivseite zu jedem Korrekturschritt mindestens ein Beispiel!

Zusammengefasst gilt damit für den durch ein Investitionsprojekt verursachten Gewinn g_t in t = 0, ..., T die Beziehung:

$g_t = \quad e_t$

+ Mit dem Projekt verbundene Veränderung der Buchwerte der Vermögenswerte (ΔAktiva, mit Ausnahme des Kassenbestandes) in t

− Mit dem Projekt verbundene Veränderung der Schulden (ΔPassiva) in t.

Bezeichnet man nun den Saldo dieser beiden Korrekturposten mit ΔF_t, so kann der durch ein Investitionsprojekt verursachte Gewinn g_t in t = 0, ..., T allgemein auch durch folgende Gleichung ermittelt werden:

$$g_t = e_t + \Delta F_t.$$

Für die weiteren Betrachtungen ist insbesondere die hier als F_t bezeichnete Summe dieser Korrekturposten vom Zeitpunkt $\tau = 0$ bis zum Zeitpunkt $\tau = t$ (t = 0, ..., T) von Interesse. Der entsprechende Ausdruck

$$F_t = \sum_{\tau=0}^{t} \Delta F_\tau$$

gibt unter Berücksichtigung der oben aufgezeigten Zusammenhänge zwischen g_t und e_t offenbar den Saldo aus den (Rest-) Buchwerten der Vermögensgegenstände (mit Ausnahme des Kassenbestandes) und der Schulden im Zeitpunkt t an, soweit sie mit der Durchführung des Investitionsprojektes verbunden sind. Verdeutlicht man sich nun noch einmal, dass der Saldo zwischen dem Buchwert des Vermögens und der Schulden allgemein als Eigenkapital bezeichnet wird, so wird deutlich, warum F_t auch häufig als das durch das Investitionsprojekt in t „gebundene Kapital" interpretiert wird.[95]

Zum allgemeinen Beweis des „LÜCKE-Theorems" muss nun der um die kalkulatorischen Zinsen auf das „gebundene Kapital" der Vorperiode verringerte Gewinn (g_t^0) der Zeitpunkte t = 0, ..., T ermittelt werden. Dieser ergibt sich für t = 1,..., T aus:

$$\begin{aligned} g_t^0 &= g_t - r \cdot F_{t-1} \\ &= e_t + \Delta F_t - r \cdot F_{t-1} \\ &= e_t + (F_t - F_{t-1}) - r \cdot F_{t-1} \\ &= e_t + F_t - (1+r) \cdot F_{t-1}. \end{aligned}$$

Für den Zeitpunkt 0 gilt, dass das Investitionsprojekt keine Auswirkungen auf den Gewinn hat, also $g_0^0 = 0$.

---

[95] Beachte zur Interpretation des „gebundenen Kapitals" die Erläuterung des Beispiels 7.1.

Der Kapitalwert der korrigierten Gewinne errechnet sich dann nach:

$$\sum_{t=0}^{T} g_t^0 \cdot (1+r)^{-t} = \sum_{t=1}^{T} g_t^0 \cdot (1+r)^{-t} \qquad \text{(folgt aus } g_0^0 = 0\text{)}$$

$$= \sum_{t=1}^{T} (e_t + F_t - (1+r) \cdot F_{t-1}) \cdot (1+r)^{-t}$$

$$= \sum_{t=1}^{T} e_t \cdot (1+r)^{-t} + \sum_{t=1}^{T} F_t \cdot (1+r)^{-t} - \sum_{t=1}^{T} (1+r) \cdot F_{t-1} \cdot (1+r)^{-t}.$$

Für die weiteren Umformungen dieses Ausdrucks sind insbesondere die folgenden Sachverhalte wichtig: Das „gebundene Kapital" des Investitionsprojektes entspricht in t = 0 gerade der Anfangsauszahlung des Projektes, also $F_0 = -e_0$. Am Ende der Projektlaufzeit, d.h. nach Abschluss aller mit dem Projekt verbundenen Transaktionen beträgt es $F_T = 0$.

Der letzte Summand des obigen Ausdrucks kann unter Berücksichtigung von $F_T = 0$ wie folgt umgeformt werden:

$$\sum_{t=1}^{T} (1+r) \cdot F_{t-1} \cdot (1+r)^{-t} = \sum_{t=1}^{T} F_{t-1} \cdot (1+r)^{-(t-1)}$$

$$= \sum_{t=1}^{T+1} F_{t-1} \cdot (1+r)^{-(t-1)} \qquad \text{(folgt aus } F_T = 0\text{)}$$

$$= \sum_{t=0}^{T} F_t \cdot (1+r)^{-t}.$$

Setzt man diesen Term wieder in die ursprüngliche Berechnung ein, so erhält man unter Berücksichtigung von $F_0 = -e_0$:

$$\sum_{t=1}^{T} g_t^0 \cdot (1+r)^{-t} = \sum_{t=1}^{T} e_t \cdot (1+r)^{-t} + \sum_{t=1}^{T} F_t \cdot (1+r)^{-t} - \sum_{t=0}^{T} F_t \cdot (1+r)^{-t}$$

$$= \sum_{t=1}^{T} e_t \cdot (1+r)^{-t} - F_0$$

$$= \sum_{t=0}^{T} e_t \cdot (1+r)^{-t} \qquad \text{(folgt aus } F_0 = -e_0\text{)}$$

$$= K.$$

Der Kapitalwert der um kalkulatorische Zinsen auf das „gebundene Kapital" verringerten Gewinne stimmt also exakt mit dem Kapitalwert der Zahlungsüberschüsse überein.

Die folgende Übungsaufgabe, in der das oben dargestellte Beispiel um weitere Verwerfungen zwischen der Zahlungs- und Gewinnreihe erweitert wird, verdeutlicht diese Zusammenhänge noch einmal.

Übungsaufgabe 7.3:

Zu dem in Beispiel 7.1 dargestellten Investitionsprojekt sollen nun folgende Plandaten für die betrachteten Zeitpunkte t = 0 bis t = 2 vorliegen:

t = 0	(0)	Anschaffungsauszahlungen für Anlage (aktivierungsfähig)	14.000 GE
t = 1	(1.1)	Abschreibungen	7.000 GE
	(1.2)	Beschaffung von Einsatzmaterial (1.000 Stück à 2 GE/Stück, 70% des Betrages werden sofort bar beglichen, der Rest wird in t = 2 beglichen)	2.000 GE
	(1.3)	Materialverbrauch (800 Stück à 2 GE/Stück)	1.600 GE
	(1.4)	Löhne, Energie, Instandhaltung (Barzahlung)	3.000 GE
	(1.5)	Produktion (800 Stück, aktivierbar zu 8 GE/Stück)	6.400 GE
	(1.6)	Absatz (600 Stück à 15 GE/Stück, 80% des Betrages werden sofort bar beglichen, der Rest wird in t = 2 beglichen)	9.000 GE
t = 2	(2.1)	Abschreibungen	7.000 GE
	(2.2)	Beschaffung von Einsatzmaterial (800 Stück à 2 GE/Stück, Barzahlung)	1.600 GE
	(2.3)	Materialverbrauch (1.000 Stück à 2 GE/Stück)	2.000 GE
	(2.4)	Löhne, Energie, Instandhaltung (Barzahlung)	3.500 GE
	(2.5)	Produktion (1.000 Stück, aktivierbar zu 8 GE/Stück)	8.000 GE
	(2.6)	Absatz (1.200 Stück à 15 GE/Stück, Barzahlung)	18.000 GE

Am Ende der Projektlaufzeit entstehen weder weitere Erträge noch weitere Aufwendungen. Der Kalkulationszinssatz beträgt 10%.

a. Ermitteln Sie die Zahlungsreihe e_t mit t = 0, 1, 2 des Investitionsprojektes und bestimmen Sie den Kapitalwert!
b. Ermitteln Sie die Gewinnreihe g_t mit t = 0, 1, 2 des Investitionsprojektes!
c. Ermitteln Sie für die Zeitpunkte t = 0, 1, 2 das durch das Investitionsprojekt „gebundene Kapital" F_t!
d. Bestimmen Sie auf Grundlage der Gewinnreihe den Kapitalwert des Investitionsprojektes mittels des in Beispiel 7.1 dargestellten Schemas und vergleichen Sie ihn mit dem Kapitalwert aus Aufgabenteil a.!

Auch die Übungsaufgabe bestätigt neben dem formalen Beweis den Befund, dass der Kapitalwert der um kalkulatorische Zinsen auf das „gebundene Kapital" verringerten Gewinne eines Investitionsprojektes mit dem Kapitalwert der Zahlungsüberschüsse des Projektes übereinstimmt. Prinzipiell wäre es daher möglich, alle Kapitalwerte auf Grundlage von Aufwands- und Ertragsgrößen sowie des jeweils „gebundenen Kapitals" zu ermitteln. Allerdings ist, wie deutlich geworden sein dürfte, die Kapitalwertermittlung mittels Aufwands- und Ertragsgrößen im Vergleich zu der auf Grundlage von Zahlungsgrößen unnötig kompliziert. Genau aus diesem Grunde haben wir in den bisherigen Ausführungen zur Bewertung von Investitionsprojekten ausschließlich die Zahlungskonsequenzen der geplanten Investitionsaktivitäten berücksichtigt. Auch die folgenden Ausführungen beziehen sich wieder streng auf die mit den zu beurteilenden Investitionen verbundenen Ein- und Auszahlungen.

7.3 Relevanz individueller intertemporaler Präferenzen

7.3.1 Problemstellung

Bei der bisherigen Betrachtung mehrperiodiger Ansätze der Investitionsplanung wurde implizit unterstellt, dass das alleinige Ziel des Entscheidungssubjektes in der Maximierung seines Endvermögens zu sehen ist. Diese Zielvorstellung impliziert, dass das Entscheidungssubjekt ausschließlich daran interessiert ist, seine Konsummöglichkeiten in t = T zu maximieren. Es ist jedoch auch vorstellbar, dass hinsichtlich des zeitlichen Anfalls der Einzahlungen andere Präferenzen bestehen. So erscheint es beispielsweise durchaus nicht generell unvernünftig, die heutige (t = 0) Einzahlung von 100 GE einer Einzahlung von 110 GE in einem Jahr (t = 1) vorzuziehen, obwohl der Barwert von 110 GE bei einem Zinssatz von 10% gleich ist. Zu prüfen ist folglich, unter welchen Voraussetzungen Zahlungen (Zahlungsreihen) unabhängig von den intertemporalen Präferenzen des Investors auf Basis ihres Barwertes (Kapitalwertes) beurteilt werden können und wann deren Beurteilung umgekehrt von den intertemporalen Präferenzen abhängt.

Speziell für zeitliche Zielkonflikte bei Investitionsentscheidungen hat HIRSHLEIFER (1958) unter Verwendung einiger Gedanken von FISHER (1930) eine Darstellungsform entwickelt, die wir in diesem Kapitel etwas näher betrachten wollen.

7.3.2 Darstellung intertemporaler Präferenzen durch Indifferenzkurven

Zunächst sollen für den Zweizeitpunktfall die Auswirkungen intertemporaler Präferenzen untersucht werden. Die zur Auswahl stehenden Handlungsalternativen sollen im Zeitpunkt t = 0 zu dem Ergebnis e_0 und im Zeitpunkt t = 1 zum Ergebnis e_1 führen. Wir wollen diese Ergebnisse als diejenigen Beträge interpretieren, die dem Entscheider in den Zeitpunkten t = 0 und t = 1 für Konsumzwecke zur Verfügung stehen. Unabhängig von den einzelnen Handlungsalternativen soll

– unser Entscheider möglichst hohe Werte sowohl von e_0 als auch von e_1 anstreben, also von zwei möglichen Ergebnispaaren (e_0, e_1) und (e_0', e_1') das Ergebnispaar (e_0, e_1) zwingend dann vorziehen, wenn gilt: $e_0 > e_0'$ und $e_1 \geq e_1'$ oder $e_0 \geq e_0'$ und $e_1 > e_1'$,

- unser Entscheider zu jedem Ergebnispaar (e_0, e_1) beliebig viele andere (theoretisch denkbare) Ergebnispaare (e'_0, e'_1) existieren, die der Entscheider identisch bewertet, wobei Indifferenz nur dann vorliegen kann, wenn gilt: $e_0 > e'_0$ und $e_1 < e'_1$ oder $e_0 < e'_0$ und $e_1 > e'_1$.

Dieser Sachverhalt lässt sich in einem e_0-e_1-Diagramm anhand verschiedener Indifferenzkurven darstellen:

Abbildung 7.1  Indifferenzkurven

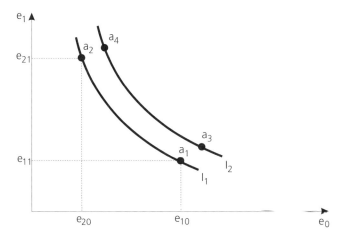

Indifferenzkurven verbinden im e_0-e_1-Diagramm alle Konsumpläne miteinander, die von einem Entscheider mit dem gleichen Nutzen bewertet werden. Je weiter eine Indifferenzkurve vom Ursprung entfernt ist, desto höher ist der Nutzen der durch sie abgebildeten Alternativen. Hinsichtlich Ergebniskombinationen (e_0, e_1), die durch Punkte auf ein und derselben Indifferenzkurve verdeutlicht werden, ist der Entscheider also indifferent. So wären etwa die Alternativen a_1 und a_2 gleichwertig, da beide durch Punkte auf der Indifferenzkurve I_1 gekennzeichnet sind. Dem Entscheider wäre es somit gleichgültig, ob er die Ergebnisse (e_{10}, e_{11}) oder die Ergebnisse (e_{20}, e_{21}) realisiert.

Indifferenzkurve können unterschiedliche Verläufe annehmen. Zwingend ist aber zum einen, dass die Indifferenzkurven eine negative Steigung aufweisen. Ein Entscheider ist nämlich nur dann bereit, seinen Konsum in $t = 0$ einzuschränken, wenn er dafür durch höhere Konsummöglichkeiten in $t = 1$ kompensiert wird. Zum anderen dürfen sich verschiedene Indifferenzkurven weder schneiden noch berühren. Wie Sie bereits wissen, werden Ergebnispaare, die auf verschiedenen Indifferenzkurven liegen, unterschiedlich bewertet. Im Schnittpunkt bzw. Berührungspunkt zweier Indifferenzkurven würde aber gerade dasselbe Ergebnispaar mit unterschiedlichen Nutzenniveaus bewertet.

Zusammenfassend ergeben sich mit Bezug zu Abbildung 7.1 folgende Relationen:

$$a_3 \sim a_4 \succ a_2 \sim a_1.$$

Verwechseln Sie die graphische Verdeutlichung von Konsumplänen gleichen Nutzens mittels Indifferenzkurven nicht mit der Darstellung **realer** Ergebnisse, die bei der Wahl verschiedener Alternativen tatsächlich auftreten können. Die durch eine bestimmte Indifferenzkurve bezeichneten Punkte im Koordinatensystem haben mit realen Ergebnissen zunächst gar nichts zu tun, sondern drücken **fiktive** Zustände aus, die ein Entscheider für gleichwertig hält. Inwieweit reale Handlungsmöglichkeiten bestehen, um diese Konsumpläne tatsächlich zu realisieren, spielt dabei zunächst einmal keine Rolle.

7.3.3 FISHER/HIRSHLEIFER-Modell ohne Finanzmarkt

FISHER und HIRSHLEIFER gehen in ihrem Modell[96] davon aus, dass dem Entscheider in $t = 0$ ein bestimmter Betrag Q zur Verfügung steht. Er kann beliebige Teile dieses Betrages Q investieren. Der investierte Betrag steht ihm dann in $t = 0$ zwar nicht mehr zum Konsum zur Verfügung. Aus den durchgeführten Investitionen ergeben sich jedoch Rückflüsse in $t = 1$, die dann konsumiert werden können. Wir unterstellen für diese Investitionen, dass deren Produktivität mit zunehmendem Investitionsbetrag abnimmt und dass unendlich viele Investitionsprojekte infinitesimaler Größe mit infinitesimal kleinen Renditeunterschieden vorliegen. Die Abbildung 7.2 verdeutlicht skizzenhaft den degressiv steigenden Verlauf der angenommenen Investitionsfunktion.

Abbildung 7.2 Degressiv steigende Investitionsfunktion

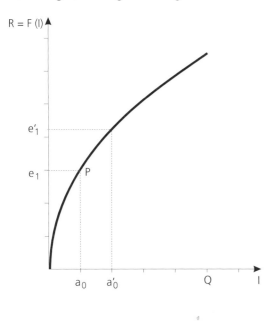

---

[96] Weiterführend hierzu FISHER (1930) und HIRSHLEIFER (1958).

In Abbildung 7.2 ist der Verlauf der Investitionsfunktion in einem I-R-Diagramm abgebildet.[97] Zur beispielhaften Verdeutlichung des Aussagegehalts der Investitionsfunktion betrachten wir zunächst den Punk P. Dessen Koordinatenwerte besagen, dass

- die Investition des Betrages a_0 im Zeitpunkt $t = 0$
- zu einer Rückzahlung von e_1 im Zeitpunkt $t = 1$ führt.

Wird nun gedanklich der Investitionsbetrag von a_0 ausgehend auf a'_0 verdoppelt ($a'_0 = 2 \cdot a_0$), so erhöht sich der in $t = 1$ erzielbare Rückzahlungsbetrag von e_1 auf e'_1. Allerdings erreicht e'_1 nicht den doppelten Wert von e_1, sondern nur einen geringeren Wert ($e'_1 < 2 \cdot e_1$). Die aus der Steigerung der Investitionssumme um einen konstanten Betrag Δa_0 resultierende Erhöhung des Rückzahlungsbetrages Δe_1 wird also ganz allgemein im Falle der hier unterstellten degressiven Investitionsfunktion mit wachsender Investitionssumme a_0 immer kleiner.

Für unsere nachfolgenden Überlegungen erweist es sich als sinnvoll, diese Investitionsfunktion in einem e_0-e_1-Diagramm abzubilden.

Der von der Investitionssumme abhängige Rückfluss kann dann durch eine konkave Kurve (die sog. **Transformationskurve,** vgl. im nachfolgenden Beispiel die Kurve QSLT) dargestellt werden. Für eine gegebene Anfangsausstattung Q ist diese Transformationskurve definiert als der geometrische Ort aller Kombinationen von Konsummöglichkeiten in den Zeitpunkten $t = 0$ und $t = 1$, die der Investor mittels ihm offenstehender Realinvestitionsmöglichkeiten erreichen kann. Der in $t = 0$ nicht investierte Betrag steht unmittelbar zum Konsum zur Verfügung.

Beispiel 7.3:
Der Entscheider verfügt in $t = 0$ über einen Betrag Q. Ihm stehen Investitionsalternativen zur Verfügung, deren Rückfluss in $t = 1$ durch die Transformationskurve QSLT dargestellt wird.

---

[97] I: Investitionsauszahlung in $t = 0$; R: Investitionsrückfluss in $t = 1$.

Relevanz individueller intertemporaler Präferenzen

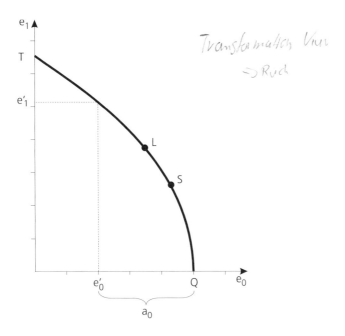

Aus der Gesamtheit seiner Handlungsalternativen kann er beispielsweise folgende wählen:

- Er konsumiert in t = 0 die gesamte Summe von Q. Dann erfolgt in t = 0 keinerlei Investition und sein Konsum in t = 1 beträgt 0 GE.
- Er konsumiert in t = 0 nur einen Betrag von e'_0 und investiert den verbleibenden Betrag $a_0 = (Q - e'_0)$. Die Investitionen führen in t = 1 zu einem Rückfluss von e'_1, der dann konsumiert wird.
- Er konsumiert in t = 0 gar nichts und investiert den gesamten Betrag von Q. Die Investitionen führen in t = 1 zu einem Rückfluss von T, der dann konsumiert werden kann.

Durch die Wahl der Investitionssumme in t = 0 legt der Entscheider demnach seinen Konsum sowohl in t = 0 als auch in t = 1 fest. Der Entscheider wird sich bei seiner Suche nach dem für ihn optimalen Konsumplan folglich von seinen individuellen intertemporalen Präferenzen leiten lassen. Wie Sie bereits erfahren haben, lassen sich diese wiederum durch Indifferenzkurven darstellen. Der Entscheider wird denjenigen Konsumplan – und damit unmittelbar verknüpft dasjenige Investitionsvolumen – wählen, der bei gegebenem Ausgangsbetrag Q und gegebener Transformationskurve QSLT zu dem für ihn maximal erreichbaren Nutzen führt.

Beispiel 7.3 (Fortsetzung 1):

Wir integrieren in unser Beispiel die Indifferenzkurven des Entscheiders:

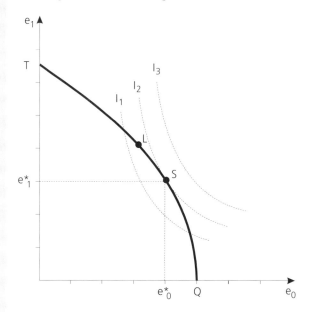

Das höchste realisierbare Nutzenniveau wird durch die Indifferenzkurve I_2 repräsentiert, die die Transformationskurve im Punkt S tangiert. Das durch I_1 repräsentierte Nutzenniveau ist zwar durch geeignete Fixierung des Investitionsvolumens auch realisierbar, jedoch niedriger als I_2. Das Nutzenniveau I_3 ist nicht realisierbar.

Für den Entscheider wäre es also optimal, im Zeitpunkt t = 0 den Betrag e_0^* zu konsumieren und die Differenz $(Q - e_0^*)$ zu investieren, was in t = 1 zu einem dann konsumierbaren Rückfluss von e_1^* führt. Die optimale Kombination von sofortigem Konsum und Investition hängt bei gegebener Transformationskurve damit eindeutig von dem Verlauf der Indifferenzkurven ab. Selbst bei identischer Anfangsausstattung und identischen Investitionsmöglichkeiten können folglich – bis zu diesem Punkt der Analyse – die Entscheidungen über den Umfang der in t = 0 durchzuführenden Investitionen für jeden Entscheider anders aussehen.

Übungsaufgabe 7.4:

Angenommen, die drei Entscheider A, B und C verfügen im Zeitpunkt t = 0 über Mittel in Höhe von $Q_A = 1.000$, $Q_B = 2.000$ bzw. $Q_C = 2.000$. Den drei Entscheidern steht gleichermaßen die Möglichkeit offen, in t = 0 finanzielle Mittel in ein Investitionsprogramm zu investieren, das bei einer beliebig hohen, in t = 0 zu leistenden Investitionsauszahlung von I in t = 1 zu Rückflüssen R in Höhe von $R = 50 \cdot I^{0,5}$ führt. Für die vom Konsum in den Zeitpunkten t = 0 (C_0) bzw. t = 1 (C_1) abhängigen Präferenzwerte der drei Entscheider gilt:

$$\varphi_A = \varphi_B = C_0 \cdot C_1 \quad \text{und}$$
$$\varphi_C = C_0 \cdot C_1^{0,5}.$$

Angenommen, den Entscheidern steht in t = 0 zunächst nur die Möglichkeit offen, durch Realinvestitionen Konsummöglichkeiten aus der Gegenwart (t = 0) in die Zukunft (t = 1) zu übertragen. Bestimmen Sie unter dieser Annahme das nutzenmaximale Volumen der von A, B und C in Realinvestitionen zu investierenden Mittel sowie die optimalen Konsumpläne!

7.3.4 FISHER/HIRSHLEIFER-Modell bei vollkommenem Finanzmarkt

Bisher haben wir die Existenz eines Finanzmarktes vollkommen außer Acht gelassen. Wir wollen sie nun mit in die Betrachtung einbeziehen. In einem ersten Schritt wollen wir dabei von der Existenz eines vollkommenen Finanzmarktes ausgehen und unterstellen im Folgenden, dass der Entscheider sowohl über eine Geldanlage- als auch über eine Kreditalternative zum Zinssatz von 20% verfügt (vollkommener Finanzmarkt). Die Transformation der Anlagebeträge von t = 0 nach t = 1 lässt sich anhand der sogenannten Finanzmarktgeraden darstellen. Abbildung 7.3 verdeutlicht skizzenhaft den linear steigenden Verlauf der angenommenen Finanzmarktgeraden.[98]

Abbildung 7.3 Linear steigende Finanzmarktgerade

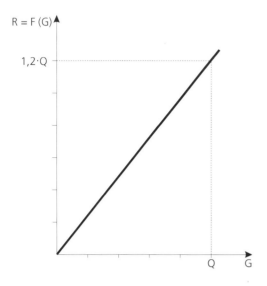

---

[98] G: = Anlagebetrag in t = 0; R: = Rückzahlungsbetrag in t = 1.

Auch hier erweist es sich erneut als sinnvoll, diese Finanzmarktgerade – wie im nachfolgenden Beispiel gezeigt – in einem e_0-e_1-Diagramm abzubilden.

Beispiel 7.3 (Fortsetzung 2):
Eine Geldanlage von Q in $t=0$ würde bei einem Zinssatz von 20% in $t=1$ zu einem Rückfluss von $1{,}2 \cdot Q$ führen.

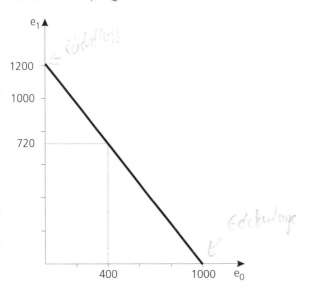

Nehmen wir an, der Entscheider verfügt in $t=0$ über $Q = 1.000$ GE, dann wird die Gesamtheit seiner Konsum- und Anlagealternativen (ohne Berücksichtigung von Realinvestitionen) durch die vorstehende Gerade abgebildet. Aus der Gesamtheit der Handlungsalternativen könnte er beispielsweise folgende wählen:

- Er konsumiert in $t=0$ die gesamte Summe von 1.000 GE und in $t=1$ den „Restbetrag" in Höhe von 0 GE.
- Er konsumiert in $t=0$ 400 GE und legt den verbleibenden Betrag von 600 GE festverzinslich zu 20% an. Den Rückfluss aus der Anlage in Höhe von 720 GE konsumiert er in $t=1$.
- Er verzichtet in $t=0$ auf jeglichen Konsum und legt die gesamte Summe an. Den Rückfluss von 1.200 GE konsumiert er in $t=1$.

Kombiniert man ausgehend von einem in $t=0$ vorgegebenen Ausgangsbetrag die bisherigen Überlegungen zur Generierung von Konsummöglichkeiten in $t=1$, also die Überlegungen zur Durchführung von Realinvestitionen und die Überlegungen zu Geldanlage- und Geldaufnahmemöglichkeiten auf einem vollkommenen Finanzmarkt, so erhält man die graphische Darstellung eines Konsum- und Investitionsmodells bei vollkommenem Finanzmarkt.

Beispiel 7.3 (Fortsetzung 3):[99]

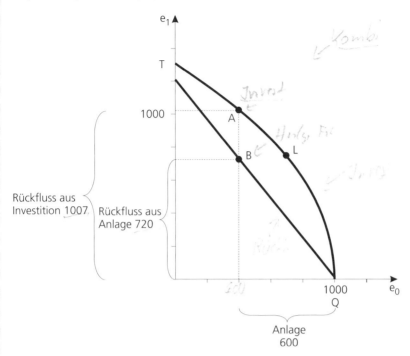

Der Entscheider verfüge wiederum in t = 0 über Q = 1.000 GE. Aus der Gesamtheit der Handlungsalternativen könnte er beispielsweise folgende wählen:

- Er konsumiert in t = 0 die gesamte Summe von 1.000 GE und in t = 1 0 GE (Realisation von Punkt Q).

- Er konsumiert in t = 0 400 GE und investiert die restliche Summe von 600 GE. Den Rückfluss von 1007 GE konsumiert er in t = 1 (Realisation von Punkt A).

- Er konsumiert in t = 0 400 GE und legt die restliche Summe von 600 GE festverzinslich zu 20% an. Den Rückfluss von 720 GE konsumiert er in t = 1 (Realisation von Punkt B).

Daneben bestehen noch unzählige weitere Möglichkeiten. Besonders interessant ist dabei die Kombination von Investition und Anlage am Finanzmarkt. Um die aus dieser Kombination resultierenden Konsumpositionen näher zu betrachten, wird die Finanzmarktgerade parallel verschoben, bis sie die Transformationskurve tangiert.

---

[99] Bei den angegebenen Werten für die Rückflüsse aus der Investition wird die Transformationsfunktion $R = 41{,}11 \cdot I^{0{,}5}$ zugrunde gelegt. Die an den Abbildungen ausgewiesenen Werte für die Rückflüsse aus der Investition sind gerundet. Um die Zahlenwerte in Verbindung mit der grafischen Abbildung übersichtlich zu halten, wird vereinfachend unterstellt, dass die Finanzmarktgerade die Transformationskurve bei einem Investitionsvolumen von $I^* = 300$ tangiert. Der auf Basis der angenommenen Transformationsfunktion korrekt ermittelte Wert beträgt $I^* = 293{,}41$.

Hinweis: Der um eins verminderte Absolutbetrag der Steigung der Finanzmarktgeraden bzw. der Steigung der Transformationskurve in einem beliebigen Punkt gibt an, welche Rendite der Investor bei Einsatz einer weiteren (infinitesimal kleinen) GE in einer Geldanlage am Finanzmarkt bzw. in einer Realinvestition erzielen wird. Diese Grenzrendite ist bei einer Geldanlage am Finanzmarkt annahmegemäß für jeden beliebigen Ausgangsbetrag konstant, während sie bei zusätzlichen Realinvestitionen annahmegemäß kontinuierlich sinkt. Für den Investor ist nun insbesondere interessant zu erfahren, ab welchem Gesamtinvestitionsvolumen die Grenzrendite der zuletzt in Realinvestitionen eingesetzten GE geringer ist als die Rendite, die er bei Anlage am Finanzmarkt erzielen kann. Genau dieses Gesamtinvestitionsvolumen lässt sich durch eine Verschiebung der Finanzmarktgeraden graphisch bestimmen. Im Tangentialpunkt stimmen die Renditen von zusätzlichen (infinitesimal kleinen) Realinvestitionen und von Finanzinvestitionen gerade überein. Realinvestitionen sind im Vergleich zu Finanzinvestitionen vorteilhaft (nachteilig), wenn ihre Rendite höher (niedriger) ist als der Zinssatz am vollkommenen Finanzmarkt.

Der Entscheider kann nun nicht nur die durch die Transformationskurve verdeutlichten Konsumpläne realisieren, sondern zusätzlich insbesondere auch die Konsumpläne, die durch den Abschnitt LP' der parallel verschobenen Finanzmarktgeraden verdeutlicht werden, also z.B. den in der folgenden Graphik durch den Punkt C verdeutlichten Konsumplan.

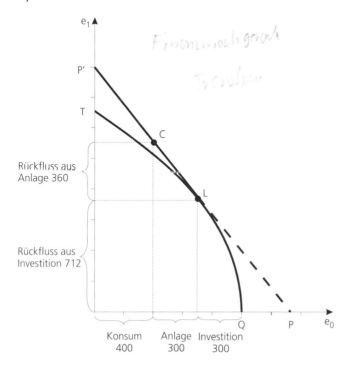

Der Entscheider wird, um Punkt C zu realisieren, in t = 0
- 400 GE konsumieren,
- 300 GE investieren,
- den restlichen Betrag von 300 GE festverzinslich anlegen.

Daraus resultieren in t = 1 an Rückflüssen:
- aus der Investition: 712 GE
- aus der Geldanlage : 360 GE .

Im Beispiel führt die Kombination von Investition und Geldanlage bei gleichbleibendem Konsum in t = 0 zu einem höheren Konsum in t = 1 (1.072) als die alleinige Nutzung der Investition (1.007) oder der Finanzanlage (720).

Dieser Effekt ist leicht zu erklären, wenn man die jeweilige Grenzproduktivität (bzw. Grenzrendite) betrachtet, die sich in der Steigung der Transformationskurve bzw. der Finanzmarktkurve ausdrückt:

- Rechts vom Punkt L weisen zusätzliche Investitionen eine höhere Grenzproduktivität (Grenzrendite) auf als Anlagen am Finanzmarkt. Zusätzliche Investitionen sind daher – sofern es aus Sicht des Entscheiders überhaupt sinnvoll erscheint, seine Konsummöglichkeiten in t = 0 weiter zu vermindern - in diesem Bereich einer Anlage am Finanzmarkt vorzuziehen.

- Links vom Punkt L weisen zusätzliche Investitionen hingegen eine niedrigere Grenzproduktivität (Grenzrendite) auf als Finanzmarktanlagen. Falls also mehr Geldmittel für Investitionszwecke zur Verfügung stehen, als zur Erreichung des durch Punkt L gekennzeichneten Investitionsvolumens notwendig sind (also mehr als 1000 GE abzüglich des Betrages senkrecht unter Punkt L, hier 300 GE, und eines sofortigen Konsumbetrages, hier 400 GE), so sind diese gewinnbringender festverzinslich anzulegen als zu investieren.

Erstes Ergebnis: Stehen einem Investor in t = 0 Realinvestitionen mit abnehmender Grenzrendite und Finanzanlagemöglichkeiten mit konstanter Grenzrendite zum Zwecke des Transfers von Gegenwartskonsum in Zukunftskonsum zur Verfügung, so wird er eine Konsumposition realisieren, die auf dem Linienzug QLP' liegt. Realinvestitionen oberhalb des durch den Tangentialpunkt determinierten Volumens (in Beispiel 7.3 also oberhalb von 300) wird der Entscheider nicht realisieren. Die in t = 0 zu treffende Entscheidung über die nutzenmaximale Aufteilung der Anfangsausstattung auf „Sofortkonsum", Finanzanlage und Investition ist einerseits abhängig von der Anfangsausstattung des Entscheiders, und andererseits abhängig von dessen individuellen intertemporalen Präferenzen. Falls sich Entscheider jedoch überhaupt für einen Konsumverzicht in t = 0 entscheiden, dann werden sie zwingend Anlagealternativen mit der jeweils höchsten Grenzrendite auswählen, also nur solange in Realinvestitionen investieren, bis die Grenzrendite von Realinvestitionen nicht kleiner ist als der Zinssatz der Finanzanlagemöglichkeit.

Übungsaufgabe 7.5:

Gehen Sie von den Ausgangsdaten der Übungsaufgabe 7.4 aus! Weiterhin gilt:

$Q_A = 1.000$, $Q_B = 2.000$, $Q_C = 2.000$, $R = 50 \cdot I^{0,5}$, $\varphi_A = \varphi_B = C_0 \cdot C_1$ und $\varphi_C = C_0 \cdot C_1^{0,5}$.

Angenommen, den Entscheidern steht in $t = 0$ jetzt neben der Möglichkeit zur Durchführung von Realinvestitionen zusätzlich die Möglichkeit offen, finanzielle Mittel in beliebiger Höhe zu einem Zinssatz von $r = 15\%$ am Finanzmarkt anzulegen. Bestimmen Sie für diese Entscheidungssituation das nutzenmaximale Volumen der von A, B und C in Realinvestitionen und Finanzanlagen zu investierenden Mittel sowie die optimalen Konsumpläne!

Eine bei der Aufstellung alternativer Konsumpläne bisher noch nicht berücksichtigte Möglichkeit besteht darin, zusätzlich zu dem in $t = 0$ zur Verfügung stehenden Betrag einen Kredit aufzunehmen. Dadurch stünde in $t = 0$ ein insgesamt höherer Betrag für Konsum und Investition zur Verfügung. Aus den Rückflüssen der getätigten Investitionen würden in $t = 1$ die Kredittilgung und Zinsen gezahlt. Der danach verbleibende Betrag verbliebe in $t = 1$ zum Konsum. In der Fortsetzung von Beispiel 7.3 verdeutlichen wir die aus dieser zusätzlichen Finanzierungsmöglichkeit resultierenden neuen Investitions- und Konsummöglichkeiten.

Beispiel 7.3 (Fortsetzung 4):

Mit der Möglichkeit einer Kreditaufnahme kann der Entscheider nun auch Konsumpläne realisieren, die durch den Abschnitt PL der parallel verschobenen Finanzmarktgeraden verdeutlicht werden, also z.B. den durch den Punkt D verdeutlichten Konsumplan.

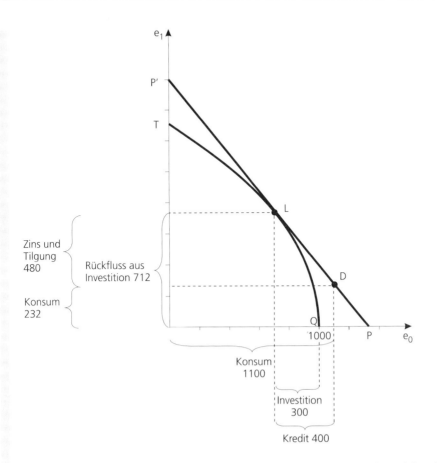

Zur Realisierung des durch den Punkt D verdeutlichten Konsumplans führt der Entscheider folgende Handlung aus:

- In t = 0 konsumiert er 1.100 GE, wovon er nur 1.000 GE selbst verfügbar hat.
- Dazu muss er einen Kredit von 100 GE aufnehmen.
- Gleichzeitig muss er Investitionen ausführen, um in t = 1 den Kredit tilgen und die Zinsen zahlen zu können.
- Die Kreditsumme muss demnach 100 GE zuzüglich der Investitionssumme von 300 GE, also 400 GE betragen.

In t = 1 ergibt sich damit folgendes:

- Die Investitionen führen zu Rückflüssen von 712 GE.
- Davon wird der Kredit inklusive der Zinsen zurückgezahlt. Die Belastung beträgt 480 GE.
- Der restliche Betrag von 232 GE steht in t = 1 zum Konsum zur Verfügung.

So wie beispielhaft für die Punkte C und D gezeigt, lassen sich
- durch eine Kombination von sofortigem Konsum (von weniger als 700 GE), Investitionen von 300 GE und festverzinslicher Anlage des Restbetrages alle Punkte auf der Geraden LP' realisieren und
- durch eine Kombination von sofortigem Konsum (von mehr als 700 GE), Investitionen von 300 GE und Kreditaufnahme in Höhe des fehlenden Betrages alle Punkte auf der Geraden PL realisieren.

Insgesamt kann der Entscheider bei Existenz eines vollkommenen Finanzmarktes also jeden Punkt auf der Geraden PP' realisieren. Er wird dazu den entsprechenden sofortigen Konsum tätigen, auf jeden Fall 300 GE investieren und Restbeträge (Defizite) durch Festanlage (Kreditaufnahme) ausgleichen. Da die Gerade PP' (abgesehen von Punkt L) rechts oberhalb der Transformationskurve verläuft, sind (abgesehen vom Punkt L) alle Handlungsalternativen der Transformationskurve suboptimal. Als Optimalalternative kommen nur noch Punkte der Geraden PP' in Betracht.

Übungsaufgabe 7.6:
Gehen Sie erneut von den Ausgangsdaten der Übungsaufgabe 7.4 aus! Weiterhin gilt:

$Q_A = 1.000$, $Q_B = 2.000$, $Q_C = 2.000$, $R = 50 \cdot I^{0,5}$, $\varphi_A = \varphi_B = C_0 \cdot C_1$ und $\varphi_C = C_0 \cdot C_1^{0,5}$.

a. Angenommen, den Entscheidern steht in $t = 0$ jetzt neben der Möglichkeit zur Durchführung von Realinvestitionen oder Finanzanlagen zusätzlich die Möglichkeit offen, Kredite zu einem Zinssatz von $r = 15\%$ am Finanzmarkt aufzunehmen, solange nur die Rückzahlung des Kreditbetrages und der Zinsen aus Investitionsrückflüssen sichergestellt ist. Bestimmen Sie die nutzenmaximalen Realinvestitionsvolumina für A und C sowie die Höhe zugehöriger Anlage- oder Kreditaufnahmebeträge!
b. Kommentieren Sie zusammenhängend die Ergebnisse der Aufgaben 7.4, 7.5 und 7.6 a)!

Zweites Ergebnis: Stehen einem Investor in $t = 0$ zum Zwecke des Transfers von Gegenwartskonsum in Zukunftskonsum neben Geldanlage- und Kreditaufnahmemöglichkeiten auf einem vollkommenen Finanzmarkt auch Realinvestitionen mit abnehmender Grenzrendite zur Verfügung, so ist die Entscheidung über das nutzenmaximale Volumen der in Realinvestitionen zu investierenden Mittel nicht mehr abhängig von der Anfangsausstattung des Entscheiders oder abhängig von dessen individuellen intertemporalen Präferenzen. Jeder (nutzenmaximierende) Entscheider wird unabhängig von seinen Konsumpräferenzen und unabhängig von seinem Ausgangsvermögen so lange zusätzlich finanzielle Mittel in Realinvestitionen einsetzen, bis die Grenzrendite der zuletzt investierten Geldeinheit gerade dem Zinssatz am vollkommenen Finanzmarkt entspricht. Das optimale Realinvestitionsvolumen ist also eindeutig durch die Gleichheit von Grenzrendite des Realinvestitionsprogramms und Finanzmarktzinssatz gekennzeichnet. Alle Entscheider wählen folglich vermögens- und präferenzunabhängig das gleiche Realinvestitionsvolumen. Da IRVING FISHER im Jahre 1930 als erster auf die mögliche Trennung von Investitionsentscheidung und Konsumentscheidung hingewiesen hat, wird dieser Sachverhalt auch als **FISHER-Separation** bezeichnet.[100]

Drittes Ergebnis: Die Konsumpositionen, die für den Entscheider überhaupt noch als Optimalalternative in Betracht kommen können, werden durch die Punkte der Geraden PP' repräsentiert. Alle dort abgebildeten Konsumpositionen sind jedoch nur unter der Voraussetzung erreichbar, dass er gerade so viele Mittel in Realinvestitionen investiert, wie es das Investitionsprogramm erfordert, das durch den Tangentialpunkt eindeutig determiniert wird. Welche der möglichen Konsumpositionen der Entscheider ergreift und welche finanziellen Anpassungsmaßnahmen in Form von Geldanlagen oder Kreditaufnahmen er zur Realisierung der präferierten Konsumposition vornehmen muss, richtet sich dann wiederum nach seinen persönlichen intertemporalen Präferenzen.

Das Grundkonzept zur graphischen Berücksichtigung intertemporaler Präferenzen ist auf den Fall mit Anlage- und Kreditmöglichkeiten übertragbar.

Beispiel 7.3 (Fortsetzung 5):

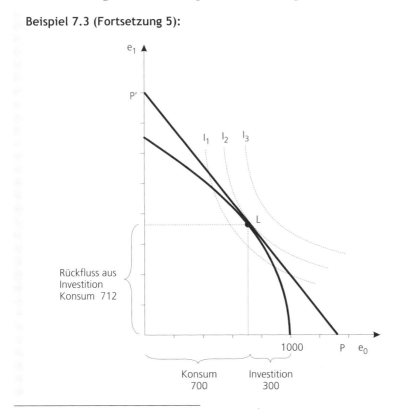

---

[100] Aussagen, die die Voraussetzungen benennen, unter denen Entscheidungen, die im Allgemeinen nur in wechselseitiger Abhängigkeit optimal getroffen werden können (hier also die Entscheidung über das optimale Investitionsniveau und das optimale Konsumniveau in t = 0), in Sonderfällen doch unabhängig voneinander getroffen werden können, nennt man allgemein **Separationstheoreme**.

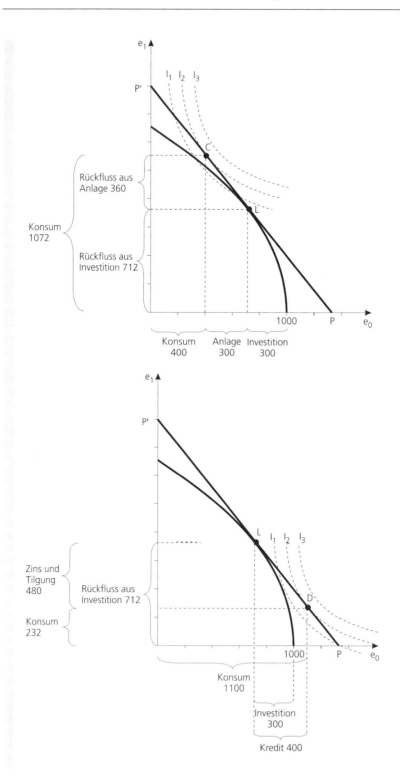

Auf eine explizite Erläuterung wird hier verzichtet, da Sie sich die drei abgebildeten Fälle

- optimales Investitionsvolumen ohne Aktivität am Finanzmarkt,
- optimales Investitionsvolumen mit Geldanlage am Finanzmarkt und
- optimales Investitionsvolumen mit Kreditaufnahme am Finanzmarkt

nochmals selbständig verdeutlichen sollen.

Sollten Sie dabei Verständnisprobleme haben, beschäftigen Sie sich noch einmal intensiv mit dem Beispiel 7.3.

7.3.5 FISHER/HIRSHLEIFER-Modell bei unvollkommenem Finanzmarkt

Der unvollkommene Finanzmarkt ist dadurch gekennzeichnet, dass für die Kreditaufnahme ein höherer Zinssatz r_s existiert als für die Geldanlage r_h.

Angesichts der unterschiedlichen Soll- und Habenzinssätze existiert nun also nicht mehr eine einheitliche Finanzmarktgerade, sondern es existieren zwei Finanzmarktgeraden mit unterschiedlicher Steigung. Dabei verläuft die Kreditaufnahmegerade aufgrund des höheren Zinssatzes steiler als die Geldanlagegerade.

Beispiel 7.4:
Beträgt der Anlagezinssatz 10% und der Kreditzinssatz 40%, so ergibt sich:

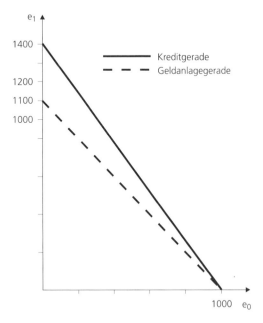

Die Bestimmung möglicher Investitionsvolumina, die für optimale Konsumpläne überhaupt in Betracht kommen können, erfolgt graphisch sehr ähnlich zum Fall des vollkommenen Finanzmarktes. Im Fall des unvollkommenen Finanzmarktes werden sowohl die Kredit- als auch die Geldanlagegerade soweit parallel verschoben, bis sie die Transformationskurve tangieren.

- Links vom Tangentialpunkt zwischen Geldanlagegerade und Transformationskurve ist die Geldanlagegerade relevant (hier übersteigt der Anlagezinssatz r_H die Grenzrendite des Investitionsprogramms).

- Zwischen den Tangentialpunkten ist die Transformationskurve relevant (hier ist die Grenzrendite des Investitionsprogramms zwar höher als der Anlagezinssatz r_H, aber geringer als der Kreditzinssatz r_s).

- Rechts vom Tangentialpunkt zwischen Kreditaufnahmegerade und Transformationskurve ist die Kreditaufnahmegerade relevant (hier ist die Grenzrendite des Investitionsprogramms höher als der Kreditzinssatz r_s).

Beispiel 7.5:
Wir gehen wieder von unserer bisherigen Transformationskurve aus:

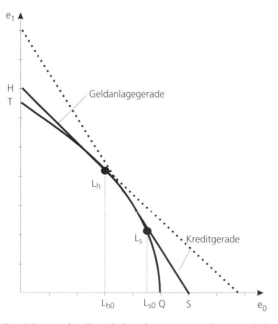

Die Menge der Projektkombinationen, die möglicherweise optimal sein könnten, liegt auf der Kurve SL_sL_hH. Der „gepunktete" Teil der Geldanlagegeraden ist irrelevant, da Konsumpläne, die durch Punkte auf diesem Abschnitt der Geraden verdeutlicht werden, nur dann erreicht werden könnten, wenn zum Anlagezinssatz r_H auch Mittel aufgenommen werden könnten. Analog dazu ist der gepunktete Teil der Kreditgeraden irrelevant, da Konsumpläne auf diesem Abschnitt der Kreditgeraden nur erreicht werden könnten, wenn zum Kreditzinssatz r_S auch Mittel am Finanzmarkt angelegt werden könnten.

Übungsaufgabe 7.7:

Gehen Sie erneut von den Ausgangsdaten der Übungsaufgabe 7.4 aus! Weiterhin gilt:

$Q_A = 1.000$, $Q_B = 2.000$, $Q_C = 2.000$, $R = 50 \cdot I^{0,5}$, $\varphi_A = \varphi_B = C_0 \cdot C_1$ und $\varphi_C = C_0 \cdot C_1^{0,5}$.

a. Angenommen, den Entscheidern steht in $t = 0$ jetzt neben der Möglichkeit zur Durchführung von Realinvestitionen offen, Mittel am Finanzmarkt zum Zinssatz $r_H = 0,10$ anzulegen oder zum Zinssatz $r_S = 0,15$ aufzunehmen. Bestimmen Sie ein letztes Mal die nutzenmaximalen Realinvestitionsvolumina für A, B und C sowie die Höhe zugehöriger Anlage- oder Kreditaufnahmebeträge und kommentieren Sie Ihre Ergebnisse!

b. Geben Sie eine Zinssatzkombination r_H / r_S an, bei der Entscheider C weder Gelder am Finanzmarkt anlegt, noch Kredite aufnimmt! Bestimmen Sie für diese Kombination erneut das für C nutzenmaximale Realinvestitionsvolumen und kommentieren Sie Ihr Ergebnis!

Bezüglich des optimalen Investitions-, Finanzierungs- und Konsumplans, also der optimalen e_0-e_1-Kombination bestehen somit drei verschiedene Möglichkeiten:

(1) Die Indifferenzlinie mit dem höchsten Präferenzniveau tangiert im Bereich L_hH: Dann wird im Zeitpunkt $t = 0$ genau ein Betrag von $(Q - L_{h0})$ investiert; außerdem wird jedoch noch ein Teil der Erstausstattung Q verzinslich angelegt, der Rest wird für Konsumzwecke verwendet.

(2) Die Indifferenzkurve tangiert im Bereich L_hL_s: Dann wird im Zeitpunkt $t = 0$ ein Betrag von höchstens $(Q - L_{h0})$ und mindestens $(Q - L_{s0})$ investiert; der Rest der Erstausstattung wird voll konsumiert und es erfolgt keinerlei Finanztransaktion.

(3) Die Indifferenzkurve tangiert im Bereich SL_s: Dann wird in $t = 0$ genau ein Betrag von $(Q - L_{s0})$ investiert und zugleich wird ein Kredit aufgenommen. Dabei ist es möglich, dass der Kreditbetrag die Investitionssumme übersteigt, also sogar mehr als die Erstausstattung konsumiert wird; ebenso kann es jedoch auch vorkommen, dass der Kredit nur einen Teil der Investitionssumme ausmacht und der Rest aus der Erstausstattung finanziert wird.

Viertes Ergebnis: Bei unvollkommenem Finanzmarkt werden nicht nur Finanz- und Konsumentscheidungen durch die intertemporale Präferenzstruktur und die Anfangsausstattung des Entscheiders bestimmt, sondern auch die Investitionsentscheidung. Die von Investoren zu treffenden Entscheidungen können bei unvollkommenem Finanzmarkt nicht mehr separiert werden. Durch die Existenz eines unvollkommenen Finanzmarktes können lediglich noch Investitionsvolumina unterhalb von $(Q - L_{s0})$ und oberhalb von $(Q - L_{h0})$ unabhängig von den intertemporalen Präferenzen und unabhängig von der Anfangsausstattung des Entscheiders als auf jeden Fall suboptimal ausgeschlossen werden. Welches Investitionsvolumen zwischen $(Q - L_{s0})$ und $(Q - L_{h0})$ für den Entscheider optimal ist, bleibt hingegen ebenso von seinen persönlichen intertemporalen Präferenzen und seiner Anfangsausstattung abhängig wie die parallel zu treffenden Finanzierungs- und Konsumentscheidungen.

Die folgende Übungsaufgabe dient noch einmal der Verdeutlichung dieser Sachverhalte.

Übungsaufgabe 7.8:

Verdeutlichen Sie die drei zuletzt genannten Fälle einschließlich der zu (3) genannten Unterfälle, indem Sie in die folgenden Graphiken jeweils geeignete Indifferenzkurven einzeichnen. Verdeutlichen Sie dabei durch entsprechende Markierungen unterhalb der e_0-Achse die Beträge von Investition, Konsum sowie Geldaufnahme oder -anlage.

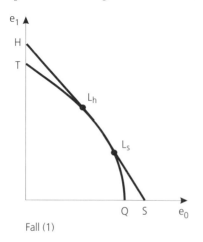

Fall (1)

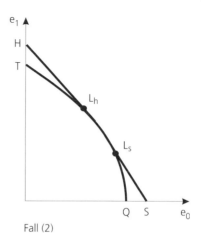

Fall (2)

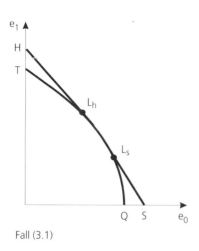

Fall (3.1)

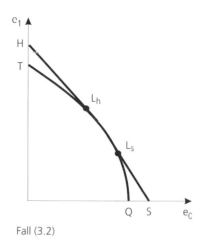

Fall (3.2)

7.3.6 Fazit

Nach dem FISHER/HIRSHLEIFER-Modell setzt jeder (nutzenmaximierende) Entscheider bei Zugang zu einem vollkommenen Finanzmarkt unabhängig von seinen Konsumpräferenzen und unabhängig von seinem Ausgangsvermögen so lange finanzielle Mittel für die Durchführung von Realinvestitionen ein, bis die Grenzrendite der zuletzt investierten Geldeinheit gerade dem Zinssatz am vollkommenen Finanzmarkt entspricht. Hält sich der Entscheider an diese „Investitionsregel", so erweitert er mit jeder zusätzlich investierten Geldeinheit seine Konsummöglichkeiten in $t=0$ und/oder $t=1$, da er unabhängig von seiner Anfangsausstattung und seinen zeitlichen Konsumpräferenzen mit jeder investierten Geldeinheit einen Überschuss über die damit verbundenen Finanzierungskosten (bei Kreditaufnahme) oder Opportunitätskosten (bei Geldanlage am Finanzmarkt) erwirtschaftet. Er führt also alle Realinvestitionsprojekte durch, die auf Basis des Marktzinssatzes einen positiven Kapitalwert aufweisen. Unabhängig voneinander durchführbare Realinvestitionsprojekte können folglich isoliert beurteilt werden.

Die bei vollkommenem Finanzmarkt bestehende Möglichkeit zur Separation von Investitions- und Konsumentscheidung und die damit verbundene Möglichkeit einer präferenz- und vermögensunabhängigen Investitionsentscheidung auf der Basis des Kapitalwertkriteriums sind zum einen für die Möglichkeit einer Delegation von Entscheidungskompetenzen im Investitionsbereich an Dritte von Bedeutung, zum anderen gewährleisten sie bei mehreren Entscheidungsträgern, die an den finanziellen Konsequenzen der Investitionstätigkeit partizipieren, Interessenharmonie. Anteilseigner eines Unternehmens können den von ihnen angestellten Managern vorschreiben, alle Investitionen zu realisieren, die einen positiven Kapitalwert aufweisen, und damit Entscheidungsspielräume der Agenten einschränken. Mehrere Anteilseigner streben unabhängig von der Höhe der notwendigen Investitionsauszahlungen, unabhängig von der zeitlichen Struktur der Investitionsrückflüsse und unabhängig von ihren individuellen zeitlichen Präferenzen einvernehmlich die Maximierung des auf den Zeitpunkt $t=0$ bezogenen Unternehmensvermögens an, also einvernehmlich das kapitalwertmaximale Realinvestitionsprogramm. Jedes andere Investitionsprogramm wäre aus Sicht jedes einzelnen Gesellschafters ineffizient, da es mit dem Verzicht auf Konsummöglichkeiten einherginge (Fisher Separation).

Der Kapitalwert des Investitionsprogramms selber kann dabei als der Betrag interpretiert werden, um den der Entscheider im Falle der Investitionsdurchführung seinen Gegenwartskonsum maximal steigern kann, ohne im Vergleich zum Investitionsverzicht im Zeitpunkt $t=1$ auf Konsum verzichten zu müssen. In bildhafter Interpretation kann der Entscheider durch „Wanderung" auf der für das nutzenmaximale Realinvestitionsprogramm relevanten Finanzmarktgeraden unterschiedliche Kombinationen von Gegenwarts- und Zukunftskonsum realisieren. Ermittelt man zum Beispiel, ausgehend vom Kapitalwert des nutzenmaximalen Investitionsprogramms, durch Multiplikation mit dem Zinsfaktor für eine Periode den Endwert des nutzenmaximalen Investitionsprogramms, so kann der Endwert als der Betrag interpretiert werden, um den der Entscheider im Falle der Investitionsdurchführung seinen Konsum im Zeitpunkt $t=1$ maximal steigern kann, ohne im Vergleich zum Investitionsverzicht im Zeitpunkt $t=0$ auf Konsum verzichten zu müssen.

Übungsaufgabe 7.9:

Gehen Sie letztmalig von den Ausgangsdaten der Übungsaufgabe 7.4 aus! Es gilt:

$Q_A = 1.000$, $Q_B = 2.000$, $Q_C = 2.000$, $R = 50 \cdot I^{0,5}$, $\varphi_A = \varphi_B = C_0 \cdot C_1$, $\varphi_C = C_0 \cdot C_1^{0,5}$ und $r_H = r_S = 0,15$.

a. Bestimmen Sie jeweils die Achsenschnittpunkte der für die Entscheider A, B und C maximal erreichbaren Finanzmarktgeraden!
b. Bestimmen Sie die Kapitalwerte der für die Entscheider A, B und C optimalen Investitionsprogramme!
c. Erläutern Sie Zusammenhänge zwischen den in den Teilaufgaben a) und b) ermittelten Ergebnissen!

Durch Geldanlage oder Kreditaufnahme am Finanzmarkt kann der Entscheider zwar jeden möglichen Konsumpunkt der relevanten Finanzmarktgeraden erreichen, er kann jedoch den im Zeitpunkt $t = 0$ möglichen maximalen Zusatzkonsum (den Kapitalwert des nutzenmaximalen Investitionsprogramms) nicht mehr beeinflussen. Der Kapitalwert aller Finanzmarktaktivitäten ist bekanntlich gleich Null. Nur Maßnahmen, durch die ein Entscheider die Finanzmarktgerade „wechselt", also Maßnahmen, durch die die Finanzmarktgerade nach rechts verschoben wird, können zu dominanten Konsumpositionen führen. Solche Verschiebungen der Finanzmarktgeraden können jedoch nur durch einen Wechsel zu anderen Investitionsprogrammen, also durch neu hinzukommende Realinvestitionsprojekte mit positivem Kapitalwert, hervorgerufen werden.

Die für den vollkommenen Finanzmarkt im Zweizeitpunktmodell nachgewiesene Äquivalenz von Konsumnutzenmaximierung und Maximierung des Kapitalwertes des Realinvestitionsprogramms gilt ohne Einschränkungen auch im Mehrperiodenkontext. Das optimale Realinvestitionsprogramm ist auch bei Berücksichtigung mehrerer Perioden von der Anfangsausstattung und den individuellen zeitlichen Präferenzen des Entscheiders unabhängig, sofern nur der Finanzmarkt in jeder Periode vollkommen ist. Die konkrete „Verteilung" dieses Kapitalwertes, der ja bekanntlich als eine auf den Bewertungszeitpunkt $t = 0$ bezogene Vermögenserhöhung interpretiert werden kann, auf zusätzlichen Konsum in den Konsumzeitpunkten $t = 0, \ldots, T$ kann der Entscheider dann wieder unter Berücksichtigung seiner individuellen zeitlichen Präferenzen durch Aktivitäten am Finanzmarkt steuern.

Bei unvollkommenem Finanzmarkt werden nicht nur Finanz- und Konsumentscheidungen durch die individuelle Vermögensausstattung und die intertemporale Präferenzstruktur eines Entscheiders bestimmt, sondern auch die Investitionsentscheidung selbst. Eine Separation dieser Entscheidungen ist dann nicht mehr möglich. Jeder Entscheider maximiert seinen Konsumnutzen möglicherweise bei einem anderen Investitionsprogramm, so dass Kapitalwerte als Beurteilungsgrundlage für einzelne Realinvestitionsprojekte nicht mehr generell herangezogen werden können. Auch eine isolierte Beurteilung einzelner Investitionsprojekte ist bei unvollkommenen Finanzmärkten nicht mehr unabhängig von der Ausgangssituation des Entscheiders möglich. Nur wenn der Entscheider im Zeitpunkt der Investitionsentscheidung weiß, dass er den Finanzmarkt unabhängig von anstehenden Investitionsentscheidungen in einer Periode zwingend nur zu Geldanlagen oder aber nur zu Kreditaufnahmen in Anspruch nehmen wird, der Entscheider also jeder einzelnen Periode eine eindeutige Finanzlage zuordnen kann, können zielkonforme Entscheidungen mittels Anwendung der Kennzahlen Kapitalwert oder Endwert auch im Falle eines unvollkommenen Finanzmarktes getroffen werden. Ist diese Voraussetzung nicht für alle Gesellschafter eines Unternehmens gleichermaßen erfüllt, präferieren unterschiedliche Gesellschafter u. U. unterschiedliche Investitionsvolumina und es herrscht Interessendivergenz in Bezug auf das optimale Investitionsprogramm. In den folgenden Abschnitten 7.4 und 7.5 werden wir bei der Behandlung zweier Modelle der „Simultanen Investitions- und Finanzplanung" auf mit der Unvollkommenheit des Finanzmarktes zusammenhängende Probleme der Investitionsprogrammplanung näher eingehen.

7.4 Einperiodige, simultane Investitions- und Finanzplanung

7.4.1 Problemstellung

In den vorangegangenen Kapiteln haben wir uns – abgesehen von dem in Abschnitt 4.6.5 behandelten Fall des unvollkommenen Finanzmarktes mit im Zeitablauf variierenden und divergierenden Soll- und Habenzinssätzen und dem in Abschnitt 4.7 behandelten Spezialfall sogenannter „projektbezogener Finanzierungsmaßnahmen – stets nur mit einzelnen Investitionsprojekten oder bestimmten Folgen solcher Projekte beschäftigt, ohne dabei die Finanzierungsmöglichkeiten explizit zu erfassen. Dieses Vorgehen wurde durch die Prämisse des vollkommenen Finanzmarktes mit betraglich unbegrenzten Aufnahme- und Anlagemöglichkeiten zu einem fest vorgegebenen Zinssatz ermöglicht. Hebt man diese Annahme nun in der Weise auf, dass verschiedene Finanzierungsmöglichkeiten mit unterschiedlichen Finanzierungskosten berücksichtigt werden, so wird es angesichts der dabei auftretenden **Interdependenzprobleme** unumgänglich, das gesamte Investitionsprogramm simultan mit dem Finanzierungsprogramm festzulegen.

Im Folgenden stellen wir mit dem DEAN -Modell zunächst ein besonders einfaches Totalmodell vor, mit dem – unter engen Rahmenannahmen – in einem deterministischen Zwei-Zeitpunkt-Modell, also unter der Annahme der sicheren Kenntnis aller entscheidungsrelevanten Daten, das Interdependenzproblem in sehr anschaulicher Form gelöst und somit das endwertmaximale Investitions- und Finanzierungsprogramm bestimmt werden kann. Anschließend zeigen wir die Grenzen des von DEAN vorgeschlagenen Simultanplanungsansatzes auf und gehen darauf aufbauend in Abschnitt 7.5 auf einen mehrperiodigen Ansatz zur simultanen Investitions- und Finanzplanung ein.

7.4.2 Grundform des DEAN-Modells

7.4.2.1 Prämissen

Betrachtet wird eine Situation, in der verschiedene Investitions- und Finanzierungsprojekte zur Auswahl stehen, aus denen das optimale **Programm** zusammengestellt werden soll. Vereinfachend sollen folgende Prämissen gelten:

Einperiodigkeit:
Alle zur Auswahl stehenden Investitions- und Finanzierungsprojekte sind nach einer Periode vollständig abgewickelt und führen nur genau zu Periodenbeginn (Zeitpunkt $t = 0$) und Periodenende ($t = 1$) zu Zahlungen, die sicher bekannt sind. Mit den Projekten sind keinerlei Auswirkungen auf die Handlungsmöglichkeiten in späteren Perioden verbunden.

Teilbarkeit:
Alle Projekte können nur jeweils in einem beschränkten Ausmaß durchgeführt werden. Innerhalb dieses Ausmaßes sind die Projekte jedoch in beliebig kleine Teilprojekte zerlegbar.

Unabhängigkeit:
Die Realisierung der einzelnen Projekte ist jeweils unabhängig davon, ob ein bestimmtes anderes Projekt durchgeführt wird oder nicht. Interdependenzen bestehen also nur darin, dass die Finanzierungsmittel insgesamt ausreichen müssen, um die Investitionsauszahlungen abzudecken.

Da das nun zu behandelnde Verfahren zur Lösung eines solchen Problems auf JOEL DEAN[101] zurückgeführt wird, bezeichnen wir es als DEAN-Modell. Eine dem DEAN-Modell entsprechende Problemstruktur wird durch folgendes Beispiel verdeutlicht:

Beispiel 7.6:
Zur Auswahl stehen folgende Investitions- und Finanzierungsprojekte mit den jeweils angegebenen Zahlungskonsequenzen e_0 in ($t = 0$) und e_1 in ($t = 1$).[102]

Tabelle 7.1   Zur Verfügung stehende Investitionsprojekte

Laufende Nr. der Investitionsprojekte i	[1]	[2]	[3]	[4]	[5]
e_0	−100	−160	−70	−60	−30
e_1	+112	+170	+77	+78	+36

Außerdem besteht – als Projekt [6] – die Möglichkeit, Mittel für 1 Jahr zu 4% p.a. anzulegen. An Finanzierungsmöglichkeiten liegen folgende Angebote für einjährige Kredite vor.

---

[101] Vgl. DEAN (1969), S. 14-81.
[102] Negative e-Werte bezeichnen Auszahlungen. Die Indexnummern i = 1, 2, ..., m von Investitionsprojekten wollen wir im Folgenden zur besseren Kennzeichnung in eckige Klammern setzen. Die Indexnummern j = 1, 2, ..., n von Finanzierungsprojekten setzen wir in runde Klammern.

Tabelle 7.2 Zur Verfügung stehende Finanzierungsprojekte

Laufende Nr. der Finanzierungsprojekte j	[1]	[2]	[3]
Maximalbetrag	50	70	160
Effektivzinssatz f_j^*	8%	11%	15%

Außerdem stehen – als Projekt Nr. (4) – 80 an freien liquiden Mitteln zur Verfügung.

Im Folgenden werden wir die einzelnen Schritte des DEAN-Modells stets an diesem Beispiel verdeutlichen.

Übungsaufgabe 7.10:
Rufen Sie sich noch einmal den Begriff des internen Zinsfußes ins Gedächtnis! Bestimmen Sie allgemein formelmäßig sowie für das vorliegende Beispiel numerisch den internen Zinsfuß r* von Zwei-Zeitpunkt-Investitionen!

Wie ist diese Größe konkret in dem hier untersuchten Zwei-Zeitpunkt-Fall zu interpretieren?

7.4.2.2 Bestimmung des Optimalprogramms

Um in einer solchen Situation das Programm zu bestimmen, das zu dem **höchsten Einzahlungsüberschuss** in t = 1 führt, wird in drei Schritten vorgegangen:

1. Ableitung der Mittelbedarfskurve
2. Ableitung der Mittelangebotskurve[103]
3. Simultane Bestimmung der optimalen Investitions- und Finanzierungsprojekte.

1. Ableitung der Mittelbedarfskurve

Die Investitionsprojekte i = 1, 2, ..., m werden nach der Höhe ihres internen Zinsfußes r_i^* geordnet. So ergibt sich für unser Beispiel:

Beispiel 7.6 (Fortsetzung 1):

Tabelle 7.3 Rangfolge der Investitionsprojekte[104]

Projekt i	[4]	[5]	[1]	[3]	[2]
Interner Zinsfuß r_i^*	30%	20%	12%	10%	6,25%
Mittelbedarf $(-e_0)$	60	30	100	70	160
kum. Mittelbedarf C_B	60	90	190	260	420

---

[103] In anderen Darstellungen des DEAN-Modells wird überwiegend von einer *Kapital*bedarfskurve und einer *Kapital*angebotskurve gesprochen. Diese sehr missverständlichen Bezeichnungen, die eine Verknüpfung mit Passivposten einer Bilanz herstellen, werden hier bewusst vermieden.

[104] Investitionsprojekt [6] wird nicht aufgeführt, da unterstellt wird, dass die eigenen Mittel des Investors nicht ausreichen, um alle verfügbaren Investitionsprojekte parallel zu realisieren.

Unterstellt man nun – zunächst ohne Begründung – dass die einzelnen Investitionsprojekte nur dann durchgeführt werden und folglich nur dann finanzielle Mittel in Anspruch nehmen, wenn ihr interner Zinsfuß höher ist als die maßgeblichen Finanzierungskosten f, so kann die Größe C_B als Angabe des **Mittelbedarfs in Abhängigkeit von den Finanzierungskosten** angesehen werden.

Beispiel 7.6 (Fortsetzung 2):
Betrügen in unserem Beispiel die Finanzierungskosten etwa generell 11%, so würden nur für die Investitionen [4], [5] und [1] finanzielle Mittel nachgefragt; der Mittelbedarf beliefe sich also auf 190. Überlegen Sie selbst, wie hoch der Mittelbedarf dementsprechend bei f = 4% (25%, 60%) wäre!

Die graphische Verdeutlichung des Zusammenhangs zwischen Mittelbedarf C_B und Finanzierungskosten f kann somit auch als **Mittelbedarfskurve** interpretiert werden. Für unser Beispiel kann so der in Abb. 7.4 dargestellte Kurvenzug abgeleitet werden.

Beipiel 7.6 (Fortsetzung 3):

Abbildung 7.4   Mittelbedarfskurve[105]

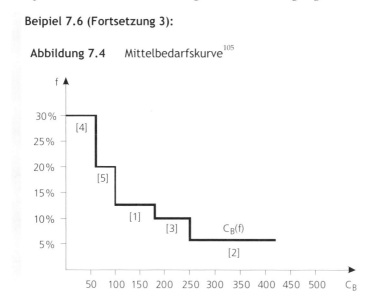

2. Ableitung der Mittelangebotskurve

Die Finanzierungsprojekte j = 1, 2, ..., n werden analog zu Schritt 1 nach der Höhe der jeweiligen Finanzierungskosten f_j^* geordnet – allerdings jetzt in steigender Ordnung.[106]

---

[105] Investitionsprojekt [6] wird nicht aufgeführt, da unterstellt wird, dass die eigenen Mittel des Investors nicht ausreichen, um alle verfügbaren Investitionsprojekte parallel zu realisieren.
[106] Für die freien liquiden Mittel werden dabei Finanzierungskosten in Höhe von 0% angesetzt. Im Unterschied zu der hier gewählten Darstellung werden in den meisten anderen Darstellungen des DEAN-Modells für freie liquide Mittel stattdessen Finanzierungskosten in Höhe eines Opportuni-

Beispiel 7.6 (Fortsetzung 4):

Für die Rangfolge der Finanzierungsprojekte ergibt sich in unserem Beispiel damit:

Tabelle 7.4 Rangfolge der Finanzierungsprojekte

Projekt j	(4)	(1)	(2)	(3)
Finanzierungskosten f_j^*	0%	8%	11%	15%
Mittelangebot e_0	80	50	70	160
kum. Mittelangebot C_A	80	130	200	360

Die Größe C_A kann als Angabe des bei alternativ hohen Finanzierungskostensätzen verfügbaren Mittelangebotes aufgefasst werden. Die zugehörige graphische Darstellung (vgl. Abb. 7.5) ist entsprechend als **Mittelangebotskurve** zu interpretieren.

Beispiel 7.6 (Fortsetzung 5):

Abbildung 7.5 Mittelangebotskurve (1)

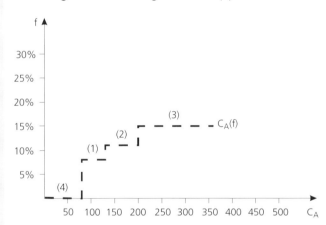

3. Bestimmung des Optimalprogramms

Zur Ableitung des gesuchten optimalen Investitions- und Finanzierungsprogramms werden nun Mittelbedarfs- und Mittelangebotskurve in einem Diagramm zusammengefasst (vgl. Abb. 7.6).

---

tätskostensatzes angesetzt. Dieser üblichen Vorgehensweise wird hier nicht gefolgt, da sie bereits in der Abbildung des Mittelangebots eine Verknüpfung zwischen Mittelangebot und Mittelbedarf herstellt. Diese Verknüpfung ist bei konsequenter Umsetzung des Modells aber sachgerechterweise erst durch eine Gegenüberstellung von Mittelangebot und Mittelbedarf herzustellen.

Beispiel 7.6 (Fortsetzung 6):

Abbildung 7.6 **Bestimmung** des optimalen Investitions- und Finanzierungsprogramms (DEAN-Modell)

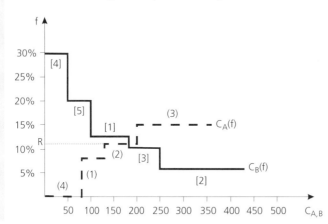

Wie wir noch nachweisen werden, wird das optimale Programm des DEAN-Modells dann durch den Schnittpunkt von C_A-C_B-Kurve bestimmt. Es enthält alle Projekte, die in der Graphik durch ein Kurvenstück links vom Schnittpunkt gekennzeichnet werden, also auf jeden Fall

– alle Investitionsprojekte, deren interner Zinsfuß **größer** ist als der durch den Schnittpunkt bestimmte Satz R und
– alle Finanzierungsprojekte, deren Zinskosten **niedriger** sind als R.

Hinreichende Voraussetzung dafür, dass ein Investitionsprojekt [i] vollständig in das optimale Programm aufgenommen wird, ist also die Bedingung, dass

(7.1 a) $\qquad r_i^* = \dfrac{e_{1i}}{-e_{0i}} - 1 > R$

gilt. Für die vollständige Aufnahme eines Finanzierungsprojektes (j) wird demgegenüber

(7.1 b) $\qquad f_j^* = \dfrac{-e_{1j}}{e_{0j}} - 1 < R$

verlangt.[107]

Außerdem werden die Projekte, deren interner Zinsfuß oder deren Zinskosten genau mit dem kritischen Zinssatz R übereinstimmen, häufig zu einem bestimmten Bruchteil durchgeführt. Gilt also:

---

[107] e_{ti} (e_{tj}) bezeichnen die mit einem Investitionsprojekt i (Finanzierungsprojekt j) im Zeitpunkt t (t = 0, 1) verbundenen Zahlungen.

Einperiodige, simultane Investitions- und Finanzplanung

(7.1 c) $\quad r_i^* = R \quad$ oder $\quad f_j^* = R$,

so kann aus dieser Angabe allein das genaue Ausmaß, in dem das betrachtete Projekt durchgeführt werden soll, noch nicht bestimmt werden. Dies ergibt sich – von speziellen Ausnahmefällen abgesehen – zumeist jedoch als „Rest" aus der Kumulation der Mittelbeträge der sonstigen Projekte.

Beispiel 7.6 (Fortsetzung 7):
In unserem Beispiel wären gem. Abb. 7.6 also die Investitionsprojekte [4], [5] und [1] durchzuführen, was einem Mittelbedarf von 190 entspricht. Die Finanzierung erfolgte durch freie liquide Mittel von 80 (Projekt (4)), Kredit (1) von 50 sowie Kredit (2) im Umfang von 60. Finanzierungsprojekt (2), für das $f_2^* = R$ gilt, würde also nicht in der maximal möglichen Höhe von 70 genutzt. Dieses Optimalprogramm liefert einen Vermögenszuwachs in Höhe von 25,4 (= 78 + 36 + 112 – 80 – 54 – 66,6) bzw. ein Endvermögen von 105,4 (= 80 + 25,4). Die Höhe des Vermögenszuwachses entspricht in graphischer Veranschaulichung in Abb. 7.6 der Fläche zwischen der C_A- und der C_B-Kurve links von deren Schnittpunkt.

Übungsaufgabe 7.11:
Bestimmen Sie unter Annahmen des DEAN-Modells für folgende Investitions- und Finanzierungsprojekte das optimale Programm!

Investitionsprojekte			Finanzierungsprojekte		
Nr.	e_0	e_1	Nr.	e_0	e_1
[1]	–100	110	(1)	40	– 48
[2]	–80	90	(2)	100	–108
[3]	–90	108	(3)	80	–100
[4]	–120	126	(4)	60	– 66
[5]	–70	91	(5)*	50	– 50

* freie liquide Mittel

7.4.2.3 Optimalitätsuntersuchung

Bislang haben wir nur eine ganz bestimmte Lösungstechnik untersucht und dabei ohne besonderen Nachweis behauptet, die nach dieser Technik abgeleitete Lösung sei optimal. Diese Behauptung gilt es nun zu überprüfen. Dabei wollen wir im Folgenden unterstellen, dass im Fall mehrdeutiger Lösungen, also verschiedener Programme mit gleichem Endvermögen, stets das geringste Investitionsvolumen realisiert wird. Zunächst wollen wir Ihnen einige Plausibilitätsüberlegungen zum Lösungsverfahren des DEAN-Modells vorstellen und im Anschluss daran den Nachweis führen, dass die mittels des beschriebenen Verfahrens abgeleitete Lösung unter den in Abschnitt 7.4.2.1 festgelegten Prämissen optimal ist.

1. Sofern überhaupt investiert wird, wird zunächst das Projekt in Angriff genommen, bei dem der Verdienst je eingesetzter Geldeinheit (d.h. der interne Zinsfuß) am größten ist. Wird darüber hinaus investiert, so in das nächst günstige Projekt etc.
2. Sofern überhaupt investiert wird, wird dafür zunächst das Finanzierungsprojekt mit den niedrigsten Zinskosten eingesetzt. Reicht dieses nicht aus, so wird das nächst teure herangezogen etc.
3. Bei der Entscheidung über das Investitionsvolumen werden jeweils gegenübergestellt
   – der Verdienst pro eingesetzte Geldeinheit, der aus dem günstigsten der noch nicht definitiv beschlossenen Investitionsprojekte erzielt wird,
   – die Kosten pro aufgenommene Geldeinheit bei dem günstigsten der noch verfügbaren Finanzierungsprojekte.

Eine Ausdehnung des Investitions- (und Finanzierungs-) volumens ist dann offenbar solange lohnend, wie der Verdienst aus der letzten eingesetzten Geldeinheit größer ist als die für ihren Einsatz zu veranschlagenden Finanzierungskosten (**Optimalitätsbedingung**).

Bezeichnet man nun die Gesamtheit der nach der Höhe ihrer internen Zinsfüße geordneten Investitionsprojekte als das (mögliche) Investitionsprogramm (IP), die Gesamtheit der Finanzierungsprojekte entsprechend als das (mögliche) Finanzierungsprogramm (FP), so läuft die dargestellte **Entscheidungsregel** darauf hinaus,

> *das Investitions- und Finanzierungsprogramm so lange auszudehnen, wie der marginale interne Zinsfuß des IP größer ist als die marginalen Zinskosten des FP, also solange gilt:*
>
> *Grenzerlös > Grenzkosten.*

Dieses Kriterium stellt nichts anderes dar, als eine Übertragung der einschlägig bekannten COURNOT-Bedingung für einen Angebotsmonopolisten auf unser einperiodiges Investitionsproblem.

Dass die aufgrund einer solchen Marginalbedingung gefundene Lösung auch wirklich optimal ist, wollen wir beispielhaft für die durch Abb. 7.6 dargestellte Konstellation von Mittelangebot und -nachfrage verdeutlichen.[108]

Wäre das nach dem oben beschriebenen „Marginalverfahren" ermittelte Investitions- und Finanzierungsprogramm *nicht optimal*, müsste es möglich sein, durch geeignete Variationen dieses Programms einen höheren Einzahlungsüberschuss zu erreichen. Dabei sind folgende vier Grundtypen derartiger Variationen möglich.

Finanzierungssubstitution:
Ein bislang im Programm befindliches Finanzierungsprojekt (j) wird bei unverändertem Investitionsprogramm ganz oder teilweise durch ein bislang nicht im Programm befindli-

---

[108] Entsprechende Beweise lassen sich auch für sämtliche anderen möglichen Konstellationen von C_A- und C_B-Kurven führen.

ches Finanzierungsprojekt (k) ausgetauscht. Aus jeder in dieser Weise substituierten Geldeinheit resultiert folgende Veränderung Δ des Einzahlungsüberschusses in t = 1:

$$\Delta = (1+f_j^*) - (1+f_k^*) = f_j^* - f_k^* .$$

Da jedes nicht im Programm befindliche Finanzierungsprojekt (k) jedoch **höhere** Finanzierungskosten aufweist als jedes im Programm befindliche Projekt (j) ist Δ zwangsläufig negativ; d.h. die Zielgröße würde sinken.

Programmreduktion:
Investitions- und Finanzierungsprogramm werden durch Reduzierung bislang im Programm befindlicher Projekte [i] und (j) im gleichen Umfang eingeschränkt. Für die damit erzielbare marginale Ergebnisveränderung Δ gilt:

$$\Delta = (1+f_j^*) - (1+r_i^*) = f_j^* - r_i^* .$$

Da die Finanzierungskosten aller im Programm befindlichen Finanzierungsprojekte auf jeden Fall **niedriger** sind, als der interne Zinsfuß jedes beliebigen Investitionsprojektes aus dem Programm, ist Δ auch in diesem Fall negativ.

Programmexpansion:
Investitions- und Finanzierungsprogramm werden durch die zusätzliche Inangriffnahme bislang nicht im Programm befindlicher Projekte [h] und (k) in gleichem Umfang ausgedehnt. Dann gilt:

$$\Delta = (1+r_h^*) - (1+f_k^*) = r_h^* - f_k^* .$$

Da für die zunächst nicht im Programm befindlichen Projekte die jeweiligen Finanzierungskosten grundsätzlich höher sind als die internen Zinsfüße der Investitionsprojekte, ist Δ wiederum negativ.

Investitionssubstitution:
Bei unverändertem Finanzierungsprogramm wird ein bisher im Programm befindliches Investitionsprojekt [i] durch ein bislang nicht im Programm befindliches [h] substituiert.

Es gilt:

$$\Delta = (1+r_h^*) - (1+r_i^*) = r_h^* - r_i^* .$$

Aus einer zum Fall der Finanzierungssubstitution analogen Überlegung folgt, dass sich auch in diesem Fall ein negativer Wert für Δ ergibt.

Alle vier Grundformen möglicher Modifikationen des durch den Schnittpunkt von C_B- und C_A-Kurve bestimmten Programms sind also mit Verminderungen der Zielgröße verbunden. Da nun aber alle überhaupt nur denkbaren Programmmodifikationen als Mischung mehrerer dieser Grundtypen angesehen werden können, gibt es offenbar keine Möglichkeit, durch Variationen des zunächst gefundenen Programms eine bessere Lösung zu erreichen. Mithin ist die nach dem beschriebenen Verfahren abgeleitete Lösung optimal.

7.4.3 Erweiterungen und Grenzen des DEAN-Modells

7.4.3.1 Unteilbarkeit von Investitionsprojekten

Die bisherigen Ausführungen standen stets unter den drei Grundprämissen der **Teilbarkeit**, der **Unabhängigkeit** und der **Einperiodigkeit**. In diesem und den beiden folgenden Abschnitten wollen wir uns zumindest einen kurzen Überblick darüber verschaffen, inwieweit die Grundform des DEAN-Modells bei geeigneten Modifikationen auch dann noch anwendbar bleibt, wenn nicht mehr alle diese Prämissen erfüllt sind.

Dabei ist dieser Abschnitt zunächst dem Problem der Unteilbarkeit von Investitionsprojekten gewidmet. Für die Finanzierungsseite hingegen wollen wir die Annahme beliebiger Teilbarkeit beibehalten. Dies entspricht zumeist auch den realen Gegebenheiten, da Finanzierungsquellen bis zu einem Maximalrahmen in aller Regel ja auch in beliebigen Teilbeträgen genutzt werden können.

Das gleiche gilt dementsprechend auch noch für eine Vielzahl von Finanzinvestitionen. Denn, sieht man einmal von Kleinanlegern einerseits und dem Kauf ganzer „Beteiligungspakete" andererseits ab, so können etwa auch Wertpapieranlagen praktisch beliebig gestückelt werden. Im Bereich der Sachinvestition hingegen liegen die Verhältnisse in aller Regel anders. Es ist eben nicht so ohne weiteres möglich, statt einer bestimmten Produktionsanlage (etwa einem Hochofen oder einer Walzstraße) eine Mini-Anlage von nur 20% oder 30%-iger Größe zu errichten. In solchen Fällen kommen somit nur noch solche Lösungen in Betracht, bei denen die zur Auswahl stehenden Investitionsprojekte entweder ganz oder gar nicht durchgeführt werden.

Wir wollen derartige Lösungen im Folgenden als **ganzzahlige Lösungen** bezeichnen. Weiterhin wollen wir vereinbaren, die (gegebenenfalls nur scheinbare) Lösung, die sich unter Vernachlässigung der Unteilbarkeit bei Anwendung des ganz einfachen Verfahrens nach Abschnitt 7.4.2.2 durch den Schnittpunkt von C_A- und C_B-Kurve ergeben würde, im Folgenden als **Basislösung** zu bezeichnen.

Zur Verdeutlichung der aus der Unteilbarkeit von Investitionsprojekten resultierenden Probleme sei folgende Konstellation von (unteilbaren) Investitionsprojekten und (beliebig teilbaren) Finanzierungsprojekten betrachtet.

Beispiel 7.7:

Tabelle 7.5 Ausgangsdaten (Unteilbarkeit von Investitionsprojekten)

Investitionsprojekte				Finanzierungsprojekte			
Nr.	e_0	e_1	r*	Nr.	e_0	e_1	f*
[1]	–300	+327	9%	(1)	+500	–520	4%
[2]	–700	+756	8%	(2)	+1.000	–1.100	10%
[3]	–250	+265	6%	–	–	–	–

Die zugehörigen C_A- und C_B-Kurven haben das in Abb. 7.7 dargestellte Aussehen.

Abbildung 7.7 Dean-Modell bei unteilbaren Investitionsprojekten

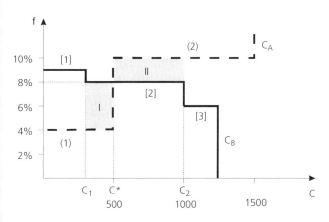

Die Basislösung, d.h. die nach unserem einfachen Verfahren aus Abschnitt 7.4.2.2 abgeleitete Lösung ist also nicht ganzzahlig. Wäre Projekt [2] teilbar, so wäre es optimal, es in einem Teilvolumen von 200 durchzuführen, das gesamte Investitionsvolumen also auf C* = 500 zu fixieren. Da [2] aber unteilbar ist, kann es entweder nur ganz (Investitionsvolumen C_2 = 1.000) oder gar nicht (Investitionsvolumen C_1 = 300) durchgeführt werden.

Eine Möglichkeit um festzustellen, welchem dieser beiden Lösungspunkte der Vorzug gebührt, besteht nun darin, die zugehörigen Endvermögen miteinander zu vergleichen. Für Investitionsvolumen C_1 errechnet sich für den Zeitpunkt t = 1 folgender Wert:

Einzahlungsüberschuss Projekt [1]	+ 327
./. Zins und Tilgung Projekt (1) 300 · 1,04 =	– 312
	+ 15 .

Bei Investitionsvolumen C_2 hingegen erhalten wir:

Einzahlungsüberschuss Projekt [1]	+ 327
+ Einzahlungsüberschuss Projekt [2]	+ 756
./. Zins und Tilgung Projekt (1) 500 · 1,04 =	− 520
./. Zins und Tilgung Projekt (2) 500 · 1,1 =	− 550
	+ 13 .

Die Durchführung von [2], d.h. der Übergang von C_1 nach C_2, brächte also netto eine Einzahlungsminderung von 2; d.h. der Verzicht auf [2] wäre der Durchführung vorzuziehen. Das gleiche Ergebnis erhält man auch, wenn man die in Abb. 7.7 mit I und II bezeichneten Flächen miteinander vergleicht. Denn Fläche I gibt die Steigerung des Einzahlungsüberschusses an, die aus dem (fiktiven) Übergang von C_1 zu C^* resultierte; Fläche II kennzeichnet entsprechend die Minderung des Einzahlungsüberschusses, die aus dem weiteren Übergang von C^* zu C_2 resultierte. Numerisch gilt:

I:	200 · 4%	=	8
II:	500 · 2%	=	10
	I ./. II		−2 .

Die bislang gewonnenen Ergebnisse könnten nun den (Fehl-) Schluss nahelegen, das DEAN-Modell könne im Grunde weiterhin angewendet werden, nur müsse immer dann, wenn die danach gewonnene Basislösung nicht ganzzahlig sei, zusätzlich noch geprüft werden, ob bezüglich des Grenzprojektes Verzicht oder Realisierung vorzuziehen seien. So plausibel ein solches Verfahren auf den ersten Blick auch erscheinen mag – es kann trotzdem in die Irre führen. Zum Beleg sei unser Beispiel weiter untersucht.

Beispiel 7.7 (Fortsetzung 1):

Bislang haben wir uns auf den Vergleich der Investitionsprogramme [1] und [1] & [2] beschränkt. Die Durchführung von [1] hatten wir jedoch überhaupt nicht in Zweifel gestellt. Warum auch? Der [1] entsprechende Teil der C_B-Kurve liegt ja auf jeden Fall links vom Schnittpunkt; nach den in Abschnitt 7.4.2.2 abgeleiteten Ergebnissen gehört [1] somit auf jeden Fall dem optimalen Investitionsprogramm an.

Aber Vorsicht vor derartigen Analogieschlüssen! Unsere im Abschnitt 7.4.2.2 abgeleiteten Ergebnisse gelten zunächst nur unter der Prämisse beliebiger Teilbarkeit. Unterstellen wir nämlich einmal, es würde auf [1] verzichtet und nur [2] durchgeführt, so errechnet sich in t = 1 folgender Einzahlungsüberschuss:

Einzahlungsüberschuss Projekt [2]	+ 756
./. Zins und Tilgung Projekt (1) 500 · 1,04 =	− 520
./. Zins und Tilgung Projekt (2) 200 · 1,1 =	− 220
	+ 16 .

Wir stellen also – zu unserem Erstaunen? – fest, dass es im vorliegenden Fall offenbar doch von Vorteil wäre, Projekt [1] mit dem höheren internen Zinsfuß (von 9%) durch ein anderes Projekt, nämlich [2] mit einem internen Zinsfuß von nur 8% zu ersetzen – und das, obwohl [2] wegen seines größeren Volumens auch noch die teilweise Inanspruchnahme ausgesprochen teurer Finanzierungsmöglichkeiten – Projekt (2) – bedingt.

Zwischenergebnis: Im Fall nicht ganzzahliger Basislösungen ist die Ermittlung des C_B-C_A-Schnittpunktes und die gesonderte Vorteilhaftigkeitsanalyse des Grenzprojektes nicht ausreichend, um mit Sicherheit die optimale Lösung zu finden. Vielmehr müssen auch alle durch Kurvenabschnitte links vom Schnittpunkt gekennzeichneten Projekte noch einmal in eine weitere Untersuchung einbezogen werden. Sind dies – abweichend von unserem Beispiel – mehrere, so müssen zudem auch alle nur möglichen Kombinationen von Teilmengen dieser Projekte untersucht werden.

Diese Erkenntnis legt nun die Vermutung nahe, dass es eventuell auch lohnend sein könnte, Projekte „rechts vom Schnittpunkt" doch noch einmal in die Berechnung mit einzubeziehen. Betrachten wir auch hierzu noch einmal unser Beispiel:

Beispiel 7.7 (Fortsetzung 2):

Würde auf Projekt [2] verzichtet, nun aber [1] mit dem zunächst auf jeden Fall als unvorteilhaft erscheinenden Projekt [3] gemeinsam durchgeführt, so erhielte man in t = 1 als Einzahlungsüberschuss:

	Einzahlungsüberschuss Projekt [1]	+ 327
+	Einzahlungsüberschuss Projekt [3]	+ 265
./.	Zins und Tilgung Projekt (1) $500 \cdot 1{,}04 =$	− 520
./.	Zins und Tilgung Projekt (2) $50 \cdot 1{,}1 \ \ =$	− 55
		+ 17.

Mit +17 würde sich durch dieses Programm somit der insgesamt höchste Einzahlungsüberschuss erzielen lassen.

Ergebnis: Im Fall unteilbarer Projekte versagt das im Abschnitt 7.4.2.2 erörterte einfache DEAN-Modell also auf jeden Fall immer dann, wenn dieses Verfahren nicht zu einer ganzzahligen Basislösung führt. In diesem Fall erlaubt der Schnittpunkt von C_B- und C_A-Kurve weder eine Aussage darüber, welche Projekte dem optimalen Investitionsprogramm auf jeden Fall angehören, noch darüber, welche Projekte ihm mit Sicherheit nicht angehören. Vielmehr ist es in diesem Falle praktisch unumgänglich, die Einzahlungsüberschüsse für sämtliche Kombinationsmöglichkeiten der zur Auswahl stehenden Investitionsprojekte je einzeln zu berechnen und dann diejenige Kombination als optimales Investitionsprogramm auszuwählen, die den höchsten Einzahlungsüberschuss aufweist. Bei einer größeren Anzahl von Projekten kann das ein durchaus langwieriges und umständliches Verfahren sein.[109]

Übungsaufgabe 7.12:

Bestimmen Sie für die in Übungsaufgabe 7.11 dargestellte Situation für den Fall das optimale Programm, dass alle Investitionsprojekte *unteilbar* sind!

---

[109] Je nach dem Aussehen von Mittelangebot und -nachfrage kann es allerdings auch in diesem Fall möglich sein, durch einfache Vorüberlegungen etliche denkbare Kombinationsmöglichkeiten von vornherein als sicherlich nicht optimal aus der Betrachtung auszuschalten und das Lösungsverfahren so wieder etwas zu vereinfachen.

Bislang haben wir nur den Fall untersucht, dass die durch den Schnittpunkt von C_A- und C_B-Kurve bestimmte Basislösung bezüglich der Investitionsprojekte nicht ganzzahlig ist. Andererseits ist es natürlich durchaus möglich, dass sich bei Anwendung des einfachen DEAN-Modells sofort eine bezüglich der Investitionsprojekte ganzzahlige Lösung ergibt. In unserem Beispiel 7.6 haben wir eine solche Konstellation ja schon kennengelernt. Für einen solchen Fall kann jedoch durch eine zum Abschnitt 7.4.2.3 analoge Überlegung gezeigt werden, dass auch bei nicht teilbaren Investitionsprojekten die Lösung des einfachen DEAN-Modells zugleich auch die optimale Lösung darstellt. Ergibt sich hingegen eine nicht ganzzahlige Basislösung, so bleibt nichts anderes übrig, als die Gesamtheit möglicher Investitionsprogramme – von verfahrenstechnischen Vereinfachungen abgesehen – vollständig zu analysieren.

Übungsaufgabe 7.13:
Welches ist im Fall unteilbarer Investitionsprojekte das optimale Investitionsprogramm des Beispiels 7.6 aus Abschnitt 7.4.2.1?

7.4.3.2 Interdependente Projekte

Bislang hatten wir stets unterstellt, dass sämtliche Investitions- und Finanzierungsprojekte jeweils völlig unabhängig von anderen Investitions- oder Finanzierungsprojekten durchgeführt werden können. De facto können jedoch verschiedene Arten von Interdependenzen auftreten, nämlich:

Interdependenzen zwischen Investitionsprojekten

Es ist möglich, dass verschiedene Investitionsprojekte einander ausschließen, bedingen oder zahlungsmäßig in komplementärer oder konkurrierender Weise beeinflussen.[110]

Interdependenzen zwischen Finanzierungsprojekten

Ebenso ist es möglich, dass Finanzierungsmöglichkeiten einander ausschließen (z.B. ein GmbH-Gesellschafter gibt entweder ein Gesellschafterdarlehen oder erhöht seine Einlage) oder bedingen. Zum Beispiel stellen Kreditinstitute Finanzierungsmittel häufig nur dann bereit, wenn zugleich Mittel im Wege der Eigenfinanzierung zugeführt werden. Solange die Eigenkapitalkosten niedriger sind als die Fremdkapitalzinsen, entstehen dadurch keine besonderen Probleme, da dann ja nach dem DEAN-Modell Fremdfinanzierung erst nach Ausschöpfen des insgesamt verfügbaren Eigenfinanzierungsvolumens vorgesehen wird. Bezieht man jedoch auch steuerliche Aspekte oder auch die Möglichkeit zur Aufnahme neuer Gesellschafter in die Betrachtung mit ein, so kann es durchaus vorkommen, dass die Eigenkapitalkosten über den Fremdkapitalkosten liegen. Bei schematischer Anwendung des DEAN-Modells würde dann eventuell nur Fremdfinanzierung vorgesehen, was aber einen Verstoß gegen die genannten Interdependenzen darstellen würde.

---

[110] Vgl. zu diesen Formen der Interdependenz Abschnitt 2.2.3.

Einperiodige, simultane Investitions- und Finanzplanung

Interdependenzen zwischen Investitions- und Finanzierungsprojekten

Schließlich ist es möglich, dass Ausmaß und Kosten von Finanzierungsmöglichkeiten von den Ertragsaussichten der Investitionsprojekte im Urteil der potentiellen Financiers sowie sonstigen Komponenten ihrer Beleihbarkeit abhängen.

Ohne auf Einzelheiten näher einzugehen, kann hier zunächst festgestellt werden, dass nach dem derzeitigen Stand der Forschung keinerlei Möglichkeiten bestehen, das DEAN-Modell so zu modifizieren, dass allgemein sämtliche Arten derartiger Interdependenzen zugleich erfasst werden können. Es liegen lediglich verschiedene Lösungsansätze vor, nach denen ganz bestimmte Spezialfälle von Interdependenzen behandelt werden können.

Zur beispielhaften Verdeutlichung derartiger Modifikationsmöglichkeiten wollen wir folgendes Beispiel einander paarweise ausschließender Investitionsprojekte betrachten. Dabei wird außerdem wieder zu der Prämisse beliebiger Teilbarkeit zurückgekehrt.

Beispiel 7.8:
Gegeben seien die folgenden vier beliebig teilbaren Investitionsprojekte, von denen sich [1] und [2] sowie [3] und [4] jeweils wechselseitig ausschließen. Die Finanzierungsmöglichkeiten seien wie im vorangegangenen Beispiel (vgl. Tab. 7.5).

Tabelle 7.6   Ausgangsdaten (wechselseitiger Ausschluss von Investitionsprojekten)

Investitionsprojekte				Finanzierungsprojekte			
Nr.	e_0	e_1	r_i^*	Nr.	e_0	e_1	f_j^*
[1]	−400	464	16%	(1)	+500	−520	4%
[2]	−1.000	1.130	13%	(2)	+1.000	−1.100	10%
[3]	−300	345	15%	−	−	−	−
[4]	−500	563	12,6%	−	−	−	−
[2 ./. 1]	−600	+666	11%	−	−	−	−
[4 ./. 3]	−200	+218	9%	−	−	−	−

Um im hier betrachteten Fall sich wechselseitig ausschließender Investitionsprojekte die Vorgehensweise des DEAN-Modells anwenden zu können, ist bei der Ableitung der Mittelbedarfskurve wie folgt vorzugehen:

– Von den sich wechselseitig ausschließenden Projekten werden zunächst jeweils diejenigen mit dem höheren internen Zinsfuß erfasst (also [1] und [3]).

- Um die Möglichkeit zu erfassen, auf das jeweils ausgeschlossene Projekt (also [2] bzw. [4]) überzugehen, werden die jeweiligen Differenzzahlungsreihen [2 ./. 1] und [4 ./. 3]) zusätzlich als fiktive Projekte in die Betrachtung einbezogen.[111]

Es ergibt sich somit das in Abb. 7.8 gezeigte Bild der C_B-Kurve.

Abbildung 7.8   DEAN-Modell bei interdependenten Investitionsprojekten

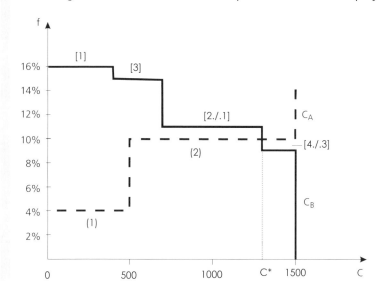

Übungsaufgabe 7.14:

Erstellen Sie für Beispiel 7.8 unter der zusätzlichen Annahme unteilbarer Investitionsprojekte eine Liste aller möglichen Investitionsprogramme und ermitteln Sie jeweils unter Berücksichtigung der angegebenen Finanzierungsmöglichkeiten die zugehörigen Einzahlungsüberschüsse!

Um auch in diesem Fall zu einer dem DEAN-Modell entsprechenden Darstellung zu gelangen, wird nun jeweils die Differenzzahlungsreihe der beiden einander ausschließenden Projekte ermittelt und zwar so, dass jeweils die Zahlungsreihe mit der (betraglich) kleineren Anfangsauszahlung von der anderen abgezogen wird (vgl. die letzten beiden Zeilen der Tab. 7.6). Dieses Verfahren braucht allerdings nur angewendet zu werden, wenn das Projekt mit dem höheren internen Zinsfuß die (betraglich) kleinere Anfangsauszahlung bedingt, so wie das in unserem Beispiel der Fall ist. Trifft diese Bedingung nicht zu, so kann das Projekt mit dem niedrigeren internen Zinsfuß und der zugleich niedrigeren Anfangsauszahlung von Anfang an als suboptimal aus dem Kalkül gestrichen werden.[112]

---

[111] Vgl. zum Begriff und zur Interpretation der Differenzzahlungsreihe Abschnitt 4.2.5.
[112] Auf einen Nachweis dieser speziellen Form eines Dominanzprinzips sei hier verzichtet.

Eine Differenzzahlungsreihe [i ./. h] verdeutlicht bekanntlich allgemein die zahlungsmäßigen Vor- und Nachteile, die aus dem Übergang von einem Projekt [h] zu einem Projekt [i] resultieren. Der interne Zinsfuß einer solchen Differenzzahlungsreihe bezeichnet somit den Finanzierungskostensatz, bei dessen Unterschreiten der Übergang von [h] zu [i] vorteilhaft ist.

Beispiel 7.8 (Fortsetzung):
Für unser Beispiel bedeutet das etwa: Solange die Finanzierungskosten über (unter) 11% liegen, führt Projekt [1] zu einem höheren (niedrigeren) Einzahlungsüberschuss als Projekt [2]. Zur Probe berechnen wir, zu welchem Endvermögenszuwachs E die beiden Projekte führten, wenn die Finanzierungskosten genau 11% betrügen. Mit

$$E([1]) = 464 - 400 \cdot 1{,}11 = +20$$

und

$$E([2]) = 1.130 - 1.000 \cdot 1{,}11 = +20$$

ergibt sich in der Tat für beide Projekte das gleiche Ergebnis. Bei der Konstruktion der Mittelbedarfskurve wird daher wie folgt verfahren:

Das durch den Schnittpunkt von C_A-C_B-Kurve bestimmte optimale Investitionsvolumen beläuft sich also auf $C^* = 1.300$. Dabei ist – schematisch interpretiert – vorgesehen, die Projekte [1], [3] und [2 ./. 1] durchzuführen. Bei [2 ./. 1] handelt es sich allerdings um ein fiktives Projekt, das de facto gar nicht zur Disposition steht. Das Nebeneinander von [1] und [2 ./. 1] ist jedoch so zu interpretieren, dass es von Vorteil ist, auf das im Zuge des Planungsprozesses zunächst einmal vorgesehene Projekt [1] zu verzichten und statt dessen auf Projekt [2] überzugehen.

Ganz analog ist die Tatsache, dass die Realisierung von [4 ./. 3] nicht vorgesehen ist, dahingehend zu interpretieren, dass es eben nicht lohnt, von [3] auf [4] überzuwechseln. Was Sie aus der Lösung von Übungsaufgabe 7.14 bereits wissen, wird also durch die vorgenommene Modifikation des DEAN-Modells bestätigt: Das optimale Investitionsprogramm umfasst die Projekte [2] und [3].

Das auf den ersten Blick vielleicht Erstaunliche an dieser Lösung ist, dass mit Projekt [2] ein Projekt mit einem relativ niedrigen internen Zinsfuß durchgeführt wird, gleichzeitig jedoch auf Projekt [1] mit dem absolut höchsten internen Zinsfuß verzichtet wird. Letztlich handelt es sich hier jedoch nur um die Bestätigung der Ihnen für den Fall des vollkommenen Finanzmarktes bereits bekannten Tatsache, dass der interne Zinsfuß kein geeignetes Entscheidungskriterium zur Auswahl zwischen einander ausschließenden Investitionsprojekten darstellt.[113] Diese Unzulänglichkeit besteht somit offensichtlich auch, wenn man – wie hier – die Prämisse des vollkommenen Finanzmarktes aufhebt.

---

[113] Vgl. dazu ausführlich Abschnitt 4.5.3.

Übungsaufgabe 7.15:
a. Wie lautet die optimale Lösung des zuletzt behandelten Beispiels 7.8, wenn sich die Kosten von Finanzierungsprojekt (2) nur auf 8% belaufen?
b. Wie lautet die optimale Lösung bei Finanzierungskosten von 14%?

Dem Versuch, durch die Berücksichtigung von Differenzzahlungsreihen auch im Fall interdependenter Projekte die Anwendbarkeit des DEAN-Modells noch aufrecht zu halten, sind allerdings enge Grenzen gesetzt. Erschwerend wirken sich dabei vor allem folgende Sachverhalte aus:

- Bestehen nicht nur paarweise Ausschlussbeziehungen zwischen den verschiedenen Investitionsprojekten, so gestaltet sich die Ableitung der Mittelbedarfskurve unter Umständen sehr viel komplizierter.

- Zusätzliche Probleme tauchen immer dann auf, wenn sich eine nicht ganzzahlige Basislösung ergibt, in der die teilweise Realisierung eines durch eine Differenzzahlungsreihe nachgebildeten fiktiven Investitionsprojektes vorgesehen ist. Entweder liegen unteilbare Projekte vor – dann stellen sich neben der Interdependenzschwierigkeit zusätzlich noch die im vorigen Abschnitt dargelegten Probleme. Oder die Projekte sind teilbar – dann ergeben sich jedoch erhebliche Interpretationsschwierigkeiten, wie die teilweise Realisierung eines durch eine Differenzzahlungsreihe nachgebildeten fiktiven Investitionsprojektes, also der teilweise Übergang von einem Projekt zu einem anderen, inhaltlich zu deuten ist.

- Sind schließlich auch noch Interdependenzen zwischen Investitions- und Finanzierungsprojekten zu erfassen, so ist es – außer in besonderen Spezialfällen – gar nicht mehr möglich, Mittelangebots- und -nachfragekurven gesondert zu entwickeln.

All das macht es bei etwas komplizierteren Fällen unumgänglich, nach anderen Verfahren zu suchen, in denen sämtliche möglichen Lösungen mehr oder weniger vollständig überprüft werden.

7.4.3.3 Mehrperiodige Projekte

Nun gilt es, die Frage zu untersuchen, ob das DEAN-Modell, selbst wenn die Prämissen der Teilbarkeit und der Unabhängigkeit beibehalten werden, auch dann noch zur Bestimmung des optimalen Investitions- und Finanzierungsprogramms führt, wenn sich die Zahlungsreihen der betrachteten Projekte über mehr als zwei Zeitpunkte erstrecken. Auch hierzu wollen wir uns wieder weitgehend auf die Untersuchung eines Beispiels – allerdings in mehreren Varianten – beschränken.

Beispiel 7.9:
Gegeben seien zwei Projekte [1] und [2] mit den im Folgenden angegebenen Zahlungsreihen (über drei Zeitpunkte), denen die ebenfalls aufgeführten internen Zinsfüße entsprechen.

Tabelle 7.7   Ausgangsdaten (mehrperiodiger Investitionsprojekte)

	e_0	e_1	e_2	r_i^*
[1]	−1.000	+1.040	+75	10,8%
[2]	−1.000	+40	+1.125	8,1%

Bezüglich der Finanzierungsmöglichkeiten und etwaiger in t = 1 noch zur Auswahl stehender Investitionsmöglichkeiten untersuchen wir mehrere Varianten.

Beispiel 7.9 (Variante 1):
Während der gesamten zwei Jahre besteht – als Finanzierungsprojekt (1) – eine Kreditlinie von 1.000 GE zu 4%. Weitere Finanzierungs- und Investitionsmöglichkeiten bestehen weder in t = 0 noch in t = 1.

Konstruiert man nun in gewohnter Weise Mittelangebots- und -nachfragekurven, so ergibt sich das in Abb. 7.9 dargestellte Bild.

Abbildung 7.9   DEAN-Modell im 2-Periodenfall, Variante 1

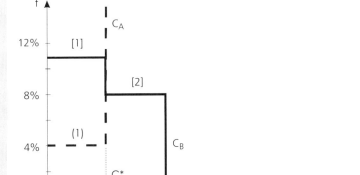

Richtet man sich bei der Festlegung des Investitionsprogramms nun wieder nach dem Schnittpunkt dieser beiden Kurven, so wären ausschließlich die Projekte [1] und (1) durchzuführen, während auf [2] verzichtet werden sollte. Zur Ermittlung des dabei erzielbaren Endvermögenszuwachses dient folgende Tabelle, in der die Entwicklung des Kreditkontos dargestellt wird.[114]

---

[114] C_t (C_t') gibt den jeweiligen Kontostand nach Berechnung des Schuldzinses, jedoch vor (nach) Ein- und Auszahlungen im Zusammenhang mit dem Investitionsprojekt an; außerdem sei $C_{-1}' = 0$.

Tabelle 7.8   Kontoplan, Variante 1

	Projekt [1]			Projekt [2]		
t	$C_t = C'_{(t-1)} \cdot 1{,}04$	e_t	$C'_t = C_t + e_t$	C_t	e_t	C'_t
0	0	−1.000	−1.000	0	−1.000	−1.000
1	−1.040	+1.040	± 0	−1.040	+ 40	−1.000
2	± 0	+ 75	+ 75	−1.040	+1.125	+ 85

Bei Durchführung von [1] wäre also ein Endvermögenszuwachs von 75 GE erzielbar. Zur Kontrolle haben wir rechts in vorstehender Tabelle eine entsprechende Rechnung allerdings auch noch für den Fall angestellt, dass Projekt [2] anstelle von [1] durchgeführt würde. In diesem Fall würde ein Endvermögenszuwachs von 85 GE erzielt. Bei den gegebenen Finanzierungsmöglichkeiten von 4% wäre also Projekt [2] das günstigere und nicht Projekt [1].

Die Anwendung des DEAN-Modells führte in diesem Fall also nicht zur Bestimmung des optimalen Investitionsprogrammes.

Beispiel 7.9 (Variante 2):

Neben den bereits genannten Projekten [1], [?] und (1) besteht des Weiteren als Projekt (2) die Möglichkeit, die genannte Kreditlinie von 1.000 GE um einen Betrag von maximal 2.500 GE zu überschreiten; auf den über 1.000 GE hinaus gehenden Kreditbetrag werden allerdings 10% Zinsen berechnet.

In diesem Fall hat die Mittelangebotskurve den in Abb. 7.10 durch C_A dargestellten Verlauf. Orientieren wir uns wiederum an dem Schnittpunkt von C_A und C_B, so wäre das Investitionsvolumen auf jeden Fall auf C* = 1.000 GE zu beschränken. Aus Variante 1 wissen wir allerdings bereits, dass diese 1.000 GE besser für Projekt [2] und nicht für Projekt [1] verwendet werden sollten.

Einperiodige, simultane Investitions- und Finanzplanung 271

Abbildung 7.10 DEAN-Modell im 2-Periodenfall, Variante 2

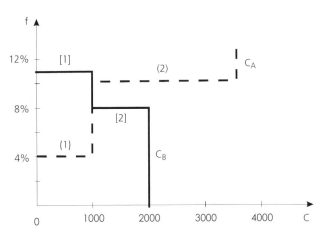

Des Weiteren ist jedoch auch noch zu fragen, ob es im vorliegenden Fall – entgegen der aus Abb. 7.10 zu entnehmenden Interpretation – nicht vorteilhaft sein könnte, **beide** Projekte durchzuführen. Zur Überprüfung dieser Frage stellen wir erneut einen Kontoplan auf, der nun allerdings nach der „normalen" Kreditlinie (Index 1) und dem Überziehungsbetrag (Index 2) differenziert ist und bei dem unter e_t jeweils die Zahlungen **beider** Investitionsprojekte erfasst werden.

Tabelle 7.9   Kontoplan, Variante 2

t	c_t^1	c_t^2	e_t	$c_t^{1'}$	$c_t^{2'}$
0	0	0	–2.000	–1.000	–1.000
1	–1.040	–1.100	+1.080	–1.000	–60
2	–1.040	–66	+1.200	+94	± 0

*) Da $c_t^{1'}$ einen Schuldbetrag von 1.000 nicht übersteigen darf, sind die auf $c_0^{1'}$ zu berechnenden Zinsen von 40 GE automatisch mit zu dem Überziehungsbetrag von $c_t^{2'}$ zu rechnen.

Mit 94 GE ergibt sich bei der *gemeinsamen* Durchführung beider Investitionsprojekte ein höherer Endvermögenszuwachs als er gem. Tab. 7.8 bei der Realisierung nur eines Projektes erzielbar wäre.

Entgegen der aus dem DEAN-Modell folgenden Lösung wäre es also im vorliegenden Fall am günstigsten, das Investitionsvolumen auf 2.000 GE festzulegen.

Beispiel 7.9 (Variante 3):

Abweichend von Variante 2 besteht bezüglich der Möglichkeiten zur Überschreitung der primären Kreditlinie ein zweifacher Rahmen. Für die ersten 1.000 GE Überziehung (Finanzierungsprojekt (2)) werden nur 8% Zinsen berechnet; für die Möglichkeit, darüber hinaus noch einmal bis zu 1.500 GE Kredit in Anspruch zu nehmen (Finanzierungsprojekt (3)), werden jedoch 14% Zinsen berechnet. Außerdem bestehen im Zeitpunkt t = 1 drei weitere Investitionsmöglichkeiten [3], [4] und [5] mit folgenden Zahlungsreihen und internen Zinsfüßen:

Tabelle 7.10   Ausgangsdaten weiterer Investitionsprojekte

Projekt	e_0	e_1	e_2	r_i^*
[3]	0	–960	+1.100	14,6%
[4]	0	–40	+45	12,5%
[5]	0	–1.000	+1.100	10%

Stellen wir auch in diesem Fall das im Zeitpunkt t = 0 verfügbare Mittelangebot dem in diesem Zeitpunkt bestehenden Mittelbedarf gegenüber, so ergibt sich das in Abb. 7.11 gezeigte Bild.

Abbildung 7.11   DEAN-Modell im 2-Periodenfall, Variante 3

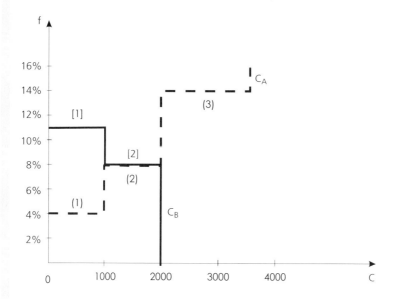

Die erst in t = 1 finanzmäßig wirksam werdende Projekte [3], [4] und [5] bleiben dabei zunächst völlig unbeachtet. Nach der Technik des DEAN-Modells würden sie erst in die im Zeitpunkt t = 1 erneut vorzunehmende Investitions- und Finanzplanung einbezogen.

Im Zeitpunkt t = 0 hingegen sollten dem einfachen DEAN-Ansatz zufolge offenbar die Projekte [1], [2], (1) und (2) durchgeführt werden. Aus dem folgenden Kontoplan erkennt man, dass dabei eine Erhöhung des Endvermögens in t = 2 um 116,8 erzielt würde.

Tabelle 7.11 Kontoplan, Variante 3

t	c_t^1	c_t^2	e_t	C_t^1	C_t^2
0	0	0	–2.000	–1.000	–1.000
1	–1.040	–1080	+1.080	–1.000	–40
2	–1.040	–43,2	+1.200	+116,80	± 0

Im Zeitpunkt t = 1 wäre Finanzierungsquelle (1) also vollständig (d.h. zu 1.000), Finanzierungsquelle (2) mit einem Teilbetrag von 40 in Anspruch genommen. An Finanzierungsmöglichkeiten verblieben somit nur noch das modifizierte Projekt (2') mit einem Restvolumen von 960 (= 1.000 – 40) und Projekt (3) mit einem Maximalvolumen von 1.500.

Übungsaufgabe 7.16:
Ermitteln Sie nach dem einfachen DEAN-Modell für dieses Beispiel das für t = 1 optimale Programm aus den Projekten [3], [4], [5] sowie (2') und (3)!

Beispiel 7.9 (Variante 3, Fortsetzung):
Als Ergebnis von Übungsaufgabe 7.16 stellen wir fest, dass in t = 1 nur noch Projekt [3] realisiert und durch Ausschöpfung des im Rahmen von Finanzierungsprojekt (2) noch frei gebliebenen Kontingents finanziert werden sollte. Dabei würde ein Endvermögenszuwachs von 63,20 (= 1.100 – 960 · 1,08) erzielt.

Bei sukzessiver Anwendung des DEAN-Modells in den Zeitpunkten t = 0 und t = 1 würde als (vermeintlich) optimales Investitionsprogramm also die Projektkombination [1], [2] und [3] abgeleitet, woraus insgesamt ein Endvermögenszuwachs von 180 (= 116,80 + 63,20) resultierte.

Löst man das in Variante 3 betrachtete Problem nun allerdings mit Hilfe eines linearen Programmansatzes, wie Sie ihn im folgenden Abschnitt 7.5 kennenlernen werden, so ergibt sich, dass die nach dem DEAN-Modell abgeleitete Lösung **nicht optimal** ist. Vielmehr wäre es besser, die Investitionsprojekte [1], [3], [4] und [5] zu realisieren. Dabei könnte ein Endvermögenszuwachs von 200 erzielt werden.

Aus den drei Beispielvarianten folgt unmittelbar, dass das DEAN-Modell im Falle mehrperiodiger Projekte keine geeignete Lösungsmethode darstellt. Dabei kann es vor allem aus folgenden Gründen zu suboptimalen Entscheidungen kommen.

1. Der interne Zinsfuß ist keine geeignete Vergleichsgröße

Im Fall der Variante 1 wurde im Rahmen eines durch die begrenzt verfügbaren Finanzierungsmittel fest vorgegebenen Investitionsvolumens das Projekt mit dem höheren internen Zinsfuß und damit das falsche Projekt ausgewählt. Für diesen Mangel sind genau die gleichen Gründe maßgeblich, aus denen heraus es allgemein nicht sinnvoll ist, die Auswahl aus zwei einander ausschließenden Projekten nach dem internen Zinsfuß zu treffen: Der interne Zinsfuß kann als Kennziffer für die Verzinsung der während der Investitionsdauer durchschnittlich gebundenen Mittel interpretiert werden. Selbst bei Projekten, deren Anfangsauszahlungen (= anfängliche Mittelbindung) übereinstimmen, ergeben sich in den Folgeperioden in aller Regel unterschiedliche Mittelbindungen; mithin sind auch die Bezugsbasen für die internen Zinsfüße unterschiedlich. Auf unterschiedliche Basen bezogene Prozentzahlen erlauben aber im Allgemeinen keinen sinnvollen Vergleich.

Die Kapitalwertmethode hingegen führt erwartungsgemäß zu dem richtigen Ergebnis. Auf der Basis eines aus dem Finanzierungsprojekt abgeleiteten Kalkulationszinsfußes von 4% erhalten wir nämlich für die beiden Projekte folgende Kapitalwerte:

$K([1]) = 69{,}34,$

$K([2]) = 78{,}59.$

Die Vorziehenswürdigkeit von Projekt [2] wird nach dieser Methode also sofort evident. Zinst man die Kapitalwerte nun mit 4% auf t = 2 auf, so erhält man im Übrigen mit 69,34 · 1,0816 = 75 und 78,59 · 1,0816 = 85 genau die bereits nach Tab. 7.8 ermittelten Endvermögenszuwächse.

2. Vernachlässigung der Anschlussfinanzierung

Im Fall der Variante 2 wurde das Investitionsvolumen zu niedrig fixiert, da es nicht lohnend erschien, Projekt [2] mit einem internen Zinsfuß von 8,1% durch Finanzierungsmaßnahme (2) mit dem 10%-igen Zins zu finanzieren. Durch das DEAN-Modell (vgl. Abb. 7.10) werden jedoch nur die in der ersten Periode benötigten Finanzierungsmöglichkeiten erfasst; völlig unberücksichtigt hingegen bleibt die Art und Weise der Anschlussfinanzierung in den Folgeperioden.

In unserem Beispielfall kann Projekt [2] auf Grund der hohen Einzahlungsüberschüsse aus Projekt [1] in der zweiten Periode nämlich weitgehend aus dem sehr viel billigeren Finanzierungsprojekt (1) weiter finanziert werden (vgl. Kontoplan in Tab. 7.9) und ist deshalb insgesamt noch vorteilhaft.

Geht man einmal davon aus, dass Projekt [1] auf jeden Fall durchgeführt und aus Finanzierungsquelle (1) finanziert wird, so betragen die bei zusätzlicher Durchführung von Projekt [2] anzusetzenden Finanzierungskosten in der **ersten Periode** zweifelsfrei $r_1 = 10\%$. In der **zweiten Periode** wird die 10% kostende Finanzierungsquelle (2) jedoch nur noch zu 60 beansprucht, während 1.000 aus der 4%-igen Finanzierungsquelle (1) bereitgestellt werden

Einperiodige, simultane Investitions- und Finanzplanung

können (vgl. den Kontoplan in Tab. 7.9). Der bei der Beurteilung von Projekt [2] für die zweite Periode anzusetzende **marginale Finanzierungskostensatz**[115] ergibt sich dementsprechend als gewogener Durchschnitt aus 10% und 4%; es gilt also:

$$r_2 = \frac{60}{1.060} \cdot 10\% + \frac{1.000}{1.060} \cdot 4\% = \frac{4.600}{1.060}\% = 4{,}34\%.$$

Berechnet man nun den Kapitalwert von Projekt [2] nach der Formel

$$K = e_0 + e_1 \cdot (1+r_1)^{-1} + e_2 \cdot (1+r_1)^{-1} \cdot (1+r_2)^{-1}$$

so ergibt sich:[116]

$$K([2]/[1]) = -1.000 + 40 \cdot 1{,}1^{-1} + 1.125 \cdot 1{,}1^{-1} \cdot 1{,}0434^{-1} = 16{,}55.$$

Das – sachgerecht angewandte – Kapitalwertkriterium zeigt also eindeutig, dass es vorteilhaft ist, neben [1] auch [2] noch durchzuführen. Zinst man den Betrag des Kapitalwertes nun wiederum über zwei Perioden auf (und zwar mit 10% für die erste und 4,34% für die zweite Periode) so erhält man den Endvermögenszuwachs, der Projekt [2] unter der hier gesetzten Prämisse zuzurechnen ist, da Projekt [1] auf jeden Fall durchgeführt wird. Es ergibt sich:

$$E = ([2]/[1]) = 16{,}55 \cdot 1{,}1 \cdot 1{,}0434 = 19.$$

Weiterhin wissen wir aus dem Kontoplan nach Tab. 7.8, dass für den bei alleiniger Durchführung von Projekt [1] erreichbaren Endvermögenszuwachs gilt:

$$E([1]) = 75.$$

Addieren wir nun diese beiden Endvermögenszuwächse, so erhalten wir mit

$$E([1]) + E([2]/[1]) = 75 + 19 = 94$$

genau den Endvermögenszuwachs E ([1], [2]), den wir im Kontoplan nach Tab. 7.9 bereits auf andere Weise für die gemeinsame Durchführung der Projekte [1] und [2] ermittelt hatten.

Man erkennt an diesem Beispiel die bereits an anderer Stelle[117] vorgetragene und begründete These, dass der Kapitalwert auch bei unvollkommenem Finanzmarkt eine 100%-ig äquivalente Ersatzzielgröße für das Endvermögen darstellt, sofern es gelingt, die maßgeblichen Finanzierungskosten richtig zu ermitteln.

---

[115] Da wir hier die zusätzliche Durchführung des gesamten Projektes [2] betrachten, kann der „marginale Finanzierungskostensatz" nicht aus einer Infinitesimalbetrachtung abgeleitet werden, sondern in der gezeigten Weise als Durchschnittswert in dem relevanten Marginalbereich.

[116] Durch die Schreibweise K ([2]/[1]) wird zum Ausdruck gebracht, dass wir den Kapitalwert von Projekt [2] unter der Voraussetzung berechnen, dass über die Durchführung (und Finanzierung) von Projekt [1] bereits definitiv entschieden ist.

[117] Vgl. Abschnitt 4.6.5.

3. Vernachlässigung intertemporaler Interdependenzen

Variante 3 schließlich deutet auf einen weiteren Umstand hin, der sowohl zu einer falschen Festlegung des Investitionsvolumens als auch zur Auswahl der falschen Projekte führen kann, nämlich die Vernachlässigung der Interdependenzen, die wegen der gemeinsamen Beanspruchung von Finanzierungsquellen auch zwischen solchen Projekten bestehen können, die zu unterschiedlichen Zeitpunkten in Angriff zu nehmen sind. So wurde in Variante 3 unseres Beispiels für die erste Periode ein insgesamt zu hohes Investitionsvolumen festgelegt, wodurch zugleich die Finanzierungsmöglichkeiten eigentlich vorteilhafter Projekte der zweiten Periode (nämlich [4] und [5]) entscheidend beeinträchtigt werden.

Fassen wir die Ergebnisse der Analyse unserer drei Beispielvarianten zusammen, so kann festgestellt werden:

Das DEAN-Modell ist zur Beurteilung mehrperiodiger Investitions- und Finanzierungsprojekte vor allem deshalb nicht geeignet, weil die sog. zeitlich-vertikalen Interdependenzen zwischen den einzelnen Projekten allenfalls unzulänglich erfasst werden.

Zur Erinnerung: Unter zeitlich-vertikalen Interdependenzen versteht man die intertemporalen Wechselbeziehungen zwischen verschiedenen Investitions- und Finanzierungsprojekten, die daraus resultieren, dass mit der Entscheidung über Projekte, die im Planungszeitpunkt zur Disposition stehen, zugleich auch Realisierungs- und Ergebnismöglichkeiten erst später in Angriff zu nehmender Projekte beeinflusst werden.[118]

7.4.4 Endogene Kalkulationszinsfüße im DEAN-Modell

Im Hinblick auf **praktische** Investitions- und Finanzierungsentscheidungen besteht ein ausgesprochener Bedarf an einfachen Lösungsansätzen, die es nach Möglichkeit erlauben sollen, die Vorteilhaftigkeit einzelner Projekte isoliert zu beurteilen.

In diesem Abschnitt wollen wir nun zwei Fragen untersuchen:

1. Ist es möglich, aus der Analyse der optimalen Lösung des DEAN-Modells (oder allgemein aus der Analyse eines Simultanansatzes) einen geeigneten Kalkulationszinsfuß (oder allgemein geeignete Kalkulationszinsfüße) in der Weise zu bestimmen, dass die isolierte Beurteilung der einzelnen Investitions- und Finanzierungsprojekte nach dem Kapitalwertkriterium jeweils genau zu der Entscheidung führt, die mit der Optimallösung des DEAN-Modells (oder allgemein des Simultanansatzes) übereinstimmt?

2. Welche Bedeutung kommt solchen als **endogen** bezeichneten Kalkulationszinsfüßen zu und welche Möglichkeiten bestehen, die diesbezüglichen Erkenntnisse bei Entscheidungen über Investitions- und Finanzierungsprojekte zu verwenden?

---

[118] Vgl. Abschnitt 2.3.1.

Einperiodige, simultane Investitions- und Finanzplanung

Zur Beantwortung dieser Fragen werden wir uns hier zunächst auf das einfache DEAN-Modell konzentrieren. Die abgeleiteten Ergebnisse gelten im Kern aber auch für mehrperiodige Simultanmodelle, mit denen wir uns erst im folgenden Abschnitt beschäftigen werden.

In Abschnitt 7.4.2.2 sind wir zu dem Ergebnis gelangt, dass nur solche Investitionsprojekte vollständig durchgeführt werden, für die gilt

(7.1a) $\quad r_i^* = \dfrac{e_{1i}}{-e_{0i}} - 1 > R$

und nur solche Finanzierungsprojekte, für die gilt

(7.1b) $\quad f_j^* = \dfrac{-e_{1j}}{e_{0j}} - 1 < R$

wobei R den durch den Schnittpunkt von Mittelangebots- und Mittelnachfragekurve bestimmten kritischen Zinsfuß darstellt.

Formt man (7.1a) und (7.1b) nun ein wenig um,[119] so erhält man folgende Bedingungen für die vollständige Aufnahme eines Projektes in das optimale Programm:

(7.1d) $\quad e_{0i} + \dfrac{e_{1i}}{(1+R)} > 0$

(7.1e) $\quad e_{0j} + \dfrac{e_{1j}}{(1+R)} > 0$.

Die auf der linken Seite der Ungleichungen stehenden Ausdrücke stellen nun aber nichts anderes dar als die Kapitalwerte der jeweils betrachteten Investitions- und Finanzierungsprojekte. Mithin besagen (7.1d) und (7.1e),

– dass die Investitions- und Finanzierungsprojekte vollständig in das optimale Programm aufgenommen werden, deren Kapitalwert positiv ist, wobei der zur Ermittlung des Kapitalwertes benötigte Kalkulationszinssatz durch den Ordinatenwert R des Schnittpunktes von Mittelangebots- und Mittelbedarfskurve bestimmt wird.[120]

Das aber bedeutet:

– Wäre der Ordinatenwert R des Schnittpunktes a priori bekannt, so könnte auf die simultane Planung des Investitions- und Finanzierungsprogramms verzichtet werden; vielmehr könnte das Optimalprogramm durch eine Reihe isolierter projektindividueller Entscheidungen nach dem Kapitalwertkriterium bestimmt werden.

---

[119] Bei der Umformung ist zu beachten, dass $e_{1i} > 0$, $e_{0i} < 0$, $e_{1j} < 0$ und $e_{0j} > 0$ gilt.
[120] Außerdem sind die Projekte, deren Kapitalwert Null beträgt, noch insoweit durchzuführen, dass Investitions- und Finanzierungssumme übereinstimmen.

Übungsaufgabe 7.17:
Bestimmen Sie für das in Übungsaufgabe 7.11 angeführte Beispiel den Zinsfuß R und berechnen Sie für *alle* Investitions- und Finanzierungsprojekte die entsprechenden Kapitalwerte!

Kommentieren Sie Ihre Ergebnisse!

Das Problem besteht nun darin, dass der benötigte Kalkulationszinsfuß R vor Planungsbeginn im Allgemeinen noch gar nicht bekannt ist. Er ergibt sich ja – gewissermaßen als Kuppelprodukt – erst nach Abschluss des beschriebenen Verfahrens zur Programmplanung. Man bezeichnet ihn daher auch als **modellendogene** Größe. Ist die Lösung des Programms jedoch erst einmal abgeschlossen, so ist R zwar bekannt, zugleich ist jedoch auch das Optimalprogramm selbst schon bestimmt, so dass gar kein Bedarf mehr besteht, die Einzelprojekte noch einmal nach dem Kapitalwertkriterium zu untersuchen.

Immerhin macht der aufgezeigte Sachverhalt jedoch deutlich, dass das Kapitalwertverfahren auch im Fall eines unvollkommenen Finanzmarktes durchaus anwendbar bleibt, sofern es gelingt, den kritischen Zinsfuß R a priori mit hinlänglicher Genauigkeit abzuschätzen. Die Kapitalwertmethode erhält damit auch für den Fall des unvollkommenen Finanzmarktes eine grundsätzliche theoretische Rechtfertigung.

Abb. 7.6 in Abschnitt 7.4.2.2 verdeutlicht, dass der maßgebliche Zinsfuß R im Allgemeinen durch die (Investitions- oder Finanzierungs-) Projekte bestimmt wird, die gerade nicht mehr vollständig zur Durchführung gelangen, die sog. **Grenzprojekte**. Bei der Verwendung des Kapitalwertkriteriums gilt es dementsprechend, die **marginalen** internen Zinsfüße oder Finanzierungskosten abzuschätzen. Die gelegentlich vorgetragene These, bei der Verwendung des Kapitalwertkriteriums sei etwa auf die **durchschnittliche** Verzinsung des eingesetzten Kapitals bzw. die durchschnittlichen Finanzierungskosten abzustellen, geht demgegenüber für die hier untersuchte Problemstellung in die Irre.

Dass es durchaus Konstellationen geben kann, in denen es mit hinlänglicher Genauigkeit möglich ist, die für den gesuchten Zinssatz R maßgeblichen Marginalwerte abzuschätzen, zeigt folgendes Beispiel:

Beispiel 7.10:
Es stehen freie liquide Mittel in Höhe von 50 zur Verfügung; außerdem können Kredite bis zum Betrag von 350 zu 10% aufgenommen werden. Ist nun abzusehen, dass das bei dieser Zinskonstellation lohnende Investitionsvolumen auf jeden Fall über 50, auf keinen Fall jedoch über 400 liegen wird, so ist die Kreditaufnahme zu 10% von vornherein als relevantes Grenzprojekt anzusehen, für R also 10% anzusetzen.

Abbildung 7.12 Mittelangebotskurve (2)

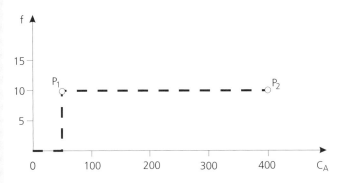

Formal bedeutet dies, dass nur zu prüfen ist, ob die Mittelbedarfskurve die 10% - Marke gerade irgendwo im Bereich zwischen P_1 und P_2 (vgl. Abb. 7.12) erreicht. Kann dies auch ohne genaue Konstruktion der C_B-Kurve schon abgesehen werden, so erübrigt sich das in Abschnitt 7.4.2.2 geschilderte Verfahren. Der Ordinatenwert des Schnittpunktes von C_A- und C_B-Kurve wird auf jeden Fall 10% betragen; mithin kann das optimale Programm direkt in Einzelentscheidungen auf der Basis eines Kalkulationszinsfußes von 10% abgeleitet werden. Unbestimmt bleibt dabei zunächst lediglich das Ausmaß, in dem der 10%-ige Kredit in Anspruch genommen werden soll (Kapitalwert = 0!). Dieser Betrag ergibt sich jedoch einfach aus der Summe der vorzunehmenden Investitionsauszahlungen (abzüglich freier liquider Mittel von 50).

Wir sehen also, dass es unter den Voraussetzungen des DEAN-Modells auch im Fall eines unvollkommenen Finanzmarktes theoretisch durchaus möglich ist, mit Hilfe von Einzelentscheidungen nach dem Kapitalwertkriterium das optimale Investitions- und Finanzierungsprogramm zu bestimmen. Ist nämlich im DEAN-Modell der endogene Kalkulationszinsfuß bekannt, so lassen sich folgende **projektindividuelle Entscheidungsregeln** formulieren:

1. Ergibt sich für ein Projekt ein positiver Kapitalwert, so wird dieses Projekt in dem maximal möglichen Volumen durchgeführt.

2. Ergibt sich für ein Projekt ein negativer Kapitalwert, so wird dieses Projekt nicht durchgeführt.

3. Ergibt sich für ein Projekt ein Kapitalwert von null, so wird dieses Projekt auf jeden Fall nicht bis zu dem maximal möglichen Umfang durchgeführt. Im Normalfall wird ein solches Grenzprojekt jedoch in einem gewissen Teilvolumen realisiert. In welchem Umfang unterhalb des Maximalvolumens ein solches Projekt durchzuführen ist, kann aus dem Kapitalwert nicht mehr abgelesen werden.

Diese Erkenntnisse lassen sich auf den Fall mehrperiodiger Simultanmodelle übertragen, auf deren Grundstruktur wir im nächsten Abschnitt noch kurz eingehen werden.

7.5 Mehrperiodige, simultane Investitions- und Finanzplanung

7.5.1 Vorbemerkung

Wie wir in Abschnitt 7.4.3.3 gesehen haben, ist es zur Bestimmung des optimalen Investitions- und Finanzierungsprogramms notwendig,

- neben den Zahlungsströmen, die den **Ausgangsprojekten**, d.h. den im Planungszeitpunkt zur Disposition stehenden Projekten unmittelbar zuzurechnen sind,
- auch deren Auswirkungen auf die Durchführungs- und Ergebnismöglichkeiten der **Folgeprojekte**, d.h. derjenigen Projekte zu berücksichtigen, die während der weiteren Laufzeit der Ausgangsprojekte möglicherweise in Angriff genommen werden.

Zur Beurteilung dieser Folgeprojekte ist es aber wiederum nötig, auch deren Folgeprojekte in die Betrachtung einzubeziehen usw. Konsequent zu Ende gedacht, führt diese Überlegung zu dem Ergebnis, dass es zur optimalen Auswahl der im Planungszeitpunkt durchzuführenden Projekte letztlich notwendig wäre, zugleich auch die Gesamtheit aller zukünftigen Investitions- und Finanzierungsprogramme für die gesamte Lebensdauer der Unternehmung simultan, also in einem umfassenden Ansatz zu planen.

Dass ein solches umfassendes Simultanmodell zunächst nur auf sehr vereinfachenden und zumeist nicht sehr realistischen Prämissen aufgebaut werden kann und somit nichts anderes sein kann als ein theoretischer Grenzfall, bedarf wohl keiner weiteren Begründung. Dennoch wollen wir uns im Folgenden derartigen Ansätzen zuwenden. Und zwar aus zwei Gründen:

- Zum einen vermittelt die Analyse derartiger Modellansätze verschiedene wertvolle Einblicke in die grundlegende Problemstruktur und macht deutlich, worin die Unzulänglichkeiten der aus Praktikabilitätsgründen notwendig werdenden unvollständigen Partialansätze bestehen.
- Zum zweiten stellen derartige theoretische Simultanmodelle die Ausgangsbasis dar, von der aus versucht werden kann, weitere Modelle zu entwickeln, deren Prämissen als weniger realitätsfern anzusehen sind.

7.5.2 Beispiel

Zur Verdeutlichung der grundsätzlichen Vorgehensweise bei der Erstellung derartiger umfassender Simultanmodelle wollen wir zunächst von einer Entscheidungssituation ausgehen, die gegenüber der Variante 3 unseres Beispiels 7.9 aus Abschnitt 7.4.3.3 lediglich die Modifikation aufweist, dass die Investitionsauszahlung von Projekt [1] sich auf 896 beläuft (und nicht mehr auf 1.000 wie bislang unterstellt). Es wird wieder unterstellt, dass alle Projekte beliebig teilbar seien.

Beispiel 7.11:

Zur Auswahl stehen fünf Investitionsprojekte (i = 1, ..., 5) sowie drei Finanzierungsprojekte (j = 1, 2, 3), deren Zahlungsreihen in Tab. 7.12 zusammengestellt sind. Dabei wird bei den Finanzierungsprojekten jeweils die Aufnahme von 1.000 Geldeinheiten als Aktivitätseinheit definiert. Außerdem wird aus formalen Gründen unterstellt, die jeweiligen Kredite würden am Periodenende stets voll getilgt, zugleich könnten die entsprechenden Kreditlinien jedoch wieder neu in Anspruch genommen werden. Jedes Finanzierungsprojekt (j) wird so formal in zwei Teilprojekte (j.0) (= Kreditaufnahme in t = 0, Zins und Tilgung in t = 1) und (j.1) (= Kreditaufnahme in t = 1, Zins und Tilgung in t = 2) zerlegt. Die Zahlungsreihen der Projekte (j.0) weisen dann in t = 0 einen positiven Betrag auf (Einzahlung aus Kreditaufnahme; $e_0 > 0$), in t = 1 einen negativen Betrag (Rückzahlung; $e_1 < 0$) und für t = 2 den Wert ± 0. Für die Projekte (j.1) ergibt sich dementsprechend in t = 0 der Betrag ± 0, in t = 1 eine Einzahlung ($e_1 > 0$) und in t = 2 die Auszahlung ($e_2 < 0$). Diese formale Zerlegung in jeweils zwei Teilprojekte ist erforderlich, da es sich bei den drei Finanzierungsprojekten um Kreditlinien handelt, deren Ausmaß einer Inanspruchnahme nach Ablauf eines Jahres neu festgelegt werden kann.

Die Projekte 3.0 und 3.1 können im Umfang von maximal 1.500 Geldeinheiten durchgeführt werden, die übrigen Finanzierungsprojekte im Umfang von maximal 1.000 Geldeinheiten.

Tabelle 7.12   Ausgangsdaten des Beispiels zur Simultanplanung

Projekt	e_0	e_1	e_2
[1]	–896	+1.040	+75
[2]	–1.000	+40	+1.125
[3]	–	–960	+1.100
[4]	–	–40	+45
[5]	–	–1.000	+1.100
(1.0)	+1.000	–1.040	–
(1.1)	–	+1.000	–1.040
(2.0)	+1.000	–1.080	–
(2.1)	–	+1.000	–1.080
(3.0)	+1.000	–1.140	–
(3.1)	–	+1.000	–1.140

Bei der Planung des Investitions- und Finanzierungsprogramms muss wiederum auf jeden Fall sichergestellt sein, dass die in einem Zeitpunkt vorgesehenen Auszahlungen nicht größer sind als die entsprechenden Einzahlungen und der verfügbare Kassenbestand zusammen. In dem hier untersuchten Fall sicherer Erwartungen ist es allerdings zumindest dann nicht lohnend, überhaupt einen Kassenbestand zu halten, wenn unterstellt wird, dass vorübergehend freie Geldbeträge zu einem positiven Zinssatz angelegt werden können. Wir können daher ohne Beeinträchtigung des Modellergebnisses von vornherein unterstellen, dass keine Kassenbestände gehalten werden. Dementsprechend müssen wir verlangen, dass für jeden Zeitpunkt die Bedingung

$$\text{Auszahlungen} \leq \text{Einzahlungen}$$

erfüllt ist.[121]

Eine solche Bedingung bezeichnet man allgemein als **Finanzrestriktion** oder auch **Liquiditätsrestriktion**. In diese Finanzrestriktionen sind ggf. neben den aus den erfassten Projekten resultierenden Zahlungsströmen auch etwaige Entnahmen (als Auszahlungen) oder Einlagen (als Einzahlungen) einzubeziehen.

Um diese Finanzrestriktionen formal zum Ausdruck zu bringen, definieren wir folgende Aktionsvariablen:

x_i Aktivitätsniveau eines Investitionsprojektes [i]; d.h. der Wert von x_i gibt an, wie oft oder zu welchem Bruchteil das Investitionsprojekt [i] durchgeführt wird

y_j bzw. y_{jt} Aktivitätsniveau eines Finanzierungsprojektes (j) bzw. (j.t).

Weiterhin sei der im Endzeitpunkt T erzielbare Ausschüttungsbetrag mit c_T bezeichnet.

> **Beispiel 7.11 (Fortsetzung 1):**
> Für unser Beispiel können wir somit die im Folgenden aufgeführten Finanzrestriktionen formulieren.
>
> – Im *Zeitpunkt t = 0* können Einzahlungen nur aus den drei Finanzierungsprojekten (1.0), (2.0) und (3.0) resultieren. Auszahlungen hingegen können für die Investitionsprojekte [1] und [2] notwendig werden. Also gilt
>
> $$\underbrace{896\, x_1 + 1.000\, x_2}_{\text{Auszahlungen}} \leq \underbrace{1.000\, y_{1.0} + 1.000\, y_{2.0} + 1.000\, y_{3.0}}_{\text{Einzahlungen}}$$
>
> Stattdessen können wir auch schreiben:
>
> $$896\, x_1 + 1.000\, x_2 - 1.000\, y_{1.0} - 1.000\, y_{2.0} - 1.000\, y_{3.0} \leq 0\,.$$

---

[121] Damit wäre es formell doch möglich, Einzahlungsüberschüsse zu bilden. Da wir die somit in einer Periode möglicherweise verbleibenden Überschüsse jedoch bewusst nicht in die Finanzrestriktionen der nachfolgenden Perioden als Einzahlungen einbeziehen, wären diese Überschüsse modellmäßig gesehen praktisch verloren. Die Optimallösung wird daher auf keinen Fall die Bildung derartiger Überschüsse vorsehen; die ≤ Restriktionen werden also auf jeden Fall streng, d.h. als Gleichung erfüllt sein. Aus formalen Gründen ist es jedoch vorteilhaft, trotzdem eine ≤ – Bedingung beizubehalten.

- Im Zeitpunkt t = 1 können Einzahlungen zum einen aus den Finanzierungsprojekten (1.1), (2.1) und (3.1) resultieren, zum anderen aus den in t = 0 eingeleiteten Investitionsprojekten [1] und [2]. Auszahlungen können demgegenüber zur Tilgung und Verzinsung der in t = 0 möglicherweise ergriffenen Finanzierungsmaßnahmen (1.0), (2.0) und (3.0) notwendig werden sowie für die Inangriffnahme der neuen Investitionsprojekte [3], [4] und [5]. Es gilt also:

$$\left.\begin{array}{c}\overbrace{1.040 y_{1.0} + 1.080 y_{2.0} + 1.140 y_{3.0}}^{\text{Auszahlungen für Finanzierungsprojekte}} \\ \underbrace{+ 960 x_3 + 40 x_4 + 1.000 x_5}_{\text{Auszahlungen für Investitionen}}\end{array}\right\} \leq \left\{\begin{array}{c}\overbrace{1.000 y_{1.1} + 1.000 y_{2.1} + 1.000 y_{3.1}}^{\text{Einzahlungen aus Finanzierungsprojekten}} \\ \underbrace{+ 1.040 x_1 + 40 x_2}_{\text{Einzahlungen aus Investitionen}}\end{array}\right.$$

Stattdessen können wir auch wieder schreiben:

$- 1.040\, x_1 - 40\, x_2 + 960\, x_3 + 40\, x_4 + 1.000\, x_5$
$+ 1.040\, y_{1.0} + 1.080\, y_{2.0} + 1.140\, y_{3.0} - 1.000\, y_{1.1}$
$- 1.000\, y_{2.1} - 1.000\, y_{3.1} \quad \leq 0$.

- In analoger Weise kann auch für den Zeitpunkt t = 2 folgende Restriktion formuliert werden. Dabei ist jedoch zum einen zu beachten, dass in diesem Zeitpunkt nur noch die Abwicklung der zuvor eingeleiteten Projekte zu erfassen ist, nicht mehr jedoch die Inangriffnahme neuer Projekte. Außerdem ist noch die Schlussentnahme $c_T = c_2$ als Auszahlung zu erfassen. Also

$- 75\, x_1 - 1125\, x_2 - 1.100\, x_3 - 45\, x_4 - 1.100\, x_5$
$+ 1.040\, y_{1.1} + 1.080\, y_{2.1} + 1.140\, y_{3.1} + c_2 \quad \leq 0$.

Ein Investitions- und Finanzierungsprogramm ist auf jeden Fall nur dann zulässig, wenn für alle Zeitpunkte t = 0, 1, 2 die Finanzrestriktionen erfüllt sind. Daneben müssen allerdings noch weitere Bedingungen erfüllt sein. Bevor wir darauf näher eingehen, wollen wir zunächst jedoch noch etwas näher untersuchen, was eine etwaige Verletzung der Finanzrestriktionen praktisch bedeuten würde.

Beispiel 7.11 (Fortsetzung 2):
So sei beispielsweise folgendes unzulässige Programm betrachtet: Die Investitionsprojekte [2], [4] und [5] sollen realisiert werden, also

$x_2 = 1;\ x_4 = 1;\ x_5 = 1$.

An Finanzierungsmaßnahmen seien vorgesehen:

- In t = 0 werden 1.000 Geldeinheiten aus Projekt (1.0) beschafft.
- In t = 1 werden aus den Projekten (1.1) und (2.1) jeweils 1.000 Geldeinheiten beschafft.

Also gilt:

$y_{1.0} = 1;\ y_{1.1} = 1;\ y_{2.1} = 1$.

Für alle anderen Variablen ist hingegen der Wert Null anzusetzen.

Setzen wir diese Werte nun in die Finanzrestriktionen ein, so ergibt sich

t = 0: $-1.000 + 1.000 = 0$

t = 1: $-40 + 40 + 1.000 + 1.040 - 1.000 - 1.000 = 40 > 0$.

Bei dem Versuch, dieses willkürlich angenommene Programm zu realisieren, würde es im Zeitpunkt t = 1 also zu einem Kassendefizit von 40 kommen, wodurch entweder die Inanspruchnahme weiterer Finanzierungsquellen erzwungen würde oder der – zumindest teilweise – Verzicht auf die Durchführung bestimmter Investitionen. Ein derartiges Programm könnte de facto also gar nicht in der zunächst vorgesehenen Form realisiert werden; vielmehr würden im bestimmten Rahmen Anpassungsmaßnahmen der geschilderten Art notwendig.

Übungsaufgabe 7.18:

Für die zuletzt betrachtete *unzulässige* Lösung werden verschiedene Ergänzungsmaßnahmen vorgeschlagen. Bei sonst unveränderten Werten der übrigen Aktionsvariablen soll an dem bislang unterstellten Programm eine der folgenden Modifikationen vorgenommen werden:

1. In t = 0 zusätzliche Nutzung der zweiten Finanzierungsquelle (2.0) im Betrag von 40;
2. Verzicht auf Projekt [4];
3. in t = 1 zusätzliche Nutzung der dritten Finanzierungsquelle (3.1) im Betrag von 40;
4. Einschränkung des Investitionsvolumens von Projekt [2] auf 960.

a. Geben Sie für die vier aufgezählten Fälle jeweils die Werte der von Null verschiedenen Aktionsvariablen an!
b. Stellen Sie fest, welche der vier Programmvarianten überhaupt zulässig sind!
c. Bei welcher der zulässigen Programmvarianten ergibt sich für den in t = 2 verbleibenden Kassenendbestand c_2 der höchste Wert?

Zur vollständigen Formulierung unseres Modellansatzes müssen wir weiterhin berücksichtigen, dass die einzelnen Investitions- und Finanzierungsprojekte nicht beliebig oft, sondern jeweils nur in begrenztem Umfang durchgeführt werden können. Dementsprechend müssen wir **Obergrenzen für die Werte der Aktionsvariablen** einführen.

Aus formalen Gründen ist es zudem notwendig, für alle Aktionsvariablen **Nichtnegativitätsbedingungen** einzuführen. Ohne derartige Restriktionen könnte es bei der rein schematischen Lösung des Modells eventuell günstig erscheinen, vor allem für besonders teure Finanzierungsprojekte ein negatives Aktivitätsniveau vorzusehen, wodurch diese Projekte praktisch wie eine Investition wirken würden. Denn die „negative" Durchführung eines Finanzierungsprojektes bedeutete ja, dass zunächst eine negative Einzahlung (= Auszahlung) erfolgt und sich in der Folgeperiode eine negative Auszahlung (= Einzahlung) anschließt. In der Realität bestehen derartige (scheinbare) Investitionsmöglichkeiten in aller Regel nicht.

Beispiel 7.11 (Fortsetzung 3):

In unserem Beispiel darf somit etwa die dem Projekt [2] entsprechende Variable x_2 mindestens 0 und höchstens 1 werden; also muss $0 \leq x_2 \leq 1$ gelten. Insgesamt sind somit neben den Finanzrestriktionen des Weiteren folgende Nebenbedingungen zu beachten:

$$0 \leq x_i \leq 1 \quad i = 1, 2, ..., 5$$

$$\left. \begin{array}{l} 0 \leq y_{1.t} \leq 1 \\ 0 \leq y_{2.t} \leq 1 \\ 0 \leq y_{3.t} \leq 1{,}5 \end{array} \right\} t = 0, 1.$$

Als letztes ist schließlich die Zielfunktion unseres Modells zu formulieren. Wie wir angenommen haben, gilt es, das in t = 2 erzielbare Endvermögen zu maximieren. Da in diesem Zeitpunkt alle Projekte vollständig abgewickelt sind, besteht das Endvermögen in t = 2 nur noch aus Zahlungsmitteln, stimmt also mit der Schlussentnahme überein.

Mithin können wir als **Zielfunktion** einfach formulieren

$$\max : c_2.$$

Damit aber haben wir für unser Beispiel auch schon alle Bestandteile eines Modellansatzes zur simultanen Investitions- und Finanzplanung formuliert, nämlich

- Finanzrestriktionen
- Aktivitätsbegrenzungen und
- Zielfunktion.

In dem in Anhang III dargestellten Tableau sind noch einmal Zielfunktion und alle Nebenbedingungen mit Ausnahme der Nichtnegativitätsbedingungen in der üblichen Matrixdarstellung zusammengestellt.

Wie man sofort erkennt, handelt es sich um ein einfaches lineares Programm in Maximierungsform mit ausschließlich nichtnegativen Aktionsvariablen und Nebenbedingungen, die durchgängig als ≤ – Ungleichungen geschrieben werden können. Die Lösung eines solchen Programms – etwa mit Hilfe der Simplex-Methode – bereitet keinerlei grundsätzliche Schwierigkeiten.

Löst man nun das in dem Tableau in Anhang III angegebene lineare Programm nach einem der bekannten Algorithmen – etwa dem Simplex-Verfahren –, so ergeben sich als Optimum die in der letzten Zeile dieser Abbildung angegebenen Werte für die einzelnen Variablen. Es sollten also die Investitionsprojekte [1], [3], [4] und [5] vollständig durchgeführt werden sowie Projekt [2] in einem Teilvolumen von 10,8%. Zu ihrer Finanzierung sollten die Finanzierungsprojekte (1.0), (1.1) und (2.1) jeweils in dem maximal möglichen Volumen von 1 (= 1.000 Geldeinheiten) realisiert werden sowie Projekt (2.0) mit einem Betrag von 4 Geldeinheiten. Der dabei erzielbare Endvermögenszuwachs in t = 2 beträgt 321,5 Geldeinheiten. Wie man sich leicht überzeugt, sind bei dieser Lösung alle drei Finanzrestriktionen streng erfüllt. Das gleiche gilt für die Aktivitätsbegrenzung der vollständig zur Durchführung gelangenden Projekte, während bei den Aktivitätsrestriktionen der nicht vollständig oder gar nicht zur Durchführung vorgesehenen Projekte die < – Relation gilt.[122]

7.5.3 Allgemeine Modellformulierung

Zur allgemeinen Darstellung des im vorigen Abschnitt an einem Beispiel eingeführten Modellansatzes wollen wir nun unterstellen, dass die Investitionsprojekte [i] und die Finanzierungsprojekte (j) jeweils fortlaufend von 1 bis m bzw. 1 bis n durchnummeriert sind und die mit einer Projekteinheit im Zeitpunkt t (t = 0, 1, ..., T) verbundenen Einzahlungsüberschüsse mit e_{ti} bzw. e_{tj} bezeichnet werden. Weiterhin seien die Aktivitätsobergrenzen der Investitions- und Finanzierungsprojekte mit X_i bzw. Y_j bezeichnet.

Der Simultanansatz zur Endvermögensmaximierung lautet dann:

(7.2a) $\quad \max : c_T$

(7.2b) $\quad \sum_{i=1}^{m} -e_{ti} \cdot x_i + \sum_{j=1}^{n} -e_{tj} \cdot y_j \leq 0 \qquad t = 0, 1, ..., T-1$

(7.2c) $\quad \sum_{i=1}^{m} -e_{Ti} \cdot x_i + \sum_{j=1}^{n} -e_{Tj} \cdot y_j + c_T \leq 0$

$\quad\quad\quad x_i \leq X_i \quad i = 1, 2, ..., m$

$\quad\quad\quad y_j \leq Y_j \quad j = 1, 2, ..., n$

$\quad\quad\quad x_i, y_j \geq 0.$

Auch diesem Ansatz liegen immer noch etliche recht einschneidende Prämissen zugrunde; so vor allem:

---

[122] Dass die angegebene Lösung tatsächlich optimal ist, kann mit Hilfe des Dualtheorems nachgeprüft werden. Auf den Nachweis der Optimalität wird hier verzichtet. Zum Dual- bzw. Dualitätstheorien vgl. z.B. HERING (2008), S. 146.

- **Unabhängigkeit:** Außer den durch die Liquiditätsrestriktionen zum Ausdruck gebrachten allgemeinen Interdependenzen bestehen keine speziellen Wechselbeziehungen zwischen den einzelnen (Investitions- oder Finanzierungs-) Projekten. Ebenso werden die mit den betrachteten Projekten verknüpften Entscheidungen in anderen Funktionsbereichen der Unternehmung (z.B. im Produktions- und Absatzbereich) als fest vorgegeben und bekannt betrachtet.
- **Teilbarkeit**: Die einzelnen Projekte sind beliebig teilbar.
- **Abgeschlossenheit:** Alle Projekte sind spätestens im Zeitpunkt T definitiv abgeschlossen; Zahlungen aus Projekten, die bereits vor dem Planungszeitpunkt t = 0 eingeleitet wurden, sind nicht zu beachten.
- **Reine Endvermögensmaximierung**: Als Zielsetzung wird ausschließlich die Maximierung des Endvermögens (= Schlussentnahme c_T) unterstellt; zwischenzeitlich sind weder Entnahmen noch Einlagen vorgesehen.
- **Sicherheit:** Alle Zahlungsreihen sind mit Sicherheit bekannt.

Gegenüber den Prämissen des DEAN-Modells (vgl. Abschnitt 7.4.2.1) ist zunächst nur die Annahme der Einperiodigkeit aufgehoben worden, was im Hinblick auf die zeitlich-vertikalen Interdependenzen natürlich schon eine wichtige Erweiterung darstellt. Deutlich wird jedoch auch die Notwendigkeit eines weiteren Ausbaus derartiger Modellansätze.[123]

Übungsaufgabe 7.19:
Formulieren Sie für das in Übungsaufgabe 7.11 angegebene Problem ein lineares Programm zur simultanen Investitions- und Finanzplanung mit dem Ziel der Endvermögensmaximierung!

7.5.4 Endogene Kalkulationszinsfüße in mehrperiodigen Modellansätzen

Ähnlich wie für das einfache DEAN-Modell ist es auch bei mehrperiodigen Ansätzen zur simultanen Investitions- und Finanzplanung der im letzten Abschnitt behandelten Art grundsätzlich möglich, auf der Basis von Einzelentscheidungen nach dem Kapitalwertkriterium zu einem Investitions- und Finanzierungsprogramm zu gelangen, das mit dem Ergebnis des Simultanmodells übereinstimmt. Dabei ist es wiederum möglich, die für die Kapitalwertbildung benötigten Kalkulationszinsfüße als endogene Werte aus der optimalen Modelllösung abzuleiten. Zu diesem Zweck wird auf die Optimalwerte derjenigen **Dualvariablen** zurückgegriffen, die den Finanzrestriktionen für die Zeitpunkte t = 0, 1, ..., T entsprechen. Betrachten Sie zur Verdeutlichung noch einmal die im Anhang III dargestellte Simplexmatrix unseres Beispiels 7.11 aus Abschnitt 7.5.2.

---

[123] Wir verzichten hier auf die explizite Darstellung solcher Erweiterungsansätze, wie z.B. die Erfassung von Unteilbarkeiten und Interdependenzen zwischen Investitions- und/oder Finanzierungsprojekten bzw. die Berücksichtigung abweichender Zielsetzungen; vgl. dazu z.B. FRANKE/LAUX (1968) oder BITZ (1976).

Beispiel 7.11 (Fortsetzung 4):
Jeder Restriktion im Anhang III abgebildeten Modells zur simultanen Investitions- und Finanzplanung entspricht eine Variable des korrespondierenden dualen Problems.[124] Die den Finanzrestriktionen für die Zeitpunkte t = 0, 1, 2 entsprechenden Dualvariablen wollen wir nun mit q_t (t = 0, 1, 2) bezeichnen. Wie in Abb. A1 in Anhang III bereits angegeben, betragen die mit der optimalen Lösung unseres Investitions- und Finanzierungsproblems korrespondierenden Dualwerte q_t^*:[125]

$$q_0^* = 1{,}215 / 1{,}04 = 1{,}168$$
$$q_1^* = 1{,}125 / 1{,}04 = 1{,}082$$
$$q_2^* = 1 \phantom{/ 1{,}04} = 1.$$

Grob gesprochen geben diese Dualwerte darüber Auskunft, um welchen Betrag der Zielvariablenwert steigen würde, wenn in der betrachteten Periode t eine (infinitesimale) Geldeinheit z.B. aus einer Gesellschaftereinlage zusätzlich zur Verfügung stünde.

Würde in unserem Beispiel also im Zeitpunkt t = 0 gerade eine Geldeinheit zusätzlich zur Verfügung stehen, so könnte die Schlussentnahme c_T dadurch bei sonst unveränderten Ausgangsdaten von 321,5 auf 321,5 + q_0^* = 322,668 gesteigert werden. Die zusätzliche Verfügbarkeit einer Geldeinheit in t = 1 hingegen ermöglichte nur eine Steigerung der Schlussentnahme von 321,5 auf 321,5 + q_1^* = 322,582.[126] In der Terminologie der Finanzmathematik könnte man somit auch sagen, dass sich eine im Zeitpunkt t = 0 (t = 1) zusätzlich eingesetzte Geldeinheit bis zum Zeitpunkt t = 2 gerade zu dem Betrag von 1,168 (bzw. 1,082) aufzinst.

Die Lösungswerte q_t^* der Dualvariablen können somit allgemein als **modellendogene Aufzinsungsfaktoren** interpretiert werden. Nun kann jeder Aufzinsungsfaktor q_t von einem Zeitpunkt t zu einem Zeitpunkt T (T > t) bekanntlich als Produkt der Zinsfaktoren $(1 + r_\tau)$ aller zwischen t und T liegenden Perioden $\tau = t + 1, t + 2, ..., T$ interpretiert werden, wobei r_τ den jeweiligen Periodenzinssatz bezeichnet.

Bezeichnen wir nun die den Dualvariablen q_t^* (t = 0, 1, ..., T) entsprechenden (noch unbekannten) endogenen Kalkulationszinsfüße der Perioden $\tau = 1, 2, ..., T$ mit r_τ^*, so gilt allgemein

$$(7.3) \qquad q_t^* = \prod_{\tau=t+1}^{T} (1 + r_\tau^*) \qquad t = 0, 1, ..., T.$$

---

[124] Zu jedem Primalproblem existiert eine zugehörige, eng verwandte Optimierungsaufgabe, das sogenannte Dualproblem. Aus der Lösung dieses Dualproblems lassen sich wichtige Erkenntnisse über die optimale Lösung des primalen Problems ableiten, vgl. dazu mit weiteren Literaturhinweisen z.B. HERING (2008), S. 142-165.
[125] Im Anhang IV finden Sie Erläuterungen zur Interpretation der angegebenen Dualvariablen.
[126] Im Anhang IV wird kurz erläutert, durch welche marginalen Änderungen des zunächst abgeleiteten Optimalprogramms diese – hier rein schematisch aus den Dualvariablen abgeleiteten – Ergebniserhöhungen erreicht werden könnten.

Aus (7.3) folgt weiterhin sofort,

(7.4) $\quad \dfrac{q^*_{t-1}}{q^*_t} = (1+r^*_t) \quad$ oder

(7.5) $\quad r^*_t = \dfrac{q^*_{t-1}}{q^*_t} - 1 \quad\quad t = 1, 2, ..., T$.

D.h. der einer Periode t entsprechende endogene Kalkulationszinsfuß r^*_t kann einfach aus dem Quotienten der beiden dem Periodenbeginn (t – 1) und dem Periodenende (t) entsprechenden Dualvariablen abgeleitet werden.

Beispiel 7.11 (Fortsetzung 5):

In unserem Beispiel erhalten wir so folgende Werte:

$$r^*_1 = \dfrac{q^*_0}{q^*_1} - 1 = \dfrac{1{,}215 / 1{,}04}{1{,}125 / 1{,}04} - 1 = 0{,}08$$

$$r^*_2 = \dfrac{q^*_1}{q^*_2} - 1 = \dfrac{1{,}125 / 1{,}04}{1} - 1 = 0{,}082.$$

In unserem Beispiel betragen die endogenen Kalkulationszinsfüße also genau 8% für Periode 1 und 8,2% für Periode 2.

Welche theoretische Bedeutung den so ermittelten endogenen Kalkulationszinsfüßen zukommt, wird nun unmittelbar deutlich, wenn wir in unserem Beispiel 7.11 auf der Basis dieser Zinssätze die Kapitalwerte der zur Auswahl stehenden Projekte berechnen.

Die Zahlungsreihe für Projekt [1] etwa lautete (vgl. Tab. 7.12 in Abschnitt 7.5.2) $e_0 = -896$; $e_1 = 1.040$; $e_2 = 75$. Für den Kapitalwert auf der Basis der oben angegebenen Periodenzinsfüße gilt somit:

$$\begin{aligned} K_{[1]} &= -896 + 1.040 \cdot 1{,}08^{-1} + 75 \cdot (1{,}08 \cdot 1{,}082)^{-1} \\ &= 131{,}1. \end{aligned}$$

In entsprechender Weise erhalten wir auch für die übrigen Investitions- und Finanzierungsprojekte die zugehörigen Kapitalwerte.

In der folgenden Tabelle sind alle diese Werte aufgeführt; außerdem sind für jedes Projekt das in der Optimallösung vorgesehene Aktivitätsniveau x^*_i bzw. y^*_j sowie das maximal mögliche Aktivitätsniveau X_i bzw. Y_j angegeben.

Tabelle 7.13 Kapitalwerte, Optimallösung und maximal mögliches Aktivitätsniveau

Projekt	Kapitalwert	x_i^* bzw. y_j^*	X_i bzw. Y_j
[1]	131,1	1	1
[2]	0	0,108	1
[3]	52,7	1	1
[4]	1,5	1	1
[5]	15,6	1	1
(1.0)	37,0	1	1
(2.0)	0	0,004	1
(3.0)	– 55,6	0	1,5
(1.1)	35,7	1	1
(2.1)	1,5	1	1
(3.1)	– 49,9	0	1,5

Allgemein gilt analog zu den aus dem DEAN-Modell abgeleiteten Ergebnissen folgende – auch in unserem Beispiel erkennbar werdende – Gesetzmäßigkeit.[127]

- Für alle Projekte, die dem Optimalprogramm entsprechend in dem maximal möglichen Niveau durchgeführt werden sollen, ergibt sich ein **positiver Kapitalwert**.
- Für alle Projekte, die der Optimallösung angehören, die jedoch nicht in dem maximal möglichen Umfang realisiert werden sollen (= Grenzprojekte), ergibt sich ein **Kapitalwert von null**.
- Für alle Projekte, die der Optimallösung nicht angehören, die also auf jeden Fall nicht durchgeführt werden sollen, ergibt sich ein **negativer Kapitalwert**.

Sind die endogenen Kalkulationszinsfüße bekannt, so lassen sich somit folgende **projektindividuelle Entscheidungsregeln** formulieren:

1. Ergibt sich für ein Projekt ein positiver Kapitalwert, so wird dieses Projekt in dem maximal möglichen Volumen durchgeführt.
2. Ergibt sich für ein Projekt ein negativer Kapitalwert, so wird dieses Projekt nicht durchgeführt.
3. Ergibt sich für ein Projekt ein Kapitalwert von null, so wird dieses Projekt auf jeden Fall nicht bis zu dem maximal möglichen Umfang durchgeführt. Im Normalfall wird

---

[127] Die im Folgenden aufgeführten Regeln ergeben sich unmittelbar aus der Anwendung des Preistheorems der linearen Programmierung auf Modelle der hier behandelten Art.

Mehrperiodige, simultane Investitions- und Finanzplanung

ein solches Grenzprojekt jedoch in einem gewissen Teilvolumen realisiert.[128] In welchem Umfang unterhalb des Maximalvolumens ein solches Projekt durchzuführen ist, kann aus dem Kapitalwert nicht mehr abgelesen werden. Vielmehr sind die Lösungswerte aller derartigen Projekte simultan so zu bestimmen, dass die Finanzrestriktionen erfüllt sind.

Beispiel 7.11 (Fortsetzung 6):
Nimmt man für unser Beispiel einmal an, die Optimalwerte x_i^* und y_j^* seien nicht bekannt, wohl jedoch die endogenen Kalkulationszinsfüße und die dementsprechenden Kapitalwerte (vgl. Spalte 2 in Tab. 7.13), so könnte daraus sofort folgende Lösung abgeleitet werden:

1. Die Kapitalwerte der Projekte [1], [3], [4], [5], (1.0), (1.1) und (2.1) sind positiv, also sollten diese Projekte jeweils in dem maximal möglichen Ausmaß durchgeführt werden. Also gilt:

    $x_1^* = 1; \quad x_3^* = 1; \quad x_4^* = 1; \quad x_5^* = 1$

    $y_{1.0}^* = 1; \quad y_{1.1}^* = 1; \quad y_{2.1}^* = 1$.

2. Die Kapitalwerte der Projekte (3.0) und (3.1) sind negativ; diese Projekte sollten somit auf jeden Fall nicht durchgeführt werden, also:

    $y_{3.0}^* = 0; \quad y_{3.1}^* = 0$.

3. Für die Projekte [2] und (2.0) beträgt der Kapitalwert null; ihr genaues Aktivitätsniveau ist somit zunächst unbestimmt. Setzen wir die unter 1. und 2. abgeleiteten Werte der übrigen Variablen jedoch in die Finanzrestriktionen für t = 0 und t = 1 ein, so ergibt sich:

    t = 0: $\quad +896 \cdot 1 + 1000 x_2 - 1000 \cdot 1 - 1000 y_{2.0} = 0$

    t = 1: $\quad \left.\begin{array}{l} -1040 \cdot 1 - 40 x_2 + 960 \cdot 1 + 40 \cdot 1 + 1000 \cdot 1 \\ +1040 \cdot 1 + 1080 y_{2.0} - 1000 \cdot 1 - 1000 \cdot 1 \end{array}\right\} = 0$.

    Daraus folgt weiter:

    t = 0: $\quad x_2 - y_{2.0} = 0{,}104$

    t = 1: $\quad -40 x_2 + 1080 y_{2.0} = 0$.

    Aus diesem stark reduzierten Ansatz lassen sich die Optimalwerte

    $x_2^* = 0{,}108 \quad$ und $\quad y_{2.0}^* = 0{,}004$

    ableiten. Wie man leicht sieht, ergibt sich auf diese Weise exakt das Ergebnis, das wir bereits im Abschnitt 7.5.2 als Optimallösung des linearen Programmansatzes ermittelt hatten (vgl. dazu auch Anhang III).

---

[128] Lediglich im Spezialfall einer degenerierten Lösung ist es möglich, dass ein Projekt, dessen Kapitalwert null ist, gar nicht durchgeführt wird.

Zusammenfassend können wir somit zunächst festhalten, dass grundsätzlich geeignete Kalkulationszinsfüße existieren, bei deren Kenntnis es möglich wäre, das optimale Investitions- und Finanzierungsprogramm weitgehend durch projektindividuelle Entscheidungen nach dem Kapitalwertkriterium zu bestimmen. Ähnlich wie im einfachen Fall des DEAN-Modells besteht das Problem jedoch darin, dass die benötigten Kalkulationszinsfüße vor Planungsbeginn noch gar nicht bekannt sind, sondern mit der Lösung des eigentlichen Problems gewissermaßen als Kuppelprodukt anfallen.

8 Zum Umgang mit den Ergebnissen einer modellgestützten Analyse

In Abschnitt 2.1 haben wir bereits ausdrücklich darauf hingewiesen, dass wir uns innerhalb dieses einführenden Lehrbuchs in die Investitionstheorie auf eine isolierte, modellgestützte Betrachtung von Investitionsentscheidungen beschränken werden. Nun wissen wir aber, dass es niemals möglich ist, eine reale Entscheidungssituation wirklich in allen Facetten und sämtlichen Entwicklungsmöglichkeiten modellmäßig exakt zu erfassen. Der Sinn von Modellen besteht ja gerade darin, eine vereinfachte, leichter zu überschauende Abbildung der zugrundeliegenden Problemstellung zu liefern. Dementsprechend liefert die – i.d.R. rechnerische – Modellanalyse in aller Regel auch nicht die exakte Lösung des in der Realität zur Lösung anstehenden Problems, sondern nur gewisse Anhaltspunkte für die anstehende Entscheidung.

Für den Umgang mit den Modellergebnissen können daraus zwei grundlegende Arten von Konsequenzen gezogen werden:

- Zum einen ist es denkbar, dass der Entscheidende trotz der grundsätzlichen Unvollständigkeit jeglicher Modellierung davon ausgeht, dass in dem konkret vorliegenden Fall alle aus seiner Sicht maßgeblichen Aspekte modellmäßig erfasst sind und darüber hinaus bestehende Einflussgrößen vernachlässigt werden können. In diesem Fall stellt das Modellergebnis zugleich auch unmittelbar die Handlungsempfehlung dar. Wir wollen in einem solchen Fall von **„vollständiger Modellierung"** sprechen – wohl wissend, dass es eine im absoluten Sinne „vollständige Modellierung" gar nicht geben kann.

- Zum anderen ist es aber auch möglich, dass der Entscheidende die Modellanalyse in dem vollen Bewusstsein betreibt, dass durchaus auch gewichtige Aspekte der anstehenden Entscheidung modellmäßig nicht hinlänglich erfasst werden (können). Auch in solchen Situationen kann es durchaus vernünftig sein, das zugrunde liegende Problem mit den begrenzten modelltheoretischen Mitteln zu analysieren. Das dabei gewonnene Ergebnis ist jedoch noch nicht als unmittelbare Handlungsempfehlung zu werten, sondern als Ausgangspunkt für weitere Überlegungen, die dann auch die modellmäßig zunächst nicht erfassten Aspekte zusätzlich in die Analyse einbeziehen. Wir wollen diesen Fall im Folgenden als **„unvollständige Modellierung"** bezeichnen.

Im Fall „unvollständiger Modellierung" kann das aus der Modellanalyse abgeleitete Ergebnis nicht mehr ohne weiteres als die optimale Lösung des (real) zugrundeliegenden Entscheidungsproblems angesehen werden. Es kann jedoch versucht werden, die zunächst nicht erfassten Faktoren in einem zweiten Schritt auf dem Wege zu einer endgültigen Entscheidungsfindung – mehr oder weniger intuitiv – mit zu berücksichtigen. Hierzu bieten sich im Wesentlichen zwei Ansatzmöglichkeiten, die im konkreten Anwendungsfall allerdings in vielfältiger Weise miteinander kombiniert werden können:

- Zum einen kann versucht werden, das zunächst ermittelte Modellergebnis um weitere – ebenfalls modellgestützte – Berechnungen zu ergänzen. Für den Bereich von Investitionsentscheidungen haben Sie im Abschnitt 6.2 mit den verschiedenen Verfahren der Sensitivitätsanalyse schon etliche Beispiele für diese Vorgehensweise kennengelernt.

- Zum anderen kann versucht werden, nach Abschluss der rechnerischen Modellanalyse entscheidungsrelevante, aber bislang nicht erfasste Aspekte zusätzlich zu bedenken und abzuwägen, ohne dabei jedoch in weitere Berechnungen einzusteigen. Derartige, über die modellgestützte quantitative Analyse des zugrundeliegenden Problems hinausgehende Erwägungen wollen wir als **qualitative Analyse** bezeichnen.

Um Missverständnissen vorzubeugen, sei darauf hingewiesen, dass die Grenze zwischen quantitativer und qualitativer Analyse nicht a priori eindeutig festgelegt ist. Wird der quantitativen Analyse ein Modell zugrunde gelegt, das auf sehr engen und einschränkenden Prämissen beruht, so verbleiben mehr beurteilungsrelevante Aspekte für die qualitative Analyse, als wenn ein komplexeres Modell verwendet wird, das es erlaubt, die real gegebene Problemstruktur genauer zu erfassen.

Aufgaben für eine qualitative Analyse können sich damit im Wesentlichen aus Unvollständigkeiten des quantitativen Modells im Hinblick auf die Erfassung

– der Handlungsalternativen und der daraus resultierenden Konsequenzen sowie
– der für das Handeln maßgeblichen Ziele

ergeben. Dabei sind vor allem zwei Problemfelder zu beachten.

Zum einen können bei der Modellbildung in aller Regel nicht alle denkbaren Entwicklungsmöglichkeiten der für die Handlungskonsequenzen maßgeblichen Einflussfaktoren einbezogen werden. So werden bei Entscheidungen unter Unsicherheit häufig nur einige wenige Möglichkeiten explizit betrachtet, z.B. einige Entwicklungen, die der Entscheidungsträger für besonders wahrscheinlich hält. Alle weiteren mit der tatsächlich bestehenden Unsicherheit verbundenen Beurteilungsaspekte werden dann dem Bereich der qualitativen Analyse zugewiesen. Daneben ist es selbstverständlich möglich, verschiedene Formen modellmäßig gestützter Unsicherheitsanalyse durchzuführen, so wie Sie sie bereits in den Abschnitten 6.3 und 6.4 kennengelernt haben. Der Übergang zur qualitativen Analyse würde sich dann erst bei der gedanklichen Verknüpfung der im ersten Schritt ermittelten quasi sicheren Handlungsergebnisse mit den so ebenfalls noch rechnerisch gewonnenen Erkenntnissen über Art und Ausmaß der Unsicherheit vollziehen.

In diesem Zusammenhang stellt die bei verschiedenen Handlungsalternativen verbleibende **Handlungsflexibilität** ein wichtiges Beurteilungskriterium dar.[129] Eine extreme Form der Modellierung könnte darin bestehen, die Gesamtheit derartiger Revisions- und sonstiger

---

[129] Unter Flexibilität soll in diesem Zusammenhang die Möglichkeit verstanden werden, auf unerwartete oder sonstige modellmäßig nicht erfasste Umweltentwicklungen mit einer Revision der ursprünglich geplanten Aktivitäten und sonstigen Anpassungsmaßnahmen reagieren zu können, um drohende Zieleinbußen möglichst gering zu halten oder sich plötzlich eröffnende Chancen möglichst weitgehend zu nutzen.

Reaktionsmöglichkeiten explizit in das Modell mit einzubeziehen, wie Sie das mit dem Konzept der flexiblen Planung in Abschnitt 6.3.2.2 schon kennengelernt haben. Flexibilitätsunterschiede zwischen den zur Auswahl stehenden Handlungsalternativen schlagen sich dann unmittelbar in den modellmäßig ermittelten Ergebnisgrößen nieder. Einer zusätzlichen Berücksichtigung von Flexibilitätsaspekten im Rahmen der qualitativen Analyse bedarf es dann nicht mehr oder eben nur noch insoweit, wie das tatsächlich bestehende Geflecht von Reaktionsmöglichkeiten modellmäßig nur unvollständig erfasst worden ist.

Zum anderen können bei der Modellbildung in aller Regel nicht alle Auswirkungen der betrachteten Handlungsalternativen auf weitere Projekte im Betrachtungszeitraum einbezogen werden. Auf solche zeitlich-horizontale und zeitlich-vertikale Interdependenzen sind wir bereits in den Abschnitten 2.2.3 und 2.3.1 näher eingegangen. Wurden solche Interdependenzen nicht bereits bei der Konzeption des eingesetzten Entscheidungsmodells berücksichtigt, so sind alle mit diesen Interdependenzen verbundenen Beurteilungsaspekte im Bereich der qualitativen Analyse zu berücksichtigen.

Zur Beantwortung der Frage, wie eine solche qualitative Analyse durchgeführt werden soll und wie die dabei gewonnenen Erkenntnisse gewichtet und letztlich gegen das Ergebnis der vorangegangenen quantitativen Analyse abgewogen werden sollen, kann die Betriebswirtschaftslehre nur noch einen geringen Beitrag leisten. Dies muss als originäre Aufgabe der Unternehmenspraxis letztlich dem subjektiven Ermessen der jeweiligen Entscheidungsträger überlassen bleiben.

9 Anhang

9.1 Vereinfachung der Formel (FM$_{11}$)

[endlicher Betrachtungshorizont]

$$(FM_{11}) \quad B = \frac{e}{\beta} \cdot \sum_{t=1}^{T} \left(\frac{q}{\beta}\right)^{-t}$$

Fall 1: $q = \beta$ bzw. $r = \alpha$

In diesem Fall vereinfacht sich (FM$_{11}$) zu (FM$_{12}$):

$$(FM_{12}) \quad B = \frac{e}{\beta} \cdot \sum_{t=1}^{T} 1^{-t} = \frac{e}{\beta} \cdot \sum_{t=1}^{T} 1 = \frac{e}{\beta} \cdot T \quad \text{q.e.d}$$

Fall 2: $r \neq \alpha$

Gemäß (FM$_6$) gilt:

$$\sum_{t=1}^{T} q^{-t} = \frac{1 - q^{-T}}{q - 1}.$$

Ersetzt man nun in diesem Ausdruck q durch q/β, so erhält man:

$$\sum_{t=1}^{T} \left(\frac{q}{\beta}\right)^{-t} = \frac{1 - \left(\frac{q}{\beta}\right)^{-T}}{\frac{q}{\beta} - 1} = \beta \cdot \frac{1 - \left(\frac{q}{\beta}\right)^{-T}}{q - \beta}.$$

Substituiert man im Nenner dieses Ausdrucks die Ursprungsdefinitionen $q := 1 + r$ und $\beta := 1 + \alpha$ und wendet dieses Ergebnis auf (FM$_{11}$) an, so ergibt sich

$$B = \frac{e}{\beta} \cdot \sum_{t=1}^{T} \left(\frac{q}{\beta}\right)^{-t} = \frac{e}{\beta} \cdot \left[\beta \cdot \frac{1 - \left(\frac{q}{\beta}\right)^{-T}}{(1+r) - (1+\alpha)}\right] = e \cdot \frac{1 - \left(\frac{q}{\beta}\right)^{-T}}{r - \alpha},$$

was der im Text angegebenen Relation (FM$_{13}$) entspricht.

9.2 Herleitung der Formel (FM$_{14}$)

[unendlicher Betrachtungshorizont]

Für den Fall $r = \alpha$ bzw. $q = \beta$ errechnet sich der Barwert der Zahlungsreihe gem. (FM$_{12}$) als:

$$B = \frac{e}{\beta} \cdot T.$$

Dieser Barwert wächst für gegebenes $e > 0$ und gegebenes $\beta > 0$ bzw. $\alpha > -1$ mit steigendem T über alle Grenzen.

Für den Fall $r \neq \alpha$ bzw. $q \neq \beta$ errechnet sich der Barwert der Zahlungsreihe gem. (FM$_{13}$) als:

$$B = \frac{1 - \left(\frac{q}{\beta}\right)^{-T}}{r - \alpha} \cdot e = \left[1 - \left(\frac{q}{\beta}\right)^{-T}\right] \cdot \frac{e}{r - \alpha}.$$

Da q und β bzw. r und α ebenso wie e als gegeben und konstant unterstellt wurden, hängt der Barwert der Zahlungsreihe nur noch von deren Länge T ab. Ist nun $\alpha > r$ und damit $\beta > q$ bzw. $\frac{\beta}{q} > 1$, so wächst $\left(\frac{q}{\beta}\right)^{-T} = \left(\frac{\beta}{q}\right)^{T}$ mit steigendem T über alle Grenzen.

Gleiches gilt dann für den Barwert B, sodass sich für diesen also nur im Falle $\alpha < r$ für $\lim T \to \infty$ ein endlicher Wert ergeben kann.

In Fall $\alpha < r$ ist in Analogie zu obiger Argumentation $\left(\frac{q}{\beta}\right)^{-1} = \left(\frac{\beta}{q}\right) < 1$ und somit

$$\lim_{T \to \infty} \left[\left(\frac{q}{\beta}\right)^{-1}\right]^{T} = 0 \quad \text{und somit}$$

$$\lim_{T \to \infty} B = [1 - 0] \cdot \frac{e}{r - \alpha} = \frac{e}{r - \alpha} \qquad \text{q.e.d.}$$

9.3 Darstellung des Primals

Aktions-variablen	x_1	x_2	x_3	x_4	x_5	$y_{1.0}$	$y_{2.0}$	$y_{3.0}$	$y_{1.1}$	$y_{2.1}$	$y_{3.1}$	c_2	≤	Dual-werte
	+896	+1000	+960	+40	+1000	−1000	−1000	−1000					0	1,215/1,04
	−1040	−40	−1100	−45	−1100	+1040	+1080	+1140	+1040	+1080	+1140		0	1,125/1,04
	−75	−1125										+1	0	1
	1												1	159,36/1,04
		1											1	0
			1										1	64/1,04
				1									1	1,8/1,04
					1								1	19/1,04
						1							1	45/1,04
							1						1	0
								1					1,5	0
									1				1	43,4/1,04
										1			1	1,8/1,04
											1	1	1,5	0
	1	0,108	1	1	1	1	0,004	0	1	1	0	321,5	max.	

9.4 Interpretation der Dualvariablen

Zur Interpretation der Dualvariablen im Beispiel 7.11 aus Abschnitt 7.5.2

1. Es kann gezeigt werden, dass die Höhe der den Finanzrestriktionen entsprechenden Dualvariablen in Modellen der hier betrachteten Art eindeutig durch die Zahlungsreihen der Grenzprojekte bestimmt werden.[130] Somit liegt es nahe, zur Interpretation der Dualvariablen q_t^* als Aufzinsungsfaktor einer im Zeitpunkt t zusätzlich verfügbaren Geldeinheit diese Grenzprojekte auf entsprechende marginale Variationen zu untersuchen.

2. Stünde im Zeitpunkt t = 1 **eine** Geldeinheit (= GE) zusätzlich zur Verfügung, so wäre es optimal, bereits im Zeitpunkt t = 0 in stärkerem Umfang als bislang vorgesehen Projekt [2] ($x_2^* = 0{,}108$) in Angriff zu nehmen und die damit verbundenen Mehrauszahlungen aus Projekt (2.0) zu finanzieren. Dabei wäre Projekt [2] in einem solchen Umfang in Angriff zu nehmen, dass

    – die daraus im Zeitpunkt t = 1 zu erwartende Einzahlung (40 GE pro 1.000 GE Investitionssumme)

    – und die in t = 1 zusätzliche verfügbare Geldeinheit

    zusammen gerade ausreichen, um

    – die für Zins und Tilgung der zusätzlichen Kreditaufnahme aus Projekt (2.0) notwendig werdende Auszahlung (1,08 GE pro 1 aufgenommene GE) abzudecken.

    Bezeichnet man den **zusätzlich** in Projekt [2] zu investierenden Betrag mit Δ_2 und die zusätzliche Kreditaufnahme aus Projekt (2.0) mit $\Delta_{2.0}$, so muss also – zur Einhaltung der Finanzrestriktion in t = 0 – gelten $\Delta_2 = \Delta_{2.0}$ und – zur Einhaltung der Finanzrestriktion in t = 1 –

    $$\frac{40}{1000} \cdot \Delta_2 + 1 = 1{,}08\, \Delta_{2.0}$$

    woraus nach geeigneter Umrechnung folgt:

    $$\Delta_2 = \frac{1}{1{,}04} = 0{,}962$$

    $$\Delta_{2.0} = \frac{1}{1{,}04} = 0{,}962$$

    Es werden also 0,962 GE in Projekt [2] investiert und in t = 0 zunächst durch zusätzliche Aufnahme eines Kredites aus Projekt (2.0) in gleicher Höhe finanziert. Im Zeitpunkt t = 1 gleichen sich die so zusätzlich entstehenden Ein- und Auszahlungen einschließlich der exogen bereitgestellten 1 GE gerade aus, womit Projekt (2.0) zugleich

---

[130] Vgl. FRANKE, LAUX (1968), S. 747f.

auch abgeschlossen ist. In t = 2 schließlich führt Projekt [2] zu einer zusätzlichen Einzahlung von

$$\frac{1}{1{,}04} \cdot \frac{1125}{1000} = \frac{1{,}125}{1{,}04} = 1{,}082,$$

was genau dem im Text bereits angegebenen Wert der Dualvariablen q_1^* entspricht.

3. Nehmen wir nun an, im Zeitpunkt t = 0 stünde bereits **eine** zusätzliche GE bereit. Auch in diesem Fall wäre es optimal, in Projekt [2] zusätzlich zu investieren; allerdings nicht nur die zusätzliche 1 GE. Vielmehr sollte unter zusätzlicher Kreditbeschaffung aus Projekt (2.0) so viel investiert werden, dass sich in t = 1

   – die zusätzlichen Einzahlungen aus Projekt [2] und
   – die zusätzlichen Auszahlungen für Zins und Tilgung von Projekt (2.0)

   gerade decken.

   Es müsste also gelten:

   $$\Delta_2 = 1 + \Delta_{2.0} \quad \text{und}$$

   $$\frac{40}{1000} \cdot \Delta_2 = 1{,}08 \cdot \Delta_{2.0}$$

   Löst man diese beiden Gleichungen auf, so ergibt sich:

   $$\Delta_2 = \frac{1{,}08}{1{,}04} = 1{,}038$$

   $$\Delta_{2.0} = \frac{0{,}04}{1{,}04} = 0{,}038$$

   In diesem Fall werden also zusätzlich 1,038 GE in Projekt [2] investiert und durch die zusätzlich verfügbare 1 GE sowie eine Kreditaufnahme von 0,038 GE aus Projekt (2.0) finanziert. Im Zeitpunkt t = 1 gleichen sich die zusätzlichen Ein- und Auszahlungen der Projekte [2] und (2.0) dann gerade aus, während in t = 2 eine zusätzliche Einzahlung von

   $$\frac{1{,}08}{1{,}04} \cdot \frac{1125}{1000} = \frac{1{,}215}{1{,}04} = 1{,}168$$

   führt, was wiederum genau dem bereits für die Dualvariable q_0^* angegebenen Wert entspricht.

10 Lösungshinweise zu den Übungsaufgaben

Übungsaufgabe 2.1

Investitionsprojekt	Input	Output
Gründung eines Zweigwerkes	Bereitstellung eines Grundstücks, Errichtung eines Gebäudes, Beschaffung und Aufstellung von Maschinen etc.	Produktionsergebnisse in den Jahren nach der Gründung
Kauf einer neuen Produktionsanlage	Für die Lieferung der Anlage zu erbringende Gegenleistung	Die durch die Anlage in der Folgezeit erstellten Produkte oder deren Erlöse
Rationalisierungsmaßnahmen am vorhandenen Maschinenpark	Materialeinsatz, Arbeitseinsatz etc.	Mehrleistung und/oder Minderverbrauch in der Zukunft, die durch die Rationalisierung bewirkt werden
Einleitung eines Werbefeldzuges	Arbeitseinsatz für die Planung und Marktforschung, Einsatz von Kommunikationsmitteln etc.	Erlöse aus zusätzlich verkauften Produkten
Ausbildung von Mitarbeitern	Arbeitseinsatz der Ausbilder, Bereitstellung von Schulungsräumen, Freistellung der Mitarbeiter etc.	Mehrleistung der besser ausgebildeten Mitarbeiter
Durchführung eines Forschungsprojektes	Räumlichkeiten, Apparaturen, Arbeitsleistung, Verbrauchsmaterialien, Literatur etc.	Wenn es gut geht: Neue Erkenntnisse, z. B. verbesserte oder neuartige Produkte. Wenn es schlecht geht: Gar nichts

Übungsaufgabe 2.2

Gebildet wird zuerst die Zahlungsreihe für den Fall, dass nicht investiert wird (Jahresproduktion 30.000):

	t = 0	t = 1	t = 2	t = 3
Löhne		−90.000	−99.000	−108.900
Vorprodukt A		−90.000	−90.000	−90.000
Vorprodukt B		−30.000	−34.500	−39.000
variable HK		−60.000	−60.000	−60.000
sonstige Löhne		−100.000	−110.000	−121.000
Σ Auszahlungen		−370.000	−393.500	−418.900
Σ Einzahlungen		+450.000	+480.000	+510.000
Zahlungsreihe ohne Investition		+80.000	+86.500	+91.100

Dann errechnen wir die Zahlungsreihe für den Investitionsfall (Jahresproduktion 50.000):

	t = 0	t = 1	t = 2	t = 3
Löhne		−150.000	−165.000	−181.500
Vorprodukt A		−142.500	−142.500	−142.500
Vorprodukt B		−50.000	−57.500	−65.000
variable HK		−100.000	−100.000	−100.000
sonstige Löhne		−140.000	−154.000	−169.400
Anschaffung	−80.000			+5.000
Σ Auszahlungen	−80.000	−582.500	−619.000	−653.400
Σ Einzahlungen		+700.000	+750.000	+800.000
Zahlungsreihe mit Investition	−80.000	+117.500	+131.000	+146.600

Sowohl in der Zahlungsreihe ohne Investition als auch in der Zahlungsreihe mit Investition bleiben Zahlungen aus einer Mittelaufnahme und einer zwischenzeitlichen Mittelanlage unberücksichtigt. Die Zahlungsreihe, die aus investitionstheoretischer Sicht über die Vorteilhaftigkeit der Investition informiert, ist genau die Differenz zwischen der Zahlungsreihe mit Investition und der Zahlungsreihe ohne Investition; diese Beträge werden im Fall der Investition zusätzlich gezahlt:

	t = 0	t = 1	t = 2	t = 3
Zahlungsreihe der Investition	– 80.000	+37.500	+44.500	+55.500

Auch in dieser entscheidungsrelevanten Zahlungsreihe der Investition bleiben Zahlungen aus einer Mittelaufnahme und einer zwischenzeitlichen Mittelanlage noch unberücksichtigt. Die mit einem Investitionsprojekt verbundenen Zahlungen lassen sich anschaulich mittels eines Zeitstrahls wie folgt darstellen:

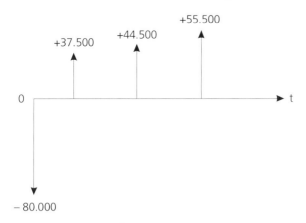

Übungsaufgabe 2.3

a. Es ergeben sich folgende Handlungsmöglichkeiten:

a_1	≡	Unterlassensalternative
a_2	≡	A
a_3	≡	A & C
a_4	≡	A & D
a_5	≡	A & C & D
a_6	≡	B
a_7	≡	B & C
a_8	≡	B & D
a_9	≡	B & C & D
a_{10}	≡	C
a_{11}	≡	C & D
a_{12}	≡	D .

b. Durch die Addition der Zahlungsreihen der einzelnen Investitionsprojekte ergeben sich für die oben aufgeführten Handlungsmöglichkeiten a_2 bis a_{12} folgende Zahlungsreihen:

	t = 0	t = 1	t = 2
a_2	−100	+20	+102
a_3	−250	+100	+157
a_4	−220	+105	+162
a_5	−370	+185	+217
a_6	−100	+60	+80
a_7	−250	+140	+135
a_8	−220	+140	+135
a_9	−370	+220	+190
a_{10}	−150	+80	+55
a_{11}	−270	+165	+115
a_{12}	−120	+85	+60

Dabei wird für Projekt D bei den Alternativen a_4, a_5, a_{11} und a_{12} die untere, bei den Alternativen a_8 und a_9 die obere Zahlungsreihe angesetzt.

c. Wie man leicht sieht, unterscheiden sich die Alternativen a_2 und a_3, a_4 und a_5, a_6 und a_7, a_8 und a_9, sowie a_{11} und a_{12} jeweils nur dadurch, dass Projekt C einmal in dem jeweiligen Programm enthalten ist, das andere Mal nicht. Es gelten also die Beziehungen:

$a_3 \equiv a_2$ & C
$a_5 \equiv a_4$ & C
$a_7 \equiv a_6$ & C
$a_9 \equiv a_8$ & C
$a_{11} = a_{12}$ & C.

Die Zahlungsreihen der jeweils einander entsprechenden Alternativen (also a_2 und a_3, a_4 und a_5 etc.) unterscheiden sich nur jeweils genau um die Zahlungsreihe von Projekt C.

Unter der Prämisse eines vollkommenen Finanzmarktes (vgl. dazu Abschnitt 2.3.3) kann das Entscheidungsproblem dann in der Weise vereinfacht werden, dass nicht mehr alle 12 genannten Alternativen explizit analysiert werden müssen, sondern nur noch 7 dieser 12 Alternativen. Führt z.B. die Auswahl aus dem verbliebenen Alternativenkatalog a_1, a_2, a_4, a_6, a_8 und a_{12} zu dem Ergebnis, dass a_6 die Optimalalternative darstellt und ergibt sich bei der isolierten Betrachtung von Projekt C (Alternative a_{10}) außerdem, dass Projekt C der Unterlassensalternative vorzuziehen ist, so bedeutet dies, dass insgesamt a_6 und C, d.h. also im Endeffekt Alternative a_7 durchgeführt werden soll. Das hier geschilderte Vorgehen ist im Fall eines unvollkommenen Finanzmarktes (z.B. im Fall begrenzter Finanzierungsmöglichkeiten) allerdings nicht mehr ohne weiteres anwendbar.

Übungsaufgabe 2.4

a. – Projekt a_4 dominiert Projekt a_3 im Sinne allgemeiner zeitlicher Dominanz.
– Projekt a_1 dominiert Projekt a_2 im Sinne kumulativer zeitlicher Dominanz.
– Zwischen den Projekten a_1 und a_4 besteht unmittelbar keine Dominanzbeziehung.

⇒ Die Investitionsentscheidung ist zwischen den Projekten a_1 und a_4 mit Hilfe zusätzlicher Informationen über die intertemporalen Präferenzen des Investors und/oder die intertemporalen Transformationsmöglichkeiten des Finanzmarktes zu treffen.

Hinweis:

Bei ähnlichen Fragestellungen werden recht häufig und soweit erkennbar auch systematisch fehlerhafte Antworten gegeben. So wird häufig angegeben, dass Projekt a_4 das Projekt a_2 im Sinne kumulativer zeitlicher Dominanz dominiert. Dies wird dann wie folgt begründet: „Unter der Voraussetzung 100-prozentiger Kassenhaltung kann der Investor im Falle der Wahl der Alternative a_2 im Zeitpunkt t = 3 nur über 130 GE (80 + 25 + 25) verfügen, während er bei der Wahl von a_4 im Zeitpunkt t = 3 über 135 GE verfügen kann. Daher dominiert Projekt a_4 das Projekt a_2 eindeutig im Sinne kumulativer zeitlicher Dominanz."

Diese Argumentation geht fehl. Dass das Projekt a_4 das Projekt a_2 auch unter Einbeziehung von Kassenhaltungsmöglichkeiten nicht dominieren kann, ergibt sich schon daraus, dass das Projekt a_2 in den Zeitpunkten t = 1 und t = 2 Einzahlungsüberschüsse aufweist, während das Projekt a_4 in diesen Zeitpunkten keine Überschüsse aufweist und auch mittels Kassenhaltung keine Überschüsse in diesen Zeitpunkten erzeugt werden können. Projekt a_4 ist demnach dem Projekt a_2 keineswegs „generell" überlegen. Entscheider, die besonderen Wert auf Einzahlungsüberschüsse in den Zeitpunkten t = 1 und t = 2 legen, könnten sich sehr wohl bei rationalem Verhalten für das Projekt a_2 und gegen das Projekt a_4 entscheiden.

Wenn eine Dominanzbeziehung durch Modifikation der Zahlungsreihe eines Investitionsprojekts um Kassenhaltung abgeleitet werden soll, so darf nur die Zahlungsreihe des Projekts modifiziert werden, das letztlich als das dominante Projekt herausgearbeitet werden soll. Bei Modifikation der Zahlungsreihe des Projekts a_2 würde man ja gerade vernachlässigen, dass es durchaus Entscheider geben könnte, die – aus welchen Gründen auch immer – Zahlungen in den Zeitpunkten t = 1 und t = 2 ein höheres Gewicht beimessen als Zahlungen (egal welcher Höhe) im Zeitpunkt t = 3.

b. Projekt a_1 kann z.B. mit den Finanztransaktionen a'_1 und a'_2 mit den Zahlungsreihen (0; −44; +48,4; 0) und (0; 0; −92,4; +101,64) zu einem neuen Projekt $A_{1,1+2}$ mit der Zahlungsreihe (−100; 0; 0; +145,64) kombiniert werden.

Das neue Projekt $A_{1,1+2}$ dominiert das ursprüngliche Projekt a_4 im Sinne allgemeiner zeitlicher Dominanz. Die Investitionsentscheidung ist daher bei Existenz des beschriebenen Finanzmarktes unabhängig von den speziellen Präferenzen des Investors zugunsten von Projekt a_1 zu treffen.

c. Bei ungewichteter Summation aller Zahlungen liefert Projekt a_1 einen Wert von +32, Projekt a_2 von +30, Projekt a_3 von +25 und Projekt a_4 einen Wert von +35. Nach dem unter c) vorgeschlagenen Entscheidungsverfahren wäre die Investitionsentscheidung also zu Gunsten des in b) als suboptimal erkannten Projektes a_4 zu fällen. Dass das unter c) vorgeschlagene Entscheidungsverfahren im Allgemeinen keine sachgerechte Investitionsentscheidung liefern kann, ist im Lichte der unter b) abgeleiteten Ergebnisse damit evident.

Das unter c) vorgeschlagene Entscheidungsverfahren unterstellt einen Finanzmarkt, an dem liquide Mittel nur unverzinslich aufgenommen und angelegt werden können. Es lässt damit, anders betrachtet, die in Investitionsentscheidungen zu berücksichtigende unterschiedliche zeitliche Struktur von Zahlungsströmen gerade unberücksichtigt. Damit wird der Wert späterer Zahlungen im Vergleich zum Wert früherer Zahlungen, gemessen an einem Finanzmarkt mit einem positiven Anlage- und Aufnahmezins, überschätzt.

Übungsaufgabe 3.1

a. $2.000 \cdot (1 + 0,06) \cdot (1 + 0,06) \cdot (1 + 0,06) \cdot (1 + 0,06) \cdot (1 + 0,06)$

$= 2.000 \cdot (1 + 0,06)^5 = 2.000 \cdot 1,3382 = 2.676,40$ [GE].

b. Gesucht wird der Aufzinsungsfaktor $(1 + 0,06)^t = 2$; dieser liegt zwischen $t = 11$ und $t = 12$, wie aus Tabelle 1 ersichtlich ist. Dies bedeutet, dass sein Guthaben exakt nach 12 Jahren den gesuchten Betrag von GE 4.000 übersteigt.

c. Nach genau 3 Jahren, am 31.12.1998, beträgt sein Guthaben:

$2.000 \cdot 1,06^3 = 2.000 \cdot 1,1910 = 2.382$ [GE].

Er hebt am 31.12.1998 500 GE ab. Es verbleiben 1.882 GE, die sich noch 6 Jahre lang bis zum 31.12.2004 mit 6% verzinsen, sodass am 31.12.2004 das Guthaben

$1.882 \cdot 1,06^6 = 1.882 \cdot 1,4185 = 2.669,62$ [GE]

beträgt.

Übungsaufgabe 3.2

a. Aus einem Anfangsguthaben entsteht durch fünfjährige Anlage zu 10% p.a. ein Endguthaben von

$$500.000 \cdot (1+0,1)^5 = 500.000 \cdot 1,6105 = 805.250 \text{ [GE]}.$$

Dem Gesellschafter müssten am 31.12.2004 gerundet GE 805.250 gezahlt werden.

b. Ursprünglicher Abfindungsbetrag: 500.000 GE

    Einfacher Zins für 5 Jahre: $500.000 \cdot 0,1 \cdot 5 = 250.000$ [GE]

    Zinseszins: $805.250 - (500.000 + 250.000)$

                              $= 55.250$ [GE].

Oder ausführlich:

        [$50.000 \cdot 1,1^4 - 50.000$]   (Zinseszinsen auf die Zinszahlung des ersten Jahres)

$+$ [$50.000 \cdot 1,1^3 - 50.000$]   (... des zweiten Jahres)

$+$ [$50.000 \cdot 1,1^2 - 50.000$]   (... des dritten Jahres)

$+$ [$50.000 \cdot 1,1 \;\; - 50.000$]   (... des vierten Jahres)

$=$ 55.250 [GE].

Übungsaufgabe 3.3

a. Gesucht ist der Betrag C_0, der nach 10-jähriger Verzinsung mit 4% einen Wert von 10.000 GE besitzt, also

$$C_0 \cdot 1,04^{10} = 10.000$$
$$C_0 = 10.000 \cdot 1,04^{-10}.$$

Für $1,04^{-10}$ lesen Sie aus Tabelle II ab: 0,6756.

Der Sparer muss also heute 6.756 GE anlegen.

b. Gefragt ist nach dem Produkt aus $1,075^9$ und $1,075^{-9}$. Da die Basis beider Potenzen dieselbe ist, können die Exponenten addiert werden, sodass sich als Produkt ergibt $1,075^{9-9} = 1,075^0 = 1$.

Übungsaufgabe 3.4

a. $100 \cdot (1+0,05) \cdot (1+0,20) \cdot (1+0,10)$

$= 100 \cdot (1,05 \cdot 1,2 \cdot 1,1)$
$= 100 \cdot 1,386$
$= 138,60 \,[\text{GE}]$.

b. $6.930 \cdot (1+0,05)^{-1} \cdot (1+0,20)^{-1} \cdot (1+0,10)^{-1}$

$= 6.930 \cdot \dfrac{1}{1,05 \cdot 1,2 \cdot 1,1}$
$= \dfrac{6.930}{1,386}$
$= 5.000 \,[\text{GE}]$.

c. Es ändert sich nichts, da gilt: $(1+0,05) \cdot (1+0,20) = (1+0,20) \cdot (1+0,05)$ etc. D.h., die Reihenfolge der Zinssätze spielt immer dann keine Rolle, wenn es nur um die Frage geht, welchen Wert eine auf den Zeitpunkt t = t' bezogene konkrete Zahlung bezogen auf einen anderen Zeitpunkt t ≠ t' hat. Bei der Aggregation ganzer Zahlungsreihen zu einem einzigen entscheidungsrelevanten Wert kann die Reihenfolge der Zinssätze hingegen durchaus relevant sein, wie wir in Übungsaufgabe 4.18 noch sehen werden.

Übungsaufgabe 3.5

a. RB $= 20.000 \cdot \text{RBF}(5 \text{ J.}; 5\%)$

$= 20.000 \cdot 4,3295$
$= 86.590 \,[\text{GE}]$.

Er müsste somit 86.590 GE in Zeitpunkt t = 0 anlegen.

b. RB $= 1.000 \cdot \text{RBF}(12 \text{ J.}; 4\%)$

$= 1.000 \cdot 9,3851$
$= 9.385,10 \,[\text{GE}]$.

Der Barwert der Rente beträgt somit 9.385,10 GE.

Übungsaufgabe 3.6

Gemäß (FM$_8$) wird der Barwert approximativ ermittelt durch $RB^\infty = e \cdot \frac{1}{r}$, während der exakte Barwert gemäß (FM$_7$) als $RB = e \cdot RBF(T; r)$ ermittelt wird. Da der approximativ ermittelte Rentenbarwert den exakt ermittelten Rentenbarwert für alle endlichen Laufzeiten übersteigt, ist der approximativ ermittelte Wert um die Differenz zwischen $e \cdot \frac{1}{r}$ und $e \cdot RBF(T;r)$ zu vermindern. Für diese Differenz ergibt sich:

$$e \cdot \frac{1}{r} - e \cdot RBF(T;r) = e \cdot \left[\frac{1}{r} - \frac{1-q^{-T}}{r} \right]$$

$$= \frac{e}{r} \cdot q^{-T} = RB^\infty \cdot q^{-T}.$$

Dieser Zusammenhang ist unmittelbar plausibel, denn gegenüber der exakten Berechnung wird mit der approximativen Berechnung eine unendliche Rente zu viel berücksichtigt, deren erste Zahlung in $t = T + 1$ erfolgt. Der auf den Zeitpunkt $t = 0$ abgezinste Barwert dieser ewigen Rente entspricht dem Approximationsfehler.

Der approximativ ermittelte Rentenbarwert von 10.000 GE übersteigt den exakt ermittelten Wert folglich um:

i) $10.000 \cdot 1{,}05^{-50} = 10.000 \cdot 0{,}0872 = 872$ [GE] bzw.

ii) $10.000 \cdot 1{,}07^{-40} = 10.000 \cdot 0{,}0668 = 668$ [GE] bzw.

iii) $10.000 \cdot 1{,}08^{-30} = 10.000 \cdot 0{,}0994 = 994$ [GE].

Der approximativ ermittelte Rentenbarwert ist also um 872 GE bzw. 668 GE bzw. 994 GE zu vermindern, um den exakten Rentenbarwert zu erhalten.

Übungsaufgabe 3.7

a. Der Barwert der Mietzahlungen von 600.000 GE jährlich für 15 Jahre hat bei Zugrundelegung des Kalkulationszinsfußes von 10% gem. (FM$_7$) einen Barwert von

$B = 600.000 \cdot RBF(15J.; 10\%) = 4.563.660$ [GE].

b. Zahlt die XY-AG eine unendliche Dividende von 10 GE, so hat diese ewige Rente, wie sich durch Einsetzen in Formel (FM$_8$) bei Zugrundelegung eines Zinssatzes von 10% ergibt, einen Barwert von

$$\frac{10}{0{,}1} = 100 \, [GE].$$

Der Anspruch auf die Dividendenzahlung der 100 Aktien des betrachteten Aktionärs hat mithin einen Wert von 100 GE · 100 = 10.000 GE.

c. Unterstellt man in den ersten drei Jahren die angegebenen schwankenden Dividendenzahlungen und anschließend eine konstante Dividende von 13 GE, so hat der Anspruch auf diese Zahlungen, wie man durch Einsetzen in Formel (FM_{10}) ermittelt, bei einem Kalkulationszinsfuß von 10% einen Wert von:

$$B = 10 \cdot 1{,}1^{-1} + 15 \cdot 1{,}1^{-2} + 12 \cdot 1{,}1^{-3} + \frac{13}{0{,}1} \cdot 1{,}1^{-3} = 128{,}17 \, [GE].$$

Der Anspruch auf die Zahlungen aus den 100 Aktien des betrachteten XY-Aktionärs hat mithin einen Wert von 12.817 GE.

Übungsaufgabe 3.8

a. Bei einem Umsatz von 220.000 GE im ersten Jahr erhält der Eigentümer des Lizenzrechtes am Ende des Jahres 6.600 GE. Bei einem unterstellten Umsatzwachstum von 5% p.a. steigen auch die Lizenzgebühren mit dieser Wachstumsrate. Am Ende der zweiten Periode betragen diese folglich 6.600 GE · 1,05, am Ende der dritten Periode 6.600 GE · 1,05² usw. Für den Barwert des Gesamtanspruchs ergibt sich damit:

$$B = \frac{6.600}{1{,}1} + \frac{6.600 \cdot 1{,}05}{1{,}1^2} + \cdots + \frac{6.600 \cdot 1{,}05^7}{1{,}1^8}.$$

Durch Ausklammern von $1{,}05^{-1}$ und entsprechende Umformung erhält man:

$$B = \frac{1}{1{,}05} \cdot \left[6.600 \cdot \left(\frac{1{,}1}{1{,}05}\right)^{-1} + 6.600 \cdot \left(\frac{1{,}1}{1{,}05}\right)^{-2} + \cdots + 6.600 \cdot \left(\frac{1{,}1}{1{,}05}\right)^{-8} \right].$$

Der Ausdruck in der Klammer stellt nichts anderes dar als den Barwert einer achtjährigen Rente von 6.600 GE, kalkuliert auf der Basis eines Zinsfaktors von 1,1/1,05. Entsprechend der bekannten Rentenbarwertformel ergibt sich somit:

$$B = \frac{1}{1{,}05} \cdot 6.600 \cdot \frac{1 - \left(\frac{1{,}1}{1{,}05}\right)^{-8}}{\frac{1{,}1}{1{,}05} - 1}$$

$$= \frac{1}{1{,}05} \cdot 6.600 \cdot \left[1 - \left(\frac{1{,}1}{1{,}05}\right)^{-8}\right] \cdot \frac{1{,}05}{1{,}1 - 1{,}05}$$

$$= \frac{1 - \left(\frac{1{,}1}{1{,}05}\right)^{-8}}{0{,}1 - 0{,}05} \cdot 6.600,$$

was einem unmittelbaren Einsetzen der Daten in Formel (FM_{13}) entspricht.

Für die Zahlungen aus dem Lizenzrecht errechnet man somit einen Barwert von 41.020 GE.

b. Beträgt die Wachstumsrate der Lizenzgebühren 10% statt 5%, so ist in der Formel aus Lösungsteil a) der Wachstumsfaktor von 1,05 durch 1,1 zu ersetzen. Man ermittelt somit:

$$B = \frac{1}{1,1} \cdot \left[6.600 \cdot \frac{1,1}{1,1} + 6.600 \cdot \left(\frac{1,1}{1,1}\right)^2 + \cdots + 6.600 \cdot \left(\frac{1,1}{1,1}\right)^8 \right]$$

$$= \frac{6.600}{1,1} \cdot (1+1+1+1+1+1+1+1) = \frac{6.600}{1,1} \cdot 8,$$

also genau jenen Wert, den auch ein direktes Einsetzen in die Formel (FM$_{12}$) liefert. Das Wachstum der Lizenzgebühren und das Diskontieren heben sich also gerade auf. Für die Zahlungen aus dem Lizenzrecht errechnet man in diesem Fall somit einen Barwert von genau 48.000 GE.

c. Im Falle der ewigen Rente des XY-Aktionärs ergibt sich bei einer Wachstumsrate von 5% und einem Kalkulationszinsfuß von 10% für eine Aktie – analog der Ausführungen unter a) – als Barwert der Dividendenzahlungen:

$$B = \frac{1}{1,05} \cdot 10 \cdot \left[\left(\frac{1,1}{1,05}\right)^{-1} + \left(\frac{1,1}{1,05}\right)^{-2} + \cdots \right]$$

und damit

$$B = \lim_{T \to \infty} \frac{1 - \left(\frac{1,05}{1,1}\right)^T}{0,1 - 0,05} \cdot 10$$

$$= 10 \cdot \frac{1}{0,1 - 0,05}.$$

Dies ist genau der Ausdruck, der sich auch beim unmittelbaren Einsetzen in Formel (FM$_{14}$) ergibt. Somit ermittelt sich für jede XY-Aktie ein Barwert der Dividendenzahlungen in Höhe von 200 GE und für den Gesamtbestand von 100 Aktien des betrachteten Aktionärs ein Barwert der Dividendenzahlungen von 20.000 GE.

Übungsaufgabe 3.9

Für den Kontostand C_t in Zeitpunkt t gilt unter der Annahme einer nachschüssigen jährlichen Entnahme von e und einem Anfangskontostand im Zeitpunkt t = 0 in Höhe von C_0 bei einem als konstant unterstellten Zinssatz in Höhe von r:

$$C_t = C_{t-1} \cdot (1+r) - e.$$

Für $C_0 = 40.000$ [GE], $r = 5\%$ und $e = 7.880,69$ [GE] ergibt sich folglich:

$$C_1 = C_0 \cdot 1,05 - 7.880,69$$
$$= 40.000 \cdot 1,05 - 7.880,69$$
$$= 34.119,31 \text{ [GE]}$$

$$C_2 = C_1 \cdot 1,05 - 7.880,69$$
$$= 34.119,31 \cdot 1,05 - 7.880,69$$
$$= 27.944,59 \text{ [GE]}$$

$$C_3 = 21.461,13 \text{ [GE]}$$

$$C_4 = 14.653,50 \text{ [GE]}$$

$$C_5 = 7.505,49 \text{ [GE]}$$

$$C_6 = 0,07 \text{ [GE]}.$$

Wie in Beispiel 3.6 „behauptet", kann bei der Anlage eines Betrages von 40.000 GE zu 5% p.a. sechs Jahre lang an jedem Jahresende ein Betrag von 7.880,69 GE von dem Anlagenkonto abgehoben werden, wenn das Endguthaben in Zeitpunkt $t = 6$ gerade den Stand 0 GE aufweisen soll. Der „Restbetrag" von 0,07 GE resultiert aus Rundungsfehlern.

Übungsaufgabe 3.10

a. Geht man von den in Tabelle IV angegebenen Faktoren aus, so ergibt sich:

$100.000 \cdot \text{ANF}(20 \text{ J.}; 7\%) = 100.000 \cdot 0,0944 = 9.440$ [GE].

b. Da pro Jahr 7% Zinsen zu zahlen sind, setzen sich die 9.440 [GE] im ersten Jahr aus 7.000 GE ($100.000 \cdot 0,07$) Zinsen und 2.440 GE Tilgung zusammen.

c. Im zweiten Jahr beträgt die Restschuld $100.000 - 2.440 = 97.560$ [GE], sodass die Annuität aus 6.829,20 GE ($97.560 \cdot 0,07$) Zinsen und 2.610,80 GE Tilgung besteht.

d. Am Ende des letzten Jahres der Darlehenslaufzeit beträgt die Restschuld einschließlich der Zinsen für das letzte Jahr genau 9.440 GE, da ja mit der letzten Annuität das Darlehen getilgt wird.

Somit gilt $(0,07 \cdot TA_T + TA_T) = 9.440$ [GE], wobei TA den Tilgungsanteil des letzten Jahres kennzeichnet, also gilt:

$$TA_T = 9.440 \cdot 1,07^{-1} = 8.822,43 \text{ [GE]}.$$

Der Zinsanteil beträgt im letzten Jahr $8.822,43 \cdot 0,07 = 617,57$ [GE].

e. $9.440 \cdot 20 - 100.000 = 188.800 - 100.000 = 88.800$ [GE].

f. Bezeichnet man die Anfangsschuld in Zeitpunkt t = 0 mit A_0, die Höhe der jährlich nachschüssig im Zeitpunkt t = 1, 2, ..., T zu leistenden Tilgungszahlungen mit TA_t und die Höhe der Restschuld (nach Verrechnung der zeitgleich eingehenden Tilgungszahlung) im Zeitpunkt t = 1, 2, ..., T mit R_t, so gilt zunächst:

$$R_t = A_0 - TA_1 - TA_2 - \ldots - TA_t, \quad \text{für } t = 1, 2, \ldots, T.$$

Berücksichtigt man weiter, dass die Höhe der ersten Tilgungszahlung eindeutig durch den Annuitätendarlehensvertrag fixiert ist ($TA_1 = a - A_0 \cdot r = 9.440 - 7.000 = 2.440$ [GE]) und die Höhe der nachfolgenden Tilgungszahlungen rekursiv aus der jeweils vorhergehenden Tilgungszahlung ermittelt werden kann ($TA_t = TA_{t-1} \cdot (1+r)$, für t = 2, 3, ..., T), so kann obige Gleichung auch wie folgt geschrieben werden:

$$R_t = A_0 - TA_1 - TA_1 \cdot (1+r) - TA_1 \cdot (1+r)^2 - \ldots - TA_1 \cdot (1+r)^{t-1}$$

$$= A_0 - TA_1 \cdot (q^0 + q^1 + q^2 + \ldots + q^{t-1}).$$

Der in Klammern angegebene Ausdruck entspricht nun wieder einer geometrischen Reihe, deren Summe entsprechend der Ableitung des Rentenbarwertfaktors ermittelt werden kann. Es ergibt sich dann zunächst allgemein:

$$R_t = A_0 - TA_1 \cdot \frac{q^t - 1}{r}$$

$$= A_0 - TA_1 \cdot RBF(t; r) \cdot q^t$$

und für den konkreten Fall (z.B. für t = 10):

$$R_{10} = 100.000 - 2.440 \cdot 7{,}0236 \cdot 1{,}9672 = 66.286{,}94 \text{ [GE]}.$$

Alternativ lässt sich dasselbe Ergebnis bestimmen, indem man nicht die Anfangsschuld um bereits geleistete Tilgungsbeträge reduziert, sondern die Restschuld als Summe der noch ausstehenden Tilgungsbeträge berechnet:

$$R_t = TA_{t+1} + \ldots + TA_T$$

$$\text{mit } TA_{t-1} = \frac{TA_t}{q} \quad \text{und} \quad TA_T = \frac{a}{q}$$

$$\Rightarrow R_t = \frac{a}{q} \cdot \left(1 + q^{-1} + q^{-2} + \ldots + q^{-T+t+1}\right)$$

$$= a \cdot \left(q^{-1} + \ldots + q^{-T+t}\right)$$

$$= a \cdot RBF(T - t; r).$$

Daraus ergibt sich für den konkreten Fall (wiederum für z.B. t = 10):

$$R_{10} = 9.440 \cdot RBF(10; 7\%) = 9.440 \cdot 7{,}0236 = 66.302{,}78\,,$$

was abgesehen von Rundungsungenauigkeiten dem bereits abgeleiteten Ergebnis entspricht.

Übungsaufgabe 4.1

Der Kapitalwert eines Investitionsprojektes ergibt sich gemäß (K_1) aus:

$$K = \sum_{t=0}^{T} e_t \cdot (1+r)^{-t}.$$

Für die drei Investitionsprojekte a_1, a_2 und a_3 ergeben sich durch Einsetzen der jeweils angegebenen Projektzahlungen e_t^i folgende Kapitalwerte K_i (i = 1, 2, 3):

$$\begin{aligned} K_1 &= -400 + 400 \cdot 1{,}1^{-1} - 300 \cdot 1{,}1^{-2} + 400 \cdot 1{,}1^{-3} \\ &= -400 + 400 \cdot 0{,}9091 - 300 \cdot 0{,}8264 + 400 \cdot 0{,}7513 \\ &= 16{,}24 \end{aligned}$$

$$\begin{aligned} K_2 &= -160 + 20 \cdot RBF(30\,J.; 10\%) \\ &= -160 + 20 \cdot 9{,}4269 \\ &= 28{,}54 \end{aligned}$$

$$\begin{aligned} K_3 &= -460 + 130 \cdot 1{,}1^{-1} + 141 \cdot 1{,}1^{-2} + 20 \cdot RBF(30\,J.; 10\%) - 20 \cdot RBF(2\,J.; 10\%) \\ &= -460 + 130 \cdot 0{,}9091 + 141 \cdot 0{,}8264 + 20 \cdot 9{,}4269 - 20 \cdot 1{,}7355 \\ &= -71{,}47\,. \end{aligned}$$

Die Endwerte EW_i der Projekte a_i (i = 1, 2, 3) lassen sich nun einfach (unter Berücksichtigung der angegebenen Projektlaufzeiten) durch Einsetzen der ermittelten Kapitalwerte K_i in Formel (EW_2) ermitteln, nach der gilt:

$$EW = K \cdot (1+r)^T\,.$$

Nach Einsetzen ergibt sich dann:

$$\begin{aligned} EW_1 &= K_1 \cdot 1{,}1^3 & EW_2 &= K_2 \cdot 1{,}1^{30} & EW_3 &= K_3 \cdot 1{,}1^{30} \\ &= 16{,}24 \cdot 1{,}3310 & &= 28{,}54 \cdot 17{,}4494 & &= -71{,}47 \cdot 17{,}4494 \\ &= 21{,}62 & &= 498{,}01 & &= -1.247{,}11\,. \end{aligned}$$

Übungsaufgabe 4.2

a.

TAP	im Fall der 100%-igen Kreditfinanzierung des Investitionsprojekts			
t	e_t	$z_t = C_{t-1} \cdot r$	$e_t + z_t$	$C_t = C_{t-1} + e_t + z_t$
0	–100	±0	–100	–100
1	+60	–10	+50	–50
2	+60	–5	+55	+5

Das Endvermögen des Investors beträgt im Falle der 100%-igen Fremdfinanzierung des Investitionsprojekts (also bei einem Anfangsvermögen von 0 GE) 5 GE.

b.

TAP	im Fall der partiellen Kreditfinanzierung des Investitionsprojekts			
t	e_t	$z_t = C_{t-1} \cdot r$	$e_t + z_t$	$C_t = C_{t-1} + e_t + z_t$
0	–100	±0	–100	–20 (= 80 – 100)
1	+60	–2	+58	+38
2	+60	+3,8	+63,8	+101,8

TAP	im Fall des Verzichts auf die Investitionsdurchführung (Unterlassensalternative)			
t	e_t	$z_t = C_{t-1} \cdot r$	$e_t + z_t$	$C_t = C_{t-1} + e_t + z_t$
0	±0	±0	±0	+80
1	±0	+8	+8	+88
2	±0	+8,8	+8,8	+96,8

Für das Endvermögen des Investors im Falle der 20%-igen Kreditfinanzierung des Investitionsprojekts (also bei einem Anfangsvermögen von 80 GE) gilt: EV_I = 101,8 GE. Im Falle des Verzichts auf die Investitionsdurchführung beträgt das Endvermögen des Investors EV_U hingegen nur 96,8 GE.

c. Gemäß (EW_3) gilt allgemein: $EW = EV_I - EV_U$. Setzt man die gemäß Teilaufgabe b) ermittelten Endvermögenswerte in obige Gleichung ein, so ergibt sich mit $EW = 101,8 - 96,8 = 5$ exakt der gleiche Wert, der sich gemäß Teilaufgabe a) für das Endvermögen im Falle der 100%-igen Kreditfinanzierung ergibt. Diese Übereinstimmung ist nun keineswegs zufällig.

Da die Unterlassensalternative im Fall der ausschließlichen Fremdfinanzierung eines Investitionsprojekts definitionsgemäß zu einem Endvermögen von 0 GE führt, entspricht in diesem Fall der Endwert der Investition gleichzeitig zwingend dem bei Investitionsdurchführung erreichbaren Endvermögen des Investors.

d. Sobald die ursprünglich für t = 2 erwartete Zahlung von 60 GE auf 55 oder weniger GE absinkt, gilt nicht mehr $EV_I > EV_U$, der EW wäre also nicht mehr positiv. Folglich dürfte die Zahlung um maximal 4,99 GE niedriger ausfallen als ursprünglich erwartet.

Übungsaufgabe 4.3

Dem Investor müsste in Zeitpunkt t = 0 mindestens ein Betrag in Höhe des Kapitalwertes des Investitionsprojekts geboten werden. Für den Kapitalwert ergibt sich gemäß (EW_2): $K = EW \cdot q^{-T} = 5 \cdot 1{,}1^{-2} = 5 \cdot 0{,}8264 = 4{,}13$ [GE]. Dem Investor müssten folglich 4,13 GE in t = 0 geboten werden, um ihn zum Verzicht auf die Projektdurchführung zu bewegen. Erhält der Investor in t = 0 diesen Betrag, so kann er insgesamt 84,13 GE zum herrschenden Marktzins für 2 Jahre am Finanzmarkt anlegen. Er würde folglich ein Endvermögen in Höhe von 101,80 GE ($84{,}13 \cdot 1{,}1^2$) erzielen, abgesehen von einer kleinen Rundungsdifferenz also das gleiche Endvermögen, das er im Falle der Projektdurchführung erzielt hätte (vgl. Aufgabe 4.2b). Der folgende Tilgungs- und Anlageplan verdeutlicht nochmals die Vermögensentwicklung im Falle des „gesponserten" Projektverzichts.

TAP	bei Projektverzicht und Ausgleichzahlung			
t	e_t	$z_t = C_{t-1} \cdot r$	$e_t + z_t$	$C_t = C_{t-1} + e_t + z_t$
0	+4,13	±0	+4,13	+84,13
1	±0	+8,41	+8,41	+92,54
2	±0	+9,25	+9,25	+101,79

Übungsaufgabe 4.4

a. Die Kapitalwerte der Investitionsprojekte a_1 und a_2 lassen sich wie folgt berechnen:

$$\begin{aligned}
K_1 &= -100 + 10 \cdot RBF(3J.; 6\%) + 110 \cdot 1{,}06^{-4} \\
&= -100 + 10 \cdot 2{,}6730 + 110 \cdot 0{,}7921 \\
&= -100 + 26{,}73 + 87{,}13 \\
&= 13{,}86
\end{aligned}$$

$$\begin{aligned}
K_2 &= -100 + 32 \cdot RBF(4J.; 6\%) \\
&= -100 + 32 \cdot 3{,}4651 \\
&= -100 + 110{,}88 \\
&= 10{,}88 \, .
\end{aligned}$$

Für die Endwerte der Investitionsprojekte a_1 und a_2 ergibt sich gemäß Formel (EW_1):

$$\begin{aligned}EW_1 &= -100 \cdot 1{,}06^4 + 10 \cdot RBF(3J.; 6\%) \cdot 1{,}06^4 + 110 \\ &= -100 \cdot 1{,}2625 + 10 \cdot 2{,}6730 \cdot 1{,}2625 + 110 \\ &= -126{,}25 + 33{,}75 + 110 \\ &= 17{,}50\end{aligned}$$

$$\begin{aligned}EW_2 &= -100 \cdot 1{,}06^4 + 32 \cdot RBF(4J.; 6\%) \cdot 1{,}06^4 \\ &= -100 \cdot 1{,}2625 + 32 \cdot 3{,}4651 \cdot 1{,}2625 \\ &= -126{,}25 + 139{,}99 \\ &= 13{,}74\end{aligned}$$

oder alternativ gemäß Formel (EW_2):

$$\begin{aligned}EW_1 &= K_1 \cdot 1{,}06^4 = 13{,}86 \cdot 1{,}06^4 = 17{,}50 \\ EW_2 &= K_2 \cdot 1{,}06^4 = 10{,}88 \cdot 1{,}06^4 = 13{,}74\,.\end{aligned}$$

b. Da gilt: $K_1 > K_2 > 0$, ist Projekt a_1 sowohl dem Projekt a_2 als auch der Unterlassensalternative vorzuziehen. Projekt a_1 führt für den Investor zum maximal erreichbaren Endvermögen.

c. Die Änderung des Kalkulationszinsfußes von 6% auf 12% bewirkt im hier betrachteten Fall eine Veränderung der Vorteilhaftigkeit. Da es sich bei den Projekten a_1 und a_2 um Projekte mit nur einer Anfangsauszahlung handelt, führt die Erhöhung des Kalkulationszinsfußes zunächst für beide Alternativen gleichermaßen dazu, dass die individuellen Kapitalwerte sinken. Für die Kapitalwerte K_1 und K_2 ergibt sich für r = 12%:

$$\begin{aligned}K_1(r=12\%) &= -100 + 10 \cdot RBF(3J.; 12\%) + 110 \cdot 1{,}12^{-4} \\ &= -100 + 10 \cdot 2{,}4018 + 110 \cdot 0{,}6355 \\ &= -6{,}08\end{aligned}$$

$$\begin{aligned}K_2(r=12\%) &= -100 + 32 \cdot RBF(4J.; 12\%) \\ &= -100 + 32 \cdot 3{,}0373 \\ &= -2{,}81\,.\end{aligned}$$

Der Kapitalwert von Projekt a_1 sinkt jedoch stärker als der Kapitalwert von Projekt a_2, da Projekt a_1 mit der hohen Schlusseinzahlung im Zeitpunkt t = 4 eine höhere Sensitivität gegenüber Änderungen des Kalkulationszinsfußes aufweist als Alternative a_2 mit über die gesamte Projektlaufzeit gleichmäßig verteilten Rückflüssen. Da gilt: K_2 (r = 12%) > K_1 (r = 12%), ist bei einem Vergleich von a_1 und a_2 nun Projekt a_2 eindeutig gegenüber a_1 vorzuziehen. Zu beachten ist jedoch, dass das Investitionsprojekt a_2 mit K_2 (r = 12%) = –2,81 aber immer noch schlechter ist als die Unterlassensalternative. Die Änderung des Kalkulationszinsfußes hat im Beispielfall mithin nicht nur Auswirkungen auf die relative Vorteilhaftigkeit der Alternativen, sondern auch auf die absolute Vorteilhaftigkeit.

Übungsaufgabe 4.5

a. Als Differenzzahlungsreihe $D^{i,k}$ wird die Zahlungsreihe bezeichnet, die sich ergibt, wenn von der Zahlungsreihe der Investition a_i die Zahlungsreihe der Investition a_k abgezogen wird. Für die einzelnen Zahlungen $d_t^{i,k}$ der Differenzzahlungsreihe $D^{i,k}$ gilt also: $d_t^{i,k} = e_t^i - e_t^k$ (t = 0, 1, ..., T).

Demnach ergibt sich für die gesuchte Differenzzahlungsreihe:

	$d_0^{1,2}$	$d_1^{1,2}$	$d_2^{1,2}$	$d_3^{1,2}$	$d_4^{1,2}$	$d_5^{1,2}$
$D^{1,2}$	− 55	+ 20	+ 20	+ 20	± 0	± 0

b. Bezeichnet man den Kapitalwert der Differenzzahlungsreihe $D^{1,2}$ mit $K^{1,2}$, so ergibt sich bei einem Zinssatz von 10%:

$$K^{1,2} = -55 + 20 \cdot \text{RBF}(3\,\text{J.};\ 10\,\%)$$
$$= -55 + 20 \cdot 2{,}4869$$
$$= -5{,}26\,.$$

Gemäß Formel (D_2) gilt, dass der Kapitalwert $K^{i,k}$ der Differenzzahlungsreihe $D^{i,k}$ gerade gleich der Differenz der Kapitalwerte der zugrundeliegenden Investitionen a_i und a_k ist. Daraus folgt im Beispielfall, dass der Kapitalwert der Alternative a_2 den Kapitalwert der Alternative a_1 um 5,26 übersteigt.

c. Das Konzept der Differenzzahlungsreihe stellt ausschließlich darauf ab, zwei konkrete Investitionsalternativen in Bezug auf ihre relative Vorteilhaftigkeit zu bewerten. Im Beispiel ist a_2 im direkten Vergleich zu a_1 eindeutig besser.

Zu beachten ist jedoch, dass das Konzept der Differenzzahlungsreihe gerade nicht darauf abstellt, Aussagen über die absolute Vorteilhaftigkeit eines konkreten Investitionsprojekts zu treffen. Ob die im Vergleich zu a_1 vorteilhafte Alternative a_2 auch besser ist als der Verzicht auf die Durchführung von a_2 (also besser ist als die Unterlassensalternative), kann mittels alleiniger Analyse der Differenzzahlungsreihe nicht abgeleitet werden.

Übungsaufgabe 4.6

Um den Kapitalwert der (Zahlungsreihe der) äquivalenten Annuität zu bestimmen, wird die Annuität e* gemäß Formel (AN_1) mit dem Rentenbarwertfaktor RBF(T; r) multipliziert, wobei T der Laufzeit des Projekts entspricht, für das die Annuität ermittelt wurde. Im Beispielfall ergibt sich:

$$\begin{aligned} K &= e^* \cdot RBF(3\,J.;\, 5\,\%) \\ &= 1{,}826 \cdot 2{,}7232 \\ &= 4{,}973\,. \end{aligned}$$

Somit stimmt beim Kalkulationszins von 5% der Kapitalwert der Zahlungsreihe (± 0; +1,826; +1,826; +1,826) – abgesehen von kleinen Rundungsdifferenzen – mit dem Kapitalwert der Zahlungsreihe des ursprünglichen Investitionsprojekts (–100; +10; +10; +100) überein.

Übungsaufgabe 4.7

a. Gemäß Formel (AN_1) gilt: $e^* = K \cdot ANF(T;\, r)$. Im ersten Schritt ist also zunächst der Kapitalwert der Investition zu ermitteln. Es ergibt sich:

$$\begin{aligned} K &= -100 + 60 \cdot 1{,}1^{-1} + 60 \cdot 1{,}1^{-2} \\ &= -100 + 60 \cdot 0{,}9091 + 60 \cdot 0{,}8264 \\ &= -100 + 54{,}55 + 49{,}58 \\ &= 4{,}13\,. \end{aligned}$$

Nach Einsetzen von K in Formel (AN_1) ergibt sich für die äquivalente Annuität e*:

$$\begin{aligned} e^* &= 4{,}13 \cdot ANF(2\,J.;\, 10\,\%) \\ &= 4{,}13 \cdot 0{,}5762 \\ &= 2{,}38\,. \end{aligned}$$

b. Die neue Zahlungsreihe lautet: $e_0 = -100$; $e_1 = e_2 = +57{,}62$. Aus der Definition der äquivalenten Annuität ergibt sich, dass bei einem Zinssatz von 10% sowohl der Kapitalwert als auch der Endwert der Zahlungsreihe den Wert 0 aufweisen „müsste"! Die rechnerische Überprüfung bestätigt diese „Vermutung". Es ergibt sich:

$$\begin{aligned} K &= -100 + 57{,}26 \cdot 1{,}1^{-1} + 57{,}62 \cdot 1{,}1^{-2} \\ &= -100 + 57{,}62 \cdot 0{,}9091 + 57{,}62 \cdot 0{,}8264 \\ &= -100 + 52{,}38 + 47{,}62 \\ &= 0 \end{aligned}$$

$$\begin{aligned} EW &= K \cdot 1{,}1^2 \\ &= 0 \cdot 1{,}1^2 \\ &= 0\,. \end{aligned}$$

Übungsaufgabe 4.8

Erstellt man den TAP für die nicht modifizierte Unterlassensalternative im Falle der 100%-igen Fremdfinanzierung, so sind in den Zeitpunkten t = 1, 2, ..., T alle Einzahlungen e_t, alle Zinszahlungen z_t und alle Kontostände C_t immer gleich 0, da nichts unternommen wird und auch keine eigenen Mittel angelegt werden können. Bei der Erstellung des TAP für die modifizierte Unterlassensalternative ist im Vergleich zur nicht modifizierten Unterlassensalternative nur zu berücksichtigen, dass die Einzahlungen e_1, e_2 und e_3 nun nicht mehr 0, sondern aufgrund der staatlichen Prämie 1,83 GE betragen und daraus Folgewirkungen in bezug auf Zinszahlungen in den Zeitpunkten t = 2 und t = 3 sowie auf Kontostände in den Zeitpunkten t = 1, t = 2 und t = 3 resultieren. Für die modifizierte Unterlassensalternative ergibt sich folgender TAP:

TAP	der modifizierten Unterlassensalternative			
t	e_t	$z_t = C_{t-1} \cdot r$	$e_t + z_t$	$C_t = C_{t-1} + e_t + z_t$
0	±0	±0	±0	±0
1	+1,83	±0	+1,83	+1,83
2	+1,83	+0,09	+1,92	+3,75
3	+1,83	+0,19	+2,02	+5,77

Das Endvermögen beläuft sich in diesem Fall auf 5,77 GE und entspricht damit (abgesehen von geringfügigen Rundungsdifferenzen) dem Endwert des in Beispiel 4.4 bzw. 4.9 betrachteten Investitionsprojekts.

Übungsaufgabe 4.9

Da beide Alternativen eine positive äquivalente Annuität aufweisen, kann zunächst festgestellt werden, dass sie im Vergleich zur Unterlassensalternative (also bei projektindividueller Betrachtung) vorteilhaft sind.

Da das Projekt a_1, also das Projekt mit der höheren äquivalenten Annuität auch gleichzeitig die längere individuelle Projektlaufzeit aufweist, kann in diesem Sonderfall eindeutig geschlossen werden, dass Projekt a_1 unter der Zielsetzung Endvermögensmaximierung die Optimalalternative ist.

Dies lässt sich auch unter Rückgriff auf die ökonomischen Interpretationen der äquivalenten Annuität sehr einfach veranschaulichen. Da die (positive) Annuität ökonomisch als der „durchschnittliche Nettoüberschuss" interpretiert werden kann, den ein Investitionsprojekt im Vergleich zur Unterlassensalternative in jedem Jahr der Projektlaufzeit erzielt, muss Projekt a_1 eindeutig Optimalalternative sein, da dieses Projekt über den „längeren Zeitraum" den „höheren Nettoüberschuss" erwirtschaftet und auf der Basis der äquivalenten Annuitätszahlungsreihen damit das Projekt a_2 und die Unterlassensalternative (im Sinne allgemeiner zeitlicher Dominanz) dominiert.

Übungsaufgabe 4.10

Gemäß Beispiel 4.12 ergibt sich für r = 5% eine Amortisationsdauer von 3 Jahren. Steigt nun der Kalkulationszinsfuß, so kann sich die Amortisationsdauer nur verlängern oder allenfalls gleichbleiben. Es bietet sich daher an, zunächst für einen Zinssatz von 6% und gedachte Abbruchzeitpunkte ab t = 3 solange den Kapitalwert zu ermitteln, bis dieser erstmalig positiv wird. Bezeichnet man den Kapitalwert einer Zahlungsreihe bei gedachtem Abbruch im Zeitpunkt t' und einem Zinssatz von r mit $K(t',r)$, so ergibt sich:

$$\begin{aligned}
K(3J.;6\%) &= -1.900 + 1.000 \cdot 1{,}06^{-1} + 100 \cdot 1{,}06^{-2} + 1.000 \cdot 1{,}06^{-3} \\
&= -1.900 + 1.000 \cdot 0{,}9434 + 100 \cdot 0{,}8900 + 1.000 \cdot 0{,}8396 \\
&= -28
\end{aligned}$$

$$\begin{aligned}
K(4J.;6\%) &= K(3J.,6\%) + 100 \cdot 1{,}06^{-4} \\
&= -28 + 100 \cdot 0{,}7921 \\
&= 51{,}21 \, .
\end{aligned}$$

Die Amortisationsdauer der betrachteten Investition beträgt bei einem Zinssatz von 6% damit 4 Jahre. Für r = 20% ergibt sich zunächst:

$$\begin{aligned}
K(4J.;20\%) &= -1.900+1.000 \cdot 1{,}20^{-1}+100 \cdot 1{,}20^{-2}+1.000 \cdot 1{,}20^{-3}+100 \cdot 1{,}20^{-4} \\
&= -1.900+1.000 \cdot 0{,}8333+100 \cdot 0{,}6944+1.000 \cdot 0{,}5787+100 \cdot 0{,}4823 \\
&= -370{,}33 \, .
\end{aligned}$$

Berücksichtigt man, dass die Summe der Projekteinzahlungen in den Zeitpunkten t = 5 und t = 6 kleiner als 370,33 ist, so kann daraus ohne weitere Berechnungen abgeleitet werden, dass sich die betrachtete Investition bei einem Zinssatz von 20% nicht amortisiert.

Übungsaufgabe 4.11

$$K_1(r=9\%) = -80 - \frac{12}{1{,}09} + \frac{50}{1{,}09^2} + \frac{66}{1{,}09^3} = 2{,}04 \quad > \quad 0$$

$$K_1(r=10\%) = -80 - \frac{12}{1{,}1} + \frac{50}{1{,}1^2} + \frac{66}{1{,}1^3} = 0$$

$$K_1(r=11\%) = -80 - \frac{12}{1{,}11} + \frac{50}{1{,}11^2} + \frac{66}{1{,}11^3} = -1{,}97 \quad < \quad 0$$

Übungsaufgabe 4.12

$$e_0 + \frac{e_1}{q} + \frac{e_2}{q^2} = 0 \quad \bigg| \cdot q^2$$

$$\Leftrightarrow \quad e_0 \cdot q^2 + e_1 \cdot q + e_2 = 0 \quad \bigg| : e_0$$

$$\Leftrightarrow \quad q^2 + \frac{e_1}{e_0} \cdot q + \frac{e_2}{e_0} = 0$$

Mittels quadratischer Ergänzung lässt sich diese Gleichung umformen zu

$$\left(q + \frac{e_1}{2e_0}\right)^2 - \left(\frac{e_1}{2e_0}\right)^2 + \frac{e_2}{e_0} = 0$$

$$\Leftrightarrow \quad \left[\left(q + \frac{e_1}{2e_0}\right) + \sqrt{\left(\frac{e_1}{2e_0}\right)^2 + \frac{e_2}{e_0}}\right] \cdot$$

$$\left[\left(q + \frac{e_1}{2e_0}\right) - \sqrt{\left(\frac{e_1}{2e_0}\right)^2 + \frac{e_2}{e_0}}\right] = 0$$

$$\Rightarrow \quad q_{1,2} = \frac{-e_1}{2e_0} \pm \sqrt{\left(\frac{e_1}{2e_0}\right)^2 - \frac{e_2}{e_0}}$$

$$\Leftrightarrow \quad r^*_{1,2} = \frac{-e_1}{2e_0} \pm \sqrt{\left(\frac{e_1}{2e_0}\right)^2 - \frac{e_2}{e_0}} - 1 \;.$$

Alternativ lässt sich diese Lösung ermitteln, indem in die für quadratische Gleichungen des Typs

$$a \cdot q^2 + b \cdot q + c = 0$$

bekannte Lösung

$$q_{1,2} = \frac{-b \pm \sqrt{b^2 - 4ac}}{2a}$$

eingesetzt wird.

Lösungshinweise zu den Übungsaufgaben

Übungsaufgabe 4.13

Die Formel (IZ$_7$) lässt sich auf unterschiedlichen Wegen herleiten. Wir stellen Ihnen nachfolgend zwei alternative Möglichkeiten vor.

1. Möglichkeit

Bestimmung der Gleichung ersten Grades über die sogenannte „Zwei-Punkte-Methode" und Bestimmung der Nullstelle.

a. Die beiden Punkte (K_P, r_P) und (K_N, r_N) liegen annahmegemäß auf einer Geraden, für die allgemein gilt:

$$K = b_1 \cdot r + b_2 .$$

b. Nach Einsetzen von (K_P, r_P) bzw. (K_N, r_N) in die allgemeine Bestimmungsgleichung gemäß a) ergibt sich:

$$K_P = b_1 \cdot r_P + b_2 \quad \text{bzw.} \quad K_N = b_1 \cdot r_N + b_2 .$$

c. Formt man nun die beiden Gleichungen gemäß b) nach dem Parameter b_2 um, so ergibt sich nach Gleichsetzen:

$$K_P - b_1 \cdot r_P = K_N - b_1 \cdot r_N ,$$

woraus für den Parameter b_1 nach einfacher Umformung folgt:

$$b_1 = \frac{K_P - K_N}{r_P - r_N} .$$

d. Setzt man den in c) für den Parameter b_1 erhaltenen Ausdruck in eine der beiden Gleichungen gemäß b) ein, so ergibt sich für den Parameter b_2:

$$b_2 = \frac{K_N \cdot r_P - K_P \cdot r_N}{r_P - r_N} .$$

e. Durch Einsetzen der für die Parameter b_1 und b_2 ermittelten Werte in die allgemeine Gleichung ersten Grades gemäß a) ergibt sich mit

$$K = \left(\frac{K_P - K_N}{r_P - r_N} \right) \cdot r + \left(\frac{K_N \cdot r_P - K_P \cdot r_N}{r_P - r_N} \right)$$

die gesuchte Gleichung ersten Grades, deren Nullstelle ($\tilde{r}_1$) zu bestimmen ist.

f. Setzt man in der Gleichung aus e) den Kapitalwert K gleich Null und löst nach r auf, so ergibt sich für $\tilde{r}_1$ mit:

$$\tilde{r}_1 = \frac{K_P \cdot r_N - K_N \cdot r_P}{K_P - K_N}$$

der als Formel (IZ$_7$) angegebene Ausdruck.

2. Möglichkeit

Herleitung über das Verhältnis der Katheten zweier ähnlicher rechtwinkliger Dreiecke.

Zur Bestimmung von $\tilde{r}_1$ betrachten wir nachfolgende Abbildung:

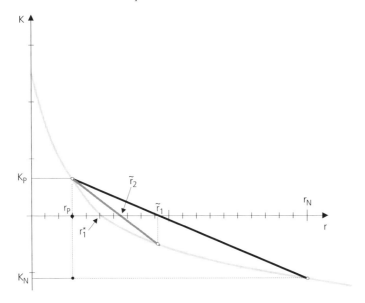

Die rechtwinkligen Dreiecke $(r_P, 0), (r_P, K_P), (\tilde{r}_1, 0)$ und $(r_P, K_N), (r_P, K_P), (r_N, K_N)$ sind offenbar ähnlich, mithin gilt für ihre Katheten

$$\frac{\tilde{r}_1 - r_P}{K_P - 0} = \frac{r_N - r_P}{K_P - K_N}.$$

Daraus ergibt sich mit

$$\tilde{r}_1 = \frac{K_P \cdot (r_N - r_P)}{K_P - K_N} + r_P$$

$$= \frac{r_N \cdot K_P - r_P \cdot K_N}{K_P - K_N}$$

ebenfalls der als Formel (IZ$_7$) angegebene Ausdruck.

Übungsaufgabe 4.14

Bestimmung von $\tilde{r}_2$:

1. Schritt: Bestimmung von $K(\tilde{r}_1)$

$$K(\tilde{r}_1) = K(r = 0{,}1042) = -0{,}8359 \; .$$

2. Schritt: Bestimmung von $\tilde{r}_2$

Zunächst ist zu beachten, dass in (IZ$_7$) nun für K_N statt $K_N = -9{,}23$ der Wert $K(\tilde{r}_1) = -0{,}8359$ und für r_N statt $r_N = 15\%$ der Wert $\tilde{r}_1 = 10{,}42\%$ einzusetzen ist. Die Werte für r_P und K_P bleiben unverändert. Damit ergibt sich als zweite Näherung für r^*:

$$\tilde{r}_2 = \frac{0{,}1042 \cdot 10{,}94 - 0{,}05 \cdot (-0{,}8359)}{10{,}94 - (-0{,}8359)} = 0{,}1004 \, (= 10{,}04\%) \; .$$

Bestimmung von $\tilde{r}_3$:

1. Schritt: Bestimmung von $K(\tilde{r}_2)$

$$K(\tilde{r}_2) = K(r = 10{,}04) = -0{,}0801 \; .$$

2. Schritt: Bestimmung von $\tilde{r}_3$

Erneut ist zu beachten, dass in (IZ$_7$) nun für K_N der Wert $K(\tilde{r}_2) = -0{,}0801$ und für r_N der Wert $\tilde{r}_2 = 10{,}04\%$ einzusetzen ist. Die Werte für r_P und K_P bleiben weiterhin unverändert. Damit ergibt sich als dritte Näherung für r^*:

$$\tilde{r}_3 = \frac{0{,}1004 \cdot 10{,}94 - 0{,}05 \cdot (-0{,}0801)}{10{,}94 - (-0{,}0801)} = 0{,}10003 \, (= 10{,}003\%) \; .$$

Ergebnis:
Bei einer auf vier Stellen hinter dem Komma beschränkten Genauigkeit stimmt der approximativ ermittelte Zinssatz $\tilde{r}_3$ ($= 0{,}1000$) mit dem internen Zinssatz r^* ($= 0{,}1000$) überein.

Übungsaufgabe 4.15

Setzt der Investor eigene liquide Mittel zur Finanzierung der Investition a_1 ein, so verzichtet er auf die alternative Verwendung dieser Mittel; es entstehen ihm Opportunitätskosten in Form entgehender Zins- und Zinseszinseinzahlungen. Zur Verdeutlichung des Zusammenhangs zwischen der Höhe des internen Zinsfußes und der Höhe entstehender Opportunitätskosten bietet es sich an, sowohl für die Unterlassensalternative als auch für die Investitionsalternative jeweils einen Tilgungs- und Anlageplan (TAP) aufzustellen. Für beliebige Zinssätze r kann bekanntlich in diesen Plänen die Vermögensentwicklung in Abhängigkeit von der gewählten Alternative abgebildet werden.

Zur Vereinfachung gehen wir nachfolgend davon aus, dass der Investor im Zeitpunkt t = 0 über liquide Mittel in Höhe von 100 GE verfügt, und zeigen für diesen Fall exemplarisch, dass bei einer Verzinsung der jeweiligen Salden der Konten in Höhe von r^* gerade gilt: $EV_I = EV_U$.

TAP 1:	Kontodarstellung im Falle des Projektverzichts für $r = r^* = 0{,}1$ (Unterlassensalternative)			
t	e_t	$z_t = C_{t-1} \cdot r^*$	$e_t + z_t$	$C_t = C_{t-1} + (e_t + z_t)$
0	0	0	0	+100
1	0	10	10	+110
2	0	11	11	+121
3	0	12,1	12,1	+133,1

TAP 2:	Kontodarstellung bei Projektfinanzierung aus liquiden Mitteln für $r = r^* = 0{,}1$			
t	e_t	$z_t = C_{t-1} \cdot r^*$	$e_t + z_t$	$C_t = C_{t-1} + (e_t + z_t)$
0	−80	0	−80	+20
1	−12	+2	−10	+10
2	+50	+1	+51	+61
3	+66	+6,1	+72,1	+133,1

Rechnet man die Konten auf Basis eines beliebigen Zinssatzes $r < r^*$ ($r > r^*$) ab, so ergibt sich: $EV_I > EV_U$ ($EV_I < EV_U$). Der interne Zinsfuß gibt im Falle der Finanzierung aus liquiden Mitteln also an, welche „Opportunitätskostenbelastung" das betrachtete Investitionsprojekt gerade noch verkraften könnte, ohne im Vergleich zur Unterlassensalternative unvorteilhaft zu werden. In diesem Sinne kann der interne Zinsfuß also auch im Falle der Finanzierung aus liquiden Mitteln als „maximal verkraftbare Kapitalkosten- (Opportunitätskosten-) Belastung" interpretiert werden.

Bildet man zwischen allen in TAP 2 und TAP 1 jeweils korrespondierenden Zahlungssalden die Differenz, so ergibt sich exakt der aus Beispiel 4.21 für den Fall der Fremdfinanzierung abgeleitete Tilgungs- und Anlageplan gem. Tab. 4.16. Die z_t- und C_t-Werte sind im Falle der Finanzierung aus liquiden Mitteln jedoch anders zu interpretieren.

- z_t gibt in diesem Fall an, auf welche Zinseinzahlung der Investor im Zeitpunkt t verzichtet, wenn er an Stelle der Unterlassensalternative die Investitionsalternative realisiert. Der Durchschnitt der z_t-Werte kann demzufolge als durchschnittlich entgehende Zinseinzahlung bei Projektrealisierung interpretiert werden.

- C_t gibt in diesem Fall an, um welchen Betrag der Kontostand bei Projektrealisierung den Kontostand bei Projektverzicht im Zeitpunkt t unterschreitet. Insoweit gibt der Durchschnitt der C_t-Werte auch im Falle der Finanzierung aus liquiden Mitteln die durchschnittliche Kapitalbindung des Investitionsprojektes a_1 an.

- Der Quotient aus „durchschnittlich entgehender Zinseinzahlung" und „durchschnittlicher Kapitalbindung" kann wiederum analog zum Fall der Fremdfinanzierung als „Opportunitätsverzinsung des durchschnittlich gebundenen Kapitals" der Investition a_1 interpretiert werden.

Übungsaufgabe 4.16

a. Bei beiden Investitionsprojekten handelt es sich um Investitionen mit nur einer Anfangsauszahlung, deren Kapitalwertfunktionen streng monoton fallend verlaufen. Die Investition a_1 weist einen Nominalwert von $N_1 = +3.200$ und einen internen Zinsfuß von $r_1^* = 14{,}89\%$ $\left(= \sqrt[2]{\frac{13.200}{10.000}} - 1\right)$ auf. Die Investition a_2 weist einen Nominalwert von $N_2 = 2.000$ und einen internen Zinsfuß von $r_2^* = 20\%$ $\left(= \frac{12.000}{10.000} - 1\right)$ auf.

Aus $N_1 > N_2$ und $r_1^* < r_2^*$ folgt, dass die beiden Kapitalwertfunktionen zumindest einen Schnittpunkt im Bereich positiver Zinssätze aufweisen müssen.

Für jeden möglichen Schnittpunkt zweier Kapitalwertfunktionen muss an der Stelle r_K gelten: $K_1(r = r_K) = K_2(r = r_K)$ bzw. $K_1(r = r_K) - K_2(r = r_K) = 0$. Der Ausdruck auf der linken Seite der letzten Gleichung ist aber nichts anderes als der Kapitalwert der Differenzzahlungsreihe, für den also gelten muss: $K^{1,2} = 0$. Bildet man die Differenzzahlungsreihe der Investitionsalternativen a_1 und a_2, so ergibt sich mit $e_0^{1,2} = 0$, $e_1^{1,2} = -12.000$ und $e_2^{1,2} = 13.200$ eine Zahlungsreihe, die nur einen einzigen internen Zinsfuß bei $r_{1,2}^* = 10\%$ aufweist. Daraus folgt, dass die beiden Projekte a_1 und a_2 nur bei einem Zinsfuß von $r = 10\%$ einen identischen Kapitalwert ($K_1 = K_2 = 909{,}09$) aufweisen (vgl. nachfolgende Abbildung).

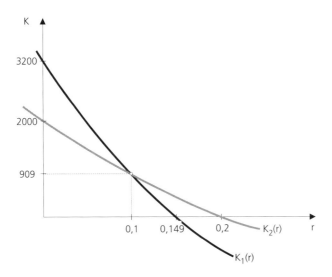

Aus dem Verlauf der Kapitalwertfunktionen der Alternativen a_1 und a_2 ergibt sich:

a_1	ist Optimalalternative für $0 \leq r < 0{,}10$
a_1 oder a_2	ist Optimalalternative für $r = 0{,}10$
a_2	ist Optimalalternative für $0{,}10 < r < 0{,}20$
U	ist Optimalalternative für $r \geq 0{,}20^1$.

b. Würde sich ein Investor bei Auswahlentscheidungen nach dem internen Zinsfuß richten und jeweils das Projekt mit dem höchsten r*-Wert wählen, so würde er sich für $r < 0{,}2$ für die Alternative a_2 und für $r \geq 0{,}2$ für die Unterlassensalternative entscheiden. Wie man aus obiger Abbildung erkennt, führt die auf den internen Zinsfuß gestützte Auswahlentscheidung nur für Kalkulationszinssätze in Höhe von $r \geq 0{,}1$ zu einem mit dem Kapitalwertkriterium übereinstimmenden Ergebnis. Für $0 \leq r < 0{,}1$ ergibt sich hingegen ein klarer Widerspruch zum Kapitalwertkriterium; der Investor würde bei Wahl des Projektes a_2 ein Projekt realisieren, das einen niedrigeren Kapitalwert als Projekt a_1 aufweist, und damit eine Entscheidung treffen, die nicht mit der Zielsetzung der Endvermögensmaximierung kompatibel ist.

---

[1] Für $r \geq 0{,}20$ ist $K_2 \leq 0$. Definitionsgemäß entscheidet sich ein Investor auch bei $K = 0$ für die Unterlassensalternative. Vgl. dazu Abschnitt 4.2.3.

Übungsaufgabe 4.17

In ihrer strengen Form beinhaltet die Prämisse des vollkommenen Finanzmarktes die Annahme, dass der Investor in seinen Planungsüberlegungen davon ausgehen kann, dass er

a. mit Sicherheit
b. zu jedem zukünftigen Zeitpunkt
c. für jeweils eine Periode
d. zu einem im Zeitablauf konstanten,
e. für Geldanlage und Geldaufnahme identischen Zinssatz
f. in beliebiger Höhe

Kredite aufnehmen und liquide Mittel anlegen kann.

Variiert man zunächst ausschließlich Annahme d) dergestalt, dass Zinssätze am Finanzmarkt im Zeitablauf variieren können, so liegt immer noch ein vollkommener Finanzmarkt vor, jetzt allerdings ein vollkommener Finanzmarkt mit wechselnden Periodenzinsfüßen.

Variiert man hingegen ausschließlich Annahme e) dergestalt, dass Zinssätze für Geldaufnahme und Geldanlage nicht übereinstimmen müssen, so liegt kein vollkommener Finanzmarkt mehr vor. Je nachdem, ob Annahme d) dann gilt, ist zwischen einem unvollkommenen Finanzmarkt mit konstanten Periodenzinsfüßen (Annahme d) gilt) und einem unvollkommenen Finanzmarkt mit wechselnden Periodenzinsfüßen (Annahme d) gilt nicht) zu unterscheiden.

Übungsaufgabe 4.18

a. Zur Ermittlung des Barwertes einer Einzahlung von 100 GE ist bei wechselndem Periodenzins der Betrag von 100 GE nacheinander mit den Abzinsungsfaktoren für die Laufzeit von einem Jahr und dem jeweiligen Periodenzins zu multiplizieren. Es ergibt sich für den gesuchten Barwert (B):

$$\begin{aligned} B &= 100 \cdot 1{,}09^{-1} \cdot 1{,}07^{-1} \cdot 1{,}05^{-1} \\ &= 100 \cdot 0{,}9174 \cdot 0{,}9346 \cdot 0{,}9524 \\ &= 81{,}66 \, [GE]. \end{aligned}$$

b. $\begin{aligned} K &= -100 + 10 \cdot 1{,}05^{-1} + 10 \cdot 1{,}07^{-1} \cdot 1{,}05^{-1} \\ &\quad + 100 \cdot 1{,}09^{-1} \cdot 1{,}07^{-1} \cdot 1{,}05^{-1} \\ &= -100 + 10 \cdot 0{,}9524 + 10 \cdot 0{,}9346 \cdot 0{,}9524 \\ &\quad + 100 \cdot 0{,}9174 \cdot 0{,}9346 \cdot 0{,}9524 \\ &= 0{,}08 \, [GE]. \end{aligned}$

c. 1. $B = 100 \cdot 1{,}05^{-1} \cdot 1{,}07^{-1} \cdot 1{,}09^{-1}$

$= 100 \cdot 0{,}9524 \cdot 0{,}9346 \cdot 0{,}9174$

$= 81{,}66 \text{ [GE]}.$

Dieses Ergebnis hätte man auch ohne explizite Berechnung angeben können. Der Barwert einer einzelnen Zahlung ist bei wechselnden Periodenzinssätzen ja gerade nicht von der Reihenfolge der einzelnen Zinssätze abhängig. Deutlich wird dies (aus formaler Sicht) daran, dass die Zahlung von 100 GE jeweils mit den gleichen Multiplikatoren multipliziert wird und lediglich die Reihenfolge der Multiplikatoren wechselt. (Es gilt das Kommutativgesetz: a · b = b · a).

2. Der Barwert der Projektzahlung im Zeitpunkt t = 3 ist zwar von der Reihenfolge der Zinssätze unabhängig, es verändert sich jedoch der Barwert der Projektzahlungen in den Zeitpunkten t = 1 und t = 2 bei einem Übergang von Zinssituation 1 zu Zinssituation 2. Da der Kapitalwert der Summe der Barwerte aller Projektzahlungen entspricht, ist die Reihenfolge der Zinssätze für die Höhe des Kapitalwertes eines Investitionsprojekts (im Allgemeinen) also durchaus relevant.

3. $K = -100 + 10 \cdot 1{,}09^{-1} + 10 \cdot 1{,}07^{-1} \cdot 1{,}09^{-1}$

$\quad + 100 \cdot 1{,}05^{-1} \cdot 1{,}07^{-1} \cdot 1{,}09^{-1}$

$= -100 + 10 \cdot 0{,}9174 + 10 \cdot 0{,}9346 \cdot 0{,}9174$

$\quad + 100 \cdot 0{,}9524 \cdot 0{,}9346 \cdot 0{,}9174$

$= -0{,}59 \text{ [GE]}.$

Im Beispielfall erkennt man, dass die Reihenfolge der Periodenzinssätze durchaus entscheidungsrelevant sein kann, da das betrachtete Investitionsprojekt (im Vergleich zur Unterlassensalternative) in Zinssituation 1 vorteilhaft und in Zinssituation 2 unvorteilhaft ist.

Übungsaufgabe 4.19

a. Der gesuchte, analog zu Beispiel 4.24 zu entwickelnde vollständige Finanz- und Anlageplan wird in nachstehender Tabelle wiedergegeben.

Maßnahme	Konsequenz in			
	t = 0	t = 1	t = 2	t = 3
Investitionsdurchführung	− 150	+ 40	+ 55	+ 70
Verkauf von Anleihe C für $\frac{70}{1,06}$ GE	$+\frac{70}{1,06} \cdot 0{,}98$	$-\frac{70}{1,06} \cdot 0{,}06$	$-\frac{70}{1,06} \cdot 0{,}06$	$-\frac{70}{1,06} \cdot 1{,}06$
Σ	− 85,28	+ 36,04	+ 51,04	± 0
Verkauf von Anleihe B für $\frac{51,04}{1,065}$ GE	$+\frac{51,04}{1,065} \cdot 0{,}98$	$-\frac{51,04}{1,065} \cdot 0{,}065$	$-\frac{51,04}{1,065} \cdot 1{,}065$	−
Σ	− 38,31	+ 32,92	± 0	± 0
Verkauf von Anleihe A für $\frac{32,92}{1,07}$ GE	$+\frac{32,92}{1,07} \cdot 0{,}98$	$-\frac{32,92}{1,07} \cdot 1{,}07$	−	−
Σ	− 8,16	± 0	± 0	± 0

Bei geeigneter Kombination der Investition mit Transaktionsmöglichkeiten des Finanzmarktes führt eine Investitionsdurchführung also zu einer auf t = 0 bezogenen Vermögensminderung in Höhe von 8,16 GE. Eine Projektdurchführung ist damit unvorteilhaft.

b. Für die gesuchten Forward Rates ergeben sich aus den Zahlungsreihen der drei in t = 0 am Finanzmarkt gehandelten Anleihen die folgenden drei Bedingungen:

$$98 = 107{,}0 \cdot (1+FR_1)^{-1}$$
$$98 = 6{,}5 \cdot (1+FR_1)^{-1} + 106{,}5 \cdot (1+FR_1)^{-1} \cdot (1+FR_2)^{-1}$$
$$98 = 6{,}0 \cdot (1+FR_1)^{-1} + 6{,}0 \cdot (1+FR_1)^{-1} \cdot (1+FR_2)^{-1}$$
$$+ 106{,}0 \cdot (1+FR_1)^{-1} \cdot (1+FR_2)^{-1} \cdot (1+FR_3)^{-1}.$$

Als Lösung dieses Gleichungssystems ergeben sich:

FR_1 = 9,18%, FR_2 = 5,97% und FR_3 = 4,92%.

Dabei zeigt z.B. die Forward Rate FR_3 an, dass durch geeignete Kombination der drei Anleihen bereits durch im Zeitpunkt t = 0 durchgeführte Transaktionen per Saldo ein Zahlungsstrom erzeugt werden kann, der nur in t = 2 zu einer Einzahlung (Auszahlung) von 1 GE führt und der nur in t = 3 zu einer Auszahlung (Einzahlung) von 1,0492 GE führt.

c. Auf Basis der Forward Rates ergibt sich als Kapitalwert des Investitionsprojektes:

$$K = -150 + 40 \cdot 1{,}0918^{-1} + 55 \cdot 1{,}0918^{-1} \cdot 1{,}0597^{-1}$$
$$+ 70 \cdot 1{,}0918^{-1} \cdot 1{,}0597^{-1} \cdot 1{,}0492^{-1}$$
$$= -8{,}16.$$

Dieser Kapitalwert stimmt – zwangsläufig – mit der auf t = 0 bezogenen Vermögensänderung überein, die in Aufgabenteil a) im Wege eines vollständigen Finanz- und Anlageplans bestimmt wurde.

Übungsaufgabe 4.20

a. Der Investor würde im **Unterlassensfall,** genau wie in Beispiel 4.27, „gegenläufige Finanzmarkttransaktionen" im Volumen von 1.000 GE vornehmen, nur dass er jetzt die in t = 0 gehandelten Termingeschäfte zur Kreditaufnahme und die für t = 1 erwarteten Kassageschäfte zur Mittelanlage nutzt. Dadurch würde er in t = 2 folgende Zahlungen erwarten:

– 1.050 GE aus der Kreditaufnahme zu FR_2 = 5%

+ 1.070 GE aus der Mittelanlage zu $\hat{r}_2$ = 7%

Insgesamt könnte der Investor in t = 2 also unverändert über liquide Mittel in Höhe von EV_U = +20 GE verfügen.

b. Ergreift der Investor die **Investitionsalternative** und nutzt er zur Zwischenfinanzierung die in t = 0 verfügbaren Termingeschäfte, so erwartet er in t = 2 folgende Zahlungen:

+ 54 GE aus dem Projekt

− 53,55 GE (= 51 · 1,05) aus der Zwischenfinanzierung

− 1.050 GE aus der Kreditaufnahme zu $FR_2 = 5\%$

+ 1.070 GE aus der Mittelanlage zu $\hat{r}_2 = 7\%$

= + 20,45 GE .

Ergreift der Investor die Investitionsalternative und nutzt er zur Zwischenfinanzierung die für t = 1 erwarteten Kassageschäfte, so erwartet er in t = 2 folgende Zahlungen:

+ 54 GE aus dem Projekt

− 54,57 GE (= 51 · 1,07) aus der Zwischenfinanzierung

− 1.103,55 GE (= 1.051 · 1,05) aus der Kreditaufnahme zu $FR_2 = 5\%$

+ 1.124,57 GE (= 1.051 · 1,07) aus der Mittelanlage zu $\hat{r}_2 = 7\%$

= + 20,45 GE .

Das mit Investitionsdurchführung erzielbare Endvermögen beträgt also unabhängig von der Art der Zwischenfinanzierung EV_I = +20,45 GE.

c. Die durch die Investition ausgelöste und auf den Zeitpunkt t = 2 bezogene Vermögensdifferenz beträgt also

$$EW = EV_I - EV_U = +20{,}45 - 20{,}00 = +0{,}45.$$

und entspricht damit – genau wie bei umgekehrter Größenrelation zwischen den Zinssätzen FR_2 und $\hat{r}_2$ – dem auf der Basis von Marktzinssätzen berechneten Endwert

$$EW\left(r_1 = 0{,}05, FR_2 = 0{,}05\right) = 100 \cdot 1{,}05^2 + 54 \cdot 1{,}05 + 54 = +0{,}45.$$

Der Marktzinssatz bleibt auch bei $\hat{r}_2 > FR_2$ beurteilungsrelevant, da als Anpassungsmaßnahme

− entweder eine Zwischenfinanzierung zum Marktzinssatz erfolgt

− oder, zwar eine Zwischenfinanzierung zum erwarteten Zinssatz erfolgt, dann aber gleichzeitig die Finanzmarktanlagen zum Marktzinssatz höher dimensioniert werden können.

Übungsaufgabe 4.21

a. Im Unterlassensfall legt der Investor die verfügbaren liquiden Mittel in der ersten Periode zu $r_1 = 5\%$ und in der zweiten Periode dann zum Zinssatz $FR_2 = 7\%$ an. Außerdem nutzt er die Möglichkeit, 1.000 GE in t = 1 zu $\hat{r}_2 = 5\%$ aufnehmen zu können, und legt auch diese Mittel zu $FR_2 = 7\%$ an. Dadurch erwartet er in t = 2 folgende Zahlungen:

   + 337,05 GE (= 300 · 1,05 · 1,07) aus Anlage liquider Mittel

   − 1.050 GE (= 1.000 · 1,05) aus Kreditaufnahme zu $\hat{r}_2 = 5\%$

   + 1.070 GE (= 1.000 · 1,07) aus der Mittelanlage zu $FR_2 = 7\%$

   = + 357,05 GE .

b. Bei Investition und Zwischenfinanzierung durch eine um 51 GE verminderte Mittelanlage zu $FR_2 = 7\%$ ergeben sich in t = 2 folgende Zahlungen:

   + 54 GE aus dem Projekt

   + 337,05 GE (= 300 · 1,05 · 1,07) aus Anlage liquider Mittel

   − 1.050 GE (= −1.000 · 1,05) aus Kreditaufnahme zu $\hat{r}_2 = 5\%$

   + 1.015,43 GE (= (1.000 − 51) · 1,07) aus der Mittelanlage zu $FR_2 = 7\%$

   = + 356,48 GE .

   Bei einer Zwischenfinanzierung durch eine Mittelaufnahme zu $FR_2 = 7\%$ im Volumen von 51 GE ergibt sich wiederum dasselbe Endvermögen, weil dann gleichzeitig die „gegenläufigen Finanzmarkttransaktionen" in einem höheren Volumen von 1.000 GE durchgeführt werden können.

c. Die durch die Investition ausgelöste und auf den Zeitpunkt t = 2 bezogene Vermögensdifferenz beträgt also

   $EW = EV_I - EV_U = 356{,}48 - 357{,}05 = -0{,}57$

   und entspricht wie in der Situation ohne verfügbare liquide Mittel dem auf Basis von Marktzinssätzen berechneten Endwert.

Übungsaufgabe 4.22

Die relevante Zahlungsreihe ergibt sich nach folgender Berechnung:

t	0	1	2	3	4
e_t	−330	+20	+90	+120	+216
f_t	+240	−84	−78	−72	−66
$c_t = e_t + f_t$	−90	−64	+12	+48	+150

Für den mit 12% berechneten Kapitalwert ergibt sich dann:

$$K = -90 - 64 \cdot 1{,}12^{-1} + 12 \cdot 1{,}12^{-2} + 48 \cdot 1{,}12^{-3} + 150 \cdot 1{,}12^{-4}$$
$$= -8{,}1.$$

Es würde also nicht lohnen, das Investitionsprojekt und die darauf bezogene Finanzierungsmaßnahme durchzuführen.

Übungsaufgabe 4.23

a. Die alternativen Finanzierungskosten r kennzeichnen jeweils den der Ermittlung des Kapitalwertes zugrundezulegenden Opportunitätszinssatz. Für das Ratendarlehen ermittelt man für den Kapitalwert in Abhängigkeit von dem zugrundzulegenden Kalkulationszinsfuß somit:

$$K(r = 0{,}06) = 10 - 2{,}8 \cdot 1{,}06^{-1} - 2{,}64 \cdot 1{,}06^{-2} - 2{,}48 \cdot 1{,}06^{-3}$$
$$- 2{,}32 \cdot 1{,}06^{-4} - 2{,}16 \cdot 1{,}06^{-5}$$
$$= -0{,}53$$

$$K(r = 0{,}10) = 10 - 2{,}8 \cdot 1{,}1^{-1} - 2{,}64 \cdot 1{,}1^{-2} - 2{,}48 \cdot 1{,}1^{-3}$$
$$- 2{,}32 \cdot 1{,}1^{-4} - 2{,}16 \cdot 1{,}1^{-5}$$
$$= +0{,}48.$$

Im Fall eines zugrundelegenden Zinsfußes von 6% ist die Aufnahme des Krediteres mit Ratentilgung, wie das negative Vorzeichen des zugehörigen Kapitalwertes indiziert, projektindividuell nicht vorteilhaft, während sie bei einem Zinsfuß von 10%, wie das positive Vorzeichen des zugehörigen Kapitalwertes zeigt, projektindividuell vorteilhaft ist.

b. Da die effektiven Finanzierungskosten r* des Projektes dem Ihnen aus Abschnitt 4.5 bekannten internen Zinsfuß entsprechen, ist für deren Ermittlung jener Zinssatz zu ermitteln, bei dem der Kapitalwert der Zahlungsreihe gleich Null ist. Zu lösen ist also die Gleichung:

$$0 \stackrel{!}{=} 10 - 2{,}8 \cdot (1+r^*)^{-1} - 2{,}64 \cdot (1+r^*)^{-2} - 2{,}48 \cdot (1+r^*)^{-3} - 2{,}32 \cdot (1+r^*)^{-4}$$
$$- 2{,}16 \cdot (1+r^*)^{-5}.$$

Aus Aufgabenteil a) wissen Sie jedoch bereits, dass der Kapitalwert bei 10% positiv, bei 6% negativ ist. Folglich muss der gesuchte Zins zwischen diesen beiden Werten liegen. Halbiert man in einem ersten Iterationsschritt das fragliche Intervall, so ermittelt man:

$$10 - 2{,}8 \cdot 1{,}08^{-1} - 2{,}64 \cdot 1{,}08^{-2} - 2{,}48 \cdot 1{,}08^{-3} - 2{,}32 \cdot 1{,}08^{-4} - 2{,}16 \cdot 1{,}08^{-5} = 0.$$

Die effektiven Finanzierungskosten liegen also bei $r^* = 8\%$.

c. Da es sich bei der Zahlungsreihe des Ratendarlehens um eine Zahlungsreihe mit nur einem einzigen Vorzeichenwechsel handelt, hat die Kapitalwertfunktion maximal eine Nullstelle. Wie aus Aufgabenteil b) bekannt ist, liegt diese Nullstelle bei $r^* = 8\%$. Für größere Zinssätze ist der Kapitalwert des Finanzierungsprojektes immer positiv, für kleinere Zinssätze immer negativ.

Dementsprechend lässt sich aus dem Ergebnis zu b) zunächst ableiten, dass das Ratendarlehen isoliert, d.h. projektindividuell betrachtet, für Kalkulationszinssätze über 8% stets vorteilhaft ist, bei Kalkulationszinssätzen unter 8% hingegen die Unterlassensalternative zu präferieren ist. Der Zinssatz von 8% kann somit als Grenzzinssatz der Opportunität interpretiert werden. Liegt der Zinssatz für die alternativ notwendige Geldaufnahme (die alternativ in geringerem Maße erfolgende Geldanlage) über 8%, so ist die Aufnahme des Ratenkredites vorteilhaft, andernfalls sollte die alternative Möglichkeit genutzt werden, um über die benötigten Zahlungsmittel zu verfügen.

Alternativ kann der ermittelte kritische Zinssatz von 8% auch (mit einigen Unschärfen) als der Zinssatz interpretiert werden, den eine Investition, die mit den Mitteln aus diesem Finanzierungsprojekt finanziert wird, mindestens erwirtschaften muss, damit die Aufnahme des Kredites und die Durchführung des Investitionsprojektes gegenüber der Unterlassensalternative, jetzt definiert als Verzicht auf die Aufnahme des Kredites und Verzicht auf die Durchführung des Investitionsprojektes, zu bevorzugen ist.

Übungsaufgabe 4.24

a. Finanzierungsprojekt a_1 wird dann günstiger als a_2 beurteilt, wenn die im Zeitpunkt $t = 2$ anfallende Gesamtrückzahlung GR bei Projekt a_1 niedriger als bei Projekt a_2 ist. Folglich muss gelten:

$$10 \cdot (1+r) + 110 < 57 \cdot (1+r) + 57.$$

Umgeformt nach r ergibt sich: $r > 0{,}1277$.

Übersteigt der Zinssatz für den Zwischenkredit den Wert von 12,77%, dann ist die Gesamtrückzahlung im Zeitpunkt $t = 2$ bei Projekt a_1 niedriger als bei Projekt a_2; Projekt a_1 wird folglich präferiert.

b. $K_1(r=0{,}09) = 100 - 10 \cdot 1{,}09^{-1} - 110 \cdot 1{,}09^{-2} = -1{,}76$

$K_1(r=0{,}10) = 100 - 10 \cdot 1{,}10^{-1} - 110 \cdot 1{,}10^{-2} = 0$

$K_2(r=0{,}09) = 100 - 57 \cdot 1{,}09^{-1} - 57 \cdot 1{,}09^{-2} = -0{,}27$

$K_2(r=0{,}10) = 100 - 57 \cdot 1{,}10^{-1} - 57 \cdot 1{,}10^{-2} = +1{,}07$

c. Unter der Annahme eines vollkommenen Finanzmarktes und eines konstanten Periodenzinses in Höhe von r = 9%, sind beide Finanzierungsprojekte (absolut) unvorteilhaft. Der Verzicht auf die Durchführung von a_1 oder a_2, also die Wahl der Unterlassensalternative, führt zum maximal erreichbaren Endvermögen. Dies erkennt man unmittelbar an den negativen Vorzeichen der in Aufgabenteil b) ermittelten Kapitalwerte. Zu dem gleichen Ergebnis gelangt man auch über den Vergleich der effektiven Finanzierungskosten der beiden Projekte mit dem maßgeblichen Kalkulationszinssatz gemäß (V_{14}).

Übungsaufgabe 4.25

Zu bestimmen ist die Summe der Barwerte aller mit dem Besitz einer Anleihe verbundenen zukünftigen Einzahlungen. Für einen Zinssatz von r = 4% ergibt sich für die Summe dieser Barwerte:

$C_1(r=4\%) = 6 \cdot \text{RBF}(3\,\text{J.}; 4\%) + 100 \cdot 1{,}04^{-3}$

$\qquad\qquad = 6 \cdot 2{,}7751 + 100 \cdot 0{,}8890$

$\qquad\qquad = 16{,}65 + 88{,}90$

$\qquad\qquad = 105{,}55$

$C_2(r=4\%) = 6 \cdot \text{RBF}(7\,\text{J.}; 4\%) + 100 \cdot 1{,}04^{-7}$

$\qquad\qquad = 6 \cdot 6{,}0021 + 100 \cdot 0{,}7599$

$\qquad\qquad = 36{,}01 + 75{,}99$

$\qquad\qquad = 112.$

Der Kurs der Anleihe A_1 steigt bei einer Änderung des Marktzinses von 6% auf 4% um 5,55 GE, während der Kurs der Anleihe A_2 um 12 GE ansteigt. Die Anleihe mit der längeren Restlaufzeit ist also stärker von der Marktzinssenkung betroffen; ihr Kurs steigt mehr als der Kurs der Anleihe mit der kürzeren Laufzeit.

Übungsaufgabe 5.1

(1)	Zeitpunkt	t	0	1	2
(2)	Zahlung vor Steuern	e_t	–500	+47	+550
(3)	Abschreibung	a_t		+250	+250
(4) = (2) – (3)	Gewinnbeitrag	$\Delta g_t = e_t - a_t$		–203	+300
(5) = 0,4 · (4)	Steuerzahlung	$S_t = s \cdot \Delta g_t$		–81,2	+120
(6) = (2) – (5)	Zahlung nach Steuern	$e'_t = e_t - s \cdot \Delta g_t$	–500	+128,2	+430

Übungsaufgabe 5.2

$e'_0 = -500; \quad e'_1 = +128,2; \quad e'_2 = +430$

$r_K = 12\%; \quad r'_K = 0,12 \cdot (1-0,4) = 0,072 = 7,2\%$

$K'(r_K = 12\%) = -500 + 128,2 \cdot 1,12^{-1} + 430 \cdot 1,12^{-2} = -42,74$

$K'(r'_K = 7,2\%) = -500 + 128,2 \cdot 1,072^{-1} + 430 \cdot 1,072^{-2} = -6,23$

$EW'(r_K = 12\%) = -500 \cdot 1,12^2 + 128,2 \cdot 1,12 + 430 = -53,62$

$EW'(r'_K = 7,2\%) = -500 \cdot 1,072^2 + 128,2 \cdot 1,072 + 430 = -7,16$

Durch die Berücksichtigung der Besteuerung der Unterlassensalternative sinkt der relevante Kalkulationszins von 12% auf 7,2% und führt somit zu einer Verbesserung von Kapitalwert und Endwert; nicht jedoch zu einer Vorteilhaftigkeit des Investitionsprojektes gegenüber der Unterlassensalternative, da K'(r') < 0 und EW'(r') < 0 gilt. Diese positive Veränderung der Werte durch die Einbeziehung von Steuerwirkungen in den Kalkulationszinssatz gilt für alle Investitionsprojekte, bei denen auf eine Auszahlung in t = 0 nur noch Einzahlungen in t = 1, 2, ..., T folgen.

Übungsaufgabe 5.3

a. Für die Projekte a_3 und a_4 gilt gleichermaßen:

$r_K = 10\%; \quad r'_K = r_K \cdot (1-0,6) = 0,04 = 4\%.$

Projekt a_3					
(1)	Zeitpunkt	t	0	1	2
(2)	Zahlung vor Steuern	e_t	−100	+90	+25
(3)	Abschreibung	α_t		+50	+50
(4) = (2) − (3)	Gewinnbeitrag	$\Delta g_t = e_t - \alpha_t$		+40	−25
(5) = 0,6 · (4)	Steuerzahlung	$S_t = s \cdot \Delta g_t$		+24	−15
(6) = (2) − (5)	Zahlung nach Steuern	$e'_t = e_t - s \cdot \Delta g_t$	−100	+66	+40

$K_3(10\%) = -100 + 90 \cdot 1{,}1^{-1} + 25 \cdot 1{,}1^{-2} = 2{,}48$

$K'_3(4\%) = -100 + 66 \cdot 1{,}04^{-1} + 40 \cdot 1{,}04^{-2} = 0{,}44$

Durch die Einbeziehung von Steuern sinkt somit der Kapitalwert von 2,48 auf 0,44. Er bleibt jedoch positiv, so dass weiterhin das Investitionsprojekt der Unterlassensalternative vorzuziehen ist. Zu dem gleichen Ergebnis führt notwendigerweise die Berechnung des Endwertes.

$EW_3(10\%) = -100 \cdot 1{,}1^2 + 90 \cdot 1{,}1 + 25 = 3{,}00$

$EW'_3(4\%) = -100 \cdot 1{,}04^2 + 66 \cdot 1{,}04 + 40 = 0{,}48$

Projekt a_4					
(1)	Zeitpunkt	t	0	1	2
(2)	Zahlung vor Steuern	e_t	−100	+9	+108
(3)	Abschreibung	α_t		+50	+50
(4) = (2) − (3)	Gewinnbeitrag	$\Delta g_t = e_t - \alpha_t$		−41	+58
(5) = 0,6 · (4)	Steuerzahlung	$S_t = s \cdot \Delta g_t$		−24,6	+34,8
(6) = (2) − (5)	Zahlung nach Steuern	$e'_t = e_t - s \cdot \Delta g_t$	−100	+33,6	+73,2

$K_4(10\%) = -100 + 9 \cdot 1{,}1^{-1} + 108 \cdot 1{,}1^{-2} = -2{,}56$

$K'_4(4\%) = -100 + 33{,}6 \cdot 1{,}04^{-1} + 73{,}2 \cdot 1{,}04^{-2} = -0{,}01$

Für das Projekt a_4 steigt der Kapitalwert nach Steuern K'(r') über den Kapitalwert, der sich ohne die Einbeziehung von Steuern ergibt (K(r)). Projekt a_4 ist im Nichtsteuerfall unvorteilhaft. Unterliegen Unterlassensalternative und Projekt a_4 gleichermaßen einem Steuersatz von 60%, beträgt der Kapitalwert nach Steuern K'_4 (4%) = −0,01 < 0. Ein potentieller Investor wird sich somit auch bei einer Einbeziehung steuerlicher Effekte gegen die Durchführung von Projekt a_4 entscheiden. Obwohl sich der Kapitalwert des Projektes verbessert, bleibt es unvorteilhaft. Zu dem gleichen Ergebnis führt notwendigerweise wieder die Berechnung des Endwertes.

$$EW_4(10\%) = -100 \cdot 1{,}1^2 + 9 \cdot 1{,}1 + 108 = -3{,}10$$

$$EW'_4(4\%) = -100 \cdot 1{,}04^2 + 33{,}6 \cdot 1{,}04 + 73{,}2 = -0{,}02$$

Im Vergleich der beiden Projekte ergibt sich somit trotz identischer Abschreibungs- und Besteuerungsmodalitäten im Falle des Projekts a_3 eine Verschlechterung, bei Projekt a_4 hingegen eine Verbesserung des Kapitalwertes bzw. des Endwertes durch die Berücksichtigung der Steuerwirkungen. In beiden Fällen reicht die Veränderung aber nicht für einen Wechsel der projektindividuellen Vorteilhaftigkeit.

b. Das Projekt a_1 war durch die Zahlungsreihe $e_0 = -100$; $e_1 = +90$; $e_2 = +23$ charakterisiert.

Bei differenzierter Betrachtung von Projekt a_1 ergeben sich folgende Überlegungen (für $r_K = 10\%$; s = 60%). Ohne Steuern gilt bei Projektdurchführung:

Periode	Anfangsbestand	Zins	Projektzahlung	Endbestand
1	0	0	+90	+90
2	+90	+9	+23	122

Es gilt also also $EV_1 = 122$. Mit Steuern ergibt sich bei Projektdurchführung folgende Vermögensentwicklung:

Periode	Anfangs-bestand	Zins	Projekt-zahlung	Steuerbelastung/-erstattung		Endbestand
				Projekt	Zins	
1	0	0	+90	−24	−	66
2	66	6,6	+23	+16,2	−3,96	107,84

Es gilt also $EV'_1 = 107{,}84$. Das durch Projekt a_1 erzielbare Endvermögen sinkt durch die Einführung der Besteuerung also deutlich um 14,16 von 122 auf 107,84.

Gleichzeitig sinkt jedoch auch das durch die Unterlassensalternative erzielbare Endvermögen von

$$EV_U = 100 \cdot 1{,}1^2 = 121 \quad \text{auf}$$

$$EV'_U = 100 \cdot (1+(0{,}1-0{,}06))^2 = 108{,}16.$$

Zusammengefasst ergibt sich:

	Projekt a_1	Unterlassen
EV (Welt ohne Steuern)	122	121
EV' (Welt mit Steuern)	107,84	108,16
steuerbedingte Vermögenseinbuße	14,16	12,84

Die steuerbedingte Vermögenseinbuße ist also bei Projekt a_1 um $14{,}16 - 12{,}84 = 1{,}32$ höher als bei der Unterlassensalternative, so dass EW_1 von $1{,}00$ auf $-0{,}32$ sinkt.

Übungsaufgabe 5.4

a. Es gilt: $s = 50\%$; $r_K = 12\%$; $r'_K = 0{,}12 \cdot (1-0{,}5) = 0{,}06 = 6\%$

(1)	Zeitpunkt	t	0	1	2	3
(2)	Zahlung vor Steuern	e_t	–300	+168	+100	+100
(3)	Abschreibung	α_t		+100	+100	+100
(4) = (2) – (3)	Gewinnbeitrag	$\Delta g_t = e_t - \alpha_t$		+68	0	0
(5) = 0,5 · (4)	Steuerzahlung	$s \cdot \Delta g_t$		+34	0	0
(6) = (2) – (5)	Zahlung nach Steuern	$e'_t = e_t - s \cdot \Delta g_t$	–300	+134	+100	+100

$$K(12\%) = -300 + 168 \cdot 1{,}12^{-1} + 100 \cdot 1{,}12^{-2} + 100 \cdot 1{,}12^{-3} = +0{,}90$$
$$K'(6\%) = -300 + 134 \cdot 1{,}06^{-1} + 100 \cdot 1{,}06^{-2} + 100 \cdot 1{,}06^{-3} = -0{,}62$$

$$EW(12\%) = -300 \cdot 1{,}12^3 + 168 \cdot 1{,}12^2 + 100 \cdot 1{,}12 + 100 = 1{,}26$$
$$EW'(6\%) = -300 \cdot 1{,}06^3 + 134 \cdot 1{,}06^2 + 100 \cdot 1{,}06 + 100 = -0{,}74$$

Die zunächst projektindividuell vorteilhafte Investition wird somit durch die Besteuerung gegenüber der Unterlassensalternative unvorteilhaft. Diesen Effekt verdeutlicht auch die Darstellung der Konten.

b. **Projektkonto; keine Steuern**

Periode	Anfangsbestand	Zins	Projektzahlung	Endbestand
1	–	–	168	168
2	168	20,16	100	288,16
3	288,16	34,58	100	422,74

Kreditkonto; keine Steuern

Periode	Anfangsbestand	Zins	Endbestand
1	– 300	– 36	– 336
2	– 336	– 40,32	– 376,32
3	– 376,32	– 45,16	– 421,48

Der Saldo zwischen dem Endbestand des Projektkontos und dem Endbestand des Kreditkontos entspricht mit $422{,}74 - 421{,}48 = 1{,}26$ dem zuvor berechneten Endwert $EW(r)$.

Projektkonto mit Steuern						
Periode	Anfangs-bestand	Zins	Projektzahlung	Steuerzahlung		Endbestand
1	–	–	168	– 34	–	134
2	134	16,08	100	0	– 8,04	242,04
3	242,04	29,04	100	0	– 14,52	356,56

Kreditkonto mit Steuern				
Periode	Anfangsbestand	Zins	Steuerzahlung	Endbestand
1	– 300	– 36	+ 18	– 318
2	– 318	– 38,16	+ 19,08	– 337,08
3	– 337,08	– 40,45	+ 20,22	– 357,31

Durch die Einbeziehung von Steuern sinken die (absoluten) Endbestände sowohl auf dem Projekt- als auch auf dem Kreditkonto. Auch hier entspricht der Saldo der Endbestände mit 356,56 – 357,31 = – 0,75 bis auf Rundungsfehler dem Endwert nach Steuern EW'(r').

Übungsaufgabe 5.5

a. Der vertikale Abstand zwischen den Kurven gibt an, wie sich durch die Besteuerung der Kapitalwert des Investitionsprojektes im Vergleich zur Unterlassensalternative verschlechtert, wenn die Unterlassensalternative – und Aktivitäten der zwischenzeitlichen Geldanlage – selbst keiner Besteuerung unterliegen (Volumeneffekt).

b. $K(10\%) = -100 + 10 \cdot 1{,}1^{-1} + 109 \cdot 1{,}1^{-2} = -0{,}83$

$K'(10\%) = -100 + 34 \cdot 1{,}1^{-1} + 73{,}6 \cdot 1{,}1^{-2} = -8{,}26$

$K'(4\%) = -100 + 34 \cdot 1{,}04^{-1} + 73{,}6 \cdot 1{,}04^{-2} = +0{,}74$

Volumeneffekt: $-8{,}26 - (-0{,}83) = -7{,}43$

Zinseffekt: $+0{,}74 - (-8{,}26) = +9{,}00$

Gesamteffekt: $-7{,}43 + 9{,}00 = +1{,}57$

Insgesamt führen beide Effekte somit zu einer Erhöhung des Kapitalwertes. Der positive Zinseffekt überkompensiert den negativen Volumeneffekt.

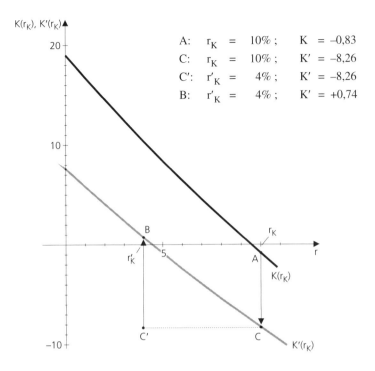

Hier lässt sich graphisch erkennen, dass

- der Zinseffekt (C' → B) den Volumeneffekt (A → C) überkompensiert und
- der Kapitalwert der Investition durch die Überschreitung der Abszisse (C' → B) sogar positiv wird. Es liegt somit der Fall eines Steuerparadoxons vor.

Übungsaufgabe 5.6

a. Auf Grundlage des Kapitalwertes ergibt sich:

$K_1(10\%)$	$= -100 + 90 \cdot 1{,}1^{-1} + 23 \cdot 1{,}1^{-2}$	$=$	$+0{,}83$
$K'_1(10\%)$	$= -100 + 66 \cdot 1{,}1^{-1} + 39{,}2 \cdot 1{,}1^{-2}$	$=$	$-7{,}60$
Volumeneffekt$_K$	$= -7{,}60 - (+0{,}83)$	$=$	$-8{,}43$
$K'_1(4\%)$	$= -100 + 66 \cdot 1{,}04^{-1} + 39{,}2 \cdot 1{,}04^{-2}$	$=$	$-0{,}30$
Zinseffekt$_K$	$= -0{,}30 - (-7{,}60)$	$=$	$+7{,}30$.

Auf Grundlage des Endwertes errechnet sich:

$EW_1(10\%)$	$= -100 \cdot 1{,}1^2 + 90 \cdot 1{,}1 + 23$	$=$	$+1{,}00$
$EW'_1(10\%)$	$= -100 \cdot 1{,}1^2 + 66 \cdot 1{,}1 + 39{,}2$	$=$	$-9{,}20$
Volumeneffekt$_{EW}$	$= -9{,}20 - (+1{,}00)$	$=$	$-10{,}20$

$EW_1'(4\%)$ = $-100 \cdot 1{,}04^2 + 66 \cdot 1{,}04 + 39{,}2$ = $-0{,}32$

Zinseffekt$_{EW}$ = $-0{,}32 - (-9{,}20)$ = $+8{,}88$.

b. **1. Schritt:** Bestimmung des Endvermögens bei Durchführung des Projektes ohne Steuern

Periode	Anfangsbestand	Zins	Projektzahlung	Endbestand
1	–	–	90	90
2	90	9	23	122

Die Unterlassensalternative führt hingegen zu: $100 \cdot 1{,}1^2 = 121$.

Die Differenz $122 - 121 = 1$ entspricht $EW_1(10\%)$.

2. Schritt: Bestimmung des Volumeneffektes (Besteuerung nur der Projektergebnisse)

Szenario I: Freie Liquiditätsreserven

Periode	Anfangs-bestand	Zins	Projekt-zahlung	Steuerzahlung		Endbestand
				Projekt	Zins	
1	–	–	+90	–24	–	+66
2	+66	+6,6	+23	+16,2	–	+111,8

Das Endvermögen bei Projektdurchführung in Szenario I liegt bei Besteuerung der Projektergebnisse somit um $122{,}0 - 111{,}8 = 10{,}2$ unter dem Endbestand ohne Steuern. Diese Differenz entspricht dem oben errechneten Volumeneffekt, da das mit der Unterlassensalternative erzielbare Endvermögen von einer ausschließlichen Besteuerung der Projektergebnisse unberührt bleibt.

Szenario II: Kreditbeanspruchung

Projektkonto

Periode	Anfangs-bestand	Zins	Projekt-zahlung	Steuerzahlung		Endbestand
				Projekt	Zins	
1	–	–	+90	–24	–	+66
2	+66	+6,6	+23	+16,2	–	+111,8

Kreditkonto

Periode	Anfangs-bestand	Zins	Steuern	Endbestand
1	–100	–10	–	–110
2	–110	–11	–	–121

Als Saldo von Projektkonto und Kreditkonto ergibt sich 111,8 – 121 = –9,2 = $EW_1'(r_K)$. Der Volumeneffekt ergibt sich auch in diesem Szenario allein aus der Reduktion des bei Projektdurchführung erzielbaren Endvermögens von 111,8 – 122 = –10,2, da die Entwicklung des Kreditkontos von dem Volumeneffekt unberührt bleibt. In Szenario II entspricht diese Endvermögenseinbuße gerade dem steuerbedingten Endwertrückgang von $EW_1'(r_K) - EW_1(r_K) = -9,2 - 1 = -10,2$.

3. Schritt: Bestimmung des Zinseffektes

Szenario I: Freie Liquiditätsreserven

Periode	Anfangs-bestand	Zins	Projekt-zahlung	Steuerzahlung		Endbestand
				Projekt	Zins	
1	–	–	+ 90	– 24	–	+ 66
2	+ 66	+ 6,6	+ 23	+ 16,2	– 3,96*⁾	+ 107,84

*⁾ = 6,6 · 0,6

Die zusätzliche Besteuerung von Zinsen führt bei Projektdurchführung somit zu einer weiteren Endvermögenseinbuße von 111,8 – 107,84 = 3,96.

Periode	Anfangs-bestand	Zins	Steuer-zahlung*⁾	Endbestand
1	+ 100	+ 10	– 6	+ 104
2	+ 104	+ 10,4	– 6,24	+ 108,16

*⁾ 60% auf die Zinsgutschrift

Die Besteuerung von Zinsen führt bei der Unterlassensalternative zu einer Endvermögenseinbuße von 121 – 108,16 = 12,84. Der Zinseffekt von +8,88 ergibt sich also insgesamt daraus, dass die aus einer Zinsbesteuerung resultierende Vermögenseinbuße bei Projektdurchführung um 12,84 – 3,96 = 8,88 geringer ausfällt als bei der Unterlassensalternative.

Szenario II: Kreditfinanzierung

Projektkonto						
				Projekt	Zins	
1	–	–	+ 90	– 24	–	+ 66
2	+ 66	+ 6,6	+ 23	+ 16,2	– 3,96*⁾	+ 107,84

*⁾ = 6,6 · 0,6

Kreditkonto				
1	−100	−10	+6	−104
2	−104	−10,4	+6,24	−108,16

*) 60% auf die Zinsbelastung

In diesem Szenario ergibt sich der Zinseffekt von +8,88 also aus den beiden folgenden Teileffekten: Die Zinsbesteuerung führt auf dem Projektkonto zu einer Endvermögensminderung von 3,96, aber gleichzeitig zu einem auf dem Kreditkonto um 12,84 weniger negativen Endsaldo. Anders als in Szenario I, wo ein Teileffekt das bei Projektdurchführung und der andere Teileffekt das bei Unterlassen erzielbare Endvermögen betrifft, betreffen hier beide Teileffekte das bei Projektdurchführung erzielbare Endvermögen – bei Kreditfinanzierung beträgt das Endvermögen der Unterlassensalternative ja stets null.

Übungsaufgabe 5.7

a. Für die Zahlungsreihen nach Steuern (e'_t) gilt im Fall ohne Auflagen:

$$e'_0 = -28 \;; \quad \begin{aligned} g_t &= 10 - 7 &= 3 \\ S_t &= 0{,}5 \cdot 3 &= 1{,}5 \\ e'_t &= 10 - 1{,}5 &= 8{,}5 \end{aligned} \quad t = 1, 2, 3, 4.$$

Im Fall mit Auflagen gilt entsprechend:

$$e'_0 = -32 \;; \quad \begin{aligned} g_t &= 10 - 8 &= 2 \\ S_t &= 0{,}5 \cdot 2 &= 1 \\ e'_t &= 10 - 1 &= 9 \end{aligned} \quad t = 1, 2, 3, 4.$$

Der maßgebliche Kalkulationszins nach Steuern beträgt 4%. Mithin ergibt sich für die Kapitalwerte K'_0 und K'_M ohne bzw. mit Auflagen:

$$\begin{aligned} K'_0 &= -28 + 8{,}5 \cdot \text{RBF}(4 \text{ J.}; 4\%) \\ &= -28 + 8{,}5 \cdot 3{,}6299 \\ &= 2{,}85 \;; \end{aligned}$$

$$\begin{aligned} K'_M &= -32 + 9 \cdot \text{RBF}(4 \text{ J.}; 4\%) \\ &= -32 + 9 \cdot 3{,}6299 \\ &= 0{,}67 \;. \end{aligned}$$

Ohne Auflagen ist das Musterprojekt vorteilhaft und führt in der Tat zu einem Kapitalwert von 2,85 Mio. GE; Aussage 1 ist also zutreffend. Die zusätzliche Auflage bewirkt jedoch nicht, dass der Kapitalwert um 4 Mio. GE sinkt; vielmehr beläuft sich der Rückgang mit 2,18 Mio. GE nur auf etwas mehr als die Hälfte dieser Summe; Aussage 2 trifft also nicht zu.

Der Grund für diesen von dem Vertreter des Wirtschaftsministeriums verkannten Effekt liegt in den um 1 Mio. GE/Jahr erhöhten Abschreibungen und den daraus resultierenden Steuerminderungen von 0,5 Mio. GE jährlich. Um den Gesamteffekt der Auflage zu beurteilen, ist der in t = 0 eintretenden Mehrbelastung von 4 Mio. GE also der Barwert der Steuereinsparungen von $0{,}5 \cdot 3{,}6299 = 1{,}81$ gegenüberzustellen. Die Kapitalwertminderung beläuft sich somit nur auf $4 - 1{,}81 = 2{,}19$ Mio. GE, was abgesehen von einem kleinen Rundungsfehler dem oben bereits ausführlich hergeleiteten Ergebnis entspricht.

b. Für die Zahlungsreihe nach Steuern gilt bei Installation der Umweltschutzvorrichtung und Nutzung der besonderen Abschreibungsmöglichkeit:

$$g_1 = 10 - 20 = -10$$
$$S_1 = -5$$
$$e'_1 = 10 - (-5) = 15.$$

Die Sonderabschreibung im ersten Jahr bewirkt also über eine Verlustzuweisung von 10 Mio. GE per Saldo eine Steuereinsparung von 5 Mio. GE.

$$g_t = 10 - 4 = 6$$
$$S_t = 0{,}5 \cdot 6 = 3 \qquad t = 2, 3, 4.$$
$$e'_t = 10 - 3 = 7$$

In den kommenden Jahren fallen die Abschreibungen kleiner und damit der verbleibende Gewinn und die Steuer höher aus. Für den Kapitalwert mit Sonderabschreibung (K'_A) gilt somit:

$$\begin{aligned} K'_A &= -32 + 15 \cdot 1{,}04^{-1} + 7 \cdot \text{RBF}(3\,\text{J.};4\%) \cdot 1{,}04^{-1} \\ &= -32 + (15 + 7 \cdot 2{,}7751) \cdot 1{,}04^{-1} \\ &= -32 + 33{,}10 \\ &= +1{,}10. \end{aligned}$$

Der Kapitalwert wird zwar größer als im Fall einer unmittelbaren Auflage ($K'_M = 0{,}67$), bleibt aber trotz der günstigeren Abschreibungsmöglichkeiten immer noch um 1,75 Mio. GE hinter dem Kapitalwert bei völligem Verzicht auf die Umweltschutzmaßnahme ($K'_0 = 2{,}85$) zurück. Unter rein monetären Aspekten würde die Steuervergünstigung allein also nicht ausreichen, um die Unternehmen zur freiwilligen Durchführung der Umweltschutzmaßnahme zu bewegen.

c. Der Kapitalwert der viermaligen Subvention in Höhe von $\overline{S}$ muss gerade die Differenz zwischen K'_0 und K'_A ausgleichen. Dabei bleibt es bei dem Zinssatz von 4%, da ja nur die Subventionszahlungen steuerfrei erfolgen, während sich an der steuerlichen Absetzbarkeit von Schuldzinsen bzw. der Steuerpflicht von Anlagezinsen nichts ändert.

Also muss gelten:

$$\overline{S} \cdot RBF(4\ J.;\ 4\%) = 2{,}85 - 1{,}10$$

oder, da

$$ANF = 1/RBF$$
$$\overline{S} = 1{,}75 \cdot ANF(4\ J.;\ 4\%)$$
$$= 1{,}75 \cdot 0{,}2755 = 0{,}4821\ .$$

Die jährliche Subvention $\overline{S}$ müsste sich also auf rd. 0,48 Mio. GE belaufen.

d. Analog zur Ermittlung von K'_A ergibt sich jetzt:

$$K'_{AS} = -32 + 15{,}6 \cdot 1{,}04^{-1} + 7{,}6 \cdot RBF(3\ J.;\ 4\%) \cdot 1{,}04^{-1}$$
$$= -32 + (15{,}6 + 7{,}6 \cdot 2{,}7751) \cdot 1{,}04^{-1}$$
$$= -32 + 35{,}28$$
$$= 3{,}28\ .$$

Der ohne Umweltschutzmaßnahme erzielbare Kapitalwert ($K'_0 = 2{,}85$) würde also um rund 0,43 Mio. GE übertroffen. Durch Kombination von Sonderabschreibung und zusätzlicher Subvention könnte also die gewünschte Anreizwirkung erzielt werden.

Übungsaufgabe 5.8

a. Der Kapitalwert der Immobilieninvestition vor Steuern beträgt null.

Als Zahlungsreihe der Immobilieninvestition nach Steuern ergibt sich:

t	0	1	2	3
e_t	– 100	+ 10	+ 10	+ 110
Δg_t	–	–	–	+ 30
$S_t = \Delta g_t \cdot s$	–	–	–	+ 18
$e'_t = e_t - S_t$	– 100	+ 10	+ 10	+ 92

Steuerrelevant sind dabei die jährlichen Mieteinzahlungen, die jährlichen Abschreibungen und der Veräußerungsgewinn – wobei sich die beiden ersten Positionen in jedem Jahr gerade kompensieren.

Der relevante Kalkulationszinsfuß ergibt sich aus der Nettoverzinsung der alternativ möglichen Anlage zu 10%, mithin

$$r'_K = 0{,}1 \cdot (1 - 0{,}6) = 0{,}04\ .$$

Als Kapitalwert der Immobilieninvestition nach Steuern ergibt sich:

$$K'(r'_K) = -100 + 10 \cdot 1{,}04^{-1} + 10 \cdot 1{,}04^{-2} + 92 \cdot 1{,}04^{-3} = 0{,}65\ .$$

Vor Steuern weist die Immobilieninvestition einen Kapitalwert von null auf. Der Kapitalwert hat sich also aufgrund der Auswirkungen der Besteuerung um 0,65 verbessert.

Spaltet man den Gesamteffekt (Verbesserung des Kapitalwertes um + 0,65 GE) in Volumen- und Zinseffekt auf, ergibt sich:

$$\Delta K = \left(K'(r_K) - K(r_K) \right) + \left(K'(r'_K) - K'(r_K) \right)$$
$$= (-13{,}52 - 0) + (0{,}65 + 13{,}52)$$
$$= -13{,}52 + 14{,}17 = +0{,}65.$$

Es liegt also ein Fall des „Steuerparadoxons" vor,[2] da sich die Immobilieninvestition in ihrer relativen Vorteilhaftigkeit gegenüber der Alternativanlage verbessert, wenngleich nur in absolut unwesentlicher Höhe. Materielle Ursache ist hierfür die Möglichkeit, die Immobilieninvestition abzuschreiben, was bei der Alternativanlage in der vorliegenden Konstellation nicht möglich ist.

b. Unter der Annahme einer „Sofortabschreibung" der Immobilieninvestition zum Zeitpunkt t = 0 ergibt sich folgende Zahlungsreihe der Immobilieninvestition nach Steuern:

t	0	1	2	3
e_t	− 100	+ 10	+ 10	+ 110
Δg_t	− 100	+ 10	+ 10	+ 110
$S_t = \Delta g_t \cdot s$	− 60	+ 6	+ 6	+ 66
$e'_t = e_t - S_t$	− 40	+ 4	+ 4	+ 44

Als Kapitalwert K' resultiert

$$K'(r'_K) = -40 + 4 \cdot 1{,}04^{-1} + 4 \cdot 1{,}04^{-2} + 44 \cdot 1{,}04^{-3} = 6{,}66.$$

Der Kapitalwert der Immobilieninvestition hat sich nun deutlich (von 0 auf 6,66) verbessert. Auch diese Veränderung ist ausschließlich auf steuerliche Effekte zurückzuführen.

Sie gibt zugleich den – bei gegebenem Kalkulationszinssatz und konstantem Steuersatz – maximal möglichen Gesamteffekt an. Nimmt man auch hier eine Zerlegung in Volumeneffekt und Zinseffekt vor, ergibt sich:

$$\Delta K = \left(K'(r_K) - K(r_K) \right) + \left(K'(r'_K) - K'(r_K) \right)$$
$$= (0 - 0) + (6{,}66 - 0) = +6{,}66.$$

---

[2] Dies gilt nach der eingeführten Definition für das „Steuerparadoxon" genaugenommen nur dann, wenn man auch den Übergang von null zu einem positiven Wert als Vorzeichenwechsel ansieht.

Die Verbesserung des Kapitalwertes der Immobilieninvestition resultiert also hier allein aus dem Zinseffekt, da der Kapitalwert der Immobilieninvestition vor Steuern ebenso wie nach Besteuerung der Projektüberschüsse gerade null beträgt. Materiell lässt dies sich so interpretieren, dass die aus der Sofortabschreibung resultierende Steuergutschrift in t = 0 gerade die Besteuerung der späteren Projektüberschüsse kompensiert, so dass die Immobilieninvestition effektiv lediglich durch die Besteuerung der aus der Wiederanlage der Zahlungsüberschüsse resultierenden Zinserträge getroffen wird, während die Zahlungsüberschüsse (= Zinserträge) der Alternativanlage voll besteuert werden.

Diese Interpretation lässt sich durch Rückgriff auf eine Kontendarstellung verdeutlichen:

Volumeneffekt

Übergang vom EV des Projektkontos ohne Steuern (133,1) zum EV des Projektkontos mit Besteuerung der Zahlungsüberschüsse $60 \cdot 1{,}1^3 + 4 \cdot 1{,}1^2 + 4 \cdot 1{,}1 + 44 = 133{,}1 \Rightarrow 133{,}1 - 133{,}1 = 0$. Bei Besteuerung nur der Zahlungsüberschüsse kommt es in t = 0 zu einer Steuererstattung in Höhe von 60 GE, die dann für 3 Jahre zu 10% angelegt werden können.

Zinseffekt

- Übergang vom EV des Projektkontos mit Besteuerung der Zahlungsüberschüsse (133,1) zum EV des Projektkontos mit zusätzlicher Besteuerung der Zinserträge $(60 \cdot 1{,}04^3 + 4 \cdot 1{,}04^2 + 4 \cdot 1{,}04 + 44 = 119{,}98) \Rightarrow 119{,}98 - 133{,}1 = -13{,}12$.
- Übergang vom EV des Kontos der Unterlassensalternative ohne Besteuerung (133,1) zum EV mit Zinsbesteuerung $(4 \cdot 1{,}04^2 + 4 \cdot 1{,}04 + 104 = 112{,}49) \Rightarrow 133{,}1 - 112{,}49 = 20{,}61$.
- Zinseffekt $= -13{,}12 + 20{,}61 = 7{,}49$ $\left(7{,}49 \cdot 1{,}04^{-3} = 6{,}66 = K'\left(r'_K\right)\right)$.

c. Bei 50%iger Sonderabschreibung und 10%iger linearer Abschreibung beträgt die Abschreibung in t = 1 insgesamt $\alpha_1 = 60$. In t = 2 kann dann die weitere 50%ige Sonderabschreibung schon nicht mehr voll ausgenutzt werden und entspricht die Abschreibung dem Restbuchwert ($\alpha_2 = 40$). Bei einem Restbuchwert von null ist dann der gesamt Veräußerungserlös in t = 3 ein steuerpflichtiger Veräußerungsgewinn. Bei nur hälftiger Besteuerung von Veräußerungsgewinnen (VÄG) ergibt sich folgende Zahlungsreihe nach Steuern für die Immobilieninvestition:

t	0	1	2	3
e_t	– 100	+ 10	+ 10	+ 110
Δg_t	–	– 50	– 30	+ 100 (VÄG) + 10
$S_t = \Delta g_t \cdot s$	–	– 30	– 18	+ 30 (VÄG) + 6 = +36
$e'_t = e_t - S_t$	– 100	+ 40	+ 28	+ 74

Als Kapitalwert ergibt sich:

$$K'(r'_K) = -100 + 40 \cdot 1{,}04^{-1} + 28 \cdot 1{,}04^{-2} + 74 \cdot 1{,}04^{-3}$$
$$= -100 + 38{,}46 + 25{,}89 + 65{,}79 = 30{,}14.$$

Hier ergibt sich also gegenüber b) – der Sofortabschreibung – ein nochmals deutlich verbesserter Kapitalwert, trotz verschlechterter Abschreibungsbedingungen.

Eine Aufspaltung des Gesamteffektes in Volumeneffekt und Zinseffekt ergibt:

$$\Delta K = \left(K'(r_K) - K(r_K)\right) + \left(K'(r'_K) - K'(r_K)\right)$$
$$= (15{,}1 - 0) + (30{,}14 - 15{,}1)$$
$$= 15{,}1 + 15{,}04 = 30{,}14.$$

Auffällig ist hier, dass hier neben dem positiven Zinseffekt auch noch ein positiver (!) Volumeneffekt vorliegt. Im vorliegenden Fall ergibt sich dieser aus dem Sachverhalt, dass die Nettosteuerzahlung positiv ist (48 – 36 = 12), es also de facto trotz der Vorteilhaftigkeit des Projektes zu einer Gesamtsteuererstattung kommt. Zudem fallen die Steuererstattungen in t = 1, 2 an, die Steuerzahlung erst in t = 3. Griffig könnte formuliert werden, dass durch die nur hälftige Besteuerung der Veräußerungsgewinne hoch „entlasteter" steuerlicher Aufwand (s = 60%) in niedrig belastete steuerliche Gewinne (s = 30%) transformiert wird, die zudem noch später anfallen.[3]

d. Zur Aufstellung der Zahlungsreihe erscheint es zweckmäßig, die beiden Immobilienprojekte und die Fremdfinanzierung als ein Gesamtprojekt zu betrachten, welches dann der Anlagealternative gegenüberzustellen ist. Es ergibt sich folgende Zahlungsreihe nach Steuern:

t	0	1	2	3
$2 \cdot e_t$	– 200	+ 20	+ 20	+ 220
Kreditstand in t (C_t)	+ 100	+ 28	0	0
$z_t = C_{t-1} \cdot 0{,}2$ (Kreditzins)	–	+ 20	+ 5,6	0
Abschreibungen α_t	–	+ 120	+ 80	0
$\Delta g_t = e_t - z_t - \alpha_t$	–	– 120	– 65,6	+200 (VÄG) + 20 = +220
$S_t = \Delta g_t \cdot s$	–	– 72	– 39,36	+60 (VÄG) + 12 = +72
Zwischensumme $(2 \cdot e_t - z_t - S_t)$	– 200	+ 72	+ 53,76	+ 148
Kreditauszahlung/-tilgung	+ 100	– 72	– 28	0
e'_t	– 100	0	+ 25,76	+ 148

---

[3] Derartige Konstruktionen waren in der Vergangenheit durch die §§ 16, 17 i.V.m. 34 EstG tatsächlich bei geeigneter Gestaltung möglich und wurden in Form von Immobilienfonds und anderen „Steuersparmodellen" im Wortsinne auch tatsächlich genutzt.

Bei der Aufstellung der Zahlungsreihe des kombinierten Projektes nach Steuern e'_t ist zu beachten, dass die Zahlungsüberschüsse der Investition(en) nach Zinszahlungen und Steuern (Zeile: Zwischensumme) in der hier gegebenen Entscheidungssituation zweckmäßigerweise zunächst zur Rückführung des Bankkredites verwendet werden, da die effektiven Finanzierungskosten des Kredits mit 20% die bei Anlage der Zahlungsüberschüsse alternativ erlangbare Verzinsung von 10% übersteigen.

Der Kapitalwert dieses kombinierten Projektes beträgt:

$$K'(r'_K) = -100 + 25{,}76 \cdot 1{,}04^{-2} + 148 \cdot 1{,}04^{-3} = 55{,}39.$$

Die durch das kombinierte Projekt im Vergleich zur Alternativanlage erzielbare auf t = 0 bezogene Vermögensmehrung beträgt also 55,39. Dadurch, dass dieser Kapitalwert höher ist als der unter c), lohnt sich also auch die Durchführung des kombinierten Projektes (trotz höherer Finanzierungskosten für die zweite Immobilieninvestition).

Übungsaufgabe 6.1

Bezeichnet man den im Zeitpunkt t = 2 erzielbaren unsicheren Liquidationserlös mit $\tilde{L}$ und setzt man für alle übrigen Einflussfaktoren die ursprünglichen Planungsdaten gemäß Beispiel 6.1 ein, so gilt für den Kapitalwert:

$$K = -1.000 + 11 \cdot (80 - 30) \cdot 1{,}1^{-1} + \left[12{,}1 \cdot (90 - 40) + \tilde{L}\right] \cdot 1{,}1^{-2}$$
$$= -1.000 + 500 + 500 + \tilde{L} \cdot 1{,}1^{-2}.$$

Zur Ermittlung des kritischen Wertes L^* setzen wir K = 0 und lösen die so gefundene Gleichung nach L^* auf. So ergibt sich:

$$L^* \cdot 1{,}1^{-2} = 0$$
$$L^* = 0.$$

Der kritische Wert des Liquidationserlöses beläuft sich also auf 0 GE. Da der Liquidationserlös offensichtlich keinen negativen Wert annehmen kann, wird in jedem Fall (also unabhängig von der Höhe des Liquidationserlöses) ein nichtnegativer Kapitalwert erzielt.

Übungsaufgabe 6.2

Nach der Lösung zu Aufgabe 6.1 gilt die Relation:

$$K = -1.000 + 500 + 500 + \tilde{L} \cdot 1{,}1^{-2} \quad \text{oder}$$
$$K = \tilde{L} \cdot 1{,}1^{-2}.$$

Folgende Wertetafel verdeutlicht die Abhängigkeit des Kapitalwertes von L:

L	120	100	80	60	40	20	0
K	99,2	82,6	66,1	49,6	33,1	16,5	0

Auf eine dieser Tabelle entsprechende graphische Darstellung (K als linear steigende Funktion von L) kann hier verzichtet werden.

Übungsaufgabe 6.3

Geht man der Aufgabenstellung entsprechend davon aus, dass neben dem Kalkulationszins von 10% $X_1 = 11$ TSt, $p_1 = 80$ GE/St, $k_1 = 30$ GE/St, $X_2 = 12{,}1$ TSt und L = 121 TGE fest vorgegeben sind, so gilt für den Kapitalwert in Abhängigkeit von $\tilde{p}_2$ und $\tilde{k}_2$:

$$K = -1000 + 550 \cdot 1{,}1^{-1} + 12{,}1 \cdot (\tilde{p}_2 - \tilde{k}_2) \cdot 1{,}1^{-2} + 121 \cdot 1{,}1^{-2}$$
$$K = -400 + 10 \cdot (\tilde{p}_2 - \tilde{k}_2) \; .$$

Um die kritischen p_2-k_2-Kombinationen zu bestimmen, setzen wir K = 0 und lösen die so gefundene Gleichung nach k_2 auf. So ergibt sich:

$$400 = 10 \cdot (\tilde{p}_2 - \tilde{k}_2)$$
$$\tilde{k}_2 = \tilde{p}_2 - 40 \; .$$

Berücksichtigt man zusätzlich, dass die Kosten/Stück bestenfalls den Wert Null annehmen können, so entspricht dieser Relation der kritischen p_2-k_2-Kombinationen folgende Graphik:

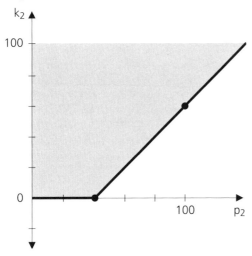

Alle p_2-k_2-Kombinationen, die durch Punkte im gerasterten Bereich gekennzeichnet sind, würden also zu einem negativen Kapitalwert führen.

Übungsaufgabe 6.4

Der Aufgabenstellung entsprechend können die Kostengrößen jeweils alternativ die Werte $k_1 = (21; 30; 39)$ und $k_2 = (28; 40; 52)$ annehmen. Aus der Überlagerung dieser Variationsmöglichkeiten ergeben sich die neun in folgender Tabelle zusammengestellten Konstellationen:

k_1	k_2	K
21	28	310
21	40	190
21	52	70
30	28	220
30	40	100
30	52	−20
39	28	130
39	40	10
39	52	−110

In Abhängigkeit von k_1 und k_2 gilt für den Kapitalwert die Relation:

$$K = -1000 + 11 \cdot (80 - k_1) \cdot 1{,}1^{-1} + \left[12{,}1 \cdot (90 - k_2) + 121\right] \cdot 1{,}1^{-2}$$
$$= 800 - 10 \cdot (k_1 + k_2).$$

Setzt man nun die verschiedenen k_1- und k_2-Werte in die Relation ein, so erhält man die in der dritten Spalte der Tabelle aufgeführten Kapitalwerte. Ordnet man die so ermittelten Kapitalwerte in aufsteigender Reihenfolge, so lässt sich daraus folgendes Risikoprofil ableiten:

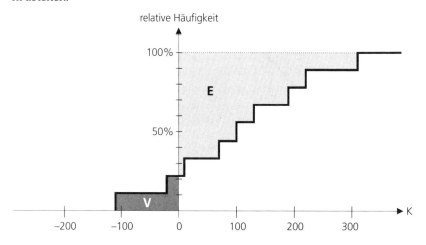

Übungsaufgabe 6.5

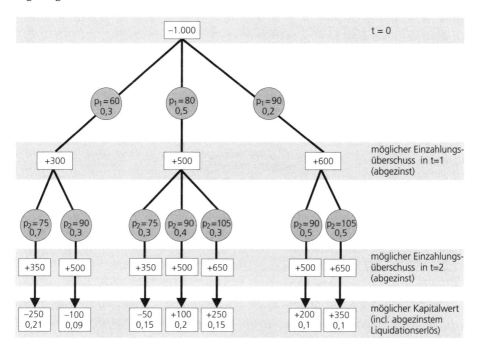

Ordnet man die im Zustandsbaum angegebenen Kapitalwerte in aufsteigender Reihenfolge, so erhält man unter Beachtung der darunter aufgeführten Wahrscheinlichkeitsangaben folgende Wahrscheinlichkeitsverteilung:

K	− 250	− 100	− 50	+ 100	+ 200	+ 250	+ 350
w(K)	21%	9%	15%	20%	10%	15%	10%

Übungsaufgabe 6.6

a. Die starren Alternativen werden mittels eines Zustandsbaumes dargestellt. Dabei werden Eintrittswahrscheinlichkeiten der unterschiedlichen Entwicklungen hier nicht an den Ereigniskanten, sondern an den Ergebnisknoten angegeben.

Projekt läuft ein Jahr, danach Abbruch: Plattenproduktion ohne anschließende Tournee

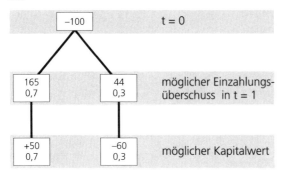

Wahrscheinlichkeitsverteilung des Kapitalwertes:

K	−60	+50
w(K)	0,3	0,7

Projekt läuft in jedem Fall über 2 Jahre: Plattenproduktion und anschließende Tournee

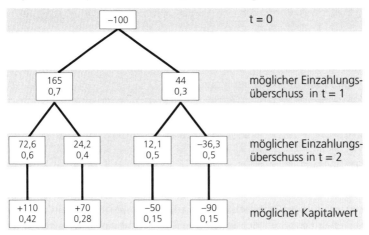

Wahrscheinlichkeitsverteilung des Kapitalwertes:

K	−90	−50	+70	+110
w(K)	0,15	0,15	0,28	0,42

b. **Entscheidungsbaum**

Die verschiedenen Strategien können durch folgenden Entscheidungsbaum verdeutlicht werden:

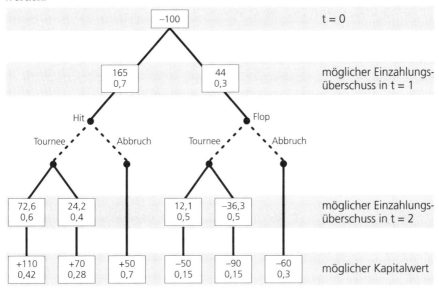

Erläuterung:

Eine erste im engeren Sinne flexible Strategie besteht darin, bei einem Hit die Tournee durchzuführen, bei einem Flop jedoch nicht, da dies den Kapitalwert mindern könnte.

In Periode 1 muss sich erweisen, ob die QUIETSCH BOYS beim Publikum ankommen oder nicht. Ergebnisse darüber liegen in $t=1$ vor (Hit oder Flop). Nur wenn die Band erfolgreich war, wird sie auf Tournee geschickt, sonst nicht (Entscheidungsverzweigung in $t=1$). Bei Abbruch ergäbe sich keine Veränderung des Kapitalwerts von –60. Die „hitgestützte" Tournee hingegen würde K um (72,6/1,21) bzw. (24,2/1,21) erhöhen.

Hieraus kann folgende Wahrscheinlichkeitsverteilung des Kapitalwertes für die dargelegte flexible Strategie abgeleitet werden:

K	–60	+70	+110
w(K)	0,3	0,28	0,42

Eine zweite im engeren Sinne flexible Strategie besteht gerade umgekehrt darin, bei einem Flop die Tournee durchzuführen und bei einem Hit auf deren Durchführung zu verzichten. Diese zweite Strategie kann allerdings von vornherein als suboptimal aussortiert werden, da sie der starren zweijährigen Durchführung des Projektes präferenzunabhängig unterlegen ist. Die starre zweijährige Durchführung liefert bei einem Flop dieselben Ergebnisse, bei einem Hit aber auf jeden Fall ein besseres Ergebnis als die zweite flexible Strategie.

c. Bei Risikoneutralität ist der Erwartungswert des Kapitalwerts relevant, d.h. es ist als Maßstab das µ-Kriterium heranzuziehen. Folgender erwarteter Kapitalwert lässt sich für die in b) abgeleitete erste flexible Strategie errechnen:

$$\mu_K = 110 \cdot 0{,}42 + 70 \cdot 0{,}28 - 60 \cdot 0{,}3 = 47{,}8 \,.$$

Da der erwartete Kapitalwert positiv ist, ist die Plattenproduktion als sinnvoll anzusehen.

Für die kritische Hitwahrscheinlichkeit w*, die einen erwarteten Kapitalwert von 0 impliziert, lässt sich für die erste flexible Strategie errechnen:

$$0 = 110 \cdot 0{,}6 \cdot w^* + 70 \cdot 0{,}4 \cdot w^* - 60 \cdot (1 - w^*)$$

$$\Leftrightarrow \quad 0 = 66 w^* + 28 w^* - 60 + 60 w^*$$

$$\Leftrightarrow \quad 60 = 154 w^*$$

$$\Leftrightarrow \quad w^* = 39\% \,.$$

Bei Verfolgung der ersten flexiblen Strategie ist eine Durchführung des Projektes im Vergleich zur Unterlassensalternative als solange vorteilhaft, wie die Wahrscheinlichkeit „einen Hit zu landen" mindestens 39% beträgt.

Übungsaufgabe 6.7

Auf der Basis der in Tab. 6.5 enthaltenen Angaben lässt sich folgender Wert für die Standardabweichung berechnen. Hierzu sei zunächst der Erwartungswert µ berechnet:

$$\begin{aligned}\mu &= -250 \cdot 0{,}21 - 100 \cdot 0{,}09 - 50 \cdot 0{,}15 + 100 \cdot 0{,}2 \\ &\quad + 200 \cdot 0{,}1 + 250 \cdot 0{,}15 + 350 \cdot 0{,}1 \\ &= 43{,}5 \,.\end{aligned}$$

Offensichtlich ist dieser Wert deckungsgleich mit dem bereits in Beispiel 6.8 errechneten Erwartungswert. Für die Standardabweichung gilt nun:

$$\begin{aligned}\sigma^2 &= (-250 - 43{,}5)^2 \cdot 0{,}21 + (-100 - 43{,}5)^2 \cdot 0{,}09 \\ &\quad + (-50 - 43{,}5)^2 \cdot 0{,}15 + (100 - 43{,}5)^2 \cdot 0{,}2 \\ &\quad + (200 - 43{,}5)^2 \cdot 0{,}1 + (250 - 43{,}5)^2 \cdot 0{,}15 \\ &\quad + (350 - 43{,}5)^2 \cdot 0{,}1 \\ &= 40.132{,}75 \\ \sigma &= 200{,}33 \,.\end{aligned}$$

Übungsaufgabe 6.8

a. **Erwartungswert und Standardabweichung von $e_1 \cdot q^{-1}$**

$$\mu\left(e_1 \cdot q^{-1}\right) = 4.000 \cdot 0,3 + 5.000 \cdot 0,4 + 6.000 \cdot 0,3$$
$$= 5.000$$

$$\sigma^2\left(e_1 \cdot q^{-1}\right) = (4.000 - 5.000)^2 \cdot 0,3 + (6.000 - 5.000)^2 \cdot 0,3$$
$$= 600.000$$

$$\sigma\left(e_1 \cdot q^{-1}\right) = \sqrt{600.000} = 775.$$

Erwartungswert und Standardabweichung von $e_2 \cdot q^{-2}$

Die Eintrittswahrscheinlichkeiten der alternativen $e_{2j} \cdot q^{-2}$-Werte ergeben sich, indem man jeweils die drei bedingten Eintrittswahrscheinlichkeiten mit den unbedingten Eintrittswahrscheinlichkeiten der zugehörten e_{1i} multipliziert und dann aufsummiert, also

$$w\left(e_{21} \cdot q^{-2}\right) = 0,5 \cdot 0,3 + 0,2 \cdot 0,4 + 0,1 \cdot 0,3 = 0,26$$
$$w\left(e_{22} \cdot q^{-2}\right) = 0,3 \cdot 0,3 + 0,3 \cdot 0,4 + 0,2 \cdot 0,3 = 0,27$$
$$w\left(e_{23} \cdot q^{-2}\right) = 0,2 \cdot 0,3 + 0,5 \cdot 0,4 + 0,7 \cdot 0,3 = 0,47.$$

Damit ergibt sich folgende Wahrscheinlichkeitsverteilung:

j	1	2	3
$e_{2j} \cdot q^{-2}$	+5.000	+6.000	+7.000
$w\left(e_{2j} \cdot q^{-2}\right)$	0,26	0,27	0,47

$$\mu\left(e_2 \cdot q^{-2}\right) = 5.000 \cdot 0,26 + 6.000 \cdot 0,27 + 7.000 \cdot 0,47$$
$$= 6.210$$

$$\sigma^2\left(e_2 \cdot q^{-2}\right) = (5.000 - 6.210)^2 \cdot 0,26 + (6.000 - 6.210)^2 \cdot 0,27$$
$$+ (7.000 - 6.210)^2 \cdot 0,47$$
$$= 685.900$$

$$\sigma\left(e_2 \cdot q^{-2}\right) = \sqrt{685.900} = 828.$$

Korrelationskoeffizient ρ_{12}

Die Kovarianz der beiden diskontierten Zahlungsgrößen ergibt sich aus:

$$\begin{aligned}
\text{cov}_{12} = \ & (4.000 - 5.000) \cdot 0,3 \cdot \left[(5.000 - 6.210) \cdot 0,5 + (6.000 - 6.210) \cdot 0,3 + (7.000 - 6.210) \cdot 0,2\right] \\
& + (5.000 - 5.000) \cdot 0,4 \cdot \left[(5.000 - 6.210) \cdot 0,2 + (6.000 - 6.210) \cdot 0,3 + (7.000 - 6.210) \cdot 0,5\right] \\
& + (6.000 - 5.000) \cdot 0,3 \cdot \left[(5.000 - 6.210) \cdot 0,1 + (6.000 - 6.210) \cdot 0,2 + (7.000 - 6.210) \cdot 0,7\right] \\
= \ & -300 \cdot \left[-1.210 \cdot 0,5 - 210 \cdot 0,3 + 790 \cdot 0,2\right] \\
& + 0 \\
& + 300 \cdot \left[-1.210 \cdot 0,1 - 210 \cdot 0,2 + 790 \cdot 0,7\right] \\
= \ & 270.000 \ .
\end{aligned}$$

Damit ergibt sich ein Korrelationskoeffizient von

$$\rho_{12} = \frac{270.000}{\sqrt{600.000} \cdot \sqrt{685.900}} = +0,4209 \ .$$

Die diskontierten Zahlungsgrößen beider Zeitpunkte sind also recht deutlich positiv korreliert. Dieser Zusammenhang kommt bereits in der Tabelle der bedingten Wahrscheinlichkeiten (vgl. Tab. 6.11 in der Aufgabenstellung) dadurch zum Ausdruck, dass

- nach Eintreten eines „schlechten" Ergebnisses in t = 1 (e_{11}) auch in t = 2 mit relativ hoher Wahrscheinlichkeit mit dem Eintritt eines „schlechten" Ergebnisses (e_{21}) zu rechnen ist,

- nach Eintreten eines „guten" Ergebnisses in t = 1 (e_{13}) hingegen auch in t = 2 mit relativ hoher Wahrscheinlichkeit mit einem „guten" Ergebnis (e_{23}) zu rechnen ist.

b. **Zustandsbaum**

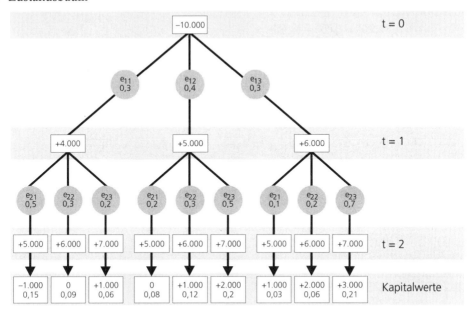

Wahrscheinlichkeitsverteilung des Kapitalwertes

K	−1.000	0	+1.000	+2.000	+3.000
w(K)	0,15	0,17	0,21	0,26	0,21

Erwartungswert und Standardabweichung des Kapitalwertes

$$\mu(K) = (-1.000) \cdot 0,15 + 1.000 \cdot 0,21 + 2.000 \cdot 0,26 + 3.000 \cdot 0,21$$
$$= +1.210$$

$$\sigma^2(K) = (-1.000 - 1.210)^2 \cdot 0,15 + (0 - 1.210)^2 \cdot 0,17 + (1.000 - 1.210)^2 \cdot 0,21$$
$$+ (2.000 - 1.210)^2 \cdot 0,26 + (3.000 - 1.210)^2 \cdot 0,21$$
$$= 1.825.900$$

$$\sigma(K) = \sqrt{1.825.900} = 1.351.$$

c. **Erwartungswert**

Auf Basis der Formel (US$_4$) und der in Aufgabenteil a) ermittelten Erwartungswerte für die Zahlungssalden in t = 1 und t = 2 ergibt sich:

$$\mu(K) = e_0 \cdot \mu(e_1 \cdot q^{-1}) + \mu(e_2 \cdot q^{-2})$$
$$= 10.000 + 5.000 + 6.210$$
$$= +1.210 \,.$$

Standardabweichung

Auf Basis der Formel (US$_5$) und den in Aufgabenteil a) ermittelten Varianzen, Standardabweichungen und Korrelationsbeziehungen ergibt sich für die Varianz:

$$\sigma^2(K) = \sigma^2(e_1 \cdot q^{-1}) + \sigma^2(e_2 \cdot q^{-2}) + 2 \cdot \rho_{12} \cdot \sigma(e_1 \cdot q^{-1}) \cdot \sigma(e_2 \cdot q^{-2})$$
$$= 600.000 + 685.900 + 2 \cdot 0{,}4209 \cdot 775 \cdot 828$$
$$= 1.826.083$$

und damit für die Standardabweichung

$$\sigma(K) = \sqrt{1.826.083} = 1.351 \,.$$

Vergleich der Ergebnisse

Abgesehen von kleinen Rundungsdifferenzen, stimmen die nach Formel (US$_4$) und (US$_5$) ermittelten Werte für Erwartungswert und Standardabweichung des Kapitalwertes mit den Werten überein, die in Aufgabenteil b) für diese Verteilungsparameter aus einer vollständigen Wahrscheinlichkeitsverteilung des Kapitalwertes ermittelt wurden. Diese Übereinstimmung war zu erwarten und belegt zumindest exemplarisch die Richtigkeit der Formeln (US$_4$) und (US$_5$).

d. Auf Basis der vereinfachten Formel (US$_8$) und den in Aufgabenteil a) ermittelten Varianzen ergibt sich für die Varianz des Kapitalwertes

$$\sigma^2(K) = 600.000 + 685.900$$
$$= 1.285.900$$

und damit für die Standardabweichung

$$\sigma(K) = \sqrt{1.285.900} = 1.134 \,.$$

Durch eine Vernachlässigung der positiven Korrelation wird der Wert des Risikoindikators Standardabweichung also beträchtlich, nämlich um ca. 16% unterschätzt. Die Berechnung der Standardabweichung mittels der vereinfachten Formel (US$_8$) empfiehlt sich daher nur, wenn davon ausgegangen werden kann, dass Korrelationskoeffizienten nur unwesentlich von null verschiedene Werte annehmen.

e. **Erwartungswert und Standardabweichung von $e_1 \cdot q^{-1}$**

Es gilt unverändert zu a)

$$\mu\left(e_1 \cdot q^{-1}\right) = 5.000$$

$$\sigma^2\left(e_1 \cdot q^{-1}\right) = 600.000$$

$$\sigma\left(e_1 \cdot q^{-1}\right) = 775.$$

Erwartungswert und Standardabweichung von $e_2 \cdot q^{-2}$

Jetzt gilt:

$$\mu\left(e_2 \cdot q^{-2}\right) = 5.000 \cdot 0,2 + 6.000 \cdot 0,3 + 7.000 \cdot 0,5 = 6.300$$

$$\sigma^2\left(e_2 \cdot q^{-2}\right) = 1.300^2 \cdot 0,2 + 300^2 \cdot 0,3 + 700^2 \cdot 0,5 = 610.000$$

$$\sigma\left(e_2 \cdot q^{-2}\right) = \sqrt{610.000} = 781.$$

Korrelationskoeffizient

Für den Korrelationskoeffizient gilt bei stochastischer Unabhängigkeit

$$\rho_{12} = 0.$$

Wahrscheinlichkeitsverteilung des Kapitalwertes

Nach Modifikation der Eintrittswahrscheinlichkeiten für e_{2j} im Zustandsbaum ergibt sich:

K	−1.000	0	+1.000	+2.000	+3.000
w(K)	0,06	0,17	0,33	0,29	0,15

Erwartungswert des Kapitalwertes

Bei direkter Berechnung aus der Wahrscheinlichkeitsverteilung ergibt sich:

$$\mu(K) = 0,06 \cdot (-1.000) + 0,33 \cdot 1.000 + 0,29 \cdot 2.000 + 0,15 \cdot 3.000$$
$$= +1.300.$$

Bei indirekter Berechnung gemäß Formel (US_4) muss sich weiterhin ein identischer Wert ergeben

$$\mu(K) = -10.000 + 5.000 + 6,300$$
$$= +1.300.$$

Standardabweichung des Kapitalwertes

Bei direkter Berechnung aus der Wahrscheinlichkeitsverteilung ergibt sich:

$$\begin{aligned}\sigma^2(K) &= 0{,}06 \cdot (-1.000 - 1.300)^2 + 0{,}17 \cdot (0 - 1.300)^2 + 0{,}33 \cdot (1.000 - 1.300)^2 \\ &\quad + 0{,}29 \cdot (2.000 - 1.300)^2 + 0{,}15 \cdot (3.000 - 1.300)^2 \\ &= 1.210.000\,.\end{aligned}$$

Da $\rho_{12} = 0$ gilt, geht Formel (US$_5$) in Formel (US$_8$) über. Bei indirekter Berechnung ergibt sich bei Verwendung beider Formeln damit

$$\begin{aligned}\sigma^2(K) &= 600.000 + 610.000 \\ &= 1.210.000\,.\end{aligned}$$

Besteht, wie hier unterstellt, stochastische Unabhängigkeit zwischen den Zufallsgrößen der unsicheren Parameter, so kann der Wert der Standardabweichung also auch nach der vereinfachten Formel (US$_8$) exakt bestimmt werden. Im Beispiel gilt dann

$$\sigma(K) = \sqrt{1.210.000} = 1.100\,.$$

Übungsaufgabe 6.9

a. Ein Vergleich der für die Projekte P und Q individuell maßgeblichen Kennzahlen mit $\mu_P = \mu_Q = 10$ und $\sigma_P = 8 < \sigma_Q = 12$ zeigt, dass Projekt P für einen Investor, der im Sinne des μ-σ-Prinzips risikoscheu eingestellt ist, der also insbesondere bei gleichen Erwartungswerten die Alternative mit der geringeren Varianz bevorzugt, im isolierten Vergleich eindeutig vorteilhaft ist: Bei gleichem Erwartungswert weist P das kleinere projektindividuelle Risiko auf.

b. Wird Projekt Q durchgeführt, ergibt sich für das Gesamtunternehmen:

$$\mu_{MQ} = 110 + 10 = 120$$
$$\sigma^2_{MQ} = 1.600 + 144 + 2 \cdot 40 \cdot 12 \cdot 0{,}6 = 2.320$$
$$\sigma_{MQ} = 48{,}2\,.$$

Bei Durchführung von P hingegen gilt, wie wir schon aus Beispiel 6.11 wissen:

$$\mu_M = 120\,;\qquad \sigma_M = 46{,}6\,.$$

Bei den vorgegebenen Korrelationsdaten stellt Projekt P analog zu a) auch im Hinblick auf die Gesamtwirkung die bei risikoscheuer Beurteilung eindeutig bessere Alternative dar. Gegenüber dem reinen Unterlassen erhöhen sich sowohl μ_M (von 110 auf 120) als auch der Risikoindikator (von $\sigma_0 = 40$ auf $\sigma_M = 46{,}6$), d.h. bei risikoscheuer Einstellung ist ohne weitere Angaben zur Präferenzfunktion des Entscheiders keine eindeutige Aussage zu treffen, ob dieser Projekt P oder die Unterlassensalternative als vorteilhafter erachtet.

c. In diesem Fall ergibt sich – bei unverändertem μ_{MQ} – für die Risikokennzahl:

$$\sigma^2_{MQ} = 1.600 + 144 - 2 \cdot 40 \cdot 12 \cdot 0{,}6 = 1168$$

$$\sigma_{MQ} = 34{,}18 \ .$$

Für die nun unterstellte Datenkonstellation kehrt sich die Vorteilhaftigkeitsrelation gerade um: Q ist gegenüber P eindeutig vorziehenswürdig. Bei Realisierung von Q ergibt sich bei gleichem Erwartungswert jetzt das geringere Unternehmensgesamtrisiko. Q ist im Übrigen auch dem reinen Unterlassen eindeutig vorzuziehen, da es zu einer Erhöhung von μ_M (von 110 auf 120) bei gleichzeitiger Reduzierung des Risikoindikators von ursprünglich $\sigma_0 = 40$ auf $\sigma_{MQ} = 34{,}18$ führt.

d. Zur Ermittlung der gesuchten kritischen Werte der beiden Aufgabenteile ist zu fragen, für welche Werte des Korrelationskoeffizienten ρ_{0Q}

(1) $\sigma^2_{MQ} = \sigma^2_M = 46{,}6^2$ bzw.

(2) $\sigma^2_{MQ} = \sigma^2_0 = 40^2$

gilt. So ergibt sich:

(1) $1.600 + 144 + 2 \cdot 40 \cdot 12 \cdot \rho_{0Q} = 46{,}6^2$

$\rho_{0Q} = 0{,}445$

(2) $1.600 + 144 + 2 \cdot 40 \cdot 12 \cdot \rho_{0Q} = 40^2$

$\rho_{0Q} = -0{,}150 \ .$

Übungsaufgabe 6.10

a. Investor A ist risikoavers eingestellt, da er gemäß seiner Präferenzfunktion einen „Risikoabschlag" vom Erwartungswert des Kapitalwertes vornimmt.

b. Investor A wird sich für das Investitionsprogramm a_1 entscheiden, da er hierfür einen höheren Präferenzwert erzielt. Es gilt:

$\varphi_1 = 100 - 0{,}1 \cdot 500 = 50$

$\varphi_2 = 150 - 0{,}1 \cdot 1200 = 30 \ .$

c. Ein bereits bestehendes Unternehmen weist regelmäßig bereits ein Investitionsprogramm mit einem unsicheren Kapitalwert auf. Da unser Investor risikoavers eingestellt ist, wird er – gemäß portefeuilletheoretischer Überlegungen – vernünftigerweise nun auch Korrelationseffekte zwischen dem neu durchzuführenden Programm und dem bestehenden Programm berücksichtigen. Die zur Ermittlung der dann relevanten σ-Werte zu beschreitende Vorgehensweise haben Sie im Abschnitt 6.4 kennengelernt.

Übungsaufgabe 6.11

a. Nimmt V zur Berücksichtigung der Unsicherheit zukünftiger Größen einen pauschalen Abschlag vom Barwert der erwarteten Zahlungen vor, so sind also zunächst diese erwarteten Zahlungen zu diskontieren, aufzusummieren und anschließend um den Unsicherheitsabschlag zu reduzieren. Für die angegebenen Werte errechnet man unter Berücksichtigung des anschließenden Abschlags einen Wert des Lizenzrechtes für V von:

$$B = 6.600 \cdot 1{,}1^{-1} + 3.630 \cdot 1{,}1^{-2} + 11.979 \cdot 1{,}1^{-3} - 5.000$$

$$= 13.000.$$

Das Lizenzrecht hat für den V also einen Wert von 13.000 GE.

b. Nimmt V anstelle des pauschalen Unsicherheitsabschlages periodenindividuelle Unsicherheitsabschläge vor, so sind zunächst die erwarteten Zahlungen der einzelnen Perioden in der angegebenen Weise zu vermindern, bevor sie diskontiert werden. Der Unsicherheitsabschlag der einzelnen Perioden errechnet sich hier als periodenindividueller Bruchteil der Zahlung der Periode. Die Variable UA_t aus Formel (US_{16}) lässt sich für das Vorgehen des V also weiter konkretisieren als $UA_t := x_t \cdot \bar{e}_t$, wobei x_t den periodenindividuellen Bruchteil angibt, um den die Zahlungen der Periode zu vermindern sind. Im vorliegenden Fall gilt dabei $x_1 = 0{,}1$, $x_2 = 0{,}2$ und $x_3 = 0{,}3$. Somit ergibt sich für den gesuchten Wert:

$$B = 6.600 \cdot 0{,}9 \cdot 1{,}1^{-1} + 3.630 \cdot 0{,}8 \cdot 1{,}1^{-2} + 11.979 \cdot 0{,}7 \cdot 1{,}1^{-3}$$

$$= 14.100.$$

Ermittelt V den Wert des Lizenzrechtes auf Basis der angegebenen zeitpunktspezifischen Unsicherheitsabschläge, so errechnet sich für dieses ein Wert von 14.100 GE.

c. Berücksichtigt V die Unsicherheit der Zahlungen, indem er den Diskontierungszinssatz um 10%-Punkte erhöht, so tritt an die Stelle des Diskontierungsfaktors von 1,1 ein Diskontierungsfaktor von 1,2. Mit diesem werden nun die repräsentativen Zahlungswerte, hier also die erwarteten Zahlungen, der Perioden diskontiert:

$$B = 6.600 \cdot 1{,}2^{-1} + 3.630 \cdot 1{,}2^{-2} + 11.979 \cdot 1{,}2^{-3}$$

$$= 14.953{,}13.$$

Je nachdem, welches Verfahren V also der Bewertung des Lizenzrechtes zugrunde legt, können sich dabei für dieses ganz unterschiedliche Werte ergeben, ohne dass sich die Daten, auf denen die Bewertung beruht, ändern.

Wie Sie sich durch eine Variation der Risikozu- bzw. -abschläge leicht verdeutlichen können, ist die Reihenfolge der ermittelten Werte, also der geringste Wert bei Zugrundelegung des pauschalen Unsicherheitsabschlages, der höchste Wert bei Berücksichtigung der Unsicherheit durch Erhöhung des Diskontierungsfaktors, keineswegs zwingend.

Übungsaufgabe 7.1:

- I: nicht zahlungswirksame Aufwendungen des Projektes in der Periode t
  Beispiel:
  Abschreibungen,
  Verbrauch von Werkstoffen,
  Bildung von Rückstellungen

- II: nicht zahlungswirksame Erträge des Projektes in der Periode t
  Beispiel:
  Verkauf von Waren auf Ziel,
  erfolgswirksame Auflösung nicht mehr benötigter Rückstellungen

- III: nicht aufwandswirksame Auszahlungen des Projektes in der Periode t
  Beispiel:
  Auszahlungen für den Kauf von Betriebsmitteln und Werkstoffen,
  Auszahlungen für Tilgungen von Darlehen,
  Begleichung von Lieferantenverbindlichkeiten

- IV: nicht ertragswirksame Einzahlungen des Projektes in der Periode t
  Beispiel:
  Einzahlungen aus Forderungen an Kunden,
  Einzahlungen aus Darlehen (Darlehensvalutierungen)

Übungsaufgabe 7.2:

Positionen auf der Passivseite:

Korrekturschritt I (Passivzunahme):
Erhöhung der Rückstellungen durch Bildung neuer Rückstellungen

Korrekturschritt II (Passivminderung):
Verminderung der Rückstellungen durch erfolgswirksame Auflösung nicht mehr benötigter Rückstellungen

Korrekturschritt III (Passivminderung):
Verminderung der Verbindlichkeiten aus Lieferung und Leistung durch Begleichung einer Lieferantenrechnung

Korrekturschritt IV (Passivzunahme):
Erhöhung der erhaltenen Anzahlungen durch Leistung einer Anzahlung durch einen Kunden

Übungsaufgabe 7.3:

a. Zahlungswirksam sind nur die Vorgänge (0), (t.2), (t.4) und (t.6) (mit t = 1,2), wobei bei (1.2) und (1.6) die Aufspaltung auf zwei Zeitpunkte zu beachten ist.

t	relevante Vorgänge	e_t
0	(0)	–14.000
1	(1.2) (zu 70 %)	–1.400
	(1.4)	–3.000
	(1.6) (zu 80 %)	+7.200
		+2.800
2	(2.2)	–1.600
	(2.4)	–3.500
	(2.6)	+18.000
	(1.2) (zu 30 %)	–600
	(1.6) (zu 20 %)	+1.800
		+14.100

Für den Kapitalwert auf Basis der Zahlungsgrößen ergibt sich:

$K(10\%) = -14.000 + 2.800 \cdot 1{,}1^{-1} + 14.100 \cdot 1{,}1^{-2} = 198{,}35$.

b. Aufgrund der Aktivierbarkeit der entsprechenden Zahlungen sind die Vorgänge (0) und (t.2) mit t = 1, 2 grundsätzlich erfolgsneutral. Bezüglich (t.5) und (t.6) mit t = 1, 2 wird der Umsatz stets in voller Höhe erfolgswirksam erfasst, während die Bestandsveränderungen des Fertiglagers – also die jeweilige Mengendifferenzen zwischen (t.5) und (t.6) – als Ertrag bzw. Aufwand erfasst werden. Die in t = 1 entstehenden Forderungen und Verbindlichkeiten aus Lieferungen und Leistungen werden aktiviert bzw. passiviert.

t	relevante Vorgänge	g_t
0	(0)	0
1	(1.1)	7.000
	(1.3)	–1.600
	(1.4)	–3.000
	(1.6)	+9.000
	(1.5) (200 Stück á 8 GE/Stück)	+1.600
		–1.000
2	(2.1)	–7.000
	(2.3)	–2.000
	(2.4)	–3.500
	(2.6)	+18.000
	(2.5) (200 Stück á 8 GE/Stück)	–1.600
		+3.900

c. Zu aktiven Buchbeständen (außer Kasse), die mit positivem Vorzeichen erfasst werden, führen die Positionen Anlagen, Material, Fertigwaren und Forderungen an Kunden. Zu einem passiven Buchbestand, der mit einem negativen Vorzeichen erfasst wird, führt die Position Verbindlichkeiten aus Lieferungen und Leistungen. Die Differenz zwischen den aktiven und passiven Buchbeständen ergibt das „gebundene Kapital".

t	relevante Vorgänge	F_t
0	Anlagen: (0)	+14.000
1	Anlagen: (0), (1.1)	+7.000
	Material: (1.2), (1.3)	+400
	Fertigwaren: (1.5), (1.6)	+1.600
	Verbindlichkeiten: (1.2)	–600
	Forderungen: (1.6)	+1.800
		+10.200
2	Anlagen: (0), (1.1), (2.1)	0
	Material: (1.2), (1.3), (2.2), (2.3)	0
	Fertigwaren: (1.5), (1.6), (2.5), (2.6)	0
	Verbindlichkeiten: (1.2)	0
	Forderungen: (1.6)	0
		0

d. Die Berechnungen sind in der folgenden Tabelle zusammengefasst:

	0	1	2
F_t	+ 14.000	+ 10.200	0
g_t	0	− 1.000	+ 3.900
$0{,}1 \cdot F_{t-1}$	−	+ 1.400	+ 1.020
$g_t^0 = g_t - 0{,}1 \cdot F_{t-1}$	0	− 2.400	+ 2.880

Der Kapitalwert der modifizierten Gewinnreihe beträgt:

$K^0(10\%) = -2.400 \cdot 1{,}1^{-1} + 2.880 \cdot 1{,}1^{-2} = 198{,}35$.

Die Berechnung auf Grundlage der Aufwands- und Ertragsgrößen führt also auch hier zu exakt dem gleichen Ergebnis wie die Berechnung mittels der Zahlungsreihe im Aufgabenteil a)!

Übungsaufgabe 7.4:

Der Investitionsbetrag muss so gewählt werden, dass der Präferenzwert φ maximiert wird. Da in t = 0 der zu Konsumzwecken zur Verfügung stehende Betrag C_0 dem Ausgangsbetrag Q abzüglich des für Investitionen verwendeten Betrags I entspricht und der in t = 1 zu Konsumzwecken verfügbare Betrag C_1 den Rückflüssen R aus den Investitionen entspricht, gilt für die beiden zu unterscheidenden Präferenzfunktionen:

$\varphi_{AB} = C_0 \cdot C_1$ bzw. $\varphi_C = C_0 \cdot C_1^{0,5}$

$= (Q - I) \cdot (50 \cdot I^{0,5})$ $= (Q - I) \cdot (50 \cdot I^{0,5})^{0,5}$

$= 50 \cdot Q \cdot I^{0,5} - 50 \cdot I^{1,5}$ $= 50^{0,5} \cdot Q \cdot I^{0,25} - 50^{0,5} \cdot I^{1,25}$.

Im Optimum muss gelten:

$\dfrac{\partial \varphi}{\partial I} = 0$, woraus für die beiden obigen Präferenzfunktionen folgt:

AB: $\dfrac{25 \cdot Q}{I^{0,5}} - 75 \cdot I^{0,5} = 0$

C: $\dfrac{0{,}25 \cdot 50^{0,5} \cdot Q}{I^{0,75}} - 1{,}25 \cdot 50^{0,5} \cdot I^{0,25} = 0$.

Nach Umformung ergibt sich dann für die optimalen Investitionsvolumina:

$$I_A^* = \frac{25 \cdot Q_A}{75} = \frac{25 \cdot 1.000}{75} = 333,\overline{3}$$

$$I_B^* = \frac{25 \cdot Q_B}{75} = \frac{25 \cdot 2.000}{75} = 666,\overline{6}$$

$$I_C^* = \frac{Q_C}{5} = \frac{2.000}{5} = 400 \ .$$

Die drei Entscheider maximieren also ihren Präferenzwert bei unterschiedlichen Investitionsvolumina. Trotz gleicher Präferenzfunktion wählen A und B auf Grund unterschiedlicher Vermögensausstattungen in t = 0 unterschiedliche Investitionsvolumina und trotz gleicher Vermögensausstattungen in t = 0 wählen B und C auf Grund unterschiedlicher Präferenzfunktionen unterschiedliche Investitionsvolumina.

Die nutzenmaximalen Konsumpläne für A, B und C lauten:

$$C_0^A = Q_A - I_A^* = 1.000 - 333,\overline{3} = 666,\overline{6}$$

$$C_1^A = 50 \cdot I_A^{*\,0,5} = 50 \cdot 333,\overline{3}^{0,5} = 912,87$$

$$C_0^B = Q_B - I_B^* = 2.000 - 666,\overline{6} = 1.333,\overline{3}$$

$$C_1^B = 50 \cdot I_B^{*\,0,5} = 50 \cdot 666,\overline{6}^{0,5} = 1.290,99$$

$$C_0^C = Q_C - I_C^* = 2.000 - 400 = 1.600$$

$$C_1^C = 50 \cdot I_C^{*\,0,5} = 50 \cdot 400^{0,5} = 1.000 \ .$$

Übungsaufgabe 7.5:

Damit eine Anlage am Finanzmarkt für A, B oder C überhaupt in Frage kommt, müssen zwei Bedingungen erfüllt sein:

1. Die Rendite der Finanzanlagemöglichkeit muss die Grenzrendite, die bei einer weiteren Ausdehnung des Realinvestitionsprogrammes erzielt würde, überschreiten.

2. Es muss vorteilhaft sein, bei einer Grenzrendite in Höhe des Finanzmarktzinses auf weitere Konsummöglichkeiten in t = 0 zu verzichten.

Zunächst ist zu bestimmen, bei welchem Realinvestitionsbetrag I* die Grenzrendite des Realinvestitionsprogramms gerade dem Finanzmarktzins entspricht. Aus

$$\frac{\partial R}{\partial I} = \frac{25}{\sqrt{I}} = 1,15 \quad \text{folgt:} \quad I^* = 472,59 \ .$$

Bis zu einem Investitionsbetrag von 472,59 übersteigt die Grenzrendite des Investitionsprogramms den Anlagezins am Finanzmarkt. Aus Aufgabe 7.4 ist bekannt, dass weder A noch C bereit wären, diesen Betrag überhaupt zu investieren. Da A und C ihre Präferenzwerte bei kleineren Investitionsvolumina als I* = 472,59 maximieren, werden sie überhaupt keine Anlagen am Finanzmarkt tätigen. Ihre optimalen Konsumpläne verändern sich durch die zusätzliche Anlagemöglichkeit am Finanzmarkt also nicht.

Entscheider B realisiert in der Ausgangssituation ein nutzenmaximales Realinvestitionsvolumen von $666,\overline{6}$. Da Realinvestitionen oberhalb von I* = 472,59 eine Grenzrendite aufweisen, die den Anlagezins am Finanzmarkt unterschreitet, wird B das Volumen der Realinvestitionen auf den Betrag I* vermindern und gleichzeitig Anlagen am Finanzmarkt tätigen. Dabei muss der von B am Finanzmarkt anzulegende Betrag so gewählt werden, dass unter Berücksichtigung des optimalen Realinvestitionsvolumens I* der Präferenzwert maximiert wird. Bezeichnet man den am Finanzmarkt angelegten Betrag mit A, dann gilt für die Präferenzfunktion von B:

$$\begin{aligned}\varphi_B &= C_0 \cdot C_1 \\ &= (Q_B - I^* - A) \cdot (50 \cdot I^{*0,5} + 1{,}15 \cdot A) \\ &= (1.527{,}41 - A) \cdot (1.086{,}96 + 1{,}15 \cdot A) \\ &= 1.660.233{,}57 + 669{,}56 \cdot A - 1{,}15 \cdot A^2 \ .\end{aligned}$$

Im Nutzenoptimum muss gelten:

$$\frac{\partial \varphi_B}{\partial A} = 669{,}56 - 2{,}30 \cdot A \stackrel{!}{=} 0 \ .$$

Der für B nutzenmaximale Anlagebetrag am Finanzmarkt beträgt folglich $A_B^* = 291{,}11$.

Bei Berücksichtigung der Anlagemöglichkeit am Finanzmarkt wird B folglich nicht mehr $666,\overline{6}$ in Realinvestitionen investieren, sondern nur noch I* = 472,59, und zusätzlich 291,11 am Finanzmarkt zu r = 0,15 anlegen. Insgesamt erhöht er also das Gesamtvolumen seiner Anlagen und vermindert damit seinen Konsum in t = 0. Sein neuer Konsumplan lautet:

$$\begin{aligned}C_0^B &= Q_B - I^* - A_B^* = 2.000 - 472{,}59 - 291{,}11 \\ &= 1.236{,}30 \\ C_1^B &= 50 \cdot I^{*0,5} + 1{,}15 \cdot A_B^* = 50 \cdot 472{,}59^{0,5} + 1{,}15 \cdot 291{,}11 \\ &= 1.421{,}74 \ .\end{aligned}$$

Der Präferenzwert von B steigt dadurch von 1.721.320 (= $1.333,\overline{3} \cdot 1.290{,}99$) auf 1.757.697 (= 1.236,30 · 1.421,74).

Übungsaufgabe 7.6:

a. Aus Aufgabe 7.5 ist bekannt, dass A und C in der Ausgangssituation die Möglichkeiten zur Realisierung von Realinvestitionen mit einer Grenzrendite oberhalb des Anlagezinses am Finanzmarkt nicht voll ausschöpfen. Steht ihnen jetzt die Möglichkeit offen, zum gleichen Zinssatz (r = 0,15) Kredite am Finanzmarkt aufzunehmen, werden sie diese Möglichkeiten ausschöpfen und auf jeden Fall mittels Kreditfinanzierung das Investitionsvolumen bis zu I* = 472,59 ausweiten.

Der am Finanzmarkt aufzunehmende Betrag (– A) muss dabei so gewählt werden, dass unter Berücksichtigung des oben ermittelten optimalen Investitionsbetrages I* der Präferenzwert des jeweiligen Entscheiders maximiert wird. Für die Präferenzfunktionen von A und C gilt (vgl. zur Herleitung Aufgabe 7.5):

$$\varphi_A = (527{,}41 - A) \cdot (1.086{,}96 + 1{,}15 \cdot A)$$

$$\varphi_C = (1.527{,}41 - A) \cdot (1.086{,}96 + 1{,}15 \cdot A)^{0{,}5}.$$

Im Optimum muss gelten:

$\dfrac{\partial \varphi}{\partial A} = 0$, woraus für die Präferenzfunktionen von A und C folgt:[4]

$$\frac{\partial \varphi_A}{\partial A} = 0 \Leftrightarrow -480{,}44 - 2{,}30 \cdot A = 0$$

$$\frac{\partial \varphi_C}{\partial A} = 0 \Leftrightarrow -208{,}70 - 1{,}725 \cdot A = 0.$$

Die für A und C nutzenoptimalen Kreditaufnahmebeträge lauten folglich:

$$A_A^* = -208{,}89$$
$$A_C^* = -120{,}99.$$

Bei Berücksichtigung einer Kreditaufnahmemöglichkeit zu r = 0,15 wird A folglich sein Realinvestitionsvolumen von $333{,}\overline{3}$ auf I* = 472,59 erhöhen. Zur Finanzierung seiner Konsum- und Investitionspläne nimmt er in t = 0 einen Kredit über 208,89 zu r = 0,15 am Finanzmarkt auf. Damit sieht sein neuer Konsumplan wie folgt aus:

$$C_0^A = Q_A - I^* - A_A^* = 1.000 - 472{,}59 + 208{,}89$$
$$= 736{,}30$$

---

[4] Hier wird implizit unterstellt, dass im Nutzenoptimum auch in t = 1 konsumiert wird, also dass gilt: $e_1 > 0$. Die Ableitungen lassen sich durch Anwendung der Produktregel bzw. der kombinierten Anwendung von Produkt- und Kettenregel bestimmen.

$$C_1^A = 50 \cdot I^{*0,5} + 1,15 \cdot A_A^* = 50 \cdot 472,59^{0,5} - 1,15 \cdot 208,89$$
$$= 846,73 \; .$$

A erhöht also im Vergleich zur Ausgangssituation durch Kreditaufnahme sowohl seinen Konsum in t = 0 als auch das Realinvestitionsvolumen. Dadurch sinkt zwar sein Konsum in t = 1, aber sein Präferenzwert steigt von 608.580 ($666,\overline{6} \cdot 912,87$) auf 623.447 ($736,3 \cdot 846,73$).

Für C ergibt sich entsprechend:

$$C_0^C = Q_C - I^* - A_C^* = 2.000 - 472,59 + 120,99$$
$$= 1.648,40$$

$$C_1^C = 50 \cdot I^{*0,5} + 1,15 \cdot A_C^* = 50 \cdot 472,59^{0,5} - 1,15 \cdot 120,99$$
$$= 947,80 \; .$$

Auch C erhöht zu Lasten seines Konsums in t = 1 sowohl das Realinvestitionsvolumen auf I* als auch seinen Konsum in t = 0. Dadurch steigt sein Präferenzwert von 50.596 ($1.600 \cdot 1.000^{0,5}$) auf 50.748 ($1.648,40 \cdot 947,80^{0,5}$).

b. Stehen einem Entscheider ausschließlich Realinvestitionen zum Transfer von Gegenwartskonsum in Zukunftskonsum zur Verfügung, so ist die Investitions- und Konsumentscheidung von seinem Ausgangsvermögen und seinen individuellen intertemporalen Präferenzen abhängig (vgl. Aufgabe 7.4).

Stehen einem Entscheider neben Realinvestitionen mit abnehmender Grenzrendite auch Finanzanlagemöglichkeiten mit konstanter Grenzrendite zur Verfügung, so wird der Entscheider auf keinen Fall Realinvestitionen durchführen, deren Grenzrendite den Anlagezinssatz am Finanzmarkt unterschreitet. Die Investitions- und Konsumentscheidung bleibt von seinem Ausgangsvermögen und seinen individuellen intertemporalen Präferenzen abhängig. Die Erweiterung der Anlagealternativen um Finanzanlagemöglichkeiten kann, aber muss keineswegs die Investitions- und Konsumentscheidung eines Entscheiders beeinflussen (vgl. Aufgabe 7.5).

Stehen einem Entscheider neben Realinvestitionen mit abnehmender Grenzrendite Mittelanlage- und Mittelaufnahmemöglichkeiten auf einem vollkommenen Finanzmarkt offen, so ist die Investitionsentscheidung nicht mehr abhängig vom Ausgangsvermögen und den individuellen intertemporalen Präferenzen des Entscheiders. Der Entscheider wird auf jeden Fall sein Realinvestitionsprogramm so weit ausdehnen, bis die Grenzrendite der zuletzt investierten Geldeinheit gerade dem Zinssatz am vollkommenen Finanzmarkt entspricht. Alle Entscheider wählen folglich vermögens- und präferenzunabhängig das gleiche Realinvestitionsvolumen. Die Konsumentscheidung und die „Finanzmarktentscheidung" (Wahl des Anlage- bzw. Kreditvolumens) bleiben hingegen auch unter Berücksichtigung der unbeschränkten Zugangsmöglichkeiten zu einem vollkommenen Finanzmarkt weiterhin vermögens- und präferenzabhängig (vgl. Teil a. dieser Aufgabe).

Übungsaufgabe 7.7:

a. Zunächst ist zu bestimmen, bei welchen Realinvestitionsbeträgen I_S^* und I_H^* die Grenzrendite des Realinvestitionsprogramms gerade den Finanzmarktzinssätzen r_S bzw. r_H entspricht. Aus Aufgabe 7.5 ist bekannt, dass I_S^* ($r_S = 0{,}15$) $= 472{,}59$ gilt.

Aus $\frac{\partial R}{\partial I} = 1{,}10$ folgt: I_H^* ($r_H = 0{,}10$) $= 516{,}53$.

Bis zu einem Investitionsbetrag von 472,59 übersteigt die Grenzrendite des Investitionsprogramms den Zinssatz $r_S = 0{,}15$, zwischen 472,59 und 516,53 liegt sie zwischen $r_S = 0{,}15$ und $r_H = 0{,}10$ und für Investitionsbeträge oberhalb von 516,53 liegt sie unter dem Anlagezinssatz $r_H = 0{,}10$.

Aus Aufgabe 7.4 ist bekannt, dass A und C ihre Präferenzwerte bei kleineren Investitionsvolumina als $I_S^* = 472{,}59$ maximieren, also sogar auf die Realisation von Realinvestitionen mit Grenzrenditen oberhalb von 15% verzichten. A und C werden daher auf keinen Fall Anlagen am Finanzmarkt zu $r_H = 0{,}10$ tätigen (vgl. Lösung zu Aufgabe 7.5). Aus Aufgabe 7.6 ist bekannt, dass A und C bei einer Kreditaufnahmemöglichkeit zu $r_S = 0{,}15$ ihr Realinvestitionsvolumen auf $I_1^* = 472{,}59$ erhöhen. Für A und C ändern sich durch die hier untersuchte Unvollkommenheit des Finanzmarktes im Vergleich zum vollkommenen Finanzmarkt (vgl. Übungsaufgabe 7.6) weder die Realinvestitionsvolumina ($I_S^* = I^* = 472{,}59$) noch die optimalen Kreditaufnahmebeträge ($A_A^* = -208{,}89$; $A_C^* = -120{,}99$) noch die optimalen Konsumpläne.

Aus Aufgabe 7.4 ist bekannt, dass Entscheider B in der Ausgangssituation, also in einer Situation ohne Finanzmarktzugang, ein nutzenmaximales Realinvestitionsvolumen von $666{,}\overline{6}$ realisiert, also sogar Realinvestitionen durchführt, deren Grenzrendite unterhalb des Zinssatzes für Anlagen am Finanzmarkt in Höhe von $r_H = 0{,}10$ liegen. B wird folglich bei einer Anlagemöglichkeit am Finanzmarkt zu $r_H = 0{,}10$ das Volumen der Realinvestitionen von $666{,}\overline{6}$ auf $I_2^* = 516{,}53$ vermindern und gleichzeitig Anlagen am Finanzmarkt zu $r_H = 0{,}10$ tätigen.

Für die Präferenzfunktion von B gilt bei einer Anlage von Mitteln im Betrag von A zu einem Zinssatz von 10%:

$$\varphi_B = C_0 \cdot C_1$$

$$= (Q_B - I_G^* - A) \cdot (50 \cdot I_G^{*0,5} + 1{,}10 \cdot A)$$

$$= (1.483{,}47 - A) \cdot (1.136{,}36 + 1{,}10 \cdot A)$$

$$= 1.685.755{,}97 + 495{,}46\,A - 1{,}1\,A^2 .$$

Im Nutzenoptimum gilt:

$$\frac{d\varphi_B}{dA} = 495{,}46 - 2{,}2\,A \stackrel{!}{=} 0 \,.$$

Der für B nutzenmaximale Anlagebetrag bei $r_H = 0{,}10$ beträgt $A_B^*\,(r_H = 0{,}10) = 225{,}21$.

Kommentar:

Stehen Entscheidern neben Realinvestitionen mit abnehmender Grenzrendite Mittelanlage- und Mittelaufnahmemöglichkeiten zu divergierenden Zinssätzen ($r_H < r_S$) offen, so ist eine Separation von Investitions- und Konsumentscheidung nicht mehr möglich. Das Ausgangsvermögen und die intertemporalen Präferenzen determinieren den nutzenmaximalen Investitionsbetrag, die „Finanzmarktentscheidung" (Wahl des Anlage- bzw. Kreditvolumens) und den optimalen Konsumplan.

b. Aus Übungsaufgabe 7.4 ist bekannt, dass Entscheider C ohne Finanzmarkt ein Investitionsvolumen von $I_C^* = 400$ wählt. Damit sich diese Entscheidung auf einem unvollkommenen Finanzmarkt nicht ändert, darf r_H nicht oberhalb und r_S nicht unterhalb der Grenzrendite dieses ohne Finanzmarkt optimalen Investitionsprogramms liegen. Um die Frage beantworten zu können, muss also zunächst die Grenzrendite r^k des Investitionsprogramms mit dem Volumen $I_C^* = 400$ bestimmt werden. Für den gesuchten Wert r^k gilt:

$$r^k = \frac{\partial R}{\partial I} - 1 = \frac{25}{I^{0{,}5}} - 1 \,.$$

Für $I_C^* = 400$ gilt folglich $r^k = 0{,}25$. Gilt also $r_S \geq 0{,}25 \geq r_H$, so kommt für C weder eine Kreditaufnahme zu Konsum- und/oder Investitionszwecken in Frage, noch eine Mittelanlage am Finanzmarkt. Er realisiert dann weiterhin das in Aufgabe 7.4 ermittelte nutzenoptimale Investitionsvolumen in Höhe von $I_C^* = 400$ und wird am Finanzmarkt weder als Geldanleger noch als Kreditnehmer aktiv.

Übungsaufgabe 7.8:

Die nachfolgenden Abbildungen verdeutlichen die im Lehrtext angesprochenen 4 Fälle. Als zusätzliche Angabe (laut Aufgabenstellung nicht gefordert) finden Sie neben der e_1-Achse Angaben zu den Rückflussbeträgen aus dem Realinvestitionsprogramm und zu „Finanzmarktzuflüssen" bzw. „-abflüssen".

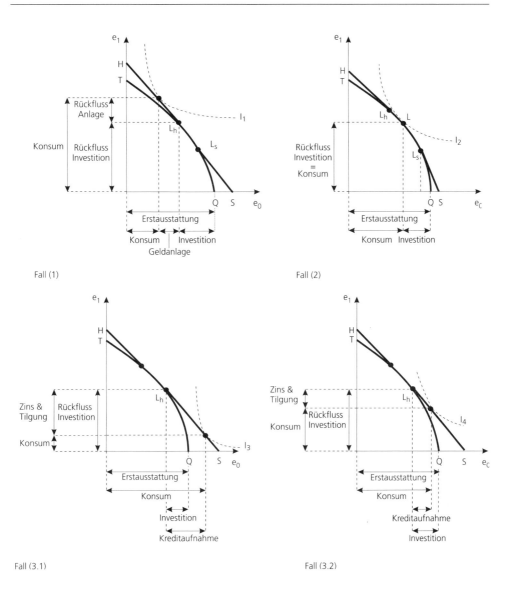

Fall (1)

Fall (2)

Fall (3.1)

Fall (3.2)

Übungsaufgabe 7.9:

a. In allgemeiner Form lautet die Gleichung der Finanzmarktgeraden:

1. $C_1 = a \cdot C_0 + b$.

   Für die maximal erreichbare Finanzmarktgerade gilt, dass sie die Transformationskurve tangiert. Aus Übungsaufgabe 7.5 ist bekannt, dass für den Tangentialpunkt gelten muss:

$$\frac{\partial R}{\partial I} = 1 + r, \quad \text{woraus im konkreten Fall I* = 472,59 folgt.}$$

Realisiert ein Entscheider die durch den Tangentialpunkt eindeutig festgelegte Konsumposition dann gilt:

2. $C_0^* = Q - I^* = Q - 472{,}59$

3. $C_1^* = R(I^*) = 50 \cdot I^{*0{,}5} = 1.086{,}96$.

Da ein konkreter Punkt der gesuchten Finanzmarktgeraden mit (C_0^* / C_1^*), $= [(Q - I^*) / R(I^*)]$ und die Steigung dieser Geraden mit

4. $a = -(1 + r) = -1{,}15$

bekannt sind, kann durch Einsetzen von (2), (3) und (4) in (1) zunächst der Ordinatenschnittpunkt b bestimmt werden. Für diesen gilt:

5. $b = 1.086{,}96 + 1{,}15 \cdot (Q - 472{,}59) = 543{,}48 + 1{,}15 \cdot Q$.

Setzt man in (1) für C_1 den Wert Null, für a den Wert –1,15 und für b den Wert $543{,}48 + 1{,}15 \cdot Q$ ein, so ergibt sich:

6. $C_0 = \dfrac{543{,}48 + 1{,}15 \cdot Q}{1{,}15} = \dfrac{543{,}48}{1{,}15} + Q$.

Die gesuchten Achsenabschnitte für A, B und C, die ökonomisch als Maximalkonsum in einem Zeitpunkt bei Verzicht auf Konsum in dem jeweils anderen Zeitpunkt interpretiert werden können, lauten:

A: $\quad (C_0^A / 0) = (1.472{,}59 / 0), \quad (0 / C_1^A) = (0 / 1.693{,}48)$

B: $\quad (C_0^B / 0) = (2.472{,}59 / 0), \quad (0 / C_1^B) = (0 / 2.843{,}48)$

C: $\quad (C_0^C / 0) = (2.472{,}59 / 0), \quad (0 / C_1^C) = (0 / 2.843{,}48)$.

b. Für den Kapitalwert des nutzenoptimalen Investitionsprogramms gilt:

$$K^* = -I^* + \frac{R(I^*)}{1+r} = -472{,}59 + \frac{1.086{,}96}{1{,}15} = +472{,}59.$$

Da alle drei Entscheider das gleiche Investitionsprogramm realisieren, gilt:

$$K^A = K^B = K^C = +472{,}59.$$

c. Der Kapitalwert (der Endwert) gibt also gerade an, in welchem Umfang der Entscheider im Falle der Investitionsdurchführung seinen Konsum in t = 0 (in t = 1) im Vergleich zum Investitionsverzicht maximal ausdehnen kann.

Übungsaufgabe 7.10:

Der interne Zinsfuß eines Investitionsprojektes [i] ist definiert als der Zinsfuß, bei dessen Anwendung der Kapitalwert des betreffenden Investitionsprojektes den Wert 0 annimmt,

also: $\sum_{t=0}^{T} e_{ti} \cdot (1+r^*)^{-t} = 0$.

Bei Zwei-Zeitpunkt-Investitionen wird diese Bedingung erfüllt, wenn gilt:

$e_{0i} \cdot (1+r^*)^0 + e_{1i} \cdot (1+r^*)^{-1} = 0$;

$\Rightarrow r^* = \frac{e_{1i}}{-e_{0i}} - 1$.

Im Beispiel ergibt sich für die fünf Projekte:

Projekt [1] $\quad r_1^* = \frac{112}{100} - 1 = 0{,}12$

Projekt [2] $\quad r_2^* = \frac{170}{160} - 1 = 0{,}0625$

Projekt [3] $\quad r_3^* = \frac{77}{70} - 1 = 0{,}10$

Projekt [4] $\quad r_4^* = \frac{78}{60} - 1 = 0{,}30$

Projekt [5] $\quad r_5^* = \frac{36}{30} - 1 = 0{,}20$.

Der interne Zinsfuß gibt im Zwei-Zeitpunkt-Fall an, um wie viel % sich der in t = 0 eingesetzte Geldbetrag in der Folgeperiode vermehrt.

Übungsaufgabe 7.11:

Wir ordnen die Projekte nach ihrem internen Zinsfuß und berechnen das kumulierte Mittelangebot C_A und die kumulierte Mittelnachfrage C_B.

Projekt i	[5]	[3]	[2]	[1]	[4]
Interner Zinsfuß r_i^*	30%	20%	12,5%	10%	5%
Mittelbedarf $(-e_0)$	70	90	80	100	120
kum. Mittelbedarf C_B	70	160	240	340	460

Projekt j	(5)	(2)	(4)	(1)	(3)
Finanzierungskosten f_j^*	0%	8%	10%	20%	25%
Mittelangebot e_0	50	100	60	40	80
kum. Mittelangebot C_A	50	150	210	250	330

Aus einer analog zu Abb. 7.6 konstruierbaren Grafik ergibt sich, dass das optimale Programm aus den Finanzierungsprojekten (5), (2) und (4) besteht, mit denen [5] und [3] ganz sowie [2] zu 5/8 finanziert werden können. Der dabei erzielbare Einzahlungsüberschuss im Zeitpunkt t = 1 beträgt 31,25 (= 91 + 108 + 5/8 · 90 – 50 – 108 – 66). Wollte man die restlichen 3/8 des Projektes [2] auch noch durchführen, so müsste man dazu finanzielle Mittel in Anspruch nehmen, die 20% kosten. Da [2] nur einen internen Zinsfuß von 12,5% hat, würde sich das nicht lohnen.

Übungsaufgabe 7.12:

Da die Finanzierungsprojekte teilbar sind, wird weiterhin die jeweils günstigste Finanzierungsquelle vorrangig in Anspruch genommen. Man muss deshalb nur noch die günstigste Kombination der unteilbaren Investitionsprojekte finden.

Grundsätzlich müsste man alle möglichen Kombinationen durchrechnen; man sieht aber, dass im vorliegenden Fall [4] sicherlich nicht durchgeführt wird, andererseits [5] wegen seiner extrem hohen Rendite auf jeden Fall im optimalen Programm enthalten ist.

Aus Plausibilitätsgründen ließen sich auch noch weitere Vorabentscheidungen treffen und die Zahl der möglichen Kombinationen verringern. Wir wollen jedoch alle verbleibenden Möglichkeiten vorrechnen:

Investitionsprogramm (IP)	Mittelbedarf	Finanzierungsprogramm (FP)	$\sum_{i=1}^{5} e_{1i}\ i \varepsilon IP$	$\sum_{j=1}^{5} e_{1j}\ j \varepsilon FP$	Einzahlungsüberschuss in t = 1
[5]	70	(5), 1/5 · (2)	91	71,6	19,4
[5], [3]	160	(5), (2), 1/6 · (4)	199	169	30
[5], [2]	150	(5), (2)	181	158	23
[5], [1]	170	(5), (2), 2/6 · (4)	201	180	21
[5], [3], [2]	240	(5), (2), (4), 3/4 · (1)	289	260	29
[5], [3], [1]	260	(5), (2), (4), (1), 1/8 · (3)	309	284,5	24,5
[5], [2], [1]	250	(5), (2), (4), (1)	291	272	19
[5], [3], [2], [1]	340	nicht finanzierbar	–	–	–

Das optimale Programm besteht also aus [5], [3], (5), (2) und 1/6 · (4).

Übungsaufgabe 7.13:

Da das unter der Prämisse teilbarer Investitionsprojekte gefundene Optimalprogramm hinsichtlich der Investitionsprojekte ganzzahlig ist, bleibt es auch unter der neuen Prämisse optimal:

[4], [5], [1], (4), (1), 6/7 · (2) .

Übungsaufgabe 7.14:

Investitions-programm	Mittel-bedarf	Finanzierungs-programm	$\sum e_{1i}$	$\sum e_{1j}$	Einzahlungs-überschuss
Unterlassens-alternative	0	–	0	0	0
[1]	400	4/5 · (1)	464	416	48
[2]	1000	(1), ½ · (2)	1130	1070	60
[3]	300	3/5 · (1)	345	312	33
[4]	500	(1)	563	520	43
[1], [3]	700	(1), 1/5 · (2)	809	740	69
[1], [4]	900	(1), 2/5 · (2)	1027	960	67
[2], [3]	1300	(1), 4/5 · (2)	1475	1400	75
[2], [4]	1500	(1), (2)	1693	1620	73

Übungsaufgabe 7.15:

Wir zeichnen die Mittelangebotskurve für Fall a) und Fall b) in das zugehörige DEAN-Modell und sehen, dass

- bei a) die Projekte [1], [3], [2 ./. 1] und [4 ./. 3], d.h. die Projekte [2] und [4]
- bei b) die Projekte [1] und [3]

durchgeführt werden.

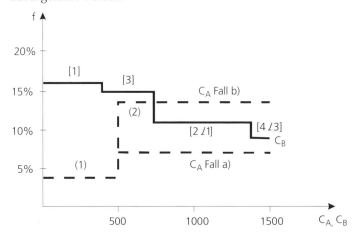

Übungsaufgabe 7.16:

Projekt	e_1	e_2	r_i^* bzw. f_j^*	C_B	C_A
[3]	–960	+1100	14,6%	960	
[4]	–40	+45	12,5%	1000	
[5]	–1000	+1100	10%	2000	
(2')	960	–1036,8	8%		960
(3)	1500	–1710	14%		2460

Wir fassen zunächst Mittelbedarfs- und Mittelangebotskurve in einem Diagramm zusammen

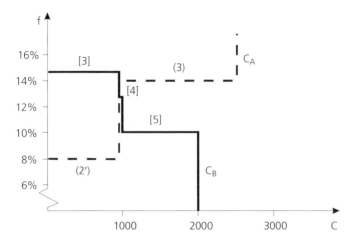

Wir sehen, dass nur die Projekte [3] und (2') durchzuführen sind. Der Endvermögenszuwachs beträgt dann 1100 – 1036,8 = 63,2.

Übungsaufgabe 7.17:

Der endogene Kalkulationszinsfuß des optimalen Investitions- und Finanzierungsprogramms aus Übungsaufgabe 7.11 beträgt 12,5%. Bei 12,5% liegt nämlich der Schnittpunkt der Mittelangebots- mit der Mittelbedarfskurve. Dies erkennen Sie auch ohne Zeichnung daran, dass Projekt [2] nur teilweise durchgeführt wird, d.h. dass die Mittelangebotskurve die Mittelbedarfskurve innerhalb des Projektes [2] schneidet.

Auf der Basis dieses Kalkulationszinsfußes ergeben sich für die einzelnen Projekte folgende Kapitalwerte:

i = 1: –100 + 110 : 1,125 = –2,222

i = 2: –80 + 90 : 1,125 = 0

i = 3: –90 + 108 : 1,125 = +6

i = 4:	−120	+	126	: 1,125	=	−8
i = 5:	−70	+	91	: 1,125	=	+10,889
j = 1:	40	−	48	: 1,125	=	−2,667
j = 2:	100	−	108	: 1,125	=	4
j = 3:	80	−	100	: 1,125	=	−8,889
j = 4:	60	−	66	: 1,125	=	1,333
j = 5:	50	−	50	: 1,125	=	5,556

Kommentar:

1. Es zeigt sich, dass alle vollständig in das optimale Programm aufgenommenen Projekte einen positiven Kapitalwert besitzen, während alle Projekte, die vollständig außerhalb des Programms bleiben, einen negativen Kapitalwert aufweisen. Lediglich für das Grenzprojekt [2] beläuft sich der Kapitalwert auf null.

2. Die Summe aller positiven Kapitalwerte (= 27,778) stimmt überein mit dem mit r = 0,125 abgezinsten Einzahlungsüberschuss des optimalen Programms:
   $[91 + 108 + 5/8 \cdot 90 - 50 - 108 - 66] : 1{,}125 = 27{,}778$.

Übungsaufgabe 7.18:

a. Es wären

   im Falle 1 $x_2 = x_4 = x_5 = 1$
   $y_{1.0} = y_{1.1} = y_{2.1} = 1$
   $y_{2.0} = 0{,}04$
   $x_1 = x_3 = y_{3.0} = y_{3.1} = 0$

   im Falle 2 $x_2 = x_5 = 1$
   $y_{1.0} = y_{1.1} = y_{2.1} = 1$
   $x_1 = x_3 = x_4 = y_{2.0} = y_{3.0} = y_{3.1} = 0$

   im Falle 3 $x_2 = x_4 = x_5 = 1$
   $y_{1.0} = y_{1.1} = y_{2.1} = 1$
   $y_{3.1} = 0{,}04$
   $x_1 = x_3 = y_{2.0} = y_{3.0} = 0$

   im Falle 4 $x_4 = x_5 = 1; \quad x_2 = 0{,}96$
   $y_{1.0} = y_{1.1} = y_{2.1} = 1$
   $x_1 = x_3 = y_{2.0} = y_{3.0} = y_{3.1} = 0$.

b. Die Programme wären nur dann zulässig, wenn die Finanzrestriktionen für die Zeitpunkte t = 0 und t = 1 erfüllt sind. Die Restriktion für t = 2 braucht deshalb nicht geprüft werden, weil für c_2 auch ein positiver Wert auftreten darf, der die entsprechende Restriktion immer stimmig machen würde. Für die vier Fälle ergibt sich:

Fall 1: (t = 0): $+ 1000 - 1000 - 40 = - 40 \leq 0$
         (t = 1): $- 40 + 40 + 1000 + 1040 + 43{,}2 - 1000 - 1000 = + 83{,}2 > 0$

Fall 2: (t = 0): $1000 - 1000 = 0 \leq 0$
         (t = 1): $- 40 + 1000 + 1040 - 1000 - 1000 = 0 \leq 0$

Fall 3: (t = 0): $+ 1.000 - 1.000 = 0 \leq 0$
         (t = 1): $- 40 + 40 + 1000 + 1040 - 1000 - 1000 - 40 = 0 \leq 0$

Fall 4: (t = 0): $+ 960 - 1000 = - 40 \leq 0$
         (t = 1): $- 38{,}4 + 40 + 1000 + 1040 - 1000 - 1000 = 41{,}6 > 0$.

In den Fällen (1) und (4) ist jeweils die Restriktion für t = 1 nicht erfüllt. Diese Programmvarianten sind somit unzulässig. Die Varianten (2) und (3) sind demgegenüber zulässig.

c. Da (1) und (4) unzulässig sind, braucht nur noch c_2 für die Fälle (2) und (3) errechnet zu werden. Dazu formen wir die Restriktion für t = 2 um zu

$- 75 x_1 - 1125 x_2 - 1100 x_3 - 45 x_4 - 1100 x_5 + 1040 y_{1.1} + 1080 y_{2.1}$

$+ 1140 y_{3.1} \leq - c_2$

Es ergibt sich

für Fall (2) $- c_2 \geq - 1125 - 1100 + 1040 + 1080 = - 105$

für Fall (3) $- c_2 \geq - 1125 - 45 - 1100 + 1040 + 1080 + 45{,}6 = - 104{,}4$

so dass sich für Fall (2) der höchste Wert ergibt.

Übungsaufgabe 7.19:

max : c_1

$100x_1 + 80x_2 + 90x_3 + 120x_4 + 70x_5 - 40y_1 - 100y_2 - 80y_3 - 60y_4 - 50y_5 \leq 0$

$- 110x_1 - 90x_2 - 108x_3 - 126x_4 - 91x_5 + 48y_1 + 108y_2 + 100y_3 + 66y_4 + 50y_5 + c_1 \leq 0$

$x_i \leq 1$ $i = 1, ..., 5$

$y_j \leq 1$ $j = 1, ..., 5$

$x_i \geq 0$ $i = 1, ..., 5$

$y_j \geq 0$ $j = 1, ..., 5$.

11 Gesamtverzeichnis der verwendeten Formeln

(AD$_1$) $\quad \sum_{t=0}^{t^*-1} e_t \cdot q^{-t} \leq 0 < \sum_{t=0}^{t^*} e_t \cdot q^{-t}$

(AD$_2$) $\quad \text{RBF}(t^*-1; r) \leq \dfrac{a_0}{e} < \text{RBF}(t^*; r)$

(AN$_1$) $\quad e* = \dfrac{1}{\text{RBF}(T; r)} \cdot K = \text{ANF}(T; r) \cdot K$

(AN$_2$) $\quad e* = e - a_0 \cdot \text{ANF}(T; r)$

(AN$_3$) $\quad e* = e - a_0 \cdot r$

(D$_1$) $\quad d_t^{i,k} = e_t^i - e_t^k$

(D$_2$) $\quad K^{i,k} = K_i - K_k$

(EW$_1$) $\quad \text{EW} = \sum_{t=0}^{T} e_t \cdot (1+r)^{T-t} = \sum_{t=0}^{T} e_t \cdot q^{T-t}$

(EW$_2$) $\quad \text{EW} = K \cdot q^T$

(EW$_3$) $\quad \text{EW} = \text{EV}_I - \text{EV}_U$

(EW$_4$) $\quad \text{EW} = \sum_{t=0}^{T-1} e_t \cdot Q(t+1, T) + e_T$

(EW$_5$) $\quad \text{EW} = \sum_{t=0}^{T} f_t \cdot (1+r)^{T-t}$

(EW$_6$) $\quad \text{EW'} = \sum_{t=0}^{T} e'_t \cdot (1+r')^{T-t}$

(FM$_1$) $\quad C_t = C_0 \cdot (1+r)^t = C_0 \cdot q^t$

(FM$_2$) $\quad C_0 = C_t \cdot (1+r)^{-t} = C_t \cdot q^{-t}$

(FM$_3$) $\quad C_t = C_0 \cdot \prod_{\tau=1}^{t} (1+r_\tau)$

(FM$_4$) $\quad C_0 = C_t \cdot \prod_{\tau=1}^{t} (1+r_\tau)^{-1}$

(FM_5) $\quad RB = e \cdot \sum_{t=1}^{T} (1+r)^{-t}$

(FM_6) $\quad RBF(T; r) = \dfrac{1 - q^{-T}}{r}$

(FM_7) $\quad RB = e \cdot RBF(T; r)$

(FM_8) $\quad RB^{\infty} = e \cdot \dfrac{1}{r}$

(FM_9) $\quad B = \sum_{t=1}^{\tau} e_t \cdot q^{-t} + e \cdot RBF(\tau°; r) \cdot q^{-\tau}$

(FM_{10}) $\quad B = \sum_{t=1}^{\tau} e_t \cdot q^{-t} + \dfrac{e}{r} \cdot q^{-\tau}$

(FM_{11}) $\quad B = \dfrac{e}{\beta} \cdot \sum_{t=1}^{T} \left(\dfrac{q}{\beta}\right)^{-t}$

(FM_{12}) $\quad B = \dfrac{e}{\beta} \cdot T$

(FM_{13}) $\quad B = \dfrac{1 - (q/\beta)^{-T}}{r - \alpha} \cdot e$

(FM_{14}) $\quad B = \dfrac{e}{r - \alpha}$

(FM_{15}) $\quad a = AB \cdot \dfrac{r}{1 - q^{-T}}$

(FM_{16}) $\quad a = AB \cdot ANF(T; r)$

(FM_{17}) $\quad Q(t, t') = q_t \cdot q_{t+1} \cdot \ldots \cdot q_{t'} = \prod_{\tau=t}^{t'} q_\tau$

(FM_{18}) $\quad Q(t+1, T) \cdot [Q(1, T)]^{-1} = [Q(1, t)]^{-1}$

(IZ_1) $\quad K(r^*) = \sum_{t=0}^{T} e_t \cdot (1 + r^*)^{-t} = 0$

(IZ_2) $\quad r^* = \sqrt[T]{\dfrac{e_T}{-e_0}} - 1$

(IZ_3) $\quad r^* = z \; .$

(IZ_4) $\quad r^*_{1,2} = \dfrac{-e_1}{2e_0} \pm \sqrt{\left(\dfrac{e_1}{2e_0}\right)^2 - \dfrac{e_2}{e_0} - 1}$

(IZ_5) $\quad RBF(T; r^*) = \dfrac{1-(1+r^*)^{-T}}{r^*} = \dfrac{-e_0}{e}$

(IZ_6) $\quad r^* = \dfrac{e}{-e_0}$

(IZ_7) $\quad \tilde{r}_1 = \dfrac{r_N \cdot K_P - r_P \cdot K_N}{K_P - K_N}$

(K_1) $\quad K = \sum\limits_{t=0}^{T} e_t \cdot (1+r)^{-t} = \sum\limits_{t=0}^{T} e_t \cdot q^{-t}$

(K_2) $\quad K = e_0 + e \cdot RBF(T; r)$

(K_3) $\quad K = e_0 + \dfrac{e}{r}$

(K_4) $\quad K = (EV_I - EV_U) \cdot (1+r)^{-T}$

(K_5) $\quad K = e_0 + \sum\limits_{t=1}^{T} e_t \cdot [Q(1,t)]^{-1}$

(K_6) $\quad K = e_0 + \sum\limits_{t=1}^{T-1} e_t \cdot Q(t+1, T) \cdot [Q(1,T)]^{-1} + e_T \cdot [Q(1,T)]^{-1}$

(K_7) $\quad K = EW \cdot [Q(1,T)]^{-1}$

(K_8) $\quad K = \sum\limits_{t=0}^{T} f_t \cdot (1+r)^{-t}$

(K_9) $\quad C = z \cdot RBF(T; r) + 100 \cdot (1+r)^{-T}$

(K_{10}) $\quad K' = \sum\limits_{t=0}^{T} e'_t \cdot (1+r')^{-t}$

(ST_1) $\quad e'_t = e_t - S_t$

(ST_2) $\quad S_t = s \cdot \Delta g_t$

(ST_3) $\quad \Delta g_t = e_t - \alpha_t$

(ST_4) $\quad e'_t = e_t - s \cdot (e_t - \alpha_t)$

(ST_5) $\quad r' = r \cdot (1-s)$

(ST_6) $\quad \Delta K = K'(r'_K) - K(r_K)$
$\qquad\qquad\quad = \left[K'(r_K) - K(r_K)\right] + \left[K'(r'_K) - K'(r_K)\right]$

(US_1) $\quad \mu_K = E - V$

(US_2) $\quad \mu = \sum_{j=1}^{n} x_j \cdot w_j$

(US_3) $\quad \sigma^2 = \sum_{j=1}^{n} (x_j - \mu)^2 \cdot w_j$

(US_4) $\quad \mu_K = \sum_{t=0}^{T} \mu_t$

(US_5) $\quad \sigma_K^2 = \sum_{t=0}^{T} \sigma_t^2 + 2 \cdot \sum_{t=0}^{T-1} \sum_{\tau=t+1}^{T} \sigma_t \cdot \sigma_\tau \cdot \rho_{t\tau}$

(US_6) $\quad \rho_{t\tau} = \dfrac{cov_{t\tau}}{\sigma_t \cdot \sigma_\tau}$

(US_7) $\quad cov_{t\tau} = \sum_{j=1}^{n} \left(e_{tj} - \mu_t\right) \cdot \left(e_{\tau j} - \mu_\tau\right) \cdot w_j$

(US_8) $\quad \sigma_K^2 = \sum_{t=0}^{T} \sigma_t^2$

(US_9) $\quad \mu_M = \mu_0 + \mu_P$

(US_{10}) $\quad \sigma_M^2 = \sigma_0^2 + \sigma_P^2 + 2\sigma_0 \cdot \sigma_P \cdot \rho_{0P}$

(US_{11}) $\quad \Delta\mu = \mu_M - \mu_0 = \mu_P$

(US_{12}) $\quad \Delta\sigma = \sigma_M - \sigma_0 = \sqrt{\sigma_0^2 + \sigma_P^2 + 2\sigma_0 \cdot \sigma_P \cdot \rho_{0P}} - \sigma_0$

(US_{13}) $\quad \Phi(a_i) = \sum_{j=1}^{J} U(K_{ij}) \cdot w_j$

(US_{14}) $\quad \Phi = \mu - a \cdot \sigma$

(US_{15}) $\quad B = \sum_{t=1}^{T} \bar{e}_t \cdot q^{-t} - UA$

(US_{16}) $\quad B = \sum_{t=1}^{T} (\bar{e}_t - UA_t) \cdot q^{-t}$

(US_{17}) $\quad q° = (1 + r + \rho)$

(US_{18}) $\quad B = \sum_{t=1}^{T} \bar{e}_t \cdot q^{°-t} \qquad \text{mit} \quad q° = (1 + r + \rho)$

(US_{19}) $\quad B = \sum_{t=1}^{T} \bar{e}_t \cdot q^{-t} - \sum_{t=1}^{T} UA_t \cdot q^{-t}$

Gesamtverzeichnis der verwendeten Formeln

(V$_1$) $EV_I > EV_U$

(V$_2$) $EW > 0$

(V$_3$) $K > 0$

(V$_4$) $EV_{I,T}^j > EV_{I,T}^k$

(V$_5$) $\left(EV_I^j - EV_U^j\right) \cdot q^{-T_j} > \left(EV_I^k - EV_U^k\right) \cdot q^{-T_k}$

(V$_6$) $K_j > K_k$

(V$_7$) $K^{i,k} > 0$

(V$_8$) $e^* > 0$

(V$_9$) $t^* \leq T$

(V$_{10}$) $r^* > r$

(V$_{11}$) $K = \sum_{t=0}^{T} f_t \cdot (1+r)^{-t} > 0$

(V$_{12}$) $EW = \sum_{t=0}^{T} f_t \cdot (1+r)^{T-t} > 0$

(V$_{13}$) $f_0 > \sum_{t=1}^{T} (-f_t) \cdot (1+r)^{-t}$

(V$_{14}$) $r^* < r$

(7.1 a) $r_i^* = \dfrac{e_{1i}}{-e_{0i}} - 1 > R$

(7.1 b) $f_j^* = \dfrac{-e_{1j}}{e_{0j}} - 1 < R$

(7.1 c) $r_i^* = R$ oder $f_j^* = R$

(7.1d) $e_{0i} + \dfrac{e_{1i}}{(1+R)} > 0$

(7.1e) $e_{0j} + \dfrac{e_{1j}}{(1+R)} > 0$

(7.2a)   max : c_T

(7.2b) $\quad \sum_{i=1}^{m} -e_{ti} \cdot x_i + \sum_{j=1}^{n} -e_{tj} \cdot y_j \leq 0 \qquad t = 0, 1, ..., T-1$

(7.2c) $\quad \sum_{i=1}^{m} -e_{Ti} \cdot x_i + \sum_{j=1}^{n} -e_{Tj} \cdot y_j + c_T \leq 0$

$\qquad x_i \leq X_i \qquad\qquad i = 1, 2, ..., m$

$\qquad y_j \leq Y_j \qquad\qquad j = 1, 2, ..., n$

$\qquad x_i, y_j \geq 0$

(7.3) $\quad q_t^* = \prod_{\tau=t+1}^{T} (1+r_\tau^*) \qquad t = 0, 1, ..., T$

(7.4) $\quad \dfrac{q_{t-1}^*}{q_t^*} = (1+r_t^*) \qquad$ oder

(7.5) $\quad r_t^* = \dfrac{q_{t-1}^*}{q_t^*} - 1 \qquad t = 1, 2, ..., T$

12 Finanzmathematische Tabellen

Tabelle I: Aufzinsungsfaktoren $q^t = (1 + r)^t$

Periode	\ Zinssatz 0,04	0,05	0,06	0,07	0,08	0,09	0,10	0,12	0,15	0,20
1	1,0400	1,0500	1,0600	1,0700	1,0800	1,0900	1,1000	1,1200	1,1500	1,2000
2	1,0816	1,1025	1,1236	1,1449	1,1664	1,1881	1,2100	1,2544	1,3225	1,4400
3	1,1249	1,1576	1,1910	1,2250	1,2597	1,2950	1,3310	1,4049	1,5209	1,7280
4	1,1699	1,2155	1,2625	1,3108	1,3605	1,4116	1,4641	1,5735	1,7490	2,0736
5	1,2167	1,2763	1,3382	1,4026	1,4693	1,5386	1,6105	1,7623	2,0114	2,4883
6	1,2653	1,3401	1,4185	1,5007	1,5869	1,6771	1,7716	1,9738	2,3131	2,9860
7	1,3159	1,4071	1,5036	1,6058	1,7138	1,8280	1,9487	2,2107	2,6600	3,5832
8	1,3686	1,4775	1,5938	1,7182	1,8509	1,9926	2,1436	2,4760	3,0590	4,2998
9	1,4233	1,5513	1,6895	1,8385	1,9990	2,1719	2,3579	2,7731	3,5179	5,1598
10	1,4802	1,6289	1,7908	1,9672	2,1589	2,3674	2,5937	3,1058	4,0456	6,1917
11	1,5395	1,7103	1,8983	2,1049	2,3316	2,5804	2,8531	3,4785	4,6524	7,4301
12	1,6010	1,7959	2,0122	2,2522	2,5182	2,8127	3,1384	3,8960	5,3503	8,9161
13	1,6651	1,8856	2,1329	2,4098	2,7196	3,0658	3,4523	4,3635	6,1528	10,6993
14	1,7317	1,9799	2,2609	2,5785	2,9372	3,3417	3,7975	4,8871	7,0757	12,8392
15	1,8009	2,0789	2,3966	2,7590	3,1722	3,6425	4,1772	5,4736	8,1371	15,4070
16	1,8730	2,1829	2,5404	2,9522	3,4259	3,9703	4,5950	6,1304	9,3576	18,4884
17	1,9479	2,2920	2,6928	3,1588	3,7000	4,3276	5,0545	6,8660	10,7613	22,1861
18	2,0258	2,4066	2,8543	3,3799	3,9960	4,7171	5,5599	7,6900	12,3755	26,6233
19	2,1068	2,5270	3,0256	3,6165	4,3157	5,1417	6,1159	8,6128	14,2318	31,9480
20	2,1911	2,6533	3,2071	3,8697	4,6610	5,6044	6,7275	9,6463	16,3665	38,3376
30	3,2434	4,3219	5,7435	7,6123	10,0627	13,2677	17,4494	29,9599	66,2118	237,3763
40	4,8010	7,0400	10,2857	14,9745	21,7245	31,4094	45,2593	93,0510	267,8635	1469,7716
50	7,1067	11,4674	18,4202	29,4570	46,9016	74,3575	117,3909	289,0022	1083,6574	9100,4382

Tabelle II: Abzinsungsfaktoren $q^{-t} = (1 + r)^{-t}$

Periode	\ Zinssatz 0,04	0,05	0,06	0,07	0,08	0,09	0,10	0,12	0,15	0,20
1	0,9615	0,9524	0,9434	0,9346	0,9259	0,9174	0,9091	0,8929	0,8696	0,8333
2	0,9246	0,9070	0,8900	0,8734	0,8573	0,8417	0,8264	0,7972	0,7561	0,6944
3	0,8890	0,8638	0,8396	0,8163	0,7938	0,7722	0,7513	0,7118	0,6575	0,5787
4	0,8548	0,8227	0,7921	0,7629	0,7350	0,7084	0,6830	0,6355	0,5718	0,4823
5	0,8219	0,7835	0,7473	0,7130	0,6806	0,6499	0,6209	0,5674	0,4972	0,4019
6	0,7903	0,7462	0,7050	0,6663	0,6302	0,5963	0,5645	0,5066	0,4323	0,3349
7	0,7599	0,7107	0,6651	0,6227	0,5835	0,5470	0,5132	0,4523	0,3759	0,2791
8	0,7307	0,6768	0,6274	0,5820	0,5403	0,5019	0,4665	0,4039	0,3269	0,2326
9	0,7026	0,6446	0,5919	0,5439	0,5002	0,4604	0,4241	0,3606	0,2843	0,1938
10	0,6756	0,6139	0,5584	0,5083	0,4632	0,4224	0,3855	0,3220	0,2472	0,1615
11	0,6496	0,5847	0,5268	0,4751	0,4289	0,3875	0,3505	0,2875	0,2149	0,1346
12	0,6246	0,5568	0,4970	0,4440	0,3971	0,3555	0,3186	0,2567	0,1869	0,1122
13	0,6006	0,5303	0,4688	0,4150	0,3677	0,3262	0,2897	0,2292	0,1625	0,0935
14	0,5775	0,5051	0,4423	0,3878	0,3405	0,2992	0,2633	0,2046	0,1413	0,0779
15	0,5553	0,4810	0,4173	0,3624	0,3152	0,2745	0,2394	0,1827	0,1229	0,0649
16	0,5339	0,4581	0,3936	0,3387	0,2919	0,2519	0,2176	0,1631	0,1069	0,0541
17	0,5134	0,4363	0,3714	0,3166	0,2703	0,2311	0,1978	0,1456	0,0929	0,0451
18	0,4936	0,4155	0,3503	0,2959	0,2502	0,2120	0,1799	0,1300	0,0808	0,0376
19	0,4746	0,3957	0,3305	0,2765	0,2317	0,1945	0,1635	0,1161	0,0703	0,0313
20	0,4564	0,3769	0,3118	0,2584	0,2145	0,1784	0,1486	0,1037	0,0611	0,0261
30	0,3083	0,2314	0,1741	0,1314	0,0994	0,0754	0,0573	0,0334	0,0151	0,0042
40	0,2083	0,1420	0,0972	0,0668	0,0460	0,0318	0,0221	0,0107	0,0037	0,0007
50	0,1407	0,0872	0,0543	0,0339	0,0213	0,0134	0,0084	0,0035	0,0009	0,0001

Tabelle III: Rentenbarwertfaktoren $RBF(T;r) = \dfrac{1-q^{-T}}{r}$

Periode	\ Zinssatz 0,04	0,05	0,06	0,07	0,08	0,09	0,10	0,12	0,15	0,20
1	0,9615	0,9524	0,9434	0,9346	0,9259	0,9174	0,9091	0,8929	0,8696	0,8333
2	1,8861	1,8594	1,8334	1,8080	1,7833	1,7591	1,7355	1,6901	1,6257	1,5278
3	2,7751	2,7232	2,6730	2,6243	2,5771	2,5313	2,4869	2,4018	2,2832	2,1065
4	3,6299	3,5460	3,4651	3,3872	3,3121	3,2397	3,1699	3,0373	2,8550	2,5887
5	4,4518	4,3295	4,2124	4,1002	3,9927	3,8897	3,7908	3,6048	3,3522	2,9906
6	5,2421	5,0757	4,9173	4,7665	4,6229	4,4859	4,3553	4,1114	3,7845	3,3255
7	6,0021	5,7864	5,5824	5,3893	5,2064	5,0330	4,8684	4,5638	4,1604	3,6046
8	6,7327	6,4632	6,2098	5,9713	5,7466	5,5348	5,3349	4,9676	4,4873	3,8372
9	7,4353	7,1078	6,8017	6,5152	6,2469	5,9952	5,7590	5,3282	4,7716	4,0310
10	8,1109	7,7217	7,3601	7,0236	6,7101	6,4177	6,1446	5,6502	5,0188	4,1925
11	8,7605	8,3064	7,8869	7,4987	7,1390	6,8052	6,4951	5,9377	5,2337	4,3271
12	9,3851	8,8633	8,3838	7,9427	7,5361	7,1607	6,8137	6,1944	5,4206	4,4392
13	9,9856	9,3936	8,8527	8,3577	7,9038	7,4869	7,1034	6,4235	5,5831	4,5327
14	10,5631	9,8986	9,2950	8,7455	8,2442	7,7862	7,3667	6,6282	5,7245	4,6106
15	11,1184	10,3797	9,7122	9,1079	8,5595	8,0607	7,6061	6,8109	5,8474	4,6755
16	11,6523	10,8378	10,1059	9,4466	8,8514	8,3126	7,8237	6,9740	5,9542	4,7296
17	12,1657	11,2741	10,4773	9,7632	9,1216	8,5436	8,0216	7,1196	6,0472	4,7746
18	12,6593	11,6896	10,8276	10,0591	9,3719	8,7556	8,2014	7,2497	6,1280	4,8122
19	13,1339	12,0853	11,1581	10,3356	9,6036	8,9501	8,3649	7,3658	6,1982	4,8435
20	13,5903	12,4622	11,4699	10,5940	9,8181	9,1285	8,5136	7,4694	6,2593	4,8696
30	17,2920	15,3725	13,7648	12,4090	11,2578	10,2737	9,4269	8,0552	6,5660	4,9789
40	19,7928	17,1591	15,0463	13,3317	11,9246	10,7574	9,7791	8,2438	6,6418	4,9966
50	21,4822	18,2559	15,7619	13,8007	12,2335	10,9617	9,9148	8,3045	6,6605	4,9995

Tabelle IV: Annuitätenfaktoren $ANF(T;r) = \dfrac{r}{1-q^{-T}}$

Periode	\ Zinssatz 0,04	0,05	0,06	0,07	0,08	0,09	0,10	0,12	0,15	0,20
1	1,0400	1,0500	1,0600	1,0700	1,0800	1,0900	1,1000	1,1200	1,1500	1,2000
2	0,5302	0,5378	0,5454	0,5531	0,5608	0,5685	0,5762	0,5917	0,6151	0,6545
3	0,3603	0,3672	0,3741	0,3811	0,3880	0,3951	0,4021	0,4163	0,4380	0,4747
4	0,2755	0,2820	0,2886	0,2952	0,3019	0,3087	0,3155	0,3292	0,3503	0,3863
5	0,2246	0,2310	0,2374	0,2439	0,2505	0,2571	0,2638	0,2774	0,2983	0,3344
6	0,1908	0,1970	0,2034	0,2098	0,2163	0,2229	0,2296	0,2432	0,2642	0,3007
7	0,1666	0,1728	0,1791	0,1856	0,1921	0,1987	0,2054	0,2191	0,2404	0,2774
8	0,1485	0,1547	0,1610	0,1675	0,1740	0,1807	0,1874	0,2013	0,2229	0,2606
9	0,1345	0,1407	0,1470	0,1535	0,1601	0,1668	0,1736	0,1877	0,2096	0,2481
10	0,1233	0,1295	0,1359	0,1424	0,1490	0,1558	0,1627	0,1770	0,1993	0,2385
11	0,1141	0,1204	0,1268	0,1334	0,1401	0,1469	0,1540	0,1684	0,1911	0,2311
12	0,1066	0,1128	0,1193	0,1259	0,1327	0,1397	0,1468	0,1614	0,1845	0,2253
13	0,1001	0,1065	0,1130	0,1197	0,1265	0,1336	0,1408	0,1557	0,1791	0,2206
14	0,0947	0,1010	0,1076	0,1143	0,1213	0,1284	0,1357	0,1509	0,1747	0,2169
15	0,0899	0,0963	0,1030	0,1098	0,1168	0,1241	0,1315	0,1468	0,1710	0,2139
16	0,0858	0,0923	0,0990	0,1059	0,1130	0,1203	0,1278	0,1434	0,1679	0,2114
17	0,0822	0,0887	0,0954	0,1024	0,1096	0,1170	0,1247	0,1405	0,1654	0,2094
18	0,0790	0,0855	0,0924	0,0994	0,1067	0,1142	0,1219	0,1379	0,1632	0,2078
19	0,0761	0,0827	0,0896	0,0968	0,1041	0,1117	0,1195	0,1358	0,1613	0,2065
20	0,0736	0,0802	0,0872	0,0944	0,1019	0,1095	0,1175	0,1339	0,1598	0,2054
30	0,0578	0,0651	0,0726	0,0806	0,0888	0,0973	0,1061	0,1241	0,1523	0,2008
40	0,0505	0,0583	0,0665	0,0750	0,0839	0,0930	0,1023	0,1213	0,1506	0,2001
50	0,0466	0,0548	0,0634	0,0725	0,0817	0,0912	0,1009	0,1204	0,1501	0,2000

Literaturverzeichnis

ADAM/HERING/SCHLÜCHTERMANN (1993)
   Adam, D. u. Hering, Th. u. Schlüchtermann, J.: Marktzinsmethode, Lenkpreistheorie und klassische Investitionsrechnung, in: ZfbF, 45. Jg. (1993), S. 786-790.

ADAM/SCHLÜCHTERMANN/UTZEL (1993)
   Adam, D. u. Schlüchtermann, J. u. Utzel, Ch.: Zur Eignung der Marktzinsmethode für Investitionsentscheidungen, in: ZfbF, 45. Jg. (1993), S. 3-18.

ADAM/HERING/SCHLÜCHTERMANN (1994)
   Adam, D. u. Hering, Th. u. Schlüchtermann, J.: Die Eignung der Marktzinsmethode als Partialmodell zur Beurteilung der Vorteilhaftigkeit von Investitionen, in: DBW, 54. Jg. (1994), S. 775-786.

ADAM/SCHLÜCHTERMANN/HERING (1994a)
   Adam, D. u. Schlüchtermann, J. u. Hering, Th.: Zur Verwendung marktorientierter Kalkulationszinsfüße in der Investitionsrechnung, in: ZfB, 64. Jg. (1994), S. 115-119.

ADAM/SCHLÜCHTERMANN/HERING (1994b)
   Adam, D. u. Schlüchtermann, J. u. Hering, Th.: Marktzinsmethode: Ein letzter Versuch, in: ZfB, 64. Jg. (1994), S. 787-790.

ALBACH (1962)
   Albach, H.: Investition und Liquidität, Wiesbaden 1962.

BAMBERG/COENENBERG (2008)
   Bamberg, G. u. Coenenberg, A.G.: Betriebswirtschaftliche Entscheidungslehre, 14. Aufl., München 2008.

BECKMANN (1959)
   Beckmann, M.: Lineare Planungsrechnung, Ludwigshafen 1959.

BITZ (1976):
   Bitz, M.: Äquivalente Zielkonzepte für Modelle zur simultanen Investitions- und Finanzplanung, in: ZfbF, 28. Jg. (1976), S. 485-501.

BITZ (1977)
   Bitz, M.: Der interne Zinsfuß in Modellen zur simultanen Investitions- und Finanzplanung, in: ZfbF, 29. Jg. (1977), S. 146-162.

BITZ (1981)
   Bitz, M.: Entscheidungstheorie, München 1981.

BITZ (1984)
   Bitz, M.: Zur Diskussion um die präferenztheoretischen Implikationen des Bernoulli-Prinzips, in: ZfB, 54. Jg. (1984), S. 1077-1089.

BITZ (1993)
> Bitz, M.: Investitionsplanung bei unsicheren Erwartungen, in: WITTMAN et al (Hrsg.): Handwörterbuch der Betriebswirtschaft, Band 2, 5. Aufl. Stuttgart 1993, Sp. 1965-1982.

BITZ (1998a)
> Bitz, M.: Bernoulli-Prinzip und Risikoeinstellung, in: ZfbF, 50. Jg. (1998), S. 916-932.

BITZ (2005)
> Bitz, M.: Investition, in: Vahlens Kompendium der Betriebswirtschaftslehre, Band 1, 5. Aufl., München 2005, S. 105-171.

BITZ/EWERT (2011)
> Bitz, M. u. Ewert, J.: Übungen in Betriebswirtschaftslehre, 7. Aufl., München 2011.

BLOHM./LÜDER (2006)
> Blohm, H. u. Lüder, K.: Investition, 9. Aufl., München 2006.

BREUER (2001)
> Breuer, W.: Investition II – Entscheidungen bei Unsicherheit, Wiesbaden 2001.

BREUER (2011)
> Breuer, W.: Investition I – Entscheidungen bei Sicherheit, 4. Aufl., Wiesbaden 2011.

BRONSTEIN/SEMENDJAJEW/MUSIOL/MÜHLIG (2008)
> Bronstein, J.N. u. Semendjajew, K.A. u. Musiol, G. u. Mühlig, H.: Taschenbuch der Mathematik, 7. Aufl., Stuttgart u.a. 2008.

DANTZIG (1966)
> Dantzig, J.B.: Lineare Programmierung und Erweiterungen, Berlin, Heidelberg, New York 1966.

DEAN (1969)
> Dean, J.: Capital Budgeting, 8. Aufl., New York, London 1969.

EISENFÜHR (1979)
> Eisenführ, F.: Beurteilung einzelner Investitionsprojekte bei unterschiedlichem Soll- und Habenzins, in: OR Spektrum, 1. Jg. (1979), S. 89-102.

EISENFÜHR/WEBER/LANGER (2010)
> Eisenführ, F. u. Weber M. u. Langer, Th.: Rationales Entscheiden, 5. Aufl., Berlin u.a. 2010.

FISHER (1930)
> Fisher, I.: The Theory of Interest, New York 1930.

FRANKE/LAUX (1968)
> Franke, G. u. Laux, H.: Die Ermittlung der Kalkulationszinsfüße für investitionstheoretische Partialmodelle, in: ZfbF, 20. Jg. (1968), S. 740-759.

FRANKE/HAX (2009)
> Franke, G. u. Hax, H.: Finanzwirtschaft des Unternehmens und Kapitalmarkt, 6. Aufl., Berlin et al 2009.

GROB (1982)
Grob, H.L.: Übungsfälle zur Betriebswirtschaftslehre, München 1982.

GROB (1989)
Grob, H.L.: Investitionsrechnung mit vollständigen Finanzplänen, München 1989.

GRUNDMANN (1973)
Grundmann, H.-R.: Optimale Investitions- und Finanzplanung unter Berücksichtigung der Steuern, Diss. Hamburg 1973.

HABERSTOCK (1971)
Haberstock, L.: Zur Integrierung der Ertragsbesteuerung in die simultane Produktions-, Investitions- und Finanzierungsplanung mit Hilfe der linearen Programmierung, Köln, Berlin, Bonn, München 1971.

HABERSTOCK (1976)
Haberstock, L.: Die Steuerplanung der internationalen Unternehmung, Wiesbaden 1976.

HAEGERT (1971)
Haegert, L.: Der Einfluß der Steuern auf das optimale Investitions- und Finanzierungsprogramm, Wiesbaden 1971.

HARTMANN-WENDELS/GUMM-HEUßEN (1994)
Hartmann-Wendels, Th. u. Gumm-Heußen, M.: Zur Diskussion um die Marktzinsmethode: Viel Lärm um Nichts?, in: ZfB, 64. Jg. (1994), S. 1285-1301.

HAX (1964)
Hax, H.: Investitions- und Finanzplanung mit Hilfe der linearen Programmierung, in: ZfbF, 16. Jg. (1964), S. 430-446; abgedruckt in: Lüder, K., Hg., Investitionsplanung, München 1977, S. 243-255 und Albach, H., Hg., Investitionstheorie, Köln 1975, S. 306-325.

HAX (1985)
Hax, H.: Investitionstheorie, 5. Aufl., Würzburg/Wien 1985.

HEIDTMANN/DÄUMLER (1997)
Heidtmann, D. u. Däumler, K.D.: Anwendung von Investitionsrechnungsverfahren bei mittelständischen Unternehmen – eine empirische Untersuchung, in: Buchführung, Bilanz, Kostenrechnung, Beilage 2/1997.

HELLWIG (1976)
Hellwig, K.: Die approximative Bestimmung optimaler Investitionsprogramme mit Hilfe der Kapitalwertmethode, in: Zeitschrift für betriebswirtschaftliche Forschung, 1976, S. 166-171.

HERING (2008)
Hering, Th.: Investitionstheorie, 3. Aufl., München 2008.

HERTZ, (1964)
Hertz, D.B.: Risk Analysis in Capital Investments, in: Harvard Business Review, Vol. 42 (1964), S. 95-106; dt. Übersetzung in: Albach, H., Hg., Investitionstheorie, Köln 1975, S. 211-218 und Lüder, K., Hg., Investitionsplanung, München 1977, S. 157-174.

HESS/QUIGLEY (1963)
: Hess, S.W. u. Quigley, H.A.: Analysis of Risk in Investment Using Monte Carlo Technique, in: Chemical Engineering Progress Symposium Series No. 42, Statistics and Numerical Methods in Chemical Engineering, American Institute of Chemical Engineers, New York 1963, S. 55-63.

HILLIER (1963)
: Hillier, F.S.: The Derivation of Probabilistic Information for the Evaluation of Risky Investments, in: Management Science, Vol. 9 (1963), S. 443-457; dt. Übersetzung in: Albach, H., Hg., Investitionstheorie, Köln 1975, S. 195-210.

HILLIER/HEEBINK (1965)
: Hillier, F.S. u. Heebink, D.V.: Evaluating Risky Capital Investments, in: California Management Review, Vol. 2 (1965), S. 71-80.

HIRSHLEIFER (1958)
: Hirshleifer, J.: On the Theory of Optimal Investment Decision, in: Journal of Political Economy, Vol. LXVI., 1958, S. 329-352.

HIRSHLEIFER (1974)
: Hirshleifer, J.: Kapitaltheorie, Köln 1974.

JÄÄSKELAINEN (1966)
: Jääskelainen, V.: Optimal Financing and Tax Policy of the Corporation, Helsinki 1966.

KERN (1974)
: Kern, W.: Investitionsrechnung, Stuttgart 1974.

KOOPMANS (1951)
: Koopmans, T.C.: Analysis of Production as an Efficient Combination of Activities, in: KOOPMANS, T.C. (Hrsg.): Activity Analysis of Production and Allocation, New York 1951, S. 33-97.

KRUSCHWITZ (2011)
: Kruschwitz, L.: Investitionsrechnung, 13. Aufl., Berlin, New York 2011.

KRUSCHWITZ/RÖHRS (1994)
: Kruschwitz, L. u. Röhrs, M.: Debreu, Arrow und die marktzinsorientierte Investitionsrechnung, in: ZfB, 64. Jg. (1994), S. 655-665.

KÜRSTEN (2002)
: Kürsten, W.: „Unternehmensbewertung unter Unsicherheit", oder: Theoriedefizit einer künstlichen Diskussion über Sicherheitsäquivalent- und Risikozuschlagsmethode, in: ZfbF, 54. Jg. (2002), S. 128-144.

LAUX (2007)
: Laux, H.: Entscheidungstheorie, 7. Aufl., Berlin u.a. 2007.

LÜCKE (1955)
: Lücke, W.: Investitionsrechnungen auf der Grundlage von Ausgaben oder Kosten?, in: Zeitschrift für handelswissenschaftliche Forschung NF, 7. Jg. (1955), S. 310-324.

MARKOWITZ (1952)
: Markowitz, H.M.: Portfolio Selection, in: Journal of Finance, Vol. 7 (1952), S. 77-91; abgedruckt in: Lüder, K., Hg., Investitionsplanung, München 1977, S. 287-299.

MARKOWITZ (1971)
: Markowitz, H.M.: Portfolio Selection – Efficient Diversification of Investments, 3. Aufl., New York u.a. 1967, 2nd repr. 1971.

MASSE (1959)
: Massé, P.: Le choix des investissments – critères et méthodes, Paris 1959; dt. Übers.: Investitionskriterien – Probleme der Investitionsplanung, München 1968.

MÜLLER-MERBACH (1975)
: Müller-Merbach, H.: Lektion 39: Kombinatorische Probleme I: Entscheidungsbaumverfahren, in: Wirtschaftswissenschaftliches Studium, 4/1975, S. 178-185.

OEHLER (1992)
: Oehler, A.: „Anomalien", „Irrationalitäten" oder „Biases" der Erwartungsnutzentheorie und ihre Relevanz für Finanzmärkte, in: Zeitschrift für Bankrecht und Bankpolitik, 1992, S. 97-124.

OLFERT/REICHEL (2009)
: Olfert, K. u. Reichelt, Ch.: Investition, 11. Aufl., Ludwigshafen (Rhein) 2009.

PETRY/SPROW (1993)
: Petry, G.H. u. Sprow, J.: The Theory and Practice of Finance in the 1990s, in: Quarterly Review of Economics and Finance, Vol. 33, No. 4, Winter 1993, S. 359-381.

ROLFES (1993)
: Rolfes, B.: Marktzinsorientierte Investitionsrechnung, in: ZfB, 63. Jg. (1993), S. 691-713.

ROLFES (1994a)
: Rolfes, B.: Marktzinsorientierte Investitionsrechnung, in: ZfB, 64. Jg. (1994), S. 121-125.

ROLFES (1994b)
: Rolfes, B.: Die Marktzinsmethode in der Investitionsrechnung, in: ZfB, 64. Jg. (1994), S. 667-671.

ROLFES (2003)
: Rolfes, B.: Moderne Investitionsrechnung: Einführung in die klassische Investitionstheorie und Grundlagen der marktorientierten Investitionsentscheidungen, 3. Aufl., München/Wien 2003.

SCHNEEWEIß (1967)
: Schneeweiß, H.: Entscheidungskriterien bei Risiko, Berlin u.a. 1967.

SCHNEIDER (1995)
: Schneider, D.: Informations- und Entscheidungstheorie, München u.a. 1995.

SCHWETZLER (2000)
: Schwetzler, B.: Unternehmensbewertung unter Unsicherheit – Sicherheitsäquivalent- oder Risikozuschlagsmethode?, in: ZfbF, 52. Jg. (2000), S. 469-486.

SCHWETZLER (2002)
Schwetzler, B.: Das Ende des Ertragswertverfahrens?, in: ZfbF, 54. Jg. (2002), S. 145-158.

SHAO/SHAO (1993)
Shao, L.P. u. Shao A.T.: Capital Budgeting Practices employed by European Affiliates of U.S. Transnational Companies, in: Journal of Multinational Financial Management, Vol. 3 (1/2) 1993, S. 95-109.

TERSTEGE (2002)
Terstege, U.: Die Relevanz von Marktzinssätzen für die Investitionsbeurteilung – zugleich eine Einordnung der Diskussion um die Marktzinsmethode, Diskussionspapier 328 des Fachbereichs Wirtschaftswissenschaft der FernUniversität in Hagen, Hagen 2002.

TERSTEGE (2003)
Terstege, U.: Voraussetzungen, Alternativen und Interpretationen einer zielkonformen Transformation von Periodenerfolgsrechnungen – ein Diskussionsbeitrag zum LÜCKE-Theorem, Diskussionspapier 340 des Fachbereichs Wirtschaftswissenschaft der FernUniversität in Hagen, Hagen 2003.

TERSTEGE (2005)
Terstege, U.: Zu den Möglichkeiten einer kapitalwertkompatiblen Gestaltung von Erfolgsrechnungen; in: BFuP, 57 Jg. (2005), S. 588 -600.

VON NEUMANN/MORGENSTERN (1944)
Neumann, J. von u. Morgenstern, O.: Theory of Games and Economic Behavior, Princeton 1944; dt. Übers.: Spieltheorie und wirtschaftliches Verhalten, 3. Aufl., Würzburg/Wien 1973.

WEHRLE-STREIF (1989)
Wehrle-Streif, U.: Empirische Untersuchung zur Investitionsrechnung, Beiträge zur Wirtschafts- und Sozialpolitik, Institut der deutschen Wirtschaft 171, 5/1989, Köln 1989.

WEINGARTNER (1963)
Weingartner, M.H.: Mathematical Programming and the Analysis of Capital Budgeting Problems, Englewood Cliffs, N.J. 1963.

WIMMER (1993)
Wimmer, K.: Marktzinsmethode und klassische Investitionsrechnung – ein Vergleich, in: ZfbF, 45. Jg. (1993), S. 780-785.

WITTEN/ZIMMERMANN (1977)
Witten, P. u. Zimmermann, H.G.: Zur Eindeutigkeit des internen Zinssatzes und seiner numerischen Bestimmung, in: ZfB, 47. Jg. (1977), S. 99-114.

Stichwortverzeichnis

A

Abstraktion, isolierende 4
Abzinsung 39, 42, 59
Abzinsungsfaktor 43, 46, 124
– risikoadjustiert 219
Aggregatrisiken 206
Aktivitätsniveau 282, 289
Alternativanlage 137, 177
Alternativrechnung 189, 197
– singuläre 181
– multiple 184
– starre 189
– flexible 194
Amortisationsdauer 37, 61, 93, 140, 220
Analyse
– modellgestützte 293
– qualitative 6, 21, 294
– quantitative 6, 294
– wahrscheinlichkeitsgestützte 188, 206
Annuität 36, 56, 61, 86, 99
Annuitätendarlehen 57, 89, 147
Annuitätenfaktor 56, 86
Annuitätenmethode 91
Annuitätenrechnung 38, 55
Anpassungsmaßnahme(n),
– finanzielle 116, 120, 126, 132, 135, 145, 243, 284
Approximationsmethode 101, 105
Aufzinsung 39, 42, 59
Aufzinsungsfaktor 40, 43, 78
– modellendogen 288
Ausgangsprojekt 19, 280
Auswahlentscheidung 14, 61, 76, 91, 98, 112, 149, 181

B

Barwert 43, 46, 53, 57, 93, 130, 146, 155
– unsicherheitsadjustierter 216
Basislösung 260

Bemessungsgrundlage, steuerliche 158
BERNOULLI-Prinzip 212
Besteuerung, Wirkungen der 162

D

DEAN-Modell 252
Differenzinvestition 81
Differenzzahlungsreihe 81, 113, 181, 266
Diversifikation 206
Diversifikationseffekt 210
Dominanz
– allgemeine zeitliche 30
– kumulative zeitliche 34
Dominanzbeziehung 31, 58
Dominanzbetrachtung 121
Dominanzüberlegungen 28, 76, 91, 99, 125, 218
Drei-Punkte-Methode 184
Dualvariablen 287, 300
Durchschnittszinsfuß 117

E

Einzelrisiko 179
Endvermögen 5, 26, 43, 68, 70, 88, 133, 164
– im Steuerfall 166
Endvermögensdifferenz 69, 71, 72, 117
Endvermögensmaximierung 28, 36, 61, 78, 83, 90, 96, 111, 144, 147, 151, 221, 229, 286
Endwert 36, 62, 68, 75, 115, 139, 145, 171, 221, 249
– nach Steuern 159, 172
Entscheidung
– projektindividuell 14, 61, 75, 90, 96, 111, 181, 279, 290
Entscheidungsbaumverfahren 194
Entscheidungsmodell 4, 19, 22, 31, 151, 295
– präskriptives 5

Entscheidungsprinzip 212
- klassisches 212
- theoretisch fundiertes 212
- heuristisches 214
Entscheidungsprozess 6
Entscheidungsregel 29, 75, 90, 96, 111, 146, 258, 279, 290
Entscheidungssituation 6, 14, 61, 84, 197, 280, 293
Ersatzzeitpunktproblem 15
Erwartungswertprinzip 212
Eventualplan 195, 202

F
Finanzierung 17
Finanzierungs- und Konsumentscheidung 221, 247
Finanzierungskosten 22, 23, 110, 115, 158, 181, 249, 254, 274, 278
- effektive 145, 147
Finanzierungsmaßnahmen 17, 62, 144
- projektbezogene 141, 144, 222
Finanzierungsprojekt 19, 21, 141, 144, 222, 259, 276, 284
Finanzierungssubstitution 258
Finanzmarkt
- vollkommener 22, 28, 35, 50, 61, 76, 115, 117, 221, 235, 242, 251, 267
- unvollkommener 23, 36, 137, 222, 245, 275, 278
Finanzmarktgerade 235
Finanzpläne, komplementäre 20
Finanzrestriktion 282
FISHER-Modell 231
FISHER/ HIRSHLEIFER-Modell 231, 235, 245, 249
FISHER Separation 36, 243
Flexible Planung 188, 195
Folgeprojekt 280
Forward Rate 124, 127

G
Gegenwartskonsum 239, 242, 249
Gegenwartspräferenz 32

Geldanlagegerade 245
Grenzerlös 258
Grenzkosten 258
Grenzprojekt 278
Grenzrendite 238, 246, 249

H
HIRSHLEIFER-Modell 231, 235, 245, 249
Habenzinssatz 23, 36, 62, 115, 137, 221, 245, 251
Häufigkeit, relative 184, 186, 192, 201

I
Indifferenzkurven 229, 234
Interdependente Projekte 264, 266
Interdependenzen
- intertemporal 276
- stochastisch 189, 204
- zeitlich-horizontal 11, 12, 19
- zeitlich-vertikal 17, 18, 22, 276, 287, 295
Interdependenzproblem 222, 251
Interne(r) Zinsfuß(methode) 37, 61, 99, 100, 109, 111
Investition(sprojekt) 4, 5, 12, 17, 253, 260, 264, 280
Investitionsfunktion 231, 232
Investitions- und Finanzierungsprogramme 222, 251, 280
Investitions- und Finanzplanung, simultane 19, 251, 280
Investitionsentscheidung 3, 4, 5, 23
- marktorientiert 35
- präferenzorientiert 29
Investitionsrechnung
- klassische 21
- marktzinsorientierte 116
- unter Berücksichtigung von Steuern 156
- unter Unsicherheit 178
Investitionssubstitution 259
Investitionstheorie 1, 3, 5, 14

K

Kalkulationszins(fuß; satz) 22, 101, 115
- endogener 276
- Modifikation des 158
- unsicherheitsadjustiert 217

Kapitalbindung, durchschnittliche 110, 113

Kapitaldienst 87, 89

Kapitalkostenbelastung 110

Kapitalwert 36, 62, 73, 75, 83
- nach Steuern 160, 169

Kapitalwertfunktion 64, 79, 101, 113, 145, 182

Komplementärmaßnahme, finanzwirtschaftliche 17

Kontokorrentkredit; Kontokorrentkonto 24, 109, 166

Korrekturverfahren 212, 214

Korrelation 204, 210, 211

Korrelationskoeffizient 203, 207, 210

Kreditaufnahmegerade 245

Kuponanleihe 102

L

Liquiditätsreserven, Finanzierung aus 17, 23, 27

Liquiditätsrestriktion 282

LÜCKE-Theorem 223, 226

M

Marktzinsmethode 116, 121, 126

Marktzinssätze 120, 126, 135

Mittelangebotskurve 254

Mittelbedarfskurve 253

Modell 4

μ-Prinzip 213

μ-σ-Analyse 202, 207, 213

μ-σ-Prinzip 212, 213

N

Nettozinssatz 158

Nominalwert 65, 101, 109, 145

Normalinvestition 67, 95, 101, 109, 153, 156

Nutzenniveau 230

Nutzungsdauerproblem 15

O

Opportunitätskosten 110, 249

Optimalitätskriterium 4, 258

Optimalprogramm 253

P

Periodenzinsen, wechselnde 43, 50, 115

Planung
- flexible 188, 195
- starre 188, 195

Portefeuilletheorie 206

Präferenzfunktion 29, 31, 199, 214
- intertemporale 29

Programmexpansion 259

Programmreduktion 259

R

Rechenverfahren, finanzmathematische 27

Reihe
- geometrische 46
- wachsende geometrische 53

Rendite (kennzahl; größe) 99, 110

Rente 38, 45
- ewige 50, 51, 63
- nachschüssige 45, 47, 48, 63
- vorschüssige 45

Rentenbarwert 46, 51, 60

Rentenbarwertfaktor 46, 51, 63, 94, 104

Rentenrechnung 38, 45, 55

Risikoaversion 214, 215

Risikoneutralität 213

Risiko-Nutzen-Funktion (RNF) 212, 213

Risikoprofil
- naives, einfaches 184, 187
- wahrscheinlichkeitsgestütztes 192, 193

Risikosituation 210

S

Satisfizierungskonzept 212, 220

Sensitivitätsanalyse 178, 188, 201, 215, 220
- multiple 182
- singuläre 179

Separation 222, 249
Sicherheitsäquivalent 216
Simultanmodell 280, 287
Simultanplanung 251
Simulation(sverfahren, stochastische) 201
Sollzinssatz 137, 140
Standardabweichung 189, 202, 207, 210
Steuerbarwert, Steuerendwert 160
Steuerparadoxon 161, 164

T
Totalenumeration 201
Transformationsbeitrag 130
Transformationskurve 232
Transitivität 31, 34

U
Unsicherheit 98, 178, 212
Unsicherheitsabschlag
- globaler 216
- zeitpunktspezifischer 216

Unterlassensalternative 14, 27, 68, 75, 131, 134

V
Varianz 202, 204, 207, 213
Vermögensmaximierung 4, 5
Volumeneffekt 170
Vorteilhaftigkeit 27, 75, 86, 90, 96, 111, 146, 148
- absolute 84
- relative 84

W
Wahrscheinlichkeit 188
- bedingte 189, 191
- unbedingte 189, 190

Wert, kritischer
- multipler 182
- singulärer 180

Wert, repräsentativer 215
Wiedergewinnungsfaktor 56

Z
Zahlungsreihe 7, 9, 28, 53, 67, 86, 105
- Modifikation der 157, 170

Zeichenregel, kartesische 108
Zero Bond (Nullkupon-Anleihe) 102
Zero-Bond-Abzinsungsfaktor 124, 125
Zielfunktion 285
Zinseffekt 41, 168
Zinsempfindlichkeit, Zinssensitivität 153
Zinseszinseffekt 41
Zinsfuß, interner 37, 61, 99, 109, 111, 146, 274
Zins- und Zinseszinsrechnung 38
Zinserwartung
- individuelle, subjektive 126
- marktorientierte 131

Zinsfaktor 40
Zinssatz 22, 23, 40
- durchschnittlicher 117
- einheitlicher 39, 117
- periodenindividueller 44, 115, 117, 124
- subjektiv erwarteter 116, 127, 135

Zukunftskonsum 239, 242, 249
Zustandsbaum 184, 186, 189
Zwischenanlage 21, 117, 171

Vor Installation der Software unbedingt lesen!

Mindest-Systemanforderungen

- Pentium-Prozessor mit 90 MHz Taktfrequenz
- Graphikkarte (256 Farben, 800x600 Auflösung), Lautsprecher
- Getestet unter Windows 95, 98, ME, XP und 7. Für andere Windows-Betriebssysteme können Funktionsstörungen nicht ausgeschlossen werden.
- 90 MB freier Speicherplatz auf der Festplatte

Installation

Legen Sie die CD-ROM in das CD/DVD-Laufwerk ein. Starten Sie die Anwendung „setup.exe" und folgen Sie anschließend den Anweisungen des Installationsassistenten.

Das Lehrbuch „Investition – Multimediale Einführung in finanzmathematische Entscheidungskonzepte" liegt im PDF-Format vor. Zum Lesen benötigen Sie einen PDF Reader. Wenn auf Ihrem PC noch kein Reader installiert ist, können Sie die aktuelle Version des Adobe Readers kostenlos unter „http://get.adobe.com/de/reader/" herunterladen und installieren.

Nutzungsbedingungen

Software, Bild und Ton auf dieser CD-ROM sind urheberrechtlich geschützt und nur zum privaten, studienspezifischen Gebrauch bestimmt. Die Nutzung darf gleichzeitig nur auf einem Personal Computer erfolgen. Kopien in jeglicher Form dürfen nur zum Zwecke der Datensicherung gemacht werden. Die Produktbestandteile dürfen nicht verändert werden. Eine Weitergabe an Dritte in jeder Form, auch in Teilen, ist unzulässig. Das Verbreitungsrecht bleibt beim Copyright-Inhaber.

Dem Erwerber ist bekannt, dass nach dem heutigen Stand der Technik Fehler in den Programmen nicht ausgeschlossen werden können. Es wird keine Gewähr dafür übernommen, dass die Programmfunktionen den Anforderungen des Erwerbers genügen oder in der von ihm getroffenen Auswahl zusammenarbeiten. Weder der Hersteller noch der Entwickler haften für Schäden, die aufgrund der Benutzung der Programme oder der Unfähigkeit, diese Programme zu benutzen, entstehen.

Die auf dieser CD-ROM vorkommenden Hard- und Softwarebezeichnungen sind in den meisten Fällen auch eingetragene Warenzeichen und unterliegen als solche den gesetzlichen Bestimmungen.

Alle Rechte vorbehalten
Springer Gabler

© Gabler Verlag / Springer Fachmedien Wiesbaden 2012